经济学原理

JINGJIXUE YUANLI

张亚丽 陈端计 编著

中山大学出版社
·广州·

版权所有　　翻印必究

图书在版编目（CIP）数据

经济学原理/张亚丽，陈端计编著. —广州：中山大学出版社，2009.12
ISBN 978 - 7 - 306 - 03585 - 1

Ⅰ. 经…　Ⅱ.①张…②陈…　Ⅲ. 经济学　Ⅳ. F0

中国版本图书馆 CIP 数据核字（2009）第 232507 号

出 版 人：	祁　军
策划编辑：	蔡浩然
责任编辑：	蔡浩然
封面设计：	林绵华
责任校对：	杨文泉
责任技编：	何雅涛
出版发行：	中山大学出版社
电　　话：	编辑部 020 - 84111996，84111997，84113349，84110779
	发行部 020 - 84111998，84111981，84111160
地　　址：	广州市新港西路 135 号
邮　　编：	510275　　传　真：020 - 84036565
网　　址：	http://www.zsup.com.cn　E-mail: zdcbs@mail.sysu.edu.cn
印 刷 者：	广东省农垦总局印刷厂
规　　格：	787mm×1092mm　1/16　24.75 印张　563 千字
版次印次：	2009 年 12 月第 1 版　2018 年 1 月第 4 次印刷
印　　数：	7501 - 8500 册　定　价：39.90 元

如发现本书因印装质量影响阅读，请与出版社发行部联系调换

内容提要

本书从学习经济学的内容与意义、完全市场与效率、不完全市场与政府、宏观经济指标的度量与长期经济增长、短期经济波动与政策等方面，对经济学原理进行系统阐述；同时，对经济学近年来的最新发展动态与趋势作了介绍。

本书内容新颖，适合高等院校经济管理类专业学生作教材，也可供经济管理部门、培训部门人员使用，对参加经济类自学考试的读者也具有参考价值。

目 录

前言 .... (I)

第一编 绪 论

第一章 导言 .... (2)
  第一节 稀缺性与经济学 .... (2)
    一、稀缺性 .... (2)
    二、选择与机会成本 .... (3)
    三、生产可能性曲线 .... (4)
    四、经济学的定义和重要经济问题 .... (6)
    五、选择机制：市场机制、政府干预、混合经济 .... (7)
  第二节 经济学的内容与方法 .... (8)
    一、微观经济学与宏观经济学 .... (8)
    二、经济学的研究方法 .... (9)
  第三节 为什么学习经济学 .... (13)
    一、经济学有助于增进我们的人生智慧 .... (13)
    二、经济学能够帮助我们作出正确的决策 .... (14)
    三、经济学有助于我们理解政府政策的作用与局限性 .... (16)
  本章要点 .... (18)
  重要概念 .... (18)
  本章练习题 .... (18)

第二章 需求与供给 .... (20)
  第一节 需求 .... (20)
    一、需求的含义 .... (20)
    二、影响需求的因素和需求函数 .... (20)
    三、需求表、需求曲线和需求定理 .... (22)
    四、需求量的变动和需求的变动 .... (24)
  第二节 供给 .... (25)
    一、供给的含义 .... (25)
    二、影响供给的因素和供给函数 .... (25)
    三、供给表、供给曲线和供给定理 .... (26)
    四、供给量的变动和供给的变动 .... (28)
  第三节 需求和供给的结合：市场均衡 .... (29)

  一、市场均衡的实现过程 …………………………………………… (29)
  二、市场均衡的变动 ………………………………………………… (31)
  三、要素市场的均衡 ………………………………………………… (33)
 第四节 弹性及其应用 ………………………………………………… (36)
  一、需求价格弹性 …………………………………………………… (37)
  二、其他需求弹性 …………………………………………………… (42)
  三、供给价格弹性 …………………………………………………… (43)
  四、弹性理论的应用 ………………………………………………… (46)
 本章要点 ………………………………………………………………… (48)
 重要概念 ………………………………………………………………… (48)
 本章练习题 ……………………………………………………………… (48)

第二编 完全市场与效率

第三章 消费者行为 ……………………………………………………… (51)
 第一节 效用与偏好 …………………………………………………… (51)
  一、效用的含义 ……………………………………………………… (51)
  二、偏好与无差异曲线 ……………………………………………… (54)
 第二节 预算约束 ……………………………………………………… (58)
  一、预算线的含义 …………………………………………………… (58)
  二、预算线的变动 …………………………………………………… (59)
 第三节 消费者选择 …………………………………………………… (60)
  一、最优选择及其实现条件 ………………………………………… (61)
  二、收入变动与消费者选择 ………………………………………… (63)
  三、价格变动与消费者选择 ………………………………………… (65)
  四、收入效应与替代效应 …………………………………………… (67)
  五、应用：向后弯曲的劳动供给曲线 ……………………………… (70)
 本章要点 ………………………………………………………………… (71)
 重要概念 ………………………………………………………………… (72)
 本章练习题 ……………………………………………………………… (72)

第四章 生产者行为 ……………………………………………………… (74)
 第一节 生产函数 ……………………………………………………… (74)
  一、生产函数的含义 ………………………………………………… (74)
  二、短期：一种投入时的生产函数 ………………………………… (76)
  三、长期：多种投入时的生产函数 ………………………………… (80)
 第二节 成本函数 ……………………………………………………… (89)
  一、成本与成本函数 ………………………………………………… (89)

本章练习题 ··· (230)

第十二章　长期经济增长 ··· (233)
第一节　宏观经济学问题与长期和短期的划分 ······························ (233)
　　一、主要的宏观经济问题 ··· (233)
　　二、宏观经济学中的长期与短期 ··· (234)
　　三、长期增长与短期波动 ··· (234)
第二节　经济增长的特征事实 ·· (236)
　　一、经济增长的概念 ··· (236)
　　二、经济增长的特征事实 ··· (236)
第三节　影响经济增长的因素 ·· (239)
　　一、经济增长的根源：劳动生产率的作用 ······························ (239)
　　二、决定劳动生产率的因素 ··· (240)
第四节　促进经济增长的政策 ·· (246)
　　一、增加人力资本投资 ··· (246)
　　二、鼓励增加物质资本投资 ··· (247)
　　三、支持技术进步 ·· (248)
　　四、对外开放 ··· (249)
　　五、制度环境 ··· (250)
　本章要点 ·· (250)
　重要概念 ·· (251)
　本章练习题 ··· (251)

第五编　短期经济波动与政策

第十三章　简单的国民收入决定模型 ··· (253)
第一节　宏观经济均衡及其实现 ··· (253)
　　一、两类宏观经济变量 ··· (253)
　　二、总需求决定总供给 ··· (254)
　　三、宏观经济均衡的实现过程 ·· (255)
第二节　总支出构成及其决定 ·· (256)
　　一、消费 ··· (256)
　　二、投资 ··· (260)
　　三、政府支出 ··· (262)
第三节　均衡国民收入的决定 ·· (263)
　　一、均衡条件 ··· (263)
　　二、均衡国民收入的决定：几何图形 ·································· (264)
　　三、均衡国民收入的决定：代数方法 ·································· (266)

三、无合谋情况下的寡头模型 ………………………………………… (180)
　　四、对寡头垄断市场的评价 …………………………………………… (186)
本章要点 …………………………………………………………………………… (186)
重要概念 …………………………………………………………………………… (186)
本章练习题 ………………………………………………………………………… (186)

第十章　外部性与公共物品 ……………………………………………… (188)

第一节　外部性与市场失灵 ……………………………………………………… (188)
　　一、外部性的含义及分类 ……………………………………………… (188)
　　二、外部性如何影响资源配置 ………………………………………… (189)
　　三、外部性的解决方法 ………………………………………………… (191)
第二节　公共物品 ………………………………………………………………… (199)
　　一、不同类型的物品 …………………………………………………… (200)
　　二、公共物品和搭便车问题 …………………………………………… (201)
　　三、公共物品的供给 …………………………………………………… (202)
　　四、公共物品供给方式的选择 ………………………………………… (203)
本章要点 …………………………………………………………………………… (204)
重要概念 …………………………………………………………………………… (204)
本章练习题 ………………………………………………………………………… (205)

第四编　宏观经济度量与长期经济增长

第十一章　衡量宏观经济的主要指标 ………………………………… (208)

第一节　国内生产总值及其衡量 ………………………………………………… (208)
　　一、国内生产总值的含义 ……………………………………………… (208)
　　二、国内生产总值的衡量 ……………………………………………… (210)
　　三、另外四个相关的总量指标 ………………………………………… (215)
　　四、名义 GDP 与实际 GDP …………………………………………… (216)
　　五、GDP 指标的局限性 ………………………………………………… (219)
第二节　失业的衡量 ……………………………………………………………… (221)
　　一、人口劳动力分类 …………………………………………………… (221)
　　二、失业率的计算 ……………………………………………………… (222)
第三节　价格水平与通货膨胀的衡量 …………………………………………… (224)
　　一、衡量价格水平的指标 ……………………………………………… (224)
　　二、通货膨胀的衡量 …………………………………………………… (226)
　　三、基于通货膨胀的调整 ……………………………………………… (227)
本章要点 …………………………………………………………………………… (229)
重要概念 …………………………………………………………………………… (230)

一、信息不完全与信息不对称 …………………………………………… (139)
　　二、逆向选择 …………………………………………………………… (140)
　　三、道德风险 …………………………………………………………… (146)
本章要点 …………………………………………………………………… (149)
重要概念 …………………………………………………………………… (150)
本章练习题 ………………………………………………………………… (150)

第八章　垄断 ………………………………………………………………… (151)
第一节　垄断及其形成原因 ……………………………………………… (151)
　　一、垄断的含义与特征 ………………………………………………… (151)
　　二、形成垄断的原因 …………………………………………………… (152)
第二节　垄断企业的产量与定价决策 …………………………………… (154)
　　一、垄断企业的需求曲线 ……………………………………………… (154)
　　二、垄断企业的收益曲线 ……………………………………………… (154)
　　三、垄断企业的利润最大化决策 ……………………………………… (156)
第三节　垄断的效率评价与公共政策 …………………………………… (156)
　　一、垄断和竞争的比较 ………………………………………………… (156)
　　二、垄断与低效率 ……………………………………………………… (157)
　　三、对垄断的公共政策 ………………………………………………… (159)
第四节　价格歧视 ………………………………………………………… (163)
　　一、价格歧视的含义 …………………………………………………… (163)
　　二、价格歧视的动力 …………………………………………………… (163)
　　三、价格歧视的条件 …………………………………………………… (164)
　　四、价格歧视的类型 …………………………………………………… (165)
本章要点 …………………………………………………………………… (168)
重要概念 …………………………………………………………………… (168)
本章练习题 ………………………………………………………………… (168)

第九章　垄断竞争和寡头市场 ……………………………………………… (170)
第一节　垄断竞争 ………………………………………………………… (170)
　　一、垄断竞争的含义及其特征 ………………………………………… (170)
　　二、垄断竞争企业的需求曲线 ………………………………………… (172)
　　三、短期均衡 …………………………………………………………… (173)
　　四、长期均衡 …………………………………………………………… (173)
　　五、垄断竞争市场的效率 ……………………………………………… (174)
第二节　寡头垄断 ………………………………………………………… (175)
　　一、寡头垄断市场的含义及其特征 …………………………………… (175)
　　二、合谋情况下的寡头模型 …………………………………………… (177)

二、短期成本函数 ··· (91)
　　三、长期成本函数 ··· (94)
本章要点 ·· (96)
重要概念 ·· (97)
本章练习题 ··· (97)

第五章　完全竞争市场企业的产量决策 ···························· (99)
第一节　完全竞争市场简介 ··· (99)
　　一、完全竞争市场的特征 ··· (99)
　　二、完全竞争市场的需求曲线 ································· (101)
　　三、完全竞争企业的收益曲线 ································· (101)
第二节　完全竞争企业的短期均衡 ·································· (103)
　　一、企业实现利润最大化的条件 ······························ (103)
　　二、短期均衡及其条件 ·· (105)
　　三、短期供给曲线 ·· (107)
第三节　完全竞争企业的长期均衡 ·································· (109)
　　一、长期均衡的形成过程 ······································· (109)
　　二、长期行业供给曲线 ·· (113)
本章要点 ··· (115)
重要概念 ··· (116)
本章练习题 ·· (116)

第六章　竞争市场效率与政府干预 ································· (118)
第一节　竞争市场效率 ·· (118)
　　一、市场均衡的效率——帕累托效率 ························ (118)
　　二、竞争市场的效率 ··· (120)
第二节　市场干预 ··· (125)
　　一、价格干预 ·· (125)
　　二、征税与补贴 ··· (128)
本章要点 ··· (134)
重要概念 ··· (135)
本章练习题 ·· (135)

第三编　不完全市场与政府

第七章　市场不完全与信息不对称 ································· (137)
第一节　不完全竞争市场：以房屋装修市场为例 ················ (137)
第二节　信息不对称与逆向选择 ····································· (139)

四、均衡国民收入的变动 ……………………………………… (266)
　第四节 乘数理论 …………………………………………………… (268)
　　一、乘数 ………………………………………………………… (268)
　　二、乘数效应的形成机制 ……………………………………… (268)
　　三、几个主要的乘数 …………………………………………… (269)
　本章要点 ……………………………………………………………… (271)
　重要概念 ……………………………………………………………… (272)
　本章练习题 …………………………………………………………… (272)

第十四章 IS-LM 模型 …………………………………………………… (274)
　第一节 产品市场的均衡：IS 曲线 ………………………………… (274)
　　一、投资函数 …………………………………………………… (274)
　　二、IS 曲线的推导 ……………………………………………… (275)
　　三、IS 曲线的移动 ……………………………………………… (277)
　　四、IS 曲线的斜率 ……………………………………………… (278)
　第二节 货币市场的均衡：LM 曲线 ………………………………… (279)
　　一、货币的定义与职能 ………………………………………… (279)
　　二、货币需求 …………………………………………………… (280)
　　三、货币供给与货币市场均衡 ………………………………… (284)
　　四、LM 曲线的推导 ……………………………………………… (284)
　　五、LM 曲线的斜率和位置 ……………………………………… (286)
　第三节 产品市场与货币市场同时均衡：IS-LM 模型 ……………… (288)
　　一、均衡状态的求解 …………………………………………… (288)
　　二、均衡状态的变动 …………………………………………… (290)
　　三、IS-LM 模型与总需求曲线 ………………………………… (292)
　本章要点 ……………………………………………………………… (295)
　重要概念 ……………………………………………………………… (296)
　本章练习题 …………………………………………………………… (296)

第十五章 宏观经济政策分析：IS-LM 模型的运用 …………………… (297)
　第一节 财政政策工具与运用 ……………………………………… (297)
　　一、财政政策工具 ……………………………………………… (297)
　　二、财政政策工具的运用 ……………………………………… (298)
　　三、相机抉择的财政政策 ……………………………………… (299)
　　四、财政政策的缺陷 …………………………………………… (300)
　　五、财政政策的效果 …………………………………………… (301)
　　六、自动稳定器 ………………………………………………… (303)
　第二节 货币政策 …………………………………………………… (305)

一、银行体系 ……………………………………………………………………… (305)
　　二、银行体系创造货币的机制 …………………………………………………… (307)
　　三、货币政策工具 ………………………………………………………………… (309)
　　四、货币政策工具的传导机制 …………………………………………………… (311)
　　五、相机抉择的货币政策 ………………………………………………………… (312)
　　六、货币政策的效果 ……………………………………………………………… (313)
　　七、货币政策的缺陷 ……………………………………………………………… (314)
　　八、财政政策与货币政策的配合 ………………………………………………… (315)
本章要点 ………………………………………………………………………………… (316)
重要概念 ………………………………………………………………………………… (316)
本章练习题 ……………………………………………………………………………… (317)

第十六章　开放经济中的宏观经济政策分析 …………………………………… (318)
第一节　开放经济中的基本概念 ……………………………………………………… (318)
　　一、国际收支平衡表 ……………………………………………………………… (318)
　　二、汇率基础知识 ………………………………………………………………… (321)
　　三、汇率理论 ……………………………………………………………………… (326)
第二节　开放经济中的 $IS-LM$ 分析 ………………………………………………… (328)
　　一、国际收支平衡条件 …………………………………………………………… (328)
　　二、BP 曲线与 $IS-LM-BP$ 模型 …………………………………………… (330)
　　三、开放条件下的宏观经济政策 ………………………………………………… (332)
本章要点 ………………………………………………………………………………… (335)
重要概念 ………………………………………………………………………………… (335)
本章练习题 ……………………………………………………………………………… (335)

第十七章　$AD-AS$ 模型 ………………………………………………………… (337)
第一节　总需求曲线 …………………………………………………………………… (337)
　　一、总需求曲线的形状 …………………………………………………………… (337)
　　二、总需求曲线的移动 …………………………………………………………… (339)
第二节　总供给曲线 …………………………………………………………………… (340)
　　一、长期总供给曲线 ……………………………………………………………… (340)
　　二、短期总供给曲线 ……………………………………………………………… (341)
第三节　总需求-总供给模型 ………………………………………………………… (345)
　　一、宏观经济均衡的决定 ………………………………………………………… (345)
　　二、短期经济波动分析 …………………………………………………………… (346)
第四节　改革开放以来我国的宏观经济波动 ………………………………………… (350)
　　一、1984~1994 年：三次通货膨胀及其宏观调控 …………………………… (350)
　　二、1997~1999 年：通货紧缩与我国宏观调控政策的转变 ………………… (352)

三、2007年以来的宏观经济波动与政策调控 …………………… (354)
　本章要点 ……………………………………………………………… (356)
　重要概念 ……………………………………………………………… (356)
　本章练习题 …………………………………………………………… (356)

第十八章　失业与通货膨胀 ……………………………………………… (358)
　第一节　失业 ………………………………………………………… (358)
　　一、失业的类型和原因 …………………………………………… (358)
　　二、自然失业率与充分就业 ……………………………………… (362)
　　三、失业的代价与治理 …………………………………………… (362)
　第二节　通货膨胀 …………………………………………………… (365)
　　一、什么是通货膨胀 ……………………………………………… (365)
　　二、通货膨胀的类型 ……………………………………………… (366)
　　三、通货膨胀的原因 ……………………………………………… (367)
　　四、通货膨胀的影响 ……………………………………………… (370)
　　五、通货膨胀的治理 ……………………………………………… (373)
　　六、通货紧缩 ……………………………………………………… (374)
　第三节　失业与通货膨胀的关系 …………………………………… (374)
　　一、短期菲利普斯曲线 …………………………………………… (374)
　　二、长期菲利普斯曲线 …………………………………………… (375)
　本章要点 ……………………………………………………………… (377)
　重要概念 ……………………………………………………………… (377)
　本章练习题 …………………………………………………………… (377)

参考文献 ……………………………………………………………… (379)

前　言

在我国，翻译的或国内学者编写的经济学教科书有很多，这些书是为不同层次的人写的。对于非经济学专业的学生来说，他们中的大多数人今后不会从事经济学的研究工作，然而，启发他们的经济学思维方式，使他们了解市场经济运行的基本原理，对于提高他们对现实中经济现象的理解和兴趣，培养他们对于公共事务和政策的理性评价能力，都很有意义。本书就是为应用型本科经济管理类学生提供的一本教科书。

在同类经济学教科书中，本书力图在以下方面与众不同：

第一，重视对经济学理论的应用和政策分析，而对经济学理论本身的介绍则有所取舍。如此设计内容是基于如下考虑：教师的授课课时及学生的学习时间有限，我们不能追求所讲授的内容面面俱到，而应当强调学生更有兴趣的内容。教师越是舍弃掉一些冗长的细节，越能够专注于基本原理的充分阐释，这有助于学生消化吸收所学的东西。因此，本书在内容取舍的安排上，突出实用和适用的特点，而不是事无巨细、无所不包。

第二，运用中国的经济事例和经济数据阐述经济学原理。近十多年来，受中文版翻译教材的影响，国内的经济学教学逐渐改变了以往的只灌输理论而不解释实际经济现象的做法，开始选择一些事例和数据说明原理，以引起学生的兴趣。然而仍有一些不足之处，就是经济学教学与中国改革的实际情况结合不够紧密，这不利于培养学生运用经济学原理解释我们身边经济现象的能力。为此，我们在各章的理论阐述中，注重用中国人的故事向学生灌输经济学的理念。并且，在每一章正文当中，以链接的形式插入了许多中国的经济事例和数据，以此来增加学生对经济学教科书的亲切感，并启发他们透过生活中的经济现象来理解抽象的经济学原理，帮助他们理解经济学原理在中国的适用性。

第三，在内容上反映了经济学发展的一些新思想。例如，博弈分析已成为现代经济学中的重要分析工具，本教材把它运用于对经济学基本原理的解释之中。再如，信息经济学能够极大地丰富经济学对市场机制的理解，本书运用经济学的基本原理介绍了信息理论的基本问题。此外，本书在内容上还反映了环境经济学、知识经济学的基本思想，我们解释这些问题所依据的理论仍然是经济学的基本原理。

第四，简明、通俗，努力把抽象、艰深的经济学理论深入浅出地介绍给读者。我在长期的经济学教学实践中，深知学生对经济学课程存在着既"喜爱"又"惧怕"的心理。喜爱源自于经济学是一门致用之学科，它既能够丰富人生智慧，帮助人们在理解人类行为规律的基础上作出理性决策；也可以使人们认识到政府政策的后果，从而避免做出事与愿违的事情。而"惧怕"则是因为那些枯燥无味的理论、图表和模型使学生感到经济学难学，以至于许多学生在学过经济学课程之后却感到没有收获。经济学的本质不是繁杂艰深的数学公式，而是一种思考人类社会的视角，是和现实世界沟通对话的工具。因此，本书以学生为中心，为学生而写。我们尽量使用不使学生感到畏惧的语言和形式，比如极少使用高等数学，尽量使用简洁、易懂的文字语言，通过叙述我国的经济事例和读者所熟悉的生活中的例子来解释理论。同时，辅之以图形和中学数学直观的展示概念，从而把深奥难懂的理论变得简单、具体，使学生容易理解和掌握。

  简明、通俗的风格使本教材具有广泛的适用性。本书不仅是为应用型经济管理类的本科生而写，它也可以成为经济类院系大学生的经济学原理的入门教材；以此为基础，有助于学生进入更高深的经济学理论的殿堂。此外，本书也是为各专业的大学生、自学者和广大社会读者而写的。只要你想了解在现实中如何取舍，只要你想具备对政策的理解及评价能力，只要你想读懂新闻媒体广泛报道的能够反映经济状况变动的经济数据，只要你想了解国际金融危机对中国经济的影响，并预测未来中国经济的走势等问题，你都可以通过阅读本书而寻求答案。

  参加本书撰写的作者有（按姓氏笔画为序）：王艳、张子昱、张亚丽、吴英杰、陈端计、林欣、洪冬青、曹伟、谢林林，全书由我拟定提纲和修改定稿。陈端计教授参与了对本书的审稿，并为本书的写作提出了许多有价值的建议。

  本书的出版，要感谢笔者所在学校经贸学院的谢林林副院长，若不是他的多次催促，本书也许尚在计划之中。书中不当之处，请广大读者不吝赐教。

张亚丽

2009 年 10 月

第一编　绪　论

在社会科学领域，经济学被认为"居于首要的地位"。社会科学是用来帮助人们思考人类社会自身所面对的问题的科学，而经济学的重要则在于它提供了一种方法和视角。多年来，经济学家们建立了一些简单却适用性很强的基本原理，这些原理可以帮助我们解释在日常生活中所遇到的各种经济问题，比如失业、金融危机、通货膨胀、居民收入差距、人民币升值、经济增长等。

那么，什么是经济学？经济学研究的基本问题是什么？什么是经济学的基本分析工具？本书绪论分两章回答了这些问题。第一章以稀缺性为起点，说明经济学研究的基本问题与方法。第二章介绍经济学最为基本也最为重要的分析工具——供给和需求，说明市场经济运行的基本原理。

第一章 导　　言

在现实中，我们每个人的生活都充满了选择。报考大学时，你要考虑去哪一所大学，你将学习什么专业？你是学经济学、会计学、语言文学，还是传媒？新学期开始，你要选择学习哪些课程？课余时间，你是打篮球、打乒乓球、跑步，还是游泳？晚上的时间，你去听经济学讲座、去阅览室学习、在宿舍上网、还是参加朋友聚会？大学毕业后，是继续读书还是参加工作？当你作出自己的选择时，其他人包括企业和政府也在做出他们的选择。你所在系决定修改教学计划，超市决定以"买二送一"的方式促销，中国政府决定改革社会保障制度，把大学生和农民纳入社会保障体系，为摆脱金融危机的影响，中央银行决定降低银行存款准备金比率。诸如此类的选择和决策在我们的生活中比比皆是，我们生活在一个充满选择的世界。

所有的选择都产生于资源的稀缺性。本章从稀缺性入手，介绍经济学的定义以及经济学研究的基本问题，经济学的基本内容，以及经济学家使用的研究方法。本章的学习将使你理解经济学是一种思考世界的独特方式，学习经济学将有助于我们从一种新的视角更有见解地分析和认识现实社会面临的各种问题。

第一节　稀缺性与经济学

一、稀缺性

所有的经济问题都产生于**稀缺性**（scarcity）。稀缺性是指社会资源的有限性，也就是说，我们的欲望总是大于社会能够提供的东西。欲望（wants）又称为需要（needs），是指人们想要得到某种东西的愿望。欲望的特点是具有无限性，旧的欲望满足了，又会产生新的欲望。人类的欲望虽然是无限的，但是用于满足人们欲望的资源却是有限的。资源是指生产物品或劳务所需要的**生产要素**（factors of production）。有四种最基本的生产要素，即土地、劳动、资本和企业家才能。"土地"是指包括土地在内的所有自然资源，比如矿藏、原油、森林、水、空气等等。"劳动"不仅仅是指有多少人，更重要的是指生产物品和劳务的技能，因此，劳动要素包括人力资源的数量和质量。"**资本**"（capital）是指生产出来的厂房、设备、原材料等，这些物品会被用于再生产中。比如，发电机被生产出来的唯一目的是发更多的电。发电机成为人们要获得产品（电）的一种生产要素，因而被称为资本。同样，用于生产汽车的生产线和用于监控生产系统运行的电脑都是资本投入。"**企业家才能**"（entrepreneurship）是指管理者对生产活动的组织和协调能力。仅有土地、劳动和资本未必能生产更多的产品，企业家的作用是通过其创新活动，有效地利用资源，使既定资源所能实现的产量达到最大。上述生产要素是我们生产想要的物品和劳务所必需的投入品。没有这些生产要素，我们将不能生产任何东西。

一个经济社会在既定时期能够生产出来的物品和劳务数量有一个极限，这个极限就是生产物品和劳务所能够使用的资源数量。而资源的数量也有极限，这意味着我们不能够生产出我们想要的一切，我们面临着稀缺性的现实。比如，你坐在教室里上经济学课程就不能去看电影，你面临着时间资源的稀缺。家庭若用当月的收入购买一台电脑，那么当月的储蓄就会减少，家庭面临着收入的有限。企业若投资100万元建工厂，那么这笔资金就不能用于办农场或开饭店，企业面临着资金的稀缺。政府既想增加社会福利支出，以实现社会公平目标，又想为了国家的安全而扩张军备，政府面临着财政预算不宽裕的制约。总之，我们生活在其中的世界是一个充满"稀缺性"的世界。

二、选择与机会成本

面对稀缺性，人们不能得到所有想要的东西，因而不得不在有限资源各个可能的用途之间做出选择。选择意味着我们为了得到某种东西就必须放弃其他某种东西。比如，一块土地可以用来种小麦，也可以用来建住宅，还可以用来建高尔夫球场。无论我们选择做什么，当我们把土地用于某一项用途就不能用来做其他事情。我们为了得到某种东西所必须放弃的东西被称为机会成本。例如，你用所拥有的经济资源生产了1万件衬衣，这就意味着不能用相同的资源来生产1.5万双鞋，那么，你生产1万件衬衣的机会成本就是所放弃的生产1.5万双鞋。如果1.5万双鞋的价值为10万元，则可以说，1万件衬衣的机会成本就是价值为10万元的其他商品。**机会成本**（opportunity cost）是指一定的经济资源用于某种用途时所放弃的其他用途中的最大收益。

在日常的经济活动中，稀缺性无处不在，我们必须面临选择，因而必然存在机会成本。比如，你可以选择上大学，也可以参加工作。如果你选择去电脑城卖电脑，你可以赚到足够的钱买游戏软件，上网聊天，看电影，你也有充足的时间和朋友一起玩耍，这些都是你上大学所不能享受的事情。上大学的机会成本就是你若参加工作就可以做的一些事情。

但是，机会成本不是我们决策时所放弃的一切，而是我们放弃的其他所有选择中评价最高的选择。例如，晚餐后的7:00~9:00的时间你去做家教，也可以选择去听一场经济学讲座或者玩电脑游戏。做家教的机会成本就是放弃听讲座或玩电脑游戏。确定机会成本时，你必须考虑如果不去做家教，你将做什么。如果你对经济学有浓厚的学习兴趣，做家教的机会成本就是放弃听讲座；如果你痴迷于电脑游戏，做家教的机会成本就是放弃玩电脑游戏。

链接1-1　　为什么年轻的歌星、电影明星和时装模特很少上大学

看一看你同班级或同年级的同学，有没有18~25岁的流行歌星？有没有电影明星？有没有超级模特？可能都没有。这并不是因为这些人恰好都不想上你所在的大学，而是因为这些人考虑了上大学的机会成本所造成的。

你上大学的成本是多少？大多数人都会认为是他们的学费和其他生活费支出。如果你上大学四年八个学期，每学期的学费和生活费为4000元，那么你的学习费用总共就

是3.2万元。但是，这3.2万元并不是你上大学的全部成本，因为如果你不当学生，你可能会找到一份工作并赚取收入。例如，你可能会找到一份全职工作并且每年能够赚到3.6万元。很显然，这3.6万元由于你选择上大学而放弃了。这些就是你上大学的机会成本。

即使上大学的学费对于每个人来说都是相同的或者差不多是相同的，但对于每个人而言，上大学的机会成本也是不一样的。一个18岁的歌星如果来上你所在的大学，将会失去些什么呢？一个17岁的时装模特又会少挣多少钱呢？这些人很少来上大学，即使学费对他们而言算不了什么，他们不上大学是因为机会成本相对较高。他们可能会说他们"上不起大学"。这并不是说他们付不起学费，而是指他们不愿意放弃不上大学所能赚到的高额收入。用经济学语言可以这样说：由于上大学的机会成本达到了足够高的程度，以至于上大学反而会得不偿失。

资料来源：张元鹏：《微观经济学》，中国发展出版社2005年版。

三、生产可能性曲线

经济学通常用生产可能性曲线说明选择的机会成本。**生产可能性曲线**（production possibility curve）表示一个经济在既定的资源和技术条件下所能生产的最大数量的商品组合。假定一个国家所有的资源只生产大炮和面包两种商品。表1-1表示了该国在一年内能够生产的大炮和面包可能的组合。表中 A 组合表示只生产面包的结果，所有的资源都用于生产面包，大炮的产量为零，所放弃的大炮的产量就是使用所有资源生产面包的机会成本。如果我们想要生产大炮，必须减少面包的产量，这是一个经济必须作出的选择。

表1-1 既定资源能够生产的大炮和面包可能的组合

可能的组合	大炮	面包
A	0	10
B	1	9
C	2	7
D	3	4
E	4	0

表1-1显示了全部的生产选择。如果我们放弃 A 组合，选择 B 组合，即把面包的产量减少到9单位，可以生产1单位的大炮的产量，这1单位大炮的机会成本就是既定资源能够生产但没有生产的1单位面包。从表1-1可以看出，如果我们不断增加大炮的产量，每增加1单位大炮就意味着面包产量的损失，同样，如果增加面包的产量则意味着大炮产量的损失。

大炮和面包生产之间的替代关系可以用图 1-1 的生产可能性曲线来说明。生产可能性曲线上的每一点都代表了既定资源在一年内所能生产的大炮和面包的可能的组合。图中的 A 点，表示每年生产 10 单位面包和 0 单位的大炮。当 A 点沿着曲线移动到 B 点时，面包的产量由 10 单位减少到 9 单位，而大炮的产量从 0 增加至 1 单位。也就是说，我们付出了 1 单位面包的代价，得到了 1 单位的大炮。这 1 单位大炮的机会成本就是所放弃的 1 单位面包。生产可能性曲线表明，现实中的生产，只能在该曲线上选择一个点，选择了 B，就意味着必须放弃 A、C、D、E 的选择。其他亦然。

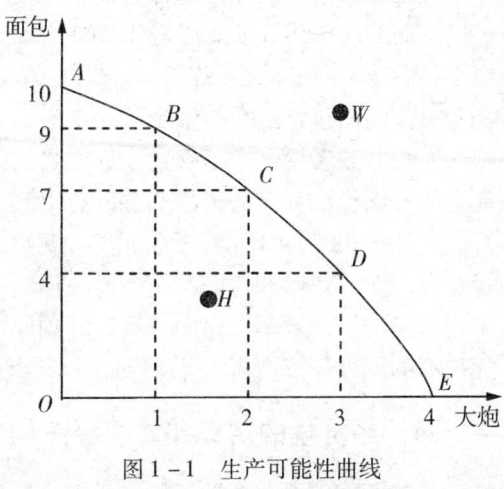

图 1-1 生产可能性曲线

观察图 1-1，可以看出生产可能性曲线具有以下理论意义：

第一，表达了稀缺性的存在。图 1-1 中的 W 点在生产可能性曲线之外，该点表示的商品组合，是现有资源和技术条件下不可能实现的。也就是说，在给定时期内，现有的资源和技术所能实现的产量存在一个极限，生产可能性曲线上的点代表我们能够生产的两种商品的最大数量组合，经济只能在该曲线之上或它之内的一点上进行生产，不能在该曲线之外的任何一点上进行生产。

第二，表达了机会成本的存在。生产可能性曲线向右下方倾斜，表明只有减少一种产品的潜在产量，我们才能得到更多数量的想要的产品。如果我们选择生产更多的大炮，就不得不放弃一定数量的面包的产量，所减少的面包的产量就是生产额外大炮的机会成本。通常，当一个国家面临战争时，更多的资源会被用于生产军用品，而粮食、衣服等民用品的产量太少以至于不得不进行配给。

第三，机会成本是递增的。观察图 1-1，当我们把大炮的产量由 0 增加到 1 时，面包的产量从 10 单位减少到 9 单位。当我们再增加 1 单位大炮的产量，面包的产量减少了 2 单位，可以看出，每增加 1 单位大炮的产量，机会成本是递增的。当生产第 4 单位大炮，所减少的面包的产量为 4。机会成本递增使得生产可能性曲线向外弯曲。

机会成本递增的主要原因，是因为资源难以从一个产业转移到另一个产业。比如生产面包的工人或许不具有生产大炮的技能，而且，生产面包主要靠手工，而生产大炮需要更加复杂的机器设备，当我们把劳动从做面包转移到造大炮，工人有限的技能以及机器设备的不足够都可能会限制大炮的产出能力，使得每多生产 1 单位大炮所必须放弃的面包的产量递增。

第四，反映了资源利用的效率。效率（efficiency）是指既定资源所能实现的产量达到最大。生产可能性曲线上的点代表有效率的产量水平，当我们沿着生产可能性曲线移动时，该曲线任一点所代表的产量都是一个经济既定资源所能实现的最大产量。机会成本增加是因为资源在产业之间转移的困难，并非意味着缺乏效率。

但是，我们不能保证总是有效率地使用资源。生产可能性曲线表示一个经济潜在的产出，而实际产出并非总是等于潜在产出，当我们缺乏效率时，实际产出会小于潜在产出。如图 1-1 所示，H 点是一个缺乏效率的生产结果，我们只生产了 1.5 单位的大炮和 3 单位的面包，这个产量少于潜在产出，即使不减少面包的产量，我们也可以增加大炮的产量，或者说，在不牺牲大炮产量的情况下，我们也可以增加面包的产量。缺乏效率意味着该经济社会的稀缺资源没有得到充分利用，其原因或许是失业率上升，资源闲置。比如，2008 年下半年，受世界金融危机的影响，珠江三角洲许多农民工失去工作，很少有企业愿意雇佣他们，结果使我们的产量在生产可能性曲线之内；或许是资源使用不当，经济缺乏效率。比如，我国计划经济时期国有企业人浮于事的情况。如果消除了无效率的原因经济会从 H 点移动到生产可能性曲线之上。

四、经济学的定义和重要经济问题

如前所述，稀缺性是任何社会都具有的一个基本特征。面对稀缺性，我们必须把有限的资源在不同用途之间作出选择。**经济学**（economics）是研究人们对稀缺资源的选择以及这些选择如何变化的科学。

一个国家最基本的经济选择可以概括为以下几个重要的经济问题。

第一，生产什么？生产可能性曲线界定了一个国家面临的全部产出的选择，现实中的生产只能选择其中的一个点。那么，我们该如何确定制造更多的大炮还是生产更多的面包？决定我们生产什么、生产多少的因素是什么呢？随着时间的推移我们的选择将如何改变？生产可能性曲线并没有告诉我们哪种产出组合是最优的，它仅仅为我们的选择提供了一个菜单，我们应从中选择一定时期内既定资源能够生产的唯一的产出组合。生产什么是一个国家必须作出的一个基本经济选择。

第二，如何生产？我们应该用什么方法来生产物品和劳务。比如，我们应该使用镰刀割麦子还是使用联合收割机？我们应该使用人工分拣信件还是使用自动分拣机？我们应该在城市街头开一家便利店售货，还是放置一台自动售货机？机械化和技术进步一定会使我们的状况变好吗？进一步考虑，我们应该把工业废水排放附近河流，还是应该采取其他方式处理？我们应该用煤、核能、风能还是太阳能发电？为了拓宽马路为了盖大楼我们应该拆掉所有的旧房屋甚至不惜拆毁具有文物保护价值的老房子吗？生产物品和劳务有许多不同的方法，我们必须决定使用哪种生产方法，这不仅是一个效率问题，更是一个社会价值问题。

第三，为谁生产？谁来享有生产出来的物品与劳务？也就是说，生产出来的物品与劳务应该如何在社会成员之间进行分配？物品与劳务的分配取决于人们的收入水平。飞行员的收入比公交车司机高得多，因此，飞行员得到的物品与劳务比公交车司机多。现实经济中人们的收入存在差别，一般来说，男性赚的钱比女性多，大学生赚的钱比高中生多，我国沿海地区人们赚的钱比中西部地区多。而且，收入分配不平等的情况也不鲜见。那么，什么因素决定人们的收入水平，为什么飞行员赚的钱比公交车司机多？为什么没有受过高等教育的人赚的钱比大学生少？这也是一个国家不能回避的问题。

第四，什么时候生产？现在生产还是将来生产呢？有时候，一个国家的生产迅速扩张，产出增加很快，就业增加。但是，当出现衰退的时候，一个国家的产出下降，企业减产或倒闭，工作岗位减少，失业增加。20世纪30年代大萧条时期，美国的生产严重下降，失业率高达25%。2007年以来美国发生的金融危机波及全球，包括中国在内的很多国家的产量都出现大幅度的减少。那么，什么因素导致一个国家的产量时而快速增加，时而又迅速下降呢？政府有没有办法阻止产量的下降呢？

五、选择机制：市场机制、政府干预、混合经济

生产什么、如何生产、为谁生产和什么时候生产是由稀缺性引起一个国家面临的基本经济选择。这四大选择问题实际上是稀缺资源如何合理配置以及如何充分利用的问题。谁来给出这些问题的答案，也就是说，谁来决定生产哪些产品、运用什么生产方法、收入如何分配以及谁来决定什么时候生产呢？

以亚当·斯密（Adam Smith）为代表的传统经济学的一个核心命题就是，自由市场经济中"看不见的手"决定生产什么、如何生产、为谁生产和什么时候生产。所谓"看不见的手"是指价格信号实现资源合理配置的作用，也被称为**市场机制**（market mechanism）。市场机制可以回答生产什么的问题，当人们想购买某种物品时，该物品的销售量增加，其价格也会上升，企业感觉有利可图，会设法获得更多资源用于人们想购买的物品的生产，这就是市场机制的运作方式。市场机制也能够回答如何生产的问题，为了得到最大利润，企业将会观察市场价格，寻求便宜的生产方法。市场机制也能够回答为谁生产的问题，谁愿意为产品付高价格，企业就会把产品卖给谁，市场总是会把产品分配给出价最高者。在什么时候生产的问题上，传统经济学也相信市场机制的作用，他们主张政府"无为而治"，价格信号的作用完全可以实现资源的合理配置与充分利用。

20世纪30年代发生的世界性的经济大萧条，使人们意识到市场经济不是完美无缺的。以凯恩斯为代表的经济学派认为，市场虽然在组织生产方面富有效率，但是，一个没有控制的市场容易出现经济总体的失衡，因为企业和工人个体不能控制经济整体的走向，许多经济个体的行为可能会把经济推向高涨，也可能会使经济陷入低谷。因而凯恩斯主义学派主张政府应当干预经济。当经济过热时，由政府出面给经济降温；当经济衰退时，政府想办法阻止产量的下降。政府干预有助于维持一个稳定的、充分就业的环境，在此环境下，市场机制的作用才能达到其预期效果。在凯恩斯主义学派看来，政府不仅应该在经济管理中起到积极的作用，在矫正市场收入分配差距过大、治理污染等方面都有着市场无法替代的作用。

传统经济学"看不见的手"和政府干预经济的主张代表了两种截然不同的基本经济决策方式。而经济学并没有主张用一种选择机制取代另一种，经济学家普遍认为，当市场存在缺陷的时候，政府干预可以在一定程度上弥补市场的不足，但是政府也不是完美的，政府在弥补市场缺陷时有可能会使情况变得更糟糕。比如，政府可能会要求企业用非常昂贵的技术控制污染，政府的收入分配政策可能会导致平均主义的结果。因此，为了实现资源的有效配置，我们需要的是市场和政府的某种结合。从世界各国的情况看，也没有哪一个国家完全依靠市场机制或政府行政指令，大多数国家采用的是市场机

制和政府干预相结合的经济决策方式，这被称为"**混合经济**"（mixed economy）。

目前，世界各国面临的挑战是如何确定市场和政府的边界，即是更多地依靠市场还是更多地依靠政府。欧美国家偏向于市场经济，古巴、朝鲜偏向于政府管理经济。我国在改革开放之前实行的是计划经济，也就是政府全面管制经济。而我国经济体制改革的实质就是政府不断引入了市场机制，使市场在资源配置方面发挥了越来越重要的作用，这极大地提高了资源配置的效率，从而使我国经济焕发出前所未有的生机与活力。我国的经济改革仍在继续，我们面临的挑战也是如何寻求市场机制与政府干预的平衡，当今很多公众关注的重大问题都与市场和政府的关系有关。比如，在教育和医疗行业如何实现市场与政府的适当平衡？国有企业治理结构的改革能否有效地解决低效率问题？政府在救灾、职业介绍、扶贫、慈善等社会事业方面的职能可否更多地通过非政府组织交给市场和社会？

第二节　经济学的内容和方法

一、微观经济学与宏观经济学

经济学通常被分为微观经济学和宏观经济学两个部分。

微观经济学（microeconomics）研究单个经济主体如何作出决策，以及这些决策的相互作用。微观（micro）一词源于希腊文，表示"小"的意思，这些"小"的经济主体包括个人、企业和政府机构。微观经济学侧重于研究这些"小"的单个行为人的决策行为，他们的目标是什么？为了实现这些目标，他们如何配置有限资源？面对各种激励和机会他们会如何做出反应？例如，单个消费者如何做出购买决策，以及其决策如何受到价格和收入的影响。企业如何决定雇工人数，工人们如何选择工作地点，他们在什么情况下愿意增加劳动。政府的价格管制和税收对个别物品与劳务价格和数量的影响等等。

宏观经济学（macroeconomics）研究整体经济现象，包括通货膨胀、失业和经济增长。宏观（macro）表示"大"的意思。这是因为宏观经济学的研究对象是大型经济单位，通常是一国的国民经济。在宏观经济学中，我们关心的是居民的总消费对总产出、物价和就业有什么影响？一国经济是如何增长的？通货膨胀和失业问题是如何产生的？为什么本期物价水平比上一时期高？减少失业应选择加大政府投入还是降低银行利率？总之，宏观经济学研究国民经济的运行规律，以及如何改善整体经济的运行状态。

理论上我们可以把经济学分为微观经济学和宏观经济学，但是在现实中，微观经济学和宏观经济学存在着密切的联系。宏观经济学研究一个社会的整体经济，而整体经济是单个经济主体的总和，整体经济的结果依赖于千千万万个人和企业的决策，只有理解了所有单个经济主体的经济行为以及影响其行为的因素，才能理解整个经济是如何运行的。因此，对宏观经济运行的理解离不开微观经济主体行为的分析，或者说，不考虑相关的微观经济主体的决策就无法理解宏观经济问题。例如，家庭支出决定总体消费和储蓄；企业投资决定总体投资。经济学家在研究政府支出或税收变动对整个物品与劳务生

图 1-2 就是用几何图形表示供求模型。横轴表示数量，纵轴表示价格。在收入给定时，猪肉的价格越高，消费者的需求量越少，因此，猪肉需求曲线向右下方倾斜。在养猪成本既定时，猪肉价格越高，企业愿意出售的数量越多，因此，猪肉的供给曲线向右上方倾斜。供给曲线和需求曲线的交点为市场供求的均衡点，在该点，猪肉的供给量等于需求量，价格不再变动，称为均衡价格，这时的数量称为均衡数量。

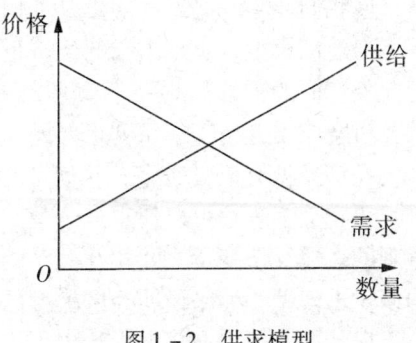

图 1-2 供求模型

供求模型是对现实经济世界的简化表达。它在忽略了消费者不同的口味，猪肉不同的质量，农民不同的养殖方法等细节的情况下，得出了合乎逻辑的结论。供求模型所表达的经济学原理体现在成千上万人每天的交易中。以后的分析我们将会知道，无论是微观经济学还是宏观经济学，供求模型都是一个非常有用的思维框架。

（三）假设的作用

所有的经济模型都建立在一些假设之上。假设就是撇开与我们所研究的问题无关的某些变量，使复杂的现实变得简单，可以使我们很容易地抓住问题的本质，从而得出有意义的结论。

例如，供求模型假设，当产品价格上升时人们的需求量减少。然而在现实中，产品价格上升时人们可能购买更多，这可能是人们的收入增加了，有能力在高价位时购买更多，或者是人们预期价格会进一步上升，现在不买将来更贵。在预测消费者对价格上升的反应时，我们通常假设影响需求量的其他因素保持不变，只有价格是唯一的变量，这样我们就可以很容易揭示出价格和需求量之间的反向变动关系。如果我们没有上述假设，要说明影响需求量的所有因素同时发生变化时，消费者对价格上升的反应，每一种预测都会有许多例外和限制条件，从而使对问题的分析变得令人费解。

因此，为了简洁地将一些经济变量之间的关系作为规律揭示出来，经济学家常常作出一些假设，然后得到一个"模型"。假设是构建经济模型的前提，一个好的经济模型，是用最简化的方式表达最深刻的思想。

（四）理性人假设

经济学用不同的假设研究不同的问题。但是，有一个假设条件是构建经济学理论体系所必须具备的，这就是经济学的"理性人"假设。经济学假设消费者、企业和政府都是"理性人"，"理性"就是每个行为人都有明确的目标，并且会尽力最大化这些目标。

对消费者来说，他的理性行为就是最大化自己的"效用"（满足程度）目标。经济学把效用与消费者对物质财富的消费数量联系起来，这是一种抽象，现实中人们在物质利益之外还有精神层面的追求，但这一抽象符合绝大多数消费者的基本行为目标，它能系，使我们知道一些经济变量是如何由其他经济变量决定的。例如，生产可能性曲线就是一个经济模型，它把繁杂的经济世界简化为一个只生产两种产品的经济，用一条简单的向外弯曲的曲线告诉我们资源的稀缺性、人们面临选择、选择的代价（机会成本）以及机会成本递增等一系列重要的经济学原理。

经济模型有语言文字、几何图形和数学方程式三种表达形式。它们各有自己的特点：语言文字表述可以使观点清楚，描述令人轻松愉快，几何图形则是一种最为简明而直观的表述经济变量之间相互关系的一种方法，数学方程式的表述则比较严谨。以下我们以供求模型为例来说明经济模型的表达形式。

以猪肉为例。在现实生活中，人们对猪肉的购买量会受到猪肉本身的价格、消费者的收入、相关商品的价格等其他多种因素的影响，如果我们认为猪肉的价格和消费者的收入是影响购买量最重要的因素，我们可以用以下公式表示需求函数

$$Q_d = f(P, I) \qquad (1.1)$$

在（1.1）式中，Q_d为猪肉的需求量，P为猪肉的价格，I为消费者的收入。一般情况下，如果消费者的收入不变，猪肉的需求量与价格呈反向变动关系，即价格上升，需求量下降，价格下降，需求量增加。这就是用语言文字表述的需求函数。若用数学公式表示则为$Q_d = a - bP$。还可以把需求函数绘成一条需求曲线，以数量为横轴，以价格为纵轴，需求曲线为一条向右下方倾斜的曲线，它表明了需求量与价格的反向变动关系。如图1-2所示。

同样，一般来说，猪肉的供给量会受到猪肉本身的价格、成本、技术等因素的影响，如果我们认为猪肉的价格和成本是影响供给量最重要的因素，可以写出猪肉的供给函数

$$Q_S = f(P, C) \qquad (1.2)$$

在（1.2）式中，Q_S表示猪肉的供给量，C表示猪肉的生产成本。如果猪肉的生产成本不变，猪肉的供给量与价格呈同向变动关系，即价格上升，供给量增加，价格下降，供给量减少。这是用语言文字表述的供给函数，用数学公式表示则为$Q_S = -a + bP$，还可以把供给函数绘成一条供给曲线，如图1-2所示，供给曲线为一条向右上方倾斜的曲线，它表明了供给量与价格的同向变动关系。

假定价格的调节可以使猪肉的需求量等于供给量，我们可以得出供求模型

$$Q_d = Q_S \qquad (1.3)$$

由于供求模型假设收入I和成本C为给定的量，所以该模型要说明的是价格P和数量Q的决定，因而P和Q被称为内生变量，I和C被称为外生变量。**内生变量**（endogenous variables）是模型内部决定的变量，即可通过模型求解的变量。价格和数量就是供求模型要解释的变量。**外生变量**（exogenous variables）是由模型以外的因素决定的变量，模型把它们作为给定的变量。例如，在上述供求模型中，收入和成本就是由模型之外的其他因素决定外生变量。当然，这不是说收入和成本不会变化，也不是说收入和成本的变化不会影响猪肉的需求量和供给量，而是说，供求模型不解释收入和成本的变化，收入和成本是供求模型之外的其他因素决定的，供求模型在解释价格和数量时把它们作为给定的变量。

是，规范结论并不能仅仅根据实证分析，它既需要实证分析，又需要价值判断。

在经济学中，实证分析和规范分析各有其不同的作用。当我们解释经济世界如何运行的时候，应当采用实证分析的方法，像自然科学家一样冷静、客观地分析经济现象；当我们以改善经济世界的运行为目标时，就要采用规范的分析方法，以一定的价值判断为基础评价经济现象。由于经济学的主要任务是认识世界，而且，主观评价的基础是对客观现象的认识。因此，在经济学中运用较多的是实证分析方法。

链接 1-2　　　　　　为什么经济学家的意见存在分歧

无论在实证分析还是规范分析领域，经济学家都存在意见分歧。例如，经济学家对于政府实施积极的财政政策应该采用哪种政策手段——增加政府支出还是降低所得税的看法就不一致。支持采用降低所得税政策的人认为，减税增加了家庭和企业的可支配收入，这会鼓励家庭和企业增加消费和投资，消费和投资的增加会引起经济的快速增长，这不仅会进一步增加家庭和企业的收入，而且也会增加政府税收的绝对额。支持采用增加政府支出政策的人认为，家庭的消费和企业的投资对所得税的下降不一定会做出太大的反应。经济学家对应该采用哪种财政政策手段之所以产生意见分歧，是因为他们对消费和投资对减税激励反应程度的实证观点不同。

然而，经济学家的意见分歧更可能是规范的。由于经济学家和普通人一样，有着不同的价值观、感情和信念，因而很难在一些问题上达成一致意见。比如，在上例中，经济学家对应该采用哪种财政政策手段具有不同的规范观点，很可能是因为他们的价值观不同，也就是说，在现阶段应该如何划定政府和市场的边界具有不同的看法。有的经济学家认为应当主要依靠政府的力量拉动经济增长，而另一些经济学家则认为应该依靠民间的力量拉动经济增长。不同的价值观导致了不同的规范结论。

上述事例说明，为什么经济学家对同一问题所提出的政策建议不同，其原因可能是实证的，也可能是规范的，经济学家看问题不一定完全依据科学，很多情况下他们的不同建议反映了他们具有不同的价值观。

（二）经济模型

如上所述，经济学的主要任务是运用实证分析的方法发现并解释经济世界的运行规律，这一任务很大，因为经济世界庞大而复杂，在一门课中全部予以描述和解释很困难，因而经济学家通常是通过建立经济模型（economic model）来提出经济学的基本原理，然后依据经济学基本原理预测经济事件和制定经济政策。经济模型是对现实经济世界的简化表达，它忽略掉经济中一些非本质、繁琐的细节，告诉我们最重要的经济行为的基本原理。正如一座建筑物的模型，它不是真实的建筑物，没有玻璃、没有空间，省去了许多细节，但它能够使房地产开发商用一种简单的方法向客户介绍他们最关心的大楼的楼层、位置、周边环境，每套房子的方位和朝向。

经济模型类似于建筑模型，它告诉我们与经济现象有关的经济变量之间的相互关产的影响时，必须考虑该政策如何影响家庭的购买行为和企业的投资决策。

二、经济学的研究方法

经济学是一门社会科学，经济学家的主要任务是发现和解释经济世界的运行规律，但认识和解释经济世界的目的是为了改善这个世界。因此，经济学家通常承担着解释和改善经济世界的双重职责，相应地，他们采用实证分析和规范分析两种语言表述方法。

（一）实证分析与规范分析

实证分析（positive analysis）是描述性的，它是关于经济现象"是什么"的表述。这种表述方法只确认事实本身，研究经济现象的客观规律与内在逻辑，发现经济变量之间的关系，并用于预测经济行为的后果。比如，"如果政府对一次性筷子征收消费税，一次性筷子的销售量将下降"，这是一种实证表述，它说明了税收与商品销售量之间的变动关系。这一说法是否正确我们可以用征税后一次性筷子销售量变动的数据加以检验，如果一次性筷子的销售量真的下降了，那就说明我们对消费税与一次性筷子销售量因果关系的描述是正确的。

规范分析（normative analysis）是命令性的，它是关于经济活动"应该是什么"的表述。这种表述回答了世界应该是什么的问题。比如，"政府对一次性筷子征收消费税有利于环境资源的保护"，这是一种规范表述，规范表述得出的结论不能检验，因为它涉及人们的价值观，每个人的伦理观、哲学观、宗教观、政治观不同，对同一经济活动于社会有积极意义还是有消极意义会作出不同的回答，谁是谁非没有绝对的标准。规范分析回答"应该是什么"，是要说明某经济活动是好的还是坏的，是否符合某种价值观，或者具有什么社会意义。

我们可用以下事例来说明实证分析与规范分析的区别。比如，改革开放以来，我国城乡居民的收入水平不断提高，越来越多的家庭和个人购买了轿车，相应的也带来了能源消耗量增加、环境污染、交通堵塞等一系列问题。"随着人们收入水平的提高，轿车将会更多地进入家庭"是一种实证表述，它可以进行检验，只要有不同收入水平下每百户人家拥有轿车数量的统计数据，我们就可以把这一表述和事实加以对照。"鼓励轿车进入家庭不符合中国国情"是一种规范表述。你可以赞成或者反对这种表述，但我们不能检验它，它取决于人们的价值观，环境保护者反对轿车更多地进入家庭，而那些看重汽车工业发展对经济拉动效应的人则会说："鼓励轿车进入家庭有利于促进经济增长和就业的增加。"这些语言表述都是规范分析法。医疗保障制度改革也是一个例子。"扩展医疗保障制度的覆盖面将减少由于疾病所损失的劳动时间"是一种实证表述。"每个中国人都应该平等地得到医疗"是一种规范表述。

实证分析和规范分析尽管存在上述差异，但它们也是相关联的。规范分析要以实证分析为基础，经济学关于经济世界如何运行的实证结论会影响政府制定什么经济政策对社会才有积极意义的规范结论。如果政府对一次性筷子征收消费税，一次性筷子的销售量将下降的结论是正确的话，那么，为了调整产业结构，以减少经济增长对环境资源的破坏，政府对一次性筷子等资源消耗性产品征收消费税将是一项必要的政策选择。但够使我们的分析变得简单，在简单分析中得出的结论有助于我们理解复杂世界中人们的基本行为特征。

经济学假设企业的理性行为是追求利润最大化，这也是合理的简化。现实中企业的目标也许是多元的，比如市场份额、企业声誉、员工福利，或者是为了增加就业，缓解居民贫困。但这些目标的大多数是与利润相关的，它们既建立在利润基础上，又服务于利润目标。即使一些企业的目标主要不是利润，但那不是有代表性的企业。因此，经济学将利润最大化作为企业行为目标的基本假设是符合实际的。

从理论上来说，政府是为公众提供服务的机构，其目标应该是社会福利的最大化。但是，受执政党所代表的社会群体利益和政府部门利益的影响，现实中的政府可能会更倾向于最大化某个特定利益群体或者某个政府部门的效用。然而，不管政府的行为目标是什么，只要该行为目标是确定的，政府的行为就符合理性人假设。

理解经济学的理性人假设需要注意三个问题：第一，理性人假设强调行为人有能力选择目标，但对每个行为人的特定目标和动机的好坏不做评论。经济学具有价值中立性的特点，只要行为人有明确的目标和偏好，并且尽其所能实现这些和目标，不管行为人"拔一毛而利天下，不为也"，或是"毫不利己，专门利人"，均符合理性人假设并可成为经济学解释的对象。第二，理性人假设强调行为和目标的一致，并不假设行为人总能如愿以偿地达到目的。现实世界充满不确定性，理性选择可能是不成功的，甚至是导致自身利益受到损害的选择。例如，买股票时的"跟风"行为，它是小股民在信息不充分条件下为防止决策失误的理性选择，但这一行为很可能导致"高价买进，低价抛出"的结果，理性人假设允许犯错误，但不允许总是事后反悔。第三，理性是对人们行为动机的简化假设。现实中人们的行为可能是理性的，也可能会受到感情、信仰等非理性因素的驱使。理性人假设舍掉非理性因素，是为了在一个简单的条件下研究人们的经济行为。经济学不能解释所有现象，对非理性行为的解释是医学、心理学等其他学科的任务。

第三节 为什么学习经济学

国内外很多大学都把经济学设置为公共选修课。提倡每个人都应该学点经济学，并不是希望每个人都要从事经济学的研究工作，也不是因为经济学能够告诉我们致富的方法。而是因为，经济学是一门致用之学。它是一扇智慧之窗，推开它，有助于我们认识和理解我们生活的真实世界。

一、经济学有助于增进我们的人生智慧

经济学是一门社会科学。社会科学是用来帮助人们思考人类社会自身所面对的问题的科学，而经济学的重要则在于它是基于理性假设解释人类行为的科学，经济学所揭示人的行为的基本规律能够增加我们对人类社会的知识，从而丰富我们的人生智慧。

例如，经济学告诉我们，"天下没有免费的午餐"，人们为了得到某个想要的东西，就必须放弃另一个想要的东西。知道了现实社会中人们"有得必有失"的道理，我们

就会明白选择就是在相互竞争的利益之间寻求妥协。期末考试前，时间是你最宝贵的资源，你如果增加了用于学习经济学的时间，就会减少学习会计学的时间，但是你不能为了增加学习经济学的时间而放弃会计学的学习。父母出于子女教育和退休的考虑把收入的一部分用于储蓄，这会降低家庭成员当前的消费水平，家庭不能因为储蓄降低了消费水平而不再储蓄。要求企业减少污染的规定增加了企业的生产成本，这会降低经济增长率，社会也不应该仅仅因为环境保护降低了我们的生活水平而不再保护环境。认识"有得必有失"本身虽然没有告诉我们作出什么选择，但它使我们懂得了权衡——这是作出正确决策的前提。

又如，经济学告诉我们人是最大化自己的利益的，但是却必须面临约束。明白了这个道理，我们在作出选择时，首先要弄清楚自己的约束，而不能过于追求完美。大学毕业后，也许你想选择走学术道路，但是家庭的生活压力可能迫使你选择了职业道路。人生很难追求十全十美的最优状态，我们所能选择的实际上是在一定约束条件下的"次优"。个人是如此，企业乃至社会也是如此。从理论上说，发展资本密集型和技术密集型产业能够使我们更快地缩小与发达国家的经济差距，但是，较低的技术发展水平和丰富的劳动力资源是我们面临的现实，在这些条件的约束下，短期内使大多数企业都走上高新技术发展的道路是不现实的。

再如，经济学告诉我们分工可以提高生产率。因为分工可以使在兴趣、爱好、技能等方面具有差异的人充分发挥自身的潜能，从而增进每个人的利益。最适合自己做的工作就是最好的工作，懂得了这些，我们应该学会找准自己在社会中的位置，这样就可能在与他人的分工合作中谋取更大的福利。

二、经济学能够帮助我们作出正确的决策

每个人的一生都需要做出许多重要的决策。比如，当你大学毕业的时候，你需要决定的是继续深造，还是去工作？在工作以后，你要决定如何使用你的收入：多少用于现在的消费，多少用于储蓄？有一天你若成为一个企业的老板或经理，你要考虑如何制定产品的价格策略。总之，在资源既定的情况下，人们必须作出选择，而且，大多数选择常常是在不确定的情况下作出的。比如，当你毕业的时候，你并不知道工作或是继续深造，哪一种选择对你更有利。为了避免决策失误，你需要学习经济学。经济学是关于选择的科学，虽然它不能为所有的问题提供现成的答案，但是，经济学为人们的理性决策提供了一套概念和方法，它是一种独特的思维技巧，它能够帮助人们在理解人类行为基本规律的基础上作出正确的决策。

经济学研究理性行为人的选择所使用的最重要的方法是成本—收益分析。成本—收益分析告诉我们，当收益大于成本，即净收益最大时，我们才会选择某一项行动。用这一分析工具思考现实问题，会使我们避免陷于不切实际的空想。例如，我们都希望社会上没有犯罪现象，但是，在人的道德素质既定时，依靠政府打击犯罪的行动彻底消除犯罪活动几乎是不可能的。这是因为，政府打击犯罪的行动是要付出成本的，比如需要设置机构并配备人员，需要制定法律法规，搜集、整理信息，对犯罪行为给予处罚或判罪等等，政府为此而付出的人力、物力、财力和时间就构成打击犯罪行为的成本。一般来

说，当政府加大打击犯罪行为的力度时，犯罪率会降低，这可以看成是打击犯罪行为的收益增加，但是，随着犯罪率越来越低，进一步降低犯罪率需要付出巨额的成本，打击犯罪行为的成本会大于收益。在这种情况下，对全社会来说，与其使犯罪率为零，不如接受一个较低的犯罪率，从而把节省的政府开支用来做净收益更大的事情。

还可以考虑一个生活中常有的事例。假设你要去学校附近的商店购买一个 50 元的 U 盘，这时候有同学告诉你，在市区的电脑城同样的 U 盘只卖 40 元。如果走到市区的电脑城需要 30 分钟，你应该在哪里购买这个 U 盘？按照成本—收益分析法，如果收益大于成本，去市区购买 U 盘就是值得的。去市区购买 U 盘的收益容易计算，就是你去市区购买 U 盘节省的 10 元。去市区购买 U 盘的成本是你往返市区的时间和精力的货币价值。应当如何估计这些货币价值呢？假设你往返市区的时间本来打算去踢球，那么你往返市区的成本就是你踢球的价值，即你对踢球的最大的支付意愿。如果你愿意为踢球付出的价值小于 10 元，你应该去市区购买 U 盘，因为去市区购买省下的 10 元超过了你走这一趟的成本。假设你往返市区的时间是你打算用来准备明天一门考试的时间，这时，你去市区的成本非常高，你可能决定不去市区购买。面临同样的选择，不同的人可能采取的行动不一样，这取决于每个人估计的成本是多少，这一成本指的是机会成本，也就是你为走到市区再返回所必须放弃的价值。

我们还可以用成本—收益原理对我国市场化的改革措施作出评价。改革开放以来，市场化的改革在使我国经济焕发出活力的同时，也带来了收入差距过大、环境恶化等负面的问题。用成本—收益原理来思考，我们就会明白，出现这些问题不足为怪，因为任何一项改革措施都会在带来积极影响的同时，也带来一些消极影响。评价一项改革措施，重要的是看该项措施的"净收益"是否为正，只要收益大于成本，这项改革措施的实施就是值得的，其负面效果可以通过进一步的政策调整或深化改革加以限制。如果我们因为改革的一些具体措施的负面结果而否定市场化改革的方向，这是从一个极端走向另一个极端，会导致更严重的后果。

当我们用成本—收益方法做出决策时，很多情况下，并不是决定是否做某件事情，而是选择在多大规模上做这件事情，或者说选择"做多少"。这就需要用"边际分析法"考虑如何选择能够实现净收益最大。所谓边际分析就是考虑增加一单位某项活动的成本和收益分别是多少。经济学家把每增加一单位某项活动的成本称为边际成本，每增加一单位某项活动的收益称为边际收益。在确定某项经济活动的限度时，根据成本—收益原理，只要边际收益大于边际成本，就应该扩大该项活动的规模。比如，假设某航空公司从甲地到乙地的航班，每个座位的全部成本为 800 元，当飞机有空位时，航空公司能否以 300 元票价把机票卖给乘客？人们往往认为不行，理由是因为航空公司为每个乘客支出的成本是 800 元，如果低于这个数目，就会导致亏本。但是，借助于"边际"的概念，这是可行的。根据边际分析法，决策时不必考虑公司投入的全部成本，而应该考虑每增加一位乘客而额外增加的边际成本。在这里，因增加一位乘客而增加的边际成本是很小的，它可能只包括乘客的就餐费和飞机因增加载荷而增加的燃料支出。只要乘客所支付的票价（边际收益）大于边际成本，低价售票就能够增加航空公司的利润，所以，航空公司降低票价增加乘客数量的决策是正确的。

三、经济学有助于我们理解政府政策的作用与局限性

每个社会都有政府,学习经济学,你会明白我们为什么需要政府,什么是政府应该做的,什么是政府不应该做的。经济学告诉我们,我们需要政府,是因为单靠市场不能使所有的资源都能得到有效配置。比如,如果没有政府的干预,追求利润最大化的企业可能会使你呼吸受污染的空气;我们可能无法拥有良好的社会治安,无法保证个人财产和人身安全;或者无法享用路灯、街心公园等公共物品;市场交易也没有人们必须遵循的规则和秩序。但政府对市场干预过多也会导致产品供给不足、价格扭曲、资源浪费、垄断横行。政府的政策选择正确与否,不仅影响整个社会的资源配置效率,而且也影响包括你在内的每个公民的经济利益。所以,当你决定支持哪一种政策时,当你希望政府制定某种政策的时候,你必须谨慎考虑这种政策的不利后果,经济学常识有助于你思考这样的问题。

例如,如果你是一个打工仔,你或许对政府的"最低工资标准"给予很高的评价,最低工资标准高于市场工资水平,在劳资双方力量对比不均衡、劳动一方处于弱势的企业,政府要求企业执行最低工资标准,的确有助于维护在业工人的利益。然而,经济学会告诉你,最低工资制度不是完美无缺的,这样做的后果可能会使你失去工作。

又如,作为消费者,你也许会认为当某种商品价格上升时,政府对该商品实行最高限价能够维护消费者的利益。经济学会告诉你,这样做的后果可能会使你的利益受到损害。2007年下半年,兰州市物价部门对牛肉拉面实行了最高限价,每碗拉面的价格不能高于2.5元。该"限价令"一出台,相当多的市民对此表示支持,认为政府在牛肉拉面这样看似很小却关乎很多人生活习惯的事情上进行限价,体现了对民生问题的重视。然而,最高限价的后果很快显现出来,"限价"带来了成本的转移。政府把拉面的最高价格限制住了,但是在拉面成本接近甚至高出售价的情况下,牛肉拉面馆便以减少每碗拉面的分量和降低质量的方式把限价的成本转移到了消费者身上。很明显,如果拉面馆不这样做,等待他们的将是因无法维持正常运转而倒闭,这不仅造成失业和社会不安定,消费者也很难再吃到牛肉拉面了。所以,经济学使你有能力对政府的政策"评头论足",至少它会使你不过于迷信政府。

链接1-3   经济学家的眼光

经济学来自于现实生活,它给我们提供了分析各种问题的方法。无论个人还是企业,运用经济学的思维方式将有利于作出正确的决策,至少,它给我们分析各种问题提供了一个新的视角。

曾经是美国首富的保罗·盖蒂,年轻时家境贫寒,他所拥有的不过是一片收成很差的旱田。有一次他在田里挖水井的时候,从地下涌出了一些又黑又浓的液体,原来这竟是被称之为"工业的血液"的石油!于是他把水井改成了油井,农田变成了油田。他很用心地经营着自己的石油开采事业,但开始时却总是难有起色。

后来他在工地巡视时发现,油田的那些监管人员都没有很努力地工作,而是管理松

懈，随意散漫，浪费现象也很严重。他不明白为什么他们都不尽心，于是请教了一位经济学家。经济学家的一句话就点醒了他："因为那是你的油田，而不是他们的。"保罗·盖蒂顿时明白了。他召来各位工头向他们宣布："从今天起，油田交给你们负责经营，效益的25%由各位全权支配。"从此，油田欣欣向荣，财富滚滚而来，保罗·盖蒂也成了美国的石油大王。

还有个故事，说的是在美国一个深山里的伐木场，老板和一批伐木工人长年在那个远离繁华都市的地方劳动和生活。老板希望工人们好好干活，自己也好多赚钱。但工人们就是不太愿意多干，哪怕多给他们工资他们也不卖力。这个老板弄不清楚为什么工人不想多挣钱，他也像保罗·盖蒂那样请教了一位经济学家。经济学家到那里一看就明白了。原来是因为在那个深山老林里的工人们习惯了一种省俭而悠闲的生活方式，即使多挣了钱他们也不知怎么花，花也没处去花，现在挣的一点钱已经足够了，所以他们并不想多干活多挣钱。

问题找到了，那么，解决问题的办法也很简单了。经济学家从城里请来一些商人，他们带了许多现代化的高档消费品进山来，展示给山里的伐木工人。大家看了都大开眼界，都想要买，而这就需要有钱。于是他们都努力工作，拼命挣钱，山区的经济开始发展起来。

樊纲也曾经讲过一个有趣的故事，说一位住在英国伦敦郊区的经济学家，与周围的邻居们合资建了一个游泳池共用，说好费用分摊。本来这是一个不错的安排。不料等到分摊费用的时候，大家发现高得惊人。这时，那位经济学家连连跌足叹曰："此事有失，责任在我，因为这里只有我一个人是经济学家，而作为一个经济学家，我理应事先考虑到出现这样一种结局的必然性。"

按照经济学家的解释，游泳固然是大家共享可以分摊费用，因而合算，但游完泳之后的淋浴却是一种"私人消费"，若将它也混在一起公用，人人都会有"反正水电费用均摊，我不用白不用"的想法，于是一定会产生类似沾光、揩油、搭便车的行为，出现"公家的东西坏得快"的浪费现象，导致"需求旺盛"、"费用膨胀"。那么，解决问题的办法就是，立即取消公用淋浴室，游完泳后各人自己回家去洗。

看来，经济学家确实比我们普通人目光犀利、眼界独到，他们观察事物、分析现象、思考问题都有自己的一套，不能不令人佩服。而且，当经济学家的思想被人们普遍接受以后，它就会产生精神原子弹一样的巨大力量。有人开玩笑说，经济危机的时代是出经济学家的时代。现在的中国，正处于一个重要的经济转型期，很多经济学家为中国的改革开放事业作出了许多的思想贡献。比如，周其仁教授就是其中一位贡献颇丰的优秀经济学家。

我们现在在每天都能吃到可口的晚餐，我相信这里面有周其仁教授的一份功劳。正是因为当年他与一批年轻的经济学者到农村的深入调查，写出了大量关于家庭联产承包责任制的文章，最终导致中国农村的制度变迁，从此使中国人脱离了吃不饱饭的窘境。此后，又是他深入研究和竭力倡导国有企业的产权制度改革，要将给中国人民带来深重灾难的计划经济体制彻底抛弃，因为这样才能使中国真正走上自由、民主、繁荣、富强的现代化之路。

当然，正是因为经济学家的思想深刻，有时候可能不能一下子被人们所接受。凯恩斯说，一个好的"思想"要改变人类历史的进程大约需要50年的时间。但是，无论如何，对于这些为社会作出巨大思想贡献的经济学家们，我想应该报以深深的感激。

资料来源：王治平．经济学消息报．2004－12－24。

本章要点

（1）稀缺性是人类社会面临的一个基本事实。资源相对于我们对物品和劳务的欲望是稀缺的。

（2）稀缺性使我们面临选择，选择存在机会成本。当我们把经济资源用于生产某一种产品时，就放弃了生产其他物品和劳务的机会。

（3）生产可能性曲线表示了生产极限以及与不同产出组合相联系的机会成本，它表示当既定资源和技术被有效利用时所能生产的两种商品各种可能的组合。生产可能性曲线向外弯曲反映了机会成本递增的趋势。缺乏效率或资源不能充分利用将不能达到生产可能性曲线之上。

（4）经济学是研究人们对稀缺资源的选择以及这些选择如何变化的科学。一个国家的基本经济问题包括可以生产什么、如何生产、为谁生产和什么时候生产。

（5）生产什么、如何生产、为谁生产和什么时候生产可以通过市场机制和政府干预来决定。大多数国家采用的是这两种机制的结合，这被称为"混合经济"。

（6）经济学分为两个领域：微观经济学和宏观经济学。微观经济学研究单个经济主体的决策以及这些决策的相互作用。宏观经济学研究整体经济的运行规律。

（7）实证分析是关于世界是什么的表述，规范分析是关于世界应该是什么的表述。经济学的主要任务是认识世界，经济分析较大部分属于实证分析范围，较小部分属于规范分析范围。

（8）经济学运用实证分析法解释经济理论时，通常作出适当的假设并建立一些简单化的模型，它使我们更容易地解释经济世界的运行规律。

重要概念

稀缺性　机会成本　生产可能性曲线　效率　市场机制　经济学　微观经济学　宏观经济学　实证分析　规范分析　理性人

本章练习题

（1）什么是稀缺性？举出一些富人和穷人面临稀缺性的例子。

（2）你计划暑假去旅行。你不能从事得到6 000元的暑期工作，而且你也不能免费在家生活。旅行成本是3 000元，胶卷与录像带要花费你200元，而且你的食物将要花1 400元。你进行这次旅行的机会成本是多少？

（3）阅读本章内容你承担了什么机会成本？如果你今天再阅读三章的话，你阅读每章的机会成本会增加吗？请解释。

（4）假设一家手机销售商打出"免费手机"有奖销售的广告对它的商店进行宣传。能否因为有奖销售的获奖者得到手机而没有付费，就说这部手机是免费的？为什么？

（5）航空公司给购买往返机票的乘客赠送机票，很多人认为使用赠送机票旅行是免费的，解释为什么这些人通常会做出不经济的旅行决策？

（6）现在上大学太贵了，既要花时间，付出精力，又要交大笔学费，那么为什么人们还是决定上大学？

（7）微观经济学和宏观经济学的区别是什么？举出一个微观问题和宏观问题的例子。

（8）实证分析和规范分析的区别是什么？举出每种分析方法的一个例子。

（9）判断下列命题是实证分析还是规范分析：

    A. 最低工资法增加了非熟练工人的失业；

    B. 20世纪70年代世界石油价格暴涨主要是由垄断力量造成的；

    C. 利率下降可减少储蓄；

    D. 鼓励汽车进入家庭不符合中国国情。

第二章 需求与供给

每当黄金周到来的时候，机票的价格很少打折，但在节日之后则有较多的折扣。电脑的价格在不断下降，但电脑的产量却在增加。粮食是人们生活中不可缺少的，而电影并不是生活必需品，可是种粮农民的收入为什么大大低于影星的收入呢？广州市的房价依据其地理位置的不同存在着差异，天河区、越秀区的房价偏高，而荔湾区、白云区的房价则低一些，为什么同是住房因其位置不同房价也不同呢？观察生活中许多与价格相关的现象，我们会发现，左右这些现象背后的力量是需求和供给。

本章将通过需求和供给解释市场是如何运行的，这是经济学的核心理论。本章的学习将使你发现，一旦你了解了需求和供给，以及影响需求和供给背后的力量，我们就可以理解和解释许多与价格有关的现象，并且有能力对许多价格政策作出自己的评价。

第一节 需 求

一、需求的含义

需求（demand）是指消费者在每一价格下愿意并且能够购买的某种物品或劳务的数量。这一定义表明需求有两层含义：一是购买愿望；二是购买能力。比如你打算购买某套住房，首先是你愿意拥有该住房。但仅有购买愿望还不行，"愿意"是你的需要，要形成对住房的需求，还必须"能够"，即要有购买能力。如果开发商给出该套住房每平方米万元以上的价格，你会想"要是价格低一半"就好了。所以，愿意购买，并且有货币支付能力，你才能够形成对住房的需求，需求是购买愿望和购买能力的统一。如果你想买住房却付不起钱，而你的朋友买得起住房却不愿意购买，那么你们两人都没有对住房的需求。

二、影响需求的因素和需求函数

以你对猪肉的需求为例，你打算购买的猪肉的数量取决于很多因素，主要因素有：

（一）商品的价格

如果每斤猪肉的价格上涨了，你将会少买猪肉，你可能会购买相对便宜的牛肉、鸡肉、鱼肉。反之，如果每斤猪肉的价格下跌，你会多买一些。商品本身价格高，人们对该商品的购买量减少，价格低，人们的购买量增加。

（二）收入

当收入增加时，你对猪肉的需求可能会增加，而当收入减少时，你可能不得不减少对猪肉的购买支出。当收入的增加引起人们对某种物品的需求增加时，该物品被称为正常物品（normal goods）。乘飞机旅行、汽车、出国旅游都是正常物品。但不是所有的物品都是正常物品，经济学把随着收入增加人们的需求减少的物品称为**低档物品**（inferior），比如火腿肠、乘坐公共汽车等。

（三）相关商品的价格

具有相关关系的商品有两类：一类是替代品，**替代品**（substitute）是指可以代替另一种物品的物品。比如猪肉和牛肉，假定牛肉价格上涨，你会少买牛肉而增加对猪肉的购买，因为牛肉和猪肉都是肉食品，可以满足相似的欲望。当两种物品具有替代关系时，一种物品价格上升，另一种物品的需求会随之增加。其他的例子有传统相机和数码相机、电影票和 VCD 光盘租售等。另一类相关商品是互补品，**互补品**（complement）是指与另一种物品配合使用的物品。比如汽车和汽油。假如汽油价格上涨，人们将减少对汽车的购买。当两种物品具有互补关系时，一种物品价格上升，而另一种物品的需求会随之减少。其他的例子有电脑和软件、录音机和磁带等。

（四）偏好

偏好（taste）是决定你需求的最明显的因素。如果你喜欢吃猪肉，你会比别人更多地购买猪肉，反之，你会较少地购买。

（五）对价格的预期

你对某种物品未来价格的预期也会影响你现在对该物品的需求。比如，如果你预期下周猪肉的价格将会上涨，那么你本周会多买一些猪肉存放在冰箱内，因而你对猪肉的现期需求增加了。同样，如果你预期下周猪肉的价格将会下降，你会不太愿意以今天的价格购买猪肉，你对猪肉的现期需求减少了。

其他如人口、广告等因素也会影响商品的需求，但上述五个因素是最基本的因素。如果把影响需求的各种因素作为自变量，把需求量作为因变量，则可以用函数关系来表示影响需求的因素与需求量之间的关系，这被称为需求函数。用公式表示为：

$$Q_d = f(P, I, P_i, T, E, \cdots) \tag{2.1}$$

式中，Q_d 表示需求量，P 表示商品的价格，I 表示收入，P_i 表示相关商品价格，T 表示偏好，E 表示预期。

在众多影响需求的因素中，经济学家最重视价格与需求的关系，因而需求函数一词通常专门表示价格与需求的关系。假定影响需求的其他因素不变，只考虑商品本身的价格对该商品需求量的影响，则需求函数为：

$$Q_d = f(P) \tag{2.2}$$

例如，假设某一物品具体的需求函数为：$Q_d = 20 - 2P$，移项得 $2P = 20 - Q_d$，等式两边除以 2，该物品的需求函数也可写成 $P = 10 - 0.5Q_d$。这一需求函数画出的需求曲线为一条直线。直线形需求曲线即线性需求函数的方程式可写成：

$$P = a - bQ_d \tag{2.3}$$

上式中，P 是价格，Q_d 是需求量，a 和 b 是正常数。这个方程式告诉我们，当价格是

a，需求量 Q_d 是零；如果价格小于 a，需求量 Q_d 是正值，而且，Q_d 越大时，价格越低；常数 $-b$ 表示随着需求量的增加，一个人愿意为商品支付的最高价格会下降多少。

三、需求表、需求曲线和需求定理

以上说明了用数学方程式表示的需求函数。除此之外，还可以用以下三种方式表示需求函数。

（一）需求表

用表格的方式表示需求函数就得到需求表。**需求表**（demand schedule）是表示商品价格和需求量之间关系的表格。比如，小刘是一个大学生，收入有限，每周对猪肉的购买支出必须有所限制。给定收入水平，小刘每周对猪肉的需求量由猪肉的价格决定。假定猪肉的价格 20 元/斤，超出了他的经济承受能力，他 1 斤猪肉也吃不起了，即每周猪肉的购买量为零；当猪肉的价格降为 18 元/斤时，他愿意购买 1 斤，其余依此类推。这些反映价格与需求量之间反向变动关系的数据构成了小刘对猪肉的需求函数，把它们用表格来表示，就得到小刘对猪肉的需求表。如表 2-1 所示。

表 2-1 小刘每周对猪肉的需求表

价格（元/斤）	需求量（斤/周）
18	1
12	2
9	3
7	4
5	5

（二）需求曲线

还可以用图形表示需求函数。在图 2-1 中，纵轴表示价格，横轴表示数量，把表 2-1 中价格与需求量之间的对应关系表示为图中的 a、b、c、d、e 各点，然后把点连起来，就得到了需求曲线。**需求曲线**（demand curve）是表示商品的需求量和价格之间关系的几何图形。如图 2-1 所示，小刘对猪肉的需求曲线是一条向右下方倾斜的曲线，表示随着猪肉的价格下降，小刘对猪肉的需求量

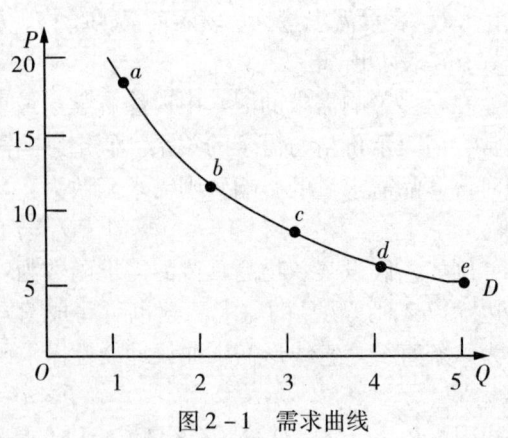

图 2-1 需求曲线

增加。

可以从两个角度理解需求曲线。一是在价格既定时，人们愿意并且能够购买的数量。例如，当猪肉的价格为9元/斤时，小刘每周的需求量为3斤。二是在数量既定时，需求曲线告诉我们消费者愿意并且能够为得到一单位物品支付的最高价格。例如，如果小刘每周可以得到4斤猪肉，那么，他愿意为第四斤猪肉支付的最高价格是7元。

以上讨论了单个消费者对猪肉的需求。为了分析市场如何运行，我们需要确定市场需求，市场需求是所有个人对某种物品或劳务需求的总和。因此，我们可以从消费者的个人需求得出市场需求。图2-2表示，在一个只有两个消费者的市场，当猪肉的价格既定时，每个人受到收入、偏好、相关商品价格以及预期的影响，对猪肉的需求量不同。从个人需求推导出市场需求的方法是，把某一价格下所有单个消费者对猪肉的需求量加总起来，就得到了该价格下的市场需求量。也就是说，我们把个人需求曲线水平相加，就得到了市场需求曲线。如图2-2所示，在价格为9元/斤时，整个市场猪肉的需求量是7斤。市场需求曲线表示一种物品的总需求量与价格之间的反向变动关系。本章主要关注市场是如何运行的，因此较多地使用市场需求曲线。

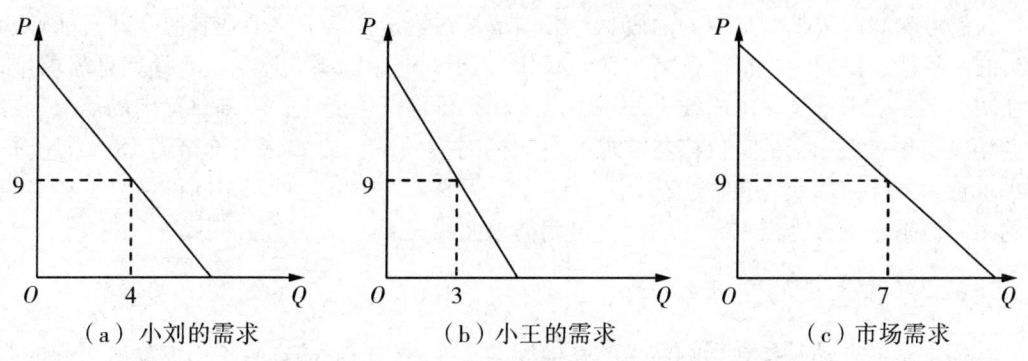

(a) 小刘的需求　　　　　(b) 小王的需求　　　　　(c) 市场需求

图2-2　从个人需求曲线推导市场需求曲线

（三）需求定理

从需求表和需求曲线可以看出，商品的需求量与价格之间存在着反向变动关系，经济学家把这一关系用语言文字表述出来就是需求定理。需求定理表述为：在其他条件不变时，某种商品的需求量与其价格呈反方向变动，即价格上升，需求量减少；价格下降，需求量增加。显然，需求定理与人们的日常生活经验是相一致的，仅有少数例外。

链接2-1　　　　　　　　　　需求定理的例外

需求定理就绝大多数商品而言是成立的，但在现实生活中也有例外。这些例外可以分为两大类：一是吉芬商品（giffen goods）；二是炫耀性商品（conspicuous goods）。

罗伯特·吉芬（Robert Giffen）是一位英国经济学家，1854年，他在爱尔兰发现，当时爱尔兰发生的大饥荒使得土豆的价格大幅度上涨，人们对土豆的需求量也增加了。

当时人们把这种现象称为吉芬之谜,后来经济学家把那种随着价格上升其需求量也增加的低档商品称为吉芬商品。之所以会发生吉芬之谜,是因为在吉芬生活的年代,土豆是爱尔兰穷人日常生活中的主食,用于土豆的开支在总支出中占较大比例。由于大饥荒,土豆涨价了,穷人感觉穷了许多,于是不得不少买更为昂贵的肉类,把更多的收入用于购买土豆这种生活必需的低档食品。所以,即使土豆价格上涨,人们仍然会增加对土豆的购买。

炫耀性商品是指那些可以显示人们身份和地位的物品,比如名画、名车、古董、钻石等。这类物品价格昂贵,正因为其昂贵,可以显示拥有者的地位和富有,所以富人们对它们的需求量反而会增加。

四、需求量的变动和需求的变动

在经济分析中,需要严格区分需求量的变动和需求的变动。

(一)需求量与需求的区别

需求量与需求是两个不同的概念。需求量是在给定价格下,消费者愿意并且能够购买的商品量。比如,当猪肉价格为9元/斤时,小刘愿意购买3斤,这3斤就是需求量,在图形上,需求量是需求曲线上的一个点。如果价格发生变化,小刘对猪肉的需求量也会相应变化。需求指的是价格与需求量之间的对应关系。比如猪肉价格为18元/斤时,需求量为1斤,12元/斤时为2斤,9元/斤时为3斤,……这种与不同价格水平相对应的不同需求量总称为需求,在图形上可用需求曲线表示。

(二)需求量的变动

需求量的变动是指在影响需求的其他因素不变时,由商品本身价格变动所引起的购买量的变动,它表现为沿着同一条需求曲线的移动。如图2-3所示,猪肉价格由9元降到7元,小刘对猪肉的需求量由3斤增加到4斤,表现为沿着需求曲线从 a 点移动到 b 点。

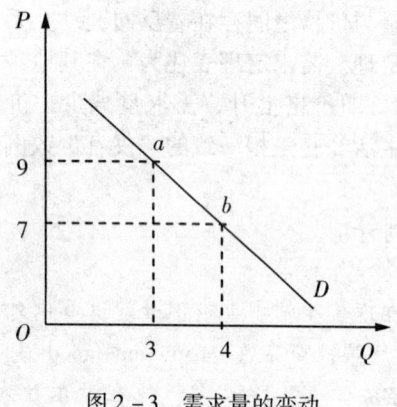

图2-3 需求量的变动

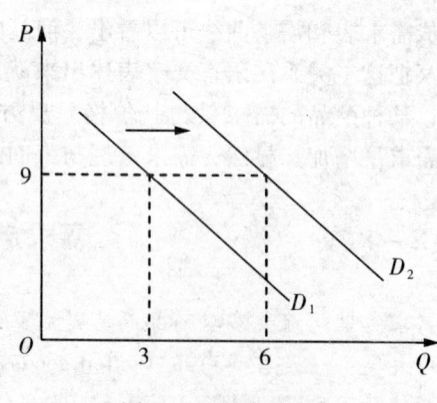

图2-4 需求的变动

(三) 需求的变动

需求的变动是指商品本身的价格不变，由其他影响需求的因素发生变动所引起的购买量的变动，它表现为整条需求曲线的移动。如图 2-4 所示，假定小刘找到了一份家教的工作，每月的收入增加了，这样，在猪肉的每个价位上他的购买量都比以前增加了。比如 9 元/斤时他的需求量从原来的 3 斤变成 6 斤，7 元/斤时他的需求量也相应增加，结果他的需求曲线向右移动。同样道理，如果收入下降，需求曲线会向左移动。

根据需求和需求量的定义，需求的变动会引起需求量的变动，比如，当需求增加时，在各个价格水平时的需求量都增加了。但是，需求量的变动不一定会引起需求的变动，比如，当需求量随着价格的上升而减少时，需求可以不变。

第二节 供 给

一、供给的含义

供给（supply）是指生产者（企业）在每一价格上愿意并且能够出售的某种物品或劳务的数量。供给包含两个条件：一是供给愿望；二是供给能力，但更重要的是供给能力。

二、影响供给的因素和供给函数

设想你经营一家养猪场，什么因素决定你愿意生产并销售猪肉呢？一般来说，主要有以下方面。

(一) 商品的价格

猪肉的价格是你考虑是否调整产量的一个决定因素。在其他条件不变时，当猪肉价格提高时，生产和销售猪肉有利可图，你会投入更多的生产资源，从而使猪肉的供给数量增加。相反，当猪肉价格降低时，对你的经营不太有利，你将减少资源投入，生产较少的猪肉。

(二) 投入品的价格

为了生产猪肉，你投入了各种生产要素：猪、饲料、厂房以及养猪工人的劳动。当这些投入品中的一种或几种价格上升时，生产猪肉的成本上升，在猪肉本身价格不变的条件下，生产猪肉的利润减少，你的企业提供的猪肉数量也会减少；反之，投入品价格下降则会增加利润，从而使得猪肉的供给量增加。

(三) 技术

技术是把各种投入品变为猪肉的方法。你之所以愿意采用新技术，那是因为新技术降低了养猪的成本，因而改变了供给。比如，机械化养猪的技术减少了养猪所必需的劳动量。在猪肉价格不变的条件下,猪肉的生产成本下降,猪肉的供给量增加。

(四)对价格变化的预期

你现在供给的猪肉数量还取决于对未来猪肉价格的预期。如果你预期未来猪肉的价格会上升,从未来销售一单位猪肉中得到的收益比现在多,你将会把你现在生产的一些猪肉储存起来,这就减少了今天猪肉的市场供给量。

其他如企业的数量、相关商品的价格、税收和补贴、气候等因素也可能会影响商品的供给。如果把影响供给的各种因素作为自变量,把供给量作为因变量,则可以用函数关系来表示影响供给的因素与供给量之间的关系,这被称为供给函数。用公式表示为:

$$Q_S = f(P, C, T, E, \cdots) \tag{2.4}$$

式中,Q_S 表示供给量,P 表示商品的价格,C 表示投入品价格,T 表示技术,E 表示对价格变化的预期。在众多影响供给的因素中,经济学家最关注价格,因而供给函数一词通常专门表示价格与供给量的关系。假定影响供给的其他因素不变,只考虑商品本身的价格对该商品供给量的影响,则供给函数为:

$$Q_S = f(P) \tag{2.5}$$

例如,假设某一物品具体的供给函数为:$Q_S = -5 + 20P$,移项得 $20P = 5 + Q_S$,等式两边除以 20,该物品的供给函数可写成 $P = 0.25 + 0.05Q_S$。这一供给函数画出的供给曲线为一条直线。直线形供给曲线即线性供给函数的方程式可写成:

$$P = a + bQ_S \tag{2.6}$$

上式中,P 是价格,Q_S 是供给量,a 和 b 是正的常数。这个方程式告诉我们,当价格是 a,供给量 Q_S 是零;如果价格大于 a,供给量 Q_S 是正值,而且,Q_S 越大时,价格 P 越高;常数 b 表示随着供给量的增加,一个人愿意出售商品的最低价格会上升多少。

三、供给表、供给曲线和供给定理

以上说明了用数学方程式表示的供给函数。除此之外,还可以用供给表、供给曲线和供给定理三种方式表示供给函数。

(一)供给表

用表格的方式表示供给函数就得到供给表。**供给表**(supply schedule)是表示商品价格和供给量之间关系的表格。表 2-2 是某养猪场的供给表。例如,在每斤 9 元时,每周供给 300 斤;在每斤 12 元时,每周供给 400 斤。其余依此类推。这些反映价格与供给量之间同向变动关系的数据构成了养猪场的供给函数。

表 2-2 某养猪场的供给表

价格(元/斤)	供给量(百斤/周)
18	5
12	4

续表 2-2

价格（元/斤）	供给量（百斤/周）
9	3
7	2
5	1

（二）供给曲线

还可以用图形表示供给函数。在一个坐标图中，纵轴表示价格，横轴表示数量，把表 2-2 中价格与供给量之间的对应关系显示为图中的 a、b、c、d、e 各点，然后把点连起来，就得到了供给曲线，**供给曲线**（supply curve）是表示商品的需求量和价格之间关系的几何图形。如图 2-5 所示，养猪场对猪肉的供给曲线是一条向右上方倾斜的曲线，表示随着猪肉的价格上升，养猪场对猪肉的供给量增加。

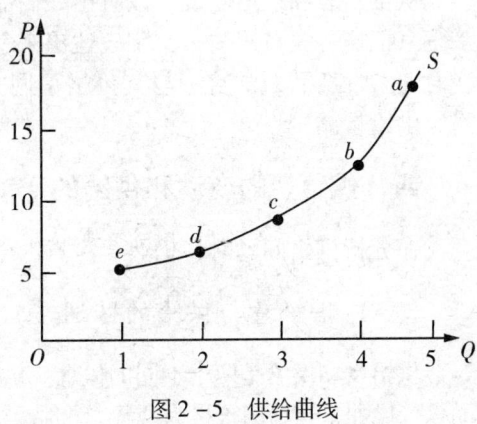

图 2-5 供给曲线

可以从两个角度理解供给曲线，一是在价格既定时，供给曲线告诉我们企业愿意出售的数量。比如当猪肉的价格 9 元/斤时，企业每周的供给量为 300 斤。二是在数量既定时，供给曲线告诉我们企业愿意为这种数量所接受的价格。例如，假定每周供给 300 斤猪肉，那么，养猪场销售第 300 斤猪肉愿意接受的价格是 9 元。

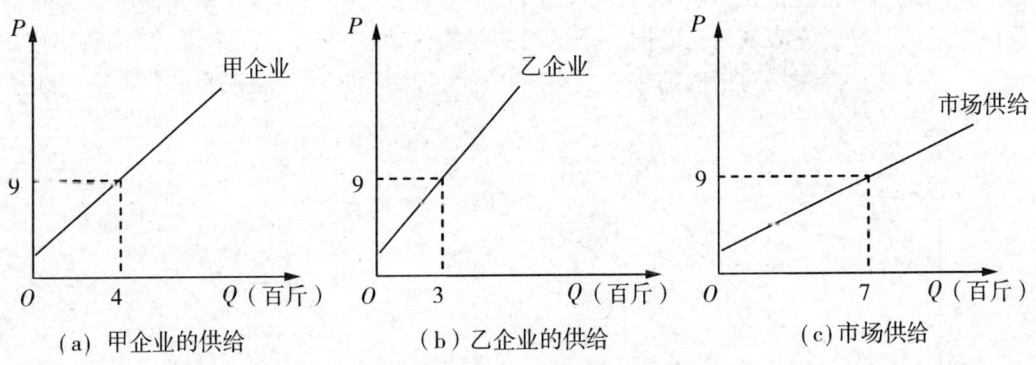

图 2-6 从个人供给曲线推导市场供给曲线

以上讨论了单个企业对猪肉的供给。为了分析市场如何运行，我们需要确定市场供给，市场供给是所有企业供给的总和。因此，我们可以从企业的个人供给得出市场供给。图 2-6 表示，在一个只有两个企业的市场，当猪肉的价格既定时，每个企业受到成本、技术以及预期的影响，对猪肉的供给量不同。从个人供给推导出市场供给的方法是，把某一价格下所有单个企业对猪肉的供给量加总起来，就得到了该价格下的市场供给量。也就是说，我们把个人供给曲线水平相加，就得到了市场供给曲线。如图2-6所示，在价格为9元/斤时，整个市场猪肉的供给量是700斤。市场供给曲线表示一种物品的总供给量与价格之间的同向变动关系。本章主要关注市场是如何运行的，因此较多地使用市场供给曲线。

（三）供给定理

从供给表和供给曲线可以看出，商品的供给量与价格之间存在着同向变动关系，经济学家把这一关系用语言文字表述出来就是供给定理。供给定理表述为：在其他条件不变时，某种商品的供给量与其价格呈同方向变动，即价格上升，供给量增加；价格下降，供给量减少。

四、供给量的变动和供给的变动

在分析供给问题时，仍然要注意区分供给量的变动与供给的变动。

（一）供给量与供给的区别

供给量和供给是两个不同的概念。供给量是在给定价格下企业愿意并且能够提供的商品量。比如，当猪肉价格为9元/斤时，企业愿意供给300斤，这300斤就是供给量。在图形上，供给量是供给曲线上的一个点。供给指的是价格与供给量之间的对应关系。比如猪肉9元/斤时，供给量为300斤，12元/斤时为400斤，18元/斤时为500斤，……这种与不同价格水平相对应的不同供给量总称为供给，在图形上可用供给曲线表示。

（二）供给量的变动

供给量的变动是指在影响供给的其他因素不变时，由商品本身价格变动所引起的企业供给量的变动，它表现为沿着同一条供给曲线的移动。如图2-7所示，猪肉价格由7元上升到9元，养猪场对猪肉的供给量由200斤增加到300斤，表现为沿着供给曲线从a点移动到b点。

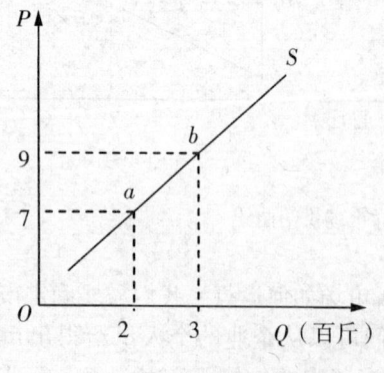

图2-7　供给量的变动

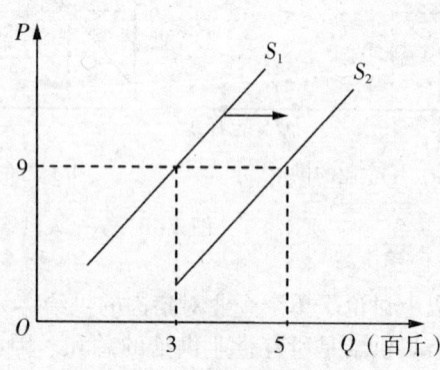

图2-8　供给的变动

（三）供给的变动

供给的变动是指商品本身价格不变，由影响供给的其他因素变动所引起的企业供给量的变动，它表现为整条供给曲线的移动。如图2-8所示，假定猪饲料的价格下降了，这种变动降低了猪肉的生产成本，这样，在猪肉的每个价位上养猪场的供给量都比以前增加了。比如9元/斤时养猪场的供给量从原来的300斤变成500斤，7元/斤时养猪场的供给量也相应增加，结果养猪场的供给曲线向右移动。同理，如饲料价格上升，养猪场无利可图，会减少猪肉供给量，猪肉的供给曲线向左移动。

根据供给和供给量的定义，供给的变动会引起供给量的变动，比如，当供给增加时，在各个价格水平时的供给量都增加了。但是，供给量的变动不一定会引起供给的变动，比如，当供给量随着价格的上升而减少时，供给可以不变。

第三节 需求和供给的结合：市场均衡

在分析了市场需求与市场供给之后，就能够进一步说明均衡价格的决定及其变化了。

一、市场均衡的实现过程

（一）市场均衡

均衡（equilibrium）是指对立的力量处于平衡的状态。在经济学中，它表示两种对立的变量之间相等的关系。在市场上，供给与需求就是两个对立而又相互联系的力量，当它们处于一致或平衡的状态时即是均衡。如图2-9所示。我们把供给与需求曲线放在同一个图形中，需求曲线与供给曲线的交点E即是均衡点，与E点相对应的价格P_0就是均衡价格，显然，**均衡价格**（equilibrium price）是指需求量与供给量相等时的价格。或者说是需求曲线和供给曲线相交时的价格。图中的Q_0为均衡数量，**均衡数量**（equilibrium quantity）是在均衡价格时交易的数量。或者说是当价格调整到使供给与需求平衡时的供给量与需求量。

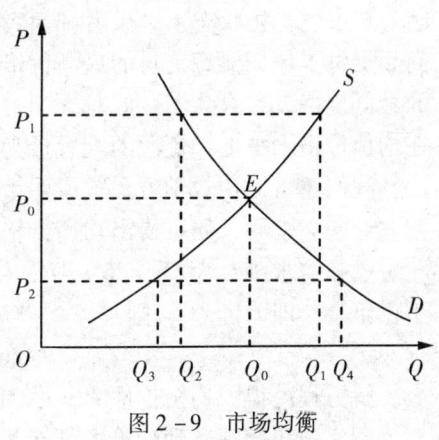

图2-9 市场均衡

图2-9表明，在均衡价格时，消费者愿意买进的数量和企业者愿意提供的数量正好相等，这时的价格处在一种相对稳定、不再变动的状态。在这一价格下，市场上的每一个人都得到了满足：消费者得到了想要买的所有东西，企业卖出了想卖的所有东西。因此，均衡价格有时也被称为市场出清价格。

（二）市场均衡的形成

那么，市场均衡是如何形成的呢？图 2-9 表示猪肉市场。如果当前每斤猪肉的市场价格为 P_1，高于均衡价格，此时企业想供给 Q_1 的产量，而消费者仅愿意购买 Q_2 的数量，显然，猪肉的需求量小于供给量，存在猪肉的过剩。当企业发现在现行价格下不能卖掉他们想卖的所有猪肉，他们的反应必然是降低市场价格。因为此时他们的最低供给价格低于现行价格，既然在现行价格下卖不出猪肉，为了从竞争对手那里争夺更多的市场份额，他们会选择降低价格。价格下降增加了需求量减少了供给量，从而最终消除了猪肉的过剩，市场又回到均衡状态。

再来看猪肉价格过低，比如处于 P_2 的情况。这时市场价格低于均衡价格，消费者愿意购买 Q_4 的数量，而企业仅愿意供给 Q_3 的产量，猪肉的需求量大于供给量，存在猪肉的短缺。

当企业发现消费者不得不排队等候购买猪肉的机会，他们的反应必然是提高猪肉的市场价格。消费者之所以接受较高的价格，是因为他们对猪肉的评价大于现行价格，而在现行价格时他们不能满足自己的全部需求。在一些市场上，消费者甚至就是抬高价格的人。比如 2008 年北京奥运会期间的租房市场，一些想租房的人为了能够得到有限的住房而主动提高租金水平。价格上升减少了需求量增加了供给量，从而最终消除了猪肉的短缺，市场又回到均衡状态。

在竞争的市场中，市场价格存在着自发的向均衡价格变动和调整的趋势，一旦市场价格背离均衡价格，买者和卖者的行为会使市场自动恢复均衡状态，这被称为市场机制。在市场均衡状态下，买者和卖者按照均衡价格进行交易，消费者为购买最后一单位商品支付了他们愿意支付的最高价格，企业为出售最后一单位商品得到了他们愿意接受的最低价格，这意味着，此时，消费者的支付意愿正好等于企业所耗费的资源。显然，在均衡价格水平上，资源的配置最为有效。

我们还可以用数学方程式说明市场均衡的决定。如果给出了需求函数和供给函数，把它们联立求解，便可得出均衡价格和均衡数量。

已知需求函数为 $Q_d = 26 - 4P$，供给函数为 $Q_S = -4 + 6P$。市场均衡时，需求量等于供给量，即 $Q_d = Q_S$，则：

$$26 - 4P = -4 + 6P$$

解方程可得：均衡价格 $P=3$，均衡数量 $Q=14$。

现实中我们观察到的市场可能并不处于均衡状态，这有两个原因：第一，市场价格向均衡价格的变动是一个缓慢的过程。例如，2007 年下半年我国猪肉市场的供给出现短缺，猪肉价格持续飙升，这一价格上涨趋势直到 2008 年下半年才得到遏制，至今猪肉价格才回落在一个较为稳定的水平上。这一事例说明，市场总会使价格趋于均衡状态，只要存在商品短缺，消费者宁愿出高价买到他们愿意购买的商品，价格调整的结果最终会使不均衡的供求关系趋向均衡状态。市场机制正是通过价格的变动实现其配置资源的作用。第二，某些价格的自由调节受到政府的管制。例如，许多经济学家认为，最低工资制度可能使劳动的供给大于需求，从而产生失业问题。如果政府对某种住房限定了较低的价格水平，则会导致对住房的过度需求。

二、市场均衡的变动

当影响需求或供给的某个非价格因素发生变动时，需求曲线或供给曲线的位置会发生移动，市场均衡也会随之改变。我们先来看需求变动的影响。

（一）需求变动对均衡的影响

假设牛肉的价格上升了，这将如何影响猪肉市场的变动呢？我们按以下三个步骤进行分析：

首先，由于猪肉和牛肉是替代品，所以，牛肉价格上升会影响猪肉的需求曲线。也就是说，牛肉贵了，猪肉的价格变得相对便宜，人们会改变购买的猪肉数量。但猪肉供给曲线不变，因为牛肉的价格上升并不直接影响猪肉的生产者。

其次，由于猪肉的价格相对便宜，人们增加了猪肉的购买量，猪肉的需求曲线向右移动。这意味着在每一价格下，猪肉的需求增加了。如图2-10（a）所示。

最后，正如图2-10（a）所示，猪肉需求的增加使均衡价格由P_0上升到P_1，由于价格上升，供给量增加到新的均衡数量Q_1，但供给没有变，因为供给曲线没有移动。

遵循上述分析步骤，我们也能够说明，如果猪肉的替代品鸡肉的价格下降了，猪肉变得相对昂贵，这会影响人们对猪肉的购买量，但猪肉的供给曲线不变。由于人们开始减少对猪肉的购买，需求曲线向左移动，如图2-10（a）所示，均衡价格下降到P_2，均衡数量减少到Q_2。

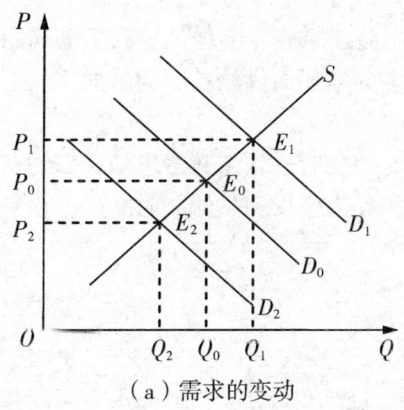
（a）需求的变动

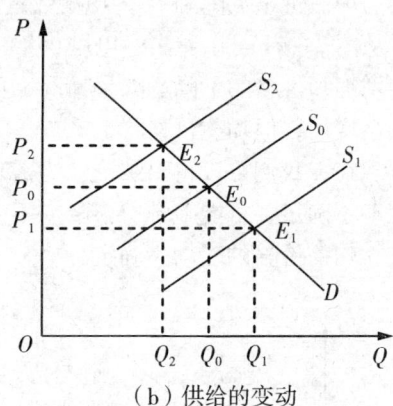
（b）供给的变动

图2-10 市场均衡的变动

（二）供给变动对均衡的影响

假设政府为鼓励多养猪采取了增加补贴的政策，这会如何影响猪肉市场的变动呢？我们仍然按三个步骤进行分析。

首先，政府的补贴意味着降低了养猪的成本，这会影响猪肉的供给曲线，需求曲线不变,因为补贴政策并没有直接改变消费者愿意购买的猪肉数量。

其次,供给曲线向右移动。因为在既定的价格水平上,养猪场愿意并且能够提供的猪肉数量增加了,如图2-10(b)所示。

最后,正如图2-10(b)所示,猪肉供给增加使均衡价格由P_0下降到P_1,由于价格下降,需求量增加到新的均衡数量Q_1,但需求没有变,因为需求曲线没有移动。

遵循上述分析步骤,我们也能够说明,假设养猪场的劳动或猪饲料成本增加,这会影响供给曲线,但需求曲线不变。成本上升减少了供给,供给曲线向左移动,如图2-10(b)所示,均衡价格由P_0上升到P_2,均衡数量由Q_0减少到Q_2。

(三)需求与供给同时变动对均衡的影响

现在我们假设需求与供给同时变动,市场均衡会发生什么变动呢?我们首先来看需求和供给同方向变动的情况,然后再来看它们反方向变动的情况。

1. 需求与供给同方向变动

在本章开始时,我们讲到电脑的价格不断下降,电脑的供给量却在不断增加的事实。这与电脑的需求量与供给量同时增加有关。如图2-11所示,20世纪90年代初期,电脑在我国只有很少企业生产而且供给很少,供给曲线是S_0。当时人们的收入较低,也没有很多电脑软件,电脑的需求也很少,需求曲线为D_0,电脑的价格为P_0。随着生产电脑的技术进步和越来越多的企业开始生产电脑,供给大增,供给曲线向右从S_0移动到S_1。同时,人们收入的增加,以及电脑软件价格的下降都增加了电脑的需求。需求曲线向右从D_0移动到D_1。与新的需求曲线D_1与新的供给曲线S_1的交点相对应,电脑的均衡价格下降到P_1,均衡数量增加到Q_1。

从图2-11可以看出,电脑供给大量增加与电脑需求较少的增加导致了电脑均衡数量的增加和价格的下降。如果情况相反,需求较多的增加而供给较少的增加,均衡数量一定会增加,但均衡价格将上升。

现在,我们可以得出结论:当需求和供给同时增加时,均衡数量增加,但均衡价格的变动不确定,可能上升、下降或不变。同样地,如果需求和供给同时减少,均衡数量减少,均衡价格的变动不确定。

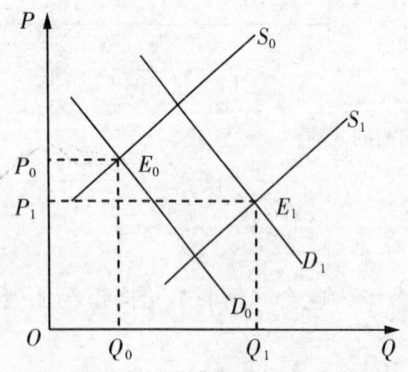

图2-11 需求与供给同时增加

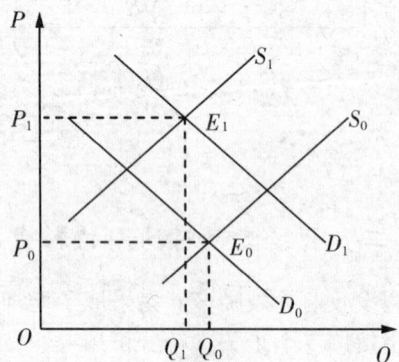

图2-12 需求增加且供给减少

2. 需求与供给反方向变动

再来看需求与供给反方向变动时出现的情况。以虫草为例。自20世纪80年代以来，我国的虫草价格持续上升，其市场价格由最初的1 000元/公斤上升到50 000元/公斤左右。虫草价格之所以如此昂贵，原因有两个：一是需求的增加。随着虫草对心血管疾病和肿瘤的预防和治疗作用逐渐为人们所知，人们出于对自身健康的重视，对虫草的需求增加了；二是供给的减少。这与对虫草的过度采挖有关，为了增加收入，虫草产区的农牧民多年来不断进行扫荡式采挖，影响了自然环境下虫草菌孢子的生长发育，加上气候变暖的影响，野生虫草的产量越来越少。如图2-12所示，虫草的需求增加使需求曲线向右从D_0移动到D_1，而供给的减少使供给曲线向左从S_0移动到S_1，与新的需求与供给曲线的交点相对应，虫草的均衡价格上升到P_1，均衡数量减少到Q_1。

从图2-12可以看出，虫草供给的减少大于需求的增加，因而导致了虫草均衡价格的上升和数量的减少。如果情况相反，需求较多的增加而供给较少的减少，均衡价格一定会上升。均衡数量将增加。

由此，我们可以得出结论：当需求增加和供给减少时，均衡价格一定会上升，均衡数量的变动不确定，可能增加、减少或不变。同样地，如果需求减少和供给增加时，均衡价格一定会下降，均衡数量的变动不确定。

三、要素市场的均衡

供求模型具有很强的应用性，我们可用它来分析生产要素市场上价格的决定。我们已经知道，任何产品或劳务的生产都需要四种最基本的生产要素：劳动、资本、土地和企业家才能。这些生产要素的所有者分别是劳动者、资本所有者、土地所有者和企业家，他们为生产提供这些生产要素相应的分别得到工资、利息、地租和利润。工资、利息、地租和利润就是这些生产要素的价格。我们知道，产品的价格（和产量）是由产品的需求和供给决定的，同样，生产要素的价格（和使用量）是由生产要素的需求和供给共同决定的。我们可以用供求模型说明要素市场的均衡。

（一）生产要素的需求和供给

在生产要素市场，交易的是生产的投入品而不是产品，所以，与产品的需求和供给相比，生产要素的需求和供给具有不同的特点。

就要素的需求来说，生产要素的需求来自企业。企业对要素的需求不同于一般消费者对产品的需求。消费者对产品的需求是一种直接的需求，是为了直接满足自己的欲望。企业之所以购买生产要素是为了用它们生产出各种产品供应市场，以实现利润最大化。所以，经济学把企业对生产要素的需求称为派生需求（derived demand），意指是市场对产品的需求派生出了企业对生产产品的要素的需求。既然企业购买生产要素是为了生产市场所需要的产品并从中获利，那么，企业愿意为一单位生产要素支付的价格取决于生产要素所具有的生产产品的能力，或者说，取决于生产要素给企业带来的回报。通常，经济学家假定，在其他生产要素给定的情况下，企业每增加一单位某种要素投入所带来的回报是递减的，也就是说，当增加一单位某种要素时，它给企业增加的收益小于之前一单位要素投入所增加的收益。因此，企业愿意为一单位生产要素支付的价格也是递减的，生产要素的需求曲线也是向右下方倾斜的。如果你想提高企业对生产要素的需求量，比如你想让企业多雇佣工人，只有降低劳动要素的价格（工资）。

就生产要素的供给来看，它不是来自企业，而是来自消费者（个人、家庭）。消费者是生产要素的所有者，他们拥有并向企业提供各种生产要素。一般来说，要素的供给曲线也是向右上方倾斜的，表明你要想让要素所有者增加要素的供给量，必须提高要素的价格。

我们把要素的需求曲线和供给曲线合在一起，就是生产要素的供求模型，通过这一模型，我们可以说明要素市场的均衡。

（二）劳动市场

企业对劳动的需求是派生的需求。汽车公司之所以雇佣工人的劳动，是因为市场上需要汽车，企业为了生产汽车并获得利润，需要工人的劳动。在企业里，每增加一单位劳动要素的投入所带来的回报也会出现递减现象。也就是说，给定企业投入的其他生产要素不变，每增加一单位劳动要素的投入给企业创造的价值越来越少，所以，企业如果不断增加雇佣劳动的数量，所愿意付出的工资水平也会越来越低，劳动的需求曲线是一条向右下方倾斜的曲线。

从劳动的供给方面看，当人们去工作的时候，就必须放弃闲暇。一般来说，一个人的工资水平较低的时候，闲暇相对昂贵，当收入增加时，他会增加劳动的供给量，用劳动替代闲暇。但是，当收入足够高的时候，工资的进一步上涨会使他有足够的能力购买闲暇，于是他会增加闲暇而减少劳动。所以，个人的劳动供给曲线表现为起初向右上方倾斜而后向后弯曲的特点。但是，就某个劳动市场来说，当工资水平上升时，总会有其他行业的劳动者源源不断地进入该市场，所以，劳动市场的供给曲线是向右上方倾斜的。

图 2-13 是一个简单的劳动市场供求图。图中，向右下方倾斜的劳动需求曲线和向右上方倾斜的劳动供给曲线的交点 E 是劳动市场的均衡点，与该均衡点相对应的均衡工资为 W_0，均衡的就业人数为 L_0。

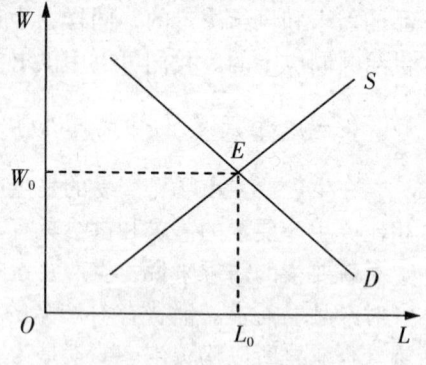

图 2-13 劳动市场均衡

有许多因素会影响劳动的需求和供给。根据供求理论，在劳动供给不变的条件下，劳动需求的增加会导致均衡工资上升和均衡就业量的增加。同样，根据供求理论，在劳动需求不变的条件下，劳动供给的减少会导致均衡工资上升和就业量的减少。比如 2004 年以来，我国沿海地区出现了"民工荒"的现象，既有劳动需求增加的原因，也与劳动供给的减少有关。在对外开放的背景下，我国对外贸易总额逐年增加，企业数量和规模的扩张对劳动的需求也相应增加。但由于我国现阶段城市劳动市场存在一定程度的政策歧视，外来劳动力在就业、社会保障、子女教育等许多方面与城市居民的待遇差距较大，这使得一部分外来劳动力（女性较多）在婚后以及有孩子的期间回到农村，城乡劳动市场的分割减少了劳动的供给。劳动需求增加和供给减少的结果是进城务工人员的工资从那时起有了较为明显的增长。

供求理论的分析告诉我们，当市场出现非均衡状态时，价格的调整总会使市场重新回到均衡状态。但是在劳动要素市场，价格有时不能灵活变动，因而劳动市场就会处于非均衡状态。失业就是劳动市场上常见的非均衡状态。这与劳动的价格工资不能灵活调整有关。如图 2-14 所示，初始的劳动市场处在均衡状态，需求曲线和供给曲线的交点 E_0 决定了均衡工资水平 W_0 和均衡的就业量 L_0。现在假定出现了经济衰退，企业对劳动的需求减少，需求曲线向左移动到 D_1，均衡工资下降到 W_1，均衡的就业量减少到 L_1。但

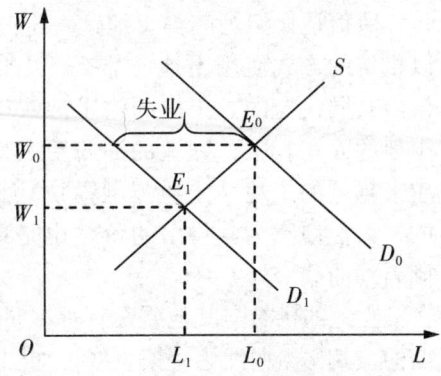

图 2-14 劳动市场的非均衡状态

是，由于劳动市场的特殊性，实际工资可能并不能马上下调，这可能是工人和企业之前签订了合同，规定了合同期间的工资水平，现在合同没有到期，企业不能马上调整工人的工资。也可能是企业为了提高工人工作的努力程度，宁愿把工资维持在一个较高的水平。当实际工资高于市场均衡工资时，劳动的供给量大于需求量，市场存在失业现象。

（三）资本市场

利率是人们为了获得资本的使用权而付出的代价。在资本市场上，如果人们以借贷的方式使用资本，那么资本的价格就可以被理解为利率。利率是由资本的需求和供给共同决定的。资本的需求是企业对投资的需求，企业之所以要借入资本进行投资，是因为资本的使用可以提高生产效率，由于企业每增加一单位投资所得到的回报是递减的，因此企业愿意为资本付出的价格即利率随着对资本需求量的增加也是递减的，所以资本的需求曲线也是一条向右下方倾斜的曲线。

资本的供给主要是储蓄。经济学家认为，储蓄是抑制或推迟现期消费，人们放弃现期消费提供资本，应该得到利息作为补偿。利率越高，人们愿意更多地储蓄，资本的供给量就越多。因此，资本的供给曲线是一条向右上方曲线倾斜的曲线。

如图 2-15 所示，资本的需求曲线和供给曲线的交点 E 为市场均衡点，与 E 点相对应的就是均衡利率 r_0，它表示当利率为 r_0 时，资本的需求量恰好等于人们愿意提供的资本数量。有许多因素会影响资本需求和供给。例如，在资本供给不变的条件下，新技术的采用或企业预期未来经济将走向繁荣，都会增加资本的需求，需求曲线右移，均衡利率上升。同样，在资本需求不变的条件下，消费者对未来经济形势的悲观预期会使他们增加储蓄，资本供给增加，供给曲线右移，均衡利率下降。

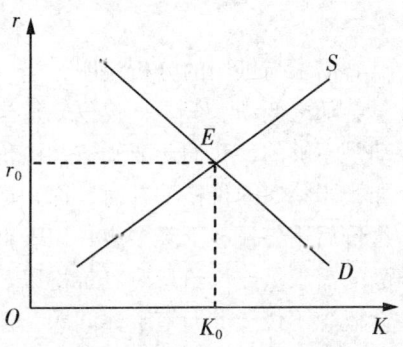

图 2-15 资本市场均衡

（四）土地市场

地租是人们为获得土地这一生产要素的使用权而付出的代价。假设土地的购买者以租用的方式使用土地，那么，土地的价格就是地租。地租是由土地市场的需求和供给共同决定的。土地的需求取决于每增加一单位土地的使用所得到的回报。由于土地的面积有限，好地的面积更有限，随着社会对土地需求的增加，人们只能使用越来越差的土地（土质与位置），因而每增加一单位土地的使用所增加的收益是递减的，人们愿意为其付出的价格也是递减的，所以土地的需求曲线也是一条向右下方倾斜的曲线。

土地的供给与其他要素有所不同。对一个国家或地区来说，土地的供给量是固定不变的，其供给曲线为一条垂线。如图 2-16（a）所示，需求曲线和垂直的供给曲线的交点决定了均衡的地租水平。由于土地的供给量不变，当土地的需求从 D_0 增加到 D_1 时，地租会迅速地从 R_0 上升到 R_1。从图 2-16（b）可知，就一个行业而言，土地的供给量会随着地租的上升而增加。例如，当建筑用地的需求增加从而地租水平上升时，一部分农用土地就会被转而用于建造住宅，这就增加了建筑用地的供给量。

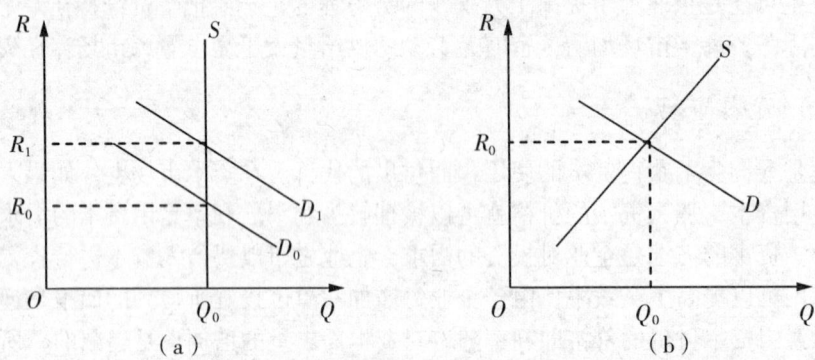

图 2-16 土地市场均衡

第四节 弹性及其应用

需求与供给的分析说明，当一种商品的价格变动时，市场对该商品的需求量和供给量会随之变动。但是，仅仅知道当价格变动时，商品的需求量或供给量会向哪个方向变动是不够的，我们还要知道，由价格变动引起的需求量和供给量的变动幅度有多大。例如，当猪肉的价格上升时，你知道猪肉的销售量会下降，但是你更关心的是抬高猪肉的售价后销售量会下降多少，以及此举对总收益（销售收入）有什么影响。为了说明商品的需求量或供给量对其价格以及其他因素变动的反应程度，需要引入弹性的概念。弹性概念不仅能够回答上述问题，还有助于企业制定正确的价格策略以及评价某些政策的作用效果。

一、需求价格弹性

(一) 需求价格弹性的含义

根据需求定理,当一种商品的价格上升时,需求量会下降。但是,不同的商品,需求量的变动对价格变动反应的敏感程度是不一样的。比如,如果汽车的价格上升一倍,消费者对汽车的购买量会大幅度下降。但是,如果盐的价格翻了一倍,大多数消费者不会改变对盐的消费量。我们通常用需求价格弹性来衡量需求量的变动对价格变动的反应程度。**需求价格弹性**(price elasticity of demand)就是需求量变动的百分比与价格变动的百分比之比,即:

$$需求价格弹性(E_d) = \frac{需求量变动百分比}{价格变动百分比} = \frac{\frac{\Delta Q}{Q}}{\frac{\Delta P}{P}} \tag{2.7}$$

例如,如果猪肉的价格上升2%而导致需求量下降1%,那么猪肉的需求价格弹性将是:

$$需求价格弹性(E_d) = \frac{-1\%}{2\%} = -0.5$$

由于价格的变动总是与需求量的变动方向相反,因此需求价格弹性为负值。但是,为了方便起见,我们在衡量与比较需求价格弹性时,总是取其绝对值。也就是说,绝对值较大表示需求价格弹性较大。

(二) 计算需求价格弹性

如果我们知道某种商品不同价格水平时的需求量,就可以使用公式(2.7)计算该商品的需求价格弹性。图2-17为猪肉的需求曲线。最初,猪肉的价格为12元/斤,每小时销售90斤。当猪肉价格下降到8元/斤,每小时销售150斤。现在,我们可以计算猪肉的需求量对价格下降的反应程度。根据公式(2.7),我们需要计算出价格变动的百分比和需求量变动的百分比。首先计算需求量变动的百分比。在这个例子中,需求量的变动是150斤-90斤=60斤,因此,需求量变动的百分比是:

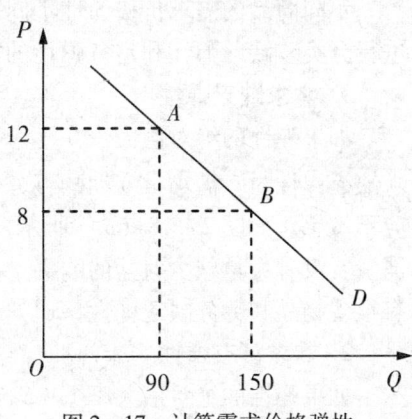

图2-17 计算需求价格弹性

$$需求量变动的百分比 = \frac{60}{Q}$$

接下来的问题是分母 Q 如何取值,我们应该取降价前的需求量 $Q_1 = 90$ 斤,还是取降价后的需求量 $Q_2 = 150$ 斤呢?分母的取值不同会影响到计算结果。为了取得一致,经济学家们通常取原来的需求量与新的需求量的平均值作为分母。原来的需求量是90斤,

现在的需求量是150斤,因此,平均需求量是120斤。现在,我们可以完成需求量变动百分比的计算了,即:

$$需求量变动的百分比 = \frac{需求量变动量}{平均需求量} = \frac{Q_2 - Q_1}{\frac{Q_1 + Q_2}{2}} = \frac{60}{120} = 0.5$$

当猪肉的价格从12元/斤下降到8元/斤时,猪肉的销售量平均上升了50%。

价格变动百分比的计算方法与需求量变动百分比的计算方法一样。从图2-17可以看出,原来猪肉的价格为12元/斤,现在的价格为8元/斤,因此,猪肉的平均价格是10元/斤。价格变动百分比的绝对值为:

$$价格变动的百分比 = \frac{价格变动量}{平均价格} = \frac{P_2 - P_1}{\frac{P_1 + P_2}{2}} = \frac{4}{10} = 0.4$$

我们已经知道了计算需求价格弹性的全部数据,现在可以计算猪肉的需求价格弹性,即:

$$E_d = \frac{Q_2 - Q_1}{\frac{Q_1 + Q_2}{2}} \div \frac{P_2 - P_1}{\frac{P_1 + P_2}{2}} = \frac{0.5}{0.4} = 1.25$$

这个数据说明,当猪肉的价格下降40%时,每小时猪肉的购买量会增加50%,猪肉需求量的增长率是价格下降的1.25倍。表明猪肉价格下降会引起猪肉销售量较大幅度的增长。

(三)缺乏弹性和富有弹性的需求

不同商品的需求价格弹性不同。通常,我们根据需求价格弹性绝对值的大小对商品进行分类。缺乏弹性和富有弹性的需求是最为常见的需求价格弹性的类型。

1. 需求缺乏弹性

如果弹性的绝对值大于0小于1($0 < E_d < 1$),则称该商品的需求缺乏弹性。当需求缺乏弹性时,需求量变动的百分比小于价格变动的百分比,即消费者对价格变动的反应不敏感。如图2-18(a)所示,盐的需求价格弹性相对较低,当盐的价格上升时,消费者没有大量减少对盐的购买量。一条陡峭的需求曲线表示了需求缺乏弹性的情况。有很多物品和劳务缺乏弹性,比如日常的食品、看病等生活必需品。

2. 需求富有弹性

如果弹性的绝对值大于1($E_d > 1$),则称该商品的需求富有弹性。当需求富有弹性时,需求量变动的百分比大于价格变动的百分比,即消费者对价格变动的反应很强烈。如图2-18(b)所示,化妆品的价格弹性较高,当化妆品的价格上升时,消费者对化妆品的购买量大幅度减少。一条平坦的需求曲线表示了需求富有弹性的情况。富有价格弹性的物品和劳务的例子也很多,比如汽车、旅游等奢侈品。

我们知道,当供给增加时,均衡价格下降和均衡数量增加。但是,均衡价格下降的幅度和均衡数量增加的幅度有多大呢?这取决于需求量对价格变动的反应程度。在供给

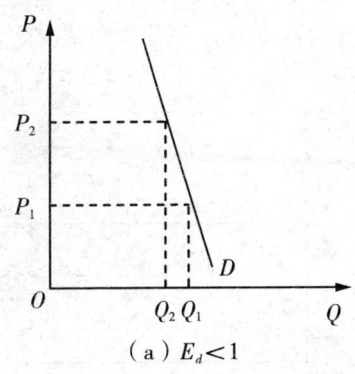 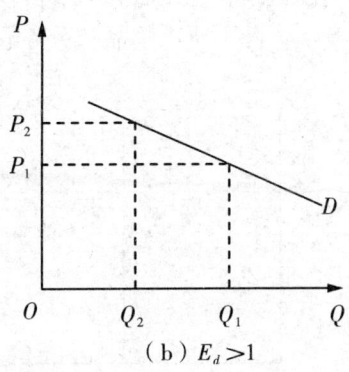

图 2-18　缺乏弹性和富有弹性的需求曲线

的增加相同时，如果需求缺乏弹性，那么，价格下降幅度较大而数量增加幅度较小。比较图 2-19（a）和（b）可以看出，在供给曲线右移的幅度相同时，（a）幅中，需求缺乏弹性，价格较大幅度下降，而数量只有较少的增加。而（b）幅中，需求富有弹性，价格较小幅度下降，而数量却较大幅度地增加。出现两种不同的结果是由于不同物品和劳务的需求量对价格变动的反应程度不同。现实中，粮食、蔬菜等需求缺乏弹性的商品在供给变动时容易出现较大幅度的价格波动。

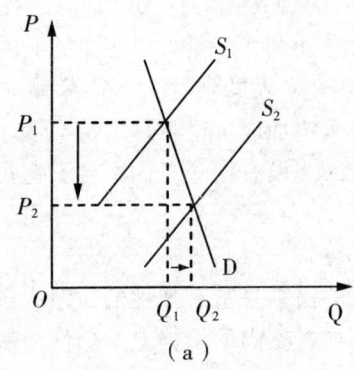 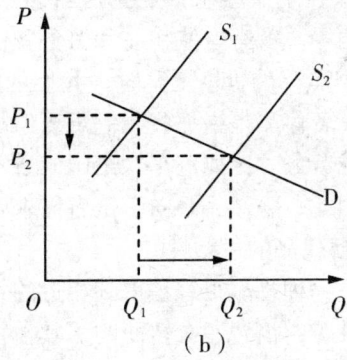

图 2-19　供给变动对价格与数量的影响与需求价格弹性有关

3. 两种极端的情况

如果某种商品需求价格弹性的绝对值为零（$E_d=0$），则称该商品的需求完全无弹性。一条垂直的需求曲线表示需求完全无弹性，它表明无论价格如何变化，消费者的购买量都不变。需求完全无弹性的一个例子是某种特效药。特效药对一个病人来说是如此重要，以至于无论价格上升或下降，他们不会改变购买量。如图 2-20（a）所示。图 2-20（b）显示了另一种极端的情况。水平的需求曲线表示价格的微小变动，会引起需求量无限大的变动，这被称为需求完全有弹性（$E_d \to \infty$）。比如两个相邻的摊档销售相同价格的鸡蛋，总会有人购买他们的鸡蛋。但是，如果其中的一个摊档提高了价格，即使提高的幅度很小，也没有人从价格较高的摊档购买。当然，需求完全有弹性的情况很少见。事实上，几乎所有物品和劳务的需求价格弹性都介于这两种极端情况之间。

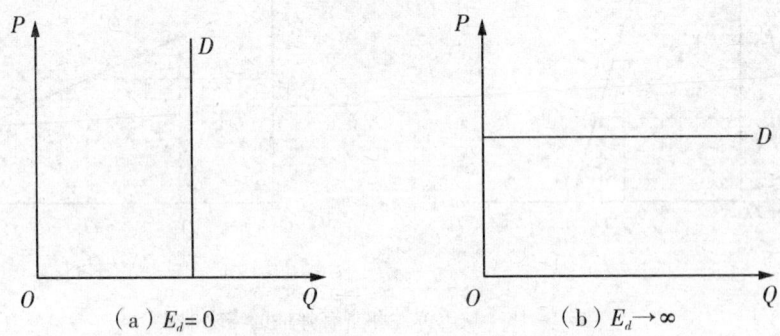

图 2-20 完全缺乏弹性和完全富有弹性的需求曲线

（四）影响需求价格弹性的因素

是什么因素使一些物品富有弹性，而另一些物品缺乏弹性呢？我们将其归纳为四个主要因素。

1. 必需品与奢侈品

生活中有一些物品或劳务是我们不可缺少的，我们称之为"必需品"，比如盐、肥皂、看病等。没有这些物品和劳务我们的生活会是什么状态是难以想象的。因此，当这些"必需品"的价格上升时，我们的购买量不会有太大的变化，必需品倾向于缺乏需求弹性。奢侈品是指那些我们想要但是只有在收入增加或价格下跌的情况下才会去购买的物品或劳务。比如汽车、出国旅游、高档护肤品。没有这些东西不会影响我们的正常生活，因此，奢侈品倾向于富有需求弹性。

2. 替代品的可得性

如果一种物品很容易得到相近的替代品，它的需求是富有弹性的。因为当该物品的价格上升时，消费者会转而购买其他替代品。例如，猪肉的价格上升会使消费者更多地购买牛肉、鸡肉或鱼肉。而盐的价格上升消费者则很难找到盐的替代品，因此，当盐的价格上升时，消费者不会大量减少对盐的购买量，因而盐是需求缺乏弹性的物品。一般来说，替代品的可得性越大，该物品的需求价格弹性越高。生活中我们可以观察到，当某种盗版软件的数量增加时，正版软件的需求量会大幅度减少。

3. 支出占收入的比例

如果某种物品的消费支出在收入中占较大的比例，其价格变化对消费者的收入影响较大，因而该物品的需求越富有弹性。例如，目前我国大城市里一套100平方米的住房价格往往是当地居民年均收入的几十倍，因此，住房价格变动的百分比即使很小，对消费者的收入和购买决策都会产生很大的影响，因而这种费用较高的物品的需求一般是富有弹性的。与此相反，盐的消费支出在收入中占的比例很小，因此，即使盐的价格变动的百分比较大也不会对消费者的收入及购买行为产生较大的影响。

4. 时间的长短

当某种物品的价格发生变动后，随着时间的延长，需求越富有弹性。例如，当汽油的价格上升时，在最初的一段时间内只能继续购买汽油，只不过尽可能地节约汽油的使用，因而汽油的需求量不会减少太多。但是，随着时间的推移，消费者会购买更省油的汽车，搬家或者使用电动汽车，这样一来，汽油的需求量会大幅度减少。

（五）需求价格弹性与总收益

人们通常认为企业总是希望提高商品的销售价格，但实际情况并非完全如此。需求价格弹性理论告诉我们，对某些企业来说，提高价格反而会减少企业的总收益。

总收益（total revenue）等于价格乘以销售量。当价格变动时，总收益也变动。但是，总收益如何变动取决于需求价格弹性。我们先来看需求富有弹性时，价格变动与总收益的关系。

1. 需求富有弹性时价格变动与总收益的关系

以乘飞机旅行为例。假设从甲地到乙地的机票价格为 800 元，某航班机票的销售量为 100，总收益为每个航班 8 万元。图 2-21（a）中的阴影面积表示这个总收益。现在假设机票价格上升到 1 200 元，总收益会如何变化呢？这取决于机票价格上升后乘飞机旅行的需求量减少了多少。如图 2-21（a）所示，当机票价格上升后，该航班只卖掉 40 张机票，总收益减少到 4.8 万元，显然，机票价格上升导致总收益减少。新形成的总收益由图 2-21（a）中虚线构成的面积表示。因此，当需求富有弹性时，价格上升会引起需求量较大幅度的减少，总收益减少。或者说，如果需求富有弹性，价格与总收益反方向变化。现实中企业采取"跳楼价"、"出血价"等薄利多销促销手段的商品，需求是富有弹性的。

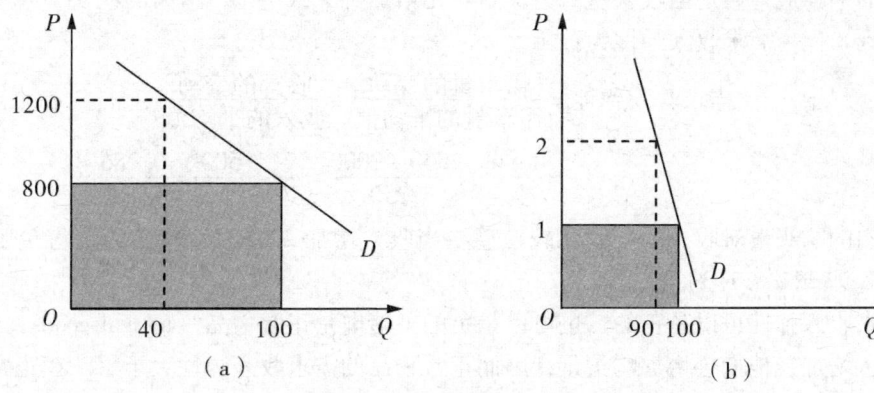

图 2-21 需求价格弹性与总收益

2. 需求缺乏弹性时价格变动与总收益的关系

并非所有物品的价格上升都会引起总收益减少。如果需求是缺乏弹性的，价格上升会增加企业的总收益。以盐为例。如图 2-21（b）所示，当盐的价格为 1 元/斤时，每天的销售量为 100 斤，总收益为 100 元，即图 2-21（b）中的阴影面积。当盐的价格上升为 2 元时,每天的销售量减少了 10 斤,而总收益却增加到 180 元。显然,盐的价格上升导致总收益增加。新形成的总收益为图 2-21(b)中虚线构成的面积。因此,当需求缺乏弹性时,价格上升引起需求量较小幅度的减少,总收益将随着价格上升而增加。或者说,如果需求缺乏弹性,价格与总收益同方向变化。我们通常所说的"谷贱伤农",其原因就在于粮食是生活必需品,需求缺乏弹性。粮食丰收引起粮价下跌,但粮食的需求量并不会有较大幅度的增加,从而使总收益减少,农民的收入下降。

二、其他需求弹性

需求价格弹性告诉我们,在其他因素不变时,某种商品价格的变动所引起的消费者购买行为的反应。但是,其他因素也会发生变化,比如,当消费者的收入或相关商品价格发生变动时,也会引起消费者购买行为的反应。现在,我们考察另外两种需求弹性:需求收入弹性和需求交叉弹性。

(一) 需求收入弹性

随着经济的发展,人们的收入不断增加,这会使人们增加对所有物品和劳务的需求。但是,猪肉的需求会增加多少呢? 这取决于猪肉的需求收入弹性。**需求收入弹性**(income elasticity of demand) 是指需求量变动的百分比与收入变动的百分比的关系。它被用来衡量某种物品或劳务的需求量对收入变化的反应程度。可用以下公式计算需求收入弹性:

$$需求收入弹性 = \frac{需求量变动百分比}{价格变动百分比} \tag{2.8}$$

与计算需求价格弹性一样,我们计算需求收入弹性时采用变动量除以原来水平和新的水平的平均值。假定当收入从每月 2 000 元增加到 2 500 元,猪肉的购买量从每月 6 斤增加到 8 斤,需求收入弹性为:

$$需求收入弹性 = \frac{需求量的变动}{需求量的平均值} \div \frac{收入的变动}{收入的平均值}$$

$$= \frac{8-6}{7} \div \frac{2500-2000}{2250} = \frac{2}{7} \div \frac{500}{2250} = \frac{0.286}{0.22} = 1.3$$

猪肉的购买量对收入的变动比较敏感。当收入增加 22% 时,猪肉的销售量则增加 28.6%(即 22% ×1.3)。

需求收入弹性可以是正的,也可以是负的。猪肉是正常物品(normal goods),消费者的收入增加,他们会增加购买量,因而正常物品的需求收入弹性大于零。在正常物品中,如果某种物品的需求收入弹性大于 1,表示需求量的增加快于收入的增加,我们将其称之为"奢侈品",比如汽车、出国旅游、医疗保健以及艺术品。如果某种物品的需求收入弹性在 0 与 1 之间,表示收入的增加快于需求量的增加,我们将其称之为"必需品",比如食品和衣服。并不是所有物品的需求量都会随着收入的增长而增加,比如低档物品(inferior goods),消费者对这类物品的需求量会随着收入的增加而减少,即需求收入弹性小于零。比如乘公交车,是很多低收入者出行使用的交通工具,如果人们的收入不断增加,他们可能转而选择打的或自驾车,对乘公交车的需求量会减少。低档物品的需求收入弹性是负的,而正常物品的需求收入弹性则是正的。

(二) 需求交叉弹性

养猪场希望知道当鸡肉的价格下降10%时对猪肉的销售量会有多大的影响,同样,汽车销售商也很想知道当汽油价格上升10%时对汽车的销售有多大影响。回答这些问题,需要计算需求交叉弹性。

需求交叉弹性(cross elasticity of demand)是指某种物品需求量变动的百分比与另一种物品价格变动的百分比之比。它被用来衡量一种物品需求量的变动对另一种物品价格变动的反应程度。可用以下公式计算需求交叉弹性:

$$需求交叉弹性 = \frac{X 物品需求量变动百分比}{Y 物品价格变动百分比} \tag{2.9}$$

需求交叉弹性可以是正的,也可以是负的。替代品的需求交叉弹性为正,而互补品的需求交叉弹性则为负。猪肉和鸡肉是替代品,当鸡肉的价格上升时,猪肉的需求量会增加。汽车和汽油是互补品,汽油的价格上升,将使汽车的销售量减少。一般来说,两种商品的相关关系越密切,交叉弹性的绝对值就越大。比如两种品牌的矿泉水,替代关系极为密切,交叉弹性就大。电脑和软件完全互补,交叉弹性就大。相互之间没有关系的物品,交叉弹性为零。

三、供给价格弹性

(一) 供给价格弹性的含义

对于市场的买方,我们用需求价格弹性衡量需求量对价格变动反应的敏感程度。对于市场的卖方,我们用供给价格弹性衡量企业对价格变动的反应程度。**供给价格弹性**(price elasticity of supply)就是供给量变动的百分比与价格变动的百分比之比,即:

$$供给价格弹性(E_S) = \frac{供给量变动百分比}{价格变动百分比} = \frac{\frac{\Delta Q}{Q}}{\frac{\Delta P}{P}} \tag{2.10}$$

例如,如果猪肉的价格上升1%导致猪肉的供给量增加2%,那么,供给价格弹性将是:

$$供给价格弹性(E_S) = \frac{2\%}{1\%} = 2$$

价格与供给量同方向变动,所以供给价格弹性为正值。

(二) 计算供给价格弹性

我们可以使用计算需求价格弹性的方法,计算供给价格弹性。假定猪肉的价格从8元/斤上升到12元/斤,平均价格为10元/斤。供给量从100斤增加到180斤,平均数量为140斤,供给价格弹性为:

$$E_S = \frac{180-100}{\frac{100+180}{2}} \div \frac{12-8}{\frac{8+12}{2}} = \frac{80}{140} \div \frac{4}{10} = \frac{0.57}{0.4} = 1.4$$

这个数据说明，当猪肉价格上升40%时，每小时猪肉的供给量增加了57%，猪肉供给量的增长率是价格上升的1.4倍。表明猪肉价格上升引起了猪肉供给量较大幅度的增长。

（三）缺乏弹性和富有弹性的供给

供给价格弹性反映了当价格变动时企业向市场提供商品的意愿。图2-22显示了两种常见的供给价格弹性的类型。(a) 幅为缺乏弹性的供给（$E_S<1$）。当供给缺乏弹性时，供给量变动的百分比小于价格变动的百分比，企业向市场提供的商品数量对价格变动的反应不敏感，例如粮食、住房和收藏品，短期内这些物品的供给量很难随着价格变动而迅速调整。陡峭的供给曲线表明了供给缺乏弹性的情况。(b) 幅为富有弹性的供给（$E_S>1$）。当供给富有弹性时，供给量变动的百分比大于价格变动的百分比，即企业对价格变动的反应很强烈。一条平坦的供给曲线表明了供给富有弹性的情况。

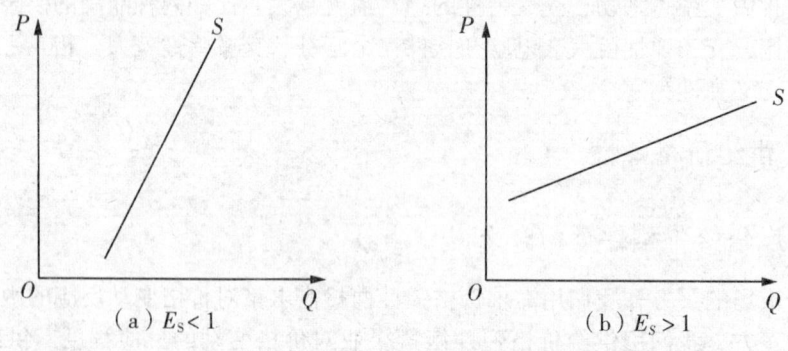

图2-22 缺乏弹性和富有弹性的供给曲线

我们知道，当需求增加时，均衡价格上升和均衡数量增加。但是，均衡价格上升和均衡数量增加的幅度有多大呢？这与供给价格弹性的大小有关。在需求的增加相同时，供给越是缺乏弹性，价格上升幅度较大而产量增加幅度较小。比较图2-23（a）和（b）可以看出，在需求曲线右移的幅度相同时，(a) 幅中，供给缺乏弹性，价格较大幅度上升，供给量只有较少的增加。而(b) 幅中，供给富有弹性，价格较小幅度上升，供给量则较大幅度地增加，出现两种不同的结果是由于不同物品和劳务的供给量对价格变动的反应程度不同。现实中，农产品、股票、住房等供给缺乏弹性的物品容易在发生需求变动时出现较大幅度的价格波动。

图2-24显示了两种极端的情况。(a) 幅的供给曲线代表供给完全无弹性（$E_S=0$）。垂直的供给曲线表明，无论价格如何变化，供给量都不发生改变。供给完全无弹性的情况比较少见，一个国家或地区的土地，以及那些无法复制的古董属于这种情况。(b) 幅的供给曲线表示供给完全有弹性（$E_S\to\infty$）。水平的供给曲线表示价格的微小变

动，会引起供给量无限大的变动。比如，改革开放以来，中国农村劳动力的供给被认为是供给弹性无限大的。由于大量的农村过剩劳动力的存在，使得劳动的价格（工资）微小的提高，就会导致农村过剩劳动力源源不断地流向城市，其供给弹性趋于无限大。这种情况一直持续到2004年以后"民工荒"现象的出现。供给完全有弹性的情况也很少见，绝大多数物品和劳务的供给价格弹性都介于这两种极端的情况之间。

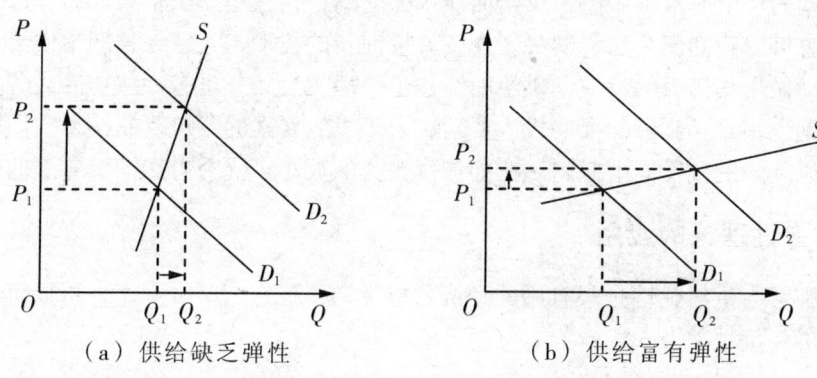

图 2-23 需求变动对价格和产量的影响与供给价格弹性有关

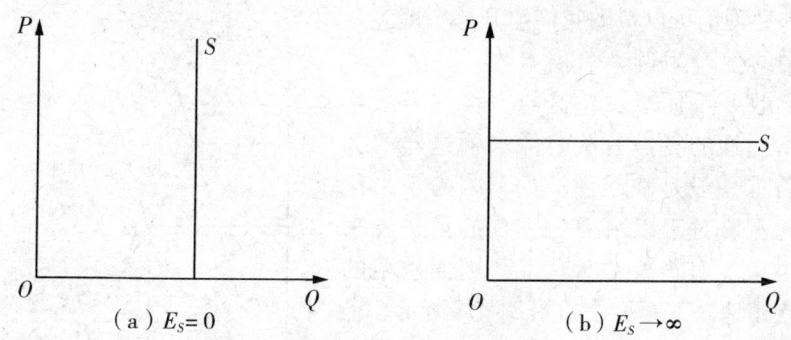

图 2-24 完全缺乏弹性和完全富有弹性的供给曲线

（四）影响供给价格弹性的因素

供给价格弹性的大小取决于以下两个因素：

1. 投入要素的可替代性

如果生产一种产品所需要的投入要素也可被用于生产其他产品，这些投入要素可以被广泛地用于各种用途，那么该产品的供给价格弹性相对较大。比如，服装、玩具和鞋的生产只须低技能的劳动力，这意味着当出现赢利机会时，大量的工人可以从其他生产活动中转移到这些产品的生产中来。相反，艺术家的天赋、海滩的土地是稀缺的投入要素，与这些要素相关联的物品或劳务的供给就是缺乏弹性甚至是零弹性的。比如齐白石的国画供给价格弹性为零，具有垂直的供给曲线。

2. 时间的长短

这是决定供给价格弹性最重要的因素。对企业来说，把生产要素从一种生产活动转移到另一种生产活动是需要时间的，扩大厂房、增加设备和培训工人都需要花费时间，所以对大多数物品和劳务来说，长期供给价格弹性大于短期供给价格弹性。短期内，当价格上升时，企业很难立即通过调整投入要素来增加产量，因此，短期中产品的供给量对价格变动的反应非常不敏感，供给曲线较为陡峭，甚至为一条垂线。而经过一段时间后，企业总可以建立新厂房、购买新设备、培训新的技术工人，在长期中供给量可以对价格的变动做出相当大的反应，供给曲线趋于平坦。当然，也有一些物品或劳务的生产即使在长期也很难得到所需要的投入要素，由于投入要素的不可复制使得它们的供给曲线始终是以陡峭的幅度向上倾斜。比如体育比赛的冠军、优秀电影演员参演的电影。

四、弹性理论的应用

需求弹性与供给弹性是很有用的经济分析工具，把它们结合起来，可以解释一些现实中常见的经济现象。

（一）"谷贱伤农"之谜

农业丰收，农民的收入反而下降的现象称为"谷贱伤农"。为什么会出现这一经济现象呢？弹性理论可以帮助我们解开这个谜。

以水稻的生产为例。水稻丰收了，生产水稻的农民的收入反而减少，这与水稻的需求和供给的价格弹性的特点有关。像水稻这样的基本食品的需求一般是缺乏弹性的，因为水稻比较便宜，而且，对于以水稻为主食的消费者来说，水稻也很少有很好的替代品。因而水稻的需求曲线陡峭地向下倾斜，如图2-25所示。水稻的供给也是同样缺乏弹性的，因为水稻的供给量取决于种植前的决策，因而在短期内，水稻的价格无论如何变动，其供给量很难有较大的变动。所以，水稻的供给曲线陡峭地向上倾斜，如图2-25所示。在我们的例子里，水稻的

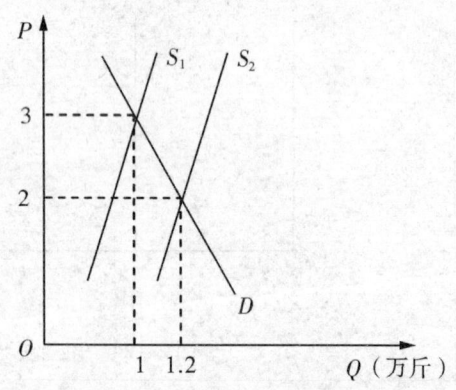

图2-25 水稻市场供给增加

丰收影响供给曲线，因为在既定的水稻价格下每亩土地水稻的供给增加了，供给曲线向右移动，需求曲线不变，因为在任何一个既定价格下消费者购买水稻的愿望并不会受到产量增加的影响。图2-25显示，当供给曲线从S_1移动到S_2，水稻的销售量从1万斤增加到1.2万斤，而水稻的价格从3元下降为2元。

现在，我们来看农民得到的总收益的变动。我们知道，总收益的变动取决于需求价格弹性，对于水稻这种缺乏弹性的商品来说，价格与总收益同方向变动。从图2-25可以看出，水稻价格大幅度下降，而水稻的销售量增加很少，总收益从3万元减少为2.4万元。因此，水稻丰收减少了农民从销售水稻中所得到的总收益。

粮食丰收会导致市场价格的显著下降，所以，为了维护农民的利益，通常政府会对粮食实行价格保护政策。

（二）为什么汽油价格比汽车的价格更为频繁波动

现实中，汽车的价格通常很少发生改变，而汽油的价格在一年当中会发生数次波动，有时候波动的幅度还相当大。为什么汽车价格和汽油价格在波动性方面存在差别？这与汽油的弹性特点与供给的频繁变动有关。

短期内汽油的需求和供给价格弹性都比汽车小。汽油的需求缺乏弹性是因为人们的购买习惯不会立即对价格变动作出反应，比如短期内汽车的行驶里程基本不变，即使汽油的价格变动较大，需求量也不会改变太多。汽油的供给缺乏弹性是因为已知的石油储藏和石油开采能力不能在短期内迅速改变，所以汽油的短期供给和需求曲线是陡峭的，如图2–26（a）所示。而汽车的需求富有弹性，如果汽车的价格突然发生变化，人们会推迟或加快购买新车。短期内，汽车的供给弹性也比汽油大。所以，如图2–26（b）所示，汽车的需求曲线和供给曲线较为平坦。

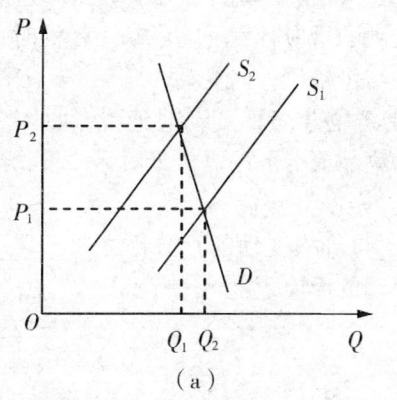
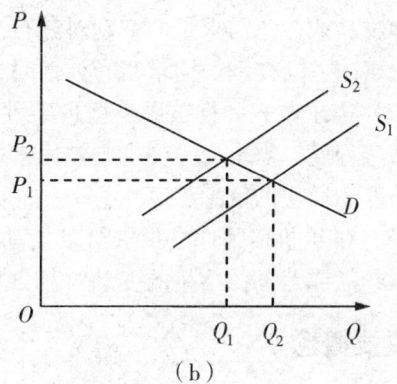

图2–26 汽油的价格比汽车的价格波动大

从供给方面分析，汽油市场上供给曲线的移动比汽车市场更频繁。这是因为，生产汽车的投入品的供给较为稳定，通常不会发生太大的变动，即使出现某些投入品价格的上升，出于争夺市场的考虑，企业会想办法消化新增加的成本。但是，对于汽油市场而言，生产汽油的关键资源是石油，而石油的供给经常会受到一些不确定因素的影响。比如，世界上大部分石油的供给是由石油输出国组织（OPEC）控制的，如果OPEC限产，会导致汽油价格的大幅度上升。即使OPEC没有限产，如果伊朗局势紧张，比如国际原子能机构认定伊朗未遵从安理会决议暂停其有争议的铀浓缩活动，而伊朗则决意捍卫本国和平利用核能的权利，不肯让步，双方的较量不断升级，这会使人们预期原油的供给将会减少，未来油价将会升高，因而使生产者减少石油的供给（以便在油价升高后出售）。可是，一旦伊朗局势出现缓和，汽油的供给曲线又会回到原位。所以，汽油的供给曲线移动幅度大且较为频繁，短期内汽油市场需求和供给弹性都比汽车小，这两方面的因素共同作用导致汽油市场价格波动性较大。

本章要点

（1）需求曲线表示价格与需求量之间的关系。根据需求定理，给定其他因素不变，一种物品的价格越高，需求量越少。除价格之外，消费者的购买意愿也会受到收入、相关商品价格、偏好及预期等因素的影响。这些因素的改变将引起需求曲线的移动。

（2）供给曲线表示价格与供给量之间的关系。根据供给定理，给定其他因素不变，一种物品的价格上升，供给量增加。除价格之外，生产者的供给意愿也会受到投入要素的价格、技术以及预期等因素的影响。这些因素的改变将引起供给曲线的移动。

（3）需求曲线和供给曲线的交点决定了市场均衡。当价格为均衡价格时，需求量等于供给量。市场价格的自由调节促使市场从非均衡状态趋向均衡状态。

（4）我们可以通过需求曲线和供给曲线的移动分析经济中某个事件的发生会引起市场均衡价格和均衡数量发生什么变化。

（5）供求模型是一个很有用的分析问题的工具。我们可以用它来分析生产要素市场上要素的价格和使用量的决定。

（6）需求价格弹性是指需求量变动的百分比与价格变动的百分比之比。它用来衡量某种物品或劳务需求量的变动对其自身价格变动的反应程度。需求缺乏弹性时，总收益与价格同方向变动。需求富有弹性时，总收益与价格反方向变动。

（7）需求收入弹性被用来衡量某种物品或劳务需求量的变动对消费者收入变动反应的敏感程度。需求交叉弹性则被用来衡量某种物品或劳务的需求量对另一种物品或劳务价格变动反应的敏感程度。

（8）供给价格弹性是指供给量变动的百分比与价格变动的百分比之比。它用来衡量某种物品或劳务供给量的变动对其自身价格变动的反应程度

重要概念

需求　需求量　需求曲线　需求定理　需求的变动　供给　供给量　供给曲线　供给定理　供给的变动　均衡价格　均衡数量　需求价格弹性　总收益　需求收入弹性　需求交叉弹性　供给价格弹性

本章练习题

（1）用供求图说明下列事件对电脑市场的影响：
　　A. 软件的价格上涨；
　　B. 电脑工人组织了工会获得了更高的工资；
　　C. 新技术的出现使生产电脑的企业扩大了生产规模；
　　D. 在不远的将来，电脑的价格可望大幅度下降。

（2）出生率的上升对土地的均衡价格产生什么影响？

（3）为什么在数码相机的需求增加时，数码相机的价格却一直在下降？

（4）某大学今年的学费提高了，但入读的学生却增加了。你能解释此现象吗？

（5）假设某地区发现了禽流感，同时还发现一种需要较少饲料喂养的小鸡。这会

对该地区鸡类产品的均衡价格和均衡数量产生什么影响？

（6）设某水泥厂的需求函数 $Q = 400 - 2P$，问：

  A. 该厂计划每日销售水泥 180 吨，价格为多少？

  B. 每吨水泥售价 150 元，每日能销售多少？

  C. 价格提高到多少，销售量为零？

（7）假设度假乘客和公务乘客对从北京到上海的民航机票的需求量如下表所示：

价格（元）	需求量（人）	
	度假乘客	公务乘客
100	1500	2100
150	800	2000
200	300	1900

问：

  A. 票价从 100 元升至 150 元时，度假乘客与公务乘客的需求价格弹性各是多少？

  B. 票价从 150 元升至 200 元时，度假乘客与公务乘客的需求价格弹性各是多少？

  C. 哪类乘客的需求价格弹性大？为什么？

（8）为什么粮食丰收对农民不一定是件好事？如果只是某农户的粮食丰收，那么对这户农民来说，丰收还是一件坏事吗？

（9）小张决定今年春节花 100 元买图书，但他在去书店前还不知道图书的价格，也不知道他今年能得到多少压岁钱。请你计算小张对图书的需求价格弹性和需求收入弹性。

（10）比较粥品店所有口味的粥与鱼片粥的供给价格弹性的大小。

（11）牛奶价格增加 2% 导致巧克力糖浆的需求量减少 4%，那么，巧克力糖浆对牛奶价格的需求交叉弹性为多少？这两种产品是互补品还是替代品？

第二编　完全市场与效率

　　我们在市场上看到的许多价格和产品是由千千万万个消费者和企业共同决定的。需求是消费者的行为，决定需求的是消费者作出的选择。供给是生产者的行为，决定供给的是企业的选择。

　　在第二编，我们将集中讨论一个理想化的、完全竞争市场的经济是如何运作的。第三章介绍消费者的偏好以及既定约束下的最优选择。第四章、第五章解释企业的经济行为。第四章介绍企业如何在投入和生产技术给定的条件下追求利润最大化，以及提供物品和劳务需要耗费什么。第五章讨论竞争市场企业的产量与定价决策，以及供给的形成。在第六章，我们解释"剩余"的概念，说明竞争市场的运作是如何实现效率的。此外，我们还将说明，为什么对市场干预会导致不理想的效果。

第三章　消费者行为

在第二章，我们讨论了需求和需求定理。但在那里，我们的讨论仅限于使读者理解"价格上升时物品或劳务的需求量下降"的理论，而没有对需求定理进行深入的分析。实际上，现实生活中人们对物品和劳务的购买要受到收入的约束。比如，在超市里，你会见到许多愿意购买的物品，可是你的财力有限，你不能购买你想买的一切，你必须考虑物品的价格，并在收入许可的条件下作出你最满意的选择。可见，个人选择不仅与其对物品和劳务的喜好有关，而且要受到其支付能力的限制。

本章将说明消费者如何作出购买选择。选择，意味着我们为了得到某些东西，就不得不放弃另一些东西，我们不能随心所欲是因为面临收入的限制。因此，一个很实际的问题是：应当如何把有限的收入用于购买我们需要的各种物品和劳务上。比如，你有限的财力是买一台个人电脑还是用于旅游？相同的花费你愿意吃一顿丰盛的粤菜还是去西餐厅享受浪漫？每月的工资更多地用于消费还是用于储蓄？消费者行为理论就是研究消费者如何做出选择，以及他们如何对价格和收入的变动做出反应。

第一节　效用与偏好

在说明消费者如何作出购买选择之前，首先有必要认识到我们对物品和劳务购买本身并不是最终目的，拥有这些物品和劳务是为了满足我们的欲望。

一、效用的含义

（一）什么是效用

我们无论吃饭穿衣读书旅游，都能够从中得到某种满足，经济学家把从某种物品或劳务的消费中得到的满足程度称为**效用**（utility）。消费者从一种物品或劳务的消费中获得的满足程度高就是效用大，满足程度低就是效用小，如果从消费中感受到痛苦，则是负效用。

效用是一种主观心理感觉，是消费者对物品或劳务能够在多大程度上满足自己欲望的一种主观评价。在 19 世纪，包括英国经济学家杰里米·边沁在内的社会科学家，都曾希望开发出能够准确度量效用的仪表，比如说把电极接在人的头部，通过观察大脑皮层发出脑电波的强弱来准确显示消费者效用的大小。然而，时至今日，通过机器比较不同人的效用仍然存在难以克服的技术性困难。

虽然目前尚没有比较不同消费者效用大小的技术手段，但是我们可以用一种非常简单的方法度量单个消费者效用的大小。例如，暑假中父母送给你两种可供选择的礼物：旅游和电脑，如果你选择了电脑，则表明电脑给你带来的效用大于旅游。同样道理，如果你觉得用 200 元钱购买 5 本书比吃一顿丰盛的西餐更感觉满意，那么，我们说书籍比西餐给你带来了更大效用。可以用消费者的"支付意愿"来表示消费一定量物品或劳务所得到的效用的大小。**支付意愿**(willingness to pay)是指买者为获得某种物品或劳务而愿意付出的最高价格。它代表了消费者从该物品或劳务的消费中得到的利益。假设小李愿意用 10 元钱买 1 块巧克力,18 元钱买 2 块巧克力,23 元钱买 3 块巧克力,我们可以说 1 块巧克力给小李带来的效用是 10 个货币单位,2 块和 3 块巧克力的效用分别是 18 和 23 个货币单位。

(二)总效用与边际效用

总效用与边际效用是与效用相关的两个概念。

总效用(total utility,TU)是指从消费某种物品或劳务中得到的总满足程度。假定消费者消费 Q 数量的物品或劳务,则总效用函数为

$$TU = f(Q) \tag{3.1}$$

如表 3-1 所示,每吃一块巧克力,小李的总效用就会出现一定幅度的增加,直至吃到 4 块巧克力时为止。每小时吃 4 块巧克力给她带来的满足程度大于吃 3 块巧克力时的满足程度,大于吃 2 块巧克力时的满足程度,如此等等。但是,当每小时吃 5 块巧克力时,总效用不再增加,吃到第 6 块巧克力时,她的满足程度减少了,总效用从 25 减少到 23。

表 3-1 巧克力带来的总效用和边际效用

巧克力的消费量(个/小时)	总效用	边际效用
0	0	—
1	10	10
2	18	8
3	23	5
4	25	2
5	25	0
6	23	-2

边际效用(marginal utility,MU)是指消费者每增加 1 单位某种物品的消费所引起的总效用的变动量。从表 3-1 中可以看到,随着小李消费更多的巧克力,每多吃一块巧克力带给她的满足程度是下降的。例如,小李吃第 1 块巧克力时感觉香甜无比,边际效用为 10,吃第 2 块时仍然感觉不错,边际效用为 8,其余依此类推。边际效用可以表示为:

$$MU = \frac{\Delta TU}{\Delta Q} \tag{3.2}$$

例如,第 3 块巧克力的边际效用为:

$$MU = \frac{\Delta TU}{\Delta Q} = \frac{TU_3 - TU_2}{Q_3 - Q_2} = \frac{23 - 18}{3 - 2} = 5$$

我们可以用表3-1的数据画出每小时小李消费巧克力所获得的总效用曲线和边际效用曲线。如图3-1所示。图中，横轴Q表示每小时小李消费巧克力的数量，纵轴表示小李从对巧克力的消费中所获取的效用。可以看出，随着小李每小时吃的巧克力的数量增加，她得到的总效用是递增的，当她吃到第五块巧克力时，总效用达到最大，这时，她已不愿再多吃一块巧克力，因为继续吃第六块巧克力时，总效用开始下降，这意味着她的情况变糟了。从图3-1中还可以看到，边际效用随着小李所消费巧克力数量的增加而不断减少，也就是说，每多吃一块巧克力给小李带来的总效用增量小于上一块巧克力的总效用增量。当她吃到第五块巧克力时，边际效用为零，这时小李对巧克力已经完全满足，若强迫她继续消费，就会出现边际效用为负的情况。

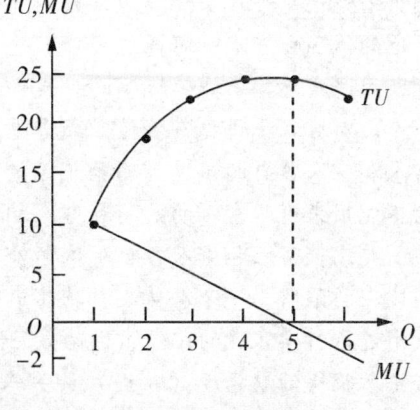

图3-1　效用曲线

（三）边际效用递减规律

从表3-1和图3-1可以看出，随着小李消费巧克力数量的增加，她每增加一单位巧克力的消费所带来的边际效用是递减的，在图形上表现为边际效用曲线是一条向右下方倾斜的直线。这说明，当我们越来越多地消费一种物品时，我们从中获得的新增加的满足程度会下降。例如，小李吃第一块巧克力感觉香甜无比，吃第二块巧克力时仍然感觉不错，吃第三块或第四块巧克力时快乐和满足的感觉会越来越减弱，继续吃下去，第六块巧克力会使小李感觉不适，这就是边际效用递减规律。**边际效用递减规律**（law of diminishing marginal utility）可表述为：在其他条件不变的情况下，给定时期内随着某种物品或劳务消费量增加，其边际效用最终会下降。

边际效用递减规律反映了人们的主观心理感觉，它普遍存在于消费者对物品和劳务的消费中。例如，在你口渴的时候，如果得到1瓶矿泉水，相对于没有水喝的情况，你会感觉得到极大的满足。如果你有了第2瓶矿泉水，你仍然会感觉更加满足，但是，满足程度没有成倍增加。继续增加矿泉水的消费，你从中得到的满足感会越来越小。

链接3-1　　　　富人和穷人：1元钱意味着什么

谁能从额外的1元中获得更多效用？是穷人还是富人？绝大多数人会说穷人获得的效用更多，因为穷人的钱比富人少得多。"富人那么有钱，对他们来说，再多1元没有什么意义。"人们经常会这么说。

有人认为边际效用递减规律能够说明，富人从额外1元中获得的效用要比穷人少，然而不幸的是，这是对边际效用递减规律的误解。在这个例子中，边际效用递减规律所说明的是，对富人来说，额外1元的价值低于先前的1元；对穷人而言，额外1元的价值也低于他先前拥有的1元。我们假设富人有200万元，而穷人只有1000元。现在我们再给他们每个人1元。边际效用递减规律所说的是，这额外1元的价值对富人而言低于他的第200万元；同样这额外1元的价值对穷人来说也低于他的第1000元。这是边际效用递减规律所能够说明的。我们不知道，也不可能知道，这额外1元对富人来讲是不是比对穷人来讲更有价值，或者更没有价值。总而言之，边际效用递减规律只能说明富人和穷人各自的情况（对他们而言，最后1元同样没有先前的1元来得值钱），但是它不能用来说明富人的效用和穷人相比会怎么样。

要比较富人和穷人各自从这额外1元当中所获得的效用，就陷入了所谓效用的人际间比较的陷阱。一个人从某种物品中获得的效用不能跟另一个人从同一件物品中获得的效用进行科学客观的比较，因为效用是主观的东西。谁能肯定地知道，富人从额外1元当中所获得的满意度（效用）和穷人所获得的效用相比是多少？穷人可能不怎么喜欢钱，他可能认为贪恋钱财是万恶之源，而宁愿享用一些不需要钱的东西。另一方面，可能富人的唯一爱好就是聚敛更多的钱财。我们不能随意地"猜测"某人从消费某物中所获得的效用，再把它和我们对于另一个人从消费某物当中所获得的效用的"猜测"进行比较，并把这些"猜测"称为客观的事实。

资料来源：张元鹏：《微观经济学》，中国发展出版社2005年版。

本书一开始在介绍经济学的方法时，曾说明经济学的理性人假设。"理性"体现为在既定的约束条件下，一个经济主体最大化自己认定的目标。对于消费者来说，他的理性行为就是通过物品和劳务的消费最大化自己的"效用"或者说满意程度。虽然人们并非只有物质利益的需求，但是，追求效用最大化是大多数人的基本行为倾向。有了效用最大化的假设，我们就可以简单明了地说明消费者选择行为所遵循的一般原则。

二、偏好与无差异曲线

消费者的选择受到许多因素的影响，所有这些因素都可以归结为两个概念：偏好和预算约束。

（一）偏好

偏好（preference）是指消费者对物品的喜好程度。对于每一个消费者来说，他不可能只消费一种商品，而是有几种商品组成的商品组合。偏好就是消费者可以根据自己的喜好对不同的商品组合进行比较。比如，小李购买猪肉和鸡蛋，假如她现在面临A、B、C三种消费组合，即（3斤猪肉，5斤鸡蛋）、（5斤猪肉，1斤鸡蛋）、（3斤猪肉，3斤鸡蛋）。小李可以根据自己的偏好对这三种商品组合进行排序。那么，她如何排序呢？或者说，按什么规则排序呢？一般认为，满足以下三个基本假设，消费者就可以根据偏好对不同的商品组合进行排序了。

假设1：完备性。指消费者总是可以排列出其对商品组合的偏好顺序。比如小李可以明白无误地判断出，组合 C 要好于 A 和 B，而 A 和 B 这两个商品组合是无差异的，她同样喜欢。完备性假设的意思是消费者有能力对任何商品组合作出判断，要么是对 A 的偏好大于 B；要么对 B 的偏好大于 A；要么对 A 和 B 的偏好相同。

假设 2：传递性。意指消费者的消费行为在逻辑上是一致的。比如消费者对 A 的偏好大于 B，对 B 的偏好大于 C，那么，在 A、C 这两个组合中，必有对 A 的偏好大于 C。如果偏好不具有传递性，消费者根本无法找出自己最偏好的商品组合。

假设 3：非饱和性。意指消费者总是喜欢更多的商品而不是更少的商品，即多多益善。比如你面临钢笔和铅笔 A、B 两种消费组合，即（5 支钢笔，6 支铅笔）、（4 支钢笔，6 支铅笔），你会毫不犹豫地选择组合 A，因为，与组合 B 相比，你在多得了 1 支钢笔的同时，并没有失去什么，选择组合 A 使你感觉自己的状况变得更好。

（二）无差异曲线

在现实生活中，消费者面临着无数种不同商品的消费组合，如何表示消费者的偏好呢？无差异曲线可以很简便地表达消费者对所有可能的商品组合的偏好关系。

1. 无差异曲线的含义

无差异曲线（indifference curve）表示两种商品的不同数量组合给消费者带来的效用没有差异。例如，小李购买猪肉和鸡蛋，在她看来，（1 斤猪肉，5 斤鸡蛋）和（5 斤猪肉，1 斤鸡蛋）这两种商品组合，给她带来的效用即满足程度是无差异的。用图形表示，我们可以描绘出无差异曲线，如图 3-2 所示。

在图 3-2 中，横轴表示小李消费的猪肉的数量，纵轴表示小李消费的鸡蛋的数量，对小李来说，无论是 1 斤猪肉、5 斤鸡蛋，还是 5 斤猪肉、1 斤鸡蛋，无差异曲线上任何一点所代表的猪肉和鸡蛋的数量组合给她带来的满足程度相等。

2. 无差异曲线的特点

第一，无差异曲线总是向右下方倾斜的。如图 3-2 所示，为了获得相同的满足程度，在增加猪肉购买量的同时，必须减少鸡蛋的购买量，这样才能使商品组合仍处于同一条无差异曲线上。

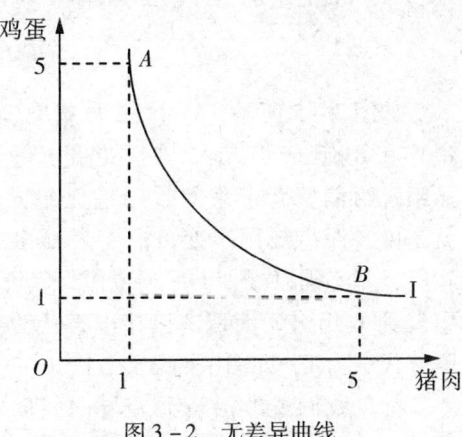

图 3-2 无差异曲线

第二，位置越高的无差异曲线所代表的效用水平越大。如图 3-3 所示。在同一平面图上可以有无数条无差异曲线，每一条无差异曲线代表的效用水平不相等，位置越高的无差异曲线总是代表更大效用水平的商品组合，也就更为消费者偏爱，因为依据偏好的非饱和性假设，任何物品对消费者而言总是多多益善的。

第三，无差异曲线不能相交，否则会发生逻辑矛盾。如图 3-4 所示，两条无差异曲线相交于 A 点，根据无差异曲线的定义，A 点和 B 点代表的商品组合对消费者来说是无差异的，A 点和 C 点代表的商品组合对消费者来说也是无差异的，因此可以推论 B

与 C 无差异。然而，B 点在位置更高的无差异曲线上，它代表的商品组合包含的两种商品数量多于 C 点，消费者对 B 点的偏好应当大于 C 点，B 与 C 两点不可能无差异。所以，两条无差异曲线的交点是不存在的。

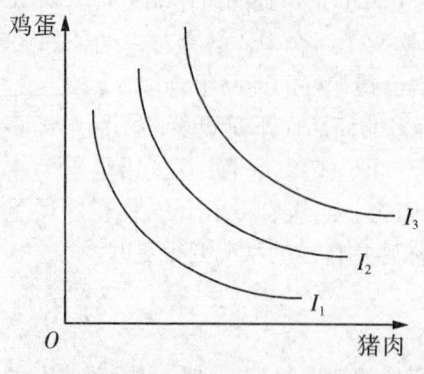

图 3-3　无差异曲线的位置与效用大小

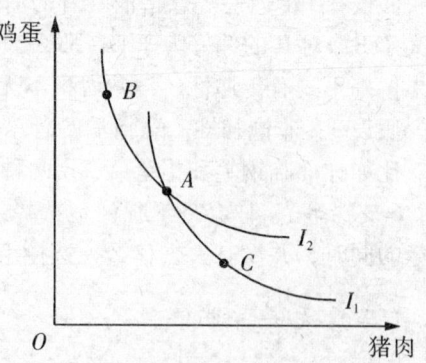

图 3-4　无差异曲线不能相交

第四，无差异曲线凸向原点。这意味着保持总效用不变，随着猪肉数量的连续增加和鸡蛋数量的连续减少，无差异曲线将逐渐变得更为平坦。无差异曲线的这一特点是由边际替代率递减规律所决定的。关于这一点，我们在下面详细介绍。

3. 边际替代率及其递减规律

根据无差异曲线的定义，若保持效用水平不变，消费者在增加一种物品消费量的同时，必然会减少另一种物品的消费量，由此可得到边际替代率的概念。**边际替代率**（marginal rate of substitution，MRS）是指在保持相同的效用水平时，消费者增加一单位某种物品的消费所必须放弃的另一种物品消费的数量。如果以 X 物品替代 Y 物品，ΔX 表示 X 物品的增加量，$-\Delta Y$ 表示 Y 物品的减少量，则边际替代率可表示为：

$$MRS_{XY} = -\frac{\Delta Y}{\Delta X} \tag{3.3}$$

如图 3-5 所示，A 点（2 斤猪肉，3 斤鸡蛋）和 B 点（3 斤猪肉，2 斤鸡蛋）这两种商品组合给消费者带来的效用是无差异的。也就是说，保持效用不变，消费者要多得 1 斤猪肉，就必须以减少 1 斤鸡蛋作为代价，从 A 组合到 B 组合，消费者以猪肉替代鸡蛋的边际替代率为 1，即图中的 $\Delta X/\Delta Y$。

如果我们继续沿着无差异曲线向右下方移动，连续、等量地增加猪肉的消费，那么，随着猪肉数量的增加和鸡蛋数量的减少，鸡蛋相对来说会越来越受到消费者的偏爱，消费者愿意用越来越少的鸡蛋换取 1 斤猪肉，

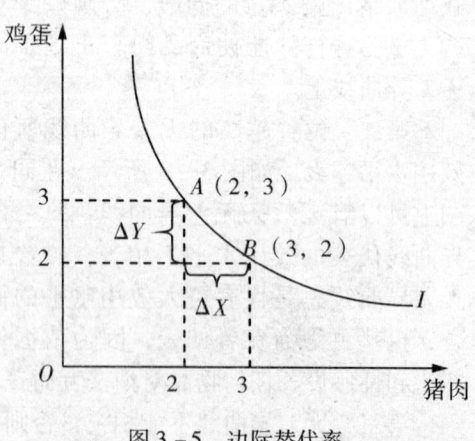

图 3-5　边际替代率

也就是说，消费者拥有的猪肉越多，他为了增加 1 单位猪肉的消费所必须放弃的鸡蛋数

量越少。反过来看，如果消费者沿着无差异曲线向左上方移动，连续、等量地增加鸡蛋的消费，他愿意用越来越少的猪肉换取1单位鸡蛋，也就是说，消费者拥有的鸡蛋越多，他为了增加1单位鸡蛋的消费所必须放弃的猪肉数量越少。对于等量变动的ΔX物品来说，ΔY物品的变动量是递减的，这被称为边际替代率递减规律。边际替代率递减规律是指在保持效用不变的前提下，连续增加某一种物品时人们所必须放弃的另一种物品的数量是递减的。

边际替代率之所以呈递减趋势，与边际效用递减规律有关。我们知道，无差异曲线是一条等效用曲线，曲线上各点的效用水平是相等的，因此，X物品增加所增加的效用必须等于Y物品减少所减少的效用，用公式可表示为：

$$\Delta X \cdot MU_X = -\Delta Y \cdot MU_Y$$

或

$$-\frac{\Delta Y}{\Delta X} = -\frac{MU_X}{MU_Y}$$

则边际替代率可以写成：

$$MRS_{XY} = \frac{MU_X}{MU_Y} \tag{3.4}$$

这样，我们可以用边际效用递减律解释边际替代率递减的原因。前面说明，边际效用递减规律是指当某种物品的消费量持续增加时，其效用的增加量越来越小。在这一规律的作用下，随着X物品的增加，它的边际效用在递减；随着Y物品的减少，它的边际效用在递增，所以，MU_X/MU_Y的比值不断减小，表明消费者每增加一定量的X物品所愿意减少的Y物品的数量越来越少，边际替代率也就必然是递减的。

4. 边际替代率与无差异曲线的形状

现在，我们用边际替代率的概念解释无差异曲线为什么凸向原点。边际替代率就是无差异曲线上任一点的斜率，如图3-5所示，从A点到B点，消费者以猪肉替代鸡蛋的边际替代率为1，1就是无差异曲线上从A到B之间的斜率。边际替代率递减意味着无差异曲线的斜率是递减的，无差异曲线的左上段比较陡峭（斜率较大），则边际替代率高，而其右下段比较平坦（斜率较小），则边际替代率低，两部分曲线结合在一起，无差异曲线的形状自然凸向原点。

在一般情况下，由于边际替代率呈递减趋势，无差异曲线是一条向右下方倾斜且凸向原点的曲线。但是，在一些特殊情况下，边际替代率不是递减的，无差异曲线也不是凸向原点的曲线。图3-6（a）显示了完全替代品的情况。完全替代品是指两种物品的效用几乎完全相同，相互可以很容易地替代。比如可口可乐和百事可乐，这两种饮料在口味上的差别很小，消费者随便喝哪一种饮料都一样，在这种情况下，无差异曲线为一条斜率不变的直线，因为两种商品完全替代，边际替代率为常数。

图3-6（b）显示了完全互补品的情况。如果两种物品必须按照某一固定比例结合在一起才能消费，那么它们就是完全互补的。例如，左脚鞋和右脚鞋，眼镜片和镜框。完全互补品的无差异曲线是一条"L"形曲线，如图3-6（b）所示，水平的或垂直的无差异曲线表明消费者不会在意多余的右鞋或左鞋，比如说当左鞋较少时，在消费组合中仅增加右鞋的数量，这些消费组合对消费者而言是无差异的。

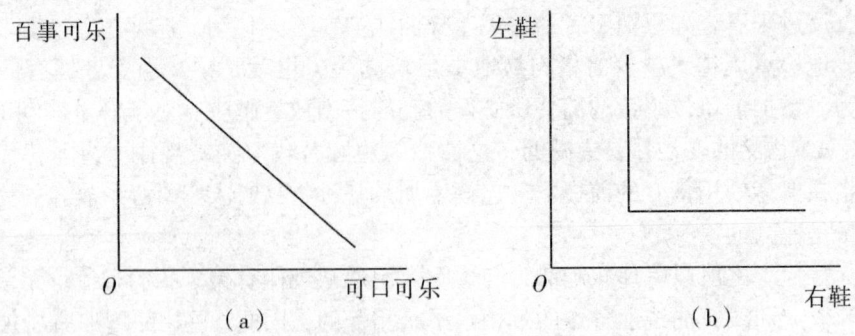

图 3-6 完全替代品和完全互补品的无差异曲线

第二节 预算约束

无差异曲线表示消费者对不同商品组合的偏好,对消费者来说,总是愿意选择最受自己偏好的消费组合。然而,每个人的购买选择必然要受到其收入和商品价格的约束,消费者总是在收入和商品价格既定的条件下做出自己的购买选择。本节我们讨论消费者的预算约束。

一、预算线的含义

消费者在作出购买选择时,面临的约束可以最终归结为口袋里的钱是有限的,这被称之为预算约束。在收入有限的情况下,人们只能购买那些能够买得起的商品组合。经济学家用预算线表示人们进行消费选择时所面临的支付能力的约束。**预算线**(budget line)是一条表示在收入与商品价格既定的条件下,消费者所能购买到的两种商品数量组合的连线。

假定某消费者将其全部收入 I 用于购买 X 与 Y 两种物品,X 物品的价格为 P_X,Y 物品的价格为 P_Y,则预算约束可以表示为:

$$P_X \cdot X + P_Y \cdot Y = I \tag{3.5}$$

上式称为预算方程,它说明了收入与价格既定时对消费的限制,即方程左边的支出要与方程右边的收入相等。根据上式可在坐标图上画一条直线,如图 3-7 所示,图中向右下方倾斜的直线就是预算线。可以看出,该预算线在横轴上的截距为 I/P_X,它是消费者用全部收入购买 X 物品的数量。预算线在纵轴上的截距为 I/P_Y,它是消费者用全部收入购买 Y 物品的数量,这是两种极端情况,表示在收入和价格的约束下,消费者选择一种物品必须放弃另外一种物品。图中预算线以内区域任一点(如 D)所代表的 X 和 Y 消费组合

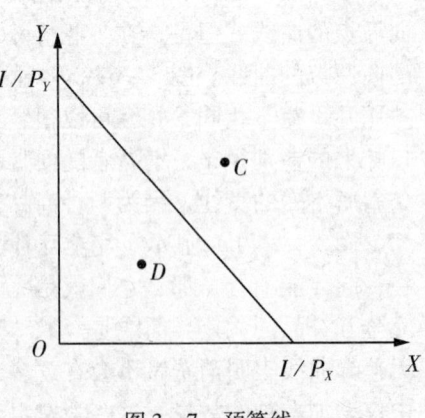

图 3-7 预算线

的总价款低于消费者的收入水平,即消费者的收入没有花光,因而对消费者的吸引力不大。预算线以外区域任一点(如 C)所代表的 X 和 Y 消费组合的总价款超过了消费者的收入水平,不在消费者选择的范围之内。唯有预算线上任一点所代表的 X 和 Y 的消费组合,才是消费者既定收入所能买到的 X 和 Y 两种物品的数量组合。

预算线的斜率衡量消费者可用 1 单位 X 物品所换得的 Y 物品的数量。可用预算线方程推导预算线斜率的计算方法。已知预算线方程为 $P_X \cdot X + P_Y \cdot Y = I$,用 Y 物品的价格 P_Y 除以方程两边,得出:

$$Y + \frac{P_X}{P_Y} \cdot X = \frac{I}{P_Y}$$

上式两边减去 $(P_X/P_Y) \cdot X$,得出:

$$Y = \frac{I}{P_Y} - \frac{P_X}{P_Y} \cdot X \tag{3.6}$$

上式中,I/P_Y 是既定收入可以购买的最大数量的 Y 物品,可以看做按 Y 物品计算的实际收入,即是用 Y 物品的购买量表示的实际收入,以某种物品表示的实际收入是收入除以该物品的价格。P_X/P_Y 是两种物品的相对价格,相对价格(relative price)是一种物品与另一种物品的价格之比。或者说是以一种物品表示的另一种物品的价格,在我们的例子中,就是用 Y 物品来表示的 X 物品的相对价格。相对价格是预算线的斜率,它表示在收入和价格既定时,增加一单位 X 物品的购买量所必须减少的 Y 物品的购买量。

假定 $I = 100$ 元,$P_X = 5$ 元,$P_Y = 10$ 元,代入预算方程(3.5)得:

$$5 \cdot X + 10 \cdot Y = 100$$

上式两边除以 Y 物品的价格(10 元),得:

$$Y = 10 - 0.5X$$

上式中,以 Y 物品计算的实际收入为 10 单位 Y 物品。0.5 为 X 物品价格与 Y 物品价格之比(5/10),或者说用 Y 物品表示的 X 物品的相对价格为 0.5,它是预算线的斜率,表示在收入与价格既定时,消费者多购买 1 单位 X 物品要放弃 0.5 单位 Y 物品。上式中的含义可用以下等式表示:

$$\frac{\Delta Y}{\Delta X} = 0.5 = \frac{5}{10} = \frac{P_X}{P_Y}$$

二、预算线的变动

如前所述,预算线由收入和商品的价格水平决定,当收入与价格变动时,预算线也会相应变动。

先来分析收入变动对预算线的影响。如图 3-8 所示,当收入增加时,预算线的截距变大了,这意味着预算线平行地向外移动,由于价格不变,预算线的斜率不变,从图中可以看出,现在消费者可以购买更多的 X 和 Y 物品。反之,如果收入减少了,而两种物品的价格不变,预算线则平行地向内移动。

再来看当收入不变时,价格变动对预算线的影响。如图 3-9 所示:

图 3-9（a）表明 P_X 变动、P_Y 不变时预算线的变化。当 P_X 下降时，由于 P_Y 不变，预算线在纵轴上的截距不变，但 P_X 下降使预算线在横轴上的截距变大了，即预算线以 A 点为轴心逆时针旋转，预算线斜率（P_X/P_Y）变小了，预算线变得更加平坦。可以看出，其他条件不变时，P_X 下降使消费者可以购买较多数量 X 和 Y 的物品组合，即降价使消费者的状况变好了。反之，当 P_X 上升时，预算线在横轴上的截距变小了，即预算线以 A 点为轴心顺时针旋转，预算线斜率（P_X/P_Y）变大了，预算线变得更加陡峭。其他条件不变，P_X 上涨使消费者只能购买较少数量 X 和 Y 的物品组合，即涨价使消费者的状况变差了。

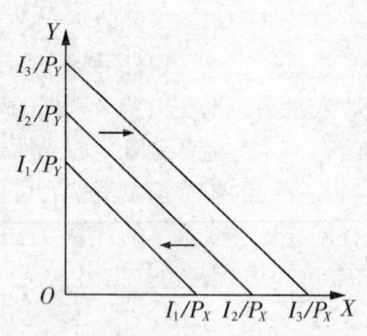

图 3-8　收入变动对预算线的影响

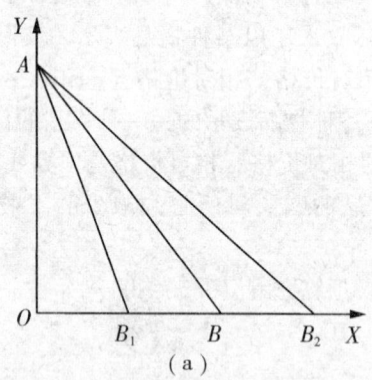
（a）

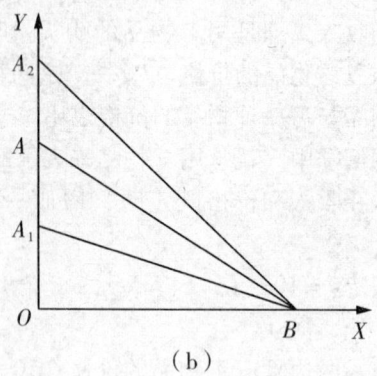
（b）

图 3-9　价格变动对预算线的影响

图 3-9（b）幅表明 P_Y 变动，P_X 不变时预算线的变化。当 P_Y 下降时，由于 P_X 不变，预算线以 B 点为轴心顺时针旋转，预算线斜率（P_X/P_Y）变大了，预算线变得更加陡峭。其他条件不变，P_Y 下降使消费者可以购买较多数量的 X 和 Y 的物品组合，即降价会使消费者的状况变好。反之，当 P_Y 上升时，预算线以 B 点为轴心逆时针旋转，预算线斜率（P_X/P_Y）变小了，预算线变得更加平坦。其他条件不变，P_Y 上升使消费者只能购买较少数量的 X 和 Y 的物品组合，即涨价会使消费者的状况变差。

第三节　消费者选择

无差异曲线表示消费者的主观偏好，即表示消费者愿意买什么，预算线则表示消费者在选择时面临的约束，即表示消费者能够买什么。现在我们把无差异曲线和预算线结合起来，来说明具有既定偏好和收入的消费者的最优选择，以及收入与价格变化对最优选择的影响。

一、最优选择及其实现条件

在分析消费者行为时，一般假定给定有限的预算，理性的消费者总是选择使其满足（总效用）最大化的商品组合。现在我们来看消费者如何把有限的收入用于不同物品的购买，以使自己的效用最大化。

（一）最优选择的图形表达

我们知道，消费者总是希望购买能够给他带来更大满足程度的商品组合，即达到最高的无差异曲线，但是预算约束限制了他能达到最高的无差异曲线，因此，可以推断，最优选择点一定在预算线刚好和人们有可能达到的最高无差异曲线相接触的那一点。如图 3-10 所示，预算线上的每一个点都代表消费者刚好买得起的商品组合，但是，只有 E 点代表的商品组合与位置最高的无差异曲线相切，E 点所代表的商品组合就是消费者的最优选择。

为什么 E 点之外的其他消费组合不是消费者的最优选择？从图 3-10 看，I_3 是位置较高的无差异曲线，消费者当然愿意选择 I_3 上任一点的商品组合来增加他的满足程度，但 I_3 在预算线之外，和预算线既不相交又不相切，在既定的收入水平下消费者没有能力达到 I_3 的任何一点。这说明了预算约束对消费者选择的作用。

图 3-10 中的 A 点也在预算线上，它所需要的支出是消费者可以承担的，但 A 点是预算线和位置较低的无差异曲线 I_1 的交点，消费者对 A 点的偏好小于 E 点，因此该点是一个不稳定的选择点，也就是说，该点不是最大效用的商品组合，

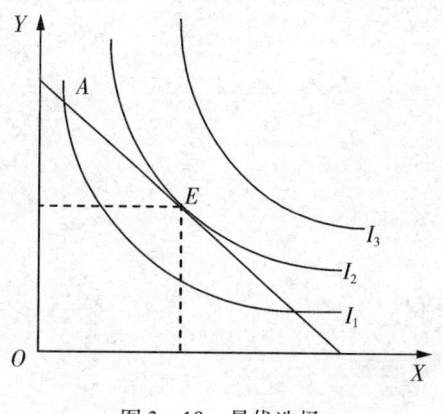

图 3-10 最优选择

此时，消费者愿意沿着预算线向右下方移动，选择更受偏好的新的商品组合。最好的商品组合一定在 E 点，因为 E 点在高于 I_1 的无差异曲线 I_2 之上，该点所代表的商品组合是消费者可以承担的，又是在最高的无差异曲线之上，所以，E 点代表的商品组合是消费者在既定收入和价格下的最优选择。到了 E 点之后，如果继续沿着预算线向右下方移动，新的商品组合又处于位置更低的无差异曲线之上，这时，消费者愿意沿着预算线向左上方移动到 E 点。

以上分析表明，用几何图形表示，消费者的最优选择点在无差异曲线和预算线的切点，该点也称为消费者均衡点。**消费者均衡**（consumer equilibrium）是指在收入和价格既定的条件下，消费者把自己的全部收入用于各种物品和劳务的购买，使其总效用达到最大的状态。E 点作为均衡点有两层意思：一是 E 点是一个具有稳定性的选择点，除非外部条件发生变化，否则在该点上消费者不会再改变两种商品的购买比例；二是 E 点之外的其他任何一点都是不稳定的，它们存在着向 E 点调节的动力和趋势。

（二）最优选择的数学表达

我们也可用数学方法解释为什么 E 点才是最优选择。初中几何知识告诉我们，两条线在相切的位置斜率相等。因而，在 E 点无差异曲线的斜率等于预算线的斜率。无差异曲线的斜率是两种物品的边际替代率，预算线的斜率是两种物品的价格之比，因此，在最优选择点上，边际替代率等于两种物品的价格之比，即：

$$MRS_{XY} = \frac{P_X}{P_Y} \tag{3.7}$$

上式即为消费者效用最大化的均衡条件。它表示在一定的收入约束条件下，为了得到最大的满足程度，消费者选择的两种物品的数量组合，要使边际替代率等于两种物品的价格之比。

根据无差异曲线的定义有：

$$\Delta X \cdot MU_X = -\Delta Y \cdot MU_Y$$

或

$$\frac{\Delta Y}{\Delta X} = \frac{MU_X}{MU_Y}$$

将上式代入（3.7）式有：

$$MRS_{XY} = \frac{MP_L}{MP_K} \tag{3.8}$$

根据

$$MRS_{XY} = \frac{P_X}{P_Y} = \frac{MU_X}{MU_Y}$$

得

$$\frac{MU_X}{MU_Y} = \frac{P_X}{P_Y} \tag{3.9}$$

或

$$\frac{MU_X}{P_X} = \frac{MU_Y}{P_Y} \tag{3.10}$$

上式表明消费者效用最大化的均衡条件是：边际替代率等于两种商品的价格之比，或者说，消费者每元货币购买 X 物品所获得的边际效用与每元货币购买 Y 物品所获得的边际效用相等，即每元货币购买每一种商品所带来的边际效用相等。如果不等，则意味着两种商品的组合没有使消费者的总效用达到最大，因而通过调整两种商品的购买比例，消费者就能够拥有更受偏好的商品组合。

例如，当 $MU_X/P_X > MU_Y/P_Y$ 时，表明每元货币支出购买 X 物品得到的边际效用大于购买 Y 物品得到的边际效用，这时，消费者会增加 X 的购买量，减少 Y 的购买量，每转移一单位货币的使用方向，都会使在 X 物品上得到的效用大于 Y 物品减少的效用，消费者得到的总效用会不断增加。由于边际效用递减规律的作用，随着 X 物品购买量的增加，X 物品的边际效用递减，而随着 Y 物品购买量的减少，Y 物品的边际效用递增，直至 $MU_X/P_X = MU_Y/P_Y$，此时总效用达到最大。

同样，当 $MU_X/P_X < MU_Y/P_Y$ 时，表明每元货币支出购买 X 物品得到的边际效用小于购买 Y 物品得到的边际效用，这时，消费者会减少 X 的购买量，增加 Y 的购买量，每转移一单位货币的使用方向，都会使在 Y 物品上得到的效用大于 X 物品减少的效用，

消费者得到的总效用会不断增加。由于边际效用递减规律的作用，随着 Y 物品购买量的增加，Y 物品的边际效用递减，而随着 X 物品购买量的减少，X 物品的边际效用递增，直至 $MU_X/P_X = MU_Y/P_Y$，消费者的总效用达到最大。

二、收入变动与消费者选择

以上对消费者最优选择的分析是在消费者收入和商品价格既定条件下，说明消费者如何根据其偏好选择效用最大化的商品组合。现在我们讨论，如果消费者的收入与商品的价格发生变化了，消费者最优选择点将会发生什么变化，以及商品的需求量如何随着收入或价格的变动而变动。

（一）收入变动：正常物品与低档物品

我们先来看商品价格不变而只有收入变动的情况。第二节的分析说明，收入变动会使预算线平行移动，其斜率不变。如果收入增加了，预算线平行地向外移动，它会和更高位置的无差异曲线相切，这意味着消费者有能力购买更多的各种物品。但是，有能力购买更多的各种物品并不意味着消费者一定会更多地购买。第二章的分析告诉我们，收入增加可使消费者增加对正常物品的购买，但却会使消费者减少对低档物品的购买。图 3-11 分别以汽车和土豆为例，说明了当收入变动时，消费者对正常物品和低档物品最优选择的变化。

图 3-11（a）显示，当收入增加时，消费者对汽车购买量的变化。在原来的收入水平时，消费者的最优选择在 E 点。如果收入增加了，预算线平行向外移动，消费者新的最优选择在 E' 点，E' 点位于原来最优选择点的右侧，表明随着收入的增加消费者对汽车和其他商品的需求量都增加了，所以汽车和其他商品属于正常物品。

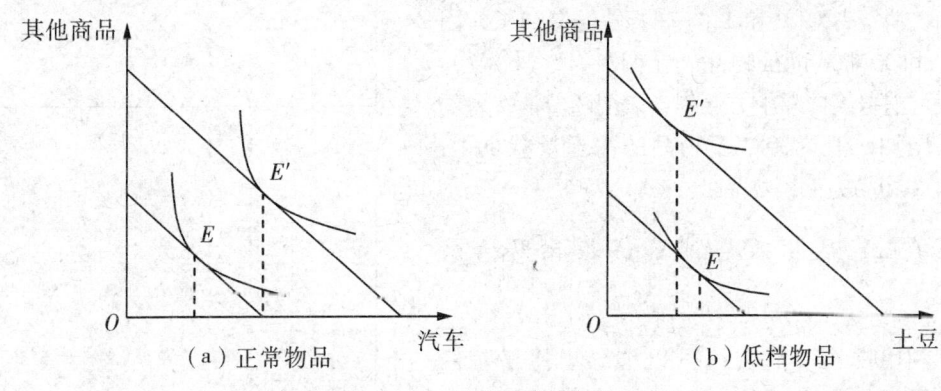

图 3-11　收入变动的情况

图 3-11（b）显示，当收入增加时，消费者对土豆购买量的变化。在原来的收入水平时，消费者的最优选择在 E 点。当收入增加时，预算线平行向外移动，且移动的幅度与图 3-11（a）相同，消费者新的最优选择在 E' 点，E' 点位于原来最优选择点的左侧，表明随着收入的增加消费者对其他商品的需求量增加了，但对土豆的购买量减少了，因而土豆是低档物品。

(二) 收入－消费线

图 3-12（a）显示，当商品的价格不变而消费者的收入不断增加时，预算线渐次平行向外移动，这些预算线分别与不同的无差异曲线相切，得到若干个消费均衡点，连接这些消费均衡点可得到一条曲线，这就是图中的收入－消费线（ICC），它反映了收入变动所引起的消费者对商品需求量的变动情况。

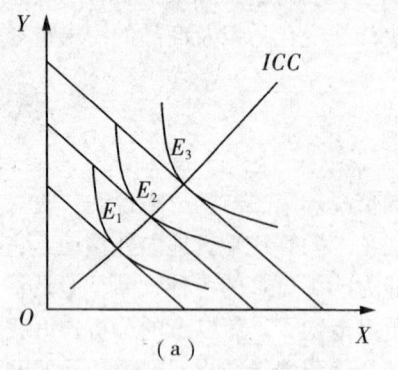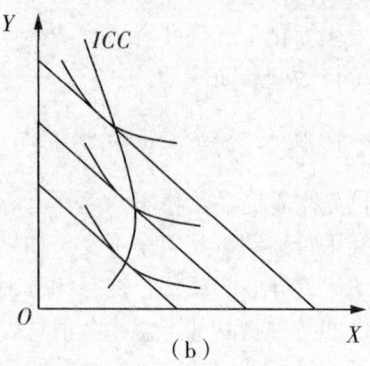

图 3-12 收入－消费曲线

如上所述，当收入增加时，消费者会增加对正常物品的购买量而减少对低档物品的购买量，因此，正常物品和低档物品收入－消费线的走势有所不同。在图 3-12（a）中，收入－消费线向右上方倾斜，表明随着消费者的收入增加，消费者对 X 和 Y 的需求量都增加了，因而 X 和 Y 都是正常物品。在图 3-12（b）中，收入－消费线向左上方倾斜，表明随着消费者的收入增加，消费者对 X 物品的需求量减少了，因而 X 物品为低档物品。

（三）从收入－消费线推导恩格尔曲线

利用收入－消费线可以推导出恩格尔曲线。**恩格尔曲线**（engel curve）是描述消费者的收入水平与某种商品最优购买量之间关系的曲线。如图 3-13 所示，将收入－消费线转换为恩格尔曲线的方法是：对应每一收入水平，找出该收入水平下某种商品的购买量，从而在 $I-Q$ 坐标系上确定一个点。例如，在图 3-13

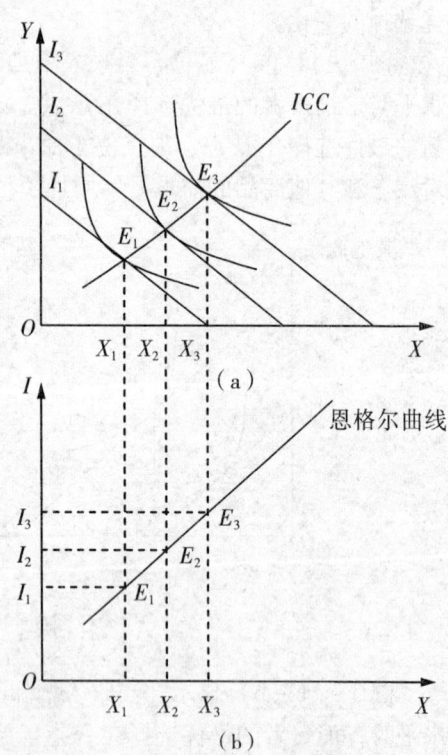

图 3-13 从 ICC 推导恩格尔曲线

(a) 中，当收入为 I_1 时，X 物品的购买量为 X_1，于是可以在图 3-13（b）的 $I-Q$ 坐标系中确定 E_1 点，E_2 和 E_3 点可用同样方法确定，总之，不同收入水平下的不同购买量构成许多点，连接这些点便得到恩格尔曲线，它反映了当收入变化时，人们对 X 物品需求量的变化。

图 3-13（b）为正常物品的恩格尔曲线，该曲线向右上方倾斜，表明 X 物品的需求收入弹性大于零，即收入增加需求量也增加。从图 3-12（b）可看出低档物品的收入-消费线向左上方倾斜，若从该曲线推导恩格尔曲线，恩格尔曲线一定也是向左上方倾斜，表明低档物品的需求收入弹性为负值，即收入减少需求量也减少。

链接 3-2　　　　　　　　恩格尔定律与恩格尔系数

恩格尔是 19 世纪德国的统计学家。他根据统计资料，对消费结构的变化得出一个规律：一个家庭收入越少，家庭总支出中用来购买食物的支出所占的比例就越大，随着收入的增加，食品在家庭总支出中占的比例是下降的。推而广之，一个国家越穷，每个国民的平均收入中（或平均支出中）用于购买食物的支出所占比例就越大，随着国家的富裕，这个比例呈下降趋势。

恩格尔定律是根据经验数据提出的，它是在假定其他一切变量都是常数的前提下才适用的，因此在考虑食物支出在收入中所占比例的变动问题时，还应当考虑城市化程度、食品加工、饮食业和食物本身结构变化等因素都会影响家庭的食物支出增加，只有达到相当高的平均食物消费水平时，收入的进一步增加才不对食物支出发生重要的影响。

恩格尔系数是根据恩格尔定律得出的食品支出在总支出中的比重，它是衡量一国或一个家庭富裕程度的一个指标。一般来说，恩格尔系数越高，一国或一个家庭的生活越贫困；反之，则反是。一般把恩格尔系数在 0.5 之下作为生活达到富裕水平的标准。恩格尔还发现，除食物支出外，衣着、日用必需品等的支出在总支出中的比重也呈现出相近的变化规律，而奢侈品、教育、娱乐、储蓄等的比例是上升的。

三、价格变动与消费者选择

（一）价格变动：普通商品与吉芬商品

现在来看消费者收入不变，只有商品价格发生变动的情况。如前所述，某种商品价格的变动表现为预算线顺时针或逆时针转动，预算线的斜率发生改变。

如图 3-14（a）所示，当汽车的价格不断下降时，预算线围绕纵轴上的交点逆时针转动，变得越来越平坦，它们与具有不同效用水平的无差异曲线相切，形成了新的消费者最优选择点，可以看出，随着汽车价格的不断下降，消费者对汽车的需求量不断增加。这符合我们第二章解释的需求定理。

第二章链接 2-1 介绍，需求定理也有例外的情况，如图 3-14（b）所示：当土豆的价格上升时，预算线围绕纵轴上的交点顺时针转动，新的消费者最优选择点在 E' 点，

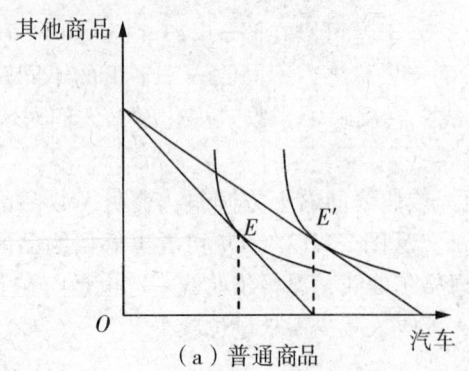
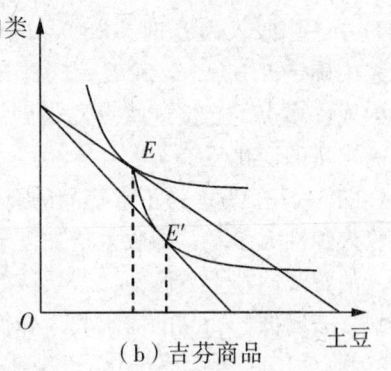

图 3-14 价格变动的情况

E' 点位于原来最优选择点的右下方，表明随着土豆价格的上升，消费者对土豆的需求量增加了。我们已经知道，这类越贵人们越买的商品称为吉芬商品（giffen goods）。吉芬是一位英国经济学家，在 1845 年的爱尔兰饥荒中，吉芬注意到，当土豆涨价时当地农民对土豆的需求量反而增加了。其原因在于，在吉芬生活的年代，土豆是爱尔兰穷人日常生活中的主食，用于土豆的开支在总支出中占较大比例。土豆贵了，使得人们在主食上的开支大幅度提高，人们感觉穷了许多，于是不得不少买更为昂贵的肉类，把更多的收入用于购买土豆。所以，正如图 3-14（b）所显示的消费者最优选择的变化，土豆的需求量随着价格的提高反而上升了。后来，经济学家们把土豆这类需求定理例外的商品称为吉芬商品，而把大多数符合需求规律的物品称为普通物品。

（二）价格变动与需求曲线

如图 3-15（a）所示，当 X 商品的价格连续下降时，预算线围绕纵轴上的交点不断逆时针转动，我们将得到更多的消费均衡点，连接这些点便得到一条价格-消费线（PCC），它说明当商品价格变动时人们对商品需求量的变动。

根据价格-消费线我们可以推导出需求曲线。我们知道，价格-消费线是在影响需求量的其他因素不变的条件下，与一种商品不同价格水平相联系的消费者最优选择点的轨迹。因此，我们可以在价格-消费线上找出每一个均衡点上存在着的 X 商品价格与需

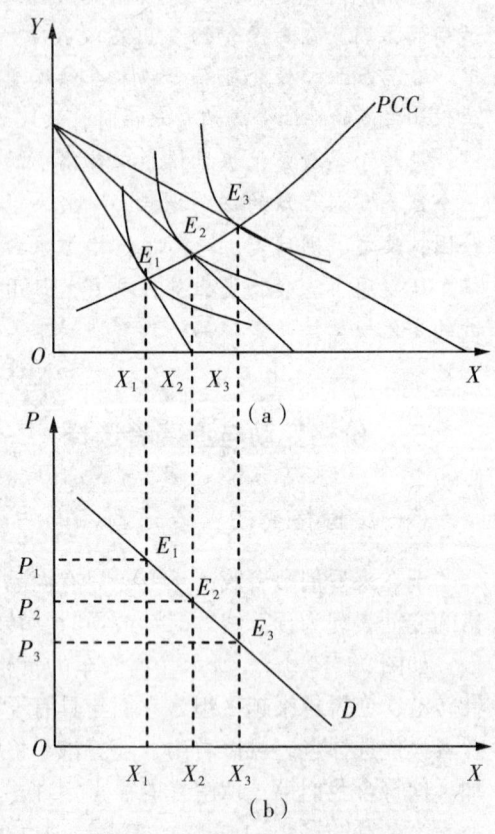

图 3-15 从 PCC 推导出需求曲线

求量之间的对应关系（价格隐含在各条预算线中）。然后把每一个价格数值和相应的均衡点上的需求量数值绘制在 $P-Q$ 坐标图上，便可以得到单个消费者的需求曲线。例如，在图 3-15（a）中，当 X 商品价格为 P_1 时，X 的商品需求量为 X_1，于是可确定图 3-15（b）$P-Q$ 坐标系中的 E_1 点，E_2 和 E_3 点可用同样方法确定，连接这些点便得出了 X 商品的需求曲线，它反映了消费者在各种不同价格下最优选择变动的轨迹。需求曲线向下右下方倾斜，这是由消费者的最优选择决定的，决定需求曲线形状的是消费者行为。

四、收入效应与替代效应

（一）收入效应与替代效应的含义

我们已经知道，需求曲线表示价格变动与需求量之间的关系。一般来说，价格下降，需求量增加，现在，我们进一步说明，当一种商品的价格下降时，该商品的需求量之所以增加，是价格变动所引起的收入效应和替代效应共同作用的结果。在说明这一问题之前，我们首先来认识一下什么是价格变动的收入效应和替代效应。

1. 收入效应

假设你消费馒头和豆浆，如果馒头的价格下降了，你会感觉实际收入（购买力）增加了，你比以前更富有了，因为你可以购买更多的馒头和豆浆。在货币收入不变的条件下，由某种商品价格的变动而引起的消费者实际收入水平变动，进而由实际收入水平变动所引起的商品需求量的变动，我们称之为**收入效应**（income effect）。通常情况下，对正常物品来说，其价格下降引起消费者实际收入增加，会使消费者增加该物品的需求量。但是对低档物品来说，其价格下降则会使消费者减少该物品的购买量。

图 3-16（a）显示了馒头和豆浆均为正常物品时的情况。如果馒头价格下降，消费者的实际收入增加了，或者说，用馒头表示的实际收入增加了，预算线平行向外移动，其斜率不变，此时新的消费者最优选择点从 E 点移动到 E' 点，表明两种正常物品的购买量都增加了。图 3-16（b）显示，如果馒头为低档物品，当馒头价格下降，消费者的实际收入增加，预算线平行移动，且移动的幅度和图 3-16（a）一样，这时的最优选择点在 E' 点，E' 点在原来最优选择点左上方，表明由于馒头是低档物品，消费者对馒头的购买量减少了。

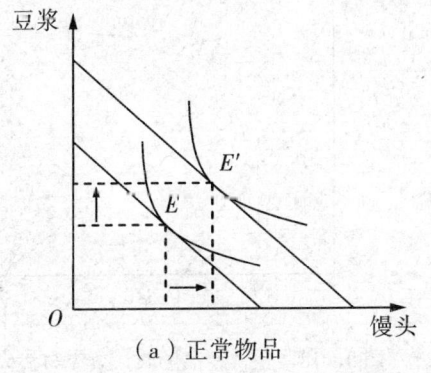
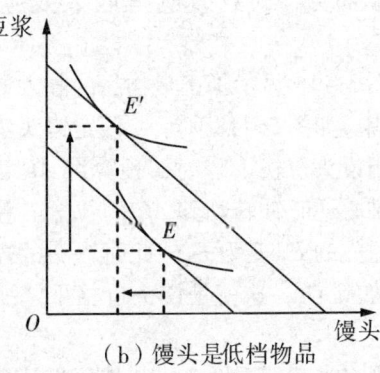

图 3-16　收入效应

2. 替代效应

仍然考虑馒头和豆浆的例子。假设馒头的价格下降了，你还会感觉到若放弃一单位豆浆可以得到更多的馒头，也就是说，虽然豆浆的价格不变，但馒头价格下降意味着豆浆的价格相对提高，因而你会少买豆浆多买馒头，用馒头替代豆浆。在消费者实际收入不变的条件下，由某种商品价格变动所引起的商品相对价格的变动，进而由商品相对价格变动所引起的商品需求量的变动，我们称之为**替代效应**（substitution effects）。也就是说，替代效应是指当某种商品价格下降时，消费者倾向于多购买变得相对便宜的商品，少购买变得相对昂贵的商品。

可用图 3-17 分析替代效应。当馒头的价格下降时，预算线发生了从 AB 到 CD 的变化，预算线的变化没有反映出馒头降价使消费者的实际收入增加，从而效用水平增加的变化，只是反映了馒头降价而引起的相对价格的变化，因此最优选择 E 点沿着无差异曲线向右下方移动到新的最优选择点 E'。E' 点与原来的最优选择 E 点仍在同一条无差异曲线上，从 E 点到 E' 点发生的变化就是馒头价格下降的替代效应，原因是相对价格发生变化而消费者的效用水平没有改变。从图 3-17 中可以看出，馒头价格下降引起的替代效应使消费者对馒头的需求量增加了。当一种物品的价格下降（上升），替代效

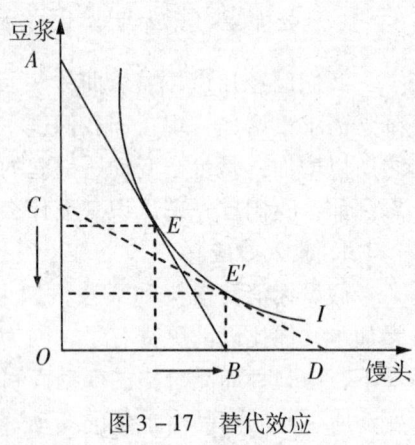

图 3-17 替代效应

应总是导致对该物品需求量的增加（减少），即替代效应总是负的。在我们的例子中，就是馒头的价格下降时，消费者用馒头来替代豆浆。

3. 总效应

一种商品价格变动所引起的消费者最优选择的变动总是收入效应与替代效应之和。事实上，收入效应与替代效应总是不可分地结合在一起，同一个商品价格下降，收入效应表现为消费者感觉实际收入增加了，因而会增加所有商品的购买量；替代效应表现为商品相对变得便宜，消费者会用相对便宜的商品去替代相对昂贵的其他商品。因此，总效应（总价格效应）包括收入效应与替代效应两个部分，即总效应 = 收入效应 + 替代效应。

图 3-18 显示了正常物品的收入效应和替代效应。如图 3-18 所示，假定馒头为正常物品，当馒头价格下降时，预算线 AB 以纵轴 A 点为轴心逆时针转动到 AC 的位置，最优选择点由原先的 E_1 变为 E_3，此时馒头的需求量由 Q_1 增加到 Q_3，这就是馒头价格下降所产生的总效应。

现在，我们看图 3-18 如何把消费者的最

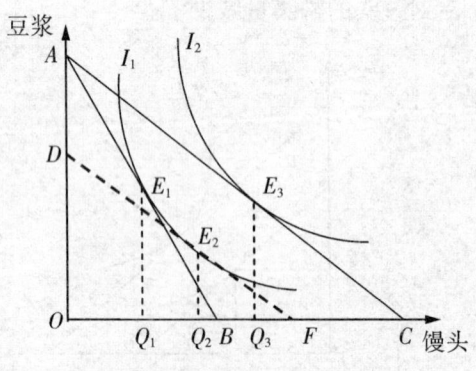

图 3-18 正常物品的收入效应与替代效应

优选择分为收入效应和替代效应。首先,馒头价格下降后,预算线发生了从 AB 到 DF 的变化,因为商品的相对价格发生了变化,预算线的斜率改变,消费者均衡点沿着无差异曲线从 E_1 点移动到 E_2 点,这两点代表的馒头和豆浆的消费组合给消费者带来的满足程度一样。可以看出,馒头价格下降使消费者对馒头的需求量由图中的 Q_1 增加到 Q_2,这就是替代效应。其次,预算线由 DF 向右方平行移动到 AC 的位置,因为收入效应表现为馒头价格下降使消费者的实际收入增加而商品的相对价格不变,此时消费者均衡点会移动到更高位置的无差异曲线 I_2,从 E_2 点移动到 E_3 点,可以看出,馒头价格下降消费者对馒头的需求量由图中的 Q_2 增加到 Q_3。

从图 3-18 可知,当馒头价格下降时,替代效应使消费者对馒头的需求量增加,收入效应也使消费者对馒头的需求量增加。因此,对正常物品来说,需求量与价格呈反方向变化。

图 3-19 显示了低档物品的收入效应和替代效应。这里仍假设消费者购买馒头和豆浆,但其中馒头为低档物品,即收入增加时消费者对馒头的需求量反而减少。现在,我们来分析馒头的收入效应和替代效应。如图 3-19 所示,当馒头价格下降时,预算线从 AB 旋转到 DF,均衡点沿着无差异曲线从 E_1 变为 E_2,消费者对馒头的需求量由 Q_1 增加到 Q_2,这是馒头价格下降的替代效应,可见,价格变动的替代效应总是负的。由于馒头是低档物品,当馒头价格下降使消费者实

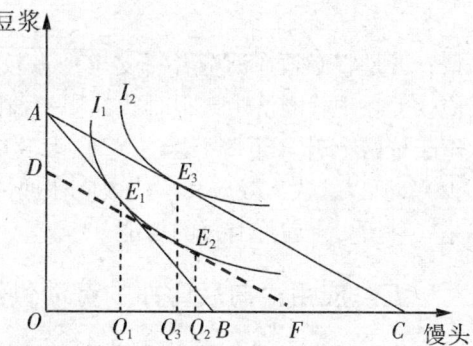

图 3-19 低档物品的收入效应与替代效应

际收入增加时,预算线由 DF 向右平行移动到 AC,此时均衡点从 E_2 点移动到 E_3 点,可以看出,收入的增加使消费者对馒头的需求量由 Q_2 减少到 Q_3,因此,价格变动的收入效应为正。

馒头价格下降的总效应为负的替代效应和正的收入效应之和。如图 3-19 所示,替代效应的作用使需求量与价格反方向变动(Q_1Q_2),收入效应的作用使需求量与价格呈同方向变动(Q_2Q_3),可以看出,收入效应的作用小于替代效应,因而总效用的结果是:馒头价格下降,需求量增加(Q_1Q_3)。因此,对低档物品来说,需求量与价格呈反方向变化。

从图 3-20 可以进一步推断,当馒头的价格下降时,如果替代效应引起的需求量增加小于收入效应引起的需求量减少,那么,降价反而会使消费者减少馒头的购买量。这正是前面讲到的吉芬商品需求量和价格呈同方向变动的背后机制。如图 3-20 所示,随着馒头价格的下降,消费者对馒头的需求量反而由 Q_1 减少到 Q_3,这是因为替代效应引起的需求量增加为 Q_1Q_2,而收入效应引起的需求量减少为 Q_2Q_3,显然,收入效应大于替代效应,因而,吉芬商品价格变动总效应的作用使需求量与价格同方向变化。

吉芬商品的实例在现实中极为罕见,以我们前面讲过的土豆为例,成为吉芬商品必须具备两个条件:一是它是低档商品,随着收入的增加消费者会减少对该商品的需求

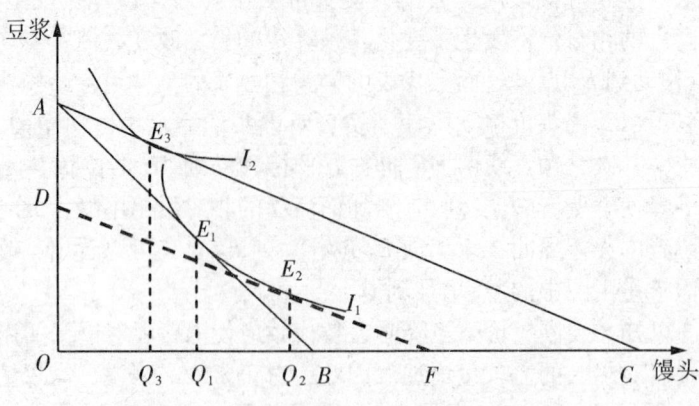

图 3-20 吉芬商品的收入效应与替代效应

量;二是它必须在消费者总支出中占较大比重,才能使收入效应大到足以抵消替代效应。但在现代经济中,很难找到哪一种低档商品在人们总支出中占有如此大的比例,以至于价格上升(下降)会引起收入效应超过替代效应,从而导致消费需求增加(减少)。所以,收入效应和替代效应在理论上解释了需求定理的普遍存在,而吉芬商品只是一种历史上曾经有过的可能。

五、应用:向后弯曲的劳动供给曲线

我们已经用消费者选择理论分析了消费者如何把自己的收入用于两种物品的购买。我们可以用同样的理论说明消费者如何把自己的时间在工作和闲暇之间进行选择。工作可以得到收入,我们可以把收入和闲暇看成是消费者要做出选择的两种"商品",因为消费者可以用收入购买消费品,因而收入代表了消费者所购买的物品和劳务的价值总和。闲暇可以用来学习、健身、旅游等等。假定一个人一天的时间除去睡觉时间还有 16 小时可以支配,他要考虑这 16 小时的时间如何在通过工作获得收入和享受闲暇之间进行选择,如果他放弃 1 小时的闲暇,就多工作 1 小时并得到 25 元的工资。显然,工资是闲暇的机会成本或相对价格。

图 3-21 (a) 所示,小王需要在收入和闲暇之间进行选择。A 点表明,他如果把 16 小时全部用于享受闲暇,收入为零。B 点则表示,他把 16 小时全部用于工作,每天的收入是 400 元。图 3-21 (a) 中的无差异曲线代表小王对收入和闲暇的偏好。在每小时工资为 25 元时,小王最优的收入和闲暇的组合在 E_1 点。

当工资上涨时,小王最优的收入和闲暇的组合会改变。我们可以用高工资的替代效应和收入效应的分解来说明消费者对收入和闲暇选择的变化。比如,现在小王的工资从每小时 25 元增加到 35 元,图 3-21 (a) 表明,预算线以 A 点为轴心顺时针旋转,更陡峭的预算线反映了闲暇的相对价格的变动,也就是说,工资的上涨使闲暇的相对价格上升,闲暇变得更昂贵了。从替代效应看,闲暇的昂贵使得小王用工作替代闲暇,也就是说,替代效应使小王由于更高的工资而更努力地工作。从收入效应看,工资上涨使小王的收入增加了,现在他的状况变得更好了。只要收入和闲暇都是正常物品,他就会多

工作从而增加收入，也会增加更多的闲暇，因此他的最优选择会移动到更高的无差异曲线，从图 3-21（a）可以看出，在小王的工资水平不太高时，替代效应大于收入效应，工资上涨最终使小王增加劳动供给。但是，随着每小时工资的不断上涨，当小王的收入达到很高的水平时，再增加工资，收入效应会大于替代效应，小王会减少工作而享受更多的闲暇，工资上涨最终使小王减少劳动供给。

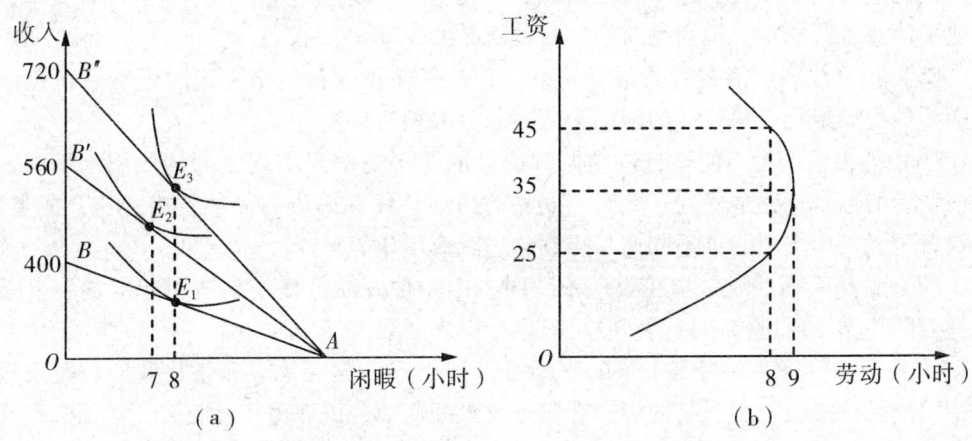

图 3-21 向后弯曲的劳动供给曲线

图 3-21（b）为消费者对收入和闲暇的选择所引起的劳动供给量的变动。在小王可支配的 16 小时中，由于闲暇时间和工作的时间是"此消彼长"的关系，闲暇的任何变动都意味着劳动供给量的反方向变动。当收入水平较低时，每小时工资从 25 元增加到 35 元，小王为增加收入多工作从而减少闲暇，劳动供给曲线表现为向右上方倾斜。当收入水平较高时，工资的进一步增加，由于收入效应大于替代效应，小王最终会减少工作而增加闲暇，这引起劳动的供给曲线向左上方倾斜，因而如图 3-21（b）所示，劳动的供给曲线为一条向后弯曲的曲线。

现实中的情况确实如此。大学毕业刚参加工作时，你的收入不会太高。如果每小时工资上涨，你可能愿意每天多工作 1 小时，因为对你来说，赚钱比休息更为重要。但是等到每小时工资上涨到较高的水平时，你可能不太愿意每天工作太长的时间。当收入涨到很高的水平，钱对你来说不再那么重要，你可能希望有更多的闲暇享受生活，所以工资的上涨通常会使人们更少地工作。在我国，以前收入水平较低时，人们每周的工作时间为 48 小时。现在，收入水平比过去有了较大的提高，每周的工作时间却减少为 40 小时。在欧洲一些国家，每周的工作时间甚至减少为 35 小时。当物质生活非常富裕时，人们不再愿意为挣钱而工作，而愿意把更多的时间用于享受闲暇。

本章要点

（1）效用是指消费者从某种物品或劳务的消费中得到的满足程度。可以用消费者愿意为获得某种物品或劳务付出的价格来表示效用的大小。

（2）边际效用是指消费者每增加一单位某种物品消费所引起的总效用的变动量。

假定消费者对其他商品的消费保持不变，则消费者从连续消费某一商品中得到的满足程度是递减的，这就是边际效用递减规律。

（3）消费者的最优选择取决于其偏好和预算约束。

（4）消费者的偏好可用无差异曲线表示。无差异曲线由许多同样受偏好的商品组合构成。其特点是：位置越高的无差异曲线代表的效用水平越大；两条无差异曲线不能相交；无差异曲线具有负斜率且凸向原点。无差异曲线任一点的斜率为边际替代率，它反映了消费者愿意用一种商品交换另一种商品的比率。

（5）预算线表示消费者的预算约束，它是指在收入和价格既定时消费者可以购买到的两种商品组合。预算线的斜率为两种商品的相对价格。

（6）如果消费者不能通过调整两种商品的购买比例来实现更高的效用水平时，那么消费者的选择就是最优的。此时，商品的边际替代率等于商品的价格之比，或者说，消费者每元货币支出购买不同商品得到的边际效用相等。

（7）价格-消费线是指在收入不变时，由一种商品价格变动所引起的消费者最优选择点的轨迹。通过价格-消费线可以推导需求曲线。

（8）商品价格变动对需求量的影响可以被分解为收入效应和替代效应。收入效应是指由商品价格变动所引起的消费者实际收入的变动，进而由实际收入变动引起商品需求量的变动，替代效应是指由商品价格变动引起商品的相对价格变动，进而由商品相对价格变动引起商品需求量的变动。

（9）收入效应和替代效应在理论上解释了需求定理的普遍存在。

（10）当低档商品价格变动时的收入效应大于替代效应时，该商品涨价（降价）则引起需求量增加（减少），这种商品称为吉芬商品。

重要概念

效用　总效用　边际效用　边际效用递减规律　偏好　无差异曲线　边际替代率　预算线　消费者均衡　恩格尔曲线　收入效应　替代效应

本章练习题

（1）钻石用途极小而价格昂贵，生命必不可少的水却非常便宜。请用边际效用的概念给以解释。

（2）假设本周你在校园食堂进餐的边际效用下降到零，请解释消费这些食物会使你的总效用曲线发生什么变化。如果你本周在食堂多吃几次饭，会给总效用带来什么变化？

（3）假设你每个月消费3斤牛肉和5斤猪肉，牛肉价格为15元/斤，猪肉价格为20元/斤。请用消费者行为理论分析你若达到消费者最优选择，牛肉的边际效用和猪肉的边际效用的比率是多少？

（4）某消费者把收入用于 X 和 Y 两种物品的购买，$P_x = 2$ 元，$P_y = 1$ 元。用于最后一单位 X 物品收入的边际效用为20，用于最后一单位 Y 物品收入边际效用为16。问：

　　A. 为什么消费者没有实现均衡？

B. 应增加哪一种物品，减少哪一种物品？为什么？

（5）已知一件衬衫的价格为 80 元，一份麦当劳快餐的价格为 20 元，在某消费者消费的均衡点上，一份麦当劳快餐对衬衫的边际替代率是多少？

（6）一个消费者每月用 200 元购买两类食品：卤肉 X_1，平均每斤 4 元；豆腐 X_2，平均每斤 2 元。

    A. 画出他的预算线；

    B. 如果他的效用函数为 $U(X_1, X_2) = X_1 + 2X_2$，为使效用最大化，X_1 与 X_2 各为多少；

    C. 如果商家对 X_2 采取购买 20 斤送 10 斤的销售方法，试画出新的预算线；

    D. 如果 X_2 的价格提高到 4 元，并取消优惠政策，请画出新的预算线，并求出效用最大的 X_1 与 X_2。

（7）如果你的一个朋友过生日，你可以送给他一件礼物，也可以送给他相当于这件礼物市场价格的现金。哪种方法能给你的朋友带来更大的效用？为什么？试用无差异曲线图来说明。

（8）假设广州至北京的机票价格上升，以收入效应和替代效应为基础，解释需求定理。

（9）消费者每周花 360 元买 X、Y 两种商品。其中 $P_X = 3$ 元，$P_Y = 2$ 元，他的效用函数为 $U = 2X^2Y$，在均衡状态下，他每周买 X、Y 两种商品各多少？

第四章 生产者行为

在研究了消费者行为以及最优选择之后，本章我们将分析生产者行为及其最优选择。生产者也称企业或厂商，它是能够独立的组织生产和销售物品或劳务的经济单位。我们每天消费的物品和劳务都是企业生产的。比如联想生产电脑，康佳生产彩电，蒙牛生产牛奶。一个经济是由成千上万家企业组成的，这些企业不仅规模大小不一，而且生产的产品也五花八门。

在第二章中我们用供给曲线解释了企业的生产决策。根据供给定理，当一种物品或劳务的价格上升时，企业愿意增加这种物品或劳务的生产和销售，因而供给曲线向右上方倾斜。

在本章，我们将进一步考察企业的行为。为此，我们假设企业以利润最大化为主要追求目标。当企业在考虑生产什么、生产多少以及如何生产等基本问题时，假设它们始终抱有利润最大化的动机。一些企业的管理者往往会说企业的目标是多元的，比如生产出高质量的产品、扩大市场份额、提高员工福利、树立企业声誉等等。所有这些目标的确是企业所追求的，但它们不是根本目标，它们服务于企业的利润目标，是实现利润最大化这一深层次目标的手段。在现实生活中我们也可以观察到，一个企业的决策有时可能没有遵循利润最大化原则，但是，长期不能赚得利润的企业将难以生存。

本章在利润最大化的假设下，研究当企业已经选择了它要经营的行业，它将如何组织生产？如何确定使用要素的数量？同样一种产品可以用不同的生产技术，企业如何选择适当的技术？为什么十多年前，公交车都由售票员售票，而现在则更多采取无人售票？本章把企业的生产活动抽象为投入与产出的关系即生产函数，在此基础上，研究企业最优要素组合如何决定，以及产量和成本的相互关系。

第一节 生产函数

一、生产函数的含义

（一）什么是生产函数

无论一个企业有多大，它的老板是谁，都必须面对一个事实：要生产物品或劳务必须有消耗。比如：为了盖楼，需要土地、建筑材料、设备以及劳动；为顾客理发，理发师需要一把椅子、剪刀、梳子以及劳动；医生看病，需要有劳动、医院、医疗设备；等等。企业生产物品或劳务所需要的全部投入品被称之为**生产要素**（factors of production），它是指能够用来生产物品或劳务的资源。按传统分类方法，生产要素通常分为劳动、土地、资本和企业家才能。

所有的生产活动都有一个共同特点：它们都是投入一定的生产要素将其加工为产品

的过程。因此,生产的一个基本问题是生产某种产品需要投入多少要素。比如裁剪一件衬衣,可以使用 2 米布,也可以只使用 1.8 米布。我们需要说明的是,生产一件产品需要的最少投入要素是多少?或者说,既定的投入要素能生产的最大产量是多少?这是一个投入与产出的关系问题。

生产函数(production function)是指在技术水平不变的条件下,生产中所使用的各种投入要素的数量与所能生产的最大产量之间的关系。它反映了我们生产任何一种物品所受到的限制。比如,一个缝衣工使用一台缝纫机一天最多缝制 16 件衬衣,使用一台缝纫机和一名助手(帮助接活儿)一天可以缝制的衬衣多达 23 件。如果缝衣工偷懒,或者缝纫机不好用,每天的产量就会低于 16 件或 23 件,在这种情况下,缝衣店就没有充分利用稀缺资源,即其生产缺乏效率。因此,只有在既定投入要素的各种组合所能生产的产量达到最大才是最有效率的。

为了分析的简便,我们用劳动(L)和资本(K)代表生产产品所需要的全部生产要素,产量用 Q 来表示,则生产函数可以表示为:

$$Q = f(L, K) \tag{4.1}$$

式中,f 表示投入与产出之间的函数关系。其经济含义是:在既定的技术条件下,劳动和资本的投入量与产出量之间具有对应关系。生产函数是一种描绘生产过程的模型,它也可以用表格或图形的方式来表达。

(二) 短期和长期生产函数

在对生产函数进行深入分析之前,我们需要在时间上把生产函数区分为两个类型。

1. 短期生产函数

经济学所说的**短期**(short run)是指一部分生产要素不能随着产量而变动的时期。对大多数企业来说,短期内,厂房、设备、技术和管理组织都是固定不变的,固定不变的生产要素称为固定投入。固定投入(fixed input)是指无论产出量如何变动使用数量都不发生变动的投入要素。对一个发电厂来说,厂房、发电机、电脑和控制系统是固定投入。对一家餐馆来说,不变投入是建筑物、厨房设备和餐桌椅。

短期中,企业要改变产量,只能调整劳动要素的投入量,劳动通常是可变投入。可变投入(variable input)是指那些随着产量水平的变动而变动的投入要素。为了生产更多的产品,发电厂必须雇佣更多的劳动力或者让工人加班加点使发电机每天不停地运转。餐馆必须雇佣更多的劳动力,使建筑物、厨房设备和餐桌椅每天使用更长的时间。

短期生产函数是指其他投入要素不变时,一种投入要素和产出量之间的关系。在只包含劳动和资本两种投入要素的生产函数中,资本是固定的,只有劳动可变,因此就有了一种投入要素可变的短期生产函数,其表达式为:$Q = f(L)$。它反映了资本固定不变时,一种劳动要素投入量与所能生产的最大产量之间的相互关系。

2. 长期生产函数

长期(long run)是指所有的生产要素都可以随着产量的变动而改变的时期。也就是说,长期中企业可以改变厂房、设备、技术和管理组织。比如,为了增加产量,企业可以考虑是更多的增加设备还是更多的增加劳动。发电厂可以考虑是否安装更多的发电机。餐馆可以决定是否更新厨房设备，或雇佣更多的劳动力。由于长期内所有的生产要素都是可变的，因而也就没有固定投入和可变投入的区分。

长期生产函数是指所有生产要素的变动与产出量之间的关系。在生产理论中，通常用只包含劳动和资本两种投入要素的生产函数来表示所有投入要素都可以变动的长期情况。因此，长期生产函数的表达式为：$Q = f(L, K)$。它表示在技术水平不变的条件下，所有投入要素组合所能生产的最大产量。

短期和长期的划分不是指一个具体的时间跨度，而是指能否来得及调整全部生产要素的时期。不同的行业，短期和长期的时间长度不同。例如，对一个牙科医生来说，买一台新的钻孔机并卖掉自己的旧设备，或者找一个合适的营业场所，需要花费几个月的时间，因此，对这个牙科医生来说，长期是指几个月。而对一个食品公司来说，购买安装新设备，扩建厂房可能需要一年左右，因此，对食品公司来说，长期是一年左右的时间。

二、短期：一种投入时的生产函数

我们先来讨论短期生产函数。在短期内，资本是固定的，只有劳动可变，短期生产函数研究一种劳动要素投入与产出量之间的关系。比如你经营一家印刷厂，短期内所拥有的印刷机是固定的，但印刷工人的数量是可以变动的。你为了增加产量，必须对增加多少工人进行决策。我们可用三个产量概念来说明一种劳动要素可变的短期生产函数。

（一）总产量、平均产量和边际产量

表 4-1 描述了印刷厂短期内产量与所雇佣的劳动量之间的关系。表的第一栏表示劳动投入量的变化，后面三栏给出了总产量、平均产量和边际产量的一些数据。

总产量（total product，TP）是指投入一定量的劳动要素所能生产出来的全部产量。从表 4-1 中可以看出，随着印刷厂雇佣工人的增加，总产量增加。总产量的表达式为：

$$TP_L = f(L) \tag{4.2}$$

平均产量（average product，AP）是指平均每一单位劳动要素投入所带来的产量。它等于总产量除以所雇佣的劳动量。例如，在表 4-1 中，2 个工人的平均产量是 10 件印刷品，可用每天 20 件印刷品除以 2 个工人得出。劳动的平均产量表示为：

$$AP_L = \frac{TP_L}{L} \tag{4.3}$$

边际产量（marginal product，MP）是指增加一单位劳动要素投入量所引起的总产量的增加量。例如，在表 4-1 中，当印刷工人从 2 个增加到 3 个时，总产量从 20 件印刷品增加到 36 件，边际产量为 16。劳动的边际产量表示为：

$$MP_L = \frac{\Delta TP_L}{\Delta L} \text{（若函数不可导）}$$

$$\text{或} = \frac{dTP_L}{dL} \text{（若函数可导）} \tag{4.4}$$

例 4-1：

已知生产函数 $Q = TP_L = 21L + 9L^2 - L^3$

求：AP_L，MP_L？

解：$AP_L = \dfrac{TP_L}{L} = 21 + 9L - L^2$

$MP_L = \dfrac{\Delta TP_L}{\Delta L}$ 或 $= \dfrac{dTP_L}{dL} = 21 + 18L - 3L^2$

表 4-1　印刷厂劳动投入量与产出量的关系

劳动投入量（天）（L）	总产量（件）（TP_L）	平均产量（件）（AP_L）	边际产量（件）（MP_L）
0	0	0	0
1	8	8	8
2	20	10	12
3	36	12	16
4	48	12	12
5	55	11	7
6	60	10	5
7	60	8.6	0
8	56	7	-4

根据表 4-1 中的数据可画出产量曲线，图 4-1 就是用图形表示的短期生产函数。

图 4-1 有上下两幅图形，(a) 幅表示了劳动投入量和总产量之间的相互关系。可以看出，随着印刷厂劳动投入量从零开始逐渐地增加，印刷品的数量也增加。总产量曲线起初比较陡峭，表明当劳动从 0 增加到 1、2 和 3 时，总产量以递增的速度增加，到达拐点 B 以后，随着劳动投入量的继续增加，总产量以递减的速度增加，总产量曲线变得比较平坦。(b) 幅中的 AP_L 和 MP_L 分别表示平均产量曲线和边际产量曲线。从图中可以看出，平均产量随着劳动投入的增加而增加，它的最大值在 E 点，以后随着劳动投入的增加而减少。而边际产量从几何意义上看是总产量曲线上在各点切线的斜率。一条曲线上某个点的斜率可用纵轴衡量的变动量（产量）除以横轴衡量的变动量（劳动投入）算出。例如，劳动投入量增加 1 个单位，即从 2 个工人增加到 3 个工人，总产量从 20 件印刷品增加到 36 件，因此，从 A 点到 B 点切线斜率为 16，与我们计算的边际产量相同。根据总产量曲线的特点，在总产量达到拐点 B 之前，其切线的斜率为正且递增，过拐点之后，切线的斜率虽为正但呈递减，过最高点之后，切线的斜率为负。因此，相应的边际产量也是先上升，后下降，最终变为负值。

根据以上分析，我们可把各产量曲线之间的相互关系归纳如下。

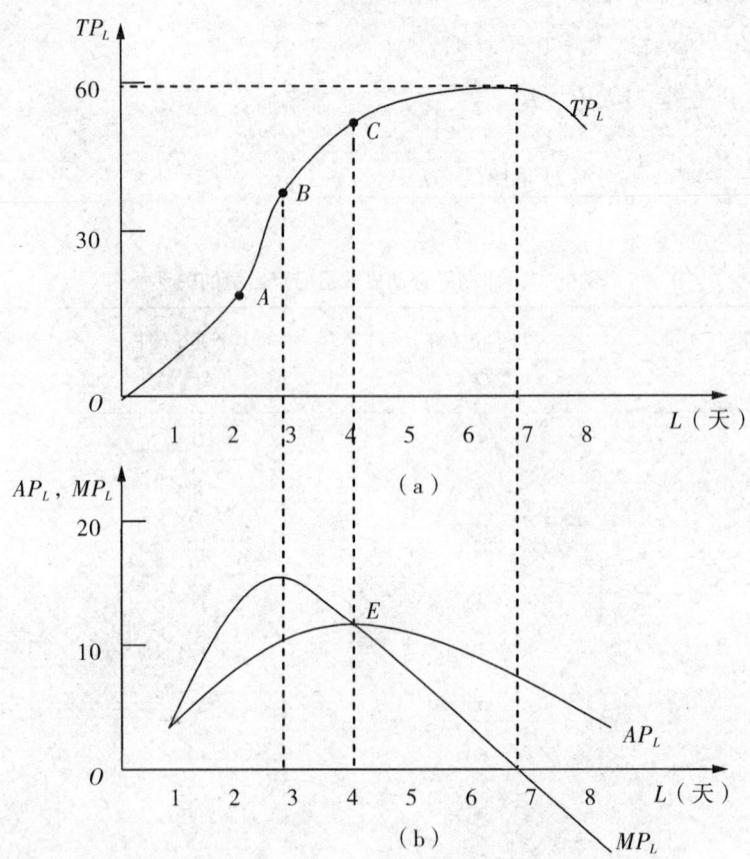

图 4-1 一种可变投入的生产函数

先来看总产量与边际产量之间的关系。可以看出，总产量的变化与边际产量变动趋势是一致的，即都经历一个先递增后递减的变动过程。当总产量以递增的速度增加时，边际产量是上升的；当总产量以递减的速度增加时，边际产量下降；当总产量为最大时，边际产量为零；当总产量开始绝对减少时，边际产量为负值。产生这种结果毫不奇怪，如上所述，总产量曲线各点切线的斜率是边际产量，也就是说，边际产量是总产量的一阶导数，边际产量恰好就是总产量的变动率。

再来看平均产量和边际产量之间的关系。平均产量和边际产量都是先上升而后下降的变动趋势。但是，边际产量上升与下降的速率都要大于平均产量上升与下降的速率。因此，从图形上看，当平均产量上升时，边际产量大于平均产量；当平均产量下降时，边际产量小于平均产量；恰好在平均产量的最大值点，边际产量等于平均产量，因此边际产量曲线和平均产量曲线在平均产量曲线的最高点相交。产生这一结果是由边际产量与平均产量的含义决定的。只要增加 1 单位劳动投入所引起的总产量的增量大于之前的平均产量，边际产量就会把平均产量往上抬；如果增加 1 单位劳动投入所引起的总产量的增量小于之前的平均产量，边际产量就会把平均产量往下拉。

我们可用平均成绩和边际成绩的关系来说明平均产量和边际产量的关系。平均产量就像你的平均成绩，边际产量就像你下一门课将得到的成绩，如果你下一门课的成绩低于你的平均成绩，你的平均成绩就会下降；反之，如果你下一门课的成绩高于你的平均成绩，你的平均成绩就会上升。

（二）边际报酬递减规律

从图 4-1 中可以看出，边际产量呈现出先上升后下降的变动趋势，这一变动趋势被称为边际报酬递减规律。**边际报酬递减规律**（the law diminishing marginal return）是指在技术水平和其他投入不变时，随着一种生产要素投入量的增加，该要素的边际产量最终会递减。

边际报酬递减规律存在的一个重要原因，在于给定的技术水平要求要素投入量之间有一个合理的比例搭配，才能实现增产的目标。以印刷品的生产为例，假设印刷厂只有 4 台印刷机，随着工人数量的增加，越来越多的工人用同样的资本在同一个空间工作，工人的生产效率会越来越低。比如，当雇佣第 5 个工人时，第 5 个工人可以做一些包装、搬运等辅助性工作，因而总产量也会增加，但产量的增加没有雇佣第 4 个工人时那么多。如果继续增加工人数量，设备的运行到了极限，专业化和分工的所有利益都得到充分利用了，产量的增加会越来越少。在劳动和资本的比例严重失调的情况下，一部分工人无所事事，3 个人的活儿 5 个人干，出勤不出力，边际产量为负值，总产量会绝对减少。

理解边际报酬递减规律需要注意以下几点：

第一，边际报酬递减规律以"技术水平不变"为前提条件。即在给定的技术条件下，连续增加某一投入要素会发生边际报酬递减，因而边际报酬递减是短期内发生的现象。长期中，技术进步会改变生产函数，导致新的投入产出关系，使得同样的劳动投入有可能带来更多的产出。例如，近现代农业科技进步大大提高了农业劳动的边际产量，因而从长期看，农业劳动投入会带来不断增加的边际产量。

链接 4-1　　　　　　　　　马尔萨斯与边际报酬递减规律

经济学家马尔萨斯（1766—1834 年）人口论的一个主要依据便是边际报酬递减规律。他认为，在土地供给数量不变的条件下，随着人口的增长，越来越多的劳动耕种土地，每个新增加的劳动耕作的土地数量不断减少，虽然粮食总产出会不断增加，但是新增农民的边际产量会下降，因而社会范围内人均产量也会下降。由于世界人口的增加比例会大于粮食供给增加比例，因此，除非人们少要孩子，控制人口的增加，否则地球上将会发生大饥荒。

马尔萨斯生活在西方国家工业化的初期，当时尚没有出现可以替代耕地的农业技术，还不能大幅度提高单位耕地面积的产量，也不能克服人多地少的经济中粮食生产中边际报酬递减的问题。因此，在没有出现农业技术进步和人口增加、人均占有土地面积下降的条件下，马尔萨斯的理论对经济运行的矛盾具有一定的解释力。

然而，马尔萨斯的结论作为一个无条件的预言是错误的。近现代世界经济史告诉我们，在过去 200 多年间，农业科学技术发展突飞猛进，改变了许多国家（包括发展中国家，如印度）的食物的生产方式，与马尔萨斯生活时代的情况相比发生了根本性的变化，这些进步包括高产抗病的良种，更高效的化肥，更先进的收割机械，电力、生物技术等等，这些现代技术和要素投入极大地提高了农业劳动生产率。使世界上总的食物生产的增长率总是或多或少地高于同期的人口增长率。

当然，农业用地也在不断地增加，例如，从 1961—1975 年，非洲农业用地所占的百分比从 32% 上升至 33.3%，拉丁美洲则从 19.6% 上升至 22.4%，在远东地区，该比值则从 21.9% 上升至 22.6%。但同时，北美的农业用地则从 26.1% 降至 25.5%，西欧有 46.3% 降至 43.7%。显然，粮食产量的增加更大程度上是由于农业技术的进步，而不是农业用地的增加。

人类的历史并没有按马尔萨斯的预言发展，这说明马尔萨斯理论忽略了技术进步的条件。如果说马尔萨斯当年的分析还有某种历史认识价值，那么各种现代马尔萨斯预言则是完全错误的。

资料来源：卢锋：《经济学原理（中国版）》，北京大学出版社 2002 年版；平狄克、鲁宾费尔德：《微观经济学》，经济科学出版社 2002 年版。

第二，这一规律表述强调边际报酬"最终"递减。这就是说，连续增加一种可变投入，边际报酬并非一开始就递减，最初会经历一个递增的阶段。其原因是，当固定投入在可变投入很少时不能得到充分利用，这时增加可变投入会使固定投入的潜力得以发挥出来，从而边际产量递增。然而，当固定投入接近充分利用时，继续增加可变投入会出现边际产量递减。一旦固定投入的潜在效率充分发挥出来，再增加可变投入会降低生产效率，从而使边际产量成为负值。因此，边际报酬递减规律的意义是：连续增加一种可变要素的投入量，迟早会出现边际报酬递减的趋势，而不是一开始就递减。

第三，边际报酬递减是一个普遍存在的现象，因而称之为"规律"。规律是一种必然现象，无论是什么经济制度，在其他投入要素不变时，连续增加某种投入，终究会出现边际收益递减。

生活还有许多例子可以用来说明边际报酬递减规律。比如，你会发现，一天中学习经济学的第 1 个小时收获最大——掌握了新的定理及其推导，增长了新的见识和体会。第 2 个小时中你可能会稍有些走神，学到的东西会少一点。而在第 3 个小时中，边际报酬递减规律的作用更明显，以至于在事隔一天后，你根本想不起第 3 个小时学了些什么。所以，边际报酬递减规律说明我们应当合理分配学习时间，而不是考试前一天临时抱佛脚。

三、长期：多种投入时的生产函数

前面我们讨论了短期生产函数，分析了一种劳动要素的投入量和产出量之间的关系。现在讨论所有投入要素都可以改变的情况，这属于长期生产分析。在长期生产函数 $Q = f(L, K)$ 中，我们用劳动和资本表示企业生产产品所需要的全部投入要素。长期中，这两种投入要素都会随着产量的变动而变动，而且，投入要素之间可以互相替代。

在这里,我们在利润最大化的假设下来讨论企业如何组织生产。我们将说明,在成本既定的条件下,投入要素之间怎样组合,才能使产量最大;或者说,在产量既定时,投入要素之间如何组合,才能使成本最小。这被称为多种投入要素最优组合问题。人们常常通过它选择最优技术。

在说明多种投入要素的最优组合之前,我们先来说明两个效率概念的含义。

(一) 技术与经济效率

在现实经济中,不同企业在组织生产时,所使用的劳动和资本的组合比例是不同的。东莞的制鞋厂雇佣大量的劳动力,只使用少量的设备。而一家造船厂使用了大量的技术设备,而劳动力却很少。这是因为,企业要讲求效率。有两种效率概念:技术效率和经济效率。**技术效率**(technological efficiency)是指产量既定时投入最少,或者投入既定时产量最大的情况。当一家企业不增加投入要素就无法再提高产量水平时,就实现了生产的技术效率。技术效率是企业的投入和产出之间物质技术关系,不涉及产品和要素的价格。**经济效率**(economic efficiency)是指产量既定时成本最小,或者成本既定时产量最大的情况。它表示了企业的投入和产出之间的货币关系,涉及产品和要素的价格。

假设有四种不同的技术生产电冰箱:A. 智能化生产。一个人监督整个电脑控制过程;B. 生产线生产。当电冰箱在生产线上通过时工人进行专门的操作;C. 工作台生产。每个工人从事专门的工作,但需要从一个工作台走到另一个工作台;D. 手工工具生产。工人用锤子敲打出电冰箱。

表 4-2 列出了日产量为 10 台电冰箱时每一种生产方法所需要的劳动与资本的数量。

表 4-2 日生产 10 台电冰箱的四种方法

生产方法	劳动	资本
A. 智能化生产	1	1 000
B. 生产线生产	10	10
C. 工作台生产	100	10
D. 手工工具生产	1 000	1

可以看出,方法 A 使用的劳动最少但资本最多。方法 D 使用的资本最少但劳动最多。方法 B 和 C 介于这两个极端之间,这两种生产方法相比,它们使用的资本量相同,但方法 C 使用的劳动多于方法 B,显然,方法 C 在技术上是无效率的。

除了方法 C 之外,其他所有的方法在技术上都是有效率的。现在我们来看哪一种方法在经济上有效率。

我们已经知道,当企业用最少的成本生产出既定产量时就实现了经济效率。因此,是否实现了经济效率取决于生产要素的价格。假定工人的日工资为 100 元,资本成本每台机器每天 300 元,表 4-3 计算了使用不同方法时的成本。

表4-3 日生产10台电冰箱不同方法的成本

生产方法	劳动成本（元/天）	资本成本（元/天）	总成本（元/天）	单位电冰箱的成本（元）
A	100	300 000	300 100	30 010
B	1 000	3 000	4 000	400
C	10 000	3 000	13 000	1 300
D	100 000	300	100 300	10 030

从表4-3可以看出，方法B的成本最低，使用方法B可以实现经济效率。虽然方法A使用的劳动少，但使用的资本却十分昂贵。方法D虽然使用的资本少，但它使用了十分昂贵的劳动。方法C在技术上是无效率的，同样，它在经济上也是无效率的。它与方法B使用的资本同样多，但使用的劳动比方法B多出10倍，因此它的成本更高。

在上例中，如果工人的日工资上升，或者资本的成本下降，或者这两种情况同时发生，最小成本的生产方法就会发生改变。因此，技术效率说明了企业面临的生产方法选择，而企业使用哪种生产方法能实现经济效率则取决于生产要素的价格。只有经济上有效率的企业才能实现利润最大化的目标。

现在，我们要通过等产量曲线和等成本曲线来寻找投入要素的最优组合点。

(二) 等产量曲线

1. 等产量线的含义

等产量曲线（isoquant）是在技术水平不变的条件下，生产同一产量的两种投入要素的所有不同组合的轨迹。表4-4列出了企业获得不同的产量可以选择的不同投入要素组合。例如，1个劳动与1个资本组合起来，企业每天可以生产4单位的产量，5个劳动与1个资本组合起来，企业每天可以生产24单位的产量。1个劳动与5个资本组合起来，企业每天的产量仍然是24单位。

表4-4 劳动和资本的投入组合所生产的产量（天）

资本 \ 劳动	1	2	3	4	5	6	7
1	4	9	15	20	24	27	29
2	9	14	20	25	29	31	33
3	15	19	26	31	34	37	39
4	20	25	31	35	38	41	44
5	24	29	34	38	42	45	47
6	27	32	37	41	45	47	49
7	29	33	39	47	47	49	51

可以看出，劳动和资本的不同组合可以生产出相同的产量。例如，劳动和资本的四种组合，如（1，7）、（2，5）、（5，2）、（7，1）每天都可以生产29单位产量，39和41个产量可分别通过两种不同的投入要素组合生产出来。我们把表中体现的要素投入组合与产量的关系表现在图形中，就可以得到等产量曲线。如图4-2所示。

在图4-2中，横轴表示劳动（L）的使用数量，纵轴表示资本（K）的使用量。依据表4-4的数据可知，图中A、B、C、D点表示能够生产29单位产量的两种投入要素的组合，把点连起来便形成一条等产量线Q_1，它表示获得29单位产量时两种投入要素的各种可能的组合。如果要生产更多的产量，必须投入更多的劳动和资本，因而在图中会形成一组等产量线。Q_2表示生产41单位产量的投入要素的各种组合，Q_3表示生产47单位产量的投入要素的各种组合。

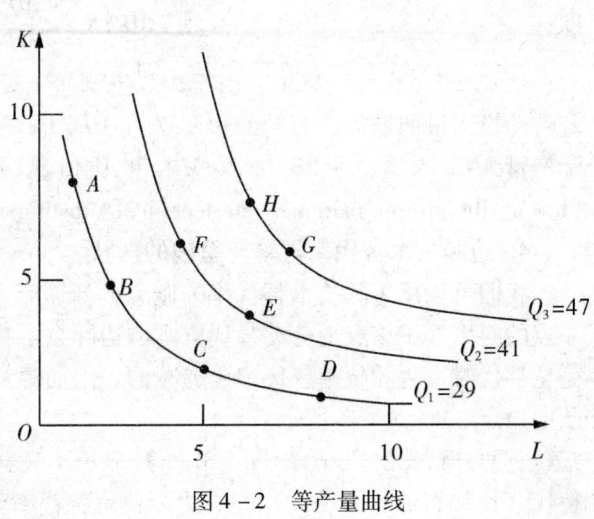

图4-2　等产量曲线

2. 等产量线的特点

与无差异曲线相似，等产量曲线具有如下特征：①等产量曲线向右下方倾斜，即斜率为负值；②位置越高的等产量曲线代表的产量水平越大；③同一坐标图的任意两条等产量曲线不会相交；④等产量曲线凸向原点。这是由边际技术替代率递减规律决定的。

3. 边际技术替代率

上述等产量曲线的分析隐含着一个假定，即维持相同的产量水平，投入要素之间可以相互替代（并且是不完全替代）。例如，为了生产29单位的产量，企业可以使用1个劳动和7个资本，也可以使用7劳动和1个资本。研究要素之间相互替代关系的一个重要概念是边际技术替代率。**边际技术替代率**（marginal rate technical substitution）是指在保持相同的产量水平时，增加一单位某种要素的投入所必须减少的另一种要素的投入数量。如图4-2所示，从A组合到B组合，资本投入减少了2个单位，为保持Q_1（=29）的产量不变，需要增加1个单位的劳动投入。以ΔL代表劳动的变动量，以ΔK代表资本的变动量，用$MRTS$表示边际技术替代率，则劳动对资本的边际技术替代率可表示为：

$$MRTS_{LK} = -\frac{\Delta K}{\Delta L} \tag{4.5}$$

边际技术替代率有着递减的变动趋势，这是边际报酬递减规律作用的结果。从劳动替代资本的情形看，设劳动的边际产量为MP_L，资本的边际产量为MP_K，当劳动增加ΔL单位，所增加的产量为$\Delta L \cdot MP_L$，同时资本的投入减少ΔK单位，减少的产量为$\Delta K \cdot MP_K$。由于同一条等产量线上的产量不变，增加劳动所增加的产量与减少资本所减少的产量必

须相等，即

$$\Delta L \cdot MP_L = \Delta K \cdot MP_K$$

由此可得

$$\frac{\Delta K}{\Delta L} = \frac{MP_L}{MP_K}$$

即

$$MRTS_{LK} = \frac{MP_L}{MP_K} \tag{4.6}$$

从式（4.6）可以看出，由于边际报酬递减规律的作用，在同一条等产量线上，随着劳动投入量的增加，劳动的边际产量 MP_L 递减；随着资本投入量的减少，资本的边际产量 MP_K 递增，所以，MP_L/MP_K 的比值递减，这就是边际技术替代率递减规律（law of diminishing marginal rate technical substitution）。

4. 边际技术替代率与等产量线的形状

我们可以用边际技术替代率的概念解释等产量线为什么凸向原点。等产量线上任何一点的斜率等于该点上劳动替代资本的边际技术替代率。当两种要素可以替代，又不能完全替代时，边际技术替代率是递减的，因而等产量线的斜率递减，从而导致等产量线凸向原点。如图 4-2 所示。

有两种特殊的情况。图 4-3（a）显示了完全替代品的情况。当两种要素可以相互替代（比如石油和天然气）时，边际技术替代率为常数，即两个要素的替代比例不变，等产量线为一条斜率不变的直线。

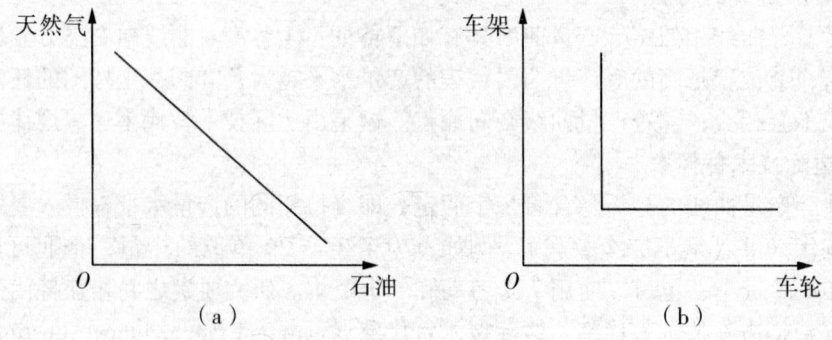

图 4-3 完全替代品和完全互补品的等产量曲线

图 4-3 幅显示了完全互补品的情况。如果两种要素必须按照某一固定比例结合在一起才能生产（比如车轮和车架），边际技术替代率为固定比例，即企业只能按照相同比例增加两种要素的投入，才能增加产量，这种情况时的等产量线为直角线。表示只有一种投入增加，另一种投入不变，则增加的一种投入的边际产量为零。

（三）等成本线

等产量线告诉我们，同样的产出可以由投入要素的多种组合方式来实现，那么，企业在生产过程中应该选择哪一种要素组合最好呢？这要考虑生产这些产量的成本，而成本水平取决于要素的价格，因此，要确定成本最低的投入要素组合，需要引入等成本线的概念。等成本线类似于消费者预算线,也称为企业预算线。

等成本线(isocost)是一条表示在成本和要素价格既定的条件下,企业所能购买到的两种要素不同数量组合的连线。等成本线表明企业购买投入要素时的预算约束。

我们用 P_L,P_K 分别表示劳动和资本的价格,C 表示企业购买劳动和资本的总成本。在要素价格不变时,企业的既定预算所能购买的投入组合可用以下成本方程表示:

$$C = P_L \cdot L + P_K \cdot K \tag{4.7}$$

把成本方程反映在坐标图上,即得到等成本线。如图4-4所示,等成本线是一条直线,该线上的任何一点都是成本和要素价格既定时企业所能购买到的劳动和资本的数量组合。线两端表示企业用全部成本购买的劳动或资本要素。纵截距 C/P_K 表示全部成本都用来购买资本的数量,横截距 C/P_L 表示全部成本都用来购买劳动的数量。线以外区域的任何一点如 B 点是企业在给定的预算约束下无法实现的要素组合,线内区域中任何一点如 A 点,表示既定成本用来购买该点的投入组合后还有剩余。

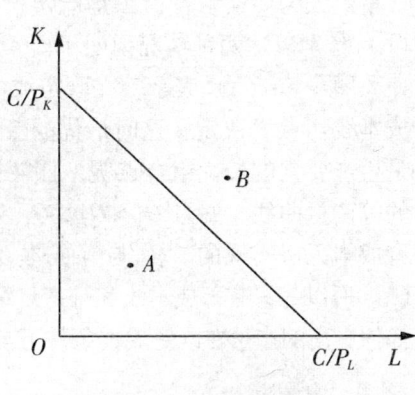

图4-4 等成本线

等成本线的斜率衡量劳动对资本的替代比率。用等成本线方程可推导出等成本线斜率的计算方法。等成本线方程 $C = P_L \cdot L + P_K \cdot K$ 可以表示为:

$$K = \frac{C}{P_K} - \frac{P_L}{P_K}L \tag{4.8}$$

该公式表明,当实际成本(C/P_K)既定时,资本投入量随劳动投入量的变动而变动,比如当劳动增加1个单位时,资本的减少量为 $-P_L/P_K$。$-P_L/P_K$ 为劳动与资本的价格之比,劳动与资本价格之比的绝对值就是等成本线的斜率,它表示在总成本不变时,增加一个劳动所能够替换的资本数量。等成本线与消费者的预算线非常相似。

图4-5(a)表明,在劳动与资本的价格不变时,等成本线的斜率不变,企业总成本变动时,等成本线平行移动。图4-5(b)表明,若总成本不变,劳动与资本的相对价格变动,等成本线的斜率会改变。

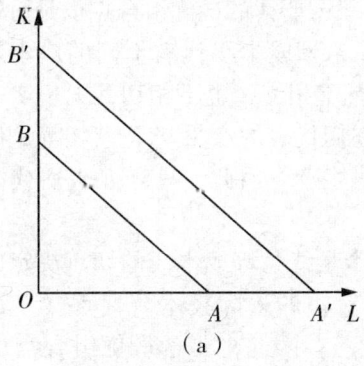
(a)

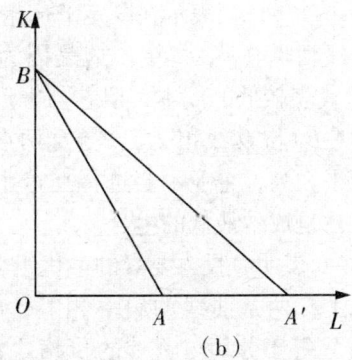
(b)

图4-5 等成本线的变动

(四) 投入要素的最优组合

等产量线表示企业生产一定产量所需要的两种要素的不同数量组合，反映了企业面临的生产技术水平。等成本线表示企业选择生产技术所面临的预算约束。把等产量线和等成本线结合起来，我们就可以确定企业投入要素的最优组合了。

投入要素的最优组合也称生产者均衡，它表现为两种情况：一是既定成本条件下，产量最大的要素组合；二是既定产量条件下，成本最小的要素组合。图4-6 (a) 和 (b) 分别以这两种情况说明了要素的最优组合。

图4-6 (a) 表示，在既定成本条件下，劳动与资本的最优组合点由等产量线与等成本线切点 E 决定，这时最优的劳动投入量和资本投入量分别为 L_0 和 K_0。为什么 E 点是生产要素的最优组合点呢？图4-6 (a) 表明，Q_1、Q_2、Q_3 代表三条不同产量水平的等产量曲线，并且 $Q_3 > Q_2 > Q_1$。Q_3 位于等成本线之外，显然 Q_3 所代表的产量是现有成本无法实现的。Q_1 与等成本线相交于 C、D 点，但是 Q_1 所代表的产量水平低于 Q_2。所以，只有等成本线和等产量线的切点 E，才是既定成本下产量最大的要素组合点。任何更高的产量在既定成本条件下都是无法实现的，任何更低的产量都是低效率的。

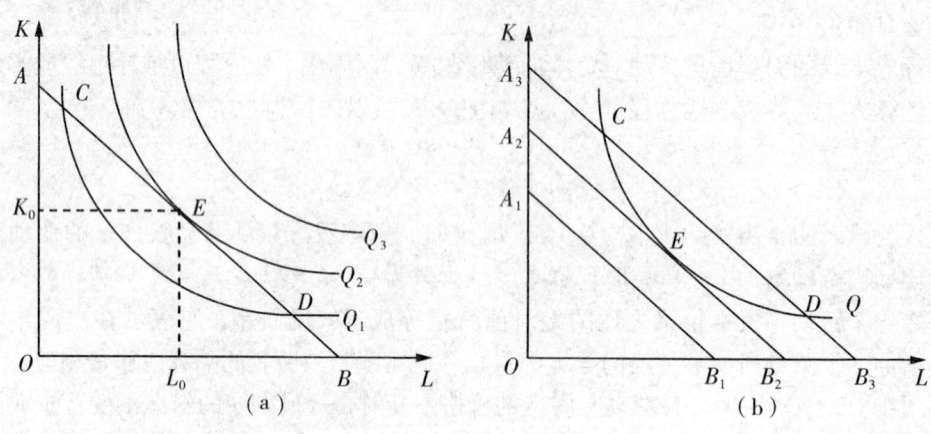

图4-6 投入要素的最优组合

图4-6 (b) 幅表示在既定的产量条件下，投入要素的最优组合点也是由等产量线与等成本线切点 (E) 决定。这是因为，图中三条等成本线代表不同的成本水平，其中，A_1B_1 代表较低的成本，但它与等产量线 Q 既不相交，也不相切，无法实现既定产量水平。A_3B_3 与 Q 线相交于 C、D 两点，虽然它们代表的产量与 E 点相等，但它代表的成本水平太高，企业不会选择在这个成本水平生产。因此，只有 E 点所代表的投入要素组合才是成本最低的组合。

图4-6表明，投入要素的最优组合是由等产量线与等成本线的切点决定的。在最优组合点上，两条曲线的斜率相等，即劳动与资本的边际技术替代率（$-\Delta K/\Delta L = MP_L/MP_K$）等于劳动与资本的价格之比（$P_L/P_K$），因此，要素最优组合点的满足条

件为：

$$\frac{MP_L}{MP_K} = \frac{P_L}{P_K} \qquad (4.9)$$

或

$$\frac{MP_L}{P_L} = \frac{MP_K}{P_K} \qquad (4.10)$$

这就是说，投入要素的最优组合条件是两种要素的边际技术替代率等于它们的价格之比，或两种生产要素的边际产量与各自的价格之比相等。在要素价格既定时，如果两种要素的边际产量与价格之比不等，比如一单位货币成本购买劳动所带来的边际产量大于其用于购买资本所带来的边际产量（$MP_L/P_L > MP_K/P_K$），就意味着两种要素的组合比例不是最优，此时企业应该增加劳动要素的投入量，相应地减少资本要素的投入量，直到两种要素的边际产量与价格之比相等为止。

（五）投入要素最优组合的变化

生产要素最优组合条件意味着，当投入要素的价格比例发生变化时，投入要素的最优组合也会发生相应的改变。例如，当出现劳动的价格上升时，会使公式（4.9）右边投入要素的价格比例 P_L/P_K 增大，相应地要求公式左边的边际技术替代率提高，也就是说，现在需要在较高的边际技术替代率水平上选择劳动和资本的组合才能继续满足最优组合条件。如图 4-7 所示，此时最优组合点由 A 点沿着等产量线向 B 点移动，表示企业用资本替代劳动。B 点是新的等成本线与原来的等产量线的切点，它包含了较少的劳动和较多的资本。显然，劳动价格上升引起了资本对劳动的替代，企业减少了劳动的投入量，相应地增加了资本的投入量。

图 4-7 说明，投入要素价格的变动引起了投入要素之间的替代。一般来说，一种投入要素的相对价格与其最佳使用量成反比。也就是说，通常企业会少使用变得昂贵的生产要素，多使用相对便宜的生产要素，以实现利润最大。要素替代程度的高低取决于技术本身。

上述道理可以用来解释，为什么对发达国家来说是适宜的先进技术，对发展中国家不一定适宜。这是因为发达国家劳动要素的相对价格一般比较高，资本的相对价格比较低，因而采取用较多的资本替代劳动的技术。而在发展中国家，资本比较缺乏，劳动的相对价格较

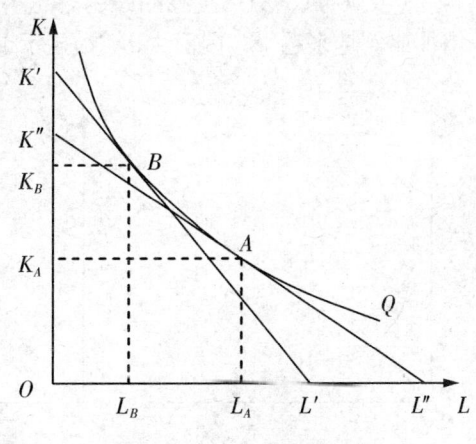

图 4-7 生产要素的替代

低，因而采用较多劳动和较少资本的技术反而更经济。例如，城市的街道或居民区需要有方便购物的地方。销售商品可以采用开家杂货店、便利店等人工售货的方式，也可以采用自动售货机的方式，这两种售货方式代表了不同的劳动和资本的组合方式。在发达国家，由于资本相对充裕，劳动价格较高，因而不少地方设置自动售货机销售商品。而我国经济发展水平比较低，资本比较缺乏，劳动较为充裕，劳动的相对价格较低，因而

通常采用开设商店人工售货的方式。20世纪90年代，某城市有关部门认为自动售货机比较现代化，花费巨资从发达国家购买自动售货机安放在城市街头，结果效果不好，很快街头的自动售货机就销声匿迹了。这说明在劳动价格很低的情况下，不适当地选择用资本替代劳动的生产技术，违背了客观经济规律。

（六）规模报酬

现在我们考虑企业所有投入要素按相同比例发生变动时产量的变动情况。企业同比例变动生产要素投入量的过程就是其生产规模变动的过程。由投入要素同比例变动所引起的产量变动被称为**规模报酬**（returns to scale）。依据各种投入要素同比例变动与产出量变动之间关系的不同，规模报酬类型的生产函数存在三种情形。

1. 规模报酬递增

所有投入要素增加一倍，如果产量的增加大于一倍，这被称为规模报酬递增。在一些特殊的情况下，规模报酬递增现象得到物理学规律的支持。例如，把一根输油管的直径增加一倍，所需的材料也增加一倍，但是输油管的界面却扩大为原来的四倍，获得了规模报酬递增的效果。规模报酬递增有可能是随着生产规模扩大，企业可以利用以前受规模限制无法使用的先进技术和设备，如大型高炉、更大功率的计算机等等。如果使用这些设备增加的投资与其他要素增加成比例，那么由效率提高带来的产量增加的比例会大于投入增加的比例，从而导致规模报酬递增。

图4-8中有三幅图，每幅图中有三条等产量线，相邻的等产量线代表的产量水平相差10个单位，从原点作一45°线，分别与等产量线相交于 A、B、C 点。（a）幅表明，从 A 点到 C 点，等产量线间距越来越小，表示增加每10单位产量所需要的投入要素的增加比例越来越小，因而（a）幅显示了规模报酬递增的情形。

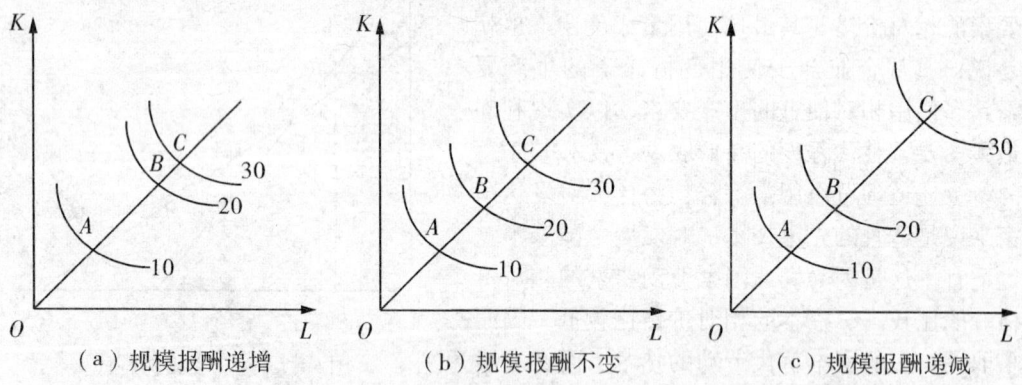

（a）规模报酬递增　　（b）规模报酬不变　　（c）规模报酬递减

图4-8　用等产量线表示规模报酬的三种情形

2. 规模报酬不变

所有投入要素增加一倍，如果产量的增加正好一倍，这被称为规模报酬不变。比如上海大众汽车公司建立了一条与原来相同的生产线并雇佣相同数量的工人，用两条相同的生产线时，正好生产了比以前多一倍的汽车，产量的增加比例等于生产要素投入量的增加比例，这就是规模报酬不变。图4-8（b）表明，从A点到C点，等产量线的间距相等，表示每增加10单位产量所需要的投入要素的增加比例相同，因而（b）幅显示了规模报酬不变的情形。

3. 规模报酬递减

所有投入要素增加一倍，如果产量的增加不到一倍，这被称为规模报酬递减。对规模报酬递减的解释通常是企业生产规模过大所产生的管理上的困难。比如庞大的管理机构和复杂的管理层级容易滋生官僚主义，企业不易获取决策信息，缺乏灵活性，难以适应千变万化的市场等等。图4-8（c）表明，从A点到C点，等产量线的间隔距离越来越大，表示每增加10单位产量所需要的投入要素的增加比例越来越大，显示了规模报酬不变的情形。

第二节 成 本 函 数

生产函数告诉我们，企业用现有的劳动和资本能够生产出多少产量，但没有告诉我们这个企业想生产多少产量。企业的产量决策要考虑利润最大化目标，而利润是收益扣除成本后的余额，因此，成本是企业供给决策的重要约束条件。本节研究企业的成本函数和成本曲线，说明企业产量与成本的关系，即当企业调整其产量水平时成本如何变化，这是以后分析企业产量决策以及进入或退出决策的基础。

一、成本与成本函数

（一）识别成本

成本（cost）是企业为提供某种物品或劳务所付出的代价。但它的具体内涵的确定取决于是出于会计目的，还是决策目的，经济学中的成本与我们日常生活中对成本的理解不完全相同。这里我们将通过比较各种成本概念，来说明经济学对成本概念的理解。

1. 机会成本

回顾第一章曾经介绍的内容，机会成本是与资源的稀缺性有着紧密联系的成本概念。在资源稀缺性的前提下，当企业把某种资源用于一种用途时就要放弃其他用途，也就是说，企业获得的一定数量的产品收入，是以放弃同样的资源用来生产其他物品所可能获得的收入为代价的，这种所放弃的用途的潜在收益就是用于某种用途的机会成本。比如，当人们决定把500亩土地用来建高尔夫球场，就不可能同时再用这500亩土地建果园。那么，建高尔夫球场的机会成本就是用这片土地建果园所可能得到的收入。由于经济分析的目的在于说明稀缺资源最有效率的配置，所以机会成本概念的意义是，当我们作出经济决策时，应当考虑把各种生产要素用在最佳的用途，否则，所损失的潜在收益有可能大于所得到的实际收益。从这一意义上讲，在经济分析中，企业生产某种产品的生产成本也就是生产该产品的机会成本。

2. 显性成本与隐性成本

从企业生产经营活动的角度看，企业生产的机会成本是在生产过程中所使用的所有要素的价值。它包括显性成本和隐性成本。

显性成本（explicit cost）即会计成本，是指企业从外部获得资源而支付的费用。包括工资、原材料、燃料、设备、运输、利息、保险、广告和税金等方面的费用。例如，你大学毕业后开了一家食品厂。为生产蛋糕你需要购买面粉、鸡蛋、糖、香料等原材料，还要购买和面机、烤箱，并且需要雇佣一些工人。当你为买面粉花了1 000元时，这1 000元是从企业流出的货币量，因而要记入会计师的账目。同样地，会计师也会把购买其他原材料和设备的支出，以及支付给工人的工资一笔笔记入账目，所以称为显性成本。显性成本是一种机会成本，因为你不能再用这些钱去买其他东西。

隐性成本（implicit cost）是指企业使用自有资源所应该支付的费用。例如，假定你精通电脑，作为程序员工作每小时可以赚100元。那么，你在食品厂工作每个小时，你就要放弃100元收入，这种放弃的收入也是你经营食品厂的一部分机会成本。同样的情况还有：你动用自己的资金购买设备和原材料，使用自己的土地建造厂房和仓库等等。这些成本虽然都不是企业的实际货币支出，但如果没有这些自有生产要素的投入，企业必须购买或租赁，也要支付费用。如果拥有这些生产要素自己不使用，把它们租出去或售出，也可以得到相应的收入。所以，企业使用自有资源应该支付的报酬也是生产成本，由于这部分成本没有显示在会计账目上，所以被称为隐性成本。

以上讨论的意义是，由于人们通常把成本理解为实际的费用支出，因而在实际生活中经常发生低估真实成本的问题。例如，你考虑是否开一家杂货店，在对该项投入进行成本核算时，你投入自有资金的机会成本没有考虑，使用自家的门脸房也不算成本，你亲自管理杂货店的成本也被忽略了。从机会成本的角度考虑，也许你开杂货店的决策得不偿失，但是依据会计成本，你还以为自己赚了。

3. 沉没成本

在现实生活中，不仅会发生真实成本被低估的问题，也会存在被高估的问题。这是因为，人们通常把决策时本应忽略的沉没成本也看做是与决策有关的机会成本。**沉没成本**（sunk cost）是指已经发生而无法收回的费用。由于无法收回，这部分成本与决策无关，不包括在机会成本中。比如，某企业打算把公司总部从佛山迁往广州，去年花了100万元获得在广州购买某一建筑的权利。假定今年实际购买该建筑时，还需花费800万元。在该企业准备购买时，又发现另一建筑仅花费820万元就可买到，企业应该购买哪一座建筑呢？当然是原先那座建筑。尽管购买原先建筑前后的总费用为900万元，但以前支付的100万元是沉没成本，无论现在买哪座楼，这部分费用已经支出了，它不是当前决策成本的一部分。与当前决策相关的是那些随企业决策发生变化的成本。由于买前一座楼只需800万元，买后一座楼则要花费820万元，因此，放弃后一座楼是正确的选择。

由此可见，经济学的成本在两个方面不同于我们日常生活中对成本理解：一是经济学强调我们通常容易忽略的机会成本，尤其是隐性的机会成本；二是经济学认为应该忽略掉人们通常不愿忽略的沉没成本。经济学主张应持有"向前看"的决策思想，而不应"留恋"沉没成本，因为沉没成本如同泼出去的水，已是"覆水难收"，不应让沉没成本影响我们当前的决策。

4. 会计利润、正常利润和经济利润

由于机会成本包括显性成本和隐性成本，从而导致了企业的会计利润与正常利润和经济利润的区别。会计利润（accounting profit）是会计师衡量的利润，即企业销售产品的总收益减去会计成本（显性成本）的差额。**正常利润**（normal profit）是使用自有资源应该得到的报酬。它是隐性成本，包含在企业的生产成本之中。如果企业家从事生产经营活动得不到正常利润，"亏本的买卖"会使企业家放弃当前的选择。**经济利润**（economic profit）是企业决策衡量的利润，即企业的总收益减去机会成本（显性成本加隐性成本）的差额。经济利润也称为超额利润，意指企业所得到的超过正常利润的那部分利润。

企业的经济利润与会计利润的关系是：会计利润＝总收益－显性成本。经济利润＝会计利润－隐性成本。显然，会计利润大于经济利润，这说明即使企业的会计利润为正值，其经济决策也可能是错误的。因此，我们在作出任何决策时，必须使总收益大于或至少等于机会成本，经济利润大于零至少等于零的决策才是正确的。

（二）成本函数

生产函数描述了投入要素的数量与产量之间的关系。但是，企业要确定利润最大化的产量，还要考虑成本和收益之间的关系，而成本和收益都会随着产量的变动而变动，因此，我们还要研究成本与产量的关系。通常情况下，当产量增加时，企业会增加投入要素的数量，这意味着它必须增加成本，我们把成本与产量之间的依存关系称为成本函数。即

$$C = f(Q) \tag{4.11}$$

与生产函数一样，成本函数也分为短期成本函数和长期成本函数。短期内，企业有一部分投入要素的数量固定不变，短期成本函数反映现有企业中产量与成本的关系，它通常用于日常经营决策。长期中，一切投入要素都是可变的。长期成本函数是企业在各个产量水平上选择最优要素组合条件下形成的产量和成本的关系。它一般用于长期规划。

二、短期成本函数

（一）固定成本、可变成本与总成本

短期内，企业有一部分生产要素数量是固定的，而其他投入要素则随着产量的变动而变动，所以，企业在短期内有两种不同类型的成本。

固定成本（fixed cost，FC）是指购买固定要素的费用支出，它不随产量变动而变动。短期内，即使企业停产，这部分成本也必须支付。例如，对于你的食品厂来说，固定成本包括租用厂房或设备的租金、借款利息、固定资产折旧、管理人员的薪金及保险费等等。这部分成本通常被称为经常性费用支出。

可变成本（variable cost，VC）是指购买可变要素的费用支出，它随着产量变动而变动。比如企业对工人支付的工资，以及原材料和燃料费用的支出。

总成本（total cost，TC）是指企业生产一定产量所付出的全部成本，它等于固定成本和可变成本之和。用公式表示为

$$TC = FC + VC \tag{4.12}$$

表4-5为某企业的短期成本变动表，表的第一栏为企业的产量。以后各栏均为企业的各类短期成本。该表表明了短期内各类成本与产量的关系，以及各类短期成本之间的关系。

表4-5　一个企业的短期成本

Q	FC	VC	TC	AFC	AVC	AC	MC
0	120	0	120	—	—	—	—
1	120	34	154	120	34	154	34
2	120	63	183	60	31.5	91.5	29
3	120	90	210	40	30	70	27
4	120	116	236	30	29	59	26
5	120	145	265	24	29	53	29
6	120	180	300	20	30	50	35
7	120	230	350	17.14	32.86	50	50
8	120	304	424	15	30	53	74

表4-5中的第二栏是固定成本，不管产量如何，固定成本保持不变，始终为120元。第三栏为可变成本，随着产量的增加，企业增加可变投入，所以可变成本也增加。表的第四栏为总成本。比如，当总成本为210元时，固定成本为120元，可变成本为90元，因此总成本$TC = 120 + 90 = 210$元。由于可变成本随着产量的增加而增加，总成本也随着产量的增加而增加。

根据表4-5中上述三个短期成本与产量的关系，我们可以得到三条短期成本曲线。如图4-9所示，固定成本FC曲线是一条水平线，表示短期内无论产量如何变动，固定成本是不变的。

可变成本VC曲线从原点出发向右上方倾斜。表示产量为零时，没有可变成本支出，随着产量的增加，可变成本也增加，只不过起初以递减的速度增加，超过某个点之后以递增的速度增加。这是因为最初随着可变成本的增加，固定生产要素的效率得以充分发挥，可变成本的增加越来越慢。当固定生产要素的效率充分发挥之后，由于边际报酬递减规律的作用，一单位可变投入要素所带来的产量逐渐减少，或者说，要增加相同数量的产量需要增加的可变要素越来越多，这时可变成本增加的速度越来

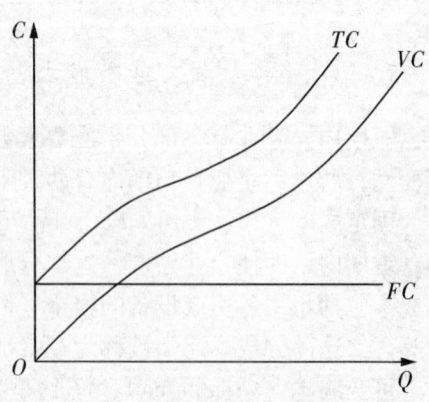

图4-9　固定成本、可变成本和总成本

越快。

总成本 TC 曲线从固定成本曲线与纵轴交点出发向右上方倾斜。表明当产量为零时，总成本等于固定成本。由于固定成本是不变的，总成本的变动规律与可变成本相同。TC 曲线与 VC 曲线之间的垂直距离为固定成本，固定成本不随产量而变化，所以两条曲线之间的垂直距离不变。

（二）平均成本与边际成本

1. 平均成本

将成本除以产量就可以得到平均成本，相应的，也有平均固定成本、平均可变成本与平均成本的概念。

平均固定成本（average fixed cost，AFC）是指每单位产量所分摊的固定成本。其计算公式为：

$$AFC = \frac{FC}{Q} \tag{4.12}$$

平均可变成本（average variable cost，AVC）是指每单位产量所分摊的可变成本。其计算公式为：

$$AFC = \frac{VC}{Q} \tag{4.13}$$

平均成本（average cost，AC）是指每单位产量所分摊的成本。其计算公式为：

$$AC = \frac{TC}{Q} = \frac{FC + VC}{Q} = AFC + AVC \tag{4.14}$$

根据表 4-5 中平均固定成本（AFC）、平均可变成本（AVC）以及平均成本（AC）与产量之间的变动关系，我们可以画出这三个平均成本的曲线形状。

如图 4-10 所示，平均固定成本 AFC 曲线向右下方倾斜。表明随着产量的增加，给定的固定成本平均分摊到越来越多的产量上，每单位产量分摊的固定成本必然趋于下降。

平均可变成本 AVC 曲线为 U 型，表明平均可变成本随着产量的增加先递减而后递增。这是因为，在生产过程中，可变投入要素的边际报酬先递增而后递减。比如当产量由零开始不断增加时，由于可变要素投入量相对较少，增加可变要素投入量会提高生产效率，可变要素的边际报酬递增，从而平均可变成本是递减的。当可变要素投入的增加达到最佳数量以后，继续增加可变投入会降低生产效率，平均可变成本由于边际报酬递减而递增。

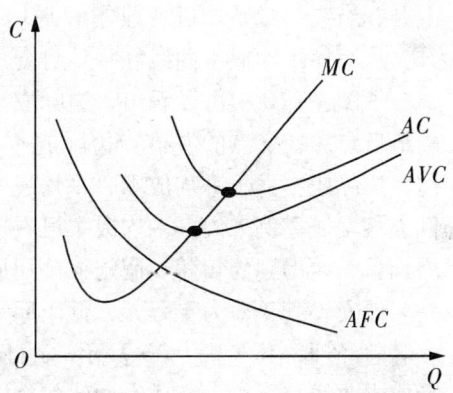

图 4-10　平均固定成本、平均可变成本、平均成本与边际成本

平均成本 AC 曲线也是 U 型。这是因为，平均成本的变动是由平均固定成本和平均

可变成本的变动决定的。当产量增加时,平均固定成本和平均可变成本趋于下降,所以平均成本也趋于下降。以后,随着产量的增加,平均固定成本在平均成本中所占的比重越来越微不足道,平均可变成本则由于边际报酬递减而随着产量的增加而上升,平均成本也随之而上升。平均成本最小的产量在 U 曲线的底部,该产量被称为企业的有效规模。在表 4-5 中,有效规模为 6 或 7 单位产量。AC 曲线和 AVC 曲线之间的垂直距离为平均固定成本,由于平均固定成本随产量的增加而下降,所以 AC 曲线和 AVC 曲线之间的垂直距离随产量的增加越来越接近。

2. 边际成本

边际成本(marginal cost,MC)是指每增加一单位产量所增加的总成本。可表示为:

$$MC = \frac{\Delta TC}{\Delta Q} = \frac{\Delta VC}{\Delta Q} = \frac{dTC}{dQ} = \frac{dVC}{dQ} \tag{4.15}$$

如图 4-10 所示,边际成本 SMC 曲线也呈先下降而后上升的 U 型,其原因与平均可变成本的变动原因相似。因为短期内固定成本不变,企业每增加一单位产量所增加的成本是可变成本,因而边际成本的变动取决于可变成本。比如当雇佣较少数量的工人时,增加劳动要素的投入使得工人之间开展分工协作从而带来劳动效率的提高,劳动的边际报酬递增,边际成本呈下降趋势。然而,在厂房和设备既定时,随着工人人数的增加,太多的工人在一个空间干活会出现"窝工"现象,劳动的边际报酬递减规律发生作用,从而边际成本上升。边际成本先下降而后上升,构成 U 型边际成本曲线。

3. 平均成本和边际成本的关系

平均成本曲线、平均可变成本曲线和边际成本曲线都是 U 型,这是可变投入要素的边际报酬先递增后递减规律作用的结果。企业最初增加产量时,随着可变投入要素的增加,边际报酬递增,边际成本迅速下降,进而使平均可变成本和平均成本下降。但是,如果企业继续增加产量,可变投入要素的增加会引起边际报酬递减,边际成本随之上升,当它超过平均可变成本和平均成本时,便会推动平均可变成本和平均成本的上升,从而使平均成本曲线和平均可变成本曲线具有 U 型特征。

从图 4-10 中可以看出,边际成本曲线与平均成本曲线的交点一定在平均成本曲线的最低点。在交点的左边,边际成本小于平均成本,平均成本趋于下降。在交点的右边,边际成本大于平均成本,平均成本趋于上升。因此,两条曲线在平均成本曲线的最低点相交。举例来说,平均成本可看成是某电脑公司的平均年薪,边际成本可看成是新增加员工所得到的年薪。假定该公司原有员工的平均年薪为 10 万元,今年公司聘用了一名保安,其年薪为 4 万元,低于原来的平均年薪,会使平均年薪减少。若公司聘任了一名总经理,其年薪为 30 万元,高于原来的平均年薪,会使平均年薪增加。同样,边际成本曲线与平均可变成本曲线的交点也一定位于平均可变成本曲线的最低点。

三、长期成本函数

前面讨论的是短期成本曲线,短期的特点是企业的厂房、设备不能改变,当产量的增加达到设计生产能力后,继续增加可变要素投入很快会使企业面临边际报酬递减,从而使边际成本和平均成本曲线陡峭地上升。在长期,企业所有的投入要素都是可变的,没有固定成本的约束,所有的长期成本都是可以变动的,企业完全可以根据其产量目标选择使平均成本最低的生产规模进行生产。因此,企业的长期成本曲线不同于其短期成本曲线。我们可以通过代表不同规模的短期平均成本曲线来推导长期平均成本曲线。

(一) 长期平均成本曲线

长期中企业可以在每一产量水平上选择想要的任何生产规模。图4-11中有三条短期平均成本曲线,它们分别代表小型生产规模(SAC_1)、中型生产规模(SAC_2)和大型生产规模(SAC_3),长期内,企业可以根据产量大小选择平均成本最低的生产规模。例如,当产量为Q_1时,应该选择小型生产规模,因为这时平均成本C_1是最低的。当产量为Q_2时,则要选择中型生产规模,这时平均成本C_2是最低的,若仍然选择小型生产规模,企业将付出C_3的成本。同理,要生产Q_3的产量,企业将选择大型生产规模。这三条短期平均成本曲线实际上代表了企业在长期中面临的各个可能的选择。把这三条短期平均成本曲线上代表的每一产量最低成本的点连接起来,便可得出一条长期平均成本曲线。因此,长期平均成本曲线可以看成是与很多短期平均成本曲线相切的线,或者说,长期平均成本曲线是无数条短期平均成本曲线的包络线。它表明长期平均成本是在每一产量水平下可能达到的最低平均成本。

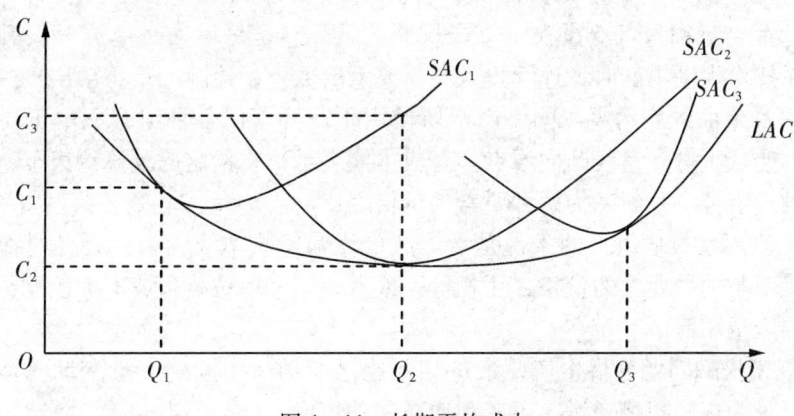

图4-11　长期平均成本

(二) 规模经济

长期平均成本曲线与短期平均成本曲线的形状相似,都是一条U形曲线。但从图4-11中可以看出,与短期平均成本曲线相比,长期平均成本曲线是一条底部比较平坦的U形曲线。这是因为,引起这两条曲线呈U形的原因有所不同。如前所述,短期平均成本曲线呈U形是可变投入要素的边际报酬先递增后递减的变动规律决定的。而长期平均成本曲线的形状与规模经济的变动有关。

规模经济(economics of scale)是指长期平均成本随着产量的增加而下降的情况。当存在规模经济时,长期平均成本曲线向右下方倾斜。它表明,给定投入要素的价格,此时产量增加的幅度大于投入增加的幅度,因而长期平均成本呈下降趋势。规模经济的产生可能是企业通过专业化来获得成本优势。相比之下，小企业可能需要每个工人完成许多不同的工作，完成每项工作的效率较低。再则，大企业可以采用大型的专业性较强的设备，大型设备的制造成本和运行费用更低，因而其效率较高。还有，大规模的企业管理者、技术人员和工人可在长期的生产工作中积累产品生产、产品设计及管理方面的经验，从而导致平均成本下降。

规模不经济（diseconomies of scale）是指长期平均成本随产量增加而上升的情况。当存在规模不经济时，长期平均成本曲线向右上方倾斜。它表明，在投入要素价格既定时，随着企业规模的扩大，产量增加的幅度会小于投入增加的幅度，从而长期平均成本呈上升趋势。规模不经济发生的原因主要是大规模的生产使管理机构变大，层次增多，信息传递不畅，滋生文牍和官僚主义，对市场反应迟钝，死板的管理制度扼杀人们的创造力等等，这些都会降低管理机构的效率，引起平均成本上升。

本章要点

（1）生产函数表示各种不同的生产要素投入组合与所能生产出来的最大产量之间的关系。

（2）在短期，一些投入要素（资本、土地）固定不变，产量的增加依赖于可变投入要素（劳动）的投入量。长期中，所有的投入要素都是可以变动的。

（3）边际产量衡量可变投入对总产量的贡献，它是每增加一单位投入后总产量的增加量。在技术水平不变时，连续投入某一要素的数量，边际产量将会出现递减现象。

（4）等产量曲线表示生产同一产量所使用生产要素的各种组合。由于要素的边际技术替代率递减，等产量线凸向原点。等成本线表示，在给定的预算约束下，企业能够购买到的投入组合。其斜率为两种要素的价格之比。

（5）生产要素最优组合的条件是：等产量线和等成本线相切；或者两种要素的边际技术替代率与两种要素的价格之比相等；或者说，一单位货币成本无论购买哪一种要素所增加的产量相等。

（6）规模报酬问题分析生产要素按相同比例变动所引起的产量变动。企业的规模报酬变动可分为规模报酬递增、不变和递减三种情形。

（7）生产的机会成本包括所使用的所有要素的价值，分为显性成本和隐性成本两部分。显性成本是企业从外部获得资源付出的费用。隐性成本是企业使用自有资源应该付出的费用。

（8）短期成本分为固定成本和可变成本。固定成本不随产量的变化而变化，可变成本随着产量的变化而变化。

（9）边际成本小于平均成本，平均成本就下降；边际成本大于平均成本时，平均成本就上升；边际成本曲线和平均成本曲线相交于平均成本曲线的最低点。该点代表了最低成本生产。

（10）长期中不存在固定成本，生产规模是可变的。长期平均成本曲线说明了长期中企业可以根据其产量目标选择最低平均成本的生产规模。

（11）规模经济是指扩大生产规模可以降低最低平均成本。如果最低平均成本随着规模扩大而上升，那么则存在规模不经济。

重要概念

生产函数　短期　长期　总产量　平均产量　边际产量　边际收益递减规律　等产量曲线　边际技术替代率　等成本线　最优投入组合　规模报酬　机会成本　显性成本　隐性成本　沉没成本　会计利润　正常利润　经济利润　成本函数　总成本　固定成本　可变成本　平均成本　平均固定成本　平均可变成本　边际成本　长期平均成本曲线　规模经济　规模不经济

本章练习题

（1）完成下表，并说明边际收益从哪里开始递减。

劳动投入量 (L)	总产量 (TP_L)	平均产量 (AP_L)	边际产量 (MP_L)
1	2	–	–
2	–	6	–
3	–	–	12
4	48	–	–
5	–	12	–
6	–	–	6
7	70	–	–
8	–	–	0
9	63	–	–

（2）为什么增加一种投入会产生收益递减，而增加两种投入则可能出现规模收益不变？

（3）假定 A、B 两国各有一钢铁厂，A 国钢铁厂生产 1 吨钢需 10 人，而 B 国只需 1 人，是否能认为 B 国钢铁厂的经济效率比 A 国的高？为什么？

（4）假定企业的工资提高 10%，请用生产理论的基本原理说明劳动力价格的提高是如何导致一种投入要素替代另一种投入要素的。

（5）老刘目前正在他的面积为 10 亩的农田上种植玉米，每亩获得 800 元的会计利润，然而，如果他改种大豆，每亩能获得 1 500 元，他目前获得经济利润吗？为什么？

（6）判断下列各种情况是显性成本还是隐性成本：

　　A. 付给聘请的经理薪金；
　　B. 企业使用自己的仓库，这仓库本来可以出租给其他企业；
　　C. 老板如果当公务员所能挣的工资；
　　D. 与购买土地有关的律师费；

E. 投资 100 万元,其中向银行借贷 50 万元,自筹资金 50 万元,利率为 5%;

F. 支付税金 12 万元。

(7) 某企业打算投资扩大生产,其可供选择的筹资方法有两种:一是利用利率为 10% 的银行贷款,二是利用企业利润。该企业的经理人认为应该选择后者,理由是不用付利息因而比较便宜,你认为他的话有道理吗?

(8) 完成下表。表中 L 为劳动,Q 为产量。MP_L 为劳动的边际产量。

L	Q	MP_L	VC	TC	MC	AC
0	0	—	0	12	—	—
1	6		3	15		
2	15		6	—		
3	21		9	—		
4	24		12	—		
5	26		15	—		

问:

A. 劳动投入为多少时,劳动的边际收益开始递减?

B. 当 $Q=24$ 时,平均可变成本是多少?

C. 企业的固定成本是多少?

D. 工资水平是多少?

(9) 为什么长期平均成本曲线会是 U 形?

(10) 大学受规模经济影响还是受规模不经济的影响?

(11) 已知某企业的生产函数为 $Q=L^{2/3}K^{1/3}$,劳动的价格为 $P_L=2$,资本的价格为 $P_K=1$。求:

A. 当成本 $C=3\,000$ 时,企业实现最大产量时的 L、K 和 Q 的均衡值;

B. 当产量 $Q=800$ 时,企业实现最小成本时的 L、K 和 C 的均衡值。

(12) 设生产函数 $Q=4\sqrt{XY}$,L,K 两种要素的价格分别为 $P_L=2$,$P_K=3$,求生产 100 单位产量时,需花费的最小成本是多少?

(13) 设 $TC=150+5Q+3Q^2+Q^3$,求:

A. $Q=5$ 时的 FC 和 AFC 是多少;

B. $Q=10$ 时的 AVC 是多少;

C. $Q=15$ 时的 AVC 是多少;

D. $Q=20$ 时的 AC 是多少。

第五章 完全竞争市场企业的产量决策

从上一章开始我们研究企业的经济行为。生产函数的研究说明企业在成本和要素价格约束下如何做出最优生产技术选择，成本函数的研究使我们理解了产量和成本的关系。本章我们将讨论在竞争激烈的市场上，追求利润最大化的企业如何确定产量水平？如何决定是否进入或退出某个市场？新企业进入和旧企业退出对一个市场的价格和利润有什么影响？本章的分析将有助于回答经济学基本问题中的两个问题："生产什么？生产多少？"

第一节 完全竞争市场简介

一、完全竞争市场的特征

本章研究的企业处在激烈竞争的市场环境中，我们把这种极端的竞争形态称为完全竞争。**完全竞争**（perfect competition）是指一种竞争不受任何阻碍和干扰的市场结构。它具有以下几个显著的特征：

第一，市场上有大量企业。大量企业为销售产品而竞争。但每个企业所占有的市场份额很小，好比是一桶水中的一滴水，所以任何一个企业都无力影响市场价格。

第二，产品同质。每个企业提供的产品都是无差异、同质的产品。买者无法区别不同企业的产品，因而对其购买的产品来自哪个特定的企业毫不关心，企业也就无法利用产品的差别通过各种销售策略（如广告）来影响市场。

以上两点决定了完全竞争企业不用决定它们出售产品的价格，它们都是既定市场价格的接受者。价格接受者（price taker）是指企业只能按照当前市场价格销售产品。设想你办了一个家庭养鸡场，你每年生产1万公斤鸡蛋——听起来很多。但是，全中国这样的养鸡场有成千上万家，别的国家也是这样。你的1万公斤鸡蛋相对于鸡蛋市场规模来说是微不足道的，况且你的鸡蛋也不比其他任何一个养鸡场的鸡蛋更好。如果鸡蛋的市场价格为每公斤6元，而你卖到6.2元，买者就会到别处购买，以6元购买到他们所需要的鸡蛋。因此，在竞争市场，物品或劳务的价格是由市场的需求和供给决定的，企业只是市场价格的接受者。从这一意义上说，一个完全竞争企业没有市场力量（market power），即没有控制其销售产品市场价格的能力。

第三，企业可以自由进入或退出市场。也就是说，企业进出一个市场不存在任何障碍（比如资本、技术、法律、政策等等），所有资源都可以随着需求的变化在行业之间自由流动。例如，如果任何一个人都可以决定开一家养鸡场，而且，如果任何一家现有的养鸡场可以决定离开养鸡行业，那么，我们可以说养鸡行业没有进入或退出的限制。

第四，买卖双方具有完全信息。市场中每一个买者和卖者都掌握与自己经济决策相关的所有信息，消费者知道产品价格、质量的信息，生产者知道所有投入要素的价格和生产技术等方面的信息，不存在欺诈。每个人都可以根据自己所掌握的完全信息，确定自己的最优购买量或最大生产量，从而获得最大的经济利益。

现实中，上述理想的完全竞争市场是不存在的。通常，农产品市场、专业市场、股市等可看成接近于完全竞争的市场。

虽然完全竞争市场在生活中是罕见的，但我们不能据此否定对完全竞争市场理论分析的重要意义。对完全竞争市场的研究，不仅能够得到关于市场机制及其配置资源的一些基本原理，而且其理论分析框架及其结论可为以后章节观察和分析其他类型市场的经济效率提供一个参照对比。

链接5-1　　　　农村春联市场：完全竞争的缩影

去年临近春节，我有机会对某村农贸市场的春联销售进行了调查，该农贸市场主要供应周围7个村5 000余农户的日用品需求。贴春联是中国民间的一大传统，春节临近，春联市场红红火火，而在农村，此种风味更浓。

在该春联市场中，需求者有5 000多农户，供给者为70多家零售商，市场中存在许多买者和卖者；供应商的进货渠道大致相同，且产品的差异性很小，产品具有高度同质性（春联所用纸张、制作工艺相同，区别仅在于春联所书写内容的不同）；供给者进入退出没有限制；农民购买春联的习惯是逐个询价，最终决定购买，信息充分；供应商的零售价格水平相近，提价基本上销售量为零，降价会引起利润损失。原来，我国有着丰富文化内涵的春联，其销售市场结构竟是一个高度近似的完全竞争市场。

供应商在销售产品的过程中，都不愿意单方面降价。春联是农村过年的必需品，购买春联的支出在购买年货的支中只占很小的比例，因此其需求弹性较小。某些供应商为增加销售量，扩大利润而采取的低于同行价格的竞争方法，反而会使消费者认为其所经营的产品存在瑕疵（例如：上年库存、产品质量存在问题等），反而不愿买。

在商品种类上，小条幅春联最为便宜且为春联中的必需品，统一价格保持五六年不变，因此，消费者不对此讨价还价。小条幅春联共7类，消费者平均购买量为3~4类，总利润可达1.08元，并且人工成本较低。而小号春联相对价格较高，在春联支出中占比重较大，讨价还价较易发生；由此，价格降低和浪费的时间成本会造成较大利润损失，对小号春联需求量较大的顾客也不过购买7~8副，总利润至多1.12元。因此，我们不难明白浙江的小小纽扣风靡全国、使一大批人致富的原因；也提醒我们，在落后地区发展劳动密集、技术水平低、生产成本低的小商品生产不失为一种快速而行之有效的致富方法。

春联市场是一个特殊的市场，时间性很强，仅在年前存在10天左右，供应商只有一次批发购进货物的机会。供应商对于该年购入货物的数量主要基于上年销售量和对新进入者的预期分析。如果供应商总体预期正确，则该春联市场总体商品供应量与需求量大致相同，则价格相对稳定。一旦出现供应商总体预期偏差，价格机制就会发挥巨大的作用，将会出现暴利或者亏损。

综上可见，从春联产品的同质性、厂商进入与退出市场没有障碍、买卖双方的数量很多以及信息的充分说明春联市场接近于一个完全竞争的市场。

资料来源：杨晓东：《经济学消息报》，第599期，2004年6月25日。

二、完全竞争市场的需求曲线

说明这一问题,需要区分市场需求曲线与某一企业面对的需求曲线。

市场需求曲线反映某市场对所有企业产品的需求状况。鸡蛋市场不会违反需求定理,市场上人们购买的鸡蛋数量取决于鸡蛋的价格,鸡蛋的市场价格下降,需求量增加,因而鸡蛋市场的需求曲线是向右下方倾斜的。需求曲线与供给曲线的交点决定了鸡蛋的均衡市场价格。如图5-1(a)所示。

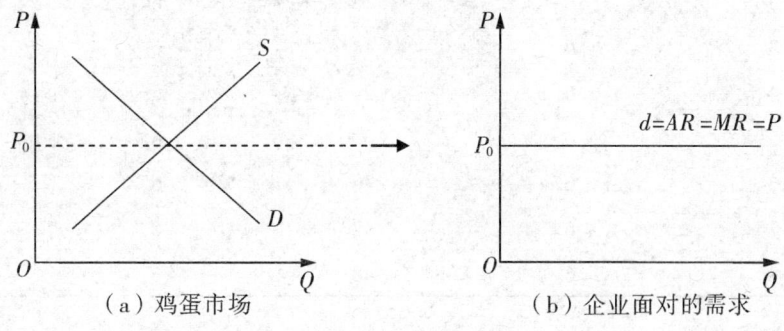

(a)鸡蛋市场　　　　(b)企业面对的需求

图5-1　市场需求与企业需求

企业面对的需求曲线反映了市场对某一个企业产品的需求状况。对单个养鸡场来说,鸡蛋的市场价格一旦确定,无论他如何增加产量都不能改变价格。也就是说,养鸡场在既定的市场价格下可以出售任何数量的鸡蛋,他没有必要降低价格,也不能提价,因为鸡蛋是同质的。如果养鸡场想把鸡蛋的价格提到略高于市场价格的水平,他的销售量为零。因此,单个养鸡场面对的是一条水平的、弹性无限大的需求曲线。如图5-1(b)所示,水平的需求曲线表明,企业无论如何移动自己的供给曲线,也不可能改变市场的均衡价格。在既定的市场价格下,他可以卖出愿意卖出的产量。

但是,如果所有的单个企业同时改变产量会影响市场价格。比如由于技术进步等原因,所有的养鸡场都同时增加产量,原来的市场均衡将被打破,按照向右下方倾斜的需求曲线,鸡蛋只能按照较低的价格卖出。因此,竞争市场中的市场力量是所有企业集体行动的结果,而不是任何个体行动的结果。

三、完全竞争企业的收益曲线

完全竞争市场上的企业与大多数企业一样,其首要目标是实现利润最大化。利润等于总收益减去总成本。第四章讨论了企业的成本以及成本与产量之间的关系。为了说明企业如何进行利润最大化的产量决策,我们还要了解企业的收益以及收益与产量的变动关系。收益是企业出售产品所得到的收入。在经济分析中,通常使用以下三个收益概念。

总收益(total revenue,TR)是指企业出售产品后所得到的全部收入。它等于产品价格和销售量的乘积,即 $TR = P \cdot Q$。

以张三开办的家庭养鸡场为例,如果1公斤鸡蛋卖6元,养鸡场出售了1 000公斤鸡蛋,那么,它的总收益就是6 000元。由于张三养鸡场的产量与鸡蛋市场相比是微不足道的，所以，它接受鸡蛋市场既定的价格。如果张三养鸡场的产量增加了一倍，由于鸡蛋的市场价格不变，张三的总收益也增加一倍。总收益与产量同比例变动。如表5-1所示。

表5-1 竞争企业的总收益、平均收益和边际收益

产量（公斤）(Q)	价格（元）(P)	总收益（元）(TR)	平均收益（元）(AR)	边际收益（元）(MR)
1	6	6	6	6
2	6	12	6	6
3	6	18	6	6
4	6	24	6	6
5	6	30	6	6
6	6	36	6	6
7	6	42	6	6
8	6	48	6	6

表5-1显示了张三家庭养鸡场的收益。该表假设鸡蛋的市场价格为每公斤6元，总收益为6元乘以产量。从表中还可以了解另外两个收益概念。

平均收益（average revenue，AR）是指企业平均出售每一单位产量得到的收入。它等于总收益除以产量，即 $AR = TR/Q$。由于总收益为价格乘以产量 ($P \cdot Q$)，所以平均收益也可表示为 $P \cdot Q/Q = P$，可见，平均收益等于产品的价格。从表5-1中，可以看出平均收益为6元，正好等于1公斤鸡蛋的价格。需要强调的是，平均收益与价格相等，这一结论不仅适用于完全竞争企业，而且也适用于不完全竞争企业。

边际收益（marginal revenue，MR）是指企业每增加一单位产量的销售所引起的总收益的变动量。可以用总收益变动量除以销售量变动量计算边际收益，即 $MR = \Delta TR/\Delta Q$。在表5-1中，边际收益为6元，等于1公斤鸡蛋的价格。这是因为，在竞争市场，由于价格不变，企业每多销售1单位产量所引起的总收益的增加量等于价格。因此，对竞争企业来说，边际收益等于价格。

根据表5-1的数据，可以得出竞争市场的收益曲线（见图5-2）。图5-2（a）显示，在完全竞争市场，由于企业是市场决定的均衡价格的接受者，企业的总收益曲线是一条从原点出发向右上方倾斜的直线，表明TR曲线的斜率不变（等于价格）。

图5-2（b）显示，在完全竞争市场，由于企业面临水平的需求曲线，它表明竞争企业作为市场价格的接受者，可以在这一价格下选择它愿意出售的任何数量。同时，它也告诉我们企业平均出售每一单位产量得到的收益，以及每多卖1公斤鸡蛋所引起的总收益的变动量。所以，在完全竞争市场，企业的平均收益曲线和边际收益曲线与需求曲线重合，都是等于价格的水平线。

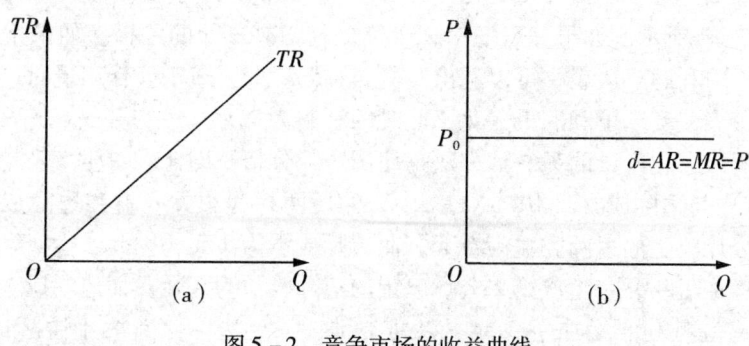

图 5-2 竞争市场的收益曲线

第二节 完全竞争企业的短期均衡

既然竞争市场的企业能够按照既定的市场价格卖出其所有产量,那么,它只需要考虑一个决策:生产多少。现在,我们把已经了解的收益曲线与成本曲线结合起来,探讨竞争企业应该生产多少产量才能获得最大的利润。为了说明企业如何实现这一目标,我们先解释企业实现利润最大化的条件。

一、企业实现利润最大化的条件

可用表 5-2 的例子来分析企业利润最大化的产量决策。该表各栏表明张三家庭养鸡场短期的产量、成本和收益。需要注意的是,第三栏的总成本包括固定成本和可变成本,固定成本在这个例子中是 3 元,可变成本取决于产量。

表 5-2 利润最大化的产量

产量(公斤/天)(Q)	总收益(元)(TR)	总成本(元)(TC)	利润(元)(π)	边际收益(元)(MR)	边际成本(元)(MC)
0	0	3	-3	6	
1	6	5	1	6	2
2	12	8	4	6	3
3	18	12	6	6	4
4	24	17	7	6	5
5	30	23	7	6	6
6	36	30	6	6	7
7	42	38	4	6	8
8	48	47	1	6	9

由于利润是总收益和总成本的差额,因此可找出总收益与总成本差额最大时的产量

水平。如表5-2所示,如果养鸡场没有产量,它就有3元的亏损。如果生产1公斤鸡蛋,就有1元的利润。从表中可以看出,当养鸡场生产4或5公斤鸡蛋时,总收益超过总成本的值最大,实现了利润最大化,此时的利润为7元。

确定利润最大化产量的另一种方法是使用边际分析,即比较每生产1单位产量的边际收益(MR)与边际成本(MC)。表5-2的后两栏为边际收益和边际成本。养鸡场生产的第1公斤鸡蛋的边际收益为6元,而边际成本为2元,因此,生产第1公斤鸡蛋时经济利润增加了4元。生产第2公斤鸡蛋的边际收益为6元,而边际成本为3元,生产第2公斤鸡蛋时利润增加了3元。以此类推,只要边际收益大于边际成本($MR > MC$),企业每多销售1单位产量所增加的收益大于生产它所增加的成本,增加产量可增加总利润。因此,只要边际收益大于边际成本,企业就会增加产量。

但是,当养鸡场的产量超过5公斤鸡蛋时,情况就不同了。第6公斤鸡蛋的边际收益为6元,而边际成本为7元,此时,总利润减少了1元。因此,如果边际收益小于边际成本($MR < MC$),企业每多销售1单位产量所增加的收益小于生产它所增加的成本,增加产量会使总利润减少,此时企业如果减少产量,总利润会增加。

既然边际收益大于边际成本应增加产量,边际收益小于边际成本时应减少产量,那么,利润最大化的产量就很容易找到。对于完全竞争企业来说,当产量位于边际收益等于边际成本($MR = MC$)时,其总利润达到最大。$MR = MC$就是企业实现利润最大化的条件。在表5-2中,张三1天生产5公斤鸡蛋使利润最大化,这是边际收益等于边际成本时的数量。

我们可以通过图形说明$MR = MC$这一均衡条件对确定利润最大化产量的作用。如图5-3所示。该图中边际成本曲线(MC)和平均成本曲线(AC)都是U形的,价格P_0为一条水平线,表示企业是市场价格的接受者,这条水平线也是企业的平均收益曲线(AR)和边际收益曲线(MR)。根据$MR = MC$的均衡条件,我们在MR曲线与MC曲线的交点找出了利润最大化的产量Q_0,在该产量水平上企业的利润为图中矩形阴影部分的面积。如果企业的产量小于或者大于Q_0,边际收益与边际成本不等,总利润没有达到最大,企业就会调整产量,一直到边际收益等于边际成本时的产量为止。

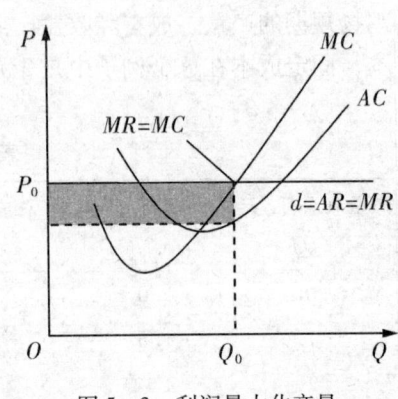

图5-3 利润最大化产量

需要说明的是,当企业根据$MR = MC$的均衡条件选择最优产量时,并不意味着企业一定能获得利润。从更广泛的意义上讲,实现$MR = MC$的均衡条件,可以使企业处于既定的成本状况和既定的收益状况所给定的最好的境况中。也就是说,如果在$MR = MC$时,企业能够获得利润,则它所得到的一定是相对最大的利润;相反,如果在$MR = MC$时,企业是亏损的,那它所遭受的一定是相对最小的亏损。

边际收益等于边际成本的利润最大化实现条件具有普遍意义,无论在竞争市场,还是在不完全竞争市场,企业都是遵循这一条件进行决策的。

链接 5-2 利润最大化实现条件的数学证明

边际收益等于边际成本的利润最大化实现条件也可以用数学方法证明如下：

企业的总利润 π 等于总收益 TR 与总成本 TC 之差，即

$$\pi = TR - TC$$

已知收益与成本都是产量 Q 的函数，故利润也是产量的函数，所以

$$\pi(Q) = TR(Q) - TC(Q)$$

对利润求一阶导数，可得：

$$\frac{d\pi(Q)}{dQ} = \frac{dTR(Q)}{dQ} - \frac{dTC(Q)}{dQ} = MR - MC$$

利润最大化的必要条件为一阶导数等于 0，即

$$\frac{d\pi(Q)}{dQ} = MR - MC = 0$$

也即

$$MR = MC$$

上式即为企业实现利润最大化的条件。它表明，当企业把它的产量安排在边际收益等于边际成本的时候就实现了利润最大化。

二、短期均衡及其条件

现在，我们研究完全竞争企业短期内最优产量的决定。我们已经知道，短期是指企业数量和每个企业设备规模无法改变的时间周期。短期内，企业提高或降低产量时，只能改变员工的数目，但生产所需要的设备和厂房来不及调整。现在，我们来看短期内企业如何在既定的生产规模下确定最优产量。

在短期，尽管企业生产利润最大化的产量，但其结果并不一定获得利润。它可能有利润，也可能收支相抵（有正常利润）或处于亏损状态。企业究竟处于哪一种情况，这与每个企业的技术水平和经营状况有关。技术水平和经营状况不同的企业，其成本也会不一样。因而短期内即使各企业面临的需求曲线是相同的，但它们获取利润的情况也会不一样。图 5-4 表示短期内企业有三种可能的利润情况：有经济利润，收支相抵，有亏损。

在图 5-4（a）中，企业的技术水平和经营状况比较好。由于其生产效率较高，每单位产量的价格高于平均成本，MR 曲线和 MC 曲线的交点在 AC 曲线的上方，短期内企业获得了经济利润，即图中阴影部分的面积。在图 5-4（b）中，企业的技术水平和经营状况一般，每单位产量的价格等于平均成本，MR 曲线和 MC 曲线的交点正好与 AC 曲线的最低点重合，企业收支相抵，可获得正常利润，经济利润为零。在图 5-4（c）中，企业的技术水平和经营状况比较差，由于其每单位产量的价格低于平均成本，MR 曲线和 MC 曲线的交点在 AC 曲线的下方，企业发生了亏损，即图中阴影部分的面积。

短期内，当 $MR = MC$ 时，如果企业是亏损的，它应该怎么做？是继续生产，还是

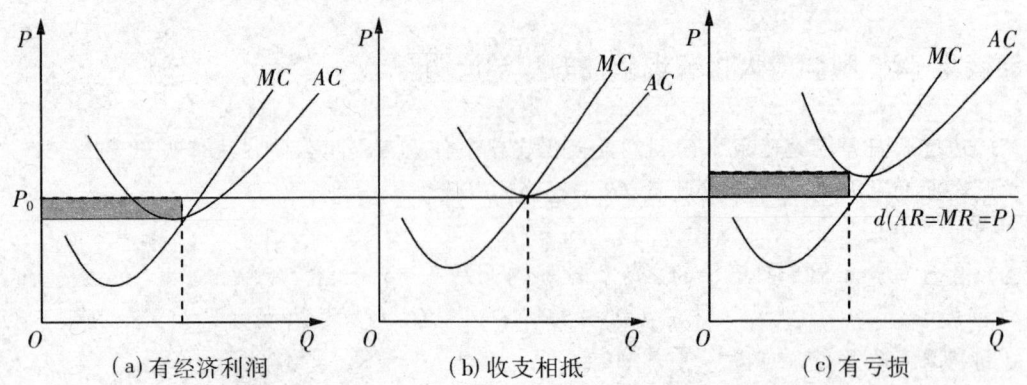

图 5-4　短期中企业面临三种可能的利润情况

停止营业找其他的事情做?

通常,人们的第一直觉是关闭企业,停止亏损。但这不一定是明智的选择。也许继续营业比关门歇业更为明智。这其中的原因是,短期中企业无法避免它引起的固定成本。也就是说,短期内,即使没有产量,企业也必须支付固定成本,比如继续支付厂房和设备的租金,或者继续偿还银行的贷款利息。既然固定成本在任何情况下都必须支付,因此,短期内企业亏损时必须考虑的问题是:如何选择会使亏损少一些?继续营业亏损少一些,还是关门歇业亏损少?可用图5-5说明企业短期停止营业决策。

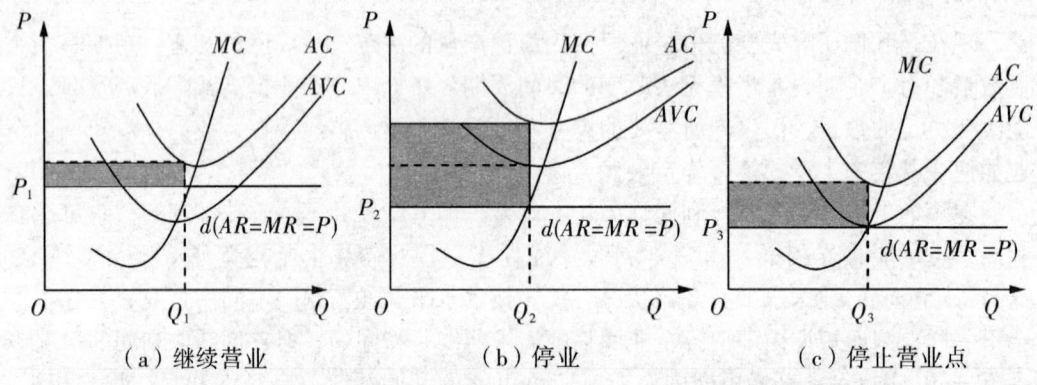

图 5-5　企业短期停止营业决策

图5-5表明,企业短期停止营业决策与固定成本没有关系,应当考虑的是产品价格和平均可变成本的关系。

图5-5(a)显示,在最优产量水平上,价格低于平均成本,但高于平均可变成本($P>AVC$),这种情况下企业应该停止营业吗?答案是否定的。因为固定成本已经投入,无论是否生产都要支出,如果停止营业,企业的损失等于总固定成本。继续营业,其收益除了弥补可变成本之外,还可以弥补部分固定成本。所以,当价格大于平均可变成本但小于平均成本时,企业生产比不生产亏损会小一些。

图 5-5（b）显示，如果价格下跌太多，不仅低于平均成本，而且低于平均可变成本（$P < AVC$），企业在这种情况下生产，连可变成本都无法完全弥补，更谈不上弥补固定成本。故此时应该停止生产，这样做只会亏掉固定成本，可变成本没有损失。所以，当价格小于平均可变成本时，企业应该停止生产。

图 5-5（c）显示，当价格等于平均可变成本最低点（$P = AVC$）时，企业的收益刚好可以补偿可变成本，其亏损等于其总固定成本。在此情况下，企业生产与不生产都一样，亏损的都是固定成本，可变成本则不会有亏损，所以，$P = AVC$ 被称为停止营业点。

根据以上分析，我们可以知道，完全竞争企业实现短期均衡的条件为：

第一，$MR = MC = P$。企业按照这一条件决定产量，有利润时一定是相对最大的利润，有亏损时一定是相对最小的亏损。所以，该条件也被称为利润最大或亏损最小的均衡条件。

第二，$P \geq AVC$。即价格必须大于或等于平均可变成本最低点。

三、短期供给曲线

（一）企业的短期供给曲线

从完全竞争企业的短期均衡分析中，我们可以得到企业的短期供给曲线。

回顾第二章的内容，供给是指在每一价格水平下企业愿意并且能够提供的商品数量。在图形上，它表现为一条向右上方倾斜的曲线。本章对完全竞争企业短期产量决策的分析表明，追求利润最大化的企业，会根据边际收益等于边际成本的条件，随着价格的变动来调整其均衡产量。对于竞争性企业来说，价格和边际收益是相同的。因此，只有当价格大于或至少等于边际成本时，企业才愿意提供产量。

图 5-6 表明了供给量对价格变动的反应。当价格为 P_1 时，边际成本与价格相等的 a 点正好在 AVC 曲线最低点，企业愿意生产 Q_1 的产量。

当价格上升到 P_2 时，企业发现，在 Q_1 的产量水平时价格大于边际成本，企业当然愿意增加生产，新的利润最大化产量是 Q_2，这时的边际成本等于更高的价格 P_2。

其余依此类推。在价格大于平均可变成本最低点（停止营业点）之后，供给量由 MC 与价格相等的点来确定。边际成本曲线等于和高于 AVC 曲线最低点的部分，实际给出了价格与企业利润最大化产量之间的对应关系，这种对应关系就是

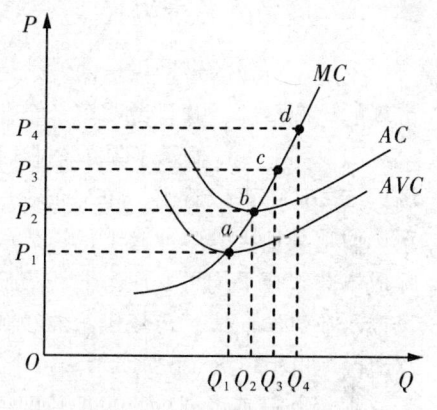

图 5-6 企业短期供给曲线

竞争企业的短期供给曲线。因此，竞争企业的短期供给曲线就是 MC 曲线等于和高于 AVC 曲线最低点的部分。由于边际成本曲线在 AVC 曲线最低点以上部分是递增的，竞争企业的短期供给曲线一定是向右上方倾斜的。它表明，当价格上升时，企业的供给量

增加。

至此,我们从对完全竞争企业追求利润最大化的经济行为中推导出了竞争企业向右上方倾斜的短期供给曲线,从而对第二章所描绘的单个生产者的供给曲线向右上方倾斜的现象作出了解释。这一解释说明,企业所提供的产量是在既定价格水平下能够给它带来最大利润或最大亏损的产量。

(二) 行业的短期供给曲线

根据竞争市场许多单个企业的边际成本曲线,我们可以推导出行业的短期供给曲线。行业的供给曲线表示该行业中所有企业在各种价格下愿意提供的产量。以养鸡业为例,假定只有两家企业,图 5-7 显示了这两家养鸡场的短期供给曲线。当产品价格为 P_0 时,这两家养鸡场按照边际成本等于价格的条件分别供给 Q_1 和 Q_2 的产量,鸡蛋市场的供给量为这两家养鸡场的产量之和,即 $Q_1 + Q_2$。我们把 Q_1 和 Q_2 的产量进行水平加总,就能得到在价格为 P_0 时鸡蛋市场的供给数量。当然,市场中养鸡场数目不止两家,从分析思

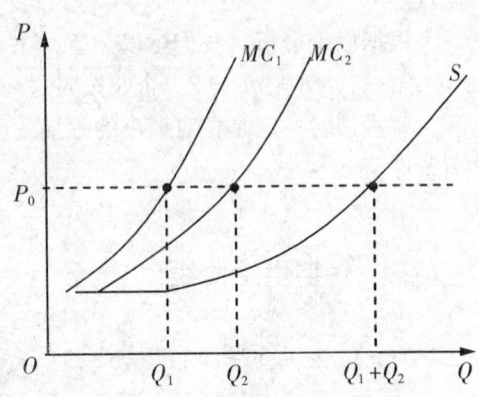

图 5-7 横向加总获得行业的短期供给曲线

路上看,采用上述把无数家养鸡场在每一价格下愿意供给的数量加总的办法,就会得到一组表示边际成本与价格相等的产量点,把它们连接起来就是行业或市场的供给曲线。因此,行业的短期供给曲线是所有企业的短期供给曲线(边际成本曲线)的总和。通过把许多企业的短期供给曲线水平加总的办法可以推导出行业的短期供给曲线。

(三) 完全竞争的企业供给与行业均衡

了解了行业的短期供给曲线之后,就可以和市场需求曲线结合起来,说明完全竞争市场的均衡情况,并且说明单个企业的短期均衡与市场均衡的关系。如图 5-8 所示。

图 5-8 (a) 显示了单个企业短期利润最大化产量决策,图 5-8 (b) 则显示了市场均衡。从中可以看出,单个企业短期利润最大化产量与市场均衡价格和均衡数量的关系。假定某地区养鸡业有 1 000 家完全相同的养鸡场,把他们各自的短期供给曲线(边际成本曲线在平均可变成本曲线最低点以上部分)水平加总可得出图 5-8 (b) 中的市场或行业供给曲线。市场供给曲线和市场需求曲线的交点决定了鸡蛋的均衡价格为 6 元/公斤,如图 5-8 (b) 所示。每个养鸡场在既定的市场价格下愿意供给 1 万公斤的产量,把每个养鸡场的供给量加总即得出行业的供给量为 1 000 万公斤。

可见,只要具备完全竞争的条件,在行业供给曲线与市场需求曲线的交点处就可以实现市场或行业均衡。均衡时的价格为 6 元/公斤,产量为 1 000 万公斤鸡蛋。

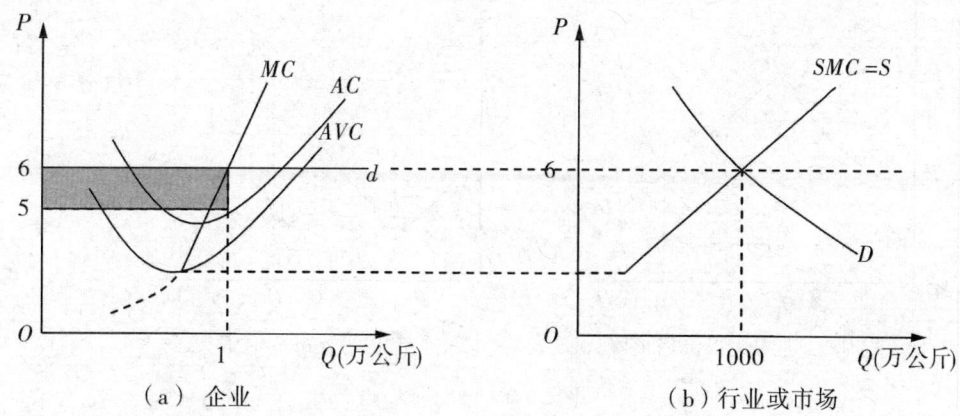

图 5-8 企业短期利润最大和市场均衡的关系

第三节 完全竞争企业的长期均衡

一、长期均衡的形成过程

我们已经知道，在短期均衡时，企业可获得经济利润，也可面临亏损或收支相抵（有正常利润），这三种情况的每一种都是短期均衡，但是长期均衡只有其中的一种情况。这是因为，在长期，企业可以选择进入或退出市场，也可以调整其生产规模。现在，我们来看在企业能够进入或退出的市场，情况会有什么变化。

第二节的分析说明，短期内，当企业有经济利润或亏损时不会引起进入和退出。但是，在长期中，只要市场没有高的进入障碍，如果已经在市场上的企业获得了经济利润，该市场之外企业的反应就是进入这个市场。相反，如果市场上的企业有亏损，那么，原有的一些企业就会退出市场。企业的进入与退出会引起市场供给曲线的移动，从而会影响价格、产量和经济利润。下面，我们仍然以鸡蛋市场为例，说明长期均衡的形成过程，因为鸡蛋市场只有很低的进入障碍，启动时只需要建鸡棚和刚孵化出的小鸡。

我们先来看当新企业进入一个市场时的情况。如图 5-9 所示。假设市场上所有的养鸡场都掌握相同的技术，拥有同样的成本曲线。（a）幅显示，当鸡蛋市场需求曲线 D 与市场供给曲线 S_1 相交于 E_1，决定鸡蛋的均衡价格为 P_1。（b）幅显示，在这一价格上，边际收益曲线 MR 与边际成本曲线 MC 相交于 E_1，决定了养鸡场最大利润的产量为 Q_1，养鸡场获得经济利润。

鸡蛋市场上企业的赢利为新企业的进入提供了激励。当更多的企业进入市场时，鸡蛋市场供给曲线 S_1 将向右移动到 S_0，当供给增加而市场需求未变时，鸡蛋的市场价格从 P_1 下降到 P_0。市场价格的下降使得企业面临的需求曲线向下移动，现在边际收益曲线 MR 与边际成本曲线 MC 相交于 E_0，决定了养鸡场的最大利润产量为 Q_0。在这一产量水平上，经济利润消失了，企业只能获得正常利润。

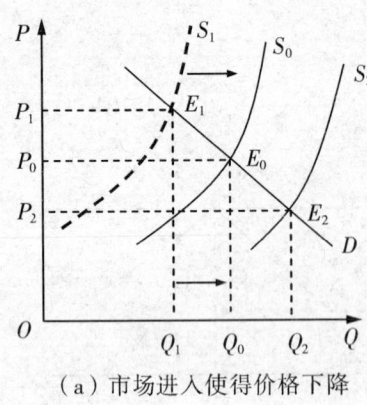
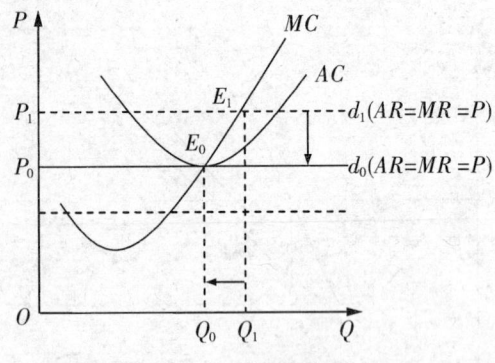

(a)市场进入使得价格下降　　　　　(b)企业的经济利润消失了

图5-9　市场进入

图5-9表明,鸡蛋的市场供给增加了,但养鸡场的产量减少了。这是因为,随着鸡蛋市场价格的下降,每个养鸡场都沿着其供给曲线(边际成本曲线)向下移动,企业的产量减少了。但由于市场中企业的数量增加了,整个市场的产量更多了。

企业进入市场的一个例子是个人电脑市场。20世纪70年代后期,苹果计算机公司首先向家庭提供个人电脑,那时竞争很少,个人电脑的价格很高,给早期的电脑制造商带来了巨大的利润。这吸引了一大批追求利润最大化的企业(如IBM、康柏、戴尔、夏普、联想等等)进入个人电脑市场。个人电脑市场大量新企业的进入使得该市场供给曲线向右移动,个人电脑的价格和所有企业的经济利润都下降了。

再来看当企业退出一个市场时的情况。如图5-10所示。假设养鸡场的成本和市场需求与以前一样。但现在鸡蛋市场供给曲线为S_2。图5-10(a)显示,市场需求曲线D与市场供给曲线S_2相交于E_2,决定鸡蛋的均衡价格为P_2,这一价格低于P_0。图5-10(b)表明,在这一价格上,边际收益曲线MR与边际成本曲线MC相交于E_2,决定了养鸡场的均衡产量为Q_1,企业面临亏损。

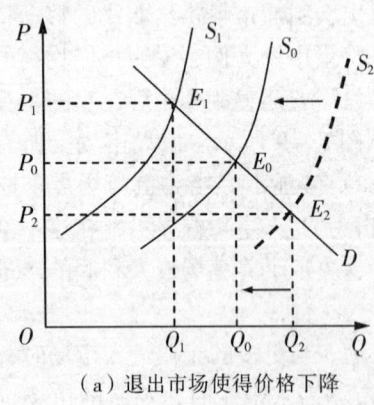
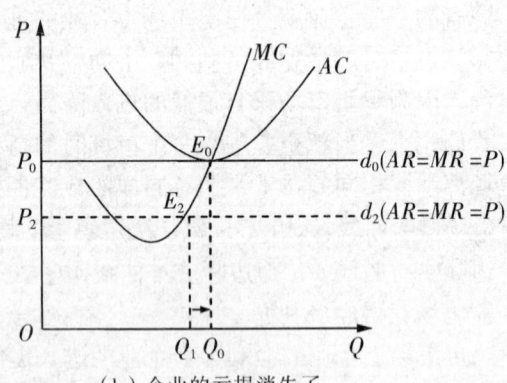

(a)退出市场使得价格下降　　　　　(b)企业的亏损消失了

图5-10　退出市场

如果鸡蛋市场存在着亏损,那么,已有的一些养鸡场会退出市场。随着企业的退出,鸡蛋的市场供给曲线向左移动到 S_0。随着供给的减少,鸡蛋的市场价格从 P_2 上升到 P_0。

随着鸡蛋价格的上升,市场中的每一家养鸡场都会沿着自己的供给曲线向上移动,产量增加。也就是说,对那些没有退出市场的养鸡场来说,市场价格的上升使它们增加了利润最大化的产量。由于价格上升和企业产量增加,亏损减少了。当鸡蛋的市场价格上升到 P_0 时,每个养鸡场都获得了正常利润。

企业退出市场的一个例子是我国的猪肉市场。2007 年之前,由于养猪行业竞争激烈,猪肉的价格下跌太多,很多养猪的农户都赔钱,许多农户放弃了养猪,一些养猪场也大量宰杀母猪。企业的退出减少了生猪的供给,猪肉价格开始上升,那些留下来的企业实现收支相抵。

以上分析使我们知道,只要短期均衡存在经济利润,就会引起新企业的进入($P > AC$),这会增加市场供给,使市场供给曲线向右移动,价格下降,并降低了经济利润,企业的进入一直持续到经济利润消失。反之,只要短期均衡是亏损的,企业就会退出该市场($P < AC$),退出减少了市场供给,使市场供给曲线向左移动,价格上升,并减少了亏损。企业的退出一直持续到亏损消失。

当产品价格等于最低平均成本,经济利润为零时,企业既不进入又不退出一个市场,供给曲线停止移动,价格不再调整,每个企业都得到了正常利润。这种状况就是竞争企业和市场的长期均衡,如图 5-11 所示。

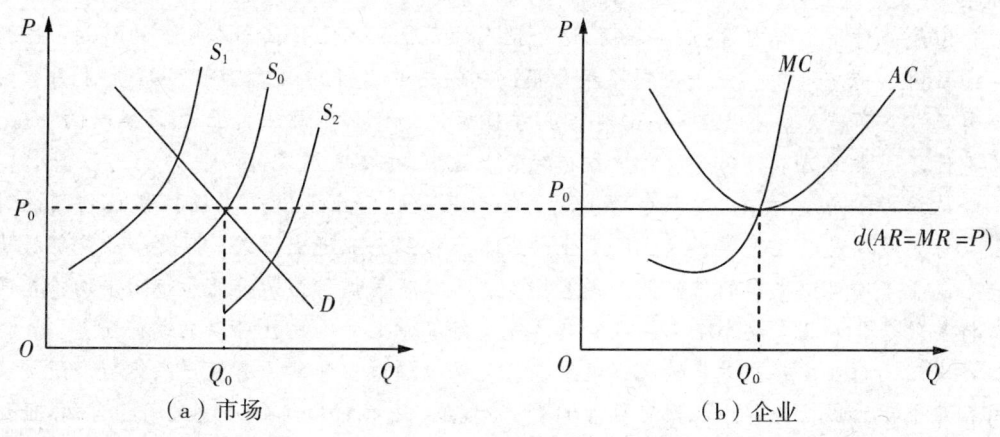

图 5-11 长期均衡

我们已经知道,在完全竞争市场,企业在短期内有可能获得经济利润,也可能亏损,或者收支相抵(得到正常利润)。但在长期,企业只面临一种情况,即只能得到正常利润。所以,完全竞争企业的长期均衡条件是:$P = MR = MC = AC$。在图形上,长期均衡点也是收支相抵点,这时总收益等于总成本,企业只能获得正常利润。获得了正常利润就是实现了利润最大化。

与短期均衡条件($P = MR = MC$)相比,长期中,价格必须等于平均成本,而短期均衡则不要求它们相等。

从长期均衡条件可以看出,企业进入或退出一个行业的长期决策与企业短期停止营业决策是不同的。在长期中,企业退出一个行业虽失去从出售产品中得到的全部收益,但它也没有固定成本和可变成本的投入。所以,只要产品的价格小于平均成本,即 $P < AC$,企业就退出;只要价格大于平均成本,即 $P > AC$,企业就进入;价格等于平均成本,即 $P = AC$,不再有企业的进入或退出。因此,在有自由进入与退出时,竞争市场的长期均衡一定是企业在其平均成本最低时运营。

经济学家认为,在完全竞争市场,价格像一只"看不见的手"指挥着整个社会的生产。通过价格机制的调节,每个企业都可以把生产规模调整到平均成本最低点。消费者也能以最低的价格购买到商品,这表明社会资源得到了最有效的配置。

链接 5-3　　　　　　　　泛美航空公司的终结

竞争市场理论告诉我们,企业在短期内只要市场价格大于平均可变成本,它就会继续经营。但企业亏损的状态会迫使它通过资产处置来调整市场规模,如果还不能扭亏,企业可能会退出这个行业。下面我们看一个真实的例子。

1991 年 12 月 4 日是一个值得注意的日子,世界著名的泛美国际航空公司寿终正寝。这家公司自 1927 年投入飞行以来,数十年中一直保持国际航空巨子的骄人业绩。有人甚至认为,泛美公司的白底蓝字徽记(PAN AM)可能是世界上最广为人知的企业标志。

但是,对于了解内情的人来说,这个巨人的死亡算不上什么令人吃惊的新闻:1980~1991 年,除一年外,泛美公司年年亏损,总额接近 20 亿美元之巨。1991 年 1 月,该公司正式宣布破产。在 1980 年出现首次亏损后,为什么不马上停止这家公司的业务,又是什么因素使这家公司得以连续亏损经营长达 12 年之久?

从经济学角度看,这是以市场供求曲线为基础的企业进出(市场)模式作用的结果。可变成本是随生产规模变化而变化的成本,按照企业进出模式,只要企业能够提出一个高于平均可变成本的价格并为顾客接受,那么不管该价格是否低于市场平均价格而必将导致企业亏损,这个企业的经营就算是有经济意义的,也就可以继续存在。

当然,企业要想在亏损情况下继续经营,必须通过出售其原有资产来维持。泛美公司在几十年的成功经营中积累了巨大的资产财富,足够它出售好一段时间。自 20 世纪 80 年代起,这家公司先后卖掉了不少大型财产,包括 4 亿美元将泛美大厦卖给美国大都会人寿保险公司,国际饭店子公司卖了 5 亿美元,向美国联合航空公司出售太平洋和伦敦航线,还把位于日本东京的房地产转手。到 1991 年末,泛美已准备将自己缩减成为以迈阿密为基地的小型航空公司,主要经营拉美地区的航线,而把其余全部航线卖给三角洲航空公司,换言之,在 20 世纪整个 80 年代,尽管泛美公司仍然坚持飞行,但同时已开始逐步撤出国际航空市场。

资料来源:斯蒂格利茨:《经济学:小品与案例》,中国人民大学出版社 2002 年版。

链接5-4　　　　政府办的大型养鸡场为什么赔钱

在20世纪80年代,许多大城市为了保证居民的菜篮子,由政府投资修建了大型养鸡场,结果失败者多,一些大型养鸡场甚至竞争不过农民养鸡专业户,最后以破产而告终。这其中的原因很多,重要的一点在于鸡蛋市场是一个完全竞争的市场。

从经济学的角度看,鸡蛋市场有许多买者和卖者,每一个生产者包括大型养鸡场在市场上占有的份额都是微不足道的,难以通过产量来控制市场价格。而且,鸡蛋是无差别产品,企业不能以产品差别形成自己的垄断地位,只能接受市场供求决定的价格。鸡蛋市场没有任何进入障碍,投资小,技术难度不高,谁想进入都可以。这些特点决定了鸡蛋市场是一个完全竞争市场。

在鸡蛋这样的完全竞争市场上,短期中,如果价格高于平均成本,养鸡可获得经济利润。如果价格低于平均成本,养鸡可能亏本。但在长期中,养鸡企业在确定产量规模或在做出进入还是退出的决策时,一定要考虑价格和平均成本的关系。如果价格大于平均成本,原有的养鸡企业就会扩大生产规模,其他的人也会进入该行业。如果价格小于平均成本,企业就会作出减产或退出养鸡业的决策。当价格等于平均成本时,鸡蛋市场实现了长期均衡,这时企业的总成本等于总收益,企业可以得到正常利润。

政府建立的大型养鸡场在完全竞争市场上没有什么优势。它的规模不足以大到控制市场,产品也没有特色。在鸡蛋市场竞争激烈、产品价格很低的情况下,养鸡的农户可以把成本压得很低,因为农民几乎没有什么固定成本,也不向自己支付工资,成本支出主要是购买种鸡和饲料。而大型养鸡场的成本则压不下来,养鸡场要建大鸡舍,采用机械化方式,具有一批管理人员,还要向工人支付工资。这使养鸡场的成本大大高于行业平均成本。而农民则以低成本占领了鸡蛋市场。农民的市场份额决定了他们的成本就是平均成本,养鸡场的成本高于农民的养鸡成本,也就是高于行业平均成本,当价格等于行业平均成本时,养鸡场的破产就是必然的。

政府出资兴办大型养鸡场的动机或许是好的,但是,鸡蛋市场不需要大型养鸡场这样的"庞然大物",即使农民养鸡也实现了现代化,也难以有大型养鸡场的地位。鸡蛋市场的行业技术特点决定了小规模、低成本是该市场合理的企业组织方式。政府花钱建养鸡场是出力不讨好。这些年政府不再干预鸡蛋市场,市民们反而吃到了物美价廉的鸡蛋。

资料来源:梁小民:《微观经济学纵横谈》,上海三联书店2000年版。

二、长期行业供给曲线

在以上的分析中,我们说明了企业根据市场短期均衡价格决定进入或退出一个市场,这就是企业长期均衡的实现过程,它会影响企业所在的行业供给。在那里,我们假定市场需求不发生变动。但实际上,市场需求也会变动。长期中,市场供给曲线和需求曲线共同移动决定了市场长期均衡的调整。

图 5-12 显示起初处于长期均衡的竞争行业，当市场需求增长，市场供给随之调整，以及在市场供求的调整过程中，随着市场价格的变动，一个行业供给量变动的情况，我们把这一变动称之为长期行业供给曲线。它可能向右上方倾斜、右下方倾斜或呈水平状态。

在图 5-12（a）中，需求曲线是 D_0，供给曲线是 S_0，市场均衡价格是 P_0，均衡产量是 Q_0。长期中，假设需求增加，正如（a）幅所示，需求曲线向右移动到 D_1，在市场供给曲线不变的情况下，价格暂时上升到 P_1，产量沿着短期供给曲线 S_0 从 Q_0 增加到 Q_1。现在行业处于短期均衡，而不是处于长期均衡，因为在企业生产成本没有发生变化的情况下，产品价格的上升使得行业内的企业都有盈利，这是诱使新企业进入该行业的信号。随着新企业的进入，短期市场供给逐渐增加，供给曲线逐渐向右移动，价格不断下降，而产量不断增加。最后，市场供给曲线移动到 S_1，均衡价格下降为 P_2，均衡产量则上升到 Q_2，由于现在企业获得零经济利润（可得正常利润），没有一家企业想进入或退出该行业，则该行业又处于长期均衡。

以上描述的就是行业的长期供给调整过程。我们可以观察到，与最初的长期均衡相比，产品的市场均衡数量增加了，而均衡价格下降了。LS_A 就是行业的长期供给曲线，它表示了行业供给量的变动情况。

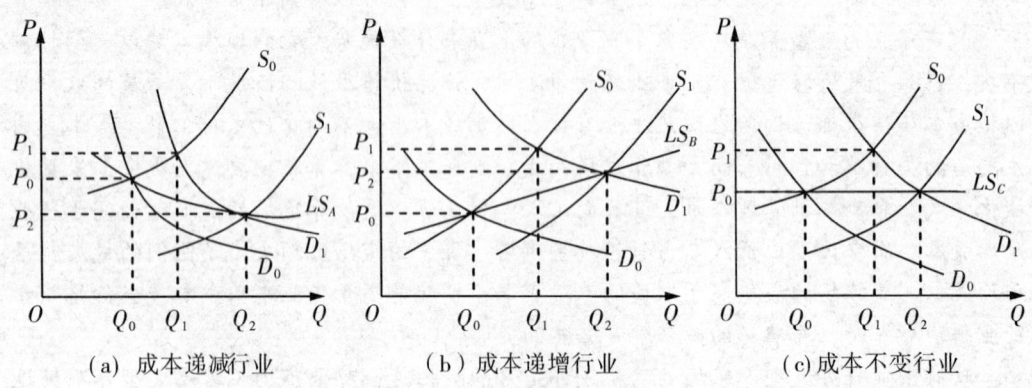

(a) 成本递减行业　　(b) 成本递增行业　　(c) 成本不变行业

图 5-12　长期行业供给曲线

图 5-12（a）中，行业的长期供给曲线 LS_A 向右下方倾斜，表示在长期的需求和供给调整过程中，随着产量的增加，价格是下降的。这其中的原因主要有两个：一是技术进步的结果。也就是说，在长期中，各行业不断出现新技术。新技术使企业能够以较低的成本生产，这使得在新的均衡点下，市场均衡价格有所下降，但企业仍然能够承受这个较低的价格。例如，信息技术的进步降低了计算机的生产成本，水稻优良品种的培育和应用降低了粮食的生产成本。当技术进步降低了生产成本时，竞争市场上产量增加，而价格是下降的。二是"外部经济"。这是一个新的概念，其含义是当一个行业产量增加时企业生产成本呈现下降的趋势。这种成本的下降不是由于生产技术的进步，而是由于行业的扩大，企业数量增加，同行业企业之间积极互动的结果。例如，浙江义乌的小商品市场聚集着大量同行业企业，它们之间相互学习管理经验、共享市场信息、甚

至相互提供低成本的资金借贷。结果，小商品的平均成本下降了，这些小企业享受到了外部经济的好处。相似的例子还有我国农村近年出现的农业专业化分工协作的发展趋势，有的农民成为专业化种粮大户，有的专业化于农机服务、收割服务或施肥施药服务。这些农业专业合作组织相互之间优势互补、各显其能，其外部经济效应必将日益凸显出来。也就是说，随着农产品需求增加，产量增加，价格会降低。

在图 5 - 12（a）中，由于长期需求供给调整的结果使企业的平均成本降低了，所以，我们把具有向右下方倾斜的长期供给曲线的行业称为成本递减的行业。

图 5 - 12（b）表明，长期中需求从 D_0 增加到 D_1，在市场供给曲线不变时，提高了产品价格。正如前一种情况一样，需求增加引起价格暂时上升到 P_1，而短期供给量从 Q_0 增加到 Q_1。产品价格的上升引起新企业的进入，这使短期供给曲线从 S_0 右移至 S_1，这又引起价格下降到 P_2，产量增加到 Q_2。LS_B 就是行业的长期供给曲线。可以看出，LS_B 向右上方倾斜，表明需求长期增加引起产量增加和价格上升。

导致行业的长期供给曲线 LS_B 向右上方倾斜的原因是"外部不经济"。外部不经济是指当一个行业产量增加时企业生产成本呈现上升的趋势。造成外部不经济的一个主要因素是拥挤。城市的交通运输行业是一个例子。当马路上跑的汽车越来越多的时候，会引起严重的交通堵塞，从而导致较长的时间延误。这意味着，随着汽车和运输量的增加（在没有技术进步的情况下），平均成本增加了。因此，长期供给曲线向右上方倾斜，表示长期供给需求调整的结果会引起产量增加和价格上升。

在 5 - 12（b）中，由于需求与供给的长期变动导致行业内企业的平均成本越来越高，所以我们把具有向右上方倾斜的长期供给曲线的行业称为成本递增的行业。

图 5 - 12（c）表明，长期中需求从 D_0 增加到 D_1，引起价格暂时上升到 P_1，而短期产量从 Q_0 增加到 Q_1。新企业的进入使短期供给从 S_0 右移至 S_1，这又使价格下降到原来的水平 P_0，但产量增加到 Q_2。LS_C 为行业长期供给曲线，它是一条水平线。表明随着行业的扩大，该行业内企业的平均成本不变。这种情况发生在没有外部经济和外部不经济的时候。具有水平的长期供给曲线的行业称为成本不变的行业。

本章要点

（1）完全竞争是指一种竞争不受任何阻碍和干扰的市场。在这个市场上，有大量企业存在，市场上的产品是同质的，每个企业都是既定市场价格的接受者。企业可以自由进入或退出市场；买卖双方具有完全信息。

（2）在完全竞争市场，由于企业不能影响价格，企业面对的是一条水平的需求曲线，而且企业面对的需求曲线、平均收益曲线和边际收益曲线是同一条水平线。

（3）为了实现利润最大化，企业选择使价格等于边际成本的产量。$P = MC$ 为竞争企业实现短期均衡的条件。

（4）在短期，当企业不能收回其固定成本时，如果产品价格小于平均可变成本，企业将选择停止营业。

（5）完全竞争企业的短期供给曲线就是平均可变成本最低点以上的那部分边际成本曲线。完全竞争行业的短期供给曲线是所有企业短期供给曲线的水平加总。

（6）在长期，企业的进入和退出取决于潜在的利润。如果价格大于平均成本，正的经济利润会吸引新的企业；如果价格小于平均成本，负的经济利润将使企业选择退出。在长期均衡时，经济利润为零。

（7）在长期均衡时，价格等于最低平均成本，所有企业在有效规模生产。而且，企业产量的调整满足在这种价格时的需求量。

（8）完全竞争企业的长期均衡条件是企业面临的需求曲线与平均成本曲线最低点相切，在这一切点上，$P = MR = MC = AC$。

（9）完全竞争市场长期供给曲线是市场供求共同发生变化的过程中形成的。在存在技术进步外部经济的情况下，行业长期供给曲线向右下方倾斜；在存在外部不经济的情况下，行业长期供给曲线向右上方倾斜；在不存在外部经济和外部不经济的情况下，行业长期供给曲线为一条水平线。

重要概念

完全竞争　价格接受者　停止营业点　短期供给曲线　长期均衡　长期行业供给曲线　外部经济

本章练习题

（1）为什么说完全竞争市场企业是市场价格的接受者？

（2）鸡蛋市场是竞争的。每个农户每年生产1 000斤鸡蛋。每斤鸡蛋的平均成本为2元，并按2.5元出售。问：

　　A. 一斤鸡蛋的边际成本是多少？

　　B. 这个行业处于长期均衡吗？为什么是或不是？

（3）"在长期均衡点，完全竞争市场中每个企业的利润都为零。因而，当价格下降时，所有这些企业都无法继续经营。"这句话对吗？试解释之。

（4）下列表述对或错，还是不确定？解释你的答案。

　　A. 当价格超过AVC时，竞争企业实际上是盈利的。

　　B. 竞争企业的供给曲线就是其MC曲线。

　　C. 在竞争市场，企业永远在最低平均成本上进行生产。

（5）在完全竞争市场中，在什么条件下企业将暂停营业？在什么条件下企业将退出市场？请说明原因。

（6）假设竞争市场需求函数$Q_d = 50\,000 - 2\,000P$，供给函数为$Q_S = 40\,000 + 3\,000P$。求：

　　A. 均衡价格和均衡数量；

　　B. 企业的需求函数是怎样的？

（7）已知某完全竞争市场单个企业的短期成本函数为$STC = 0.1Q^3 - 2Q^2 + 15Q + 10$，试求：

　　A. 当市场上的产品价格为$P = 55$时，企业的短期均衡产量和利润；

　　B. 当市场价格下降为多少时，企业必须停产；

C. 企业的短期供给函数。

（8）某完全竞争市场需求函数为 $Q_d = 6\ 300 - 400P$，短期市场供给函数为 $SS = 3\ 000 + 150P$；单个企业的 LAC 的最小值为 6，LAC 达到最小值时产量为 50；单个企业的成本不变。求：

    A. 市场的短期均衡价格和均衡产量；

    B. 判断目前市场是否同时处于长期均衡，并求出目前市场内企业的数量；

    C. 如果市场需求函数变为 $Q_d' = 8\ 000 - 400P$，短期市场供给函数为 $SS' = 4\ 700 + 150P$，求市场的短期均衡价格和产量；

    D. 判断 C 中市场是否同时处于长期均衡，并求出需要新加入多少企业才能达到此时市场内企业的数量。

（9）很多时候，在商品需求增长的过程中，商品的价格却在下跌。例如，20 世纪 90 年代初期，电脑的价格非常昂贵，一台 286 电脑价格曾经超过万元。而现在，一台性能比 286 电脑高出许多倍的电脑，2 000 多元就能买到。其他的商品也有很多在不断地降价，包括电视机、手机、甚至汽车。为什么需求增长了，价格反而下降了？

第六章 竞争市场效率与政府干预

第二章供求理论解释了市场机制运行的基本原理，但是在那里的很多解释和命题都只是解释了是什么，而没有给予理论上的证明。第三章通过分析消费者行为证明了需求函数以及需求曲线为什么向右下方倾斜。第四章至第五章分析了企业实现利润最大化目标面临的技术和成本的约束条件，并对完全竞争市场下企业的进入和退出问题进行了分析，证明了供给函数以及供给曲线为什么向右上方倾斜。本章将综合前面学过的内容，说明竞争市场具有效率这一微观经济学理论的核心命题。我们的分析分为两个部分：首先，我们将围绕帕累托最优的效率概念，借助于消费者剩余和生产者剩余的基本工具，说明为什么竞争市场是有效率的；其次，说明为什么政府干预市场的行为经常会导致不理想的后果。本章的分析将使我们对市场运行机制的作用有更为深入的认识。

第一节 竞争市场效率

一、市场均衡的效率——帕累托效率

"效率"概念是经济学的核心概念。经济学的分析是要说明，在竞争市场，当家庭和企业做出理性选择的时候，整个社会能够实现"效率"，即每个理性人利己的决策能够实现社会资源的最优配置。经济学把市场机制的自发调节能够实现资源最优配置的状态，称为"帕累托效率"。帕累托效率是19世纪意大利经济学家维尔弗雷德·帕累托（Vilfredo Pareto）提出的有关效率的定义。其含义是：如果一种改变不能使至少一个人的状况变好，而又不使任何人的状况变坏，这种资源配置状态实现了**帕累托效率**（Pareto efficiency，也称帕累托最优）。换句话说，当一个社会中没有一个人能够做到"利己而不损人"，这个社会就处于"帕累托效率"的状态。例如，假设一个社会的财富全部集中在一个人的手中，而其他人一无所有，这时经济就处在帕累托效率状态。因为在社会财富总量既定时，当我们想增加一个穷人收入的时候，至少要使富人的收入有所下降才行。因此，当不使一个人状况变差，就不能使任何一个人的状况变好，就是经济学理解的帕累托效率。

与帕累托效率相关的一个概念是"帕累托改进"。**帕累托改进**（pareto improvement）是指既定的资源配置状态的改变至少使一个人的福利增加，而没有使任何人的福利下降。在市场经济中，每天都在发生帕累托改进。例如，当你支付1元钱买了一个馒头，那么这个馒头给你带来的好处用货币衡量肯定超过1元，否则你不会购买它。因此，购买馒头后你的福利增加了。对馒头店的店主来说，1元的价格高于这个馒头的价值，否则他也不愿卖给你。因此，店主的福利也增加了。实际上，买卖双方的每一次交易都是一个帕累托改进（双方都从交易中获益）。

链接6-1　　　　　　　空中的帕累托改进

航空公司希望每一次航班都能够满员。但是，它们也知道，总有一定比例的订票者到时候不会来。这使航空公司售出的票数总是大于座位数。但是，如果每位订票者都到了，如何决定取消谁的座位呢？有以下三种办法可供选择：

第一，采取谁最后到就取消谁的座位的办法。让这些晚到的订票者换乘后面的航班。这种做法往往使乘客极为恼怒。

第二，政府禁止航空公司超额订票。但航空公司在有很多空座的情况下飞行，且还有许多人愿意购买这些座位的情况下，航空公司会遭受损失。而对乘客来说，由于不能购买到在超额售票下本可以买到的机票而无法旅行，也受到损失。

第三，航空公司提供一张未来航班的免费机票或其他奖励，作为对任何愿意等待的人的补偿。那些接受补偿的人的状况得到了改善，航空公司也得到了收益，因为他们可以继续超额订票，从而使航班尽量满员。事实上，由于得到免费机票的人所占的座位本来也可能是空的，航空公司提供免费机票的边际成本几乎等于零。

这是一个帕累托改进（既是对取消座位做法的帕累托改进，也是对禁止超额订票规则的帕累托改进），所涉及的每个人的状况至少都没有恶化，而其中许多人的状况得到了改善。

资料来源：斯蒂格利茨：《经济学》，中国人民大学出版社2000年版。

理解了帕累托改进，有助于我们判断资源配置是否处于最优配置状态。即：对于某种资源配置状态，如果所有的帕累托改进均不存在，也就是说，在该状态上，任何改变除非损害其他人的利益，否则不可能使得一部分人的境况变好，则这种资源配置状态就具有帕累托效率。或者说，对于某种既定的资源配置状态，还存在有帕累托改进，还存在某种改变可以使至少一个人的状况变好而不使任何人的状况变坏，则这种状况就不是帕累托效率。

经济学讲的市场效率就是帕累托效率。满足了帕累托效率的状态就是具有市场效率的。反之，如果一个市场不具有帕累托效率，则说明这个市场是有问题的。因此，市场效率只有在每一个可能的帕累托改进都发掘以后才能实现。例如，如果资源在企业之间的配置已经达到这样一种状态，即任何重新配置都会至少降低一个企业的产量，那么，这种状态就是最有效率的状态。显然，帕累托效率是经济中的一个十全十美的状态，现实中，没有一个经济能够实现所有的帕累托改进，因而也就意味着没有一个社会能够实现完全的市场效率。帕累托效率状态的意义在于，它是经济学中的一个重要的参照系，经济学的很多问题都可以被看成是在研究如何发掘所有的帕累托改进，从而向帕累托最优的状态靠近。

链接6-2　　　　　小学停办多年，教育经费照领

青海省化隆县石大仓乡大加沿村的小学早在12年前就因为没有教师而不得不关闭

了，但在青海省教育厅的记录里，这所小学现在仍有 80 名学生，每年还按计划领取经费。

在大加沿村，记者见到村里的小学已经被改成了羊圈，教室窗户上没有一块玻璃，有的教室山墙已经倒塌。村民们说，现在离村最近的一所小学在三四公里以外，前往学校的路上要过两条沟岔和一条河，这条路冬季冰雪堆积，夏季则经常发生山洪，村民们害怕孩子在路上出意外，各家都是等孩子长到 12 岁才送去上学，现在村里 7~12 岁的适龄儿童共有 37 名，都在家里帮父母干家务活。

大加沿村小学已经停办了 12 年，但记者在采访中发现，在教育部门的记录里这所学校却赫然在列。在青海省教育厅项目工作办公室，记者见到的一份资料记载：大加沿村小学在校生 80 人，教师 3 人，校舍面积 276 平方米。教育厅一位工作人员告诉记者，对于在教育厅备案的学校，国家每年都给每个学生拨付 50 元的公用资金，另外还有"两免一补"等项目的相关费用。

上述事例说明，完全由政府出资办教育，由于政府无法很好地监督学校行为（信息不对称），因而可能出现教育资源低效率使用的状态。美国的实证研究表明，在美国，资金来源中政府出资比例相对高的学校，其效率却相对低。

资料来源：陈钊、陆铭：《微观经济学》，高等教育出版社 2008 年版。

二、竞争市场的效率

竞争市场能够生产有效率的产量吗？为了回答这个问题，我们需要了解消费者剩余和生产者剩余的概念。本章将以此为分析工具来科学评价竞争市场的效率以及评价政府政策的社会福利效果。因为，对于构建市场体制的我国来说，了解市场机制对于实现经济效率和增进社会福利的意义是非常重要的。

（一）消费者剩余

1. 边际效用、支付意愿与需求曲线

第三章说明了边际效用的概念。边际效用是我们多得到一单位某种物品或劳务的价值。它可以表示人们愿意为多购买一单位某种物品或劳务支付的最高价格。在第三章的分析中，我们把买者为获得某种物品或劳务而愿意付出的最高价格称为**支付意愿**。支付意愿代表了消费者从该物品的消费中得到的利益或是对该物品的评价。

一种物品或劳务的支付意愿决定了对它的需求量。我们在第二章指出，需求曲线表示在每一种价格时的需求量。如图 6-1 所示，当每个馒头的价格为 3 元时，需求量为每天 3 000 个。我们也可以说，需求曲线表示当数量既定时人们愿意支付的最高价格。如

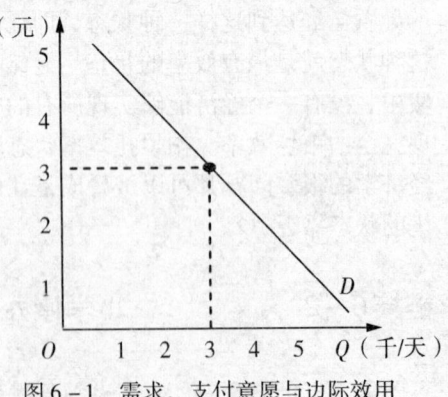

图 6-1　需求、支付意愿与边际效用

图 6-1 所示,当每天可得到 3 000 个馒头时,消费者愿意为第 3 000 个馒头支付的最高价格是 3 元,这意味着,消费者从第 3 000 个馒头中得到的边际效用是 3 元。因此,需求曲线表示消费者的支付意愿。随着购买物品数量的增加,消费者对物品的主观评价递减,支付意愿递减,因而需求曲线向右下方倾斜。

2. 消费者剩余及其衡量

人们并不总是支付愿意支付的最高价格。当我们购买东西时,经常进行讨价还价。结果我们常常按照低于支付意愿的价格而购买到物品,因而得到了消费者剩余。**消费者剩余**(consumer surplus)是消费者愿意支付的价格和实际支付的价格的差额。也就是说,消费者剩余衡量的是消费者参与市场交易得到的收益。

可通过图 6-2 理解消费者剩余。以馒头为例。图 6-2(a)表示个人的消费者剩余。由于个人对馒头的购买是离散的,即只能一个一个地购买,那么,个人的需求曲线表现为阶梯状。小刘馒头的需求曲线告诉我们,在每个馒头的价格大于 10 元时,她不买馒头。在每个 10 元时,她买 1 个馒头;在每个 9 元时,她买 2 个馒头。但她实际上是按照市场价格购买馒头的,即她实际支付的价格为每个 5 元,这样,她从第 1 个馒头中得到的消费者剩余为 5 元(=10-5),即图 6-2(a)中最左侧第一个矩形的上半部分(深色阴影部分)。她买第 2 个馒头时得到的消费者剩余略少一点,第 3 个又少一点,直到买第 6 个馒头时没有消费者剩余。图 6-2(a)中需求曲线以下、馒头的市场价格以上的面积(全部深色阴影部分)是小刘购买全部 6 单位馒头所得到的消费者剩余。

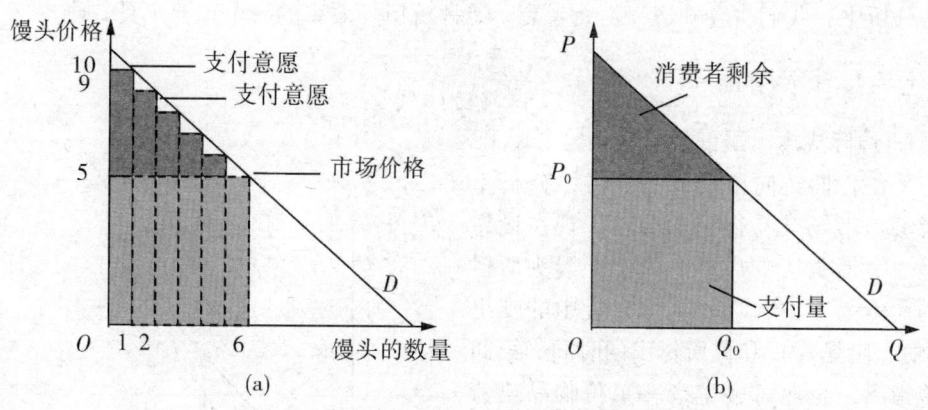

图 6-2 消费者剩余及其衡量

图 6-2(b)表示市场的消费者剩余。由于市场购买的馒头数量是无限可分的,比如 0.5 单位、0.05 单位、0.01 单位,那么图 6-2(a)中那些相邻的矩形会变得极为狭窄,市场需求曲线表现为一条平滑地向右下方倾斜的直线。市场的消费者剩余是实际价格线以上,需求曲线以下的深色三角形的面积。全部阴影部分的梯形面积代表消费者的总支付意愿,浅色阴影的矩形面积代表消费者的实际支付量。

3. 价格变动对消费者剩余的影响

图 6-3 表示当价格变动时消费者剩余的变化。在图 6-3(a)中,价格为 P_1,需

求量为 Q_1，消费者剩余为需求曲线与价格 P_1 之间的三角形浅色阴影面积。当价格从 P_1 下降到 P_2 时，图 6-3 （b） 显示，需求量从 Q_1 增加到 Q_2，消费者剩余为需求曲线与价格 P_2 之间的三角形面积 $(A+B+C)$。因此，价格下降，消费者剩余增加了。在新增的消费者剩余中，浅色阴影部分的矩形面积 B 是原来的消费者现在支付少了而增加的消费者剩余。深色的三角形面积 C 是降价后新的消费者进入市场得到的消费者剩余。

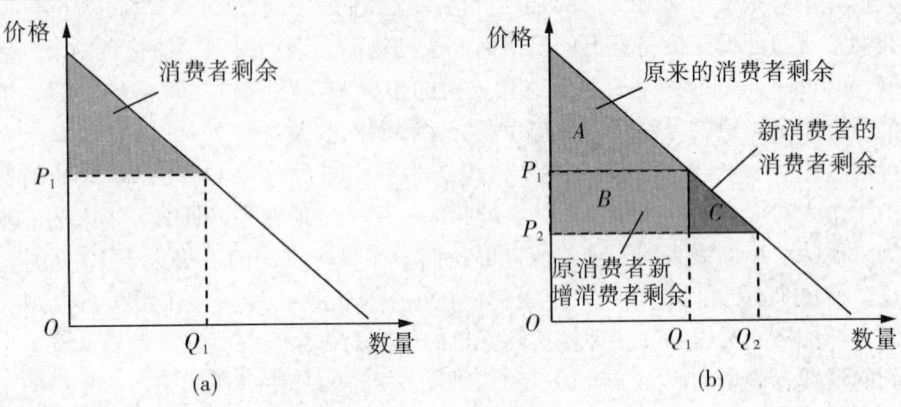

图 6-3 消费者剩余的变化

消费者剩余并不是实际收益的增加，它只是一种心理感觉，反映的是消费者通过购买物品和劳务所感受到的福利状态。因此，可以成为度量消费者经济福利的标准。在以后的分析中，我们将会知道，消费者剩余是评价市场效率的一个重要工具。

（二）生产者剩余

1. 边际成本、最低价格与供给

现在我们转向市场的另一方，分析生产者参与市场交易得到的收益。现在设想你是一个馒头店的店主。为生产馒头所付出的代价是成本，它包括你口袋中的支出（面粉、厨具等）和你所付出的时间。第四章曾指出，企业每多生产一单位物品或劳务的成本是边际成本，边际成本也是你生产 1 单位馒头必须得到的最低价格。这一最低可接受的价格决定了供给。第二章指出，供给曲线表示在每种价格时的供给量，也可以说，供给曲线表示当数量既定时企业愿意接受的最低价格。如图 6-4 所示，

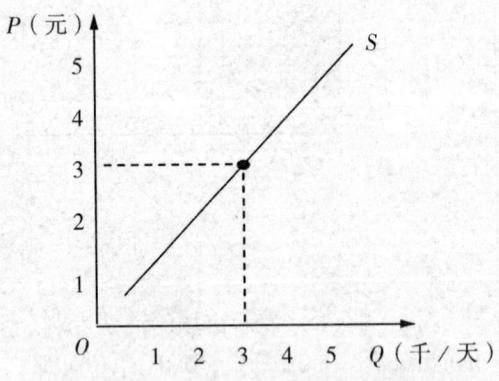

图 6-4 供给、最低价格与边际成本

当每个馒头的价格为 3 元时，供给量是每天 3 000 个。我们也可以说，供给曲线表示你生产一定数量的馒头必须得到的最低价格。例如，你如果每天生产 3 000 个馒头，你所能接受的价格是每个 3 元，刚好等于你生产第 3 000 个馒头的边际成本，你拒绝以低于

3元的价格出售馒头。因此，供给曲线表示生产者每多生产1单位物品所付出的代价。或者说，供给曲线就是企业的边际成本曲线。随着产量的增加，边际成本递增，因而供给曲线向右上方倾斜。

2. 生产者剩余及其衡量

虽然边际成本是企业出售产品愿意接受的最低价格，但是，每个企业都希望以高于成本的价格出售产品。如果企业得到的价格高于他们的生产成本，他们就得到了生产者剩余。**生产者剩余**（producer surplus）是企业出售一种物品得到的收益和成本（机会成本）的差额。它衡量的是企业参与市场交易得到的净利益（利润）。

可通过图6-5理解生产者剩余。假设老王生产馒头。图6-5（a）表示老王的生产者剩余。由于单个生产者向市场提供的产品是离散的，因此，单个生产者的供给曲线表现为阶梯状。老王馒头的供给曲线告诉我们，在馒头的价格小于1元时，他不生产馒头。在价格为1元时，他生产100个馒头；在价格为2元时，他生产200个馒头。如果馒头的市场价格为5元，老王从100个馒头中获得的生产者剩余可由图中最左侧第一个阴影部分的矩形面积表示。他每天生产500个馒头，所得到的生产者剩余就是供给曲线以上、市场价格以下的面积（全部深色阴影部分）。供给曲线的高衡量卖者的成本，图6-5（a）中无色的面积表示老王生产馒头的成本，市场价格和机会成本之间的差额就是企业的生产者剩余。

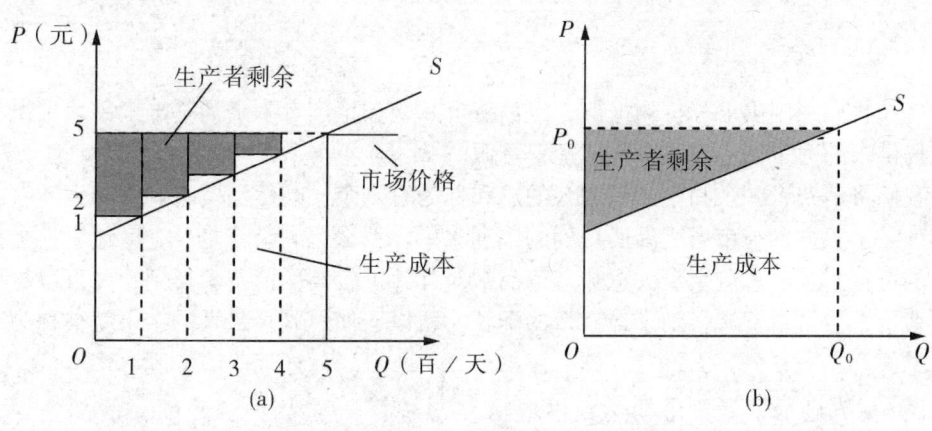

图6-5 生产者剩余及其衡量

图6-5（b）表示市场的生产者剩余。由于市场生产的馒头数量可以无限小，因而图6-5（a）中那些相邻的矩形会变得极为狭窄，市场供给曲线表现为一条平滑地向右上方倾斜的直线。市场的生产者剩余是市场价格以下，供给曲线以上的深色三角形的面积。即代表生产者总收益的矩形面积除去代表生产成本的梯形面积之差。

3. 价格变动对生产者剩余的影响

既然生产者剩余衡量的是企业从生产中得到的净收益，那么，企业如果提高产品价格，则会增加其净收益。图6-6表示了当价格提高时生产者剩余的变化。在图6-6（a）中，价格为P_1，供给量为Q_1，生产者剩余为价格以下和供给曲线以上的三角形浅色阴影面积。当价格从 P_1 上升到 P_2 时，图 6-6（b）显示，供给量从 Q_1 增加到 Q_2，生产者剩余是价格以下和供给曲线以上的面积（$A+B+C$）。新增的生产者剩余有两部分，一部分是浅色阴影部分的矩形面积 B，它代表原来的生产者由于出售的产品可以卖到更高的价格而得到了更多的净收益。还有一部分是深色三角形面积 C，它代表价格上升后新的生产者进入市场得到的生产者剩余。

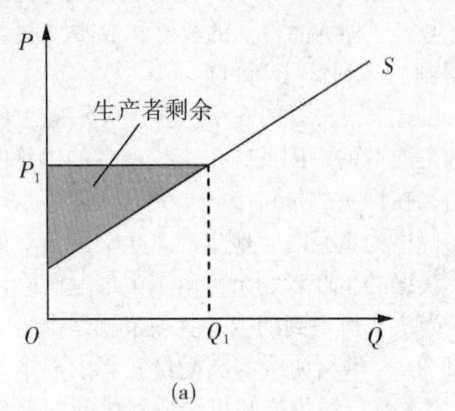 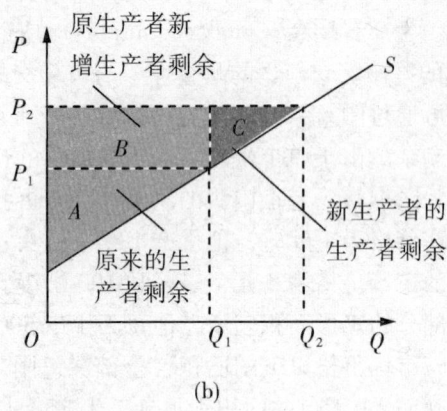

图 6-6　生产者剩余的变化

（三）剩余与竞争市场效率

现在我们利用供求分析的框架，以消费者剩余和生产者剩余为基本工具，来说明竞争市场供求的力量如何可以有效地配置资源。

我们将消费者剩余和生产者剩余的总和称为总剩余。既然消费者剩余和生产者剩余分别度量了双方参与市场交易所得到的福利水平，那么总剩余就是一个度量全社会福利水平的可行指标。总剩余最大意味着商品被对其评价较高的消费者得到，并且以尽可能低的代价来生产，资源得到了最有效的配置。所以，使总剩余最大的结果就被称为有效率的结果。

图 6-7 显示了竞争市场达到供求均衡时的消费者剩余和生产者剩余。消费者剩余为价格以上和需求曲线以下的面积，生产者剩余等于价格以下供给曲线以上的面积。因此，需求和供给曲线到均衡点之间的面积代表市场的总剩余。

现在我们来看市场均衡的资源配置是否有效率。图 6-7 表明，当市场均衡时，决定价格的是买者和卖者。那些对物品的评价大于价格的买者（由需求曲线上的 EA 段表示）都买到了物品；那些对物品

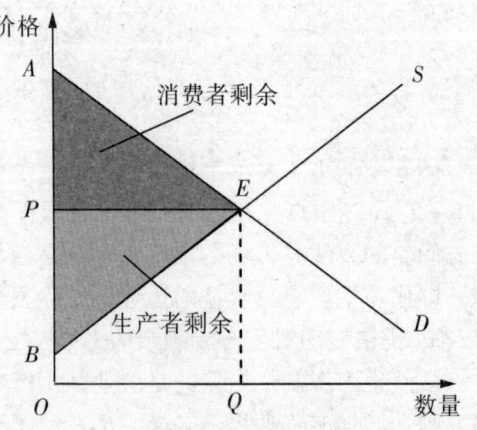

图 6-7　竞争市场的均衡实现了最大的总剩余

的评价小于价格的买者（由需求曲线上的 ED 段表示）不愿购买物品。同样，那些成本低于价格的卖者（由供给曲线上的 EB 段表示）选择生产并销售物品；那些成本高于价格的卖者（由供给曲线上的 ES 段表示）选择不生产。在市场的调节下，所有具有较高支付意愿的买者都得到了物品，所有以低于价格的成本生产物品的企业都参与了生产。当供给量和需求量达到均衡的情况下，买卖双方已经不能再产生使社会福利增加的交易，也就是说，不能再通过增加或减少产量来增加总剩余，这时，消费者剩余与生产者剩余之和达到最大。所以，竞争市场之所以有效率，是因为市场能够有效地生产和配置物品和劳务。

图6-8表示的是市场无效率的情况。我们已经知道，需求曲线表示买者的支付意愿，而供给曲线表示卖者的成本。当产量在低于均衡水平的 Q' 时，消费者愿意支付的最高价格为 P_D，而生产者索要的最低价格为 P_S，显然，消费者的支付意愿大于卖者的成本，这说明，资源没有被配置到对其评价最高的生产中来，此时的总剩余为图中阴影部分的面积。与图6-7相比，总剩余减少了，减少的部分就是图6-8中空白三角形 D_1ES_1 的面积。这个三角形表示产量偏离市场均衡时所存在的社会福利损失。只要产量在均衡水平上，总剩余就不是最大的。

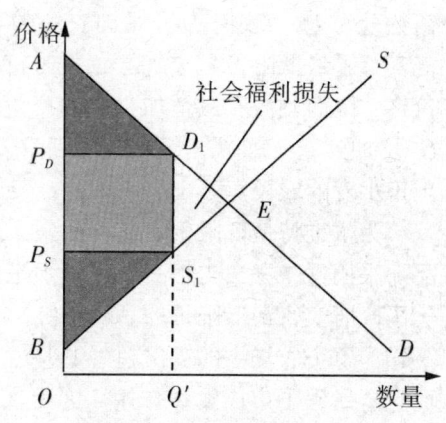

图6-8 资源配置的低效率

根据帕累托效率的定义，在 Q' 的产量下，如果生产者增加产量并以低于 P_D 而高于 P_S 的价格出售给消费者，那么买卖双方各自的福利水平都能够得到增进。因此，原来 Q' 的产量不是帕累托效率的产量。当买卖双方在均衡价格处开展交易时，市场中的总剩余实现了最大化。从这一意义上讲，处于均衡状态的市场是"有效"的，它表明资源得到了有效配置。

效率问题之所以重要，并非它是人们追求的一个目标，而在于它使我们能最大限度地实现其他所有目标。只要市场偏离均衡，我们总能设法增加总剩余。总剩余增加了，我们就得到了很多可以从事其他事情的资源。而当市场偏离均衡时，就必然存在资源的浪费，而浪费对于资源稀缺的社会来说总是一件不好事情。

第二节 市场干预

一、价格干预

（一）最低限价

最低限价是指政府为了支持某一行业而把该行业的产品价格确定在高于市场均衡价格的水平。由于它是出于保护生产者的目的，所以又称为保护价。例如，我国1993年通过的"农业法",确定了对粮食等农产品实行按"保护价收购"的法律原则。20世纪90年代中后期,政府有关部门连续几年在市场价格以上敞开收购粮食,正式实施经济学意义上的粮食价格保护政策。图6-9显示了保护价对市场供求关系和福利分配的影响。

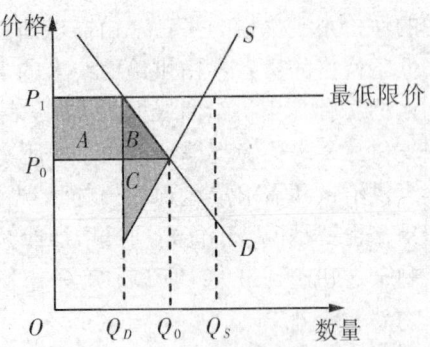

图6-9 最低限价的市场结果

以小麦生产为例。图6-9表明,在一个没有政府干预的市场上,小麦的均衡价格为P_0,均衡数量为Q_0。政府为了保护农民的利益,对小麦实行了最低限价P_1。由于最低限价人为抬高了价格,因而刺激农民增加小麦的产量,抑制了小麦的需求量。小麦的供给量由原先的Q_0增加到Q_S,而需求量则下降到Q_D,即小麦的供给量大于需求量,一些想以最低价格出售小麦的农民卖不出去。因此,最低限价引起了小麦的供给过剩。

为了维持最低限价,政府通常采取以下办法:一是政府收购并储存大量过剩农产品。采用这一办法支持高于市场水平的价格会带来巨额的财政支出。例如,1986年是美国政府实行最低限价的高峰年份,政府因收购过剩农产品的支出超过了250亿美元,平均为每个农场主的支出超过1.1亿美元。二是限产。但用这种办法管理起来很费事,而且也妨碍了市场发挥作用。因为规定的配额很难根据实际情况灵活调整。更糟糕的是,生产小麦的农民必须始终生产小麦,否则就会失去配额。这意味着农民不能轮种庄稼,这对土壤和环境都是不利的。三是出口。这很容易引起国家之间的贸易争端。

再来看最低限价对社会福利的影响。由于最低价格干预,小麦的需求量下降,因而消费者剩余减少了,减少的数量为图6-9中$A+B$的面积。与消费者福利下降相反,生产者剩余增加了,增加的数量相当于$A-C$的面积。整个社会福利的减少量为生产者剩余的增加量减去消费者剩余的减少量,即图6-9中的$(A+B)-(A-C)=B+C$。也就是说,最低价格干预的社会福利损失为$B+C$。

20世纪90年代后期,我国的巨额粮食亏损证明了最低价格干预带来了社会福利的减少。1998年3月我国新一届政府组建后的不到一年内,政府召开了四次粮食工作会议。这其中的背景是,根据1998年政府审计部门公布的数据,粮食亏损挂账高达2140亿元。为什么发生巨额亏损挂账?政府部门和新闻媒体大多认为与粮食部门少数职工挪用国家的粮食保护价收购资金有关,这些非法挪用的资金被用于包括房地产和股市等高风险投资经营,"赚钱归自己,赔钱归国家",由此造成很多财务窟窿。然而,经济学家却认为,上述原因分析虽有其合理性,但是,粮食行业的数千亿元亏损的深层次原因则是国家实行的粮食保护价政策。1994~1996年间,政府出于控制通货膨胀和粮食安全的考虑,大幅度提高了粮食收购价格,并在粮食的高价位上敞开收购大量粮食。当粮食市场价格急剧下降时,政府没有及时调整定价策略,结果就出现了政府干预价在一段时期内显著高于市场价格的情况。当初高价超量收购的粮食未能很快售出,形成大量粮食积压和财务亏损挂账。因此,从经济学角度来看,粮食保护价是一种最低价格干预,巨额亏损挂账则是保护价政策的实施成本。

链接6-3　　　　农产品保护价的利弊

最低限价的一个典型例子是许多国家出于保护农业的需要都对农产品实行保护价格或出口价格补贴。

各国对农产品实行保护价格通常有两种做法。一种是缓冲库存法，即政府或代理人按照某种平价（保护价）收购农产品，在供大于求时政府按这一价格增加对农产品的收购，在供小于求时政府抛出农产品，以保护价进行买卖，从而使农产品价格由于政府的支持而维持在某一水平上。另一种是稳定基金法，也由政府或代理人按某种保护价收购全部农产品，但并不是按保护价出售，而是在供大于求时低价出售，供小于求时高价出售。这两种情况下农产品收购价格都稳定在政府确定的价格水平上。应该说，最低限价稳定了农业生产，保证了农民的收入，促进了农业投资，也有利于调整农业结构，整体上对农业发展起到促进作用。但最低限价也引起了一些问题。首先，使政府背上了沉重的财政包袱，政府为收购过剩农产品而支付的费用、出口补贴以及为限产而向农户支付的财政补贴等等，都是政府必须为最低限价政策付出的代价。许多国家用于最低价格干预的财政支出都有几百亿美元左右。其次，形成农产品的长期过剩。过剩的农产品主要有政府收购，政府解决农产品过剩的方法之一就是扩大出口，这就引起这些国家为争夺世界农产品市场而进行贸易战。最后，受保护的农业竞争力会受到削弱。

在世贸组织前身关贸总协定"乌拉圭回合"谈判中，欧美各国为解决自己的农产品过剩问题，都力图保护本国的国内市场而打入别国市场。因此，农产品自由贸易问题成为争论的中心。乌拉圭回合通过的农业协议的总目标是实现农产品自由贸易和平等竞争，其中重要的内容有两点：一是减少各国对农产品的最低限价，包括农产品保护价、营销贷款、投入补贴等等，要求各国支持总量减让幅度为农业总产值的5%，同时降低对农产品的出口补贴；二是"绿箱政策"，各国政府应实行不引起贸易扭曲的政府农业支持措施，包括加强农业基础设施、实现农业结构调整及保护环境等。这表明，实行最低限价的老办法将难以为继，政府以提高农业竞争力的方式支持农业将成为趋势。

资料来源：梁小民：《微观经济学纵横谈》，上海三联书店2000年版。

链接6-4　　　　最低工资

最低限价的一个重要的例子是最低工资。最低工资是政府规定的任何一个企业应支付的最低劳动报酬。由于工资是劳动力这一特殊商品的价格，因而最低工资可视为政府的最低价格干预。西方发达国家大多在20世纪实行了最低工资制度。进入21世纪之后，我国也开始实行这一政策。到2008年，广州市的最低工资为860元。有些城市规定了更高的最低工资。

图6-10表示有最低工资的劳动市场。如图所示，

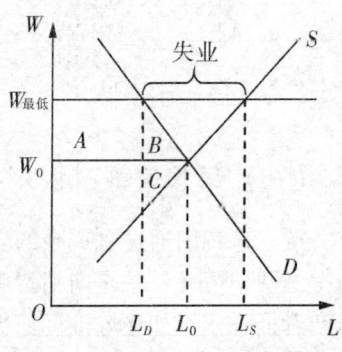

图6-10　最低工资的市场结果

最低工资高于均衡工资，此时劳动供给量大于劳动需求量，结果引起了失业（$L_S - L_D$）。最低工资使市场机制无效——劳动力资源浪费，以及失业者寻找工作花费的时间和精力。

再来看最低工资对社会福利的影响。最低工资增加了有工作的人的收入，对于这些工人，最低工资使他们增加了相当于面积 A 代表的福利。但是减少了那些找不到工作的工人的收入，即一些在均衡工资水平下愿意并可能获得工作的工人（$L_0 - L_S$）的福利下降了。

（二）最高限价

最高限价是政府为限制某些产品价格上涨而把该产品价格确定在低于市场均衡价格的水平。下面以天然气市场为例，说明最高限价的市场结果。

2008 年上半年，世界石油市场油价创下每桶 147 美元的最高纪录，作为石油的替代品，天然气的价格也随之上升。假设政府为了保证居民的基本生活需要，通过了制止民用天然气价格上升的规定，即把居民使用的天然气价格限制在低于市场均衡价格的水平。图 6-11 表明，在最高限价水平上，天然气的需求量大于供给量，一些想以现行价格购买天然气的居民买不到。最高限价引起天然气的短缺。在这种情况下，将出现三种后果：一是排长队，那些愿意提前来排队等候的人可以买到天然气，而另一些不愿排队的人则得不到；二是实行配给制，但配给的结果很少是合意的；三是出现黑市交易。

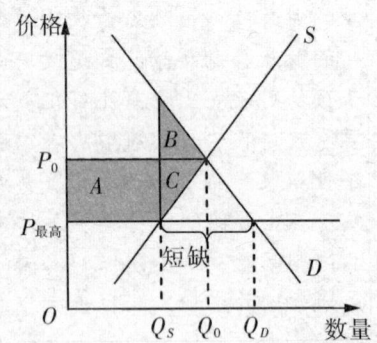

图 6-11 最高限价的市场结果

现在，我们来看天然气最高价格干预带来的低效率。如图 6-11 所示，那些在最高限价水平上买到天然气的消费者增加了相当于面积 $(A - B)$ 的剩余。如果考虑到排队以及为寻找稀缺的天然气而付出的代价，则会吞掉部分消费者剩余。而对生产者来说，失去了面积为 $(A + C)$ 的剩余，因天然气的最高限价而失去的全部福利为 $B + C$，这些损失由在新的较低价格水平时买不到天然气的消费者和无法提供天然气的生产者承担。

二、征税与补贴

（一）税收的福利损失

接下来我们通过总剩余的变化来说明税收的经济效果。以政府对汽油征税为例，我们考虑两种情况：一是向消费者征税，例如在加油站向每个加油的消费者征税；二是向生产者征税，例如在炼油厂依据其产量或价格征税。现在我们看在这两种征税方式下，哪种征税方式对消费者更有利呢？

首先考虑向消费者征税。图6-12（a）表示汽油市场。没有税收时，汽油的均衡价格为P_0，均衡数量为Q_0。当对汽油征税时，消费者每购买一单位汽油，除了要向生产者支付价格P_S以外，还必须向政府支付t的税，因此，对消费者征税使汽油的吸引力变小了，在每一价格下消费者对汽油的需求量减少了。所以，税收使汽油的需求曲线向左移动。而汽油的供给曲线不受影响，因为在任一既定的汽油价格下，生产者向市场提供汽油的激励不变。

现在，我们看汽油的需求曲线向左移动多少。由于向消费者征收t的税，这意味着现在消费者购买汽油支付的价格比市场价格高出了t的税收成本，这时消费者愿意购买的汽油数量就像汽油的市场价格比实际价格高出t的税收成本一样。也就是说，为了使消费者购买任何一个既定的数量，汽油的市场价格现在必须降低相当于t的幅度，以弥补税收的影响。因此，如图6-12（a）所示，向消费者征税使得需求曲线向左移动，移动的幅度刚好是税收t。

比较原来的均衡与新均衡，可以看到，均衡价格下降了，均衡数量减少了。消费者实际支付的价格为P_D，生产者得到的价格为P_S。与原来的均衡相比，消费者剩余的减少由图6-12（a）中的面积（$A+C$）表示，而生产者剩余的减少则可由图中的面积（$B+D$）表示。(a) 幅中（$A+B$）表示税收收入。从图中可以看出，在对消费者征税时，消费者和生产者平分了税收负担。(a) 幅中（$C+D$）的面积为税收的福利损失，这是由于当对汽油征税时，汽油的产量减少了（低于市场效率水平）。

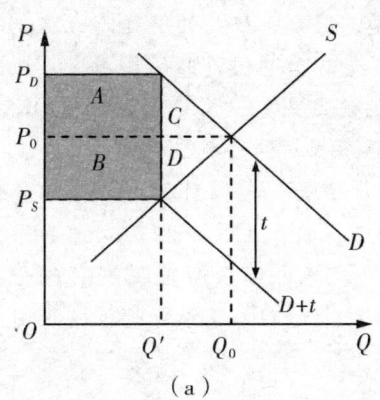
（a）

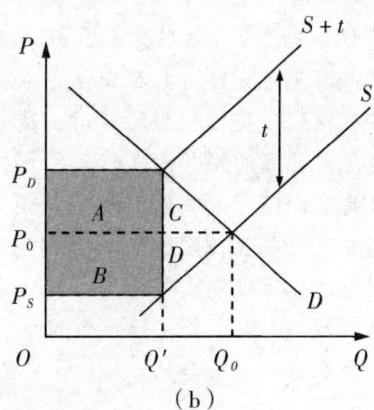
（b）

图6-12 征税的经济效果

现在考虑向生产者征税。假设政府向汽油的生产者征税，即炼油厂每生产一单位汽油向政府支付t的税。这会带来什么样的经济效果呢？在这种情况下，由于不是向消费者征税，在任一既定价格时，消费者的需求量不变，所以，需求曲线不变。但汽油的供给变动。因为对生产者征税增加了汽油的成本，这使生产者在每一价格水平时供给的数量少了，供给曲线向左移动。

再来看供给曲线向左移动的幅度。由于向生产者征收t的税，这意味着生产者每生产一单位汽油得到的价格比市场价格降低了t的幅度，生产者好像是按照比市场价格低

t 的税收的价格来供给汽油的数量。现在，为了使生产者供给任何一个既定的数量，市场价格必须提高 t 的幅度，以弥补税收的影响。因此，如图 6–12（b）所示，供给曲线向左移动的幅度刚好是税收 t。

当市场的供给曲线从旧均衡移到新均衡时，可以看到，汽油的均衡价格上升了，均衡数量减少了。税收减少了汽油市场的规模。这时，消费者实际支付的价格提高到 P_D，而生产者得到的价格减少到 P_S。图 6–12（b）中的阴影面积（$A+B$）表示政府的税收收入，而且，仍然是消费者和生产者分摊税收负担。图 6–12（b）中（$C+D$）的面积是税收的福利损失。

比较（a）和（b），我们可以发现，无论是向消费者还是向生产者征税，其结果是相同的。在这两种情况下，税收都是消费者实际支付的价格和生产者实际得到的价格之间的面积，而且，消费者和生产者分摊税收负担。区别仅在于，向消费者征税，税收由消费者直接给了政府，向生产者征税，消费者先把税给生产者，再由生产者转交给政府。

链接 6–5　　卡拉 OK 经营场所版权费不用消费者支付吗

2006 年，政府提出要对卡拉 OK 经营场所开始征收版权费，一时间，各界就卡拉 OK 经营场所版权费该由谁支付议论纷纷。7 月 26 日，国家版权局就对卡拉 OK 经营场所征收版权费一事召开记者招待会，就各界关心的征收版权费的问题给予解释。其中，就卡拉 OK 经营场所版权费是否由消费者承担的问题，国家版权局的解释是，这一版权费不应由消费者支付。其理由是，卡拉 OK 经营场所是音乐电视作品的使用者，应当由使用者对权利人支付相应的费用，这是其应当承担的法定义务，消费者到卡拉 OK 经营场所消费，已经向经营者支付了费用，因此，不应再承担额外的版权费。

只要是向经营者收取版权费，消费者就不用支付了吗？我们对税收负担的分析表明，只要政府征税，无论税收是向消费者还是生产者征收，税收负担是双方共同分摊的。即使法律上规定由经营者付税，实际上消费者仍然承担了一部分税收（包含在消费者向卡拉 OK 经营者支付的费用中）。因此，关于对卡拉 OK 经营场所版权费由谁支付的争论是根本不必要的。

以上的分析说明，当对一种物品征税时，该物品的消费者和生产者平分了税收负担。实际上，这种平均分摊税收的情况很少见。常见的情况是，税收负担在消费者和生产者之间是按不同比例分摊的，这一分摊比例取决于需求与供给弹性。

图 6–13（a）表示供给富有弹性而需求较为缺乏弹性的情况。以香烟为例。香烟属于需求弹性较小，而供给弹性较大的物品。由于抽烟对健康有害，政府通常会对香烟征收消费税，以限制人们对香烟的消费。从图 6–13（a）中可以看出，由于烟厂对香烟价格的变动非常敏感，征税使生产者得到的价格没有下降多少，因此，生产者只承担了小部分税收负担。与此相比，由于吸烟者对香烟价格的变动不敏感，消费者支付的香烟的价格大幅度上升，表示消费者承担了大部分税收负担。

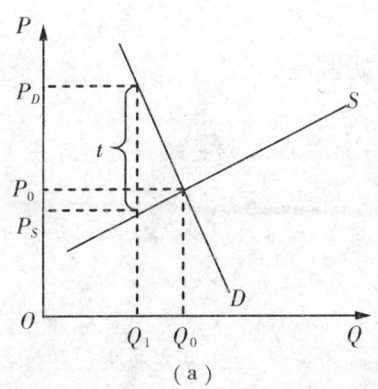 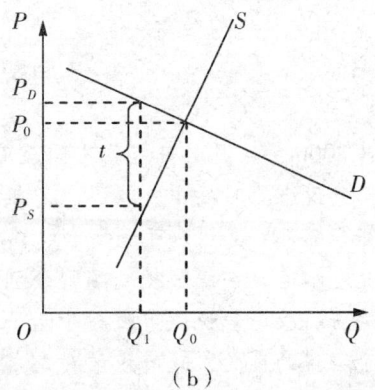

图 6-13 供给和需求弹性决定税负的比例

图 6-13（b）表示供给较为缺乏弹性而需求富有弹性的情况。以唱卡拉 OK 为例。唱卡拉 OK 属于需求弹性较大，而供给弹性较小的劳务产品。如果政府对卡拉 OK 经营场所征收版权费，从图 6-13（b）中可以看出，由于消费者对唱卡拉 OK 的价格变动非常敏感，征税使消费者实际支付的价格上升了一点点，就使得许多消费者不去唱卡拉 OK 了。而卡拉 OK 经营者对价格的变动不敏感，得到的价格下降幅度很大。因此，征税使消费者支付的价格上升不多，而生产者得到的价格大幅度下降，因此，卡拉 OK 经营者承担了大部分税收负担。

链接 6-6 谁为奢侈品税收付出代价

1990 年美国国会通过了对游艇、私人飞机、高级轿车等奢侈品征收 10% 的"奢侈品税"。这种税的目的是让消费这些物品的富人多交税，以帮助穷人。但该税收法案实施之后，反对者并不是富人，而是生产这些奢侈品的企业与工人。为什么这些并不消费奢侈品的人反而反对这项税呢？这涉及弹性与税收负担的分配比例问题。

以游艇市场为例，如图 6-14 所示，游艇属奢侈品且有众多替代品，其需求是极富有弹性的。当这类物品由于税收而提高价格时，富人可不买游艇，他们可以买更大的房子，去欧洲度假，或到国外购买游艇。所以，当价格上升时，需求量大幅度下降。与此相比，游艇的供给是缺乏弹性的。因为生产游艇的企业难以转产其他的产品，生产游艇的工人也不愿意在市场状况改变时改换职业。

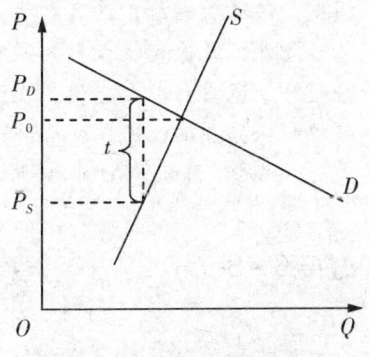

图 6-14 奢侈品税收的归宿

由于游艇的需求富有弹性，而供给缺乏弹性，奢侈品税实际落到了生产者身上。因为在这种情况下，生产者得到的价格大幅度下降，而消费者支付的价格只有很少上升。因此，生产者承担了大部分税收负担。企业生产经营困难，只好解雇工人，未被解雇的工人收入也会减少，旨在帮助穷人的政策却害了穷人。1993 年美国国会不得不取消了这种税收。

链接6-7　　　　　消费税动了谁的奶酪

自2006年4月1日起,中国政府对消费税目、税率以及相关政策进行了一系列调整。大致说来,对高尔夫球具、游艇等奢侈品、实木地板、一次性筷子等资源消耗性产品、部分石油产品增加了消费税,汽车税按鼓励小排量车的原则进行税率结构调整,白酒和洗发水等日常护肤护发品则分别减免消费税。

政府征收消费税通常服务于两个目标:一是增加政府税收,二是调整经济结构。若是出于增税的目的,政府应该对需求价格弹性小的商品征税。因为需求缺乏弹性,由消费税引起的涨价使市场对该商品的需求量减少有限,从而政府会增加较大数额的税收。若是出于调整经济结构的目的,政府应该对需求价格弹性大的商品征税。因为需求富有弹性,由消费税引起的涨价使原来的绝大部分消费者都不再消费该商品,因而政府会达到抑制某种产品的消费、调整产业结构的目标。

此次政府调整消费税会影响谁的利益呢?有人依据链接6-6的经典案例对这次消费税的调整提出了质疑,认为增加的消费税很可能由消费者或者由生产被增税产品的企业承担。然而,用链接6-6的案例解读中国的这次消费税调整不太合适。其原因在于:

首先,它对消费者的影响有限。因为此次政府调整消费税的主要目的不是增加财政收入,否则也不会对白酒和洗发水这类大多数人的生活必需品减免消费税。被增税的商品多是奢侈品,因而对普通消费者影响不大。

其次,对国内的生产者影响也有限。因为这次被新增消费税的奢侈品,如高尔夫球具、游艇、高档手表等主要从国外进口,因此,税收转嫁主要落在国外生产者一方,而对国内奢侈品生产者税收转嫁的负面影响不会很大。

最后,政府调整消费税的主要目的是为了调整产业结构。这表现为政府对实木地板、一次性筷子等资源消耗性产品、部分石油产品增加了消费税。它体现了政府提倡的保护环境、节约资源的政策导向。短期看,生产这些资源消耗性产品的企业会受到一些损失,但从长期看,这有利于产业结构朝着更为合理的方向转变。

此外,此次税收调整的同时,政府对受石油产品征税而受损失的弱势群体和公益性行业给予适当补贴。显然,在这样一项触及面广泛的政策调整中,政府对如何保证不动弱势群体的奶酪给予了充分的考虑。

资料来源:陈钊:《消费税动了谁的奶酪》,载《解放日报》,2006年3月28日。

链接6-8　　　　　春运"不涨价"的效率损失

每年春运,百姓出行都难免饱受一票难求之苦。2007年春运开始之前,铁路部门发布了严格的"限涨令"。限涨令让谁得到了实惠?政府对火车票的价格管制是否导致了社会福利损失?我们借助图6-15回答上述问题。

图6-15给出了春运高峰期的需求与供给曲线,其中需求曲线比供给曲线更为陡峭,这是因为春运的需求缺乏价格弹性而供给更富有弹性。在图6-15中,需求曲线和

供给曲线的交点 E 决定了火车票的均衡价格，然而由于存在春运的价格管制，火车票受管制的价格 P_S 低于均衡价格。在这个受管制的价格下，市场的供给量 Q_S 小于需求量 Q_D，也就是与春运期间的客流相比，火车运力有限，远远不能满足需求。

我们来看火车票价格管制的低效率。在火车票价格为 P_S 时，供给量为 Q_S，生产者剩余由供给曲线以上和受管制价格 P_S 以下的浅色三角形表示。由于供给量小于均衡数量，存在用深色三角形表示的社会福利损失，这种损失由买不到火车票的旅客和无法增加运力的企业承担。那些买到火车票的旅客受益，消费者剩余由上部浅色三角形和浅色矩形之和表示。

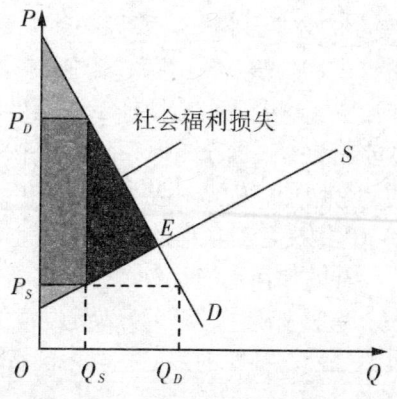

图6-15 火车票价格管制的低效率

但实际上，消费者剩余很可能仅为上部浅色三角形部分。由于存在大量超额需求，旅客不得不以排队的方式得到有限的低价票，排队所花费的时间和精力是旅客购票所花费的成本，它会吞掉一部分消费者剩余。更为严重的问题是，那些排队也买不到票的旅客对火车票有着迫切需求，他们的支付意愿较高，这就给票贩子提供了可乘之机，他们趁机倒票，赚取差价，一些无证代售网点也会人为地提高购票手续费，这会大大增加旅客的购票成本，旅客的购票代价很可能是图6-15中用浅色矩形表示的旅客愿意为可得到的火车票支付的全部量。与市场均衡价格相比，买到车票的旅客的消费者剩余减少了。政府对车票实行价格管制的意图是出于公平的目的减轻消费者的负担，（特别是回乡农民工的负担），但对这部分人而言，结果反而更不公平了。

（二）补贴的经济效果

有时，政府会通过对某种物品进行补贴来鼓励企业增加生产。例如，政府对外向型企业生产的服装、鞋帽实行的出口退税，就是对企业的补贴。现在，我们采用类似于分析征税的方法来分析补贴的经济效果。

以服装为例。如图6-16所示，无补贴时，市场上服装的均衡价格为 P_0，均衡数量为 Q_0，供给曲线和需求曲线之间的面积为经济中的总剩余。现在，假设政府对企业生产的一定数量的服装提供 S 货币量的补贴，这等于使企业服装的供给价格从 P_0 提高到 P_S，而消费者购买服装的价格从 P_0 下降到 P_D，服装的总销售量从 Q_0 增加到 Q_1。

我们来看政府的服装补贴对社会福利的影响。图6-16表明，与竞争市场相比，消费者剩余增加了 $A+B$ 的面积，生产者剩余增加了相当于 $E+F$ 的面积，政府支付的补贴总额相当于面积 $A+B+E+$

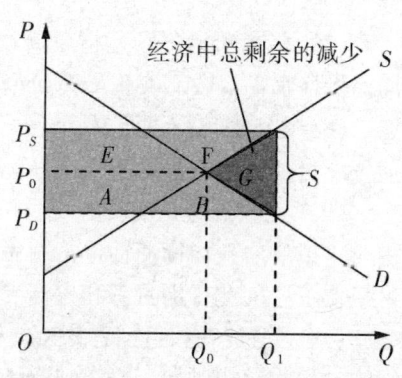

图6-16 补贴的经济效果

$F+G$ 的数量。但是，我们必须注意，这种补贴不是免费的，而是有成本的，这相当于面积 $A+B+E+F+G$ 数量的成本必须由纳税人承担。因此，虽然补贴使市场的生产者和消费者剩余比以前增加了，但是由于政府补贴的成本大于生产者和消费者剩余增加，其差额为 G。也就是说，政府从取之于民的税收用于补贴的成本，大于它还之于民带来的剩余增加，因此补贴所产生的经济效果表现为使经济总剩余减少了，其减少额为图 6–16 中深色三角形的面积。

补贴如何在消费者和生产者之间分配，同样取决于供给曲线和需求曲线弹性的大小。一般来说，补贴的好处通常由缺乏弹性的一方获得。也就是说，如果需求曲线小于供给弹性，补贴的好处主要由消费者获得；反之则较多由生产者得到。

本章要点

（1）帕累托效率是指市场机制的自发调节能够实现资源最优配置的状态。也就是说，当不使一个人状况变差，就不能使任何一个人的状况变好，就是经济学理解的帕累托效率。竞争的均衡可以实现帕累托效率。

（2）帕累托改进是指既定的资源配置状态的改变至少使一个人的福利增加，而没有使任何人的福利下降。市场交易可以实现帕累托改进。

（3）消费者剩余是消费者购买一种物品愿意支付的价格和实际支付的价格的差额。它衡量了消费者参与市场交易得到的净收益。可以通过找出需求曲线以下和价格以上的面积来计算消费者剩余。

（4）生产者剩余是企业出售一种物品得到的收益减去其生产成本的差额。它衡量的是企业参与市场交易得到的净收益（利润）。可以通过找出价格以下和供给曲线以上面积来计算生产者剩余。

（5）总剩余是消费者剩余和生产者剩余之和。它是度量社会福利水平的指标。使消费者剩余和生产者剩余的总和最大化的资源配置是有效率的。竞争市场的均衡实现了总剩余的最大化。因此，市场机制的作用能够有效地配置资源。

（6）最低价格干预是指政府规定的某种物品和劳务的最高价格。它通常高于市场均衡价格水平。农产品保护价是一个例子。政府实施最低价格干预时，供给量大于需求量，引起了过剩。

（7）最高价格干预是指政府规定的某种物品和劳务的最低价格。它通常低于市场均衡价格水平。政府实施最高价格干预时，需求量则大于供给量，引起短缺。

（8）当政府对一种物品征税时，该物品的均衡数量减少。也就是说，税收的效率损失源自征税使产量低于社会最优水平。

（9）税收数量是消费者支付的价格和生产者得到的价格的差额。当对一种物品征税时，市场向新均衡变动，消费者为该物品支付的价格高了，而生产者从该物品得到的价格低了。因此，消费者和生产者分摊了税收负担。

（10）消费者和生产者分摊的税收负担的多少取决于需求和供给弹性的大小。一般来说，税收负担倾向于落在缺乏弹性的市场一方。

（11）补贴的效率损失表现为补贴的成本大于它带来的剩余增加，因此，补贴减少了经济中的总剩余。

重要概念

帕累托效率　帕累托改进　消费者剩余　生产者剩余　总剩余　社会福利损失　最低限价　最高限价

本章练习题

（1）你认为代人排队并收取费用的行为应该被制止吗？这种行为会带来帕累托改进吗？

（2）借助图形分析粮食的丰收会导致消费者剩余和生产者剩余发生什么样的变化？

（3）如果猪肉的替代品牛肉的生产成本下降，那么猪肉的消费者剩余、生产者剩余将发生怎样的变化？

（4）如果电脑的互补品软件的生产成本下降，那么电脑的消费者剩余、生产者剩余将发生怎样的变化？

（5）竞争市场有效地利用了资源吗？解释为什么是或不是？

（6）什么是社会福利损失，它会在什么条件下产生？

（7）为什么最高限价减少了总剩余？

（8）假设政府对白酒征收每瓶5元的消费税。

　　A. 画出没有税收时白酒市场的供求图，说明消费者支付的价格、生产者得到的价格，以及白酒的销售量。消费者支付的价格和生产者得到的价格之间的差额是多少？

　　B. 现在画出有税收时白酒市场的供求图，说明消费者支付的价格、生产者得到的价格，以及白酒的销售量。消费者支付的价格和生产者得到的价格之间的差额是多少？白酒的销售量增加了还是减少了？

（9）如果政府对实木地板每征收平方米50元的税，消费者支付的价格是大于50元，小于50元，还是正好等于50元？并解释之。

（10）什么决定了税收负担在消费者和生产者之间的划分？为什么？

（11）若政府决定对每升汽油征收5元的税，以减少人们对汽油的使用来控制污染。

　　A. 他们应该对生产者征税呢，还是对消费者征税？请用供求图解释。

　　B. 如果汽油需求富有弹性，汽油税对减少汽油消费量较有效，还是较无效？用文字和图形加以解释。

　　C. 这种税使汽油消费者受害还是受益？为什么？

　　D. 这种税使汽油生产者受益还是受害？为什么？

第三编 不完全市场与政府

现在我们走出竞争市场的理想世界，去研究现实中大量存在的不完全竞争市场的情况。可以想象，竞争市场中有效发挥作用的"看不见的手"，在现实的市场环境中会出现调节的失误。

本编第七章分析不完全信息和信息不对称对经济生活的影响；第八章研究垄断市场企业的产量和价格决策，并指出垄断带来的效率损失；第九章研究垄断竞争市场和寡头垄断市场，它们介于完全竞争和完全垄断之间；第十章研究当经济活动影响那些与该活动无关的人并造成损失或带来利益时，资源配置会受到什么影响，并在此基础上讨论公共物品的供给。我们将说明，当市场有缺陷时，政府能够在一定程度上纠正市场的不足。

第七章 市场不完全与信息不对称

本章首先以房屋装修市场为例，说明为什么现实世界中的市场具有不完全性。然后着重分析与信息不对称相关的逆向选择和道德风险问题。2001年的诺贝尔经济学奖授予了在信息经济学领域作出突出贡献的几位经济学家。这一事实说明了把不对称信息引入经济学分析对经济学发展的重要意义。本章的分析将说明，信息经济学极大地丰富了经济学对市场机制的理解，一旦考虑了信息不对称以及相应的解决办法，将会发现很多现象都能够更好得到解释。

第一节 不完全竞争市场：以房屋装修市场为例

以前各章的分析有一个前提条件，即假设存在完全竞争市场。完全竞争市场假设包含以下含义：一是竞争的完全性。即市场上有无数交易相同产品的买者和卖者，每个买者和卖者买的量和卖的量相对于市场规模来说微不足道，以至于他们都是市场价格的接受者，不具有影响商品市场价格的能力，因而市场竞争是完全的。二是信息的完全性。即市场上买卖双方对所交易的物品具有充分信息。消费者完全了解所有待售商品的成本和质量，不会上当受骗。企业也能够准确预测市场上各种产品需求和要素价格变动的情况，以及本企业产品应当运用的生产技术、所雇佣的每一个工人生产效率、产品在市场上现在的卖价和将来可能的卖价。总之，市场交易双方拥有一切作出正确决策所需要的信息。信息的完全性使得市场参与者总是能够寻找到彼此最有利的交易对象和交易条件，因而保证了竞争的完全性。三是成本和收益的完全内生性。每个买者和卖者的消费或生产行为所发生的成本或所带来的收益，完全由其行为主体承担或享有，不存在一种行为成本由那些根本不参与市场的人承担的情况，也不存在市场参与者不能充分享有其行为所带来的全部收益的情况。经济学的分析表明，当市场经济具备以上假设条件时，市场供求的力量可以使社会达到资源配置的最优状态。

然而，以上假设和现实世界中的实际情况存在很大的距离。本节以房屋装修市场为例说明这一点。房屋装修是一个特殊种类的市场，它的运作也要受到市场规律的支配。家庭需要房屋装修是因为它能够为人们带来效用；装修房屋需要各种装修材料和时间，它是一种特殊的生产或供给行为；家庭需要付出一定的价格获得装修的房屋，因而房屋装修的需求受到家庭的支付能力的决定；房屋装修市场有许多装修公司或路边"游击队"，它们之间存在着竞争。既然房屋装修是一个由供求关系构成的市场，那么，这一市场是否符合完全竞争市场假设呢？

显然，房屋装修市场与完全竞争市场假设是不同的。例如，虽然报纸及网上经常登载各房屋装修公司的宣传广告，然而当一个家庭准备装修房屋时，总是向有过装修经历的亲朋好友询问哪一家公司的装修质量是最好的。这说明家庭作为房屋装修的买者对他们购买的商品并不具备完全竞争市场假设下的充分信息，因而需要通过咨询来获得信息。获得信息要付出成本，因为无论是上网了解或翻看报纸上的宣传广告，抑或是亲朋好友间的信息沟通都要花费时间。即便如此，也不能保证所获得信息的质量。就房屋装修公司而言，他们作为"产品"的卖者，自然会力图说服消费者购买其产品，这使家庭很难判断广告所提供信息的真实性，也就是说，花费时间成本所获得的信息质量很可能是有问题的。当然，家庭还可以进一步向亲戚、朋友、同事咨询，以便更准确地获得房屋装修的信息质量，但是这样不仅要花费更多的时间，而且并不能保证所有的人都能够不厌其烦地接受这类咨询。这些都说明了现实世界中市场信息是不完全并且获得信息要付出代价的道理。

家庭需要有过装修经历的亲朋好友推荐房屋装修公司的情况说明，市场上诸多房屋装修公司的"产品"并非具有同质性或完全替代性，虽然不同的房屋装修公司都是为家庭提供房屋装修服务，因而在某种程度上可以相互替代。但是，由于房屋装修公司装饰人员的素质、技术工艺水平、选用的材料和是否遵守工艺要求等方面有所不同。有的房屋装修公司坚持质量第一，宁愿自己受损失也要保证房屋装修质量；有的房屋装修公司为了谋取利润，临时雇佣路边民工，使用价格低廉的劣质材料，不按工艺要求，偷工减料。可以说，在房屋装修市场，没有完全相同的两个"产品"。正因为房屋装修工程的质量存在显著差别，市场上不同房屋装修工程的价格也有所不同，好的房屋装修工程即使价格较高人们也愿意接受，装修质量低劣的工程即使价格便宜也很少有人问津。因此，房屋装修公司可以根据其工程质量自行定价，他们并不是市场价格的接受者。

在完全竞争市场假设下，产品同质，信息畅通，在既定的市场价格下，企业可销售愿意的数量，无需费力推销自己的产品，因而在竞争市场，企业没有做广告或开展促销活动的必要。但房屋装修市场并非如此。翻阅各种报纸或者上网，经常会看到各装修公司的广告，广告中企业通过强调本公司的特色，比如资质等级、技术过硬的施工队伍、卓越的设计理念及信得过的工程质量、承接的著名工程，以及提供个性化的设计等等，吸引人们购买它的"产品"。在现实经济中，只要企业销售有差别的产品并收取高于边际成本的价格，每个企业都会通过做广告宣传自己产品的特殊性来扩大销售量。就房屋装修市场来说，近年来，企业甚至通过举办大型房屋装修团购会来促销，这些在完全竞争市场都是不存在的。实际上，房屋装修市场中的"品牌"企业，说明了少数几家企业占据了较大的市场份额。由此可见，在市场信息的完全性、产品的同质性及房屋装修市场的实际运行状态，与以前介绍的完全竞争市场有着很大的不同。

以上仅以房屋装修市场为例，说明现实生活中的许多市场与竞争市场存在差别。经济学对完全竞争市场的分析，是为现实经济现象提供一个标准经济形态，经济学的很多问题都可以被看成是在研究如何向这一标准经济形态靠近。因此，当我们认识了最理想的经济形态之后，应当回到一个更为现实的世界，依据从抽象到具体的分析方法，研究在不完全市场环境下存在的更为常见、更为具体的经济现象。本章考察信息不对称问题，以后的章节讨论不完全市场结构和外部性问题。

经济学对不完全市场结构和外部性问题早有研究和认识，而信息不完全和信息不对称的研究，则是在20世纪60年代以来才有较大的突破。经济学的研究表明，在现实世界中，每个经济主体在决策时依据条件的不同，突出体现在对信息的不同掌握程度上，信息问题成为影响经济主体行为的重要因素。1996年和2001年的诺贝尔经济学奖均被授予对信息经济学研究有重要贡献的经济学家。下面我们重点介绍事前状态和事后行为两类信息不对称，并且说明市场如何形成各种可能的机制来尽可能地减少信息不对称所带来的效率损失。

第二节 信息不对称与逆向选择

一、信息不完全与信息不对称

在我们展开讨论之前，先来介绍几个术语和概念。

信息不完全。这是指市场参与者不能获得所需要的全部信息。例如，消费者不知道同一种物品在不同商店的不同卖价，以及所要购买物品的质量等信息；生产者无法确切了解市场价格的所有变动情况，以及所有消费者的偏好。信息不完全的原因是：一方面，市场的范围极大，且信息千变万化，人们无论花费多大的时间和精力，也难以从中准确地获得所需要的全部信息；另一方面，搜集信息需要花费成本，如果信息搜集的成本太高，甚至超过从搜集来的信息中获得的收益的话，那么不如不搜集。同时，某些市场参与者出于商业目的，故意制造和传播假信息，也使人们不能获得所需要的全部真实信息。

在信息不完全的市场中，各种信息不能准确而及时地传递给每一个市场参与者，消费者的购买决策和企业的生产决策都很可能发生失误，因而市场价格不能准确地反映市场供求状况，价格机制的资源配置功能扭曲，市场难以发挥优化资源配置的作用。这就是我们说的市场失灵。

信息不对称（information asymmetry）。这是指经济活动中某些参与者拥有但另一些参与者不拥有信息的情况。有些市场，信息不对称表现为卖方掌握的信息较多，买方掌握的信息较少，这就是常言所说的"从南京到北京，买家没有卖家精"，表明卖家对商品的质量和性能掌握更多的信息。例如，装修公司比客户更了解装修材料的品质和房屋装修的质量；雇工比雇主更了解自己的劳动能力和技术水平。还有些市场，买方掌握的信息多些，卖方掌握的信息少些。例如，医疗保险的购买者比保险公司更了解自己的身体状况；信用卡的购买者比提供信用的金融机构更了解自己的信用状况。

与信息不对称相关的一个概念是"私人信息"（private information）。通俗地说，私人信息是指在交易中一方知道的而另一方不知道的信息。也就是说，如果我知道你不知道的事情，那么我所知道的就是我的私人信息。例如，乳品公司生产的奶粉是否含有对人体不利的成分，只有接近和熟悉奶粉生产的人能够"私自"观察到，那些无法接近奶粉生产的人却无从了解或难以了解。与私人信息相对应的概念是"公共信息"（public information），也就是人人都能够观察到或能够掌握的信息。比如说我想向你推销一部旧空调机，这部旧空调机的质量是我的私人信息。但空调机的款式，以及能否遥控就是公共信息，因为在这些事情上我不可能撒谎，你可以一目了然。私人信息的存在导致了"信息不对称"，即一些人掌握的情况比其他人要多。把你知道的一件事情的信息放在天平的一方，把另一个人掌握的同一件事情的信息放在天平的另一方，天平发生了倾斜，这就是信息的不对称性。

现实世界中，私人信息的内容非常丰富。例如，购买健康保险的投保人是否具有家族遗传病史？二手汽车的卖主可能隐瞒了汽车的严重缺陷。房地产商完工的新房是否存在面积上的缩水？有时候，我们也把这些私人信息称为"隐藏信息"（hidden information）。与隐藏信息相对应的概念称为"隐藏行动"（hidden action）。隐藏行动是指别人难以观察到的行为这种隐藏信息，或者说是指撒谎的可能性。例如，在办公室上网的员工是在搜索客户信息还是在为自己炒股票呢？由于企业管理者很难实现对员工的全天候监督，由此而产生的员工在工作中偷懒或开小差的可能性，就是隐藏行动。再如，政府要求公务员廉洁奉公，但是在没有有效制度监督的情况下，公务员受贿就会成为很容易得逞的隐藏行动，这会使他们中的许多人在巨大私利的诱惑下走上犯罪道路。

在存在隐藏信息和隐藏行动情况下，由于经济活动中买卖双方拥有的信息是不同的，拥有信息优势的一方，就可能产生机会主义行为，为获得更有利于自己的交易条件，故意隐瞒某些对自己不利的信息，甚至制造虚假信息，这就会损害正常的市场交易。当人们对信息欺诈的担心严重影响交易活动时，市场机制的作用就会丧失，市场配置资源的功能也失灵了。这就是信息不对称导致的市场低效率。

接下来，我们分别考察隐藏信息和隐藏行动对市场效率可能产生的不利影响。我们首先考察由卖家对他们的产品掌握更多信息而造成的信息不对称对市场效率的影响。

二、逆向选择

逆向选择（adverse selection）是指在买卖双方信息不对称的情况下，差的商品总是将好的商品驱逐出市场的情形。在交易中，当交易的一方对交易可能出现的风险状态比另一方知道更多时，便会产生逆向选择问题。

（一）旧车市场上的逆向选择

以经典的旧车市场模型为例。假定某旧车市场有200辆旧车，其中高质量旧车和低质量旧车各占50%。再假定买卖双方信息对称，买方和卖方都知道哪一种车是高质量的，哪一种车是低质量的。高质量的车主要在较高的价格上才愿意出售，买者也愿意为高质量的车支付更多的钱。当市场供求相等时，高质量的车会在较高的价位上成交，比如10万元；低质量的车会在较低的价位上成交，比如5万元。每种车出售的数量都是100辆，旧车市场供求平衡。

但是，在现实生活中，买卖双方对旧车质量的信息不对称。旧车的质量是卖者的私人信息，买者并不了解旧车的真实质量，他们只知道高质量的车和低质量的车各占50%，每个买主买到高质量旧车的可能性是50%，因此，在购买时，买主只能把所有的车看成是"中等"质量的，只愿意给出一个7.5万元（$10 \times 0.5 + 5 \times 0.5$）的折中价格。显然，高质量车不会按7.5万元卖掉，而100辆低质量车可以卖掉。如果买主知道7.5万元的价格买不到高质量车，他们就会把每一辆旧车都看做是低质量车，只愿出最低的价格（5万元）购买旧车。在价格如此低时，任何高质量车的车主都不愿把自己的车拿到市场上出售，旧车市场上只有低质量车。

上述事例中低质量旧车把高质量旧车驱逐出市场的情况就是一种逆向选择。它说明，由于信息不对称，处于信息劣势的买方会不断调低对二手车平均质量的预期，最终导致了市场效率的损失。

(二) 保险市场上的逆向选择

逆向选择问题在其他市场也同样存在，最典型的是保险市场。例如，在人寿健康保险市场，不同人发生事故的概率不是一个固定不变的常数，而是与每个人的年龄、健康状况、职业、生活习惯等因素相联系。当然，保险公司可以依据潜在的投保人某种明显的标识进行分类，比如按年龄分组，老年人发病、死亡率高，相应保费高；年轻人相反，保费则低一些。但这种简单的分组仍然不能使保险公司清楚地知道每个投保人的情况。因为同一组的人健康状况也会有很大的差别。有些人年龄虽大一些，但家族寿命比较长，或者很注意健康饮食和有规律的生活，身体很健康；也有的人虽然年轻，但很容易生病，有家族病史，或天生喜欢以比较危险的生活方式生活等。这些风险信息都是私人信息，保险公司无从获知和观察到。即使保险公司坚持在签订保险合同前投保人要做医疗检查，可是保险公司通过一次体检所掌握的信息毕竟是非常有限的，投保人对自己的健康状况还是要比保险公司知道得多。而且，由于涉及风险的个人信息意味着投保人要支付不同的保费，从自身利益考虑投保人倾向于隐瞒对自己不利的信息，或者提供对自己有利的不真实信息，从而使保险公司无法辨别信息的真伪。由于对投保人进行风险分类面临信息不对称的困难，保险公司在推出人寿健康保险时，只能根据疾病和死亡的平均发生概率来制定保费，这样运作的结果就像旧车市场一样，出现了逆向选择。因为按事故的平均发生概率来制定保费，往往吸引了各组中具有高风险的人来投保，那些健康长寿者对自己的身体状况很自信，不愿意购买保险；而那些多病短寿者才会积极投保。于是，保险公司需要赔给保户的钱将远远高于他们按照平均概率计收的保费，因而保险公司只好进一步提高保费来弥补损失，但是这样做的结果是使得一些事故发生概率较低的投保人不再愿意投保，而这又迫使保费进一步上升，如此下去，直到所有想买保险的人都是高风险类型的人，保险公司因无利可图可能走向破产。这与前面所说的二手车市场的情况是一样的。

(三) 信贷市场上的逆向选择

银行信贷市场也是一个私人信息起重要作用的市场。在这个市场，借款人的素质及还贷能力不一。为了分析的简便，假设把借款人分为两类：低风险者和高风险者。低风险者有信用，他们把借来的钱用于风险低、能产生较稳定但可能不太高的回报的项目上，因而很少拖欠债务。高风险借款人所借的钱风险高，是因为他们很可能把借来的钱用于投机性项目，幻想一夜致富，但失败的可能性很大，所以经常拖欠银行贷款。如果银行能够区分借款人的类别，他们就会对低风险借款人以较低的利率提供贷款，对高风险借款人则以较高的利率提供贷款。但是，现实中的银行很难准确了解借款人是低风险者还是高风险者，因此，银行只能对低风险和高风险的借款人收取相同的利率。如果他们以低利率向每一个人提供贷款，银行就会面临对贷款的超额需求，僧多粥少。如果银行希望提高利率来达到供求平衡，就可能出现逆向选择问题。那些低风险的借款人会退出市场，因为那些处于借或不借决策边际的人，一般是最稳定的低风险项目投资人，如果利率提高，他们可能不得不离开市场，而大量高风险的借款人却会留在市场上，结果大多数借款都会拖欠，银行将面临经济亏损。

除了上述市场，不对称信息在其他许多市场都广泛存在。各种物品和劳务，大到房屋、家用电器，小到鞋帽和日用化工产品，还有电器维修、旅游等等，企业和零售商对他们生产和销售的物品和劳务的质量知道的比消费者多得多。如果销售者不向购买者提供有关产品质量的信息，那么低质量的物品和劳务就会把高质量的物品和劳务驱逐出去，从而出现市场失灵。我国在市场化改革初期假冒伪劣商品泛滥，劣品驱逐良品的现象就是信息不对称下逆向选择的例子。

（四）逆向选择问题的克服

1. 市场信号

以上分析说明，信息不对称导致某些市场交易出现逆向选择。这并不意味着取消市场交易。在现实中，人们总会发明一些方法来克服信息不对称的不利影响。最常见的一种解决办法就是利用信号发送机制的作用。信号发送是指市场上拥有私人信息的一方以某种可观察的行为来向缺乏私人信息的一方显示自己真实信息的情形。这会减少和消除信息不对称的影响。那么，谁更有激励这样去做呢？一是拥有高质量产品的卖方，因为他们的产品可能因信息不对称问题的存在而卖不出去，他们非常希望买方能够了解产品质量；二是想购买高质量产品的买方，市场失灵对他们是不利的。例如，在旧车市场，拥有高质量车的卖方可以向有意购买者提供汽车定期维修保养的记录，这实际上是在发出这辆车是在长期受到良好维护状态下工作的信号，让买方增加对二手车质量的信心。在信贷市场，银行可以用电脑化的信用记录、工作时间长短、住房所有权、婚姻状况、年龄等来区分低风险和高风险的借款，从而拒绝一些可信度较低的人的借款要求。对那些低风险借款者来说，他们很乐意提供这类私人信息获得银行贷款。信号发送的机制在日常生活中广泛存在。在维修、装修、饭店、艺术等市场，都可以通过信号发送机制来解决逆向选择问题。比较常见的发送信号的方式有以下几种：

（1）声誉或品牌。声誉是消费者使用商品后对该商品的良好评价，它是企业以自己过去产品的质量来发送信号逐渐树立的。在信息不对称的情况下，购买者通常根据以往的经验和口碑来作出判断，因此，声誉给购买者提供了在购买前不易判断质量的产品质量信息。良好的声誉或品牌是一个企业最为宝贵的无形资产，而对整个经济活动来说，则是对付逆向选择的有效方式。例如，麦当劳快餐店的成功经营使它成为了一个著名品牌。当你出差旅行走到一个陌生的地方，不知道哪里的饮食比较可靠时，自然会选择到麦当劳就餐。麦当劳的品牌向你发出优质产品的信号使你可以判断出你要买的食品质量。因为它在各地的连锁店都实行标准化的生产和服务，无论哪个店的配料和食品都是一样的。麦当劳的品牌使人们相信它的食品质量。一般来说，愿意建立良好声誉的卖者往往是那些具有固定营业场所的企业，比如大型超市或专卖店。在这类场合，买卖双方并非只进行一次性交易，这种交易关系会长期维持下去，于是，企业会发现为自己高质量的产品建立某种声誉能够吸引更多买方。这就是大型超市或专卖店的产品为什么具有较好声誉的原因。同样，你最好不要到"一锤子买卖"的场合购买什么贵重的东西，这种场合消费者上当受骗的可能性较大。

（2）免费保修。企业免费保修的承诺实际上是向买方发出产品质量优良的信号，也会减少因信息不对称而带来的逆向选择问题。就二手车市场而言，卖方可以向买方承诺一年之内二手车出现问题可以免费保修，以此向买方发出产品质量优良的信号，也会减少因信息不对称而带来的逆向选择问题。问题是，是否二手车市场上所有的卖者都会以免费保修的方式发出产品优质的信号呢？答案是，只有高质量产品的卖方才有激励发出使买方信赖的信号，因为他们的产品最有可能因为信息不对称而卖不出去，他们也最希望买方能够了解产品的质量。而低质量产品的卖者发送信号的成本较高，比如对旧车市场低质量车的卖者来说，做出保修承诺是不划算的，它会导致亏本，所以，低质量旧车的卖者不可能发出这样的信号。

（3）标准化。标准化也可在一定程度上缓解因信息不对称而导致的逆向选择问题。例如，麦当劳在世界各地的连锁店都实行标准化的生产和服务，无论哪个店的配料和食品都是一样的。麦当劳以其标准化的食品赢得了广大消费者的信赖，也给企业带来源源不断的利润。

（4）中间商或经纪人。中间商或经纪人是指具有信誉的商人或机构，由他们利用自己的专长来鉴别优质产品和劣质产品，从而获得卖者的私人信息，并把这种信息传递给买者，使买卖双方信息对称，市场就可以正常运行了。通常，在买者无法直接观察产品质量，或产品鉴定专业知识要求较高的市场，如旧车市场、房屋市场、艺术品市场等，中间商或经纪人的活动尤为活跃。以旧车市场为例，如果由中间商对二手汽车作出鉴定，这就获得了卖者的私人信息，在这种情况下，卖者为了卖出二手汽车也会主动提供私人信息，以减少鉴定汽车的收费。买者只要看到经中间商鉴定后给各种质量不同的二手汽车所做的记号，就可以了解二手车的质量，从而可以放心地论质付价购买了。市场竞争使中间商既不能欺骗卖者也不能欺骗买者，因为如果专业知识不精鉴定不出二手汽车的真实质量状况，或是职业道德差欺骗买卖任何一方，中间商都会被淘汰出局。所以，市场上的中间商通常都能够获得卖者的私人信息，并如实告诉买者。

此外，企业向消费者赠送产品、展示样品、做广告、赠防伪标记及标准认证等等也是常见的信号发送的方式。

链接 7-1　　　　　　　　　　信息市场一例

在化纤名镇——杭州市萧山区衙前镇，有一个自发形成的、公开的"布料信息买卖市场"，在萧山、绍兴与杭州三地之间发挥着信息集散的作用，成为布料供需双方互联的纽带。

浙江是我国的布料大省，特别是绍兴的中国轻纺城，是全国最大的纺织布料贸易市场。每天，大量布料经过绍兴轻纺城的布商销往全国各地，因此，这些布商需要经常地、大量地采购布料,而布料生产厂家当然也乐于扩大销售量。问题在于,这些布厂大多规模小、分布散,布商难以弄清哪些布厂生产他所需要的布料,其信息搜寻成本十分高昂;而对布厂来说,也难以准确地把握布商的需求信息,布商和布厂之间的沟通成本较高。按照信息经济学的观点,这是典型的信息不对称:一方面,布厂的"布料信息"对布商来说是稀缺资源;另一方面,布商的"需求信息"对布厂来说是稀缺资源,两类信息在布商与布厂之间的分布是极不对称的客观上要求一个"信息传递中介"出现。

面对稀缺的、不对称的信息带来的获利机会,"布料侦探"应运而生。这些"布探"夹在布厂和布商之间,发挥着很好的桥梁作用。一方面,"布探"可以迅速地、低成本地了解到布商的最新需求,并将这些信息、收集样本布料,把最新的布料信息传递给布商,因为"布探"掌握的信息量往往与其收益成正比。当布商对某种布料表示满意时,"布探"便负责联系布厂,帮助布厂和布商实现沟通、达成交易。一般来说,每卖出1米布,"布探"可以赚取1角钱的中介费,其平均月收入可达3 000元,布料销售旺季更高达7 000元。丰厚的收入吸引了大量三轮车夫的加盟,甚至有些布厂职工也辞职干起了这个行当。

显而易见,布厂与布商之间的信息不对称,是"布探"存在并获利的前提。而所谓的"布料信息买卖市场",并没有固定的场所或组织机构,它仅仅是指"布探"比较集中的地方。比如衢前镇凤凰村的村委会门口,每天早上,"布探"与布商在这里进行"布料信息交易",逐渐形成一个特殊的市场。其特殊性有二:一是它的交易客体是"布料信息";二是它更近似于一个无形市场。

这些"布探"就是个体形式的中介,而市场可能的发展趋势是:个人形式的中介将被群体形式的中介所替代。

资料来源:王忠华:载《经济学消息报》,2003年11月28日。

链接7-2   电器维修小广告与市场信号有效性

城市居民户都有过这样的经历,下班后回家,门缝里或门口的信箱里会塞有几张小广告。广告的内容涉及家政服务、自荐家教、电器维修等服务种类,其中,电器维修的广告最为常见。这类广告通常会注明公司名称、擅长维修的电器品种、联系电话,尤其是强调"凭小广告维修人工费给予优惠",并且声称其为"国美、苏宁电器连锁定点维修单位"等等。

电器维修小广告大行其道,说明这一行业存在显著的信息不对称问题。我们消费者都很清楚,目前国内电器维修服务市场上,从业机构和人员在资格认定、技术水平、职业规范等方面存在很大差别,不少修理人员没有经过基本职业训练。由于电器维修技术涉及家用电器能否正常工作,关系到居民日常生活能否正常进行,且价格不菲,所以,消费者都很重视企业的资信和技术水平。然而,普通消费者一般很难判断,哪个公司的员工确实受过专业技术训练,哪个公司具有值得信赖的资信。在现阶段市场不够完备的条件下,电器维修市场存在的信息不对称,会对市场交易带来很大的困难。小广告实际是从业人员试图通过发出市场信号,向消费者显示它们业务水平和质量承诺信息。

然而，仔细阅读这类广告，会发现它们发出的信号不足以让消费者产生信赖或消除信息不对称。有效的市场信号应以"令人信赖的方式"发出，上述小广告显然不符合这一关键条件。仅仅宣称"凭小广告维修人工费给予优惠"，并不能够使消费者确信凭小广告支付的维修费用是优惠价。现实生活中，由于消费者不掌握电器的专业知识，在电器维修过程中遭遇维修人员漫天要价的事例比比皆是。同样，声称其为"国美、苏宁电器连锁定点维修单位"，也不能够使消费者确信你一定与国美、苏宁电器有关联。因而，这类广告是功能很弱的信号，甚至可能是虚假信号。笔者最近在《羊城晚报》上看到，国美、苏宁电器公司声明他们至今没有涉足电器维修市场。因此，居民楼门口小广告的宣传者，很多是值得人们警惕的违规经营人员。

在劳动力市场上，也存在信息不对称问题。工人对自己的工作态度、工作能力和技术水平具有更多的信息，而企业则很难判断未来员工的工作努力程度和生产效率，在企业雇佣员工时，他们并不知道求职者的潜在素质。那么，企业如何在雇佣员工之前能够更多地了解求职者的真实情况呢？一般来说，企业可了解求职者的受教育程度和工作经历，换句话说，受教育程度和工作经历就是求职者信赖程度较高的传达他们工作能力的信号。比如，对那些刚刚大学毕业的求职者，企业可要求他们提供大学文凭这样的资料。成绩良好的学生，通常表明他们可能具有企业所要求的那种素质和能力。所以，教育具有一种能够帮助确定哪些人具有更高工作能力的作用。虽然，高学历不等于能力强，低学历也不意味着能力低，但是，在很多情况下，文凭的确有助于减少劳动力市场上信息不对称的影响，尽管它不是精确的信号，但是一个有意义的信号。在经理市场上，一个职业经理的履历就是一种信号，他曾经为哪家公司工作，其工作业绩如何，直接影响着他能否被聘用，以及被聘用后的收入。相似地，有过实习经历的毕业生容易受到企业的青睐，因为实习是毕业生具有一定工作经验的证明。名校毕业生常常获得更好的工作机会，从名校毕业本身就是一种能力的证明，这些都是劳动力市场上常见的信号发送机制。

2. 政府干预

市场一般不能完全自行解决逆向选择问题。这时，为了保证市场的正常运行，需要政府加以干预，以消除信息不对称带来的不利影响。例如，就人寿健康保险来说，如前所述，由于存在逆向选择，保险市场的运行机制会失灵，其结果是低风险的客户被排除出了市场，高风险的客户则踊跃购买保险。市场的自由选择导致了低效率，其根源是隐藏信息，或者说信息不对称。当自由选择与效率不相容时，政府实施强制性的措施能够在一定程度上维持市场机制的有效性。这样的措施通常由政府以制度化的方式实施。例如，通过要求每一个人都参加保险，就相当于排出了一部分投保人退出市场的可能，这样再按照可预见的、总人口的平均风险概率规定保费，每个人的境况都会改善。高风险的人境况改善是因为他们缴纳的保险费比他们实际面临的风险概率更低；而低风险的人也能够买到比"逆向选择"情况下更为"便宜"的保险，境况也比以前有利。

在很多国家，为了防止低风险者不愿投保问题，政府对汽车保险、医疗保险、交通安全保险等险种规定强制保险。例如，在美国，许多州的汽车保险是强制性的，每个开车的人在领取驾驶执照之前，必须至少参加最低限额的责任保险，从而避免了保费太高而不少低风险者不愿购买导致的逆向选择。另外，美国有些州早已通过废车法，该法规要求：如果在售后的一段时间内旧车出现特殊的性能问题，卖主须对旧车进行检查并保修，这在很大程度上减少了买旧车的不确定性。在我国，政府要求所有的城镇职工缴纳医疗保险金、失业保障金、强制的交通安全保险，要求所有新入学的学生集体投保人身安全险、健康险等，都能够纠正保险市场的市场失灵。

链接7-3　　　　　　　　保险市场的信息不对称问题

在许多国家，汽车保险是一种强制保险。其原因在于保险市场的信息不对称。

假定一家保险公司想为导致财产损失的车祸提供保险单，它选择所有的车主作为目标人群来推销这种保险单，并且它估计了这一目标人群发生事故的概率为0.1。在目标人群中，有些人发生事故的概率很低，大大低于0.1；而有些人发生事故的概率很高，大大高于0.1。如果保险公司不能区分高风险的人，它会将保险费建立在所有人的平均水平上，即事故的可能性为0.1。由于保险公司和投保人之间信息是不对称的，投保人的开车技术、习惯、车祸概率是私人信息，保险公司难以了解。在这种情况下，如果保险自由而且保费一样，那么，购买保险的都是事故概率大的人，车祸概率小的人不会投保。这会使投保人的车祸概率远远大于社会平均的0.1，从而使保险公司提高其保险费，但是保费越高，投保人的车祸概率越大，因为最后只有那些很可能会出车祸的人才会选择投保，这使保险公司出售保单不可行。

解决保险市场上信息不对称有两种方法：一是政府强制车主购买保险。所有有车的人都保险，车祸的概率就为0.1了。因此，汽车保险具有强制性的原因在于保险市场的信息不对称。二是保险公司根据驾龄和事故记录对不同的人收取不同的保险。例如，对开车的新手和有事故记录者收高保费，而对长期无事故者收低保费。上述办法都能消除保险市场上由于信息不对称而带来的逆向选择问题。

资料来源：梁小民：《微观经济学纵横谈》，上海三联书店2000年版。

三、道德风险

（一）什么是道德风险

道德风险（moral hazard）是指拥有私人信息的一方以损害缺乏私人信息的一方为代价而获得自己的利益。在保险业中，这种情况最常见。例如，一个人在未买家庭财产保险以前，个人必须承担失窃的全部费用，因此他一定会对房屋的安全采取谨慎的措施，比如购买昂贵的结实的防盗门，仔细看管家中的财物，出门的时候仔细地检查煤气是否关好，易燃的电源插头是否拔下来等等，以此减少财产损失的风险。但是，如果买了家庭财产保险，他就可能对财产失窃疏于防范，因为现在如果发生了财产损失，他只需向保险公司提出报告，就可从保险公司得到赔偿。这样做是合乎理性的，因为当一个人购买保险之后,他相信由于粗心或倒运而发生的损失都可以得到补偿,就再也没有什么激励采取防护措施了。这就是"道德风险"。

道德风险也是与信息不对称相关的问题。道德风险的发生是因为缺乏私人信息的一方监视拥有私人信息的一方的成本太大了。例如,保险公司不能获知购买财产保险的家庭安装的防盗门、防盗网是否足够坚固,家门钥匙放置的地方是否安全,有没有做到拒绝陌生到访人等;也不能了解到购买医疗保险的人每天是否坚持锻炼,是否经常在路边的食肆就餐,是否戒烟、戒酒、饭前洗手。当保险公司由于信息困难而无法准确监督承保方行为时,就会发生道德风险。然而,道德风险与引发逆向选择的信息不对称有所区别,逆向选择的信息问题是关于产品质量或对象素质方面的信息不对称,它对人们交易之前的行为发生影响。道德风险所针对的是人们交易之后,拥有私人信息一方"行动"的不可观察。如买了火灾险的业主是否对房屋的安全足够重视、领取失业救济金的人(可看成购买了"失业保险")是否急于寻找工作、吃"大锅饭"的人(可看做买了"就业保险")是否努力工作等这些行动都是难以观察的。

以上我们以保险市场为例解释了道德风险,但是道德风险的存在非常广泛。一般来说,只要某种制度安排存在很高的信息成本和监督成本,就会发生道德风险。道德风险存在于经济生活的很多方面。例如,我国的公费医疗制度实际上就是政府向公民提供的一种变相的医疗保险,享受公费医疗者会产生对医疗服务的过度需求,因而存在着诸多道德风险问题。但是,在医疗保健部门实行市场化改革、追求利润之后,道德风险的问题更严重了。那些医疗费用的全部或部分可以报销的患者,大多数没有专业知识,对医生言听计从,由此导致医疗费用的急剧上升。本来廉价的普通药就能够治好的感冒,却给开了一大堆昂贵的进口药;本来吃药就能治好的病,却一定要开刀;本来听诊器就能确诊的病,非要使用 B 超、CT、核磁共振等昂贵的技术手段。由此带来了高昂的成本,但对患者并不一定有帮助。又如,在所有权和经营权分离的企业,所有者需要聘用职业经理人来经营企业。可是,一旦所有权和经营权分离,在无法观察经理人的努力程度时,经理人的行为很可能会偏离企业利润最大化的目标,很可能利用企业的钱财为自己谋取私利。比如,追求豪华的办公条件和名贵的进口轿车,把某些私人消费打入公司成本,在偷懒的同时把经营不善的原因归于运气不佳等等。还有,在我国粮食流通体制尚未实现市场化改革的时候,政府要求粮食企业既要承担定价收购、吞吐库存等政策性责任,又可在批发和零售环节进行市场化运作。政策性业务允许合理亏损,赢利性经营则以利润最大化为目标。问题是,全国的粮食企业成千上万家,政府很难对他们的行为进行有效监督,于是就遇到了道德风险。一些粮食企业把赢利性经营成本打入政策性购销部分,甚至直接挪用政策性贷款谋求私利。

(二) 道德风险的效率损失

道德风险会带来市场效率损失。以保险市场为例,如果存在完全信息,承保人的行为可以观察,保险公司就可以及时调整具有不同行为方式的承保人需要支付的保费水平,比如对因纯粹意外造成的事故收取较低的保险费,对承保人未采取防范措施造成的事故收取较高的保险费。由于承保人需要对自己行为承担相应责任,他也就没有动机改变未投保之前谨慎从事的行为,因而也就不存在道德风险问题。但是,当承保人的行为不可观察时,保险公司无法获得关于承保人行为的所有信息,承保方就有可能出现导致增加事故发生概率的行为。因为对个人来说,购买保险后,任何损失都由保险公司承担,自己无需承担责任,换句话说,如果他采取防护措施,所花费的成本完全由个人承担,因而他没有激励采取防护措施。然而,如果所有购买保险的人都不采取防护措施,要么会导致保险公司因损失巨大而难以生存;要么保险公司被迫增加每个人的保险费。无论哪一种结局,都会导致社会财富损失的增加,每个人的效用也比人人都采取防护措施时显著下降了。

(三) 道德风险的防范

道德风险的防范主要可通过设计适当的激励或约束机制使双方的利益一致,以避免交易一方利用多于另一方的信息,损害另一方的利益使自己获益的行为。道德风险防范的方法主要有以下几种。

1. 限额赔偿

如前所述,保险业中道德风险问题出现最多。而保险业的道德风险很大程度上产生于全额保险,也就是说,由保险公司承担全部不可预料的成本,因而投保人缺乏采取提防措施的激励。针对这种情况,保险公司通常采用部分赔付的办法减少道德风险问题。例如,保险公司可以制定1 000元扣除额政策。一旦发生汽车相撞事故,保险公司只需赔偿维修成本中超出1 000元的部分。比如,如果你发生了一起交通意外,你那辆撞坏的轿车需要花费3 000元维修。这时,保险公司将只赔偿2 000元,,剩下的1 000元维修费用由你自己承担。这种部分赔付政策减轻道德风险问题的内在机理是:让投保人承担一部分维修成本,从而使他们增强防范意识。因为若出现大的碰撞事故,生命的安全更加重要。小的碰撞事故,小的损失是要完全由自己承担的。这就使人们有激励改变道德风险行为。

2. 部分赔付

保险公司还可以采取部分赔付的办法减少道德风险问题。例如患者必须自己支付20%的医疗费,剩下的80%由保险公司补偿。这样既可以减轻投保人看病吃药的经济负担,又通过让个人必须承担一部分费用,来避免在全额医疗保险情况下,个人不惜成本想方设法寻求各种医疗保健服务的现象。部分赔付可以把个人成本和社会成本降低到最小。

3. 建立事故记录

保险市场也产生了一些克服、至少减少私人信息的办法。例如,就车祸保险来说,保险公司为了减少私人信息,采用的一个办法是建立事故记录,以鼓励司机小心谨慎地驾驶。通常的做法是,人们把自己的事故记录交给保险公司,如果一个司机能够向保险公司证明自己很少发生事故,保险公司允许有良好驾驶记录的人按较低的价格购买保险。反之,有多次交通事故记录的司机就要缴纳高额的保险金。这就使投保人有直接的经济激励采取防范措施。

4. 签订合同

在存在隐藏行动的情形下，为了减少拥有私人信息的一方发生道德风险，可以通过签订合同的方式，确定交易的各种条件，并且明确规定如果违反合同规定要承担经济上的责任，以此解决激励问题。但是，合同在执行过程中，很可能会出现事先未预料到的事情。例如，当供货方发现若按时交货的成本很高，因而可能会以某种借口延迟交货。为了激励供货方按时交货，大多数合同通常允许延迟交货，但同时会附加惩罚条款。惩罚条款就是使供货者及时交货的激励，它使得供货者必须在及时交货和支付罚金之间作出选择。一般来说，合同的条款越详尽，就越能够限制拥有信息优势又有道德风险可能性一方的自由行动，从而可减少或避免道德风险。

5. 建立企业内部激励机制

在企业所有权和经营权分离，股东们不能直接观察到经理行为的情况下，股东可以在企业内部建立激励机制来控制经理的道德风险行为。常见的做法是将经理的报酬与企业的经营业绩挂钩，只要企业的经营绩效与经理的努力有关，就给予相应的奖金或红利。这类机制作用的机理是，股东把自己的利益"植入"经理的利益之中，从而使经理的行为符合股东的利益。

如果股东们能够了解企业真正的盈利能力，上述把对经理的激励与股东利益挂钩的做法确实是一个合适的激励方式。但是，现实中，很多股东并不了解企业最大的盈利水平，那么他们应该如何激励经理实现利润最大化目标呢？股票期权是一种办法。股票期权是股东给经理的一种承诺，允许后者在一定的时间期限内购买一定数量的本公司股票，而股票价格固定在给予承诺时的价格水平。这样，经理们就有了使公司股票的价格在这段时间内有最大幅度上升的激励，这通常会使公司的利润达到最大。因此，股票期权是激励经理实现利润最大化的有效工具。有时，由于市场环境等外部因素的影响，即使经理们已经尽了最大的努力，公司的业绩仍然不佳，股东们就不能通过绩效考核的方式来激励经理。在这种情况下，股东们可以通过相对业绩来评价经理的表现。在公司低效益时期过去后，再继续给予经理股票期权。

此外，企业和员工之间也存在类似的情况。企业通过实施效率工资、"薪外福利"（如假日工资、津贴和鼓励奖）或年工序列工资（工资与工龄正相关），将员工的利益和企业的利益结合起来。如果员工偷懒，他就有可能被企业开除，员工失去的不仅是名义工资，还有各种薪外福利或日后的工资补偿。考虑到这些因素，员工将更倾向于努力工作而不是偷懒。

道德风险广泛存在于许多行业中，为了减少道德风险，保证市场机制的有效运行，人们进行着各种尝试和探索，试图找出克服道德风险的各种方法。但由于道德风险的具体形式在不同的交易中是不一样的，因而克服道德风险的方式也是各有千秋。

本章要点

（1）信息不对称是指经济活动中某些参与者拥有但另一些参与者不拥有信息的情况。信息不对称使拥有私人信息的一方能够对市场加以一定程度的控制，从而造成市场失效。事前的信息不对称会引起逆向选择，事后的信息不对称会带来道德风险。

（2）逆向选择问题源于拥有私人信息一方类型（高质量产品卖者还是低质量产品的卖者）的不可观察性。

（3）逆向选择问题可通过"信号发送"机制来解决。拥有私人信息的一方通过采取某种可观察的行动，来向缺乏私人信息的一方显示自己的真实信息的情形被称为信号发送。当市场不能完全自行解决问题时，需要政府适当干预。

（4）道德风险问题源于拥有私人信息一方行动的不可观察性。

（5）道德风险的防范主要是通过设计适当的激励或约束机制使双方的利益一致。

重要概念

信息不完全　信息不对称　私人信息　隐藏信息　隐藏行动　逆向选择　信号发送　道德风险

本章练习题

（1）私人信息如何引起逆向选择和道德风险？

（2）逆向选择可能会使一些市场消失，为什么会存在这种可能？

（3）举出一个例子（教材之外的）来说明道德风险。

（4）大学扩招后，大学生的工作越来越难找了。请你对这些现象加以解释。

（5）如果有计时工资和计件工资两种选择，那么低能力的劳动者更可能选择哪一种？

（6）保险推销员在推销时说得天花乱坠，这种行为显然不利于维护保险公司的声誉。这是逆向选择问题还是道德风险问题呢？

（7）有一些企业可能会由于经营不善，无力偿还贷款，这时银行就难以经营。如果银行以盈利为目的，而且银行业竞争激烈，有这样几种可供选择的方案：

  A. 对可能无力偿还的企业一律不贷款；

  B. 对可能无力偿还的企业一律收高利率；

  C. 区别对待，确定真正不能偿还的企业。上述三种方案中哪一种最好？并根据信息不对称理论解释其原因。

（8）你在生活中遇到过逆向选择和道德风险问题吗？你是如何解决的？

（9）某大学正在讨论禁止给差和不及格的成绩，理由是学生在没有因考试成绩不理想带来的压力时，他们可以更全面地发展，其表现会超过平均水平。该大学希望所有的学生成绩都能提高到优秀和良好的水平。若实现这一目标，上述政策是不是一项好的政策？结合道德风险问题进行讨论。

第八章 垄　　断

2006年5月22日下午，12家出版社在北京梅地亚中心竞标《易中天品三国》（第一部），最终上海文艺出版社以首印55万册、14%的版税中标，估计作者会拿到上百万元的版税。由于该书的印刷成本与普通书几乎没有什么差别，出版商也会因此赚取巨大的经济利润。

在一个竞争市场中，巨额的经济利润将诱使出版商以较低的价格向市场提供《易中天品三国》（第一部），这一竞争过程将最终导致该书与普通书一样，以大致等于生产成本的价格销售。但是，这种情况并没有发生，原因在于上海文艺出版社拥有《易中天品三国》（第一部）的版权，这意味着该出版商拥有了一种排外的销售许可证。

拥有版权的出版商就是一家不完全竞争企业，它与竞争企业最大的区别在于，它们是价格的制定者，而第五章研究的竞争企业只是市场价格的接受者。本章我们研究另一种极端的市场，该市场的企业没有面临竞争，只有一家企业生产产品的全部供给，因而它具有制定高于生产成本的产品价格的能力，我们称这种不完全竞争的极端形态为垄断。

本章考察垄断企业的产量和价格决策，我们将发现，由于垄断企业拥有制定价格的能力，因而与竞争市场的企业相比垄断造成了市场效率损失，这就为政府干预市场提供了理论上的依据。本章最后一节专门讨论政府应采取怎样的干预政策以减少垄断带来的效率损失。

第一节　垄断及其形成原因

一、垄断的含义与特征

垄断（monopoly）是指市场上只有一家企业生产一种没有相近替代品的产品，并且其他企业难以进入这一市场。根据这一定义，可归纳出垄断市场的三个关键特征：

第一，企业是一种产品的唯一卖者。这意味着这个企业就是整个行业，这个企业的产量就是整个行业的产量。这与由无数企业组成的完全竞争市场的情况相反。

第二，该产品没有相近的替代品。比如电力公司输送的电就是没有相近替代品的例子。尽管蜡烛或煤油灯可作为电力的替代品，但是蜡烛和煤油灯无法有效地作为电视机、电冰箱、电脑工作动力的替代品。由于只有一家企业生产一种没有相近替代品的产品，这个企业也就不存在面临来自替代品生产者竞争的问题。

第三，存在进入障碍。也就是说，垄断市场具有相当高的进入壁垒，以至于别的企业很难进入该市场。例如，中国有线电视网络有限公司拥有电视节目播映权，从而形成了这一行业的进入壁垒。

垄断的例子包括本地的自来水、电力、电话、煤气公司、有线电视、中国邮政、南非的戴比尔斯钻石生产商，以及Windows操作系统的开发商微软公司等。

二、形成垄断的原因

形成垄断的基本原因是存在进入障碍。那么，究竟有哪些障碍阻止了潜在的竞争对手进入垄断行业呢？可能的原因主要有以下三个方面。

（一）控制关键投入品

如果一家企业控制了生产某种产品的关键投入品，那么这家企业就会居于垄断地位。尚未引入连锁餐饮业的机场餐饮店是一个类似的例子。当你在机场候机时，机场的餐饮店只此一家，别无他店，不可替代，消费者没有选择的自由，这就可能导致机场餐饮店向前来就餐的候机旅客征收高昂的价格。"一杯咖啡88元"、"一只饺子5元"、"一包方便面15元"，这都是消费者曾经对机场餐饮高价暴利的抱怨。相似的例子还有旅游景点的高价门票、南非戴比尔斯控制了世界天然钻石供给的80%以上，等等。虽然控制关键投入品是垄断形成的一个原因，但政府的政策干预和国际贸易的发展使许多产品可以找到相近的替代品，因而企业因拥有某种关键投入品而成为垄断者的情况并不多见。

（二）法律和政策确立的垄断

法律和政策是一种常见的阻止潜在竞争对手进入市场的障碍。法律和政策确立的垄断是指竞争受到专利、版权或政府特许限制的市场。例如，中国的法律与其他许多国家的法律都要求政府授予发明者专利。如果一家中国企业在中国政府注册了一项发明，那么它就可以在未来15年中拥有排他性生产并销售这种产品的权利。专利权的保护对潜在的进入者形成障碍，这使得专利持有者能够制定一个高于边际成本的产品价格，以弥补产品的研发成本并获得高额利润。许多发明都可以注册专利，比如新药的发明、杂交水稻种子、数码电器的核心技术等等。版权是赋予书本、电影、音乐或计算机软件的作者或创作者独一无二的销售权。政府通过专利和版权授予垄断权利的目的是激励创新。由于有机会获得专利或版权，发明者从自身利益角度也会积极进行技术开发和创新。专利权和版权都不是永久性的，它们只在一定时期内有效，这表明知识产权的法律保护不能过度。

政府特许是赋予一家企业排他性地生产或销售某种物品或劳务的权利。一个普遍存在的例子是邮政业，包括中国在内的很多国家，法律都规定国家邮政局有经营某些邮件的排他性权利。在中国，烟草、盐、广播电视等特殊行业和公用事业都受到政府的严格管制并且设有很高的进入壁垒。由于政府特许是由行政性权利赋予经营特权而导致的垄断，因而也被称为行政性垄断。与专利权和版权所形成的垄断相比，行政性垄断往往会带来效率的扭曲，企业没有竞争的压力，也就缺乏降低成本和关注消费者利益的动力，甚至缺乏市场竞争环境下最基本的服务意识。20世纪八九十年代中国电信独家垄断电信市场时的低效率至今令我们记忆犹新。经过多年的改革开放，我国的行政垄断经营的范围不断缩小。越来越多的人认识到，除了少数特殊行业，对于大多数行政垄断部门来说，应该通过深化市场化改革打破垄断体制。

（三）自然垄断

现实中还存在着许多阻止竞争对手进入市场的自然障碍，自然进入障碍导致了自然垄断。**自然垄断**（natural monopoly）是指一个企业能以低于两个或更多企业的成本为整个市场提供一种物品或劳务的行业。自然垄断产生于规模经济，回顾第四章，规模经济是指企业的平均成本随着产量的增加而不断下降的情况。例如，由一家电力公司在一个城市的街道上架设电线可以降低电力配送的成本。这类产品的市场适合于只存在一家企业，两家以上的企业存在就会带来更高的成本，这就导致了自然垄断。

图 8-1 表示电力公司因规模经济而形成自然垄断。图中，电力的需求曲线是 D，平均成本曲线是 AC。由于平均成本随产量增加而减少，在整条平均成本曲线上存在规模经济。一家电力公司可以以 0.5 元的成本配送 600 万度电，而两个企业配送 600 万度电，每度电的成本则达到 1 元钱。以此类推，参与电力市场的企业越多，实现相同产量的平均成本越高。因此，如图 8-1 所示，一家电力公司可以以低

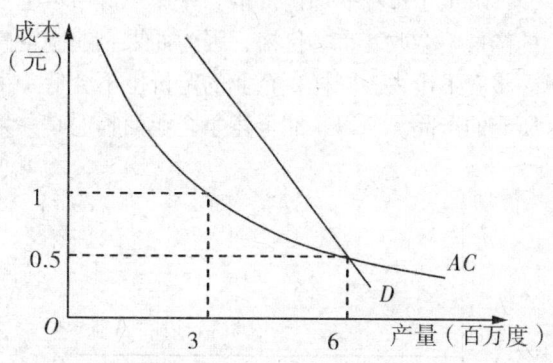

图 8-1　规模经济导致自然垄断

于两个或两个以上的企业的成本提供整个行业的全部产量。相似的例子还有自来水、煤气的配送，电脑软件的生产，只要企业的固定成本高，可变成本低，企业每增加一单位产量的边际成本非常低，那么，这类产品就具有明显的规模经济特征。因为随着产量的增加，庞大的固定成本被分摊在越来越多的产量上，每单位产品的平均成本就会随着产量的增加而下降，从而出现自然垄断的情况。现实经济中，许多公用事业通常都是典型的自然垄断行业。

有两点应当注意：一是一个行业是否是自然垄断，与该行业产品的市场需求规模有关。如果一家企业的最低成本产量大于市场需求规模，那么，两家以上的企业分享该产品市场，就会导致平均成本上升，还不如一家企业生产成本更低，该行业就是自然垄断。如果一家企业的最低成本产量只是市场需求规模的一部分，那么就会存在许多企业，这时，该行业就不是自然垄断的了。例如，我们经常看到县城或小城市只有一家自来水厂，而一些大城市则拥有多家自来水厂，这其中的差别就在于市场需求规模不同。

另一个应当注意的问题是，技术进步可能会改变企业的最低成本产量，这就有可能改变行业中的企业数量，从而改变原来的自然垄断格局。例如，传统的固话通讯技术条件下，电信公司建立固话通讯网络需要支付巨额的固定成本，这样的话多家电信公司的存在就没有多大意义了。但是，当互联网和 IP 电话技术出现以后，其他企业提供电话业务的成本大幅度下降，甚至降低到与只有一家企业时相同。在这种情况下，国内电话业务由一家企业垄断的局面就会被打破。我国电信业的垄断体制就是在这一技术变革的背景下被改变，从而形成了今天有竞争因素存在的局面。

第二节 垄断企业的产量与定价决策

为了理解谋求利润最大化的垄断企业如何做出其产量和价格决策,我们首先研究垄断企业的需求曲线与收益曲线,从而了解价格和边际收益之间的关系。

一、垄断企业的需求曲线

我们先来回顾一下竞争企业面临的需求曲线。在完全竞争市场,供给和需求曲线相交,决定了市场的均衡价格。在这一价格水平下,竞争企业生产多少就能销售多少,它们的产量不会改变市场价格,因为如果企业制定高于市场价格的产品销售价格,它所有的产品将卖不出去。同样,企业的定价也不会低于市场价格,因为在市场价格下,它能够卖出所有的产品。所以,完全竞争企业面临的是一条水平的需求曲线。如图8-2(a)所示。

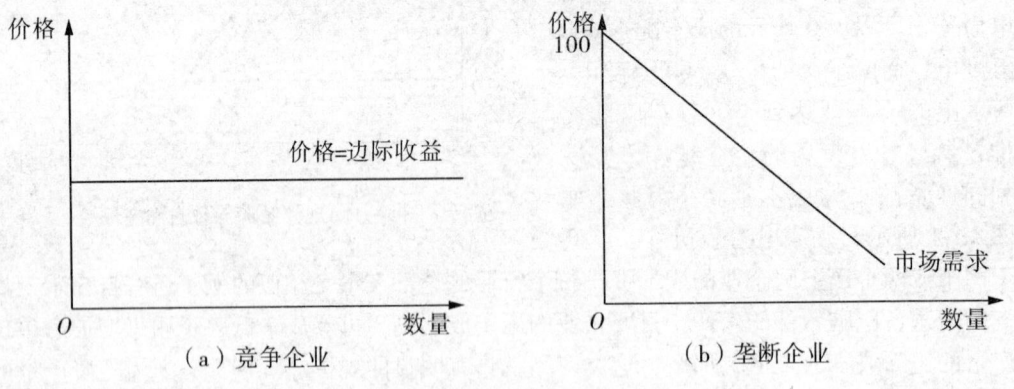

图 8-2 市场需求曲线

然而,垄断企业不再是价格的接受者,垄断企业的产量会影响市场价格。考虑未引入连锁餐饮业之前广州白云机场唯一的一家餐饮店的例子,图8-2(b)为该餐饮店盒饭的需求曲线。在价格为100元时,没有人买盒饭,价格越低,买盒饭的人就越多。所以,要使消费者多买,就必须降低盒饭的市场价格。图8-2(b)表明,垄断企业面临的是一条向右下方倾斜的需求曲线。其经济含义是:垄断企业面临着价格和销售量之间的权衡。为了出售更多的产量,垄断企业必须收取更低的价格。

第五章已经说明,竞争市场的需求曲线是向右下方倾斜的。而垄断市场上只有一家企业,它代表了整个市场,垄断企业就是行业供给者,因而垄断企业的需求曲线就是整个市场的需求曲线。

二、垄断企业的收益曲线

我们已经知道垄断企业可以通过调整产量来影响市场价格,接下来我们来看产量的变动如何影响企业的收益。

表8-1用具体数据给出了一个垄断企业的例子。假设这个垄断企业是广州白云机

场唯一的一家餐饮店。

表8-1 垄断企业的总收益、平均收益和边际收益

销量 (Q)	价格（元） (P)	总收益（元） (TR)	平均收益（元） (AR)	边际收益（元） (MR)
0	100	0	0	—
1	90	90	90	90
2	80	160	80	70
3	70	210	70	50
4	60	240	60	30
5	50	250	50	10
6	40	240	40	-10
7	30	210	30	-30
8	20	160	20	-50

表的前两栏是盒饭的销量和价格。可以看出，随着盒饭销量的增加，盒饭的价格是递减的。表的第三栏是总收益，在价格随着销量的增加逐渐下降的情况下，总收益是一个先增加后减少的变动趋势。

第四栏为平均收益，正如我们前面已说明的，平均收益总是等于价格，即 $AR = TR/Q = P \cdot Q/Q = P$。这就是说，需求曲线不仅表示了每一产量下的价格，也表示了每一产量下的平均收益。这一点竞争企业和垄断企业都一样。

现在我们来看垄断企业的边际收益。我们知道，需求曲线代表企业出售每单位产品所得到的价格。边际收益是企业每多卖一单位产品引起的总收益的变动量。由于垄断企业面临的是一条价格递减的需求曲线，这意味着企业要多销售1单位产品必须降价，这会使企业得到的收益低于以前出售的每一个产品。因此，垄断企业的边际收益要小于价格。如表8-1所示。

可用图8-3直观地表示边际收益和价格的关系。在价格为80元时，餐饮店卖2个盒饭，如果价格降到70元，卖3个盒饭。但现在餐饮店前2个盒饭的销售价格只有70元——比以前少了10元。这样，餐饮店销售前两个盒饭得到的收益减少了20元，为了计算边际收益，餐饮店必须从得到的收益70元中减去这个量。因此，餐饮店的边际收益是50元，小于价格。由于垄断企业的边际收益小于价格，所以边际收益曲线位于需

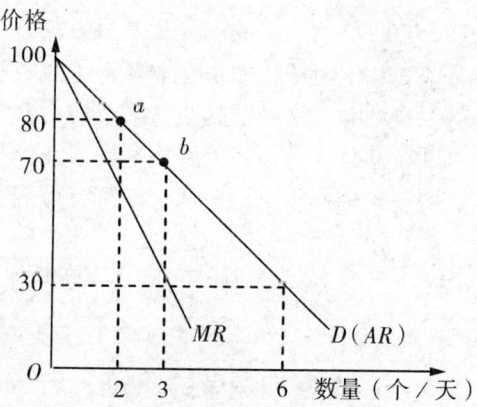

图8-3 垄断企业的需求曲线与边际收益

求曲线之下。

三、垄断企业的利润最大化决策

现在，我们来看垄断企业如何决定利润最大化的产量和价格。与竞争企业一样，垄断企业在决定其产量和价格时，所考虑的仍然是每增加一单位产量导致的边际收益和边际成本的关系。如图8-4所示，在低于Q_0的产量水平上，边际收益大于边际成本，企业增加产量能够增加利润；在高于Q_0的产量水平上，边际收益小于边际成本，企业减少产量可以增加利润。企业的产量调整直到Q_0时为止，此时，边际收益等于边际成本，企业的总利润达到最大。因此，垄断企业的利润最大化产量是由 MR 曲线和 MC 曲线的交点 E 所决定的。将 EQ_0 延伸到与需求曲线相交的 G 点，决定了对应的均衡价格为 P_0。由此可见，垄断企业利润最大化的条件是：

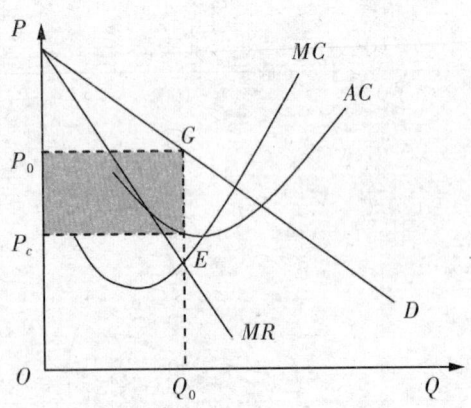

图8-4　垄断企业的最优产量、价格和利润

$$P > MR = MC$$

对比完全竞争企业，其均衡时有：

$$P = MR = MC$$

可以看出，垄断企业和竞争企业一样，通过生产边际收益等于边际成本的产量使利润最大化。但是，这两类企业有一个重要差别：在竞争市场上，价格等于边际成本；在垄断市场上，价格大于边际成本。这一点对于理解以后将要分析的垄断对社会福利的损害非常重要。

现在，我们来看垄断企业会得到多少利润。在图8-4中，总收益为价格与产量的乘积，即 P_0OQ_0G 的面积，总成本是平均成本与产量的乘积，即 P_cOQ_0E 的面积。显然，总收益大于总成本，其差额为垄断企业的经济利润，即图8-4中阴影部分的面积。

在竞争市场，如果企业获得了经济利润，会吸引新企业进入，因而企业不能长久获得经济利润。这种情况在垄断市场不会出现，进入障碍阻止了其他企业的进入，因此，垄断企业总是能够获得经济利润。在经济学中，垄断企业的经济利润也称为垄断利润，表明垄断企业无论短期和长期都有可能获得经济利润。

第三节　垄断的效率评价与公共政策

一、垄断和竞争的比较

我们先来从企业利润最大化行为出发比较垄断与竞争两种情况下的产量与市场价

格。图 8-5 表示我们将要研究的市场。我们假定竞争和垄断面临相同的市场需求曲线 D。但是，在这两个市场中，供给方和均衡是不同的。在竞争市场上有许多小企业，市场供给曲线是 S。这条供给曲线是由市场上所有企业边际成本曲线加总得出来的。如果该行业由一家企业垄断，原先的许多小企业成为垄断企业的组成部分，那么，竞争市场的供给曲线就变成垄断企业的边际成本曲线。

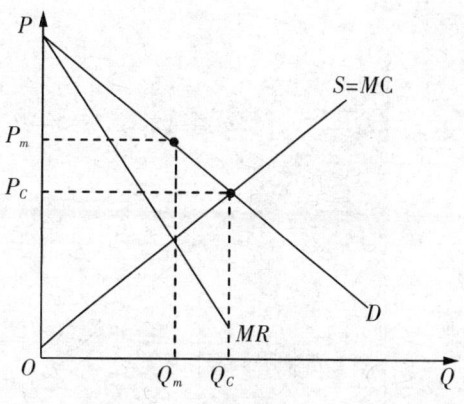

图 8-5 垄断和竞争的比较

再来看竞争和垄断均衡的不同。图 8-5 表明，在竞争市场上，均衡产量和价格由供给曲线与需求曲线的交点决定，行业的产量是 Q_C，价格是 P_C。每个企业都接受价格 P_C，并通过生产自己的边际成本等于价格的产量使利润最大化。在垄断市场上，垄断企业的产量由边际成本曲线与边际收益曲线的交点决定，该交点在边际成本曲线与需求曲线交点之下，表明垄断市场的产量 Q_m 小于竞争市场的产量 Q_C，垄断企业收取 P_m 的价格，这个价格高于 P_C。因此，我们可以确定：与竞争市场相比，垄断企业的产量少而价格较高。

二、垄断与低效率

（一）社会福利损失

在我们比较上述两个市场的效率之前，先来回顾一下第六章的概念。消费者剩余是消费者对一种产品的支付意愿减去他们为此实际付出的价格，在图形上，为需求曲线以下、水平的市场价格曲线以上的面积。生产者剩余是指企业生产某种产品的成本与实际得到的价格之差，在图形上为供给曲线以上、水平的市场价格曲线以下的面积。消费者剩余与生产者剩余之和为总剩余，它等于产品对消费者的价值减去企业生产该产品的成本。总剩余可用来衡量一个社会的福利水平。

图 8-6 说明了垄断的低效率，从中可以看出垄断造成了社会福利损失。图 8-6 (a) 表明竞争市场的情况。消费者为每单位产品支付的价格为 P_C，需求曲线代表消费者的支付意愿，它衡量产品对消费者的价值。消费者的支付意愿减去价格等于消费者剩余。图 8-6 (a) 中，消费者剩余用深色阴影面积表示。供给曲线为企业的边际成本曲线，它反映了生产需要付出的代价，企业得到的价格和其边际成本的差额是生产者剩余，在图 8-6 (a) 中，浅色阴影面积表示生产者剩余。竞争市场的产量由需求曲线与供给曲线（边际成本曲线）的交点决定，此时消费者对最后一单位产品的主观评价刚好等于企业生产它所付出的代价，消费者剩余和生产者剩余达到最大。因为在这个产量之下，意味着消费者对产品的主观价值评价大于生产的代价，增加产量将增加总剩余；在这个产量之上，意味着消费者对产品的主观价值评价小于生产的代价，减少产量将增加总剩余。因此，该产量表明资源的利用是有效率的。

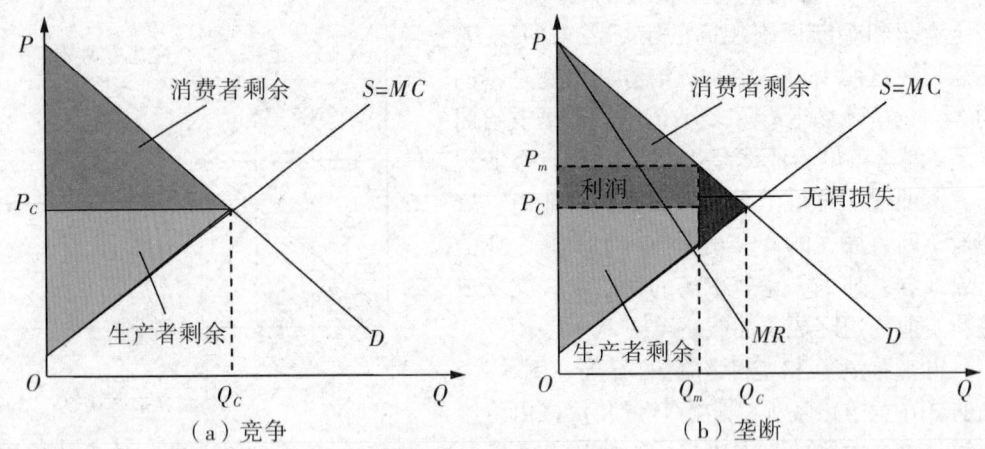

图 8-6 垄断的低效率

图 8-6（b）显示了垄断市场的情况。垄断把产量限制在 Q_m，并按照 P_m 的价格出售这个产量，消费者剩余减少了。这部分是因为消费者不得不为产品支付更高的价格，部分是由于不愿接受垄断企业产品的高价格，消费者得到的产品少了。原来的生产者剩余也失去了一部分。垄断企业较少的产量和较高的价格引起的总损失是图 8-6（b）中右方深色三角形面积。深色三角形 P_C 以上的部分是消费者剩余的损失，深色三角形 P_C 以下的部分是生产者剩余的损失。整个深色三角形表示垄断所引起的社会福利损失，这一损失称为无谓损失，它是由于垄断企业价格高、产量低而造成的总剩余的绝对损失。

（二）总剩余的再分配

垄断不仅造成了社会福利损失，而且还引起了总剩余的再分配。如图 8-6（b）所示，垄断企业按照边际收益和边际成本相等的原则决定了利润最大化的产量 Q_m 以及价格 P_m，它就得到了较高的价格 P_m 与竞争价格 P_C 之间的差额。在竞争市场，这部分是消费者剩余，但是在垄断市场，这部分浅色矩形面积则成为垄断企业的利润。社会福利并没有因此而减少，垄断是把一部分消费者剩余"攫为己有"。

（三）寻租

垄断的低效率还表现在寻租活动上。寻租（rent seeking）是企业为获得和保持垄断势力所作的支付。通常，我们把垄断企业的利润称为租金，通过寻求或维持在行业内的垄断地位来寻求或维持业已存在租金的活动就是寻租。为寻租所花费的成本被称为寻租成本。

有时垄断企业需要游说或收买政府来获得或维持它的垄断地位，这就很可能产生非生产性活动的资源消耗。例如，有些地方企业通过各种手段取得当地政府的支持，禁止外地产品进入本地市场，甚至通过非法手段取得某个政府项目的承包权或经营权。又如，许多欠发达国家在全国范围内授予某家企业生产某种产品的特权，而且不允许从国外进口这种产品。在这种情况下，企业会向说客和政治家赠款，以便维持高额利润。从社会角度看，这些活动是一种浪费，有限资源被用于获得有利的规则，而不是用于生产物品或劳务。所以，经济学家通常反对政府创造行政性垄断限制竞争，它将会鼓励企业把资金用于寻租活动，而不是花在生产更好的产品上。

为了获得和维持垄断地位，企业愿意花费多少钱呢？企业用于获得和维持垄断权的资源的价值就是凭借这种垄断权力所得到的垄断利润。因此，企业用于寻租的资源价值的上限等于所能获得的全部垄断利润。因此，寻租活动所带来的社会成本可能远远大于低效率产量所造成的社会福利损失。

三、对垄断的公共政策

由于垄断的低效率，政府承担了限制垄断，保护竞争的经济职能。政府对垄断的限制主要运用以下两种公共政策：立法使垄断行业更有竞争性以及管制垄断企业的行为。

（一）立法

使垄断市场变得更有竞争性的武器是制定反垄断法。反垄断法是政府打击垄断的法律依据。美国政府制定的反垄断法主要体现为三部法律：1890年《谢尔曼法》和1914年《克莱顿法》以及《联邦贸易委员会法》。反垄断法是对这三部法律的总称。

反垄断法的内容主要包括以下方面。首先，政府可依据反垄断法来阻止大企业通过合并以形成垄断地位。在美国，假设通用汽车公司和福特汽车公司想合并，一定会受到联邦政府的严格审查。如果政府认为这两家大汽车公司的合并会削弱美国汽车市场的竞争性时，则会阻止这两家公司的合并。1994年微软与图文公司的合并就受到了反垄断法的阻止。其次，政府还可依据反垄断法拆分大型公司，只要政府有足够的证据认为其存在影响了竞争。历史上美国电话电报公司（AT&T）被政府强行分拆就是政府成功运用反垄断法的一个典型案例，在这一反托拉斯行动中，这个占有96%长途电话市场份额和80%以上本地电话市场份额的电信巨头被拆分为八个较小的公司，市场竞争得到增强，其结果不仅降低了电话费用，服务质量和电话设备都得到了很大的改善。最后，反垄断法禁止公司以降低市场竞争性的方式联合行动。例如，少数大企业为避免竞争就产量和价格达成协议，组成联合行动的垄断组织；或者某些企业串通制定本行业产品的固定价格等等。

中国的垄断企业多是政府创造的行政性垄断。在我国的《反垄断法》出台之前，政府大多依靠行政力量实施反垄断措施，其特点是见效快。自20世纪90年代以来，由政府推动的电信拆分、电力改革、民航重组等改革措施均以打破垄断为目标，并且取得了一定成效。在2007年底出台了《反垄断法》之后，我国的反垄断有了法律依据。借助于法律依据打破行政性垄断将会取得更加有效的结果。

反垄断法的执行也会付出代价。因为并非所有的公司合并都会削弱竞争，有些公司的联合降低了生产成本。比如，近年来许多美国银行合并，通过联合经营可以减少行政人员。因此，在美国，如何把握竞争企业合并的标准，成为经济政策中最有争议的问题之一。主张更宽松标准的人认为，在当今国际市场上，激烈的竞争足以保持低价和经济效率。任何试图通过索取高价控制市场的垄断行为或者忽视降低成本的企业都将面临竞争的猛烈冲击，这类企业至多只能在短期内具有垄断地位。例如，理光、佳能以及其他许多公司使施乐失去了在复印机市场上的垄断地位；富士目前正在挑战柯达在胶卷市场上的主导地位。此外，他们还认为，对国内垄断的限制会阻碍公司实现规模经济的过程。从1969年起美国政府试图分拆统治计算机主机市场的IBM公司，经过长达20多年的诉讼过程，最后政府撤回起诉。原因之一是在长期诉讼过程中，计算机市场的竞争得到增强，IBM公司也由于诉讼和市场预见的失误受到很大削弱。因此，通过分拆大公司、抑制同一产业中不同公司的合并，反垄断法可能起到刺进竞争的作用，但它同时也可能抑制了公司利用规模经济的能力。

链接8-1　　　　　　　　微软垄断案

美国的反托拉斯法是在19世纪末美国产业发生巨大变动的时期被通过的，当时，现代美国公司的产生以及通过兼并和规模经济所产生的大企业越来越普遍。为了维护广大民众的利益，美国国会于1890年通过了《谢尔曼法》。在这之后的20余年里，美国以该法为基础，通过了一系列法律，逐渐构筑成以反托拉斯法为特色的竞争法制度。

美国竞争法是通过行政执法机构和司法机关相互配合与制约才得以运作实施的。由于联邦制的存在，行政执法机构在联邦一级有司法部反托拉斯局、联邦贸易委员会和其他有关机构，在州一级有州司法总长下设的反托拉斯处和消费者保护处。司法机关是指联邦各级法院。美国竞争法对反竞争行为规定了民事、行政和刑事3种责任形式。

在分析了以上的美国竞争法概要基础上，我们再来看看微软垄断案的始末，分析在这场美国政府（司法部）控制微软公司非法垄断长达五年的官司中，美国的反垄断执法上的特色和成效。

1997年10月，美国司法部指控微软垄断操作系统，将浏览器软件与窗口操作系统软件非法捆绑销售，翌年10月反垄断案正式立案，这是美国历史上首次出现有关知识产权的反垄断案，2000年4月，联邦法官托马斯·杰克逊称，根据搜集到的证据证明微软公司的确存在垄断行为，他的理由是微软将浏览器软件与窗口操作系统捆绑销售，同时也在市场上拥有绝对的占有率，限制了同业竞争，令使用者基本上没有选择的余地，其影响涵盖全球性的计算机市场。但微软公司所涉及的非法垄断行为，与传统市场上的垄断具有很大的区别，微软由于拥有计算机窗口系统的软件所有权，此系统被广大的用户所接受，因此能在非常短的时间内几乎完全地独占市场，所得到的一切是因高新科技的运用而带来的，并没有通过非法的、不正当的市场竞争行为来取得，在逻辑上与不正当竞争行为绝不可以划为等号。就如若诺贝尔当年可以运用知识产权法将炸药的成分合法地独占，他也会在当时的经济市场上形成了绝对的垄断而取得庞大的利益，只不过由于当时对知识产权没有法律保障，才避免了相关行为的垄断或独占。因此，在这种新型的、由知识产权带动下形成的垄断，给美国的司法界一次长时间的诉讼挑战——2000年6月，上诉庭推翻了托马斯·杰克逊法官对浏览器案件的裁决，微软躲过了被拆分的命运。2000年8月，杰克逊法官因违反司法程序，向媒体泄漏案件审理内情而被解职,库雷科特琳被任命代替杰克逊,全权负责对微软反垄断案的审理。

2000年11月上旬,在库雷科特琳法官力促下,微软和美国司法部达成妥协,妥协条件是微软同意个人计算机制造商可以自由选择窗口桌面,公开窗口软件部分源代码,使微软的竞争者也能够在操作系统上编写应用程序。然而,因计算机市场涉及巨大的利益,在19个起诉微软的州中,有9个州决定反对司法部与微软的协议条件,认为这一和解方案对于制止微软继续滥用其在计算机软件业的垄断地位收效不大,明确表示继续进行这场旷日持久的官司。因为这次长时间诉讼的官司不仅影响了微软本身的投资和技术开发决策,同时也因而引起该公司股价的大幅波动对公众的利益造成损害,全球都在密切地关注,究竟知识产权保护下获得的迅速发展与垄断的黑洞如何分离,成为了国际司法上的一个崭新论题。

2002年4月22日,比尔·盖茨亲自为微软辩护,试图使公司免于9个州的司法部长提出的严厉的反垄断制裁方案,这是盖茨在长达4年的微软反垄断审理过程中首次出庭作证。9个州要求微软把网络浏览器和媒体播放器应用功能从窗口操作系统中分离,为个人用户提供一套窗口基础版。4月24日,盖茨在反垄断案听证会上表示,微软有可能为个人计算器用户提供一套窗口简易版本。11月1日,美国联邦法庭在微软与美国政府的划时代反托拉斯案和解协议上签字,它基本上按照2000年11月双方订立的意图,这标志着微软在持续了4年的托拉斯诉讼案中取得了重大的胜利,令投资者感到欣喜,然而对于竞争者来说,则并不是一个好消息。

无论这场反托拉斯案的结局是否公平和完美,它必定引发美国及国际上更多的经济垄断诉讼,对经济市场重新组合产生一定的化学作用,我们应用平常与平等心看待这些诉讼,正像已故制度经济大师门瑟尔·奥尔森(Mancur Olson)所说的,经济制度进步,从来就是由经济利益的冲突和抗争推进的。

资料来源:杨长江、陈伟浩:《微观经济学》,复旦大学出版社2004年版。

(二) 价格管制

反垄断法的目标是增强竞争,提高市场效率。但是,对于自然垄断造成的低效率,不需要通过反垄断法来解决。回顾我们前面所讨论的自然垄断的重要特征,即向右下方倾斜的平均成本曲线,表明随着产量的增加,自然垄断企业的平均成本一直下降,这就使企业在任何产量范围内都存在规模经济,因此一个大规模企业生产所有的产量要比由几个小企业来生产的成本更低。比如自来水公司,为了给居民和企业供给水,自来水公司必须挖开路面,铺设水管。如果存在两家公司供应自来水,就需要铺设两条水路,这显然是资源浪费,只有一家自来水公司的市场更有效率。但是,行业中只有一家企业虽然会降低生产成本,但同时也存在产量低、价格高所带来的低效率。为了同时得到一家企业生产且能够维持低价的好处,政府通常对属于自然垄断的行业如自来水、电力等公用事业以及通讯、航空运输等实行价格管制。政府管制价格的方法有多种。

一是要求自然垄断企业按边际成本定价。我们知道在竞争市场中,由于企业选择边际成本等于价格的产量,没有无谓损失。因此,价格管制的一种方法是要求企业制定的价格等于边际成本。由于垄断企业利润最大化的产量对应的市场价格高于边际成本，因而，依据边际成本等于价格的原则定价会使价格降低和产量增加。如图8-7所示，在没有价格管制时，垄断企业按照边际收益等于边际成本的原则确定的产量和价格为 Q_m 和 P_m。实施按边际成本定价后，价格由 P_m 下降到 P_1，产量由 Q_m 增加到 Q_1。边际成本定价是有效率的，但是它使自然垄断企业产生亏损。因为自然垄断企业平均成本递减，边际成本小于平均成本。如果价格等于边际成本，价格就会低于平均成本，平均成本减

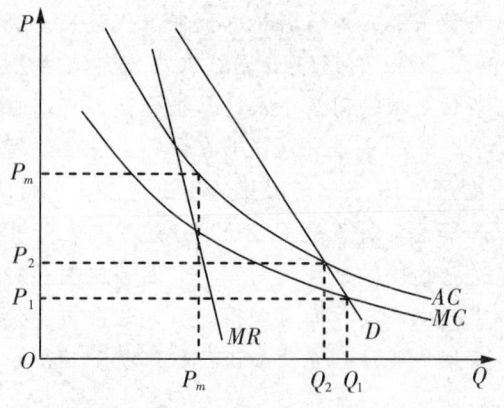

图8-7　自然垄断与价格管制

价格就是生产每单位产品的亏损。显然，在这种情况下，自然垄断企业在长期中无法经营。例如，如果政府要求自来水公司制定一个等于边际成本的价格，这将使自来水公司不再有扩大生产规模增加水供给的动力。面对这一情况，政府管制机构面临难题：如果对自然垄断企业的亏损给予补贴维持企业的经营，这不仅会增加政府的财政负担，而且企业成本和补贴数量会由于信息不对称很难确定。如果政府不愿补贴，就必须放弃边际成本定价。显然，这一方案虽然理想，但在现实中却是不可行的。

　　二是要求自然垄断企业按平均成本定价。这是为了解决企业亏损问题而采取的价格管制方法。这一管制方法要求垄断企业制定的价格等于平均成本。仍然看图8-7，当价格为 P_2 时，企业处在既没有经济利润也不亏损的状态，其收益刚好可以补偿机会成本。这个结果对企业来说比边际成本定价要好，企业赚到了正常利润。这一价格高于边际成本，是无效率的，但由于它低于垄断价格，与无管制的利润最大化的垄断价格比，无谓损失减少而产量增加了。但是，平均成本定价仍然存在问题，一方面，由于信息不对称以及企业成本和市场需求在不断变化，准确确定平均成本非常困难。另一方面，由于企业知道无论自己的平均成本是多少，总是能够按照平均成本确定价格，这会使企业丧失降低成本的积极性，甚至使企业有"虚报成本"的激励。显然，这一方法既没有鼓励降低成本的激励，也没有防止成本上升的惩戒。

　　三是激励管制。激励管制是为了解决平均成本定价所产生的没有控制成本的激励的缺陷而产生的一种管制方式。它的做法是政府制定一个多年有效的管制价格，这一管制价格通常是基于对平均成本的估计。政府管制机构告诉企业这一价格若干年内不变。如果企业经过努力把其平均成本降低到这一价格之下，其差额（即利润）归企业所得或把这部分利润用于奖励发明降低成本方法的员工。与此类似，如果企业由于管理不利导致成本上升，企业将承受亏损，因为价格是不变的。激励管制方法使企业获得了降低成本的激励，也使企业在经营不善时受到利润减少或亏损的惩罚。然而，在政府管制机构信息不足的情况下，由于行业只有一家企业，因而怎样估计平均成本水平才算合理没有一个合理的参照，接受管制的企业会想方设法使管制者相信自己拥有较高的平均成本，从而获得高价格。因此，信息不对称以及与此相关的激励问题是价格管制需要解决的难题。

第四节 价格歧视

在以上的分析中，垄断企业对产品只制定一个价格。但在很多情况下，垄断企业并不是仅采取单一价格经营，而是实行价格歧视。本节我们分析垄断企业为什么实行价格歧视以及是如何实行价格歧视的。

一、价格歧视的含义

价格歧视（price discrimination）是指企业对同一种物品或劳务向不同购买者收取不同价格的行为。价格歧视广泛存在于现实生活中，例如电力公司对居民用电、商业用电、工业用电收取不同的费用，成年人与儿童的电影票定价不同，乘地铁购买月票比购买单程票便宜等等。现实中大多数实行价格歧视的企业并不是垄断者，但是垄断者在实行价格歧视的时候就是这样做的。

需要说明的是，价格歧视是企业对一种物品或劳务收取不同的价格，这是由于购买者的支付意愿不同，而不是因为生产成本的差别。所以，并不是所有的价格差别都是价格歧视。有些产品相似而不相同，它们按不同的价格出售是因为生产成本不同。例如，一天之中不同时间段的电价就是这种情况，发电的成本取决于一天中的时间，对高峰期的用电收取高价格，是因为这时发电的边际成本递增，这不是价格歧视。

二、价格歧视的动力

实行价格歧视要比单一价格复杂得多，为什么垄断企业愿意花费精力去区别对待不同的消费者呢？我们考虑一个简单的例子。南方航空公司经营一条国内航线，公司的潜在乘客有两类：一类是公务乘客，他们对机票的支付意愿较高，假设为1 500元，但是这类乘客总是临时决定旅行计划。另一类是度假乘客，他们对机票的支付意愿较低，只愿意支付800元，但是他们可以提前1个月安排自己的旅行计划。假设一个航班可以运送200个乘客，两类乘客各有100人，一位乘客的平均成本为600元，为了分析的简便，再假定每多运送一个乘客的边际成本为零。那么，航空公司该如何制定机票的价格呢？

如果南方航空公司是一个单一价格垄断者，它现在面临两种选择：一种是机票价格定为1 500元。此时只有公务乘客购票，每张机票价格的利润为900（=1 500-600）元，每次航班的总利润为9万元（=900×100）。再就是机票价格定为800元，每张机票价格的利润为200（=800-600）元，每次航班的总利润为2万元（=200×100）。显然，航空公司会将票价定为1 500元。但是，这一票价度假乘客不愿接受，他们的支付意愿（800元/人）大于边际成本，却被排挤出这个市场。如图8-8所示，为了分析的简便，假设边际成本曲线是水平的，航空公司收取高于边际成本的单一价格，一些支付意愿高于边际成本的潜在乘客没有购买，垄断引起了无谓损失，正如浅色三角形所示。深色三角形表示航空公司的乘客得到的消费者剩余。

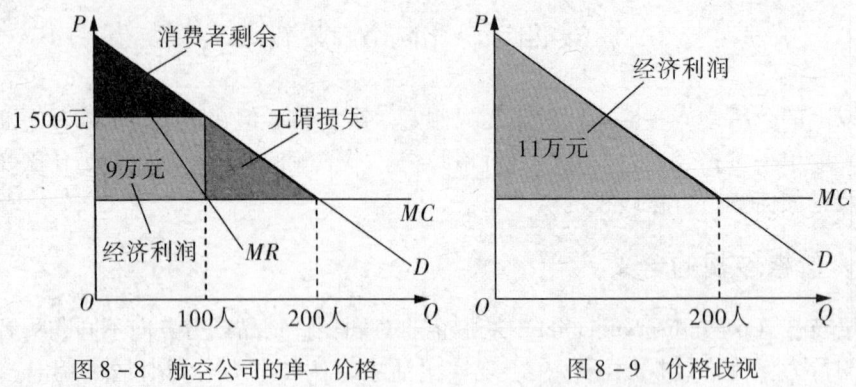

图8-8 航空公司的单一价格　　　图8-9 价格歧视

如果航空公司认识到它的潜在乘客中公务乘客和度假乘客各占一半，并且知道这两类乘客具有不同的支付意愿，于是，它们会制定一个新的价格表。1 500元的票价，订票时间无限制，可以取消；800元的票价提前1个月购买，不能取消。这样做的结果是，所有的乘客都按照自己的支付意愿购买到了机票。

图8-9表示实行价格歧视之后的结果，并且说明了航空公司为什么愿意这样做。航空公司以两种价格出售200个座位，每次航班的总收益为23万元（=15万元+8万元），总利润则为11万元（=23万元-12万元），大大高于公司收取1 500元单一价格时所赚到的9万元。无谓的损失消失了，航空公司把能赚到的钱都赚到了手，价格歧视增加了社会总福利，但增加的是航空公司的利润。乘客获得的是乘飞机旅行的权利，他们的福利为零，因为每个乘客都是按照自己的支付意愿支付的价格，市场的全部剩余以利润的形式归垄断者所有。

以上分析说明，实行价格歧视使企业得到的利润大于单一价格时的利润。因此，价格歧视是利润最大化垄断者的理性决策。

三、价格歧视的条件

企业实行价格歧视的目的是为了增加其利润，实现这一目标必须具备以下条件：

第一，必须对价格具有一定的控制力。虽然价格歧视并不只存在于垄断市场，但是能够实行价格歧视的企业必须拥有我们所说的市场力量。也就是说，在完全竞争市场，企业无法实行价格歧视，因为竞争市场的价格不是由企业决定的，企业可以在既定市场价格下出售所有的产量，没有必要实行价格歧视，因为任何形式的价格调整都会损害企业自身的利益。只有在非完全竞争的市场上，企业不再是市场价格的接受者，它们具有市场力量可以影响价格。这时企业定价就需要考虑市场需求，从而实行策略定价。

第二，必须区分具有不同支付意愿的顾客。也就是说，企业必须知道不同类型的消费者购买产品的意愿和能力，特别是把对价格上涨不敏感的人甄别出来。这样，它才能够根据不同的支付意愿对同一种产品制定不同的价格，把能赚的钱都赚到手。在我们的例子中，航空公司通过是否提前订票区分了两类乘客。垄断者也可选择其他方式划分顾客，例如，以年龄、时间或收入区分具有不同支付意愿的顾客。

第三，出售不能转售的产品。也就是说，产品不能在具有不同支付意愿的顾客之间流动，从而排除中间商低价买进转手高价出售获利的情况。在上例中，航空公司通常规定乘客登机前必须出示个人证件，因此中间商无法把低价买到的机票高价转售给他人，航空公司便可通过实行价格歧视获取高额利润。由于这一原因，价格歧视在服务业比较普遍。

四、价格歧视的类型

价格歧视可以分为一级、二级和三级价格歧视三种类型。

（一）一级价格歧视

一级价格歧视也称为完全价格歧视，它是指企业对每一单位产品都按照消费者所愿意支付的最高价格出售。也就是说，如果企业能够确切知道每个顾客的支付意愿，它就能对愿出高价者收取高价，对愿出低价者收取低价，这就是完全价格歧视。在完全价格歧视下，由于每个消费者支付他们愿意支付的最高价格，企业取走了全部的消费者剩余。如图8-9所示，如果航空公司能够制定出适合于不同支付意愿乘客的收费结构，产量增加到边际成本曲线与需求曲线的交点，此时价格等于边际成本，产量与完全竞争的产量相同，所有愿意乘飞机旅行的顾客都得到了满足。航空公司的利润增加到边际成本曲线和需求曲线之间的面积，它等于完全竞争下生产者剩余和消费者剩余之和，这意味着消费者剩余全部转化为企业的利润。完全价格歧视时无谓损失为零，社会福利水平提高了。因此，在完全价格歧视下，资源配置是有效率的。

现实中完全价格歧视的情况很少，因为企业面对的顾客千千万万，很难准确估计出每个消费者的支付意愿。

（二）二级价格歧视

比较常见的价格歧视是价格差别程度比较低的二级和三级价格歧视。在这两种情况下，企业可以采取一些方法把具有不同支付意愿的顾客大致区分开来。

二级价格歧视也称为数量折扣，它是根据不同的购买数量规定不同的价格。批量购买可以享受较大的价格折扣就是这类价格歧视的例子。例如，服装市场以两种不同的方法销售服装：一类是单件卖，价格为99元；另一类是批量卖，两件以上单价降为79元。一般来说，服装的潜在购买者有两类，一类是给自己买服装的消费者，另一类是买服装送亲友穿的人。相比之下，前者不会购买两件相同的服装，他们的支付意愿更高，因为新服装给自己穿会带来较大的边际效用。于是，批量购买折扣的结果是，第一类购买者会购买单件服装，第二类购头者则更可能购买两件以上。这样，企业以是否批量购买为标准，大致的把高支付意愿和低支付意愿的购买者区分开来，对前者收高价，对后者收低价，从而把能赚的钱都赚到了手。生活中常见的航空旅行的单程票、往返票，公交车或地铁的月票，包月上网与不包月上网的费用差别，买一斤水果与买一箱水果价格的不同等等，都是二级价格歧视的例子。

图 8 – 10 显示了二级价格歧视的情况。企业根据不同的购买量或区段对消费者分类，然后按照类别差别定价。消费者对物品的购买量越多，价格就越低。这样，一部分消费者剩余转化为企业的利润。与一级价格歧视相比，产量可能少于与完全竞争的产量，资源配置不是社会最有效的。因为有些消费者购买数量有限，他们愿意支付的价格大于边际成本但低于价格，因而不能购买到产品。然而，尽管数量折扣不是最有效的，但还是比对所有购买者收取单一价格的方式更有效率。

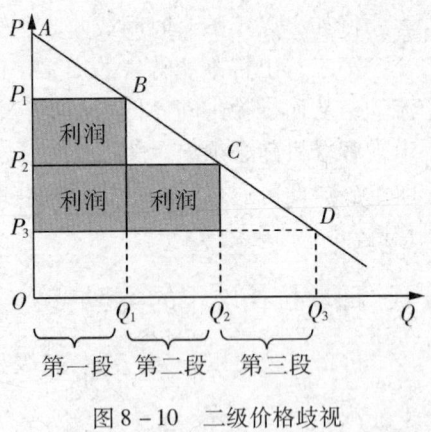

图 8 – 10　二级价格歧视

（三）三级价格歧视

三级价格歧视是当今最为盛行的价格歧视，它是企业根据消费者对同一产品需求价格弹性的差别把消费者区分为两个或两个以上的类别，对不同类别的消费者收取不同的价格。例如，度假乘客和公务乘客对乘飞机旅行具有不同的需求价格弹性。如图 8 – 11 所示：(a) 幅显示了度假乘客的需求曲线。度假乘客比公务乘客对机票价格更敏感，他们可以选择坐火车而不是乘飞机，可以灵活地安排时间，比如不外出度假而是呆在家里读书。因此，度假乘客乘飞机旅行的需求价格弹性较高。(b) 幅表明，公务乘客对机票价格不敏感，当一项重要的工作需要他们立即飞往一个城市的时候，他们没有更多的选择，因而公务乘客乘飞机旅行的需求价格弹性较低。当航空公司了解到公务乘客对乘飞机旅行支付意愿较高时，它就可以对需求价格弹性小的公务乘客收取较高的票价，而对支付意愿较低、需求价格弹性大的度假乘客收取较低的票价。

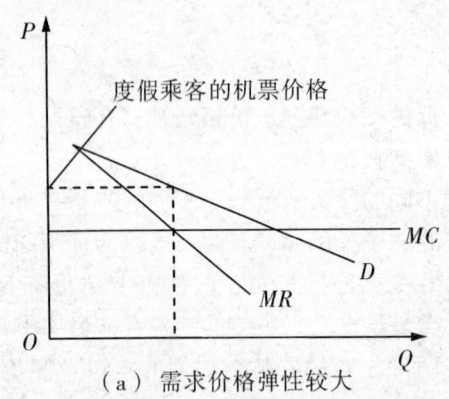
（a）需求价格弹性较大

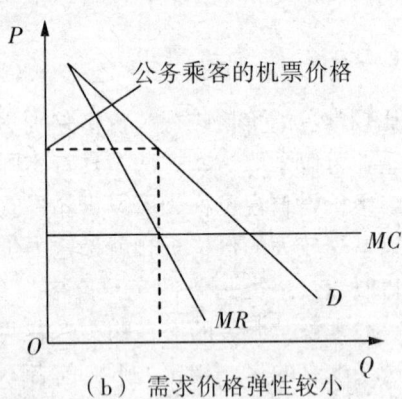
（b）需求价格弹性较小

图 8 – 11　三级价格歧视

那么，航空公司怎么区分度假乘客和公务乘客呢？由于信息和技术方面的困难，无法计算出不同市场的需求价格弹性。航空公司采取的方法之一是"提前购票"。公务乘客总是临时决定旅行计划，而度假乘客则能够比较早地安排旅行计划。因此，航空公司通常会规定提前购票的时间,对愿意提前购买机票的人收取较低的费用,而对那些不想提前购买机票的人则收取较高的费用。

现实中,每一类型的乘客中人们的支付意愿又不完全相同,航空公司无法依据每一位乘客的支付意愿制定出价格表。因此,与二级价格歧视相似,三级价格歧视也不能完全避免效率损失,但与单一价格相比,企业得到了更多的利润。

与上例类似的情况还有:新款手机总是刚推出时制定很高的价格,那些追求时尚的高收入者往往会在第一时间购买,等到新款手机上市期一过,就是大学生们享受低价的时候了,因为大学生的支付能力较低,他们对价格比较敏感即需求价格弹性较大。企业通过"跨期定价"这一价格策略有效地把消费者区分为需求价格弹性不同的群体,并对他们收取不同的价格,从而增加企业的利润。同样的原因,当当网对新出版图书的折扣价往往低于旧版图书,对价格敏感的读者将会等待更多的价格折扣,而立即购买新版图书的是那些具有较高支付意愿的读者。许多企业在报纸上向公众提供折扣券,消费者为在下次购买时获得的不同程度的折扣而剪下折扣券。为什么企业采用折扣券而不是直接降价的方式促销呢?原因在于这是三级价格歧视的定价办法。企业知道,不是所有的购买者都愿意花时间剪下折扣券,那些支付能力较高的购买者不愿为节省一点钱而花时间剪下折扣券并在指定的时间和地点购物,低收入者可能会这样做。因此,通过是否剪下折扣券,企业把对价格变动敏感程度不同的购买者区分开来,只对愿意剪下折扣券的购买者收低价,从而把支付意愿较高、需求价格弹性较小市场的消费者剩余转化为企业利润。

链接8-2　　　　　　　　民航机票定价的另一种思路

中国民航总局早已放弃了机票"禁折令"。允许各航空公司以向乘客提供折扣机票的方式参与市场竞争。但是,由于各民航公司的业务水平提高有限,民航公司的效率没有太大改善。航班或者满员,或者乘客寥寥无几的现象依然存在。许多航空公司长期亏损的状态也没有得到明显改善。

现在机票可以打折了,票价越低,可以出售的客票数越多,但降低了票价也就降低了营业收入。如果不打折,票价过高,乘坐飞机的人难以增加。如何通过提高民航公司的业务水平,利用价格调剂余缺,既能让更多的人乘坐飞机,又能提高航空公司的收入呢?

国外民航业常用的一种定价方法是价格歧视,即对不同的乘客收取不同的票价。例如,有的民航公司对两城市间的往返机票收取两种价格:全价与折扣价。对周六在所到达城市住一晚的乘客收取折扣价,对周六不在所到达城市住的乘客收全价。民航公司实行价格歧视的一个重要条件是把乘客区分为不同的集团,区别哪些乘客是不计较票价的,他们不论票价高低都会坐飞机,对他们可以收取高票价。哪些乘客只有在票价低的条件下才会坐飞机旅行,对他们只能收取低价。实行价格歧视的关键是要能用一种客观标准区分这两类乘客。美国的民航公司用的方法就是周六是否在所到达城市住一晚上。通常公务出差者由于是公费支出,他们只考虑时间的合适性,很少考虑价格变动,因此他们不愿为省几个钱而放弃周末与家人的团聚。航空公司对他们收取高票价，乘客不会减少（需求缺乏弹性），来自这部分乘客的收入也不会减少。而私人乘客乘飞机是去玩，对他们来说时间是否合适不重要，他们更看重买折扣机票能节省自己的费用支出。航空公司对他们收取低票价，由于需求富有弹性，乘客增加的百分比大于机票降价的百分比，来自这部分乘客的收益增加，这样，总收益增加了。而且，灵活性的票价也起到了优化资源配置的作用，公务乘客和私人乘客在选择上各得其所，航班乘客过多或过少的现象因此而消失。

价格歧视的形式很多。例如，美洲航空公司1992年将纽约至伦敦的经济舱分为高低不同的五种价格，最高票价无任何限制，最低票价则有必须提前购买、适用于周末、不退票等限制。这两者之间又有不同的价格限制条件。这种方法把乘客区分为不同的收入集团，高收入者购买方便的高价票，低收入者也可买低价票到伦敦一游。

我国民航业在机票定价方式上不妨借鉴国外行之有效的价格歧视的做法。市场经济需要灵活的头脑和灵活的经营方式，经济学就是使你的头脑更加灵活的学问。

资料来源：改编自梁小民：《微观经济学纵横谈》，上海三联书店2000年版。

本章要点

（1）垄断是指市场上只有一家企业生产一种没有相近替代品的产品，并且其他企业难以进入这一市场。

（2）企业独占某种关键资源、政府授予一家企业排他性地生产某种物品的权利，或者一家企业能比两家以上同行企业以较少的成本供给整个市场都会导致垄断。

（3）由于垄断企业是其市场的唯一卖者，它可以自行定价，所以它面临右下方倾斜的需求曲线，这使垄断企业的边际收益小于产品价格。

（4）与竞争企业一样，垄断企业也通过生产边际收益等于边际成本的产量来实现利润最大化。与竞争企业不同，垄断企业的产量较低，价格高于它的边际收益，因此它的价格高于边际成本。

（5）当垄断企业收取高于边际成本的价格时，一些支付意愿高于边际成本的消费者不购买物品。这导致了无谓损失。

（6）政府可以通过立法和价格管制来克服垄断的低效率，而信息和激励是政府有效管制需要解决的难题。

（7）实行价格歧视的企业根据买者的支付意愿对同一种物品收取不同的价格，使一些本来不想购买的消费者得到物品，社会福利增加了。垄断企业把更多的消费者剩余转化为企业利润。

重要概念

垄断　自然垄断　价格歧视　一级价格歧视　二级价格歧视　三级价格歧视

本章练习题

（1）什么是垄断？垄断企业如何实现利润最大化的产量与价格？

（2）为何国内机场的餐饮价格昂贵？你认为应鼓励连锁快餐业进驻机场营业吗？

（3）当单一价格垄断者实现了利润最大化时，价格、边际收益和边际成本之间是什么关系？

（4）为什么垄断企业在长期中也可以获得经济利润？

（5）为什么垄断企业的产量比竞争企业低，而收取的价格又高于竞争企业？

（6）垄断的无谓损失是如何形成的？

（7）下表给出了一个垄断企业的总成本和总收益。

数量	总成本	总收益
0	144	0
1	160	90
2	170	160
3	194	210
4	222	240
5	260	250
6	315	240
7	375	210

求：

　　A. 计算边际收益和边际成本，并画出需求曲线的图形；

　　B. 给出利润最大化而价格又好的产量，并计算最终的利润。

（8）如果垄断者实行完全价格歧视，消费者剩余、经济利润和产量会发生什么变动？

（9）我国某些航空公司同一航线早上和晚间航班票价低于白天，请说明为什么航空公司对不同时间段的航班收取不同的价格？

（10）电影院经常对儿童和学生收取较低的票价。这是价格歧视吗？请说明价格歧视发生的必要条件，并画图来描述这种情况。

（11）若垄断企业面临的市场需求曲线为 $P = 130 - 10Q$，其成本函数为 $TC = 10Q^2 + 10Q$，求：

　　A. 该厂商的最优产量、产品价格与利润；

　　B. 社会福利最大时的产量与产品价格；

　　C. 垄断造成的社会福利损失为多少？

（12）某垄断者在两个分割的市场上出售相同的产品，产品的成本函数和两个市场的需求函数分别为 $TC = Q^2 + 10Q$，$Q_1 = 32 - 0.4P_1$，$Q_2 = 18 - 0.1P_2$。

　　A. 两个市场实行价格歧视，求解利润最大化时两个市场各自的销售量、价格和利润。

　　B. 在两个市场统一定价时，求解利润最大化时的销售量、价格和利润。

第九章 垄断竞争和寡头市场

我们已经讨论了完全竞争和垄断两种市场结构。在完全竞争市场中，单个企业不能影响市场。在垄断市场中，只有一家企业存在，该企业具有完全的市场力量。显然，完全竞争和垄断是两种极端的市场结构，现实中更为常见的是介于二者之间的情况。例如，在家电销售市场，国美和苏宁控制了家电销售的大部分市场，但两家都不是一个完全垄断者。在洗发水市场，宝洁、联合利华、丝宝等企业同样分享了巨大的市场力量。这些市场中一方面存在着不同数量的企业，它们之间存在着竞争；另一方面每家企业对市场价格具有一定的控制力和影响力，它们像垄断者一样限制产量，索取较高的价格，获得比竞争企业更大的利润，因而具有垄断的特性。这种竞争和垄断兼而有之的情况，就是不完全竞争的常见形态。

常见的不完全竞争市场包括两种类型：垄断竞争和寡头垄断。一般情况下，餐饮、服装、方便面、小说之类的行业属于垄断竞争，而诸如电信、电器、汽车、石油化工之类的行业则属于寡头垄断。本章首先简略分析垄断竞争市场，然后着重分析寡头垄断市场的企业行为。

第一节 垄 断 竞 争

一、垄断竞争的含义及其特征

垄断竞争（monopolistic competition）是指有许多出售相似而不相同产品的企业的市场。垄断竞争市场具有以下特征：

第一，存在许多企业。垄断竞争与完全竞争一样，行业内存在许多企业。这意味着每个企业在市场中的份额很小，因而对市场价格的影响有限。企业可以独立进行产量和价格决策，不必关注竞争对手的反应。因为所有的企业都不大，没有一家企业可以支配市场，没有一家企业的行为直接影响其他企业的行为。由于企业数量众多，该市场中的企业想联手把价格控制在一个较高的水平也是不可能的。

第二，企业生产有差别的产品。一种有差别的产品是与另一个企业的产品相似，但不完全相同。这种不同可能体现在质量、包装、外观、品牌、广告、企业地理位置、服务态度等方面。正是由于产品差别的存在引起了垄断，因为每种带有自身特点的产品都是唯一的，这使企业成为自己产品的垄断者，因而可以自行定价，从而使市场带有垄断的因素。产品差别程度越大，垄断的因素也越大。但是，由于有差别的产品之间又是很相似的，如果价格定得过高，消费者可能转而购买其他同种产品。因此，市场中又具有竞争因素。既有垄断又有竞争是垄断竞争市场的关键特征。

第三，企业自由进入与退出。这表明垄断竞争市场的低进入壁垒，企业在长期内进入或退出一个市场比较容易。自由进入与退出意味着企业在长期中不能获得经济利润。

垄断竞争市场普遍存在于服务业和零售业。一个典型的例子是餐饮业。例如，中山大学所处的广州市海珠区，可能有几百家甚至上千家不同档次的餐馆、饭庄或小吃店。每个餐馆提供的饮食和菜式各有特色：粤菜、湘菜、潮州菜、东北菜、福建沙县小吃等等。由于每家餐馆的规模有限，一家餐馆把清蒸鲈鱼或蒜蓉菜心降价一成，其他餐馆通常不会跟着降价。在这里，餐馆之间竞争的主要手段是通过提供差异化的产品来控制菜单的价格，比如提供与众不同的菜式或提供舒适卫生的餐饮条件，都能够增强企业产品的竞争力。生产差异化的产品使垄断竞争企业成为一个"垄断者"，每家餐馆都可以提高价格而不会把所有的顾客赶到竞争对手一方。但是，垄断竞争与完全垄断又有不同，这表现为垄断竞争市场上的不同产品存在显著的替代性，即使一家具有独特菜式的餐馆，如果菜价定得过高，也会失去相当一部分顾客。在餐饮市场，我们经常会看到不断有新餐馆开张和老餐馆的消失，这表明餐饮业的低进入壁垒，企业进入和退出相对容易。比如，要成为一家小吃店的老板，只需要租一间小房子，简单的厨具、餐具、餐桌椅、面粉和新鲜猪肉。低进入壁垒在长期中使企业的经济利润趋于零。

链接9-1　　　　　　　　产品差异化

产品差异化是垄断竞争最为显著的特征，它是指不同企业生产的产品既有很多的替代品，又并非完全可替代的情况。

我们可以餐饮业为例帮助大家理解。例如，你到中山大学附近的怡乐路转一转便会发现，这条街上有十几家小吃店，店铺都不大，经营品种相似，价格也没有多大差异。当然，你也可以不选择这些小吃店而去更大更好一些的餐馆，比如嘉香小厨、老乡楼、葵盛，甚至更远一些的广州酒家、莲香楼、南海渔村等。那么，面对这些你会怎么选择呢？你面临的首要问题便是分析它们的差异性。

对差异性的分析可以按照以下分类来进行。

方位差异。对你来说，你所在街区的餐馆与10公里以外的餐馆就是非常不同的产品。这种差别是由地理位置的不同造成的。

品质差异。在餐饮业，品质差异可以理解为菜肴的美味可口。你也许会听到周围的人们抱怨某一家餐馆的菜肴质次价高，而对另一家餐馆的菜肴则赞不绝口。

包装差异。餐饮服务给你带来的效用往往跟餐馆的环境有关。你可以设想，在一家环境优雅、放着背景音乐、灯光柔和的餐馆里吃饭，给你的感受会完全不同于在一家肮脏破旧的餐馆里吃饭的感觉。

品牌差异。如果你周围的人都认为在广州酒家吃饭是一种享受的时候，该餐馆就有了服务以外的一层含义，我们通常称之为品牌效应，它可以把一种物品或劳务同其他物品和劳务区分开来。同样水平的两家餐馆，如果要价相同，那么你肯定会选择具有品牌效应的那家餐馆。

另外，还有一些特殊的差别存在。比如有的餐馆允许顾客自带酒水，在这样的餐馆吃饭也许更加令你满意，因为它不仅使你吃得舒心，还节省了你的费用支出。

链接 9-2　　　　　经济学教科书的特色化经营

在国内外的教科书市场上，经济学教科书可谓品种繁多。然而在1998年，当美国哈佛大学教授曼昆推出《经济学原理》之后在美国初次印刷发行即达20万册，1999年该书中文版问世后不到半年内也销售了8万册。在竞争激烈的经济学教科书市场上，曼昆的《经济学原理》为什么能一枝独秀，这是因为经济学教科书市场是垄断竞争市场结构。

经济学教科书之所以是垄断竞争市场就在于这些教科书是有产品差别的市场。就国外比较流行的经济学教科书来说，有的以历史悠久和内容全面而著称，比如萨缪尔森和诺德豪斯写的《经济学》。该书1948年出版第一版，以后的同类教科书均以其结构为范本；有的以理论体系严谨、内容有一定深度而受到欢迎，比如迈克尔·帕金的《经济学》；有的以通俗易懂，与电脑运用密切配合而畅销，比如奥沙利文和谢夫林的《经济学》等等。这类书的品种很多，但每一种都有自己的特色，并以这种特色占有一定份额市场，受到一部分消费者的欢迎。但由于这些教科书属同类产品，它们之间的竞争也十分激烈。曼昆的《经济学原理》能在这竞争激烈的市场上获得成功就在于他创造出了自己产品的特色。他注意到一些经济学教科书求全求严谨的缺点，因此在书中以通俗的事例、故事、政策分析来介绍深奥的经济学原理，使沉闷的经济学让人读起来轻松、愉快。与其他同类经济学教科书相比，《经济学原理》具有简明性、通俗性和趣味性的特色，曼昆以他那幽默风趣、流畅简练的文风写出了这样一本书，也就创造了自己的产品差别，出版后很快得到读者的认可，并在经济学教科书市场上大获成功。

曼昆的《经济学原理》成功的事例告诉我们：只有市场不欢迎的产品，没有卖不出的产品。只要你能创造出自己有特色的产品就不怕没有市场。这个道理适合所有企业。

资料来源：改编自梁小民：《微观经济学纵横谈》，上海三联书店2000年版。

二、垄断竞争企业的需求曲线

在垄断竞争市场上，由于产品的差异化，企业可以自行定价。如果一个垄断竞争企业提高价格，则它的产品需求量就会减少，但也不会像竞争企业一样减少到零。所以，垄断竞争企业面临的需求曲线比完全竞争企业面临的需求曲线的弹性小。但是，由于垄断竞争企业的产品是相似的，各产品之间具有一定的替代性，垄断竞争企业面临的需求曲线又比垄断企业面临的需求曲线弹性大。因此，垄断竞争企业面临的是一条平坦的向右下方倾斜的需求曲线。这条需求曲线同时也是企业的平均收益曲线，边际收益曲线位于平均收益曲线之下。

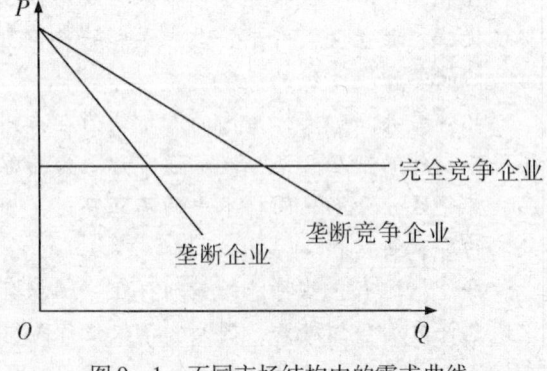

图 9-1　不同市场结构中的需求曲线

图9-1显示了三类市场企业面临的需求曲线。完全竞争企业是市场价格的接受者，因而需求曲线是一条水平线；垄断市场中只有一家企业，它面临着一条陡峭的向下倾斜的需求曲线。垄断企业的需求曲线也是市场需求曲线；垄断竞争和垄断一样，每家企业面临着向右下方倾斜的需求曲线，因为行业中还存在其他企业，这条需求曲线不是市场需求曲线。由于市场中的竞争因素，该需求曲线具有较大的弹性。它位于上述两者之间的某个位置。

三、短期均衡

现在来看短期内没有企业进入或退出时，垄断竞争企业的产量与价格决策。在垄断竞争市场，一个追求利润最大化企业的短期决策行为与垄断企业非常相似。两类企业都面对向右下方倾斜的需求曲线和边际收益曲线。为使利润最大化，与垄断企业一样，垄断竞争企业也要寻求边际收益等于边际成本的产量，并收取消费者愿意为该产量所支付的最高价格，这一价格由需求曲线决定。图9-2描述了短期内垄断竞争企业产量与价格的决策。

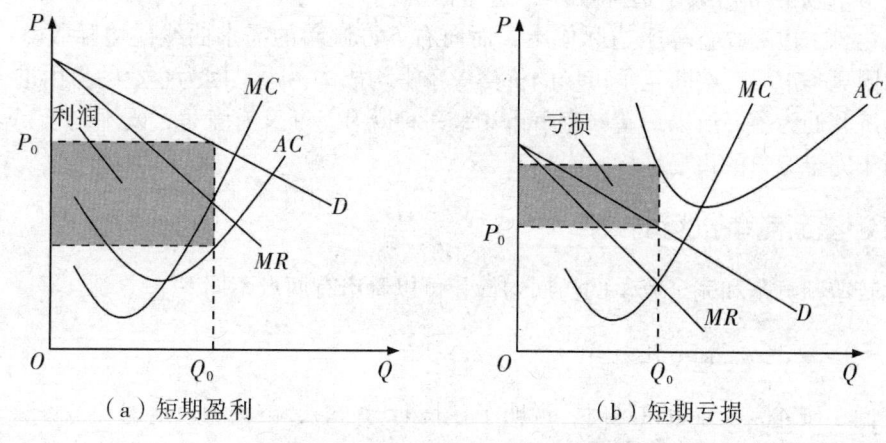

图9-2 垄断竞争企业的短期均衡

图9-2（a）表示，依据边际收益与边际成本相等的条件，垄断竞争企业选择了 MR 曲线与 MC 曲线交点决定的利润最大化产量 Q_0，相应的由市场需求决定的价格为 P_0。由于价格高于平均成本，垄断竞争企业获得了图中由阴影部分表示的经济利润。

图9-2（b）显示垄断竞争企业遭受到亏损。企业选择边际收益曲线与边际成本曲线交点决定的利润最大化产量与价格组合 Q_0 与 P_0，由于价格不能补偿平均成本，结果发生了图中阴影部分表示的亏损。

四、长期均衡

长期意味着垄断竞争企业可以自由进入和退出市场。如果企业获得了经济利润，会吸引新企业进入该行业，新进入的企业与原有企业分享销售额，使原有企业失去了一部分顾客，企业面对的需求曲线向左移动，直到经济利润消失为止。反之，如果企业遭受到亏损，该行业中亏损的企业会选择退出，那些保留在行业中的企业获得了更大的市场份额，它们的需求曲线向右移动，直至亏损完全消失。因此，在垄断竞争市场，长期中存在着经济利润为零的趋势。

企业进入或退出市场这一过程的结果如图9-3所示，新企业的进入使每一个原有企业的需求曲线向左移动，原有企业的退出使每一个留在行业中企业的需求曲线向右移动。当每一家企业的需求曲线和平均成本曲线相切时，企业的进入或退出就会停止，此时该市场就实现了长期均衡状态。在长期中，垄断竞争市场不存在经济利润。

从图9-3中可以看出，在实现了长期均衡时，$P > MR = MC$，$P = AR = AC$，这就是垄断竞争市场上企业的长期均衡条件。

图9-3表明，长期均衡时，如同垄断市场，垄断竞争市场的价格大于边际成本，这是因为利

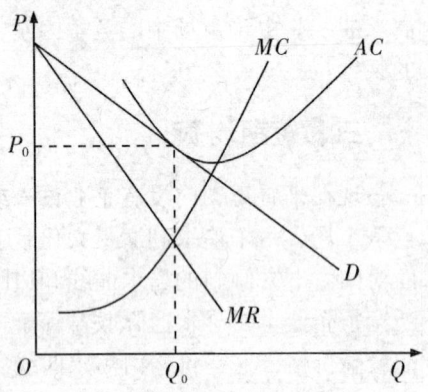

图9-3 垄断竞争企业的长期均衡

润最大化要求边际收益等于边际成本，而向右下方倾斜的需求曲线使边际收益小于价格。如同竞争市场，垄断竞争市场的价格等于平均成本，这是因为企业的自由进入和退出使经济利润为零。所以，垄断竞争市场是一种既有垄断又有竞争；既不同于完全垄断又不同于完全竞争的市场结构。

五、垄断竞争市场的效率

比较垄断竞争和完全竞争的长期均衡，可以看出有两点不同。

（一）缺乏资源配置效率

我们在研究完全竞争市场时，说明了在长期均衡时，市场有效地配置了资源。效率的关键特点是价格等于边际成本。在竞争市场，每个企业作为市场价格的接受者，面对的是具有无限弹性的需求曲线，企业的产量确保在价格等于边际成本的水平。这说明从社会的角度看，企业的产量水平是有效率的产量，资源的配置是最优的。

然而，垄断竞争企业与上一章分析的垄断企业一样，产品的差异化使每家企业都拥有一定的市场控制力量，企业面临的是一条向右下方倾斜的需求曲线，企业利润最大化时产品的价格大于边际成本。由于价格较高，一些对物品的评价高于边际成本但小于价格的顾客买不到物品，这说明从社会资源合理分配的角度看，企业的产量不足，垄断竞争降低了市场配置资源的效率。

（二）存在过剩的生产能力

垄断竞争市场缺乏效率的另一个重要表现是存在过剩的生产能力。如图9-4所示，垄断竞争企业的零利润均衡不同于完全竞争均衡。在长期中，竞争市场上的自由进入使每一家企业的产量在平均成本最低的水平，该产量为企业的有效规模。而垄断竞争市场

上企业的进入和退出一直达到需求曲线与平均成本曲线相切时为止，这一切点在平均成本曲线底部的左上方。这一长期均衡点的产量小于平均成本最低时的产量。这说明，垄断竞争企业不是在最低平均成本生产，每一家企业都存在过剩的生产能力。

在图 9-4 中，Q_C 为竞争企业长期均衡时的最优产量，它对应的成本在 U 形平均成本曲线最低点，表示企业的生产能力得到了充分利用。垄断竞争企业的最优产量为 Q_m，这一产量小于使平均成本最低的产量，过剩的生产能力就是 Q_m 与 Q_C 之间的差额。由于产量小于规模产量，消费者支付了高于平均成本的价格。导致这一结果的原因是企业面临右下方倾斜的需求曲线，需求曲线向右下方倾斜是因为产品的差异化，所以，产品的差异化引起过剩的生产能力。

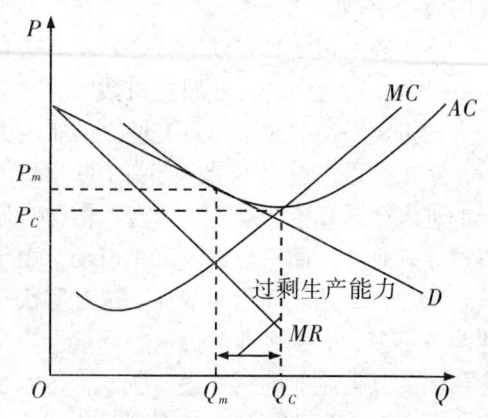

图 9-4　垄断竞争企业与完全竞争企业的比较

生活中我们经常可以看到垄断竞争市场中的过剩生产能力。比如餐馆几乎总是有一部分空着的桌椅。理发店并不总是有顾客排队等候。银行的个人理财窗口随时回答客户对理财产品的咨询。总之，在垄断竞争市场，企业进行的是有过剩生产能力的经营。

以上分析说明，垄断竞争的低效率产生于产品的差异化。而产品的差异化导致的多样化的产品正是消费者所喜爱的。有些人喜欢吃粤菜也有人喜欢吃湘菜；自行车有山地车、轻便车，有黑色也有彩色，因而能够满足不同消费者的需要。因此，若要用完全竞争市场取代垄断竞争市场，市场将充满着毫无风格和个性而言的同质产品，消费者多样化的需求不能得到充分满足。所以，经济学家认为，如果从消费者福利的角度看问题，虽然垄断竞争的效率较低，但消费者可以得到丰富多彩的有差别产品；而企业由于生产差别化的产品在短期内可以获得经济利润，从而激发了企业在长期内进行创新的内在动力和愿望，这对整个社会来说是有利的。因此，为了更多创新，以满足不同消费者的需求而放弃部分效率是值得的。

第二节　寡头垄断

上一节我们介绍的垄断竞争是以"竞争"为主要特征的市场结构。本节继续介绍介于完全竞争和垄断之间，但是以"垄断"为主要特征的市场，这一市场被称为寡头垄断。

一、寡头垄断市场的含义及其特征

寡头垄断（oligopoly）是指只有少数几家企业的市场。在寡头市场上，少数几家企业供给该市场大部分产品，每家企业的规模很大，足以影响产品市场价格。现实经济中很多行业具有寡头垄断市场的特征，例如，彩电市场上的长虹、康佳、TCL、创维等几个品牌左右着彩电的价格和产量;石油化工行业中,中石油、中石化、中海油公司对市场具有很大的支配能力;在国内超市零售行业,百佳、好又多、家乐福、华润万家、易初莲花等企业控制了绝大部分的市场;等等。总之,寡头垄断市场是经济社会中十分重要的市场结构。

寡头垄断市场具有以下特征:

第一,行业内的企业屈指可数。当企业数量很少的时候,它们的产量在市场占有相当大的份额,因此对市场具有明显的影响力。

第二,进入退出不易。寡头垄断市场上企业的数量少,每家企业的规模很大,新企业的进入会遇到生产规模、资金、信誉、原材料、专利、管制等方面的障碍,很难竞争得过原有企业。而一旦进入这个市场,由于企业规模庞大,要退出也是非常艰难的。

第三,企业之间相互依存。这是寡头垄断市场最显著的特点。由于寡头垄断市场企业为数不多,一家企业的价格、产量发生变动,或新的研究开发计划及广告等活动,都会影响到其他企业的销售量。所以,每家企业作出重大决策时,不仅要考虑自身的成本和收益情况,还要慎重地考虑到竞争对手可能的反应,然后制定一个合理的行动策略。例如,南方航空公司决定减少航班,提高机票价格。然而,机票价格能否提高取决于其他航空公司的行为。如果中国国际航空公司和东方航空公司增加了航班以弥补南方航空公司航班的减少,那么机票的价格就不会变化太大。因此,南方航空公司在产量和价格决策时一定要考虑到其他航空公司如何反应。如果企业的管理者能够正确判断出其他企业对自己企业某项决策的反应,这个企业就会盈利。

链接9-3　　　　识别竞争或垄断程度的标准:集中度

识别某一市场结构的类型,不能仅观察该市场的企业数目。在完全竞争或垄断竞争市场,存在着许多企业,这些市场是高度竞争的。但是在寡头垄断市场,也可能存在许多企业,但最大的两家企业的产量可能占总产量的95%,该市场被这两家大企业所控制,因而区别于完全竞争或垄断竞争市场。所以,判断一个市场竞争程度的标准通常是行业的集中度。

集中度(concentration ratio)以百分比的方式指出了一个行业中最大企业所占的产量份额。运用这一标准,可以很容易地区分出不同的市场类型。常用的测量行业集中程度的标准是把某一行业中最大的四家企业的市场份额相加,这被称为"四企业集中度"。

寡头垄断市场具有很高的四企业集中度,常见的四企业集中度为70%~100%。相比之下,垄断竞争市场的集中度要低得多,前四家企业的市场占有率一般为20%~40%。

用四企业集中度衡量,2002年中国电信市场前四家(中国移动、中国电信、网通、联通)企业的市场占有率之和为98.9%。2006年,洗衣机行业前5家企业海尔、小天鹅、荣事达与LG、松下等的产量占全国总量的72.2%;彩电行业前六家企业TCL、康佳、创维、长虹、海信、海尔的销量占全国的65.7%。并且这种行业集中度提高的趋势还将持续。

由于寡头垄断企业之间行为相互不独立，对策不确定，企业的任何决策都必须考虑对手的反应。对对手的反应方式作不同的假设可以得到不同的寡头垄断市场模型。因此，要想建立一个有统一分析框架或模型来解释寡头的最优产量与价格决定是很困难的。我们只能依据寡头企业之间相互联系的不同形态建立不同的模型来进行分析。

通常情况下，我们依据寡头企业在竞争中是否存在合谋把寡头模型分为两大类：一类是有合谋的寡头模型，另一类是非合谋的寡头模型。

二、合谋情况下的寡头模型

在寡头垄断市场，企业之间的相互依存使产量和价格决策具有不确定性。为了避免在价格战和争夺市场份额中造成各方俱伤的局面，它们有可能相互勾结起来，形成一个像垄断企业那样的整体，并像垄断企业那样确定产量和价格，它们或者通过共同限制产量而提高价格，或者共同维持较高的价格而不再打价格战，从而谋求行业利润的最大化。由于寡头垄断市场企业的数量较少，企业之间的合谋（collusion）比较容易达成。寡头企业的合谋模型主要有公开的合谋和默契合谋两种类型。

（一）公开的合谋

公开的合谋也称为卡特尔模型。**卡特尔**（cartel）是以正式协议的形式限制产量提高价格的企业联盟。参加卡特尔的成员企业愿意放弃对价格和产量的单独决定权，它们通过签订公开协议的方式就价格、产量、广告支出等方面达成一致，采取共同行动，以获得各成员共同利润的最大化。一旦寡头企业之间形成了卡特尔，卡特尔就可以像一个垄断企业那样行动，使得行业利润最大化。

以下我们通过一个双寡头的例子来说明企业之间的合谋如何实现均衡。假定一个小镇上只有张三和李四两个居民拥有水井。为了分析的简便，我们假定每吨水的边际成本为零。

表9-1是水的需求表。表9-1的第三栏为总收益。在每吨水的边际成本为零的假设下，总收益也可以看成总利润。

表9-1 水的需求表

数量（吨）	价格（元）	总收益（总利润）
0	120	0
10	110	1100
20	100	2000
30	90	2700
40	80	3200
50	70	3500
60	60	3600

续表 9-1

数量（吨）	价格（元）	总收益（总利润）
70	50	3500
80	40	3200
90	30	2700
100	20	2000
110	10	1100
120	0	0

从表 9-1 可以看出，如果是竞争市场，每个企业生产价格等于边际成本时的产量，水的均衡价格和数量应该是 0 和 120 吨。如果是垄断市场，企业会把产量确定在 60 吨，每吨水向消费者收取 60 元的价格，从而使利润最大。如果是双寡头市场，且张三和李四为了避免竞争带来的两败俱伤，通过签订协议就水的产量和价格达成一致，他们会像一个垄断者一样，把水的产量定为 60 吨，每吨水向消费者收取 60 元，从而得到了 3600 元的行业垄断利润。可见，一旦形成卡特尔，市场上实际就是一个垄断者在提供服务，合谋的结果与完全垄断的市场结果相同。

最著名的卡特尔是欧佩克，即石油输出国组织（OPEC）。20 世纪 70 年代前期，欧佩克成员的限产协议导致原油价格由 1973 年的每桶约 3 美元暴涨到 1974 年的每桶 12 美元以上，极大地提高了成员国的利润。然而，到了 20 世纪 80 年代，欧佩克成员国在达成和实施协议上不再那么成功了，石油价格开始一路走低。这其中固然有全球经济不景气，导致石油需求下降的原因，但最重要的因素还是卡特尔自身的不稳定性。

我国一些行业的自律价行为也具有合谋的性质。2009 年 4 月 20 日，国航、南航、东航、海航、深航五大航空公司同一天对国内机票实行新的运价体系，出售的机票只显示价格，不再显示折扣。同时，国内机票价格出现普涨，机票折扣不低于 3 折。然而，4 月 23 日，南航率先宣布，即日起推出特价票，最低可打 2 折。随后，海航、深航也提出为满足广大旅客"五一"短假的出行要求，在不少航线推出特价机票，航班票价最低至 2.2 折。不过一周的时间，被指结成价格同盟合作导演国内机票价格普涨的五大航空公司，便开始土崩瓦解。我国近些年来曾经出现的所谓"彩电价格同盟"、"地产价格同盟"也都毫无例外地以失败而告终。

以上事例说明，卡特尔是一种不稳定的垄断联盟，它至少面临以下两方面问题：

一是合法性问题。许多国家在法律上禁止任何公开或秘密的垄断联盟，合谋在这些国家属非法行为。在美国，根据反托拉斯法，任何合谋行为都会被判处重罪，包括巨额的罚款甚至是企业垄断者的监禁。2007 年我国出台的反垄断法也包含有不允许企业之间相互串通，操纵市场价格的行为。

二是卡特尔成员企业存在着背叛的激励。虽说寡头企业通过合谋行为会得到一个垄断的市场结果，但是与真正的垄断企业相比仍然是不同的。垄断企业只有一家，不存在背叛问题。卡特尔则是若干企业共同行动的结果，如果卡特尔组织其成员不能施加有效的约束，那么每个成员都可能背弃协议，通过扩张产量而增加自己的利润，从而导致卡特尔走向解体。这是卡特尔不稳定的根本原因。

链接9-4   欧佩克和世界石油市场

"欧佩克"即世界石油输出国组织（OPEC）是世界上最著名的卡特尔。在1960年最初成立时，欧佩克包括伊朗、伊拉克、科威特、沙特阿拉伯和委内瑞拉。到1973年，又有其他8个国家加入：卡塔尔、印度尼西亚、利比亚、阿联酋、阿尔及利亚、尼日利亚、厄瓜多尔和加蓬。这些国家控制了世界石油储藏量的四分之三。和其他卡特尔一样，欧佩克力图对其成员国的石油政策进行协调，以通过控制产量来维持石油价格的稳定，从而保证各成员国在任何情况下都能获得稳定的石油收入。1973年和1974年，在阿拉伯—以色列战争过后，欧佩克把石油价格从每桶3美元左右提高到每桶12美元以上。1979年之后，石油价格进一步由每桶15美元左右提高到每桶40美元。

然而，欧佩克并不能完全控制国际石油市场。自对原油生产实行限产并分配产量定额以来，欧佩克从未有效杜绝过其成员国的超产行为。欧佩克的成员受到增加生产可得到更大利润份额的诱惑，他们常常就减少产量达成协议，然后又私下违背协议，生产超过分配他们限额的产量。为限制成员国超产，欧佩克不得不一再调低生产限额，因此形成了一个"超产—限产—再超产—再限产"的怪圈。

现在，欧佩克依然每两年开一次会，但作为一个各怀想法的利益聚合体，欧佩克很难再通过达成或实施协议来控制产量和价格了。其成员国基本上是独立地做出生产决策。世界石油市场具有相当大的竞争性。在稳定世界石油市场价格方面，欧佩克已不再能起到任何实质性的作用。

（二）默契合谋

由于公开的合谋行为会受到法律的制裁，寡头企业往往采取默契合谋的方式来减少竞争。默契合谋是指企业之间为避免竞争，特别是为避免恶性竞争而就价格达成的一种默契。它是通过采取暗中勾结的手段来获取垄断利润。

默契合谋的一种形式是价格领导者（price leader）。价格领导者是当企业生产同质产品时，由行业中某企业作为价格领导者率先确定产品价格，这个企业通常是该行业的第二大或第三大企业，它制定价格，其他企业作为追随者接受价格并确定自己的产量。价格追随者之所以愿意接受价格领导者的定价，其原因是追随者的生产成本高于价格领导者，价格领导者的定价通常会低于追随者的最优定价，因此追随者不会自己制定更低的价格。

价格领导模型是寡头企业之间的一种默契，它实际上具有价格串谋的作用。然而，在这种情况下，很难证明企业之间进行了勾结。当公众批评它们的合谋行为时，寡头企业总是以根据市场变动来调整价格为理由为自己辩解。例如，美国航空公司曾经实际充当过该行业的价格领导者。当航空业成本或需求条件发生变化时，美航宣布新的价格，其他航空公司随之调整。目前，我国在电信、石油、航空等行业也出现了一些集中度很高的寡头市场，这些行业中是否会出现企业之间暗地或私下的合作，制定相互有利的价格与产量，是值得关注和分析的问题。

默契合谋的另一种形式是寡头企业"全市最低价"的承诺。我们通常会见到大型超市承诺如有顾客在其他地方发现更低价格的相同产品，愿凭发票补偿数倍差价。在一般消费者印象中，这是企业竞争性很强的促销行为，对购买者是好事。然而，从经济学角度分析，它可能会使消费者以较高的价格买到商品，这实际上是一种暗中合谋的手段。因为这个看似充满竞争火药味的口号同时向竞争者传递一个不要降价的信号。你可以把自己设想为一个做最低价承诺家电销售商的竞争者。如果那个家电销售商将成本为 2 800 元的彩电以 3 000 元出售，可获得 200 元的销售利润。如果你想与对方抢生意，你会以 2 900 元出售同样的彩电吗？显然不会！因为你会想到，对方已经做出承诺，如果你降价，那么它也一定会跟着降价，因而你的降价并不能使你获益。所以，"全市最低价"的承诺有可能产生默契合谋，抬高市场价格的结果。

三、无合谋情况下的寡头模型

如前所述，寡头企业之间的合谋会受到许多因素的限制，因此现实中更为常见的是寡头企业之间的非合作竞争。下面我们以几个模型来说明在没有合谋情况下寡头各自独立行动时的均衡。

（一）联合定产的模型

联合定产的经济学模型也称为古诺模型。它是由法国经济学家古诺（Augustin Cournot）提出的一个双寡头模型。该模型在一系列假设条件下，研究寡头企业如何通过调整产量进行竞争。古诺模型假设两个企业生产相同产品，并且知道市场需求函数。它们必须决定生产多少，并且同时做出决策。每个企业决策时，必须考虑它的竞争者，因为对手也在考虑产量决策。古诺模型实质是各企业将它的竞争者的产量看做是给定的，然后决定自己生产多少。也就是说，每家企业都根据对方的产量，来做出自己利润最大化的产量决策。在古诺模型中，如果双方的边际成本相等，那么两家企业的情况完全相同，因而两个寡头不断调整各自产量的结果是：两家企业的产量相等，市场处于均衡状态。

古诺模型所描述的寡头企业的竞争状况，可能会存在于钢铁或制铝等行业。在这类行业中，设备成本占生产成本的主要部分，而可变成本相对来说占比例不大。因此，短期内，这类行业的产量主要由企业的设备能力所决定，即产量保持既定。所以，企业有可能通过猜测其竞争对手的产量来确定自己的最优产量。

（二）弯折的需求曲线模型

弯折的需求曲线模型由美国经济学家保罗·斯威齐（P. D. Sweezy）提出，因而通常被称为斯威齐模型。该模型在一定的假设条件下，对寡头垄断市场常见的价格刚性现象做出了解释。

我们已经知道，寡头垄断市场具有较高的集中度，每家企业的行为对市场具有举足轻重的影响，这导致企业之间相互依存，相互作用，因而其决策结果难以预料。所以，寡头企业通常会尽可能避免价格竞争，更多地采取非价格竞争的手段，这使得寡头垄断市场的产品价格比较稳定，一旦确定，轻易不发生改变，这就是寡头垄断市场的价格刚性现象。这种情况在钢铁、汽车等市场存在。例如，美国的钢轨价格从 1901 年到 1916 年，一直稳定在 28 美元 1 吨，从 1922 年到 1933 年，一直稳定在 43 美元 1 吨。美国经济学家保罗·斯威齐于 1938 年提出弯折的需求曲线模型，解释了寡头垄断市场的价格刚性现象。

弯折的需求曲线模型有两个基本假设条件：如果一家企业提高自己的价格，其他企业为增加自己的销售量并不提高价格；如果一家企业降低自己的价格，其他寡头为销售量不下降，也降低价格。

在图 9-5 中，企业认为自己面临的需求曲线为 D，该曲线在 B 点弯折，将需求曲线分为两段，需求曲线的 AB 段比较平坦，表示在市场价格为 P 时，如果一家企业提价，它的竞争者保持自己的现行价格，因此提价的企业损失了较大的市场份额。需求曲线 BD 段较为陡峭，这是因为当一家企业率先降价时，其他企业也会跟着降价，率先降价的寡头并没有更多地扩大占有的市场份额。

需求曲线弯折引起边际收益曲线出现间断。为了使利润最大化，企业生产边际收益等

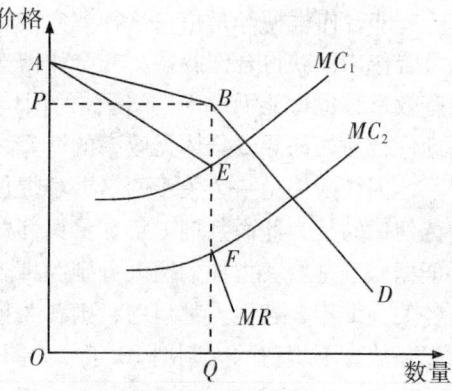

图 9-5　弯折的需求曲线模型

于边际成本的产量。这一产量 Q 是边际成本曲线穿过边际收益曲线上 EF 断开处。如果边际成本在 EF 之间变动，企业就不会改变其价格和产量。只有边际成本的变动在 EF 范围之外，才会使企业改变自己的价格和产量。因此，弯折的需求曲线模型解释了寡头垄断企业不会轻易变动自己的价格和产量。

（三）非合作性博弈

弯折的需求曲线意味着寡头企业不能进行真正独立的价格和产量决策。每一个寡头在制定价格和产量决策时，必须考虑竞争对手的反应。然而，竞争对手的反应是不确定的，经济学家通常以博弈论为工具，分析竞争对手可能的反应，并探讨寡头企业的决策行为。

1. 博弈论概述

博弈论（Game Theory）又称对策论。它是研究多个决策主体在互动关系中的决策行为。或者说，它是研究理性的决策者之间冲突及合作的科学。博弈论最早由美国数学家约翰·冯·诺依曼（John von Neumann）提出，后来由约翰·冯·诺依曼和奥斯卡·摩根斯坦（Oskar Morgenstern）运用到经济学中，现在博弈论已经成为经济学中的重要分析工具。

在博弈论看来，每一决策主体的利益不仅依赖于它自己的行动选择，而且依赖于他人的行动选择，因此每个人在决定采取什么行动时，必须考虑他人对这种行动作出什么反应。博弈论的目的是分析每个博弈者面临的选择，并对其他博弈者的每个行动作出反应，以采取利润最大化的行动或策略。由于寡头垄断市场企业数量很少，每个企业都知道，它的利润不仅取决于它生产多少，而且还取决于其他企业生产多少。在作出价格和产量决策时，寡头市场上的每个企业都必须考虑它的决策会引起竞争对手什么样的反应。所以，博弈论用来分析企业竞争对手可能的反应，并探讨寡头企业的决策行为十分有用。

以下我们通过博弈论中的一个经典例子——囚徒困境，来说明寡头企业的竞争过程（非合作性博弈）和最终结果。

2. 非合作性博弈——囚徒困境

非合作性博弈是指在这种博弈中，参与者之间无法通过协商达成有约束力的协议进行合作，以获得合作收益。非合作博弈强调的是个人理性、个人最优策略。但结果可能有效率，也可能无效率。"囚徒的困境"是非合作性博弈的经典案例，它描述了个体的理性行为如何导致集体无效率的博弈过程。

囚徒困境是一个关于两名警察捉住犯罪分子的故事。A 和 B 因入室盗窃而被捕，等待他们的是为此而判刑 1 年。警察怀疑此前未破的一些盗窃案也是他俩干的，但是没有证据。于是警察把他们两人分别关押审讯，并分别告诉每一个囚犯：若俩人都不坦白，各关押 1 年；若俩人都坦白，则各关押 8 年；若一个坦白，一个不坦白，则坦白的人予以释放，不坦白的人判刑 10 年，如图 9-6 所示。

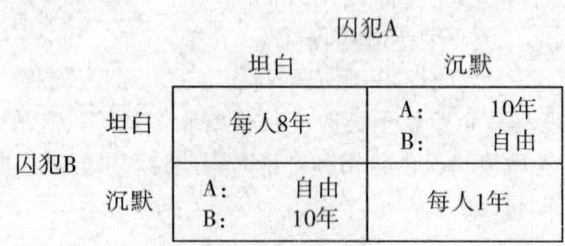

图 9-6　囚徒困境

在这个博弈中，每个囚犯都有两种战略可供选择：坦白或沉默。首先考虑囚犯 A 的决策。A 的推论如下：如果 B 选择沉默，我最好的战略是坦白，因为我将被判释放。如果 B 坦白，我最好的战略仍是坦白，因为这样我将被判 8 年而不是 10 年，因此，无论 B 怎么做，我选坦白优于沉默。在博弈论中，无论其他参与者选择什么策略，对某个参与者来说都是最优的策略被称为**占优策略**（dominant strategy），也就是说，占优策略是指无论对手如何选择，自己的选择都是最好的。在这个例子中，坦白是囚犯 A 的占优策略。

再来考虑囚犯 B 的决策，B 面临着和 A 同样的选择，而且，他的推理与 A 相似，因此，坦白也是 B 的占优策略。

显然，该博弈的均衡是：A 和 B 选择坦白，各自被判 8 年。由于追求自己的利益，两个寡头共同达到了使每个人状况变坏的结果。这称为博弈的非合作均衡（利己的策略导致了非合作结果的产生）。

图 9-6 表明，两名囚犯还有一个对双方都有利的结果，那就是两人都选择沉默，每个人仅被关押 1 年。但是，这种结果要求两人有足够的信任，或者双方事先约定遵守诺言。然而，由于担心对方背叛自己以及试图得到更大好处（自由）的利己动机，阻碍了他们达到更好的互利选择，结果陷入了囚徒困境。

在上述例子中，在囚犯 A 选择坦白时，囚犯 B 的占优策略是选择坦白。同样，在囚犯 B 选择坦白时，囚犯 A 的占优策略也是选择坦白。当每一个博弈者的选择都是占优策略时，就实现了**占优策略均衡**（dominant strategy equilibrium）。一旦博弈实现了均衡，两个囚犯都没有改变这一均衡状态激励，也就是说，A 和 B 都认为在对方选择坦白的策略给定的情况下，自己目前所选择的坦白策略是最好的，这样的均衡状态被称为**纳什均衡**（Nash equilibrium）。这一概念是由美国数学家约翰·纳什（John Nash）提出的。纳什均衡是指这样一种均衡状态，在这种状态下，如果其他参与者不改变策略，任何一个参与者都认为自己选择的策略是最优的，因而不会改变自己的策略。

纳什均衡是比占优策略均衡外延更大的一个博弈均衡概念。占优策略均衡要求任何一个参与者对于其他参与者的任何策略选择来说，其最优策略都是唯一的。而纳什均衡只要求任何一个参与者在其他参与者的策略选择给定的情况下，其选择的策略是最优的。所以占优策略均衡一定是纳什均衡，而纳什均衡不一定就是占优策略均衡。

囚犯的两难处境说明了博弈论的运用，结果是一种"不合作"解，即两个人分别从自己的利益出发决策时的结果。类似的分析方法在社会生活中得到了广泛的应用。小到夫妻吵架、邻里争端，大到国家对立、政策调整都可以用博弈论进行解释。经济学通常用博弈论分析寡头的经济行为。

3. 寡头企业的非合作性博弈

寡头企业的竞争过程和最终结果非常类似于囚徒的博弈。我们以电信市场为例，来说明寡头企业的非合作性博弈以及最终导致的市场结果。

以双寡头为例。假设电信市场被 X 和 Y 两家电信公司所垄断，这两家企业的成本相同，市场需求是既定的。为争夺市场，两家企业都面临着两种选择：维持原价或降价。显然，每一家企业在决策时都要考虑另一家企业的决策对它的影响，以及它的决策对对方的影响和对方对它的决策的反应等问题。在图 9-7 表示两个寡头的年利润将取决于它们选择的策略。

		X电信公司	
		降价	维持
Y电信公司	降价	各获利16亿元	X获利15亿元 Y获利20亿元
	维持	X获利20亿元 Y获利15亿元	各获利18亿元

图 9-7 寡头企业的价格博弈

现在让我们看 X 电信公司会如何选择。X 会这样考虑：如果 Y 维持原价，我降价，则 Y 获利 15 亿元，我可获利 20 亿元，而在维持原价时获利 18 亿元。如果 Y 选择降价，我降价则可获利 16 亿元，而在维持原价时则获利 15 亿元。显然，无论 Y 怎么选择，X 选择降价要比维持原价更好。显然，选择降价是 X 电信公司的占优策略。

同理，Y 电信公司也会做出与 X 电信公司完全一样的分析，因此 Y 电信公司的最优选择也是降价。

由此可见，降价是两家企业的占优策略。结果引起不良结局，两家企业各获利 16 亿元，每个企业自认为的占优策略却使它们得到了最坏的结果。而这两家电信公司如果选择维持原价，则双方会各获利 18 亿元。

进一步，我们还可以考虑，当 X 知道 Y 选择降价后，它会把价格提高到原来的水平吗？显然不会。同理，当 Y 知道 X 选择降价之后，Y 也不会再改变价格。这时，每个企业现有的价格水平是一个稳定的状态，它们都认为自己的策略是最优的，谁也不愿单独背离这个状态，这就实现了纳什均衡。

上述非合作性博弈的结果就是寡头垄断的市场均衡，只要这两家电信公司从自身利益出发，就会选择降价。在这种情况下，市场均衡的价格政策就是收取较低的电信资费。所以，在寡头企业相互竞争的情况下，它们的产量通常大于垄断企业的产量，其价格低于垄断企业的价格。但产量和价格永远不会达到竞争市场的水平。

4. 重复博弈

前面我们分析的博弈都是一次性的。在这些博弈中，每个参与者只有一次策略选择的机会，而且在自己选择的时候并不知道其他人的选择情况，结果，出现了个体理性决策导致集体非理性的结局，原因之一是游戏只能玩一次而不能重复。在一次性博弈的情况下，任何欺骗行为和违约行为都不会遭到报复，参与者的不合作解是难以避免的。

但在现实世界中，很多情况下寡头企业的博弈是可以多次进行的重复博弈。重复博弈（repeated game）就是对原博弈的多次重复。如果博弈能够一次次地重复下去，那么企业有可能为了树立声誉而选择合作，也就是说，寡头企业之间的合作有可能成为纳什均衡点。这是因为，在囚徒困境的不断重复中，对于任何一个参与者的欺骗和违约行为，其他参与者总会有机会给予报复，比如不再与其合作。这样一来，违约或欺骗方会遭受长期的惨重损失，因此每个参与者都不会采取违约或欺骗的行为，形成合作的局面。所以，在重复博弈的情况下，囚徒困境案例中合作的均衡解释是存在的。

我们可用重复博弈解释企业间的长期合作行为。仍以前面提到的 A、B 电信公司为例。如果两家电信公司每周进行一次同样的博弈，当他们制定不降价的协议时，还规定了"一报还一报"策略。"一报还一报"策略是如果一方在上周选择合作，另一方这周也选择合作，但如果一方在上周违约，另一方则"以牙还牙"，在这周也违约。"一报还一报"策略使双方知道违约带来的利益只能维持一周，以后利润会一直维持在低水平上，他们就会放弃违约的一次性好处。因此，重复博弈可达到参与者合作的结果。

在 A、B 两家电信公司的博弈中，"一报还一报"策略会使两家企业倾向于合作赚到垄断利润。以图 9-7 为例，如果两家企业第 1 年都坚持合作，每家可以得到 18 亿元的利润。假设 A 公司第 2 年违约，它可获得 20 亿元的利润，并给 B 公司带来了 3 亿元的利润损失。但在第3年，B公司采取"一报还一报"的策略惩罚A公司并违约，而A公司为了和B公司在第4年能够再合作选择了合作，因而也有3亿元的利润损失。把3年博弈的利润加在一起，A公司的利润共53亿元，而如果坚持合作A公司的利润是54亿元。

B公司与A公司的情况是一样的。由于每家企业通过合作能够获得更多的利润，因而，寡头企业有强烈的趋于合作的倾向。但如前所述，寡头企业的长期合作是困难的，即使不考虑法律的约束，合作的稳定性会受到其成员的数量以及能否对违约行为实行有效的监督和制裁的影响。

链接9–5　　　　　　　　伊朗为什么一定要搞核计划

一般来说，拥有核武器的国家都是在与明确的敌人发生实际冲突的情况下决定发展这种武器。这种战略是否正确，是历史学家们探讨的问题。而伊朗在没有与敌人发生实际冲突的情况下，为什么一定要搞核计划呢？2006年，《德国金融时报》一篇题为《伊朗的战略需要》的文章，对此做了解读。

美国当年发展核武器是用来对付日本，因为当时日本似乎决心继续战斗若干年。后来苏联发展核武器是为了对死敌美国产生威慑作用。英国和法国发展核武器出于两个原因：为了维护其下降的大国地位，用自己的威慑力量对付苏联。

在国王统治时期，伊朗总是担心美国（当时美国保护伊朗不受苏联侵犯）可能中止对它的保护。自苏联解体后，这样的威胁不再存在。

但伊朗在20世纪90年代初决定发展核武器。需要用核弹对付的敌人是美国。20世纪80年代中期，霍梅尼主义小组曾在世界上30多个穆斯林国家积极活动，并与伊拉克进行了一场生存或毁灭的战争。德黑兰的领导人认为，如果建立这样的中东，就不会有像德黑兰这样政权的立足之地。因此，伊朗决心破坏布什的计划，并相反地建立一个反美的和受德黑兰控制的中东。

从理论上讲，两种野心之间的冲突是不可避免的，即使不会马上爆发。霍梅尼主义的领导人相信，他们能够赢得任何使用常规武器的长期冲突，这仅仅是因为美国的公众没有耐心，不愿意接受哪怕是少量人的死伤。伊拉克的情况表明了这一点。

美国想通过战争使伊朗屈服的唯一可能性在于使用战术核武器。因此，毛拉们必须通过发展核威慑力量使自己具备反击美国的核优势的能力。毛拉们寄希望于，既不具备进行长期地面战争的能力又担心遭到核报复而不能使用核武器的美国，会像它通常所做的那样一走了之，这样伊朗就能成为地区的超级大国。

因此，把伊朗的核努力仅仅视为"发疯的毛拉们"的狂妄野心是错误的。中东正在经历自1918年奥斯曼帝国崩溃以来最重要的阶段。

各种选择是清楚的。一种选择是允许霍梅尼主义的政权主宰中东并把中东作为一个"伊斯兰超级大国"谋求在全球统治地位的基地。另一种选择是把力争德黑兰更迭政权作为战略目标。还有一种选择，可能就是伊朗和美国在中东共管。

资料来源：陈钊、陆铭：《微观经济学》，高等教育出版社2008年版。

四、对寡头垄断市场的评价

在寡头垄断市场，企业占有较大的市场份额，可以影响价格，因而与竞争市场相比，其产量低、价格高，经济效率较低。但尽管如此，寡头垄断市场在现实经济中仍然非常重要。因为它具有两个明显的优点：一是可以实现规模经济，从而降低成本，提高经济效益；二是有利于促进技术进步。各寡头企业为了在竞争中取胜，会积极从事研究与开发，使本企业的产品在质量性能上优于其他企业的产品，从而增加产品销量和市场份额。况且寡头企业多为实力雄厚的大企业，它们能够承担起研究与开发所需要的高昂费用。在汽车、计算机等市场上，我们可以充分感受到技术的突飞猛进和产品的日新月异。

本章要点

（1）垄断竞争与寡头是介于完全竞争和垄断之间的常见的不完全竞争的两种市场结构。

（2）在垄断竞争市场，有许多企业存在，它们生产差异化的产品，自由进入与退出使企业的长期经济利润为零。

（3）在垄断竞争市场，企业的产量使价格高于边际成本，平均成本没有最小化，企业存在过剩的生产能力。但与此相对应，它们提供的差异性产品满足了消费者多样化的需求。

（4）寡头垄断市场是指只有少数几家企业生产全部或大部分某一产品的市场。由于企业数量少，每一企业的产量、价格、研发以及广告等方面的决策必须考虑竞争对手的反应，这些企业之间存在高度的相互依赖性。

（5）寡头企业之间的合谋能够增加各自的利润，但这样的合谋往往是不稳定的。

（6）古诺模型说明了寡头企业如何通过调整产量进行竞争。弯折的需求曲线模型解释了寡头市场的价格刚性现象。博弈论说明在囚犯困境的问题中，利己之心导致了非合作结果的产生，而重复博弈有可能改变博弈的结果。

重要概念

垄断竞争　产品差异化　寡头垄断　合谋　卡特尔　默契合谋　价格领导者　博弈论　囚徒困境　占优策略　占优策略均衡　纳什均衡　重复博弈

本章练习题

（1）如果哈根达斯雪糕的价格上涨了一倍，还会有人购买该品牌的雪糕吗？为什么？

（2）什么是产品的差异化？为什么产品差异化是垄断竞争的一个重要原因？

（3）在长期中，垄断竞争企业获得零经济利润，这恰好是完全竞争市场会发生的情况。假定不管是完全竞争的，还是垄断竞争的，每个企业的成本曲线均完全相同。请回答以下问题：

A. 为什么长期内完全竞争市场和垄断竞争市场不生产相同的均衡产量？
B. 为什么垄断竞争市场被认为缺乏经济效率？
C. 哪些好处使我们喜欢垄断竞争的结果而不喜欢完全竞争的结果？

(4) 快速食品是一个垄断竞争市场，原本处于长期均衡状态，后来有媒体报道称最新科学研究发现快速食品不利于人体健康。这一消息会使该行业产生怎样的变化？

(5) 下列哪些情形可能会导致市场中卖家的合谋：
A. 公开宣布其交易；
B. 只有极少数的卖者；
C. 一些卖者比其他卖者价格更低；
D. 市场只开放一次；
E. 卖者不能互相见面。

(6) 如果一家企业认为它正面临一条弯折的需求曲线，那么它假设竞争对手对自己的价格变动会做出哪些反应？该企业对自己生产成本的变化会作出怎样的反应？

(7) 判断下列每一项是哪种市场结构的特征：
A. 许多企业，自由进入；
B. 一种同质的产品；
C. 企业刊登广告；
D. 进入壁垒。

(8) 如果双寡头达成共谋的协议，双方都承诺按照协议行事，也都相信对方会守信，他们会把总产量定在什么水平？这是稳定的状态吗？

(9) 在某个小镇上，只有两家餐馆，它们合谋并达成瓜分市场的协议。如果双方都遵守协议，每家餐馆可获得10万元的经济利润。如果一家餐馆违约而另一家餐馆不违约，违约者的经济利润增加到15万元，而坚守协议者有5万元的利润损失。两家餐馆无法彼此监督对方的行为。
A. 如果两家餐馆都违约，每家餐馆的经济利润是多少？
B. 画出该博弈的结局矩阵。
C. 每家餐馆的最优战略是什么？
D. 这个博弈的均衡是什么？
E. 如果两家餐馆的博弈可以进行多次，结果会有什么不同？为什么？

第十章　外部性与公共物品

市场"有效",但并非"万能",对这两个命题的分析与论证构成了微观经济学的逻辑主线。在第六章的分析中,我们知道,完全竞争市场具有帕累托效率,因而市场机制(价格机制)具有不可替代的作用。然而,市场机制并不是万能的,第七章和第八章的分析说明,由于现实中市场信息的不完全,以及存在垄断,市场并非在任何时候都能有效地配置资源。本章的分析将进一步说明,外部性和公共物品的存在也是导致市场均衡可能是低效率的原因。我们把市场在某种场合不能提供有效率的物品和劳务的情况称为"市场失灵"。本章还要说明,由于存在"市场失灵",政府会采取各种公共政策对经济进行调节与干预,以提高整个社会的效率水平。

第一节　外部性与市场失灵

生活中我们常常会遇到这样的现象:在环境安静幽雅的餐厅里用餐时,邻桌忽然传来响亮的幼儿啼哭声,而且持续很长时间,影响用餐的心情与兴致,但是周围的食客并不会因为这样的损失而获得补偿;在没有明文禁烟的广场,有吸烟者点起一根烟开始吞云吐雾,给身边的人带来负效用,却也不会为此对他人进行补偿;超市把门前的烂泥路整修一新,在方便自己营业的同时也方便了街道上过往的行人,但这些行人并不会为此向超市做出任何支付,等等。

为了更好地从经济学的角度理解上述现象,本节引入"外部性"的概念。前面的章节所介绍的消费者行为、生产者行为等理论,都是只与买者和卖者相关。但是在世界上,买者和卖者的决策有时会影响那些与市场交易活动无关的"局外人"。顾名思义,"外部性"的提出就是为了研究当这样的"局外人"存在时,市场活动是如何影响各市场参与者的福利以及社会总福利的。

一、外部性的含义及分类

外部性(externality)是指一个经济主体的行为造成无关者的损失或收益,而该经济主体并没有因此支付赔偿或获得报酬的情形。需要特别注意的是,这里讲的对无关者的影响是直接发生的,间接的影响,尤其是通过市场机制传导的影响(如市场竞争引起产品价格下降,从而使竞争对手受到损失),不属于我们讨论的外部性的范畴。

按照经济主体的行为对无关者造成的是损失还是收益,我们可以把外部性分为负外部性与正外部性。**负外部性**是某个经济主体的行为使他人受损,但自己并没有为此而承担成本的情况。除了前述在公共场所哭闹的孩子与"二手烟"现象之外,负外部性的一个典型例子是环境污染。如果一家工厂在生产过程中向其周边的河流排放大量的废水,那么下游居民生活用水的水质、河流的景观、河流生态系统的自然平衡等都会受到严重的影响,工厂若不对这些损失进行补偿,就形成负外部性。与此对应,"超市修路"属于正外部性。**正外部性**是某个经济主体的行为使他人受益,自己并没有得到受益者补偿的情况。关于正外部性,经济学里有一个非常经典的"养蜂人与果园主"的案例:一个养蜂人的蜂房与一个果园相邻,因为果园里的果树在开花时有旁边的大群蜜蜂帮助授粉,水果的产量提高了;附近大面积的果树又恰好成为低成本的稳定蜂蜜来源。养蜂人与果园主都没有为这额外的便利向对方进行支付,形成正外部性。

在考察外部性问题时,我们还需要对成本和收益重新定义。成本分为私人成本和社会成本。**私人成本**(private cost)是指企业从事生产活动所承担的成本,也就是企业的生产成本。而**社会成本**(social cost)是指企业从事生产活动所发生的成本由全社会承担的情况。社会成本和私人成本的差额称为**外部成本**(external cost),即某企业的一项生产活动,该企业不承担的费用部分。例如,造纸厂排放废水,社会成本为 1 万元,其中,直接由工厂承担的私人成本为 3 000 元,两者之差为 7 000 元,即是该企业间接危害他人所产生的外部成本。

收益也分为私人收益和社会收益。**私人收益**(private benefit)是指企业从事生产活动应获取的利益。而**社会收益**(social benefit)是指企业从事生产活动所带来利益由全社会享受的情况。社会收益和私人收益的差额为**外部收益**(external benefit)。例如,某农户承包荒山植树造林,因生态环境得到保护使当地居民所获得的全部利益即社会收益为 100 万元,而该农户自己所获得的私人收益为 10 万元,两者之差为 90 万元,即是该农户植树造林所产生的外部收益。

二、外部性如何影响资源配置

直觉上来看,外部性是一种"不好"的经济现象。例如,在拥挤的收费公路上,每一辆车的存在都一定程度地影响了其余车辆的畅顺通行,带来负外部性,使车主过路的总成本大于其实际付费。即,在公路上行车的社会总成本大于私人为了行车进行的总支付。根据学习以前章节的经验,这样的激励扭曲很可能导致社会福利的无谓损失。下面我们将借助基本的供给需求工具,构造一个类似于第六章分析税收福利损失的模型,来具体解释以上两类外部性问题对资源配置的影响。

(一)负外部性对资源配置的影响

我们考察塑料桶市场。图 10-1 为塑料桶市场的供给和需求曲线。

回顾关于供求曲线的知识,我们知道,需求曲线表示在每一个价格上,消费者愿意购买塑料制品的数量。也可以说,它反映在每一个既定数量上,消费者愿意为塑料桶支付的价格。在任何一个需求量水平下,需求曲线的高表示消费者的支付意愿,它衡量消费者多购买一单位塑料桶所增加的利益。类似地,供给曲线表示在

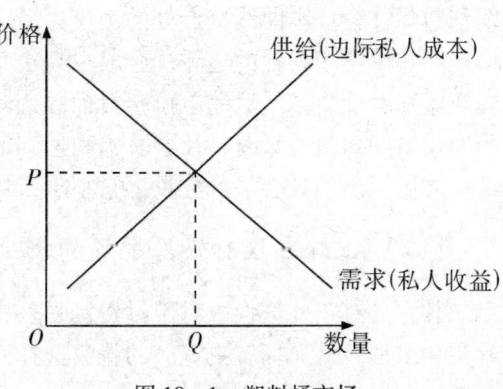

图 10-1 塑料桶市场

每一个价格上，生产者愿意生产塑料桶的数量，也可以说，它反映在每一个既定数量上，生产者愿意为生产塑料桶花费的成本。在任何一种供给量水平下，供给曲线的高反映了塑料桶生产者的边际私人成本，即表示增加一单位塑料桶所增加的私人成本。

在不存在外部性的自由的市场上，塑料桶的价格可以不断调整，直到它的供给与需求恰好平衡。如图 10-1 所示，塑料桶市场的均衡价格为 P，均衡数量为 Q，满足社会最优条件：生产最后一单位塑料桶对消费者的价值（用需求曲线的高衡量）等于生产这一单位塑料桶的边际成本（用供给曲线的高衡量）。此时，消费者剩余与生产者剩余之和（即社会总福利）达到最大，在这个市场上，资源配置是有效率的。

现在，假设塑料桶厂在生产过程中要排放废气。由于这种废气对于那些呼吸空气的人造成健康危险，因此，周边的居民必须花费额外的精力和财力来预防与治疗空气质量恶化带来的各种疾患，生产塑料桶造成了负外部性。由于负外部性的存在，生产塑料桶的成本不仅包括企业的生产成本（私人成本），还包括周围的局外人为此付出的成本（外部成本）。生产塑料桶的边际社会成本（增加一单位产品所增加的社会成本）大于塑料桶厂的边际私人成本

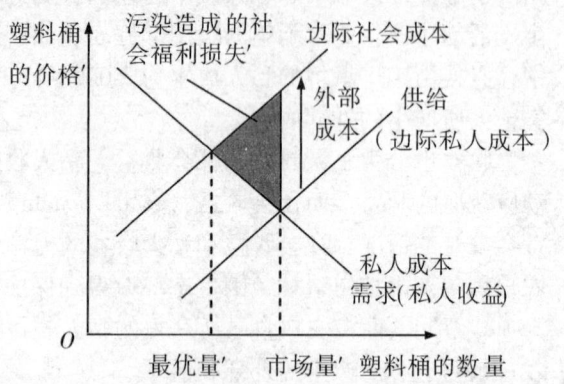

图 10-2 塑料桶生产的负外部性的低效率

（增加一单位产品所增加的私人成本）。图 10-2 表示，在考虑负外部性之后，原来的供给曲线向上方移动，成为边际社会成本曲线。边际社会成本曲线与边际私人成本曲线的差别反映了边际外部成本的存在。

供给曲线发生变化之后，原先的市场均衡是否还能使社会总福利达到最大呢？我们注意到，在图 10-2 的市场均衡数量处，生产塑料桶的边际社会成本（用边际社会成本曲线的高来衡量）大于这些产品给消费者带来的利益（用需求曲线的高来衡量）。这说明塑料桶的产量过高，减少产量能够增进社会总福利（这与我们的直觉——如果某种工业产品的生产带来污染，那么就适当减少其产量相一致）。事实上，若定义需求曲线与边际社会成本曲线交点处的产量为最适量，那么，任何大于最适量的产量都会使生产最后一单位塑料桶的边际社会成本高于其价值，因此产量应该减少；任何小于最适量的产量都会使生产最后一单位塑料桶的边际社会成本低于其价值，因此产量应该增加。当产量恰好为最适量时，社会总福利达到最大，资源配置有效率。最适量是在考虑负外部性之后得出的社会最优数量，它小于市场自发决定的均衡数量。

（二）正外部性对资源配置的影响

教育具有正外部性。对于付费接受教育的个人来说，教育能够使他们获取知识，提升文化水平，从而拥有更宽广的就业选择面，以及未来潜在的回报——较高的收入与社会地位。但是，教育不仅仅具有这些私人利益。受过教育的人越多，社会的文明程度就

越高,由于缺乏教育而产生的社会问题(如犯罪)可以得到缓解,人们可以享受高层次的精神生活并在与受过良好教育的朋友的交流中愉悦身心,等等。这就意味着,教育的社会利益大于私人利益。

我们仍然利用供求图分析正外部性。注意到,在塑料桶市场的案例中,外部性是在生产而不是消费过程中产生的,它引起的是产品私人成本和社会成本的不一致,因此我们移动表示企业生产成本的供给曲线,使之变为边际社会成本曲线。在教育的案例中,外部性是在消费而不是生产过程中产生的,它引起的是产品私人收益和社会收益的不一致,因此我们移动表示消费者对产品评价的需求曲线,使之变为社会收益曲线。

图 10-3 表明了这样的变动。横轴表示教育能够提供的产出水平,比如接受教育的学生数量,纵轴表示教育的价格,它表示受教育后获得的社会评价。边际私人收益曲线(需求曲线)与边际私人成本曲线(供给曲线)的交点,为市场均衡点。但是,该均衡不是有效率的产出水平,这是因为,教育是具有正外部性的产品,它在给个人带来收益的同时,也会产生社会收益。考虑到教育的正外部性时,我们会发现,在市场决定的均衡数量处,接受教育的边际社会

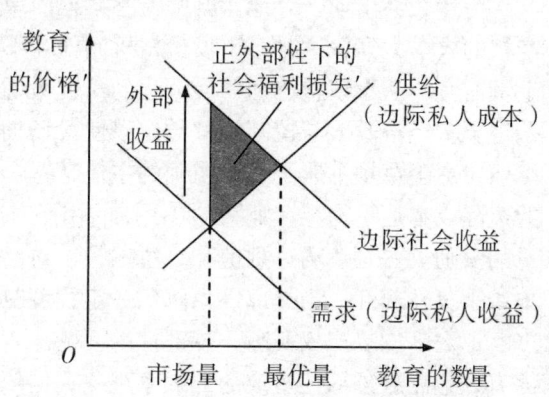

图 10-3 教育的正外部性及其低效率

收益(给本人和社会带来的新增收益)大于边际成本。这意味着对教育的消费还不够,如果居民增加在教育上的投入能够增进社会总福利。因此,市场决定的均衡数量为无效率。在供给曲线与边际社会收益曲线的交点(定义该点代表最适量),社会总福利达到最大,资源配置有效率。最适量是在考虑正外部性之后得出的社会最优数量,它大于市场自发决定的均衡数量。

以上分析说明,不管外部性是正是负,它们的存在都会使市场决定的产品数量偏离使社会福利最大化的产品数量,从而导致资源配置的低效率。当外部性存在的时候,所有个体追求自身利益的行为加总之后不一定能实现社会福利水平的最大化。当社会福利没有实现最大化时,资源配置结果是低效率的。那么,是否存在一种对策,使市场自身能将均衡数量调整至令资源配置有效率的点呢?或者,作为调控者的政府能否给出相应的公共政策实现这一目的呢?以下的分析将解答这些问题。

三、外部性的解决方法

(一)外部性的私人对策——产权与科斯定理

1. 产权和公有地悲剧

产权(property rights)是一个权利束,它包括所有权、受益权、转让权和处置权等。许多外部性的案例都是因为产权没有得到明晰的界定而产生的。比如,假设一个小

镇的郊外有一片优质草场。小镇居民的主要经济活动是养羊，他们决定这片草场归镇上居民集体所有，任何人都可以在上面自由放牧。然而一段时间过后，这块地上的羊越来越多，而草的质量却越来越差，最终肥美的草场变成了荒地，许多家庭失去了经济来源。这个故事就是著名的经济学寓言"**公有地悲剧**"（Tragedy of the Commons）。

公有地悲剧通常用来指非社会最优的过度使用公共资源现象。这种情况在现实生活中很常见，比如公海鱼类资源被过度捕捞，导致部分鱼类大量减少甚至灭绝；清新的空气和洁净的水被过度污染；木材被过度砍伐带来的生态环境问题；计划体制下国有银行的资金被过度使用并造成浪费等等。诸如此类的问题均为现代的公有地悲剧。

为什么会出现公有地悲剧呢？答案很简单：产权不明晰。这可能是因为对资源界定产权的成本太高，这时，市场价格机制往往不能很好地被用来实现资源的最优利用。就上例而言，从小镇整体利益最大化的角度考虑，最优放牧数量应该是在增加放牧数量以获得更多经济收入与控制放牧数量以使草场拥有足够的持续再生能力之间的一个均衡。然而，由于草场不属于一个明确的主体，每个人都可以理所当然地认为，既然使用草场的边际成本近乎为零，那么"不用白不用"，因此，在私人这一方，只存在增加放牧数量的激励。一旦草场达到饱和，每一只羊对已变得稀缺的草场资源的占用都会给其他的羊带来负外部性，当外部性累积到一定程度时，公有地悲剧就不可避免地发生了。

那么，如果产权明晰，外部性的问题能否得到解决呢？以下的分析将说明，市场能够有效地克服外部性造成的低效率现象，但依赖于一定的条件。

2. 科斯定理

产权明晰对消除外部性到底有多重要？经济学家罗纳德·科斯提出了著名的**科斯定理**（Coase Theorem）：只要产权明晰，且私人各方之间的交易成本为零，那么，私人部门总可以解决外部性问题，使资源配置达到有效。

为了具体说明科斯定理的意义，我们来看一个通过界定产权消除外部性的例子。假设一条河流的上游有一个化工厂，而下游是一个水产养殖场。化工厂排出的污水会影响养殖场的正常生产，造成负外部性。解决这个问题有两个办法：一是由化工厂购买污水处理设备，耗资5万元；二是养殖场购买污水净化过滤系统，耗资8万元。很明显，办法一由于社会成本较低，是有效率的。但是，如果排污权没有明确的归属，就很可能发生化工厂我行我素地排污，养殖场不得不自己处理污水的情况（办法二），导致资源配置无效率。此时，如果有第三方（比如政府）来明确规定排污权的归属，就会出现以下两种情形之一。

情形一：政府规定这条河流必须保持洁净，化工厂无权排污。此时，化工厂必须出钱进行污水处理，外部性以有效率的方式被消除了。

情形二：政府规定这条河流是纳污河，化工厂有权排污。此时，养殖场为了保证正常的生产，可以出钱要求化工厂停止排污。如果养殖场拿出6万元要求化工厂购买污水处理设备，化工厂是乐于接受的——因为购买设备仅需5万元；而这也使养殖场的状况变得更好——如果不进行这笔交易，养殖场必须再多拿出2万元购置污水净化过滤系统。双方的状况都得到了改善，外部性以有效率的方式被消除了。

我们可以看到，情形一中承担保持河流洁净成本的是化工厂，情形二中则是养殖场。尽管在这个意义上两种情形迥然不同（这是因为最初产权的归属不同），但是，因为两种情形下产权的划分都是明确的，所以最终得到的结果就是有效率的。科斯定理的重要意义就在于，无论初始的产权赋予哪一方，只要产权的界定是明确的，那么总可以通过私人之间的谈判与转让，使得私人成本（收益）和社会成本（收益）趋于一致，从而消除外部性对社会福利的负面影响。

3. 科斯定理的局限性

尽管科斯定理的逻辑很吸引人，但在现实中，要想实现理想的解决方案并不容易。主要有三种因素阻碍着科斯定理在实际经济生活中发挥作用：

第一，完全明晰地界定产权可能是做不到的。比如，洁净的空气是人人都可享受的资源，并不能在空气中做个标记，规定某人只能使用某一部分。再比如，由于政治、历史的原因，两个国家在争议边界的领土划分上可能长期无法达成共识。又比如，我国的城市化进程要求大量农耕地转为非农业土地，但是向农民征地的补偿数额如何确定一直是比较困难的问题，其中的难点就是农民的土地承包权应该如何界定，等等。

第二，生活中的许多经济活动都存在明显的交易成本。**交易成本**是指各方达成与遵守协议所耗费的时间和努力。或者说是在市场中进行买卖的成本，包括搜寻信息、讨价还价、订立和执行契约等等。科斯定理的逻辑前提是交易成本为零，或者交易成本低得可以忽略不计。但真实世界中是存在交易成本的。了解谈判议题、讨价还价、起草合约、聘请律师等显然费时又费力。在上面化工厂和养殖场的例子里，假设政府规定化工厂有权排污，养殖场愿意出6万元要求化工厂处理污水，但是如果化工厂坚持要价7万元才肯购买污水处理设备，双方的谈判将陷入僵局，无法获得有效率的结果。或者，假设河流的下游不是一个水产养殖场而是许多渔民，这些分散的利益主体无论是分别与造纸厂谈判，还是自己先达成协议再与造纸厂谈判，要达成有效的协议几乎是不可能的。

第三，科斯定理只关注效率，而没有关注除了效率之外的其他目标（如公平）。在化工厂的例子中，假设化工厂有权排污，那么养殖场就必须拿出至少5万元给化工厂以保证正常生产。如果化工厂是当地的大型企业，每年都获得上千万元的利润；而养殖场规模较小，关系着当地许多农村家庭的生计，那么，这样的结果虽有效率但看起来并不公平。遗憾的是，科斯定理不能帮助我们解决公平问题。

当交易成本太大，私人部门之间的谈判与协商不能有效克服外部性时，政府的调节有时能够起到关键的作用。政府是公共利益的代表，在上例中，当受污染损害的一方不能协调和维护自己的利益时，可以寻求政府干预。在下面的分析中，我们要考察政府如何解决外部性问题。

链接 10-1　　　　　　　科斯定理的例证

科斯定理认为，如果产权明确，人们可以用较低的成本或不费成本进行谈判的话，外部性问题可以通过市场来解决。我们可以用一个数字例子说明科斯定理。假设有一工厂，它的烟囱冒出的烟尘使得居住在工厂附近的5户居民所洗晒的衣服受到损失，每户的损失为75元，从而5户损失为375元。为了解决这一问题假设有两种治理的办法可供选择：一是在工厂的烟囱上安装一个除尘器，其费用为 150 元；二是为每户提供一个烘干机，使他们不需要去晒衣服，烘干机的费用假设为每户 50 元，成本为 250 元。显然，在这两种解决办法中，第一种是比较节约的，它的成本较低，代表最有效率的解决方案。

根据科斯定理，在上述例子中，不论给予工厂以烟囱冒烟的权利，还是给予 5 户居民晒衣服不受烟尘污染的权利，只要工厂与 5 户居民协商时期协商费用为零（即上述的交易成本为零），那么，市场机制的作用可以使双方选择最有效率的办法解决烟尘污染问题。

让我们来分析为什么如此。假定工厂拥有排放烟尘的权利，在烟尘污染带来的外部成本大于治理成本的情况下，5 户居民会考虑买进工厂烟囱冒烟的权利，即他们会选择共同给工厂义务安装一架除尘器。因为，除尘器的费用低于 5 架烘干机，更低于晒衣服所受到的烟尘之害（375 元）。如果 5 户居民被赋予晒衣服不受烟尘污染的权利，那么，工厂会考虑：与其向 5 户居民赔偿烟尘污染的全部损失（375 元），不如向居民购买他们的衣服不受污染的权利。于是工厂会选择自动地给自己安装除尘器。因为在两种解决办法中，安装除尘器的费用较低。总之，不管哪一方的当事人被赋予财产权，结果都是相同的。这些当事人都会选择最低的成本解决烟尘污染问题。

当然，科斯定理只有在交易成本为零时才会有效。如果不是如此，结果便会不同。在上例中，假设在工厂具有排放烟尘权利的条件下，如果 5 户居民联合在一起共同行动的费用很大，假如为 125 元，那么，为了共同行动给工厂安装除尘器，总支出是 375 元（125 + 250 = 375）。在这样的情况下，5 户居民便会各自去购买一架烘干机。因为烘干机的费用只有 250 元。显然，这不是一个有效率的结果。同样的，如果 5 户居民共同行动的费用为 250 元，那么，无论是给工厂安装除尘器还是给自己购买烘干机，总支出都大于总污染的成本，居民晒衣服受到烟尘污染的问题根本无法解决。居民就会把烟尘污染的问题留下不解决了。科斯定理的意思大致就是如此。科斯本人并没有对该定理加以精确的证明，仅仅使用了类似上述的数字例子加以说明。

资料来源：高鸿业：《私有制、科斯定理与产权明晰化》，载《当代思潮》，1994 年 5 月。

（二）外部性的公共政策

经济学家认为，当外部性降低了市场资源配置的效率，而交易成本的存在使得市场在解决外部性问题时无能为力，单纯依赖私人行为不能实现社会最优，这时，政府可以进行干预，来寻求社会最优。

1. 管制

管制是指政府对企业的负外部性实行强制性限制。即政府通过规定或禁止某些行为来解决外部性。例如，环保部门规定各企业可以允许的排污量，若企业违反规定则环保部门给予重罚，从而迫使企业限制其负外部性行为。类似的情况还有：食品法中规定糖精含量的最高限额，城市公路管理部门规定卡车只能在夜间进入市区，环境保护部门要求发电厂在烟道里安装"洗刷器"以减少企业排放烟雾中的污染物等等。图 10-4 表明，如果政府通过管制将存在负外部性企业的产量限制在社会最优数量，那么资源配置将有效率。

以管制的方式限制外部性有以下缺陷：一是政府不一定能有效地获得多少产量为社会最优的信息。这可能会导致政府的瞎指挥，定下不合理的管制限额，使市场均衡数量偏离社会最优量，造成效率损失；二是政府为了设计良好的管制规则，需要调查研究，确定社会

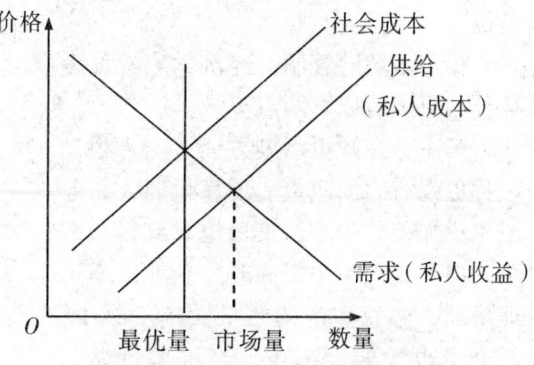

图10-4 对有负外部性市场的管制

所能承受的各种负外部性程度，并对所管制行业使用的技术有详细的了解，而政府要得到这些信息需要付出极大的成本，为此所耗费的巨大社会资源使管制政策变得不那么合意；三是企业不能主动寻找其他更廉价的减少污染的方法。例如，即使有更好更廉价的办法，电厂还得安装"洗刷器"，也许不用"洗刷器"的新技术更有效率。

管制还包括政府要求施加与接受外部成本或外部利益的企业合并（这种合并往往是私人难以自发完成的），从而使"外部性内在化"。合并后的企业为了自己的利益，会考虑施加外部性的成本。例如，在化工厂和水产养殖场的案例中，政府可以把这两家企业合并为一个决策者，这样外部性被"内部化"了。合并后的企业在考虑排污量时会考虑到对养殖带来的损失。如果增加排污量，企业可以增加化工厂的利润，但却会降低养殖场的利润。这时，企业就会考虑一个最优的排污量，来使化工厂的利润和养殖场的利润之和最大，从而实现资源的最优利用。可以肯定的是，合并后的企业排污量会小于原来化工厂的排污量。

2. 征税和补贴

政府解决外部性问题也可以不采取管制的方式，而是通过对有负外部性的活动征税和对有正外部性的活动进行补贴来使外部性内部化。用于纠正负外部性影响而开征的税被称为"庇古税"（Pigovian taxes），以纪念最早提出这种税收用法的英国经济学家阿瑟·庇古。

前面的分析说明，外部性问题的本质是因为社会的成本和收益没有通过价格反映在私人的成本收益中，从而被私人决策所忽略。以化工厂污染河流为例，企业排放污水时没有考虑到下游养殖场和渔民的损失，也就是说，企业支付的成本是被低估的。庇古认为，政府对有负外部性活动的企业征税时，其征税额应该等于该企业造成的外部成本额，这就把负外部性内在化了，即把负外部性引起的外部成本转给引起负外部性的企业，这样，外部成本就成为企业私人成本的一部分，从而使私人成本增加到社会成本的水平，进而可使企业的排污量达到社会最优的量。

图10-5显示了庇古税的原理，对负外部性的活动征税后，外部成本成为企业私人成本的一部分，企业的边际成本提高了（边际私人成本与边际社会成本相等），供给曲线上移，这使市场量Q降至最优量Q'，同时消除了因为负外部性造成的社会福利损失。对产生负外部性的活动征税是减少污染的常用办法。很多国家都对污染企业直接开征污

染税。

相对于政府管制，经济学家都偏爱征税，原因有以下两点：

第一，在减少污染方面，庇古税是一种更强有力的政策。税率低时，企业成本增加得较少，污染量也只有轻微减少。但是，当税率提高时，企业成本迅速增加，愿意生产的数量大幅度减少，污染量也大幅度减少。当税率足够高时，企业将认为生产这种产品无利可图，工厂关门，污染彻底减少为零。所

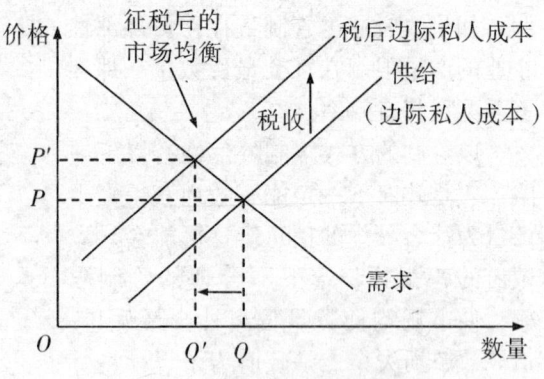

图 10-5 对负外部性行为征税

以，通过管制能够达到的每一个减排水平，用税收手段也可以达到。更重要的是，在管制政策下，一旦企业的排污量减少到了政府规定的水平，就不会有激励进一步减少污染；而在庇古税政策下，为了少交税款，企业有充足的理由在不减少产量的情况下，研究更清洁更环保的生产技术。庇古税是对环境保护的直接激励。

第二，庇古税在减少污染方面更有效率。每个企业减少排污的成本往往不尽相同。假设塑料制品厂减排的成本很低，而化工厂减排的成本很高，那么面对税收，塑料制品厂会选择多减排少交税，而化工厂会选择少减排多交税。相比于管制很可能提出的每家企业都必须减少同一个污染量的要求，税收能够使污染量以成本最低的方式得到减少（类似的分析在下一部分还可以看到）。

对于正外部性的一般做法是政府向引起外部性的企业给予补贴，其补贴额应该等于该企业给他人带来的收益额。给予补贴也是把正外部性内在化，即把正外部性引起的收益转给引起正外部性的企业，这样，外部收益就成为企业收益的一部分，使私人收益增加到与社会收益的水平。企业收益增加就会增加能够增进社会经济福利的正外部性活动。如图 10-6 所示，假设政府以贷款或奖学金的方式对大学教育进行补贴，补贴使消费者从中

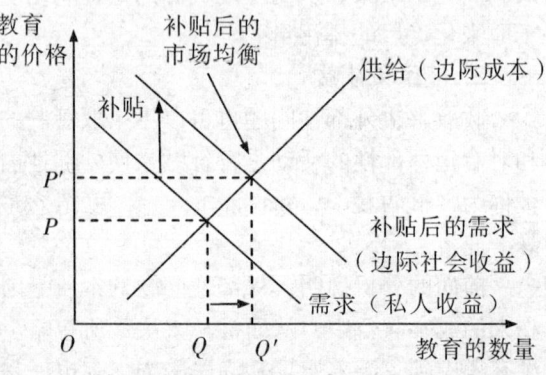

图 10-6 对正外部性行为提供补贴

感觉到外部性收益，从而使教育的边际私人收益等于边际社会收益，结果，教育的产量会由市场量 Q 变动到最适量 Q'，同时会消除因外部性而导致的社会福利损失。

征税和补贴的方法也有缺陷，这主要表现为在实际操作上比较困难。政府要确定理想的征税额和补贴额，就必须确切知道外部成本和外部收益，而政府是很难得到这种信息的。即使是受外部性影响的一方也不能确切知道自己受到了多大的损害和收益，就算是知道，也不一定会正确地向政府提供。受负外部性影响的群体常常向政府夸大其受损

的程度以获得更多的补偿。只要政府不能确切知道外部成本和外部收益,税收和补贴的方案在现实中就很难完全有效。不过,一般来说,不管是理论上还是实际上,对外部性征税或补贴仍然是克服外部性影响常见的公共政策。

3. 可交易的污染许可证

如前所述,政府通过管制可以控制企业的排污量。但是,管制要求每个工厂减少等量的污染,而等量减少并不是控制污染最省钱的办法。因为不同企业降低排污量的成本各不相同。例如,假定造纸厂减少1吨污物的成本为3 000元,化工厂减少1吨污物的成本为5 000元,若政府要求这两个企业各减少1吨污物,那么,消除2吨污物的社会成本为8 000元。进一步假定,造纸厂消除第二吨污物的成本是4 000元。如果要求造纸厂减少2吨污物,而对化工厂不加以限制,那么,整个社会的排污量仍然是2吨,但实现这一目标的总成本却降低为7 000元。显然,靠政府管制控制污染的成本更高。

降低控制污染成本的一个好办法是建立排污权交易市场。在这个市场中,政府先确定一个排污标准,然后向污染企业发行或拍卖污染许可证(即排污权),污染许可证可以在市场上进行交易,各企业可以根据自己的需要购买这种污染许可证。这种方法可以减低排污的成本。在我们的例子里,假设政府规定造纸厂和化工厂每年的减排量各为1吨,这样,社会的总减排量为2吨。若排污权不允许交易,如前所述,两个企业各减少1吨污染物,成本分别为3 000元和5 000元。现假设政府允许排污权自由买卖,两家企业之间进行了一笔交易:化工厂向造纸厂购买1吨污物的排污权,价格为4 500元。这样,造纸厂在本来减排1吨的基础上由于失去了排污权,还要再减排1吨;而化工厂由于买到了1吨的排污权,不必进行减排。此时,两家企业的减排总量不变,对环境污染的程度也没变。但是,双方在这种交易中都得到了好处。对化工厂来说,它以低于污染治理成本的价格向造纸厂买入1吨的排污权,节省的污染治理成本(5 000元)大于购买1吨排污权的费用支出(4 500元),其差额(500元)构成了化工厂的收益。而对造纸厂来说,它以高于污染治理成本的价格向化工厂卖出1吨的排污权,那么,出售1吨排污权所获得的收入(4 500元)大于其治理第二吨污染物的成本支出(4 000元),其差额(500元)就构成了造纸厂的收益。这样,在排污总量不变的情况下,由于企业之间的排污权交易,两家企业的收入都增加了,这等于降低了排污成本。消除污染的社会成本从原来的8 000元减少为7 000元。显然,借助市场调节减少负外部性是有效率的。这种方法经过欧美国家环保相关领域的实践被证明是成功的。

可交易的污染许可证是一种非常灵活的政策。假设政府环保部门想将工业污染控制在一个特定的数量,但是并不知道应该确定什么样的税率以达到这个目标。这是它只需要拍卖该数量的污染许可证,便可以达到与征税同样的减少污染的效果。拍卖污染许可证的总收入就是适当的总税收规模。

链接10-2　　　　　　　　排污权交易日渐红火

自1996年始,美国环保学会中国项目办公室在中国开始了二氧化硫排污交易实验的准备及推广工作。2000年,江苏南通和辽宁本溪开展了中国最早的排污权交易项目。在前期的试验项目取得成功后,美国环境保护协会又联合中国国家环保总局,从2002年开始,在中国实施排污权交易项目的第二阶段试验,选取了江苏省、山东省、河南省、山西省、上海市、天津市、柳州市和华能发电集团作为试点。截至2004年,我国已有2.5万吨二氧化硫的排放权在我国的四省三市进行了交易,交易额超过2000万元。这表明我国利用市场机制解决环境问题已经迈开了一大步。

与此同时,为什么排污权也可以买卖?排污权可以买卖,是不是意味着有钱就可以随意污染环境?种种有关排污权交易的问题,也引起了越来越注重环保的人们的高度关注。

从经济学角度看,排污权交易实质上是利用经济手段解决环境问题。进行排污权交易,首先确定一个地区的污染物排放总量,然后将这一总量在各个排污单位之间分配。各个排污单位所得的"配额"既可以自己用,也可以节约下来参与交易。

通过排污权交易,社会可获得"双重红利"。因为在排污权可以交易时,各企业会想方设法减少排放,以争取少买指标或出售指标,从而削减了整个区域的排放总量。而企业为了达到少污染的目标,就要不断提高生产效率和技术水平,这样,一方面环境污染减少了,另一方面整个社会的技术和经济效益也提高了,从而形成"双重红利"。而且,由于通过这种市场机制自动发挥着减少排污的作用,政府也可以从中节约大量费用,使社会总体污染控制费用大幅下降。

排污权对治理环境污染的作用,在国际上早有例证。1990年,美国引入了针对大污染源二氧化硫排放的交易系统,这是最早的一次大规模的排污权交易行动,其目的是通过排污权交易,到2000年将美国的二氧化硫排放量削减到1980年水平的一半。结果,在开始实施的两年里,企业平均比规定数减少了35%的二氧化硫排放量,而每年仅花费的代价还不到10亿美元,远远低于预计的成本。

允许排污权有偿转让,会不会导致一些企业宁愿花钱买排污权也不积极治理污染,甚至肆无忌惮地排污呢?这样的担心是不必要的。排污权交易在制度设计上就已考虑到了这一点。因为总排污量多少是建立在对环境容量科学评估的基础上的,而可转让的排污权则是以总量控制和浓度控制为前提的,就算一个"污染大户"有能力买下所有的排污权,这些排污权的总量和排放浓度都仍然在限额之内,因而不可能出现总体污染加重、企业通过购买排污权肆无忌惮排污的现象。当然,对企业排污量是多少、浓度如何等,政府在这方面仍然要加强监督,并确定企业已经用了多少排污指标,这也是排污权交易的前提。

当然,在治理环境污染中,排污权交易仍然只是辅助手段。因为排污权交易只适用于某种特定的污染,要从根本上解决环境污染问题,最终还是要靠综合治理。而且,排污权交易在操作上也存在一定的难点,比如,排污配额如何公平分配等。我国要推广排污权交易的做法,相关的法律法规也有必要进一步完善。

资料来源:载《羊城晚报》,中财网,2004-10-12。

链接10-3　　　　　　　　排放权的国际交易

迄今为止人类历史上最重要的国际环境公约——《京都议定书》于2005年2月16日正式生效。该《议定书》旨在限制二氧化碳及其他温室气体的排放量，以控制温室效应所导致的全球气候变化。《京都议定书》要求所有发达国家在2008年至2012年间，把二氧化碳、甲烷、氮氧化物等6种温室气体的排放量平均比1990年削减5.2%，对发展中国家则没有做出指标性的规定。

为了促进各国完成温室气体减排目标，《议定书》允许采取三种减排方式：一、两个发达国家之间可以进行排放权额度的买卖，即难以完成削减任务的国家，可以花钱从超额完成任务的国家买进超出的额度；二、"清洁发展机制"（CDM），鼓励发达国家向发展中国家提供资金、技术帮助后者削减排放量，有关项目在获得该发展中国家和联合国有关部门的认证后，可以抵扣发达国家的排放量，从而实现"双赢"；三、采用"集团方式"，如所有欧盟成员国可视为一个整体，实行内部调控，在总体上完成减排任务。

"清洁发展机制"绝不仅仅是一种很好的制度设计，而是具有非常现实的意义。据有关专家推算，假设发达国家为了完成《议定书》中规定的目标能独自完成一半的减排任务，另外一半需要从发展中国家"购买"排放权的话，按照每吨5美元的价格计算，从现在起到2010年，减排市场的价值约为125亿美元到250亿美元。

CDM项目之所以能够推行，是因为发达国家与发展中国家在减排成本上相差较大。比如，我国南京轿子山沼气供热项目减排二氧化碳，每吨7欧元，而在欧盟国家，每吨成本高达16欧元至29欧元。正因为如此，南京允升新能源开发有限公司开始与英国CAMCO公司谈判，双方顺利签约。2006年7月11日，英国公司给南京允升新能源开发有限公司的账户上汇入35万欧元。这是前者向后者购买5万吨温室气体减排权的预付款。据了解，自2006年起，轿子山沼气供热项目在今后7年内，平均每年需减少相当于14.7万吨二氧化碳的排放量，由此将逐笔获得英国公司提供的买方资金，总计约700多万欧元。

资料来源：杨川颖：载《世界新闻报》，2005-02-25。

第二节　公共物品

在现实生活中，有一些物品（比如国防和司法系统）是由政府提供的；有一些物品（比如鸡蛋和电脑）主要是由私人提供的；有一些物品（比如医院和学校）既有政府提供，也有私人提供。本节考察公共物品，我们的分析将要说明，为什么市场不能有效提供公共物品？为什么由政府提供私人企业生产的产品就会出现低效率？政府应该提供什么样的物品和劳务，以及如何提供这些物品和劳务。

一、不同类型的物品

在考虑经济中的各种物品时，为了便于分析，经济学家通常根据两个特点来对物品进行分类：排他性和竞争性。**排他性**指的是可以阻止人们消费某种物品。比如馒头，你不付钱，就不能吃馒头。**竞争性**是指当一个人在使用某种物品时，其他人无法同时使用。比如一个人吃了馒头，另一个人就不能吃同一个馒头。根据上述两个特点，可把物品分为四类，见图10-7。

	竞争性	非竞争性
排他性	私人物品 （食品）	俱乐部产品 （手机网络）
非排他性	公有资源 （海里的鱼）	公共物品 （国防）

图10-7　物品的分类

（一）私人物品

私人物品（private goods）是指只能由一个人消费的物品或劳务，既有排他性又有竞争性。例如，考虑一台电脑。电脑之所以具有排他性，是因为你不付费，商店不会让你把电脑抱走。商店可以很容易阻止那些没有为电脑付款的人使用电脑。电脑之所以具有竞争性，是因为你正在使用电脑，其他人就不能使用同一台电脑。经济中大多数物品和劳务都是像电脑这样的私人物品。

（二）公共物品

公共物品（public goods）是指由一个人消费不能排除其他人消费的物品或劳务，具有非排他性和非竞争性。非排他性（Nonexclusive）指的是不能阻止他人消费某种物品。其原因主要是无法收费，排除一些消费者的成本太高（如海里的鱼），或者在法律上和道德的意义上不能这样做（比如清洁的空气和国防）。非竞争性（Nonrival）指的是一个人消费某种物品并不减少其他人对该物品的消费。例如，当广州市政府在白鹅潭进行烟火表演庆祝国庆节时，市政府不能收取观看费用，因为从这个城市很多不同地方都可以看到烟火表演，而且更多的人观看表演并不会减少其他观看者得到的享受。属于公共物品的例子还有国防、基础科学研究、贫困家庭的生活补助等等。

公共物品的界定也不是绝对的，它取决于市场环境和管理手段。例如，广州市琶洲一带绿化区的新鲜空气是公共物品，但是其消费的非竞争性是以消费者数量有限为前提的，在节假日里，如果绿化区人满为患，绿化区新鲜空气的消费就出现了竞争性。下面的链接以灯塔为例，说明了如果灯塔的所有者改变管理方式，使得灯塔服务可以实现收费，这时，灯塔就不是公共物品了。

链接 10-4　　　　　　　　灯塔是公共物品吗

经济学家很早就把灯塔作为公共物品的典型例子。因为灯塔既无排他性又无竞争性。在有灯塔的地方，无法排除任何一艘过往船只利用灯塔避开有暗礁的水域，而且一个船主用灯塔航行并不影响其他船主对灯塔的使用。在既可以享受灯塔带来的好处而又不为这种服务付费时，每个船主都有搭便车的激励。因此，私人企业通常不愿提供船主所需要的灯塔。所以，现在大多数灯塔是由政府经营的。

但是，在一些情况下，灯塔也可以接近私人物品。19 世纪英国海岸上有一些灯塔是由私人拥有并经营的。当地灯塔的所有者并不向享用这种服务的船主收费，而是向附近港口的所有者收费。如果港口所有者不付费，灯塔所有者就关灯，船只就无法到达这个港口。

灯塔的例子表明，确定一种物品是不是公共物品，必须确定受益者的人数，以及能否把这些受益者排除在享用这些物品之外。当一种物品的受益者多，而且无法排除任何一个受益者对该物品的享用时，这种物品就是公共物品，因为，在这种情况下会存在严重的搭便车问题。对船主来说，灯塔可使许多船主受益，它就是一种公共物品。对港口的所有者来说，他是灯塔的主要受益者，灯塔就更像是一种私人物品。

资料来源：曼昆：《经济学原理》，北京大学出版社 1999 年版。

（三）公有资源

公有资源（common property resource）是指那些有竞争性但没有排他性的物品。例如，海洋中的鱼是一种竞争性物品：当一个人捕到鱼时，留给其他人捕的鱼就少了。但这些鱼并不是排他性物品，因为几乎不可能对渔民所捕到的鱼收费。相似的例子还有公共草场、新鲜空气、拥挤的不收费的道路，等等。

（四）俱乐部产品

还有一类物品，它很容易通过一些手段阻止他人的消费，因而具有排他性，但其消费却是非竞争性的。这类物品在一定范围内具有公共物品的性质，通常被称为俱乐部产品。例如，考虑一个城市的有线电视。要排除消费这种物品是容易的：只要实行收费制，就可以阻止不付费者对有线电视的使用。但有线电视并没有竞争性，消费者一旦付费，多一个用户并不减少其他用户对有线电视的使用。换句话说，一旦有关部门建立了有线电视网络系统，多一个用户的额外成本是微不足道的。同样的例子还有高速公路、天气预报、电影院、经济学课堂等等。

二、公共物品和搭便车问题

由于公共物品具有非排他性和非竞争性的特点，这意味着人们不用购买仍可以消费，由此便给市场经济社会带来了问题，即人们一般都不愿主动为公共物品付费，总想让别人生产然后免费消费。在经济学中,这种情况被称为搭便车。**搭便车**(free-rider)是指一个人得到一种物品的收益但避开为此支付成本的行为。

我们以楼梯上的灯为例说明搭便车问题。假设你在公寓的楼梯上装了一盏灯,这一物品没有排他性,你要排除楼梯上下的住户借光是不可能的。而且,它也没有竞争性,因为一个人享受楼梯灯光的好处,并不妨碍其他人对楼梯灯光的享受。这样,就产生了搭便车问题。

如果人人都想搭别人的便车,那么,即使楼梯上的灯给上下楼的住户带来的好处大于它的成本,但从私人来看在楼梯上安装电灯无利可图(无法收费)。即使私人可以收费,他也不该收费,因为,向享受楼梯灯光的人收费,会造成个人成本和社会机会成本的不一致。夜晚每多一个人途经楼梯,就会发生帕累托改进,该人获益而其他人不受损失。所以,为了实现经济效率,所有夜晚愿意使用楼梯者,都应该能够使用它。以任何方式阻拦一部分人在夜晚使用楼梯都会造成效率损失。但是,不收费的结果是,没有人愿意在楼梯上安装电灯,夜晚楼梯上下漆黑一片,人们上下楼梯既不方便又不安全,从社会来看,这是一种效率损失。

上述事例说明,由于公共物品不能进入市场交易,从而也没有价格,所有私人部门都不愿意向社会提供。而且,一般来说,公共物品覆盖的社会成员越多,搭便车的问题就越严重,公共物品由私人市场提供的可能性就越小。市场不能提供充足的公共物品表现出市场对公共物品配置是无能为力的。

三、公共物品的供给

经济学的理论证明,市场可以解决私人物品的有效供给问题,而对于公共物品来说,由于存在搭便车和低效率问题,没有人愿意提供被人们免费使用的物品,市场因而被认为不能有效地提供非排他性的公共物品。那么,公共物品由谁来提供呢?答案是,由政府提供公共物品较为有利,因为政府能够定出税或者费来支付其成本。所以,当市场不能提供足够的公共物品时,供给公共物品就成为政府的主要职能之一。

政府提供公共物品的方法是向居民征税,并用这些税收来购买公共物品。例如,国防由中央政府提供,其成本则通过税收筹集,然后通过预算拨款的方式来提供。一些城市的路灯、地方治安由地方政府安排,其费用也是靠税收来支付。而一些居民楼内的楼梯灯由物业管理机构统一安装维护,费用由各家各户分摊。总之,尽管搭便车问题使私人企业不愿提供公共物品,但政府可以解决这个问题,只要政府确信公共物品给社会带来的好处大于其成本,政府就应该提供公共物品,并用税收为它支付,从而可以帮助社会达到有效率的结果。

在存在搭便车的问题时,政府提供公共物品的难题是:提供哪些公共物品,以及应该提供多少呢?在西方国家中,通常用投票或成本收益分析法来决定资源在公共物品上的配置。成本收益分析法是指政府对某一经济项目或非盈利项目评价的方法。通常是比较公共项目的成本和收益,如果该项目的收益大于或等于成本,就值得生产,否则,就不值得生产。

但问题是,政府对公共项目成本和收益的估算比较困难,特别是收益,往往很难用项目的货币价值说清楚。假设政府正在考虑是否要增加警力。政府要考虑增加警力对城市居民带来的边际收益（犯罪造成的财产和人员损失减少，良好治安环境下就业率上升，更安全的学校）以及边际成本（警察薪水支付的上升）。如果增加警力的边际收益大于边际成本，那么警力就应该增加。最优的警员数是警员的边际成本等于增加警员的边际收益时的数量。衡量政府增加警员所增加的成本并不难（警员的工资和其他必要支出都有确定的价格）。但是，衡量政府从增加警力中获得的收益就困难多了。更安全的社区环境具有多少价值？校园暴力事件的减少和凶杀率的下降的价值如何估算？可行的方法是通过民意测验了解人们愿意支付多少钱（如愿为更多的警力支付多少钱，这种支付意愿称为"或然性估价"）。但在人们不必为公共物品付费的情况下，这种或然性估价是不可靠的，因为那些希望增加警力的城市居民很可能会夸大他们所得的收益，而且人们很难估计自己的支付意愿。因此，有效率地提供公共物品是很困难的。通常，政府对公共项目成本和收益的分析只是近似的估计而已。

四、公共物品供给方式的选择

（一）公共物品的供给方式

以上的分析说明，由于存在搭便车问题，现代市场经济社会需要政府提供公共物品。那么，政府采取什么方式向社会提供公共物品呢？实际上，政府可以在不同方式中进行选择。

1. 政府直接提供

政府可以直接经营那些不能由市场提供的物品和劳务。例如，国防涉及一国国民的安全，但由于其公共物品的性质以及它所涉及的国家机密，需要政府来提供。由政府提供公共物品的一个好处在于，政府建立税收机构能够以征税的方式为某种公共物品筹集资金，那么它也能够为其他的公共物品筹集资金，因而资金筹集的成本较低；此外，政府向社会成员征税收，实际上使每个纳税者承担了公共物品的成本，从而避免了只想消费公共物品而不愿付款的情况。

现实经济中，甚至有些私人物品也由政府提供。这类产品被称为由公共部门提供的私人产品。医疗和廉租房是两个典型的例子。如果政府认为医疗市场化会损害老年人和低收入者和工薪阶层的利益，可以对医疗部门国有化。就我国来说，虽然近些年来出现不少国有医院改制的现象，民营医院也开始出现，但大多数医院仍然是国有的。还有，如果政府认为由市场提供住房不利于解决穷人的住房问题，就会由政府投资，为低收入者提供廉租房。新加坡的廉租房基本上都是由新加坡政府提供的。

2. 私人部门提供，政府以补贴的方式给予激励

在任何社会，政府都不是公共物品的唯一提供者。事实上，很多公共物品是由私人部门提供的，只要私人部门能够筹集到资金，他们也愿意向社会提供公共物品，因此政府可以通过补贴的方式，激励市场按照政府希望的方式运行。例如，在基础教育方面，可采取对私立学校提供补贴的方式，鼓励私人办学，从而满足消费者对基础教育的多样化需求。在住房建设上，政府可以向开发商提供补贴，使他们有激励为穷人建造廉租房。在医疗保健方面，政府可以税收优惠的方式，为企业向员工支付健康医疗保险提供激励。

（二）选择公共物品供给方式考虑的因素

一项物品或劳务到底由政府提供还是由私人部门提供，主要考虑以下几个方面的因素：一是政府提供和私人部门提供的相对成本。一般来说，私人部门通常有激励降低成本，因此，从社会效率的角度看，由私人部门提供更有效率。20世纪80年代，西方国家出现一轮国有企业私有化的浪潮，英国政府把多年来由政府经营的铁路实行了私有化。在中国，职业介绍原来大多是由劳动部门提供的，而现在，越来越多的私营职业介绍所替代政府提供这项服务，其原因是由私人部门运作成本更低。二是物品或劳务提供的范围。一般来说，范围越大，政府以税收的方式筹集资金，会使越多的消费者共同分担公共物品的成本，政府提供优势较大。而范围较小，私人部门可以收费，由私人提供就更为可行。例如，在居民小区里，环境卫生和绿化是由小区业主缴纳物业管理费，由专为居民提供服务的物业管理公司提供的。在这种情况下，小区的环境卫生和绿化已成为俱乐部产品，严格来说已不是公共物品，所以由私人部门提供更为有效。三是考虑公平分配。如果一个社会的低收入阶层居住条件恶劣，或者看不起病，孩子上不起学，那么，虽然住房、医疗和教育由私人提供更有效率，但是从社会公平的角度考虑，政府仍然要提供廉租房、最低医疗保障和义务教育给低收入群体。经济学家认为，这实际上是向社会提供一种非常重要的公共物品，即收入和消费的均等。

本章要点

（1）外部性是一个经济主体的行为对无关者的影响。如果经济中存在正的或负的外部性，那就会引起社会收益大于或小于社会成本，使生产偏离有效率的产量。

（2）根据科斯定理，如果产权界定是清楚的，而且市场交易成本为零，那么，人们总可以达成一个资源有效配置的协议。但是，在许多情况下，许多利益各方达成协议是困难的。当市场交易不能实现资源最优配置时，政府可通过征税、补贴、管制或发放可交易的排污证解决外部性问题。

（3）公共物品既无排他性又无竞争性。由于搭便车和低效率问题的存在，没有人愿意提供被人们免费使用的物品。因而虽然市场对公共物品有需求，但却不能生产和提供，其生产只能依靠政府。

（4）政府提供最优政府数量公共物品的标准是边际收益等于边际成本。只要边际收益大于边际成本，就要持续增加公共物品的数量。

（5）公共物品可以由政府提供，也可以由私人部门提供。

重要概念

外部性　公有地悲剧　科斯定理　交易成本　征税　补贴　公共物品　私人物品　公有资源　俱乐部产品　非竞争性　非排他性　搭便车

本章练习题

(1) 什么是外部性？为什么说外部性会降低市场效率？

(2) 哪些措施可以解决外部性问题？

(3) 试判断下列观点是否正确，并简要说明理由：

　　A. 当某一污染产业中所有企业控制最后一单位污染成本都相等时，该产业实现某一给定的污染排放减少量的总成本可能最低。

　　B. 企业有时候仅仅通过将成本转移给外人的方式来降低其生产成本。

(4) 政府提供免费教育，至少价格（学费）要大大低于成本。哪一种理论支持这种政策？

(5) 根据科斯定理，交易成本对于能否实现外部性内在化存在什么影响？例如，某个养牛场的牛损害了邻近农场的农作物，每年给农场带来的损失是 3 000 元。如果谈判的成本是每一方承担 500 元或 3 000 元费用，界定产权对该问题的解决有什么影响？

(6) 表 10-1 是某地对教育的需求表。由于教育会引起外部收益，所以教育的边际社会收益大于边际私人收益。

表 10-1

学生数量	边际私人收益（元）	边际私人成本（元）	边际社会收益（元）
100	500	200	800
200	400	250	700
300	300	300	600
400	200	350	500
500	100	400	400
600	0	450	300

求：

　　A. 根据表的资料作出图形。

　　B. 如果教育市场没有调节，均衡的价格和数量是多少？

　　C. 该地区有效率的学生数量是多少？

(7) 为了改变该地区教育的低效率水平，当地政府决定为每个学生提供 200 元补贴来对教育进行补贴。求：

　　A. 作出包括补贴在内的边际私人收益曲线。

　　B. 有补贴时新的价格和数量是多少？

(8) 假设政府把补贴增加到每个学生 400 元。求：

　　A. 作出新的边际私人收益曲线。

　　B. 这时的价格和数量是多少？

　　C. 补贴多少时可以达到有效率的教育水平？

(9) 什么是公共物品的非竞争性和非排他性？举例说明。

(10) 什么是搭便车问题？

(11) 某公寓有100户居民他们都关心安全问题。表10-2是每天24小时雇佣保安的总成本和每个住户的边际收益。

表10-2

保安数量	总成本（元/天）	边际收益（元/户）	全公寓的边际收益（元）
1	300	10	
2	600	4	
3	900	2	
4	1200	1	

求：

A. 为什么对该公寓的居民来说，保卫是一种公共物品？

B. 计算保卫全公寓，即对所有住户的边际收益，并填写表的第4栏。

(12) 假设该公寓由物业管理公司管理，为了加强保卫，它可以像一个政府那样行事。求：

A. 最优的保安数量是多少？最优保安数量时的净利益是多少？

B. 该公寓如何达到最优保卫人员数量？

(13) G市有三家企业，情况见下表。政府想把污染减少为120单位，所以它给每个企业40单位的可交易污染许可证。

表10-3

企业	最初污染水平（单位）	减少一单位污染的成本（元）
A	500	100
B	300	500
C	500	200

求：

A. 谁出售许可证？出售多少？谁购买许可证？购买多少？简单解释为什么买者和卖者要这样做。在这种情况下减少污染的总成本是多少？

B. 如果许可证不能交易，减少污染的成本会高多少？

第四编　宏观经济度量与长期经济增长

本编的内容将引导你走入宏观经济学——这一研究国民经济整体的经济学分支。与微观经济学研究家庭、企业等个别对象相对应，宏观经济学从"鸟瞰"的角度总览经济整体。经济学之所以还要从整体上研究经济活动，是因为在我们的生活中，经常有大量与我们每个人的利益密切相关的宏观经济事件。例如，在过去的30年，中国生产的物品和劳务数量扩大了70倍以上，我们的生活水平比我们的父辈年轻时高得多。那么，中国经济还会继续高速增长吗？未来我们的经济还会更繁荣吗？再如，为了保持经济增长并防止世界性经济衰退带来的中国经济下滑，政府和中央银行应该采取什么政策措施呢？这些政策措施如何影响产量、就业、价格，以及中国企业在全球市场中的竞争力呢？学习宏观经济学，将有助于我们理解这些事情，理解和评价政府用以改善整体经济状况的各项政策。

本编包括两章。在第十一章，我们将介绍衡量宏观经济活动水平的重要指标，以此作为宏观经济学学习的开始。在第十二章，我们进入对宏观经济运行的分析，首先介绍宏观经济学研究的主要问题，然后解释经济长期增长的一般趋势。在此基础上，下一编将详细解释宏观经济的短期波动。

第十一章 衡量宏观经济的主要指标

在本章，我们重点讨论经济学家度量整体经济状况最常用的三个宏观经济指标：国内生产总值、失业率和价格指数。我们经常可以在新闻媒体上看到国家统计局新发布的这些能够反映经济状况变动的统计指标的数据，这些数据反映了一国整体经济的变动。本章将分析这些经济统计指标的建立与使用过程，以及其局限性。理解经济统计指标的重要性及局限性是正确使用经济数据的前提条件，也是我们理解以后各章对宏观经济运行分析的必要条件。

第一节 国内生产总值及其衡量

了解宏观经济的运行状况，可关注这个经济创造出了多少财富，该国国民得到了多少收入。从广义上说，国民收入是指衡量一个经济整体状况的总量指标体系，在这个总量指标体系中，使用最频繁的指标是国内生产总值。什么是国内生产总值？如何计算国内生产总值？本节将回答这些问题。

一、国内生产总值的含义

国内生产总值（gross domestic product，GDP）是指某一既定时期一国之内生产的所有最终产品和劳务的市场价值总和。这一定义包括以下几个方面的规定。

（一）GDP 按国土原则计算

GDP 是对一个国家范围内经济活动的度量，也就是说，只有在一国地域范围内提供的物品和劳务才能计入该国 GDP。例如，中国的 GDP 包括在中国领土上生产的所有彩电的市场价值，也包括那些由外国工厂生产的彩电。而对于那些中国企业（如海尔）在美国生产的彩电，则不计入中国的 GDP。

与 GDP 相关的一个总量指标是国民生产总值（gross national product，GNP）。GNP 是指某一既定时期一国永久居民生产的所有最终产品和劳务的市场价值总和。这就是说，GNP 指的是由本国拥有的生产要素所生产的产出，无论其地理位置在何处。

GDP 和 GNP 一字之差，但有不同的含义。前者是按"国土原则"计算，强调的是一国领土范围内生产出来的东西；后者是按"国民原则"计算，强调的是一国居民生产的总产出量。例如，中国的 GNP 包括位于美国的海尔彩电工厂的产出，而不包括广东宝洁公司的产出。显然，GNP 强调的是民族工业，即本国人办的工业。GDP 强调的是境内工业，即在本国领土范围之内的工业。在全球经济一体化的当代，各国经济更多地融合，这使计算 GNP 变得更为复杂。数据统计的不可靠使得它很难反映国民经济的运行状况。而 GDP 作为一个地域概念，它包括某国境内的所有产出，而不必考虑使用的是谁的生产要素。所以，1993 年联合国统计司要求各国在国民收入统计中用 GDP 替代 GNP 正是反映了这种趋势。

（二）GDP 是流量而不是存量，通常以年度或季度为单位度量

流量（flow）是一定时期发生的量。从打开的水龙头流到洗脸盆中的水是流量。我们在一个月里买的书和我们在一个月里赚到的收入也是流量。存量（stock）是在某一时点上存在的量。洗脸盆中的水是存量。你书架上的书和你储蓄账户上的货币量也是存量。

把经济变量分为存量和流量对我们的分析很有意义，因为 GDP 是一个重要的流量变量，是一个时间概念，它衡量的是一国在一年或一个季度中生产的物品与劳务的价值。它只计算当年经济中新增加的价值，而不计算已有的价值存量。例如，某人花了 50 万元买了一套去年建造的住房，这 50 万元不能计入当年的 GDP，因为它们是存量而不是当年的新增投资。

（三）GDP 统计的是最终产品和劳务的价值，而不包括中间产品和劳务的价值

以肉食加工厂生产火腿肠为例，整个生产过程实际上是由以下一系列经济活动构成的：养猪、屠宰生猪、加入其他成分做成火腿肠。在这一过程中生产了三种主要产品——生猪、猪肉和火腿肠，其中只有火腿肠最终能到达消费者手中。由于整个过程的最终目的是生产火腿肠，我们将火腿肠称为最终产品。所以，最终产品和劳务是指整个生产过程的最后产出物，即最终可供消费和使用的产品。中间产品和劳务是指用来生产其他产品的投入品，比如上例中的生猪和猪肉。

GDP 的计算只包括最终产品和劳务的价值，而不包括中间产品和劳务的价值，因为中间产品的价值已经包括在最终产品的价值中了，如果再加一遍，就会重复计算中间产品的价值，从而高估 GDP 水平。例如，肉食加工厂的最终产品是火腿肠，在生产过程中猪肉是作为中间物品投入使用的。这样在统计 GDP 的时候，就应该直接计算火腿肠的市场价值，而不应该把猪肉的价值也包括在内。同理，火腿肠摆在超市出售时，销售人员提供的服务属于"最终服务"，应被计入 GDP，而在此之前肉食加工厂的财务会计提供的服务就是一种"中间服务"，其价值就像猪肉一样，已经包含在火腿肠当中了，不能再次计入 GDP。否则就会犯"重复计算"的错误。

（四）GDP 统计的是当期所生产而不是所销售的最终产品和劳务的价值

销售的产品可能是当期生产的，也可能是以前生产的。当期生产的产品若在当期全部销售完毕，其价值全部计入当年的 GDP，如果还有一部分没有卖出去，这部分没有卖出的产品价值是否计入 GDP 呢？答案是肯定的。通常，我们把没有卖出的产品看做是存货投资，即认为是生产者购买了自己的部分产品，增加了自己的存货数量，这部分价值应计入当年的 GDP。

例如，某房地产公司去年共建房屋价值 1 000 亿元，当年卖掉了价值 600 亿元的房屋，还有价值 400 亿元的房屋没有售出。在计算 GDP 时，这价值 400 亿元的房屋可看

做是房地产商自己买下来的存货投资，同样应计入当年的 GDP。这样就保证 GDP 能够准确地反映当年所有物品和劳务的生产情况。第二年房地产商若是卖出了 400 亿元的存货，这 400 亿元存货作为负值（表示存货的减少）计入第二年的 GDP。

还有一类产品，以前生产出来的，而且也卖出去了。在当期再次销售，这类产品称为二手货。比如，某人把自有住宅以 30 万元的价格卖出，住房不是当期生产的，不能计入当期的 GDP，但是，该住宅若是通过房屋中介卖出，在 30 万元卖房款中，有 5 万元是必须付给房屋中介的中介费，那么，这笔中介费应计入当期的 GDP，因为它是房屋中介当期付出的劳务新创造的价值。

（五）GDP 按市场价值计算

观察一个经济的生产能力是否随着时间在增长，增长了多少，需要对各种最终产品和劳务的产量进行加总，但加总不可能直接把 1 000 辆汽车和 1 000 吨粮食相加，而是通过计算经济所提供的所有最终产品和劳务的市场价值来实现的。假设一个经济只生产汽车和粮食，已知汽车的价格每辆为 5 万元，粮食的价格每吨为 0.2 万元，那么这个经济的 GDP 为：

(1 000 辆汽车 × 5 万元/辆) + (1 000 吨粮食 × 0.2 万元/吨) = 5 200 万元

用市场价值衡量一个国家的 GDP 也有局限性，因为并非所有的最终产品和劳务都经过市场交换。例如，家庭主妇的劳动很重要，它可以增加家庭成员的福利。但由于家庭主妇的劳动没有在市场上出售，也就没有获得报酬，因而无法计入 GDP。而保姆的劳动由于经过市场交换，是计算在 GDP 中的。另外，很多"地下交易"躲开了官方统计，也没有进入 GDP，比如走私活动、毒品交易、赌博等。

也有一些不在市场出售的物品和劳务也被计入 GDP 中。比如自有房屋的租金、公务员的服务、义务教育等等。这部分产品和劳务没有市场价格，但可以通过估算近似的度量。比如，一个人居住自己的房屋可视为向自己购买了服务，发生了劳务价值的增加。通常按照把这套房子租给别人可能产生的租金来估算自有房屋的租金，并计入 GDP。同样，政府服务不在市场上进行交易无法计算其价值，可根据政府服务的成本，即按照公务员的工资近似地估算其价值。相似地，为了把义务教育纳入 GDP，可用教师和管理者的薪金、教科书和其他与教学相关的物品的成本近似衡量。

二、国内生产总值的衡量

GDP 可以从生产、支出和收入三方面来衡量，相应的有三种常用的核算方法，即生产法、支出法和收入法。这三种方法衡量的结果从理论上讲应当是一致的。

（一）核算方法的理论依据

为什么可以用生产法、支出法和收入法得到 GDP，并且这三种方法得出的结果是一致的呢？这是因为一个经济社会用其生产要素生产的产品，由企业出售给消费者，消费者的全部支出等于企业的全部收入。因此，生产 = 支出 = 收入。

图 11 - 1 是一个只有家庭和企业两个部门的经济。这是一个循环流向图。它描述了

一个简单经济中家庭和企业之间的全部交易。

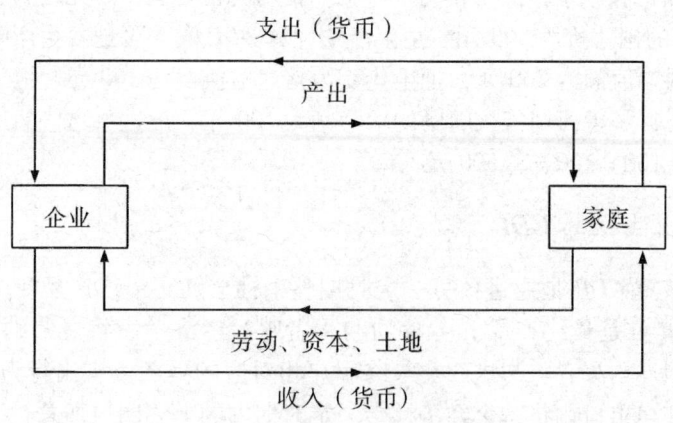

图 11-1 简单的循环流向

在这个简单经济中，家庭和企业之间发生了哪些交易活动呢？首先，流程图的下方是生产要素市场，在这里，家庭把生产要素（劳动、资本和土地）卖给企业，企业以工资、利润和利息的形式向家庭支付货币收入。其次，流程图的上方是产品市场，在这里，企业把产品和劳务卖给家庭，家庭以货币形式支付给企业货款。

从图 11-1 中可得出两点结论：第一，一个经济的总收入必然等于总支出。这是由于，在一个公平交易的市场上，对每一笔交易来说，买者支出的货币必定等于卖者收入的货币，否则交易不会实现。第二，一个经济的总产出必然等于总支出。也就是说，从全社会看，一个经济的总产出总是等于购买产品的总支出（企业未卖出的产品称存货投资，可视为企业自己买下来）。

现实经济比图 11-1 所说明的经济复杂得多。比如家庭不会支出他们的全部收入。家庭的收入除了用于消费之外，还要用于储蓄、投资和缴纳税收。家庭也不会购买经济中生产出来的全部物品和劳务，企业和政府也会购买其中的一部分。但是，无论是家庭、企业还是政府购买物品和劳务，交易总有买者和卖者。就整个经济而言，总产出、总支出与总收入必然是相等的。

（二）生产法核算 GDP

如前所述，GDP 是经济中各个行业所生产的最终产品的总和。计算时必须剔除掉中间产品的价值，以避免重复计算。但是，在现实经济中，有时难以区分中间产品与最终产品，所以，可以用生产法核算 GDP，以解决重复计算问题。

生产法也称为增值法，是指把各个生产阶段的增加值加总核算 GDP 方法。大多数产品的生产是分阶段进行的。以火腿肠为例。生产的第一个阶段是养猪。第二个阶段是屠宰场宰杀生猪。第三个阶段是食品加工厂把猪肉加工成火腿肠。第四个阶段是零售商销售火腿肠。增加值是企业在生产过程的每一个阶段新增加的价值，等于企业产品总价值减去中间产品的成本。

运用生产法计算 GDP 的方法为：统计并加总企业在产品生产中发生的增加值，就得到 GDP。例如，如果生猪的价格为 200 元，猪肉的价格为 300 元，火腿肠的出厂价为 400 元，零售商的销售价为 500 元。用生产法计算 GDP 时，可把各生产阶段的增值额加总。比如生猪的增值额为 200 元，把生猪变为猪肉增值额为 100 元，把猪肉做成火腿肠增值额为 100 元，零售商销售火腿肠的增值额为 100 元，把这些增值额加总计算的结果为（200 + 100 + 100 = 100 =）500 元。

（三）支出法核算 GDP

用支出法核算 GDP 是通过核算一定时期整个社会购买最终产品和劳务的支出来计算 GDP 的方法。谁是最终产品和劳务的购买者呢？经济学家将之归纳为四类：家庭、企业、政府和国外购买者。与这四类最终用户相对应的是四类支出行为：消费、投资、政府购买支出和净出口。将一个经济社会一定时期内的上述四项加总就是用支出法核算的 GDP。所以，支出法是从产品最终使用的角度反映一个国家（或地区）一定时期内生产活动最终成果的一种方法。

消费支出（consumption，C）是指家庭购买各种最终产品和劳务的支出。可细分为三类：**耐用消费品**是指使用寿命较长的消费品，如汽车和电脑等。需要注意的是，居民购买新建住宅的支出不是耐用消费品，它被视为投资的一部分。**非耐用消费品**是指使用寿命较短的消费品，如巧克力和爆米花等。**劳务**包括各种服务形式，如旅游、电影、法律、金融和教育等。劳务支出在消费支出中占有很大的比重。绝大多数国家的统计资料都显示"消费支出"占 GDP 的比重在 60% 左右，是总支出的重要组成部分。

投资支出（investment，I）是指企业对资本品和房产的购买。也可以细分为三类：**企业固定资产投资**是指企业对机器设备、厂房、商业用房等耐用资本品购买，如上海大众汽车公司购买了 1 000 台联想生产的个人电脑，或者南方航空公司购买了一架波音飞机。（这类耐用资本品不是最终产品，因为生产它们的目的是为了其他产品的生产。但由于它们在生产过程中不会很快消耗，因而也不是中间产品。出于计算 GDP 的考虑，经济学家将这类资本品视为最终产品。）**居民固定资产投资**是指居民对新住房的购买支出。（出于计算 GDP 的考虑，居民购买新住房被视为投资而不是消费。）**存货投资**（inventory investment）是指企业已经生产出来但未销售的产品存量的增量（或减量）。例如，假设广州本田生产了 1 000 辆汽车并出售了 950 辆，另外 50 辆汽车没有售出，广州本田的汽车存货增加了 50 辆，它可视为企业购买了自己的产品。引入存货投资的概念很重要，把卖不出去的产品视为企业购买了自己的产品，是企业的一项支出，才保证了总的产出等于总的支出，我们才能用支出法计算 GDP。存货投资可正可负，取决于在这一时期内存货价值上升还是下降。需要注意的是，在各国统计中，投资仅仅包括私人投资。在我国的统计中，投资包括国有经济的投资。表 11－1 为 2004 年美国 GDP 的支出构成。

表 11-1　2004年美国 GDP 的支出构成　　　　（亿美元）

	GDP 各支出构成数量	总量	总量中的百分比（%）
消费		82143	70
耐用品	9878		
非耐用品	23683		
服务	48582		
投资		19281	16
企业固定资产投资	11988		
居民投资	6738		
存货投资	554		
政府购买者支出		22159	19
净出口		−6240	−5
出口	11738		
进口	17978		
合计：国内生产总值		117343	100

资料来源：美国经济分析局（http://www.bea.gov）。

理解投资支出，还应当注意两个问题：一是投资支出不包括对股票、债券、土地、二手房屋的购买，因为这些购买只是产权的转移，并未使社会资产有任何增加，所以不是本章意义上的投资；二是私人投资包括净投资和重置投资两部分。重置投资即折旧，是为了更换磨损、报废的机器设备及厂房而发生的投资。净投资是总投资减去重置投资后的部分。

政府购买支出（government purchases, G）是指政府购买最终产品和劳务的支出。例如，政府花钱提供国防设施、向公务员支付薪金、设立法院、开办学校、修建体育馆、修筑高速公路、环境保护等方面的支出。政府购买支出是政府支出的一部分，这部分支出要计入 GDP 之中。

政府支出的另一部分是政府的转移支付（TR），它包括社会福利支出、失业救济金、公债利息等支出。这部分支出不计入 GDP 之内，因为转移支付只是政府向家庭和企业的现金转移，并没有相应的物品和劳务的交换发生。转移支付改变了家庭或企业的收入，但并没有增加经济中物品和劳务的产出，而 GDP 是要衡量从物品和劳务生产中得到的收入，所以转移支付不同于政府购买支出，不能计入 GDP 之中。

净出口（net exports, NX）是出口（exports）减进口（imports）的差额，体现了国外部门对本国物品（包括消费品和投资品）和劳务的需求。之所以减去进口，是由于进口的物品和劳务包括在消费、投资和政府购买支出中，但并不代表对国内产出的支出。例如，李先生买了一瓶100元的法国红酒，这种交易增加了100元的消费支出，因为购买红酒是消费支出的一部分。它还减少了净出口 100 元,因为红酒是进口的。因此,当国内的家庭、企业或政府购买了国外物品和劳务时,这种购买减少了净出口,但由于它还增加了消费、投资或政府购买,所以并不影响 GDP。

把上述四个项目相加,便可得到宏观经济学中非常重要的"国民经济恒等式":

$$Y = C + I + G + NX \qquad (11.1)$$

式中,Y 代表 GDP。任何时候等式的两边都相等,因此被称为恒等式。

表 11-2 是用支出法计算的 2007 年中国的 GDP 及其构成情况。可以看出,在我国的统计实践中,支出法核算 GDP 包括最终消费、资本形成总额及货物和服务净出口三部分:

$$支出法 GDP = 最终消费 + 资本形成总额 + 货物和服务净出口 \qquad (11.2)$$

式中,"**最终消费**"包括居民消费和政府消费(或政府购买支出 G)。居民消费是指人们日常衣食住行所要购买的物品和劳务。大多数国家的居民消费占 GDP 的比重在 60% 左右,是总支出的重要组成部分。"**资本形成总额**"即指投资,包括固定资本和存货两部分。固定资本又分为非住宅投资和住宅投资。货物和服务净出口为正值,说明中国从出口中赚的钱大于用于进口外国物品和劳务的支出。

表 11-2 2007 年中国的 GDP 及其组成部分

	总量(亿元)	总量中的百分比(%)
国内生产总值	263242.5	100
最终消费	128444.6	49
资本形成总额	111417.4	42
货物和服务净出口	23380.5	9

数据来源:《中国经济年鉴(2008)》。

(四)收入法核算 GDP

还可以从收入的角度核算 GDP。我们知道,企业生产出物品和劳务后,一旦售出,从中获得的收入要在为生产所提供劳动、资本、土地的所有者和政府之间进行分配。因此,把所有生产要素所有者的收入加总得到的总收入,就是用收入法计算的 GDP,具体包括:

劳动收入是劳动者因提供劳动而获得的收入,包括工资、薪金、福利津贴以及自我雇佣的收入。按税前值计算,劳动收入大约占 GDP 的 2/3。

资本收入是指资本所有者的收入。包括企业主赚取的利润、资本折旧补偿或者出租土地、房屋、机器设备等实物资产时所取得的租金、债券持有人获得的利息,以及版权获专利所有人得到的版税或专利许可费,都属于资本收入范围。按税前值计算,资本收入大约占 GDP 的 1/3。

政府收入是指政府因提供良好的市场环境(如法制环境、公共物品、市场监管和行业引导等)而向企业和个人征税的方式取得的收入。如果把市场环境因素也视为一种"生产要素",那么政府的税收收入也是要素收入。需要说明的是,政府出于调节收入分配差距,或鼓励技术进步、调节产品结构的目的,通常会以转移支付的方式给穷人或企业发放补贴,因此政府收入是指扣除转移支付之后的净税收收入。

生产要素所有者的收入是上述三项的混合。其中,劳动收入和资本收入是一个经济社会私人部门的收入(包括居民、企业)、私人部门的收入体现为个人可支配收入(Y_d)。政府收入是政府部门的收入,政府部门的收入体现为政府收入。由于政府收入中有一部分以转移支付的形式转化为个人可支配收入,政府收入为扣除转移支付之后的净税收收入($T-TR$)。所以,收入法核算 GDP 的公式为:

$$Y = \text{个人可支配收入}(Y_d) + \text{政府净税收收入}(T-TR) \quad (11.3)$$

在我国目前的统计实践中,用"收入法"核算 GDP 的公式为:

$$\text{收入法 } GDP = \text{劳动者报酬} + \text{固定资产折旧} + \text{生产税净额} + \text{营业盈余} \quad (11.4)$$

在上式中,**固定资产折旧**和**营业盈余**(企业的营业利润)是资本收入。劳动者报酬、固定资产折旧和营业盈余为私人部门的可支配收入。**生产税净额**是生产税减去生产补贴后的差额。生产税指政府对企业生产、销售和从事经营活动以及因从事生产活动使用某些生产要素所征收的税费。在我国,这部分税大部分是对生产者征收的,它相当于我国间接税的一部分(不是对收入直接征收的税款)。生产补贴是政府对企业单方面的收入转移,包括政策亏损补贴、粮食价格补贴、外贸企业出口退税等。生产税净额是政府的净税收收入。

以上三种方法从不同角度衡量与计算 GDP。从理论上来说,三种方法计算的 GDP 是相等的,但由于存在统计误差,实际结果难免有出入。一般把支出法作为 GDP 统计的基本方法。

三、另外四个相关的总量指标

在国民收入核算中,除了 GDP 之外还有其他各种衡量国民收入的总量指标,这里介绍这些收入衡量指标中最重要的四种。

(一)国内生产净值

国内生产净值(net domestic product,NDP)是扣除了折旧后一国居民的总收入。它等于 GDP 减去折旧后的余额。

$$NDP = GDP - \text{折旧} \quad (11.5)$$

折旧是企业厂房和设备的磨损或损耗,比如化工厂的管道被腐蚀。它是经济活动的成本,减去折旧后的 NDP 反映了一定时期生产活动的最终成果。

(二)国民收入

国民收入(national income,NI)概念有广义和狭义的理解。广义的国民收入泛指 GDP、GNP 等经济活动总量。宏观经济学中"国民收入决定"指广义国民收入。这里讨论的是狭义国民收入概念,是指一国一年内用于生产的各种生产要素所得到的全部收入,即工资、利息、租金和利润的总和。

$$NI = NDP - 企业间接税 + 政府对企业的补贴 \tag{11.6}$$

企业间接税不是居民提供生产要素后应得的收入，所以应该把它从 NDP 中减去。对企业的补贴是对企业的馈赠，在计算中应加入这一部分。国民收入中仍包括各种所得税，它们是要素所有者从其报酬中拿出来用于公共支出的收入。

(三) 个人收入

个人收入 (personal income, PI) 是指个人从各种来源得到的收入总和。其计算公式为：

$$PI = NI - 未分配利润 - 公司所得税 + 转移支付 + 国债利息收入 \tag{11.7}$$

未分配利润是企业赚到的没有分配给生产要素所有者的收入，所以在计算 PI 时应把它从 NI 中减去。同理，公司所得税个人也没有得到，也应该把它从 NI 中减去。但是，家庭从政府转移支付项目中得到的收入，例如福利补贴、社会保障收入以及国债利息收入，是个人得到的收入，所以应该加上这部分转移支付。

(四) 个人可支配收入

个人可支配收入 (disposable personal income, DPI) 指个人收入中进行各项社会性扣除之后（如税收、养老保险等）剩下的部分，可通过个人收入减个人所得税和其他非税收支付得到：

$$DPI = PI - 个人所得税 - 非税收支付 \tag{11.8}$$

四、名义 GDP 与实际 GDP

如前所述，GDP 是用市场价格计算的，因此，如果 GDP 增加了，可能有两种原因：一是经济中生产了更多的物品和劳务；二是价格水平上升了。由产量的增加所引起的 GDP 的变动是真实的，而价格水平上升所引起的 GDP 的变动是虚假的。为了使 GDP 的变动能够准确地反映产量的变动情况，从而使不同年份的 GDP 的比较能够反映出生产实际变动的情况，经济学家把 GDP 区分为名义 GDP 和实际 GDP。

名义 GDP (nominal GDP) 是按当年价格计算的 GDP。**实际 GDP** (real GDP) 是按不变价格计算的 GDP。即我们可确定某一年为基年，以该年的价格为不变价格，用不变价格乘以现期产品数量就可获得实际 GDP。因此，实际 GDP 反映了经济中产量的实际变动。

为了说明如何计算实际 GDP，我们来看一个简单经济的例子（见表 11-3）。

表 11-3 一个简单经济

物品	2000 年			2001 年		
	价格（元）	产量（斤）	GDP	价格（元）	产量（斤）	GDP
白菜	2	100	200	3	150	450
萝卜	3	150	450	4	200	800

假定一个经济只生产白菜和萝卜,表 11-3 显示了在 2000 年和 2001 年这两种物品的产量和价格。根据表中的数据,我们可计算出这个经济的名义 GDP 和实际 GDP。并可说明它们之间的相互关系。

我们把表 11-3 中白菜和萝卜的数量乘以各自当年的价格,可从总支出角度计算历年名义 GDP:

2000 年　　　(每斤白菜 2 元 × 100 斤白菜) + (每斤萝卜 3 元 × 150 斤萝卜)
　　　　　　 = 650 元
2001 年　　　(每斤白菜 3 元 × 150 斤白菜) + (每斤萝卜 4 元 × 200 斤萝卜)
　　　　　　 = 1 250 元

可见,从 2000 年到 2001 年,名义 GDP 增加了。增长的幅度为 92%([1 250 - 650]/650 = 0.92)。这种增加部分是由于白菜和萝卜的产量增加了,部分是由于白菜和萝卜的价格上升了。

为了得到不受价格变动影响的产量增长的度量指标,我们需要计算实际 GDP。以 2000 年为基年,用基年的价格计算各年的 GDP。

2000 年　　　(每斤白菜 2 元 × 100 斤白菜) + (每斤萝卜 3 元 × 150 斤萝卜)
　　　　　　 = 650 元
2001 年　　　(每斤白菜 2 元 × 150 斤白菜) + (每斤萝卜 3 元 × 200 斤萝卜)
　　　　　　 = 900 元

在上述计算中,由于 2000 年为基年,基年的价格就是当期的价格,所计算出的实际 GDP 与名义 GDP 是相等的。但是,用基年的价格乘以 2001 年的产量,实际 GDP 由 650 元增加到 900 元。这种增加完全是由于生产的产量增加了,增长幅度为 38%([900 - 650]/650 = 0.38)。

根据以上数据,可知道名义 GDP 增长超出实际 GDP 增长的部分,是由物价上涨造成的。名义 GDP 是用当年价格计算的全部最终产品和劳务的市场价值。实际 GDP 则衡量在价格不变时,由产量的变动所引起的 GDP 的变动。因此,实际 GDP 的变动能够准确地反映一国经济实际增长的情况。各国常用的经济增长的衡量指标是实际 GDP 而不是名义 GDP。

链接 11-1　　　　　　　　　　计算经济增长率

世界各国通常用实际 GDP 计算经济增长率。经济增长率是从一年到下一年所生产的物品和劳务量变动的百分比。可用以下公式计算经济增长率:

$$经济增长率 = \frac{今年的 GDP - 去年的 GDP}{去年的 GDP} \times 100\% \quad (11.9)$$

例如,美国 1998 年的实际 GDP 是 75 520 亿美元,1997 年实际 GDP 是 72 700 亿美元。因此,美国 1998 年的经济增长率是:

$$经济增长率 = \frac{75\ 520\ 美元 - 72\ 700\ 美元}{72\ 700\ 美元} \times 100\% = 3.9\%/年$$

实际 GDP 虽然不能完美地衡量人们的经济福利，但它与人们的生活质量确实密切相关。所以我们可用该指标衡量一个经济的福利水平，也可以此进行经济福利的国际比较。并且，我们还可以根据实际 GDP 的变动确定经济所处的经济周期阶段的情况。通常，当实际 GDP 增长时，经济处于扩张阶段；当实际 GDP 下降时，经济处于衰退中。实际 GDP 变动和总产量以及经济福利变动的方向大概是相同的。

资料来源：迈克尔·帕金：《经济学》，中国人民大学出版社 2003 年版。

链接 11-2　　　　　　　　中国的经济规模有多大

可以用本章介绍的 GDP 数据描述中国的经济规模。根据国家统计局最终核实的数据，2007 年我国的 GDP 总量为 257 306 亿元，是 1978 年的 70 倍；人均 GDP 为 19 474 元，是 1978 年的 51 倍。但是，如果与其他国家比较，我国的经济规模有多大呢？这个问题有些复杂，需要把人民币换算成美元。如果用官方汇率换算，能否反映不同货币的真实购买力？

1993 年，世界银行按购买力平价（参见本书第十六章）估计，1992 年中国的 GDP 为 2.87 万亿美元，而 1993 年中国用人民币统计的 GDP 仅为 31 380 亿元，按官方汇率折算，约合 3 692 亿美元。世界银行的估计是中国官方数据的 7.8 倍！按世界银行购买力平价的算法，1992 年中国占世界 GDP 的 6%，仅次于美国、日本。

国际上对中国经济规模的估计为什么会与中国的官方统计存在这么大的差距呢？中国的统计数据存在高估的因素，例如地方政府为夸大政绩虚报经济增长数据。但整体上，2005 年以前公布的中国经济统计数据是低估的。这除了官方汇率不能真实地反映购买力，以及存在地下经济、偷税漏税的因素之外，最主要的是存在着对服务业产值的低估。2005 年 12 月 31 日国家统计局根据经济普查，修正了 2004 年的 GDP。修正后的 GDP 增加了 2.3 万亿元，增加了 16.8%。主要调整的是第三产业增加值的向上修正。经调整，第三产业的增加值为 6.5 万亿元，上调了 2.1 万亿元，增加 16.8%，占 GDP 调整量的 93%。第三产业占 GDP 的比重由 32% 提高到 41%。这意味着中国经济增长对制造业和出口的依赖减少。

调整后，2005 年中国的 GDP 按汇率计算，合 2 万多亿美元，超过英国，成为世界第四大经济体。

资料来源：2007 年 GDP 最终核实数据．国家统计局网站；易纲、张帆：《宏观经济学》，中国人民大学出版社 2008 年版。

链接 11-3　　　　　　　　两种国民收入核算体系

历史上有过两种国民收入核算体系：一种是适用于市场经济各国的国民经济核算体系（SNA）；另一种是前苏联、东欧使用的适用于中央计划经济的物质产品平衡体系（MPS）。这两种国民统计体系都用于反映国民经济活动水平，但它们的区别主要表现在三个方面：

首先，理论基础不同。SNA平衡体系的理论基础是西方主流经济学，尤其是以瓦尔拉斯的一般均衡理论、边际生产力理论和凯恩斯理论为基础。MPS平衡体系则主要以马克思劳动价值论和再生产理论为基础。

其次，统计范围不同。SNA体系统计所有部门的产品和劳务。而MPS体系仅仅反映所谓五大物质生产部门，即工业、农业、建筑、运输邮电和商业的经济活动，不包括金融保险、科技文教、信息咨询等非物质生产部门活动，因而忽略了整个第三产业部门的经济活动。

最后，统计口径不同。SNA体系中的GDP指标统计一个国家在一定时期生产的最终产品和劳务的价值。但MPS体系中的社会总产值、工农业总产值等指标把中间产品的价值也计算在内，因此存在重复统计的问题。

我国在20世纪50年代建立了计划经济体系，国民经济核算采用了MPS平衡体系。改革开放以后，随着市场化改革的推进，以及第三产业的迅速发展，我国在继续开展MPS核算的同时，于1985年开始SNA体系的国内生产总值核算。经过了一个时期的SNA与MPS并存的阶段，从1993年起，我国政府统计部门逐渐放弃MPS体系，转而采用了SNA体系。

资料来源：卢锋：《经济学原理》，北京大学出版社2002年版；易纲、张帆：《宏观经济学》，中国人民大学出版社2008年版。

链接11-4　　　　　　　　　　人均GDP

GDP有助于了解一国经济的综合实力，而人均GDP则有助于了解一国的富裕程度与生活水平。人均GDP是把年总产值与分享这一产出的人数联系了起来，它是指平均每个人拥有的GDP。可用当年的GDP除以同一年的人口数量，得出当年的人均GDP。即：

$$某年人均 GDP = \frac{某年 GDP}{某年人口数} \quad (11.10)$$

2007年我国GDP为257306亿元约合3.6万亿美元，人均GDP为2460美元。相比之下，整个世界范围内的人均GDP为8111美元。显然，中国仍然处在发展中国家的地位。

五、GDP指标的局限性

在宏观经济研究中，GDP是最为常用且重要的指标。它能够反映一国经济的整体水平，比较不同国家之间的经济发展水平。常常是看这些国家的GDP、人均GDP的大小。它还是反映一国贫富状况和人们生活质量的重要指标，通常富国与穷国人均GDP差异极大，人均GDP较高的国家，人们可以得到更好的医疗保健，孩子们能够受到更好的教育，人们不用过多地为一日三餐操劳，这有利于提升国民的文化素养，使人们有能力过上更有意义的生活。但是，我们也要看到，GDP并非是一个完美的指标。

第一，GDP不能反映增长的代价。采伐树木可以增加GDP，过度放牧也可以增加

GDP，把污染物越多排放到空气和水中，GDP 就越高。GDP 反映了产量的增长，但在产量增长的同时，环境恶化、土壤沙化、空气和水严重污染影响了生活的质量，由于生活质量无法在市场上买卖，所以 GDP 无法反映经济增长带来的这些负面影响。

第二，GDP 不能衡量人们的经济福利。例如，汽车产量增加从而增加了 GDP，但 GDP 无法计算严重的交通堵塞占用了人们多少生命。人们加班加点的工作就能增加 GDP，但闲暇的减少引起的福利损失也许抵消了生产更多的物品和劳务所带来的福利。城市的扩张与发展以空间、树木、生活宁静的减少为代价。还有那些能使 GDP 增长的赌场、监狱、离婚诉讼都可能使社会福利水平下降。

第三，GDP 不能衡量实际国民财富。例如，洪水泛滥破坏了堤坝、房屋和道路，但 GDP 并不会因此而下降，而灾后重建的大量投资增加了 GDP；城市不断修路修桥盖大楼，由于质量规划等原因，没多久就要推倒拆除重建或翻修；马路"拉链"每次豁开，挖坑填坑，GDP 都增加。但是国家总财富并没有随之而增加。

由于 GDP 指标的上述缺陷，一些经济学家和联合国都提出对 GDP 的统计项目进行调整，既衡量生产带来的好处，也衡量生产带来的坏处。

链接 11-5　　　　　　　　　　绿色 GDP

绿色 GDP 的概念是衡量一国可持续发展能力的指标，1993 年，联合国经济和社会事务部统计处在修改后的《国民经济核算体系》中，首次提出这一新的统计概念。

绿色 GDP 是在传统 GDP 概念的基础上，考虑外部影响和自然资源等因素后得出的新 GDP 数值，它能够比较真实地反映一国经济发展所带来的福利水平的变化，也被称为可持续发展的国内生产总值。其计算方法可以表示为：

$$绿色 GDP = GDP - 环境成本 \qquad (11.11)$$

在上述等式中，环境成本包括环境污染带来的价值损失和生态破坏带来的价值损失。按照这一计算方法，当绿色 GDP 的增长快于 GDP 时，意味着自然资源得到节约、环境条件得到改善，这种发展方式具有可持续性，有利于福利水平的不断提高；反之，当 GDP 的增长快于绿色 GDP 时，则意味着经济的发展是以自然资源过度消耗、环境条件不断恶化为条件的，这种发展方式是不可持续的，不利于福利水平的提高。

当前绿色 GDP 核算体系的实行仍然存在一些技术上的难题，主要是它涉及对无形成本的估价问题。如人们很难为环境恶化和由自然资源消耗造成的生态破坏确定一个合理的价格，因此难以准确地统计绿色 GDP 的数值。到目前为止，还没有哪个国家正式公布绿色 GDP 的数据。2004 年，中国环保总局提出了一个量化环境成本的标准，即通过公众对环境质量、空气质量、饮用水质量变化的评价，以及森林覆盖率、公众对环境问题的投诉等方面确定环境成本。这可看成是对解决环境成本计算问题的有益尝试。可以肯定地说，采用绿色 GDP 的指标是发展的必然趋势。

第二节 失业的衡量

在我们生活的经济社会中，人们关心的另外一个宏观经济指标是失业率。失业率是度量劳动力市场状况的敏感性指标。当失业率较高时，人们可能会丢掉工作，寻找新的工作也很困难。伴随高失业率的是工资收入下降和穷人的增加。我们将在第十八章详细讨论失业问题。本章只介绍失业率以及一些相关统计指标的含义和度量。

一、人口劳动力分类

按照各国劳动就业统计的惯例，一个经济的总人口分为两个部分：劳动年龄人口和非劳动年龄人口。**劳动年龄人口**通常是指16~60岁之间的人口，我国则将16周岁作为劳动年龄人口的年龄下限，将法定退休年龄作为年龄上限。年龄太小不能工作者和退休者属非劳动年龄人口。

劳动年龄人口又分为劳动力人口和非劳动力人口。**劳动力**（labor force）是劳动年龄人口中正在工作的人以及那些没有工作但正在寻找工作的人。而军人、在校学生、家务劳动者、丧失劳动能力者、犯人等不是劳动力人口，他们被列入非劳动力人口（not inlabor force）。

劳动力人口也分为两部分：就业者和失业者。**就业者**是指一个成年人在规定时间内的大部分时间有工作的人。有工作可有两种情况：一是受雇于企业或政府部门；二是处于自我雇佣状态，劳动者以个人或家庭为单位进行劳动。比如大学毕业后开一家网络公司。劳动力人口中除去就业者的部分就是失业者。联合国国际劳工局给**失业者**下的定义是：在一定年龄范围内，有工作能力、愿意工作，正在寻找工作的人。这一定义对失业者给出三条界定标准：①一定年龄以上没有工作；②愿意工作；③近期正在积极寻找工作。这三条必须同时成立，才能被列为失业者。

图11-2显示了总人口的划分。

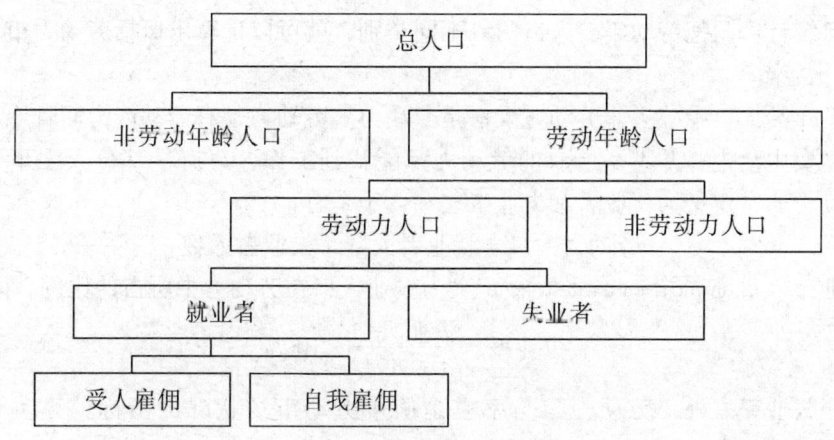

图11-2 总人口划分示意图

资料来源：陆铭：《劳动经济学——当代经济体制的视角》，复旦大学出版社2002年版。

目前，我国的统计实践中反映劳动力市场供求状况的主要指标有三个，即经济活动人口、就业人员和在岗职工人数。**经济活动人口**包括就业人员和失业人员，反映了我国总的劳动力供给。**就业人员**是指16周岁以上从事一定社会劳动并取得劳动报酬或经营收入的人员。包括全部职工、再就业的离退休人员、私营和个体从业人员、乡镇企业从业人员、农村从业人员、其他从业人员（如民办教师、宗教职业者、现役军人等）。这一指标反映了一定时期内劳动力资源的实际利用情况。**在岗职工人数**指在国有、城镇集体、联营、股份制、外商和港澳台投资、企业工作的人员。不包括民营企业就业人员和个体劳动者。

表11-4 2007年我国劳动力市场供求状况

项目	2007年
经济活动人口（万人）	78 645
就业人员合计（万人）	76 990
在岗职工人数（万人）	11 427
城镇登记失业率（%）	4.0

资料来源：《中国统计年鉴（2008）》。

表11-4表明，2007年我国大陆总人口中，有7.86亿为经济活动人口，约占总人口的59.5%。在这个庞大的劳动力供给中，2007年的全部就业人员合计将近7.7亿。在岗职工人数只占总就业人员的14.8%，而这一比例在1991年高达24.9%。这反映出自20世纪90年代以来我国的"非国有部门"有了迅速的发展，吸纳了大量新增就业人口。

二、失业率的计算

一旦统计部门把劳动年龄人口归入不同类别，就可以计算出概括劳动力市场状况的各种统计数字。

劳动年龄人口中减去非劳动力人口是劳动力。劳动力是有劳动能力而且愿意就业的人，在现实生活中，并不是所有的劳动力都能找到工作，总有一部分人无事可做。所以，劳动力通常定义为就业者和失业者之和，于是有：

$$\text{劳动力人口} = \text{就业者人数} + \text{失业者人数} \tag{11.12}$$

失业率（unemployment rate）被定义为失业人口在劳动力中所占的比例，即：

$$\text{失业率} = \frac{\text{失业人口}}{\text{劳动力}} \times 100\% \tag{11.13}$$

除了失业率之外，劳动力参与率也是衡量劳动市场状况的指标。劳动力参与率（labor force participation rate）被定义为劳动力在劳动年龄人口中所占的比例，它告诉我们劳动年龄人口中选择参与劳动市场的人数。其公式为：

$$劳动参与率 = \frac{劳动力}{劳动年龄人口} \times 100\% \tag{11.14}$$

根据美国劳动统计局资料，2005年4月美国的劳动年龄人口为22 544万人，其中就业人口为14 110万人，失业人口为766万人，非劳动力人口为7 668万人。根据我们前面的分析和定义，2005年4月，美国的劳动力人口为：

$$劳动力人口 = 14\ 110 + 766 = 14\ 876（万）$$

失业率为：

$$失业率 = \frac{766}{14876} \times 100\% = 5.2\%$$

劳动力参与率为：

$$劳动力参与率 = \frac{14876}{22544} \times 100\% = 66.0\%$$

以上统计数据表明，2005年4月，美国有2/3的劳动年龄人口参与了劳动市场，这些劳动市场参与者中有5.2%的人没有工作。

事实上，能够提供一个具有国际可比性的失业率数据是件很困难的事情。主要原因是各国统计数字的来源不同。一些国家采用定期抽样调查的方法获得信息，一些国家利用领取失业救济人数等社会保险数据，还有的利用官方就业数据和劳动力数据推算失业数据。

发达国家一般采取住户调查的方式获取失业统计数据。通常由调查员入户询问调查对象各种问题，比如过去几周是否在就业介绍所登记？是否向雇主申请工作？抽样调查的办法相对科学，但实行起来的成本较高，而且仍不能保证数据的绝对准确。一方面，失业数据可能包括那些自愿离职，但是为了得到失业补贴，还是向调查者表示在积极寻找工作的人，这会高估了失业人数。另一方面，有些失业者愿意工作，但是长期找不到工作，失去了信心而停止了寻找工作，这种情况有可能被看做是自愿离职而不被统计为失业者，因而低估了失业人数。

目前，我国的官方失业统计仅仅包括城镇登记失业人员（指非农业人口、在一定劳动年龄内、有劳动能力、无业而要求就业、并在当地就业服务机构进行求职登记的人员）。这一失业统计制度存在许多问题，并不能真实反映我国失业问题的严重情况。一是失业统计范围仅包括城镇经济而没有包括农村，即失业统计体系尚未覆盖经济整体。二是失业统计对象仅包括有城市户口的失业人口，没有包括失去工作的"农民工"，更没有把农村大量过剩劳动力考虑在内（从事农业生产的人口是作为"实现就业"来统计的）。这实际上低估了我国的就业压力。三是失业统计中判断人们是否失业，是以是否在就业服务机构求职登记为标准，有些没有工作并积极寻找工作但没有在相关机构正式登记的人员就会被失业统计所遗漏。四是官方失业统计没有包括下岗人员。由于上述原因，我国现有的失业统计数据存在低估经济人口中失业人员数量的问题。即使是城镇失业人口规模也存在低估问题。表11-5为2000年至2007年我国城镇失业统计数据。

表 11-5 我国城镇失业统计数据

年　份	失业人数（万人）	失业率
2000	595	3.1
2001	681	3.6
2002	770	4.0
2003	800	4.3
2004	827	4.2
2005	839	4.2
2006	847	4.1
2007	830	4.0

资料来源：《中国统计年鉴》2008 年。

第三节　价格水平与通货膨胀的衡量

1985 年，刚参加工作的本科毕业生月工资为 68 元。而 2007 年参加工作的大多数本科生月工资能拿到 2000 元以上。哪个时期本科毕业生的生活水平更高？这个问题的答案并不显而易见。因为我国的物价水平从 1982 年到 2007 年经历了较大幅度的上升。1985 年，3 角钱可以买一张电影票，2 角钱可以买一个红豆雪糕，而在今天同样是这两种商品却分别标价为 50 元和 2 元。为了能够比较不同时期的经济状况，比较 1985 年本科毕业生的工资和今天的工资，我们应该了解如何对价格水平和通货膨胀进行度量，以及如何通过价格水平的衡量指标调整货币额来消除通货膨胀的影响。

一、衡量价格水平的指标

（一）消费物价指数

度量经济中价格水平和通货膨胀程度最常用的指标是消费物价指数。一定时期的**消费物价指数**（consumer price index，*CPI*）是衡量普通消费者所购买的物品和劳务的费用变动指标。它通常是根据与人民生活直接相关的食物、衣服、住房、燃料、交通、教育、医疗等物品和劳务的价格变动状况而编制的。让我们来看 *CPI* 的编制过程：

第一，选择基年并确定普通消费者购买的"一篮子"物品和劳务。如果我们想把今年家庭的生活费用和 2005 年相比，那么就把 2005 年作为基年（或基期），即其他各年与之比较的基准。然后确定基年普通消费者所消费的一篮子物品和劳务（我们无法把一个国家人们所消费的所有物品和劳务都作为比较对象，这在操作上是不可行的）。各国在统计实践中通常选择那些消费量大的有代表性的消费品和规格品作为比较对象。这被形象地称为固定基年篮子。不仅要确定品种，而且要确定权数，即确定哪些物价对消费者是最重要的。如果大多数消费者购买的猪肉比牛肉多，那么，猪肉的价格就比牛肉的价格重要，因此在衡量生活费用时就要加大猪肉的权数。

第二，确定基年篮子里物品和劳务的现期价格。基年那一年一篮子物品和劳务的价格水平为基准价格。要比较以后各年与基年相比消费者生活费用的变动情况，还要找出每个时点上篮子里每种物品和劳务的现期价格。通常，国家统计局每个月都会派人进行大量调查来确定基年篮子里物品和劳务的现期价格。

第三，计算指数。CPI 的计算是先用现期价格计算消费者当年购买一篮子物品和劳务的费用。然后用当年购买一篮子物品和劳务的费用除以基年购买同样一篮子物品和劳务的费用，再把这个比率乘以 100，所得出的数据就是 CPI。对任一给定年份的 CPI，其计算公式为：

$$CPI = \frac{基年一篮子物品和劳务的当年费用}{基年一篮子物品和劳务的基年费用} \times 100 \qquad (11.15)$$

表 11-6 说明了 CPI 的计算。

表 11-6 计算 CPI：一个简化的例子

基期篮子	基年			现期	
	数量	价格	支出	价格	支出
白 菜	5 斤	0.8 元	4 元	1.2 元	6 元
理 发	6 次	11 元	66 元	12.5 元	75 元
乘公交车	200 次	0.7 元	140 元	0.75 元	150 元
总支出			210 元		231 元

在表 11-6 的例子中，一篮子物品和劳务只包括三种：白菜、理发、乘公交车。该表表示基年的数量以及基年和现期的价格。用每一种物品和劳务的基年价格乘以基年数量，可得出基年一篮子物品和劳务的总费用是 210 元。然后，找出现期物品和劳务的价格，用每一种物品和劳务的现期价格乘以基年数量，可得出基年一篮子物品和劳务在现期的总费用为 231 元。CPI 是基年一篮子物品的现期费用与基年费用的比率，再乘以 100。我们可用这种方法计算现期的 CPI：

$$现期的 \ CPI = \frac{231}{210} \times 100 = 110$$

计算结果表明，消费相同一篮子物品和劳务，从基年到现期普通消费者的生活费用高出 10%（231 元/210 元）。也就是说，为了使现期的生活维持在基年的水平，消费者多支出了 10% 的费用。需要说明的是，基年的 CPI 总是等于 100。这是因为该年 CPI 计算公式中的分子和分母相同。一定时期内（一个月或者一年）的 CPI 可用于度量相对于基年而言现期的生活费用。

（二）GDP 平减指数

由于 CPI 是按固定的一篮子物品和劳务计算的，因此，当篮子里的物品或劳务的价格或数量发生变动时，CPI 不能反映消费者真实的消费支出。

另一种价格指数可以避免这一问题。这就是 GDP 平减指数，它也是衡量价格水平变动的一个重要指标。**GDP 平减指数**（GDP deflator）是名义 GDP 和实际 GDP 的比值。它衡量的是和基期相比，现期物价水平的变动。

$$GDP \text{ 平减指数} = \frac{\text{名义 } GDP}{\text{实际 } GDP} \tag{11.16}$$

假定一个经济体只生产一种物品。该经济现期的名义 GDP 为现期价格（P_t）和现期销售量（Q）的乘积（名义 $GDP = P_t \times Q$）；实际 GDP 为基期价格（P_0）和现期销售量（Q）的乘积（实际 $GDP = P_0 \times Q$），削去销售量后，GDP 平减指数 = 名义 GDP/实际 GDP，即 P_t/P_0，也就是现期价格相对于基期价格的变动。GDP 平减指数可以告诉我们，名义 GDP 增加在多大程度上是由物价上升而不是由于产量的增加。在生产多种产品的情况下，GDP 平减指数是各种产品现期价格变动的加权平均。即 GDP 平减指数 =
$$\frac{\sum P_t \times Q}{\sum P_0 \times Q}。$$

把公式（11.16）稍加变换，可用名义 GDP 除以 GDP 平减指数计算出实际 GDP，即

$$\text{实际 } GDP = \frac{\text{名义 } GDP}{GDP \text{ 平减指数}} \tag{11.17}$$

名义 GDP 是总产出的现期价值；实际 GDP 是用不变价格衡量的产出；GDP 平减指数是相对于基期价格的产出的价格。

链接 11-6   中国的价格指数

除了 CPI 之外，国家统计局经常公布的价格指数还有：商品零售价格指数、农产品收购价格指数、工业品出厂价格指数、原材料购进价格指数、固定资产投资价格指数等等。这些主要价格指数的年度资料可以在《中国统计年鉴》上找到。

中国的价格指数统计由国家统计局城市社会经济调查总队组织实施，各省、自治区、直辖市及抽选的市、县城市社会经济调查队按照国家统计局指定的价格统计调查制度向基层采集原始数据，汇总后上报国家统计局。

编制居民消费价格指数和商品零售价格指数的资料采用抽样调查和重点调查相结合的方法取得，即在全国选择不同经济区域和分布合理的地区，以及有代表性的商品作为样本，对其市场价格进行定期调查，以样本推断总体。

二、通货膨胀的衡量

CPI 可以度量相对于一篮子物品和劳务的基年价格，这些同样物品和劳务在当期的价格水平。那么，当前价格水平与基年价格水平相比，变动的幅度是多少呢？这涉及对通货膨胀的衡量问题。计算 CPI 的主要目的是衡量通货膨胀的严重程度，这一衡量很有

用。例如，可作为工资水平调整的依据，也可用于确定养老保险金的调整。

宏观经济学中把物价水平的持续上涨称为通货膨胀。通货膨胀的严重程度可用通货膨胀率来衡量。**通货膨胀率**（π）是指从一个时期到另一个时期物价水平变动的百分比。其计算公式为：

$$\pi = \frac{(今年 CPI - 去年 CPI)}{去年 CPI} \times 100\% \tag{11.18}$$

在前面的例子中，基年的 CPI 为 100，现期的 CPI 为 110。因此，现期的通货膨胀率是：

$$\pi = \frac{(110 - 100)}{100} \times 100\% = 10\%/年$$

计算结果表明，从基年到现期，物价水平上升了 10%，这意味着人们收入的 1/10 被通货膨胀吞噬掉了，没有形成真正的购买力。另外，这也表明，从基年到现期，人们的工资收入增长率应该不低于 10%，否则通货膨胀会使其在这段时间的福利状况变得更坏，而不是更好。

还可用另一种方法衡量通货膨胀，即在以上公式中用 GDP 平减指数替代 CPI。由于 CPI 和 GDP 平减指数的统计范围不同，所以用这两种价格指数计算出的通货膨胀率不太一致。但在大多数情况下，这两个衡量指标是相似的。

三、基于通货膨胀的调整

CPI 是一个十分有用的工具。它不仅能够用于衡量生活费用的变动，而且还可以用于调整经济数据以消除通货膨胀的影响。比如我们可以用 CPI 把人们现期名义收入转变为实际收入，从而可比较不同时期人们的生活水平；也可以用 CPI 把实际收入转变为现期名义收入，从而防止通货膨胀削弱人们的购买能力。前者被经济学家称为名义量的缩减化过程，后者则被称为指数化过程。此外，我们还可以根据通货膨胀校正利率，进而可计算出投资的实际回报率。

（一）名义量的缩减化过程

CPI 的一个重要作用是对名义收入进行调整，以消除通货膨胀的影响。例如，假设居住大城市的某普通家庭 2000 年的收入为 50 000 元，2007 年的收入为 55 000 元，这是否意味着 2007 年该家庭的经济状况比 2000 年好？

如果仅比较不同时期人们的名义收入，我们会对这个问题作出肯定的答复。毕竟，在这 7 年期间，他们的收入提高了 10%。但是，这一期间物价也上涨了，甚至上涨的速度比收入的提高还要迅速。假设家庭所消费物品和劳务的价格在这期间上涨了 25%。由于家庭的收入只提高了 10%，我们可以断定，虽然家庭的名义收入提高了，但是用他们货币工资的购买力衡量，他们的生活水平下降了。

通过计算 2000 年和 2007 年的实际收入，我们能够对这两年家庭的购买力进行准确的比较。把名义收入变为实际收入的方法是：用名义收入除以相应的价格指数。这一计算过程称为名义量的缩减。如表 11 - 7 所示。表中的计算结果显示，2000—2007 年，家庭的实际收入下降了 6 000 元。下降幅度占其 2000 年名义收入的 12%。

表 11 -7 2000—2007 年家庭实际收入的比较

年份	名义家庭收入（元）	CPI	实际家庭收入 = 名义家庭收入/CPI
2000	50 000	1.00	50 000 元/1.00 = 50 000 元
2007	55 000	1.25	55 000 元/1.25 = 44 000 元

在这个例子中，家庭生活水平下降的原因在于，他们的收入只是名义上的提高，并没有与通货膨胀保持同步。

还可以用名义量除以价格指数求得实际收入的方法，对其他的名义量（如养老保险金、政府的教育经费支出等等）进行比较，以消除通货膨胀的影响。运用这种方法的原理是，只要你知道在某种物品上所花费的费用和这种物品的价格，就可以计算出你所购买的该物品数量。同样，我们用家庭的名义收入除以衡量所购买的物品和劳务平均价格的价格指数，即可得出所购买的物品和劳务的实际数量。这一实际数量就是经过通货膨胀调整的量。

链接 11 -7　　　　　　　不同时期本科毕业生的收入

让我们回到本节一开始的例子。与今天大多数普通本科生毕业后 2000 元的月工资相比，1985 年月工资为 68 元的本科生毕业生收入是高还是低呢？

回答这个问题，我们需要把本科生的名义收入转变为实际收入。根据《中国统计年鉴》的数据，以 1978 年为基年，这一年的 CPI 为 1，则 1985 年的 CPI 为 1.095，而 2007 年的 CPI 为 4.936。将 1985 年本科生的月薪除以 1.095，求出的结果约为 62 元。这是 1985 年本科毕业生用"1978 年人民币"衡量的月薪水平。也就是说，为了在 1985 年获得与 1978 年相同的购买能力，本科毕业生需要有 62 元的月薪。将 2007 年本科毕业生的月工资 2000 元除以 4.936，得到 2007 年本科毕业生用"1978 年人民币"衡量的月薪为 405 元。显然，经过通货膨胀调整之后，2007 年与 1985 年本科生的月薪数字变得很接近，但即使用实际收入衡量，2007 年本科毕业生的月收入仍然是 1985 年本科毕业生的 6.5 倍。

（二）维持购买能力的指数化

我们还可用 CPI 把实际收入转变为名义收入。比如，假定 2005 年政府向退休者支付 800 元的养老保险金。为了使这些养老保险金领取者的购买能力不因通货膨胀而下降，从而使他们能够维持原来的生活水平，2008 年，政府应该把每月支付的养老保险金设定在什么水平上呢？这要考虑 2005—2008 年的通货膨胀率。假设这一期间 CPI 上升了20%，也就是说消费者所购买的物品和劳务的平均价格水平在这段时间上涨了20%。那么，为使养老保险金领取者的购买能力与通货膨胀"保持同步"，2008年的养老保险金应该为 800 + 0.2 × 800 = 960 元，比2005年提高了20%。

上述使名义收入与价格指数同步变动以防止通货膨胀降低购买能力的过程，被称为指数化。美国法律就对救济金的自动校正作出规定，在政府不采取任何措施的前提下，每年救济金的增加速度会与CPI上升的百分比完全一致。美国企业和工会之间的一些劳动合同也有类似的指数化规定，即当CPI上升时，工人的工资按照合约条款自动地增加。

（三）根据通货膨胀校正利率

假设A国和B国相邻。A国的通货膨胀率为零，预期在未来时间也会为零。B国的通货膨胀率为10%，预期在未来时间也会维持在10%、A国银行存款年利率为2%，而B国则为10%。存款人在哪个国家可以得到更高的回报呢？

如果直接比较银行存款的年利率，B国银行存款的回报更高。但考虑到通货膨胀的影响，我们会看到，A国的条件比B国更加优惠。我们可以比较一下两个国家一年以后存款实际购买力的变化。在A国，某位存款人在1月1日把100元货币存入银行，到12月31日100元存款会变为102元。这是因为A国没有通货膨胀，年初到年末的物价水平没有变化。而在B国，年初存入银行100元，到年末存款将变为110元，回报率为10%。但在这一年物价水平也上升了10%，这等于B国存款人的购买能力没有增加。所以说，A国存款人的待遇更好一些。

经济学把银行支付的利率称为名义利率。把根据通货膨胀校正后的利率称为实际利率。我们可以把名义利率、实际利率和通货膨胀的关系用以下公式表示：

$$实际利率 = 名义利率 - 通货膨胀率 \tag{11.19}$$

实际利率是名义利率和通货膨胀率的差额。上例中，A国的实际利率为2%（=2% -0%）。B国的实际利率为0%（=10% -10%）。实际利率反映了随着时间的变动我们银行存款购买力的变动情况。

本章要点

（1）度量一国总产出的基本指标是国内生产总值（GDP），它是指一个国家在一定时期生产的所有最终产品和劳务的市场价值。

（2）可以用支出法、收入法和生产法来衡量GDP。支出法是把消费支出、投资支出、政府购买支出和净出口加总求和。收入法是把税前的劳动收入和资本收入加总求和。生产法是把生产过程中每个企业创造的增加值加总。

（3）名义GDP是用当年价格计算经济中物品与劳务的生产。实际GDP用不变价格来计算经济物品与劳务的生产。我们用实际GDP变动的百分比衡量经济增长率。GDP平减指数是衡量物价总水平的指标，可用名义GDP和实际GDP的比率计算。

（4）实际GDP是衡量一国经济整体状况的重要指标，但并不是一个完美的指标。

(5) 失业率是衡量失业严重程度的指标,可以用失业人员的数量除以劳动力总数计算得到。劳动力参与率是劳动力占劳动年龄人口的比率。

(6) 消费价格指数（CPI）是度量通货膨胀的基本工具。CPI 衡量的是相对于基年购买一篮子东西的费用,在当年购买同样一篮子东西的花费情况。我们可用 CPI（或 GDP 平减指数）变动的百分比衡量通货膨胀率。

(7) 可用 CPI 调整经济数据以消除通货膨胀的影响。用 CPI 把人们现期名义收入转变为实际收入,以比较不同时期人们的生活水平,这称为名义量的缩减化过程。用 CPI 把实际收入转变为现期名义收入,以防止通货膨胀削弱人们的购买能力,这称为指数化过程。实际利率反映某种金融资产购买能力年增长的百分比,它是名义利率减去通货膨胀率的差额。

重要概念

国内生产总值 消费 投资 政府购买 净出口 最终产品 中间产品 国民生产总值 国民收入 个人收入 个人可支配收入 名义 GDP 实际 GDP 消费物价指数 GDP 平减指数 劳动力 失业率 劳动力参与率 通货膨胀率 名义利率 实际利率

本章练习题

(1) 下列购买活动中哪些应该列入 GDP,哪些现行统计没有列入但应该列入：
   A. 奇瑞汽车公司自制发动机并安装在奇瑞轿车上；
   B. 奇瑞公司向某内燃机厂购买发动机准备安装在奇瑞轿车上；
   C. 你购买了海尔的股票；
   D. 你在旧货市场上买了一件瓷器；
   E. 警察加班得到加班费；
   F. 你太累了,没有上班,在家睡觉,感觉很好；
   G. 很多人随地吐痰。

(2) 农民种小麦,卖给面粉厂,收入 1 元。面粉厂把小麦磨成面粉,卖给面包店,收入 3 元。馒头店蒸成馒头,卖给小贩,收入 5 元。小贩卖给工人,收入 6 元。工人把馒头吃了。每个人的增加值是多少？如果这个经济在一个月中只进行了这几项活动,这个月的 GDP 是多少？

(3) 2001 年,某个经济生产 100 个盒饭,每个售价为 5 元。2002 年,这个经济生产 200 个盒饭,每个售价为 7 元。计算每年的名义 GDP、实际 GDP 和物价指数（2001 年为基年）。从一年到下一年这三个统计数字的百分比分别提高了多少？

(4) 张三的擦鞋店去年为 1 000 双皮鞋上油,今年服务总量为 1 200 双。去年他对每次服务的收费为 3 元,今年服务价格上升为 4 元。如果把去年作为基年,试分别计算张三在这两年对名义 GDP 和实际 GDP 的贡献值。如果你要衡量过去一年张三生产率的变化,采用哪种度量指标会更好？为什么？

(5) 表 11-8 是美国 1993~1994 年 GDP 的数据：

第四编 宏观经济度量与长期经济增长

表 11-8

年份	名义 GDP 110 亿美元	物价指数 （1987 年是基年）
1993	6343	124
1994	6738	126

试回答：

A. 1993 年到 1994 年间名义 GDP 的增长率是多少？（增长率是一个时期到另一个时期百分比的变动）

B. 1993 年到 1994 年间，物价指数的增长率是多少？

C. 按 1987 年的价格衡量，1993 年的实际 GDP 是多少？

D. 按 1987 年的价格衡量，1994 年的实际 GDP 是多少？

E. 1993 年到 1994 年实际 GDP 的增长率是多少？

F. 名义 GDP 增长率高于还是低于实际 GDP 增长率？为什么？

（6）甲乙两国只有建筑业一项经济活动，建筑业只进行旧房重建活动。甲国的房子质量好，每年只有 5 座房子需要推倒重建。乙国的房子质量差，每年有 10 座房子需要推倒重建；假设每座房子建好后价值一样，房子 1 年内即可建好，哪国的 GDP 更高？这种情况合理吗？为什么？

（7）根据以下资料计算中国 1992—1997 年居民消费价格变动的百分比。

表 11-9

年份	居民消费价格指数	上年 = 100
1992	106.4	
1993	114.7	
1994	124.1	
1995	117.1	
1996	108.3	
1997	102.8	

（8）根据表 11-10 的资料回答下列问题：

A. 计算国内生产总值；

B. 计算净投资；

C. 计算净出口；

D. 计算可支配收入；

E. 计算储蓄。

表 11-10

项目	数量
消费支出（C）	6000 亿元
税收（T）	4000 亿元
转移支付（TR）	2500 亿元
出口（X）	2400 亿元
进口（M）	2200 亿元
政府购买（G）	2000 亿元
总投资（I）	1500 亿元
折旧（D）	600 亿元

第十二章　长期经济增长

从 1979~2008 年间，中国的 GDP 平均年增长速度在 9% 以上。长期的持续经济增长极大地提高了中国人的生活水平和国民经济的生产能力。是什么原因引起中国的生产和收入持续的增长？如何做可以加速经济增长呢？本章将解释经济增长的长期趋势，而不解释围绕经济长期增长的短期波动。也就是说，本章我们将研究使经济增长、使一些国家增长快于另一些国家的因素，以及实现经济快速增长的政策，不解释短期经济对长期增长的偏离。对长期增长趋势的偏离即短期波动在下一编我们将详细讨论。

第一节　宏观经济学问题与长期和短期的划分

一、主要的宏观经济问题

宏观经济学研究三大问题：失业、通货膨胀和经济增长。

失业是宏观经济学研究的第一大问题。宏观经济学本身就是解决失业问题产生的。20 世纪 30 年代大萧条最大的特点就是大失业。在大萧条中，美国的失业率由 1929 年的 5.5% 上升到 1934 年的 22%，这意味着有 1/4 的工人失去工作。在由美国金融危机引起的经济衰退中，2009 年 10 月美国的失业率达到 10.2%，创自 1983 年 12 月以来失业率的最高纪录。同样，在世界经济衰退的背景下，失业问题也严重地困扰着中国。为什么会产生失业问题？为什么失业问题在衰退期如此严重？如何解决失业问题？这些都是宏观经济学所要研究的问题。

通货膨胀衡量物价总水平上涨的程度。它是困扰宏观经济的又一大问题。它会给消费者、贷款者和整个社会造成巨大的成本。在 20 世纪 70 年代，美国曾经历了两位数的通货膨胀。而改革开放以来的中国，在 1987~1989 年和 1993~1994 年经历了两次严重的通货膨胀，1988 年通货膨胀率达到 18%，1994 年则达到 24%。为什么会发生通货膨胀？为什么通货膨胀率时而很低，时而又很高？通货膨胀率的高低对普通人有什么不同的影响呢？

经济增长也是宏观经济学研究的一个重要问题。尽管今天的中国仍然有贫穷和饥饿的人，但是大多数人相比以往生活水平提高了许多。人们的生活更加方便舒适、更加安全，有更多的高档产品、更长的寿命、更高的识字率、更多时间接受文化熏陶、娱乐消遣、有更优美和谐的工作环境等等。我们必须清楚的是，今天人们拥有的生活水平并非理应如此，而是改革开放 30 年以来中国经济持续高速增长的结果。自 1978~2007 年以来，中国经济以平均 9.7% 的增长率增长，2007 年中国的产出是 1978 年的 70 倍，人均产出是 1978 年的 51 倍。是什么因素导致了如此高速的经济增长？这种增长势头还能持续下去吗？应该持续下去吗？这些都是宏观经济学要回答的问题。

二、宏观经济学中的长期与短期

微观经济学采用了长期和短期的分析方法。与此类似，宏观经济学同样涉及长期和短期的划分。区别宏观经济学的长期和短期，关键在于当供求关系发生变动时，价格（包括工资）是否实现了比较充分的调节。

宏观经济的长期，是指价格能够根据供求关系的变动得到充分的调整。也就是说，从长期来看，价格具有伸缩性，通过价格的灵活调整，可自发实现总供给和总需求的平衡，资本和劳动可得到充分利用。此时，资本与劳动的数量，以及技术水平都是不变的，因此总供给水平也是不变的。长期内的经济均衡体现为在总供给与总需求平衡时，价格也处于均衡状态。宏观经济中有许多长期问题，比如研究长期经济增长，必然涉及资本、技术、制度变化这样一些长期甚至超长期问题，还有诸如货币、物价、失业率等宏观经济现象，也需要从长期的视角进行分析。

宏观经济的短期，是指价格不能随着供求关系变动而得到充分的调整，即价格的变动慢于供求关系的变动，存在迟滞性，宏观经济学家将此称为"价格粘性"。这类宏观经济的短期因素，对解释很多宏观经济问题具有重要意义。在短期中，由于价格粘性因素的存在，当经济环境发生某种外生性变动时，不能通过价格的自动调节来实现总供给和总需求的平衡，经济中会出现市场不均衡状态，资本和劳动力得不到充分利用，因而需要通过政府干预来矫正市场不均衡带来的问题。这一分析结论正是建立在价格不能充分调整的假定基础上，因而属于宏观经济学的短期问题，需要运用短期分析方法去研究。

凯恩斯之前的古典经济学派否定政府干预经济的必要性，他们强调市场机制的作用，认为价格和工资具有伸缩性，当经济中出现失衡时，经价格机制的调整会迅速恢复充分就业的均衡状态。20世纪30年代凯恩斯全新的宏观经济学体系，对长期忽视宏观经济短期问题的古典学派发起革命性的冲击。凯恩斯的理论着眼于短期因素，对一国经济短期决定机制提供了系统的理论解释，但同时也存在着对宏观经济长期问题的忽略。20世纪70年代西方国家经济滞胀问题凸现，经济学家开始重新审视古典学派经济理论的合理性价值，宏观经济学领域中的长期问题得到越来越多的关注，出现了结合长期和短期分析的视角整合凯恩斯理论和新古典理论的趋势，并且这一趋势在以后出版的教科书的内容安排中体现出来。如今，结合短期和长期兼容宏观经济学派的理论分歧已成为当代宏观经济学研究的特点。

三、长期增长与短期波动

从长期和短期的视角观察，宏观经济学围绕着国内生产总值的"长期增长"和"短期波动"而展开。第一个视角是从"长期"来看，一个国家的潜在生产能力是由什么因素决定的？为什么有些国家变得富裕，有些国家依然贫穷？穷国如何能够促进经济快速增长？这些都是宏观经济的长期增长问题。第二个视角是假定"短期"内一国的潜在生产能力不变，研究实际产出围绕潜在产出的波动，是过高还是过低？这是经济的短期波动问题。

为什么要研究经济的长期增长和短期波动呢?

研究经济的长期增长,重点讨论那些影响一个国家潜在的生产能力的因素,比如资本、劳动、技术、制度变革怎样会改变一国的潜在生产能力。毕竟,一个国家的经济增长速度关系到国家综合国力提升的速度,关系到一个国家在世界民族之林的地位,关系到一个国家是否拥有对世界范围内重大经济和政治问题的话语权。因此,研究长期经济增长涉及一国长期经济发展的战略问题,其重要性是显而易见的。

从长期来看,一国经济通常会表现出增长趋势。但是,经济在实现长期增长过程中,总是伴随着短期的波动。这表现为不同年份的经济增长速度有显著的差别。有的年份市场需求旺盛,产量增加很快,经济向上波动,这被称为**繁荣**(booms)。有的年份企业无法把生产的产品或劳务都卖出去,因此它们减产甚至倒闭,大量工人被解雇,一部分机器设备处于闲置状态,经济表现为向下波动,这种情况称为**衰退**(recession)。一般来说,当 GDP 至少连续两个季度下降时,就说发生了衰退。特别严重的衰退称为**萧条**(depression)。经济的长期增长总是在时而高涨、时而衰退的波动中实现的。宏观经济学通常把经济周而复始的波动现象称为**经济周期**(business cycle)。相邻的两个谷底(trough)或两个顶峰(peak)之间的时间是一个周期。经济的周期性波动直接关系到国计民生和社会的稳定发展。因此,经济学家必须对经济短期波动的原因、波动的传导机制等问题作出解释,从而为制定相应的经济政策提供理论依据和经验支持。研究短期宏观经济波动和针对短期波动的政府经济政策,是本书最后一编考察的主题。

链接 12-1　　　　　经济周期的基本特征

图 12-1 显示了经济周期的基本特征。向右上方倾斜的直线表示经济的长期增长趋势。然而,围绕着这个增长趋势,存在着经济的年度波动。

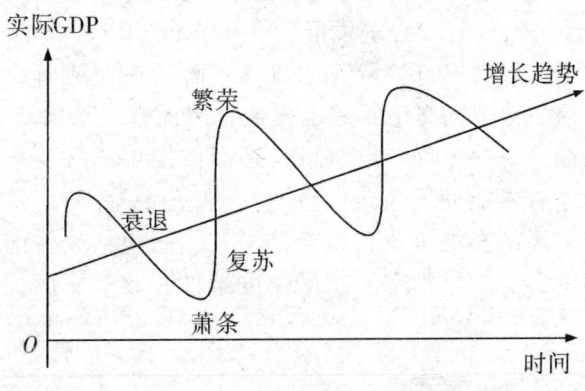

图 12-1　经济活动周而复始的波动

现在,我们来看经济周期性波动的一些基本特征:
(1) 一个完整的周期由繁荣、衰退、萧条、复苏四个阶段组成。

（2）经济波动无规则也无法预测。实际的经济波动并不是如图 12-1 描绘的那样有规则或可预测，通常人们无法预测两个波动的间隔时间。经济波动的时间和程度是不规则的，人们知道下一个经济周期肯定会出现，但不知道什么时候会出现。例如，美国经济在 1980 年和 1982 年均出现衰退，但此后的 1983～1990 年的 7 年中都没有出现衰退。

（3）经济周期波动是经济活动整体性的状态。也就是说，经济扩张和衰退不是仅局限于几个行业和地区，而是整体经济的波动，最大的波动甚至会影响全世界。比如，20 世纪 30 年代的"大萧条"就是一场发生在全世界范围内、无一幸免的经济灾难。2007 年，由美国金融危机引发了世界性的经济衰退，其影响面之广，对经济危害程度之深，仅次于 20 世纪 30 年代的经济大萧条。目前，这场世界范围内的经济衰退仍在延续中。

第二节 经济增长的特征事实

一、经济增长的概念

经济增长（economic growth）是指经济中实际财富的增加。通常用实际国内生产总值（实际 GDP）的增长率衡量经济增长。在第十一章我们曾经介绍过实际 GDP，该指标衡量的是一定时期一国之内生产的最终产品和劳务的总量。由于它消除了价格变动因素，因而能够真实地反映一个国家的经济活动水平。实际 GDP 既可以表示为经济的实际总产出，也可以表示为人均实际产出。人均实际 GDP 能够衡量一定时期一个国家的普通居民可获得的物品和劳务数量。第十一章的学习我们已经知道，实际 GDP 并不是度量经济福利的完美指标，但是它毕竟与很多重要的相关变量，例如平均寿命、儿童健康和文化教育存在较强的正相关性。由于目前尚无其他更合适的指标可选择，所以经济学家把人均实际 GDP 作为衡量一国国民生活富裕程度的重要指标。

需要说明是，经济增长与**"经济发展"**（economic development）是两个不同的概念。经济增长是一个财富增长的"量"的概念，而经济发展衡量的是一个国家以经济增长为基础的政治、社会、文化的综合发展，因而是一个含义复杂的"质"的概念。就两者的关系而言，一方面，经济增长是经济发展的必要条件，只有在财富持续增长的基础上，才有可能使国家走向现代文明；另一方面，仅有经济增长并非一定会带来经济发展，经济发展不仅包括经济增长，还包括改善国民福利、推进社会进步等更为宽泛的内容。如果没有一定的制度条件和政策协调，经济增长本身并不一定带来经济发展。

二、经济增长的特征事实

在讨论长期经济增长问题之前，我们先来观察不同国家经济增长水平比较数据。表 12-1 显示了 1999 年世界上 12 个人口最多的国家的人均收入。

表 12-1　生活水平的国际差异，1999 年

国别	人均收入（美元）	国别	人均收入（美元）
美国	31 910	中国	3 550
日本	25 170	印度尼西亚	2 660
德国	23 510	印度	2 230
墨西哥	8 070	巴基斯坦	1 860
俄罗斯	6 990	孟加拉国	1 530
巴西	6 840	尼日利亚	770

资料来源：曼昆：《宏观经济学》，中国人民大学出版社 2005 年版。

表 12-1 显示了经济增长的第一个特征事实：各国之间的生活水平差别很大。在 12 个人口最多的国家中，美国以人均收入 31 910 美元名列榜首。尼日利亚的人均收入仅为 770 美元，还不到美国人均收入的 3%。这意味着一个代表性的尼日利亚工人必须工作一个多月才能挣到一个代表性的美国工人一天所得到的收入。收入的差异决定了人民物质生活水平高低的不同，表现为富国人民能够普遍享受比穷国更多的物品和劳务。

表 12-2　一些国家的经济增长情况

国别	时期	期初人均 GDP（美元）	期末人均 GDP（美元）	年均增长率（%）
日本	1890~1990	842	16 144	3.00
巴西	1900~1987	436	3 417	2.39
联邦德国	1870~1990	1 330	17 070	2.15
美国	1870~1990	1 223	14 288	2.07
中国	1900~1987	401	1 478	1.71
墨西哥	1900~1987	649	2 667	1.64
英国	1870~1990	2 693	13 589	1.36
阿根廷	1900~1987	1 284	3 302	1.09
印度尼西亚	1900~1987	499	1 200	1.01
巴基斯坦	1900~1987	413	885	0.88
印度	1900~1987	378	662	0.65
孟加拉国	1900~1987	349	375	0.08

说明：GDP 按 1985 年的美元不变价衡量。
资料来源：曼昆：《经济学原理》，北京大学出版社 1999 年版。

经济增长的第二个特征事实是：国家之间的经济增长率差别很大。表12-2显示了12个国家近一个世纪经济增长率的差别。从中可以看出，美国的人均实际GDP 1870~1990年间增长了11倍以上。而日本的增长更为惊人。100年前，日本并不是一个富国，日本的平均收入只比墨西哥略高一些，而且远远落后于阿根廷。但是，经过一个世纪特别是1960年到1990年期间的高速增长（在此期间，日本以5%的速度增长），人均实际GDP在同一时期的增长速度是阿根廷的5倍，几乎与美国相同。日本从原本相对较贫穷的农业化社会转变为一个高度工业化的经济，其国民所拥有的平均生活水平令生活在1890年的人们无法想象。表12-2的最下端是孟加拉国，在过去的一个世纪中它几乎没有任何增长，孟加拉国普通居民过着和他们曾祖父母一样贫苦的生活。

经济增长的第三个特征事实是：经济增长具有累积效应。一个经济现实的增长水平与历史增长绩效存在联系，今天的国际差异是历史时期增长水平差异的结果。表12-2显示了过去100年不同国家和地区长期增长率的差别，乍看之下你会觉得各国的增长率没有太大的区别。发达国家长期平均增长速度只有2%~3%，比现在低收入国家只是高出了1~2个百分点。这1~2个百分点的增长率差别看起来不算太大，但是经过长期的累积作用，导致终点时期经济财富的巨大差异。

经济增长率间的微小差别会造成巨大的长期影响可用复利率的作用原理来解释。复利不同于只对初始存款支付利息的单利，它不仅要对初始存款支付利息，还要对之前积累的所有利息支付利息。以 w 表示期初存款，利率为1%，一年之后本利和为 $w(1+1\%)$，两年后本利和为 $w(1+1\%)^2$，70年后本利和为 $w(1+1\%)^{70}$，$(1+1\%)^{70}$ 约等于2，即年利率为1%，70年后本利和翻一番。所以，存款价值的巨大增长来自利息的复合累计。这个类比告诉我们，即使人均收入只有相对较小的增长率，但经过较长的时间，相对较小的增长率差别最终会导致生活水平上的巨大差异。链接12-2介绍了"70规则"，可用它来解释长期经济发展中"失之毫厘，差之千里"的道理。

链接12-2 "失之毫厘，差之千里"——长期增长的"70规则"

由于经济增长率对经济水平的影响具有俗话所说的"驴打滚"式复利作用，因而一个很小的增长率差别在长期对不同国家经济发展水平会产生巨大影响。美国经济学家曼昆教授用"70规则"来说明这种影响。某个变量年增长率为X%，则该变量在70/X年内翻一番，因而称作"70规则"。从这一规则看，如果甲国经济增长率为1%，它的GDP翻一番需要70年，乙国经济增长率为3%，翻一番时间仅为70/3或23年。也就是说，即便甲乙两国人均收入起点水平大体相同，2个百分点增长率差别在100年后会导致3~4倍的巨大收入差别。复利式增长可能会在较长时期导致极为惊人的结果。以至于伟大的物理学家爱因斯坦把复利计算称为"所有历史时期的最伟大的数学发现"。

用这一规则对我国未来经济增长前景做一个简单推算，能够得到有趣的结果。我国改革开放以后人均收入年增长率大体为5%~6%，如果能够在长期保持5%年增长率，将能取得极为惊人的成绩。用"70规则"计算，年均增长5%的变量将在大约14年内翻一番，在100年间翻7番以上。也就是说，以5%增长率递增变量的数量值在100年后将是目前水平的128倍。给定目前我国人均800美元左右GDP水平，如果人均GDP能够保持5%增长率，一个世纪后能够达到102 000美元水平。即便年增长率在4%，结果也能达到42 000美元，这一结果超过了现今世界上最富有国家的水平。

当然，这只是简单的计算。"70规则"是一回事，一国实际增长成绩是另一回事。需要指出，一国在100年长期内持续保持5%人均收入高速增长，是极为困难的。然而，综合考虑我国发展阶段和现实条件，很多经济学家相信，如果各种政策得当，我国有可能在未来30~40年内保持较高增长水平。假定在未来40年间保持人均GDP年均5%增长率，则可以在21世纪中期达到12 000~13 000美元的人均GDP，实现赶上现在中等发达国家人均GDP水平的目标。

资料来源：卢锋：《经济学原理》（中国版），北京大学出版社2002年版。

需要说明的是，一国的经济增长率不一定长期保持稳定。20世纪60年代，美国的实际GDP平均每年增加4.1%，然而在70年代，经济增长率降为每年增加2.8%。1982年的大衰退，使GDP的增长在80年代降到了平均每年2.5%。又如，1960~1980年，新加坡、中国香港、韩国和日本取得了年均6%以上的高速增长。但到了1980~2000年，大多数发展中国家都放慢了增长速度。而此时中国的年均增长率达到9%，成为世界经济舞台上的一颗新星。中国经济的迅速增长，使得在1960年，中国的人均GDP只是美国的1/20，但到1998年已经是美国的1/8了。

以上有关世界各国经济增长的事实使得我们必须要回答是什么因素决定了一国长期经济增长。我们将在两个层次上研究经济增长的原因。首先，我们考察决定经济持续增长的几个因素。其次，我们将分析哪些政府政策可以对经济增长产生重大影响。

第三节 影响经济增长的因素

一、经济增长的根源：劳动生产率的作用

为了说明决定一国经济增长的因素，我们将人均实际GDP表述为劳动生产率增长率和就业人口增长率的乘积。即

人均实际GDP = 劳动生产率增长率 × 就业人口增长率

上式中，劳动生产率（labor productivity）是指1个工人每小时的劳动产出。可用实际GDP除以总劳动小时来计算劳动生产率。也就是说，劳动生产率等于实际GDP（Y）除以总劳动小时（N）。就业人口增长率是指就业者在总人口中所占的比例。

从人均实际GDP的表达式中，我们可以很直观地了解到，人均实际GDP将来能以多快的速度增长，取决于1个工人能产出多少以及就业者以多快的速度增加。只有当劳动生产率或者就业人口有了一定程度的增长，人均实际GDP才能实现增长。改革开放以来，我国人民生活水平提高的原因之一是就业人口的增加比人口的增长快。那些在20世纪50年代和60年代出生高峰期的一代已经长大，成为新的劳动力。同时，农村大规模的潜在失业人口不断向工业、建筑业和第三产业大规模的流动也在相当大程度上

增加了就业。1985～2000年,农村劳动力在工业、建筑业和第三产业的就业分别从7%、3%、8%上升到10%、7%和20%,其中第三产业吸纳农村就业的比重提高最快。

但是,就业率不能永远快速增加。农村剩余劳动力向城市大规模流动的趋势不可能永远持续上升。而且,出生于50年代和60年代生育高峰期的一代人将面临退休,人口老龄化速度将会不断加快。当就业增长率不再持续上升时,那么,未来人均实际GDP的进一步增长便主要依靠劳动生产率的增长。在长期,一个国家只有能够大量生产物品与劳务,它才能享有较高的生活水平。美国人生活比尼日利亚人好,是因为美国工人生产率比尼日利亚工人高。也就是说,人们生产得越多,可以消费得就越多。一个国家的生活水平取决于其生产物品和劳务的能力。因此,要了解经济增长的原因,必须弄清劳动生产率提高的原因。

二、决定劳动生产率的因素

一个国家的劳动生产率是如何决定的?回答这个问题,可以考虑中国自1979年以来,有许多因素决定劳动生产率的水平。例如,这30年来,我们引进并自主创新生产技术,企业有了更先进的机器设备和生产线;九年制义务教育的普及以及高等教育和职业技术教育的发展提高了劳动者的知识和技术水平;对外开放促进了与外部世界的交流;市场化的制度改革调动了劳动者的积极性,而且,所有制结构的多元化也使中国开始形成企业家生存和成长的环境和条件。我们把决定中国劳动生产率提高的因素可以总结为人力资本、物质资本、技术、自然资源、管理的改善和制度变革。下面我们分析每一种因素对产量的影响。

(一)人力资本

人力资本是指一个人通过教育、培训和经验而获得的知识与技能。它包括一个人一生当中从儿童时期的早期教育、小学、中学、大学和在工作中所接受的职业培训所积累的知识和技能。这些知识和技能存在于劳动者自身表现为他们劳动素质的差异,这一差异可以解释劳动者工作效率的差异。一般来说,拥有较多人力资本的工人具有较高的工作效率。例如,一个熟练使用电脑进行文字处理的秘书在一定时间内打出的字数肯定比不会使用文字处理程序的秘书多。一个接受过职业培训的熟练缝纫工每小时的产量肯定高于新工人。因此,持续的教育进步和技能培训可以提高一国劳动力的生产率。在20世纪70年代后期,由于"文革"十年对正规知识教育受到冲击,耽误了一代人知识和教育的培养,我国劳动者素质低下,科学技术人才匮乏。而在2006年,我国高等教育毛入学率已经达到23%,进入了国际公认的大众化教育的发展阶段,职业技术教育和在职培训也有了显著的增长。教育的进步使得劳动者拥有更多的人力资本,这是改革开放以来我国劳动生产率提高的一个重要原因。

人力资本与机器、厂房一样,是通过投入时间、精力和金钱获得的。例如,一位秘书要学会使用电脑进行文字处理的技能,可能要在休息日参加培训班的学习。参加培训班要付出学费、学习时间等形式的投入。培训结束后获得了结业证书,这是她人力资本增加的体现,她的工资将会增加。因此,我们可以把"学生"看成是"工人",他们付出成本，生产出将用于未来生产的人力资本。

链接12-3　　德国和日本为何能从"二战"的废墟中成功复苏

在第二次世界大战中，德国和日本的城市建筑与工业基础遭受了大面积的破坏，战后一段时期两国陷入贫困之中。然而不出30年，它们不仅完成了战后重建工作而且成为世界上的工业和经济强国。促使德国和日本的经济复苏归因于很多因素，其中包括美国在马歇尔计划下对欧洲的大量援助和美军占领日本期间对日本的扶持。然而，大多数经济学家认为，高水平的人力资本在两个国家的发展中起了至关重要的作用。

第二次世界大战末期，德国人接受了非常良好的教育，其中涌现出一大批资深的科学家与工程师。德国还推出了一个广泛的实习系统，目的是为没有经验的工人提供在职培训。这使得德国拥有熟练的产业劳动力。另外，来自前民主德国与受苏联控制的其他欧洲国家的大量熟练工人的流入，也使德国受益匪浅。早在1949年，人力资本的集中就使拥有高度发达的技术与生产力的德国制造业得到了大幅度扩张。而到了1960年，德国已称为高质产品的主要出口国，其公民享有欧洲最高的生活水平。

日本在第二次世界大战中遭受了比德国更大的经济损失，它同样也是凭借有技能并受过教育的劳动力开始战后重建的。此外，进驻日本的美国军队对日本的教育系统进行了改革，并鼓励所有日本人接受良好的教育。不仅如此，日本人比德国人更注重在职培训，并把它当做终身就业体制的一部分。在这种体制下，日本企业希望员工在其整个职业生涯里都只效力于同一家公司，这样他们就会在职工培训方面进行大量投资。而这种对人力资本进行投资的回报，则表现为平均劳动生产率的稳步上升，特别是在制造业，这一点表现得尤为明显。到20世纪80年代，日本制造的商品已经挤入世界最高级商品的范围，而其工人也跻身于最优技术工人的行列。

资料来源：罗伯特·弗兰克、本·伯南克：《宏观经济学原理》，李明志译，清华大学出版社2007年版。

（二）物质资本

一个人拥有知识和技能并不能完全决定他的劳动生产率，因为一个工人，即使是工科博士，如果没有机器设备、没有计算机，什么都生产不出来。因此，劳动生产率的另一个基本决定因素是物质资本。**物质资本**是指用于生产物品和劳务的机器设备、建筑物和存货。常识告诉我们，机器设备是人的肢体的延伸，借助于它们能够提高工人的劳动生产率。例如，广州市修建地铁3号线全长36.33公里，没有工具完全依赖劳动是无法完成的，借助于简单凿岩机、小型矿车等简单的手工工具需要工人们辛苦劳作20年以上的时间，但是采用包括盾构机在内的现代隧道施工工具，克服了世界上罕见的上软下硬，有"地下石林"之称的地质难题，仅用了5年时间就完成了任务。因此，工具、专业化设备等资本条件，能够极大地提高一个社会的生产率。给工人配备的资本数量越多、越先进，工人在单位时间内的产量即生产效率就越高。进入21世纪，一个普通美国工人所配备的资本装备已超过10万美元。这种巨大的资本积累是较高生产率的基本源泉。

资本的重要特征是，它是一种生产出来的生产要素。这就是说，资本是生产过程的投入，也是过去生产过程的产出。地铁工人使用盾构机施工，而盾构机本身是制造盾构机的企业以前的产出，盾构机的制造者又用其他设备来制造盾构机。因此，资本存量不是天上掉下来的。今天的资本存量是昨天投资的结果，未来的资本存量则部分取决于今天的投资数量。因此，生产更多的资本品，就要牺牲许多当前的消费。凡是经济快速增长的国家，一般都曾在新的资本品上进行过大量的投资。在大多数经济高速发展的国家，用于净资本（新增资本减去资本折旧）的形成的资金都占到产出的10%～20%。

链接 12-4   资本收益递减原理

假设一国政府实施提高储蓄率的政策，那么，随着一国储蓄增加，用于生产消费品的资源少了，而更多的资源用于生产资本品。结果，资本存量增加了，这就引起生产率的提高和人均 GDP 的迅速增长。但是，由于资本收益递减原理的存在，这种高增长率的持续时间是有限的。

资本收益递减原理的含义是，如果劳动力投入与其他要素投入保持不变，那么随着资本存量增加，每增加一单位资本所获得的回报就越少。也就是说，在工人已经用大量资本存量生产物品与劳务时，再增加一单位资本所提高的生产率是微小的。由于资本收益递减，储蓄率增加所引起的高增长是暂时的。随着高储蓄率使积累的资本增多，从增加的资本中得到的收益一直在减少，因此，经济增长的速度放慢。但是，达到这种长期需要相当一段时期。根据对经济增长国际数据的研究，提高储蓄率可以在几十年内引起相当高的增长。

资料来源：曼昆：《经济学原理》，北京大学出版社1999年版。

（三）自然资源

自然资源是指自然界提供的生产投入，包括耕地、森林、水资源和矿产资源等。自然资源分为可再生资源与不可再生资源两类。比如，树木是可再生资源，当砍倒一棵树以后，可以在原处再栽上一棵树。而石油是不可再生资源，因为石油是自然界几千万年的历史中形成的，只有有限的供给，一旦石油供给枯竭，我们不可能再创造出新石油。丰富的自然资源对经济增长有重要影响。例如，加拿大和挪威就是凭借其丰富的资源，在农业、林业和渔业获得高产而发展起来的；科威特和沙特阿拉伯之所以富有，是因为这些国家地下幸运地蕴藏了大量的石油资源；美国早期的经济发展，很大程度上得益于其辽阔的疆域和广袤的良田。

应该强调的是，自然资源的拥有量并不是经济发展取得成功的必要条件。自然资源匮乏的国家也可以创造出很高的生产率并享受富裕的生活水平。日本就是一个典型的例子。日本是一个自然资源极为缺乏的国家，但日本通过国际贸易，进口它所需要的原材料，利用先进技术加工成工业制成品后向自然资源丰富的国家和地区出口，从而成为世界上最富裕的国家之一。再如中国香港、新加坡等,其面积和资源与俄罗斯无法相比,却成为经济发展水平比俄罗斯高的富裕地区和国家。

(四) 技术进步

除了以上提高生产率不可缺少的传统因素以外,一个国家生产率还取决于第四个,也是很关键的因素,即技术进步。现代经济增长理论认为,只有资本的增加而没有技术进步,产量的增加会出现递减的趋势,即随着资本的增加,产量在增加,但增加的比率越来越小。因此,实现长期经济增长需要有技术进步的基础。技术进步被经济学家看成是经济增长的发动机。

广义的理解,技术进步包括科学研究、新产品的开发、生产技术革新和管理的进步。一般情况下,技术进步与新知识的发现紧密相联系,这些新知识使得企业能够利用新的方法来组合使用一定数量的资源,以实现更大规模的产出。例如,20 世纪80 年代初期,我国农村水稻的亩产量最高约为 300 公斤。现在,由于科学技术的进步,特别是我国农业科学家袁隆平发明了杂交水稻,将我国水稻的亩产量先后提高到 700 公斤、800 公斤。这一优良水稻品种自 80 年代中期被推广以后,20 年来,中国已通过杂交水稻增产 3 500 亿公斤,每年增产的稻谷可以多养活 6 000 万人。这意味着少量的劳动和土地就可以生产出足以养活整个国家的粮食。在我国人均耕地面积较少和传统的农业耕作技术条件下,技术进步对改善我国长期面临的食物供给压力具有重要的意义。

当一个部门发生了技术进步之后,生产率的提高不仅局限于这个部门,而且还会推动其他部门的发展。例如,互联网技术的进步促进了零售业的变革,这使企业借助于计算机和互联网技术,利用现代快速交通工具和冷藏技术,把产品销售到世界各地。有了广阔的销售市场,农民可以选择最合适的土地和土壤条件进行专业化生产,工厂也可以使用成本最低的原材料大规模地生产最有效率的产品。当一个经济所有的生产部门都能够从事最有效率的生产活动时,全社会的劳动生产率会得到全面的提高。

链接 12-5　　　　　　　克鲁格曼的预言

1994 年,美国经济学家克鲁格曼在《外交》杂志上撰文,指出东南亚国家的高速经济增长是没有牢固基础的"纸老虎",迟早要崩溃。历史不幸被克鲁格曼言中,1997 年东南亚金融危机的爆发引起这个地区的严重经济衰退。

克鲁格曼之所以认为东南亚国家的经济增长是"纸老虎",是因为这些国家的经济增长是由劳动与资本的大量增加带动的,缺乏技术进步。而技术进步在经济增长中的中心地位,早已为当今世界各国的经济学家所公认。克鲁格曼认为,东南亚经济增长中技术进步的作用不明显,没有起到应有的中心作用。这些国家和地区缺乏科技创新能力,仅仅依靠投入实现增长,到一定程度就会引起劳动和资本的边际生产率递减,增长必然放慢,甚至衰退。克鲁格曼甚至认为,即使像日本这样的经济大国,由于其主要技术仍然是引进的,缺乏原创性,即使没有各种复杂因素引发的金融危机,其经济的增长也迟早要出问题。

尽管经济学家对东南亚金融危机的发生众说纷纭，但有一点已为所有的人所接受：没有技术进步就没有持久而稳定的经济增长。20世纪90年代美国经济连续近十年的稳定增长则从正面证明了这一点。虽然经济学家对个人电脑、互联网对增长的作用还难以作出准确的定量分析，但这些技术进步对美国经济繁荣的贡献是无人否认的。

克鲁格曼的观点固然冷酷，但它能使我们更加清醒地认识到，21世纪将是技术进步更加迅猛的时代，发展中国家只有确立技术进步在经济增长中的中心地位，才能实现经济长期的快速增长。

资料来源：梁小民：《宏观经济学纵横谈》，上海三联书店2002年版。

（五）管理的改善

无论一个国家的资源质量有多好，数量有多充足，都必须被组织到生产过程中去，才能现实地生产出产品和劳务。因此，企业家的管理才能也成为决定生产率的重要因素。企业的管理工作涉及雇佣和分配人员、市场需求、组织生产、筹措资金、节约成本，以及激励员工高效地工作。这些行为都可以提高劳动生产率。例如，微软公司的成就多归功于比尔·盖茨管理风格，他坚持雇佣顶尖的人员做事，因为只有最精明的、勤于动脑和思考的员工才会很快改正错误，用各种方法改善工作，节省公司的时间和金钱。微软的管理者还通过各种方式提高员工的士气，建立团队精神。在微软，公司开会的气氛非常轻松和幽默，与会者欢乐其中，因而能够畅所欲言。此外，微软的每位员工都有自己一间单独的办公室，员工可以把办公室布置得像自己的家。上班不需穿制服，公司提供无限的免费饮料，材料室公开，没有设定工作时间表，由员工自己选择工作时间。这都使得员工感觉自由自在、被尊重和信任，因此他们都能专心于工作，绩效很高。韩国精密机械株式会社也通过实行"一日厂长制"，让职工轮流当厂长管理厂务。与传统的管理方式比，工人的责任感以及对工厂的向心力增强，管理成效显著。

由于企业的管理水平与企业和员工的关系会影响生产率，自90年代以来，我国的许多企业花费巨额资金用于管理培训，以提高管理者的管理知识和技能。需要说明的是，学校的教育虽然可以使人们学到诸如金融分析与市场营销等技能，但它不能培养出成功的企业家，企业家的管理活动和其他创造性活动一样，它需要有一个得以提升的社会和经济环境，在中国当前所处的经济转型时期，这一点尤为重要。

（六）制度变革

影响劳动生产率的制度因素，可以理解为市场经济制度及其配套制度（比如货币制度、合约制度、专利制度、分配制度和诚信制度等等），以及与经济制度相一致的民主政治制度。一个国家的这一套制度越完善，就越能够鼓励人们以高效率的方式从事经济活动，这个国家就越富裕。

美国经济学家诺斯强调"增长的路径依赖"。这是指一个国家只有建立了明确的产权制度和市场经济，才会走上增长的良性循环之路。明确的产权制度是指法律提供明确的规则来确定资源的归属以及人们对自己拥有的资源行使权利的能力。试想，人们都知道资本的重要，但如果没有保护产权的制度，谁还会储蓄和投资呢？这就像你如果预计你生产的东西会被人夺走，你就没有积极性去种植好农作物，也没有动力努力生产其产品与劳务。人们只有相信能够从产品的生产销售中获益，才会有动力生产。人们都知道，工业革命和技术创新是经济发展的动力，但没有保护发明者权益的专利制度谁会去发明呢？英国之所以成为工业革命的发源地，这与它是世界上最早建立专利制度的国家有关。人们都意识到，企业家的管理活动是经济增长的关键，但是没有按效率分配的制度，就不可能有企业家的产生。因此，有一套适应发展的制度，是一国实现长期经济增长的前提条件，这是当今经济学家的共识。

链接 12-6 生产函数

经济学家经常用生产函数来计算有多少实际 GDP 增长来自劳动和资本的增长，有多少来自于自然资源，以及有多少是由于技术的变革。生产函数的数学表达式可以写为：

$$Y = AF(L, K, N) \tag{12.1}$$

其中：

Y——实际 GDP 或产出量；

L——劳动量，按人力资本水平调整；

K——物质资本量；

N——自然资源量；

A——技术进步（包括管理的效率和制度环境）；

$F(\ )$——投入如何结合起来生产产量的函数。

用文字表述，实际 GDP 供给量是由劳动、资本、自然资源状况和技术进步决定的（是其函数 F），L、K 和 N 越大，Y 越大。而且，L、K 和 N 增长越快，Y 增长越快。技术进步 A 的作用在于：A 上升，一个经济可以用任何一个既定的投入组合生产出更多的产量。

还有一个简化的生产函数的数学表达式被用来计算产出水平，即

$$Y = K^{\frac{1}{2}} L^{\frac{1}{2}} \sqrt{KL} \tag{12.2}$$

例如，如果 $K=25$，$L=100$，那么 $Y = \sqrt{25 \times 100} = \sqrt{2500} = 50$。这个简单的生产函数可以说明一些很重要的含义。首先，如果所有的投入品 K 和 L 都翻倍，那么产出也会翻倍。例如，$K=50$，$L=200$，那么 $Y = \sqrt{50 \times 200} = \sqrt{10000} = 100$。其次，它表现了当劳动的投入量不变，一直增加资本，资本产出量的增加比率会越来越小，这被称为资本收益递减原理（劳动收益也是递减的）。例如，如果 L 始终等于 100，而资本从 25 增加到 26，产出会从 50 增加到 $\sqrt{26 \times 100} = 50.99$，增加了 0.99 个单位。如果 K 再增加一个单位 27，产出增加到 $\sqrt{27 \times 100} = 51.96$，只增加了 0.97 个单位。

资料来源：改编自罗伯特·弗兰克、本·伯南克：《宏观经济学原理》（第三版），李明志译，清华大学出版社 2007 年版。

第四节　促进经济增长的政策

我们已经知道，一个国家人们生活的富裕程度取决于它生产物品和劳务的能力，以及劳动生产率取决于人力资本、物质资本、自然资源、技术进步、管理改善和制度变革。如果一个社会希望加快经济增长速度，那么政府可以制定加速经济增长的政策。本节我们分析哪些政府政策可以提高经济增长速度和生活水平。

一、增加人力资本投资

教育是对人力资本的投资。由于受过良好教育并拥有熟练技术的工人比那些没有接受培训的工人具有更高的生产效率，所以教育和培训对于经济增长的作用非常重要。经济学家之所以强调教育的重要性，是因为教育具有正的外部性。第十章的分析告诉我们，正外部性是指某个经济主体的行为使他人受益，自己并没有得到受益者补偿的情况。例如，当生物学家研究出基因组合技术之后，所有的生物技术企业都可以利用这一技术，由此在社会范围内产生的积极作用将会显著大于生物学家从中获得的直接收益。这就是教育的正外部性效应。因此，政府鼓励人力资本的投资，并且以发展公共教育的形式对人力资本投资给予补贴，是促进一国经济长期增长的一项重要政策。

改革开放以来，我国各级政府部门在人力资本开发方面发挥了巨大的作用，例如新建、管理和资助学校，建立农民工职业技能培训基地等等。尤其是在2005年，政府免除了各级扶贫开发工作重点县农村义务教育阶段贫困家庭学生的书本费、杂费，并补助寄宿学生生活费，2007年在全国农村普遍实行这一政策，使贫困家庭的孩子都能上学读书，完成义务教育。至今，我国初中以下的教育已经实现由政府作为公共教育进行普及。当然，与发达国家相比，我国的劳动力素质还不高，教育结构也不合理，提高劳动力素质是我国经济发展面临的紧迫问题。为此，政府应增加对教育的投入，改善私人对教育投资的激励机制，调整不同层次教育的结构，加强对在职职工的岗位培训和转换工作的培训，这对于实现我国产业结构升级以及经济长期可持续发展具有非常重要的意义。

链接12−7　　为何几乎所有国家都提供免费的公共教育

所有的工业化国家都向其公民免费提供中学以下的公共教育，其中大部分国家还对大学以及其他高级院校进行补贴。政府为何会采取这样的政策？

美国人对接受免费公共教育已经习以为常，以至于他们会对这样的问题感到奇怪——在他们的观念里，免费教育是理所当然的。不过，既然政府并没有向所有人（除了贫困者之外）免费提供食物、医疗等基本的产品与服务，为什么它要提供免费教育？而且，对教育服务的供给与需求事实上是可以通过私人市场实现的，并不一定需要政府的协助。关于免费教育或者说教育补贴的一个重要观点认为，个人对教育服务的需求曲线并没有包括教育的所有社会收益。例如，一个民主的政治体系要实现高效运作，很大程度上取决于公民的教育水平——而这一点对教育服务的个体需求者来说几乎不会成为他们接受教育的个人原因。如果从经济角度考虑，我们认为，个人无法实现自身接受教育所带来的全部经济收益。例如，拥有较高人力资本的人会有较高的收入，从而会上交较多的税额——这些资金将用于提供政府服务和救助贫困者。由于所得税的存在，获得人力资本的私人收益要低于社会收益，因而在私人市场上对教育的需求，站在社会的角度来看并不是最优的。同样，受过教育的人比其他人更容易带来技术的进步与发展，从而引起生产率的提高，这会令包括他们自己在内的很多人都受益。提供公共教育的另一个理由是，那些希望对自身人力资本进行投资的贫穷者可能会由于收入低下而无法实现这一愿望。

与许多经济学家一样，诺贝尔经济学奖获得者米尔顿·弗里德曼（Milton Friedman）认为，上述这些理由只能说明政府可以用补贴方式（这种方式被称为教育优惠券）帮助人们从私人市场获得教育服务，并不能得出政府应该直接提供教育的结论。而公共教育的捍卫者认为，为了制定教育标准并保证教育质量，政府有必要对教育进行某些方面的直接控制。

资料来源：罗伯特·弗兰克、本·伯南克：《宏观经济学原理》（第三版），李明志译，清华大学出版社2007年版。

二、鼓励增加物质资本投资

物质资本存量是决定经济增长的又一个因素。当工人装备有大量现代资本存量时，劳动生产率就会提高。但是，资本存量不会从天上掉下来，今天的资本存量是昨天投资的结果，未来的资本存量在一定程度上取决于今天的投资数量。由于资源有限，当把更多的资源用于生产资本就会减少用于生产现期消费的物品和劳务的资源数量。或者说，由于社会更多投资于资本，就必然减少现期消费并把更多的收入储蓄起来，储蓄决定了资本和产出水平。因此，政府可以利用税收、利率等经济手段鼓励家庭储蓄和企业投资。例如，提高资产折旧率、对新投资的税收减免和对资本收入减税都可以增加物质资本的投资。完善金融市场，也可加速储蓄向投资转化。或者政府可通过公共支出比如修公路、桥梁、机场、排污系统直接影响物质资本的水平。2008年下半年，为了应对由美国金融危机引发的经济衰退，中国政府出台了两年间投资4万亿元的计划，主要用于：保障性住房等民生工程；铁路、公路、机场、水利等重大基础设施建设；医疗、教育、文化等社会事业；节能减排和生态工程；自主创新和结构性调整以及地震灾后回复重建的投资。这些是中国资本存量的重要组成部分。

增加资本存量还可以依靠吸引国外投资。来自国外的投资主要有两种形式：一是外国直接投资（FDI），即外国实体拥有并经营的资本投资。比如美国宝洁公司在中国投资建一个工厂；二是外国间接投资，也称外国有价证券投资，是通过在国外发行股票和债券的方式，用外国货币筹资，但由国内居民经营的投资。比如网易公司在纳斯达克上市，通过向外国人卖股票的方式获得资金扩大生产规模。在这两种情况下，美国人提供了中国资本存量增加所必须的资源，或者说我们是在利用美国人的储蓄为中国人的投资筹资。

当外国人在一个国家投资时,他们的目的是通过投资赚到收益。宝洁公司的工厂增加了中国公司的资本存量,因此提高了中国的生产率,增加了中国的 GDP。但宝洁公司也以利润的形式把赚到的收入带回美国。同样,当一个美国投资者购买中国 B 股时,投资者也有权得到中国公司赚到的一部分利润。

外国投资是促进经济增长的一种方法,即使这种投资的一部分收益要流回外国所有者手中,这种投资也增加了一国的资本存量,这就提高了生产率和工资。此外,来自外国的投资也是发展中国家向发达国家学习先进技术的一种方式。

链接 12-8　　　　　　　投资与经济增长比较

对新工厂、新设备的投资对于经济增长是很关键的。一般而言,那些将大量产出用于投资的国家有更快的经济增长。在 20 世纪 90 年代,中国是投资率最高的国家之一,同时中国也有最快的经济增长率。

表 12-3

国家	投资占 GDP 的百分比(%) (平均:1990~1996)	GDP 增长率(%) (平均:1990~1997)
中国	39	10.2
泰国	41	7.4
新加坡	35	6.6
印度	24	5.6
美国	17	2.4
英国	16	1.6

资料来源:布拉德利·希勒:《当代经济学》(第 8 版),豆建民译,人民邮电出版社 2003 年版。

三、支持技术进步

在现代经济社会,生产率的提高越来越依赖于技术进步。技术知识具有非竞争性,一个人使用某种知识,并不影响其他人对同一知识的使用。当一项科学技术被研究发现出来,它增加了人类共有的知识总量,其他人只需学习而无需付出任何成本便能够获得这一知识。所以,创造者的收益有限,所以,创造新知识的动力不能是私人的经济利益。技术知识是否具有排他性取决于知识本身的特性和知识产权制度的安排。专利制度可以使发明者在一定时期内拥有独家使用其发明的权利。但在专利规定的发明者受保护的期限之外,无法阻止他人对技术知识的学习和掌握。技术知识的公共物品性质使得市场配置于这一活动的资源太少,政府应当对新技术的研究和开发给予政策支持。

政府对技术进步的政策支持应主要采取以下方式：

第一，资金支持。政府资金支持的对象有两个，一是对基础科学研究给予资金支持。各国对基础科学研究的供给基本上是免费的。因为基础科学研究的受益者是整个社会而不是某家企业。从事这种研究的动力不是盈利，而是兴趣或出名。基础科学研究具有正外部性，应当得到政府的资助。进入21世纪以来，中国政府对基础研究的扶持力度不断加大，2007年全国用于基础研究的经费支出为174.5亿元，是1995年的9.7倍；用于基础研究的人力投入达每年人均13.8万元，是1991年的2.3倍。二是对应用性高科技企业提供资金支持。高科技研发风险较大，但政府的资金支持可以使得一国最早掌握和利用新技术，从而可以赚得高于平均水平的利润。例如，20世纪90年代，美国克林顿政府很注重对民用高科技领域的投资。政府每年从军事研究中拿出300亿美元，投入到诸如机器人、生物技术、光纤通讯、全国计算机网络和先进的通讯网络等民用技术领域。政府还责令全国726个主要从事军事研究的国家试验室，将现有预算中的10%~20%用于与工业界合资共办民用企业，以帮助民用企业的高技术创新。近年来，中国政府通过国家航天局支持空间研究，也使中国的火箭发射技术和航天飞机的制造有了长足的进步。

第二，对企业的研究开发实行税收优惠。例如，可以通过减税或税收抵免来鼓励企业从事研究和开发，实际上这种优惠也是通过政府支付一定的研究和开发费用的方法，调动企业从事研究和开发的积极性。

第三，建立保护发明者权益的专利制度，鼓励民间部门介入科学技术的研究开发。某家企业研制出一种转基因农作物，可以申请专利保护，当被确认是原创的科技成果，政府就会授予创造者专利权，即在规定的年限内该创造者拥有排他性地生产该产品的权利。专利制度在一定程度上解决了知识和技术这种公共物品的生产和收益不对称的问题，从而可以激励个人和企业从事研究和开发活动。

四、对外开放

对外开放能够促进一个国家与外部世界的交流，这也能够提高一国的劳动生产率。1949~1979年，中国基本上是一个封闭的国家。我们曾试图实行进口替代的内向型政策，希望能够在不与外部世界交流的情况下来发展本国的民族工业，并赶上和超过发达国家的经济。实践证明，靠设置关税壁垒和非关税壁垒限制国际贸易拉大了我们与发达国家的差距。改革开放以来，中国经济实现了高速增长。这使我们认识到，减少贸易限制，开放市场，实施出口导向的外向型政策促进经济增长的效果较好。亚洲"四小龙"依靠出口导向的外向型政策成功实现了高速发展，中国1979年以后外向型经济的实践效果有目共睹。

开放为什么能够提升一个国家的生产率？

首先，一个开放的经济可以利用国际贸易来促进本国的经济增长。一个国家出口的产品通常具有资源优势和生产成本较低，进口的产品则通常不具有资源优势而且生产成本较高。一国出口自己的优势产品换回自己的劣势产品，所以自由贸易可以提高资源在国际间的配置效率，这可提升资源限制条件下人们的生活水平。设想一下如果广州市是一个封闭的城市，不能与城市之外的任何人进行产品交换，那么，广州市必须生产它所需要的一切物品和劳务，这将会极大地增加生产成本，广州人的生活水平立即会下降。这正是30年前我们关起门来搞建设时期曾经经历的情况。国际贸易能够促进发展，还在于开放扩大了市场规模，促进了竞争，有利于我们引进先进的技术和管理知识。

其次，开放可以实现国际资本的流动，利用别国的储蓄增加本国的投资，这可实现资金在国家之间最有效率的使用。假设有A、B两国，A国的储蓄率较高，存在资本过剩，资本收益率较低。B国则资本稀缺，人均资本存量和人均产出量都低于A国，资本收益率较高。如果两国都开放，A国的资本就会流向B国，资本短缺的B国的增长率将会提高，资本过剩的A国的增长率将相对降低，最终，两国的人均资本存量和人均产出量将趋于相等。我国改革开放以来所取得的巨大经济成就，与外商投资密切相关。正是对外开放，使得我们可以用外国人的储蓄建工厂、造汽车、修高速公路、生产电脑，实现强国富民。

五、制度环境

政府可以加快经济增长的再一个办法是提供一个良好的市场经济制度。历史经验表明，计划经济制度扼杀微观经济主体的活力，因而其长期绩效不如市场经济制度。一个能够发挥市场机制作用的制度环境也是实现长期经济增长的必要条件。

市场经济制度是依靠价格机制来实现其运行的，而价格机制发生作用的一个重要前提是产权的界定和保护制度。在一个产权不清晰、司法制度不完备、合约很难得到实施、欺诈得不到惩罚、过多行政管制的环境下，企业不能有效地运作，人们缺乏努力工作和创新的激励，经济势必没有活力。因此，为了促进经济增长，政府有责任提供一个有利于创新的市场制度和法治环境，比如有保障的私人产权、开放的贸易、较少的管制、较高的政府工作效率等。当经济具有较大的自由度时，创业有更大的空间，投资有更多的机会，人们能够得到创新所带来的直接的物质利益，这会激励人们增加投资、开发新技术、改善管理。认识这一点对我国具有重要的现实意义。自1979年以来，我国的市场化改革强化了产权，极大地扩展了创新空间，政府逐渐放松产业管制，所有制结构呈现多元化格局，越来越开放的贸易和投资、法律体系的建设等等，促进了我国经济的快速增长。当然，由于市场化改革有待深化以及法律制度的不完善，现实中仍然存在许多抑制经济效率的制度因素，在我国现有的资源条件下，以制度创新实现经济的长期增长尚有很大的潜力。

本章要点

（1）宏观经济学主要研究三大问题：失业、通货膨胀和经济增长。宏观经济学的分析对象既有长期问题，也有短期问题。

（2）经济增长是指一国在一定时期内实际国内生产总值（实际GDP）的增长。实际GDP既可以表示为经济的实际总产出，也可以表示为人均实际产出。

（3）经济增长与"经济发展"不同。经济增长是一个财富增长的"量"的概念，而经济发展则衡量的是一个国家以经济增长为基础的政治、社会、文化的综合发展，因而是一个含义复杂的"质"的概念。

（4）人均实际 GDP 由劳动生产率增长率和就业人口增长率来确定。长期中，劳动生产率的提高是人均实际 GDP 增长的基本原因。

（5）决定劳动生产率提高的因素很多，包括较高的劳动者素质、工人使用的物质资本的数量和质量、自然资源是否丰裕、技术水平、管理水平和具有较高经济自由度的制度环境。

（6）政府可以通过制定并实施一定的政策来促进经济增长。这些政策包括：发展教育，加强培训，提高劳动者的素质；促进储蓄与投资，增加物质资本存量；鼓励技术进步，支持以基础科学为主的研究与开发；实施对外开放；构建一个有利于企业高效运作的制度环境。

重要概念

经济增长　经济发展　劳动生产率　人力资本

本章练习题

（1）宏观经济研究哪些问题？举例说明。

（2）如何认识宏观经济的短期和长期？

（3）如果一国 GDP 年均增长率为 5%，请问大约多少年，该国 GDP 翻一番？

（4）有两个国家，富国和穷国。富国的实际人均 GDP 为 10 000 美元，而穷国的实际人均 GDP 只有 5 000 美元。富国的实际人均 GDP 的年增长率为 1%，而穷国的则为 3%，试比较 10 年后两国的实际人均 GDP。20 年后的情况又会如何？穷国要想赶上富国大概需要多少年时间？

（5）为什么劳动生产率是决定长期经济增长的关键因素？

（6）什么是人力资本？对经济增长来说，为什么人力资本是重要的？新的人力资本是怎样创造出来的？

（7）根据学过的知识，举例说明产权不明晰造成了哪些效率损失？

（8）在实现提高劳动生产率这一目标过程中，政府可以有哪些主要贡献？

（9）改革开放 30 年，我国取得了巨大的经济增长的成就，结合学过的知识，讨论我国为促进经济增长，都采取了哪些措施？

第五编　短期经济波动与政策

改革开放以来，中国经济经历了30年的经济高速增长，这是中国家庭平均生活水平得以提高的关键因素。然而，中国经济在长期增长过程中也经历过短期波动，尤其当经济处于衰退期，经济增长率下降，一部分人失去工作，收入水平也降低了。因此，与长期经济增长相比，经济的短期波动是我们遇到的最紧迫的问题。

本编介绍短期经济波动的基本理论。第十三章建立了包括消费、投资和政府支出三个部门的简单的总需求决定模型，分析宏观经济运行的总供求均衡条件和调节机制。第十四章和第十五章研究产品市场和货币市场同时均衡时，总需求对国民收入的决定作用，以及可选择的政策措施。第十六章分析在开放经济中总需求对国民收入的决定以及可选择的政策措施。第十七章把总需求与总供给结合起来，说明均衡国民收入和价格的决定。第十八章考察失业和通货膨胀这两大宏观经济问题，探讨其原因和治理措施。

第十三章　简单的国民收入决定模型

本章进入宏观经济学的核心问题：短期经济波动。经济波动是现代市场经济中周期性出现的一种现象，经济按顺序周而复始地出现繁荣、衰退、萧条和复苏，影响着每一个企业和员工的利益。就我国来说，从 2007 年下半年由猪肉价格上涨开始逐渐显现出来通货膨胀倾向，到 2008 年下半年由美国次贷危机引发的全球性经济衰退背景下的经济增长率的下行，中国经济呈现出如过山车般令人炫目的波动，它给无数企业和家庭带来了不安和烦恼。

如前所述，短期是指价格水平对供求关系的变动来不及作出反应，很多价格黏在原来的水平上，不能作出灵活的变动。价格不能及时调整对经济运行会产生重要的影响，从而使宏观经济政策的效果有很大不同。本章从宏观经济均衡的研究开始，说明短期内总需求在国民收入决定中的重要作用。这里暂不考虑货币因素的影响，即假定利率和投资都是不变的，只研究产品市场上总需求对国民收入的决定，因此被称为简单的国民收入决定模型。

第一节　宏观经济均衡及其实现

均衡是指一个系统内部相反力量的作用互相抵消，不再变动的相对静止状态。宏观经济均衡就是指当各种相互作用的宏观经济变量之间达到某种平衡，彼此不再变动时，经济处于一种相对稳定的状态。本节将说明各种宏观经济变量如何相互作用并达到均衡，以及均衡条件下国民收入是如何决定的。为了分析的简便，假设经济中价格水平固定不变。即在短期内，企业并不是根据供求情况的变动连续不断地改变价格，而是倾向于保持价格不变，并在现有价格下通过调整产量满足需求。

一、两类宏观经济变量

在宏观经济学中，总供给与总需求是用来说明均衡国民收入决定，以及通货膨胀、失业等问题的最重要的宏观经济变量。为了说明均衡国民收入水平的决定与变动，我们不仅要了解这两个变量的含义，在此基础上，还要把这两个理论概念转换为统计概念，从而在总供给和总需求的理论概念和国民经济核算的统计概念之间建立联系，以方便我们本章的分析。

总供给（aggregate supply, AS）是一个经济在一定时期内所生产出来的所有物品和劳务的数量，也就是一个经济的总产出。通常，当我们度量总供给水平时习惯使用总产出 Y 的指标。总供给属于理论概念，总产出是统计概念，这两者是同一的，其市场价值总和就是用生产法统计的 GDP。总供给的度量也可使用总收入的统计指标，因为产出过程的同时也是收入的形成过程。总收入就是用收入法统计的 GDP，即资本、劳动、土地等不同要素所有者收入的总和。

总产出和总收入分别从产出和收入角度反映了一定时期经济中所生产（供给）的总量，因而它们都是总供给的度量指标，这两个量是相等的，它们代表的都是总供给。在我们以后的分析中，我们经常用"总产出"（总收入）的概念，而不是"总供给"的概念，但 GDP、国民收入、总产出、总收入、总供给等概念可以相互转换。

可把总产出简单定义为：

$$Y = Y_d + T \tag{13.1}$$

式（13.1）表示总产出 Y 恒等于总收入。总收入为可支配收入 Y_d 与政府税收 T 之和。

总需求（aggregate demand，AD）是指在价格和收入既定条件下消费者、企业、政府和国外愿意支出的数量。愿意的支出是指既有需求的愿望，又有货币支付能力。度量总需求的统计指标称为总支出（AE）。总支出是经济中人们对物品和劳务的支出总量，是用支出法计算的 GDP，包括家庭消费（C）、企业投资（I）、政府购买（G）和净出口（NX）。家庭和政府需要购买物品与劳务，企业需要以投资的形式购买设备、电力能源等等，这些都构成经济内部的需求，加上外国人对我们生产的物品和劳务的购买构成经济中的总需求，用总支出这个统计指标来度量，就可以得到另一个恒等式：

$$AE = C + I + G + NX \tag{13.2}$$

在总支出的四个组成部分中，消费占的比例最大，在发达国家约占总支出的 2/3。最小的部分是净出口。投资的比例在不同的国家有所不同，通常发展中国家投资的比例大一些。政府购买则取决于政府规模的大小和对经济的干预程度。一般来说，各国政府购买大于投资，并且有上升趋势。

二、总需求决定总供给

在微观经济学中，如果某种商品的供给与需求相等，则供求关系就达到了均衡，此时该商品的价格和产量称为均衡价格和均衡产量。与此类似，当经济中的总供给等于总需求，或者说总产出（总收入）等于人们愿意的支出时，就实现了宏观经济均衡，此时的价格水平和产出水平称为均衡价格水平和均衡产出水平。

我们用总产出、总收入度量总供给，用总支出度量总需求，那么，当总供给等于总需求时，总产出、总收入、总支出必然相等，即：

$$Y = 总收入 = 总支出 \tag{13.3}$$

这个恒等式表示均衡产出（或均衡收入）是与总支出相等的产出水平，当总供给等于总需求，或者说总产出或总收入等于总支出时，宏观经济就处于均衡状态。

那么，总供给和总需求这两个宏观经济变量是怎样相互作用的呢？在均衡国民收入的决定中，哪个经济变量处于主导地位，并引致其他变量发生改变以与之相适应呢？

凯恩斯认为，总需求是经济中占主导地位的经济变量，总需求决定总供给，均衡的国民收入是由总需求决定的。凯恩斯观点的理论依据是，在短期内，由于价格难以调整，不能通过价格变动来保持总供给和总需求的平衡，这会造成总需求不足，从而使资本、劳动等各种资源得不到充分利用。因此，凯恩斯认为，短期中，决定宏观经济状况的关键因素是总需求。当总需求变动时，会引起产量和收入的变动，从而使总供求相等。所以，是总需求决定了总供给，进而决定了均衡国民收入水平。显然，凯恩斯的国民收入决定理论是短期分析，通常适用于对宏观经济的年度间运行情况的分析。

凯恩斯的观点也有其现实依据。20世纪30年代初，西方国家的经济处于大萧条之中，供给过剩，凯恩斯认为这是由于价格不能及时调整带来的总需求不足造成的，他认为解决这场危机的办法是增加总需求，这会使闲置的资源得到利用，产量增加，但资源价格、产品成本和价格大体能保持不变。凯恩斯甚至还开玩笑地建议，如果实在没有支出的办法，可以由政府把钱埋在废弃的矿井中，然后让人们投资把这些钱挖出来也可以刺激经济增长。凯恩斯的幽默实际上是在说明一个严肃的命题：增加总需求可以增加国民收入，使经济走出萧条。这正是凯恩斯主义宏观经济学的主题。

三、宏观经济均衡的实现过程

宏观经济均衡是在总需求与总供给的相互作用中实现的，当经济中的总供给等于总需求，也就是当经济社会的产出正好等于人们想要有的支出时，宏观经济处于均衡状态。

需要说明的是，在宏观经济实现均衡的过程中，实际发生的总产出和总支出可能是不相等的。比如，假定企业由于预测失误，生产了100万元的产品，但市场实际的需求只有80万元的产品，我们把这多出来的20万元产品称为企业非意愿存货投资 IU，这部分存货投资在国民收入核算中是投资支出的存货投资部分，但不是意愿存货投资。如前所述，均衡产出是指与人们愿意的支出相一致的产出，因此，只有当企业的实际存货投资等于意愿存货投资，即当非意愿存货等于零时，宏观经济才处于均衡状态。

可用图 13-1 说明宏观经济均衡的实现过程。图中，横轴表示总供给，用总产出（总收入）Y 度量，纵轴表示总需求，用总支出 AE 度量，45°线表示经济中总产出等于总支出，也就是说，该线上的任何一点都表示经济中的均衡，线外的任何一点都表示非均衡的状态。

如图所示，假定经济中的总支出为80万元，水平线表示这里不考虑总支出的变动情况。如果实际总产出达到了100万元，企业非意愿存货投资增加，在价格不变的条件下，企业会减少生产，非意愿增加的存货减少；如果企业的总产出为60万元，则存货非意愿地减少20万元，存在物品与劳务的短缺，企业将增加生产，使存货恢复到意愿的水平；只有当实际产出水平为80万元，与总支出相等，非意愿存货投资等于零，企业的产出不再调整，存货不再发生变化，这时就实现了宏观经济的均衡，均衡的国民收入为80万元。

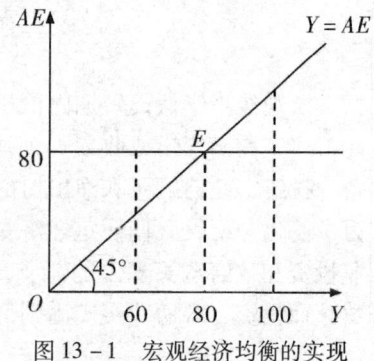

图 13-1 宏观经济均衡的实现

链接 13-1　　实现宏观经济均衡的产量调节机制

可用以下等式描述宏观经济均衡的实现：

$$\Delta IU = Y - AE \tag{13.4}$$

这里，ΔIU 表示非意愿存货投资，Y 和 AE 是指经济中实际发生的产出和支出，二者的差额是 ΔIU。ΔIU 有多种情况：

当 $Y > AE$ 时，$\Delta IU > 0$，产品供过于求，存在积压，企业减少投资，引起实际产出下降，国民收入随之减少；

当 $Y < AE$ 时，$\Delta IU < 0$，产品供不应求，存在脱销，企业增加投资，引起实际产出增加；

当 $Y = AE$ 时，$\Delta IU = 0$，产品供求相等，既不存在积压，又不存在脱销，企业保持投资不变，导致实际产出水平不变。这种 Y 不变的境界，就是宏观经济的均衡。

在研究国民收入决定时，需要把均衡的国民收入（均衡的 GDP，实际产出）和潜在的国民收入（潜在的 GDP）区分开来。均衡的 GDP 是宏观经济均衡时的收入水平，或者说是和总需求相一致的产出，也就是经济社会的产出正好等于全体居民和企业想要有的支出（非意愿存货投资等于零）。在上例中，企业生产 80 万元的产品，人们愿意购买的产品支出也是 80 万元，则此 80 万元的产出就是均衡的 GDP 或者说均衡的产出。潜在的 GDP 是指经济中既定资源（例如劳动和机器）得到充分利用时所能达到的国民收入水平，通常可用劳动力实现充分就业代表经济中资源实现充分利用的状态。所以，又称为充分就业的 GDP。当宏观经济实现均衡时，此时的 GDP 水平一定是均衡的 GDP，但并不一定实现了充分就业。宏观经济均衡会高于或者低于充分就业均衡，当生产要素被超额使用时，实际的 GDP 短期内可能会超过潜在的 GDP，经济处在繁荣的状态。有的时候生产要素没有充分利用，实际 GDP 小于潜在 GDP，经济处于衰退的状态。所以，均衡的 GDP 并不一定等于潜在的 GDP。国民收入决定理论是要说明总需求与总供给如何使国民收入水平趋于均衡状态。

第二节 总支出构成及其决定

宏观经济学假设短期内价格不变，总需求或总支出是处于主导地位的经济变量。因此，研究均衡产出或收入如何决定，我们需要介绍总支出的构成。总支出包括用于消费、投资、政府购买和净出口的支出。在本章将要建立的简单的国民收入决定模型中，为了简化分析，我们假定经济是封闭的，因此可以忽略净出口，在只包括居民消费、企业投资和政府购买支出的总支出构成中，最大的组成部分是消费，本节将分析消费函数，而投资、政府购买支出则假设为模型以外因素决定的外生变量。

一、消费

（一）消费函数

消费（C）是指家庭购买物品和劳务的行为。我们买一张 CD，看一场电影，购置一台电脑都是消费行为。消费者的支付意愿对很多行业的销售和利润有很大的影响。在给定的时间内,是什么决定人们用于日常支出费用的高低?影响的因素很多,但最重要的是可支配收入。

可支配收入(Y_d)是指消费者实际带回家的收入。这是家庭总收入在扣除税收、接受转移支付后仍保留在手中的那一部分。通常当可支配收入增加时,消费支出也会增加。消费函数是指消费和可支配收入(Y_d)之间的依存关系。我们可用下面的等式描述消费函数:

$$C = a + bY_d \tag{13.5}$$

公式(13.5)被称为线性消费方程。式中,a代表自发消费,它与可支配收入无关,是受除可支配收入之外其他因素影响的变量。例如,当消费者对未来更加乐观,在当前任何可支配收入的水平上,他们都会增加消费,这表现为自发消费a的增加。生活中股票市场的突然繁荣或房价的大幅上涨都会让消费者觉得自己拥有的财富增多,因而倾向于增加现期消费。同样,股价和房价的下跌,让消费者感觉自己变穷了,这些都会引起a的下降。

公式(13.5)右边的bY_d为引致消费,它是由可支配收入决定的消费,会随着收入的变动而变动。在引致消费bY_d中,b是一个常数,代表边际消费倾向。**边际消费倾向**(marginal propensity to consume,MPC)是指当可支配收入增加1元时,人们愿意增加的消费。凯恩斯认为,一般来说,当收入增加时,人们会增加消费,但是增加的数额少于收入的增加额。也就是说,增加的收入没有全部花掉,有一部分被储蓄起来了。因此,边际消费倾向大于0(收入的增加会引起消费的增加)但小于1(消费增加少于收入增加)。用数学方法表示就是$0 < b < 1$。

用ΔC代表消费支出的增量,ΔY_d代表可支配收入的增量,边际消费倾向的计算公式为:

$$MPC = \frac{\Delta C}{\Delta Y_d} \tag{13.6}$$

例如,当可支配收入由1 000亿元增加到1 100亿元时,消费支出从960亿元增加到1 024亿元。增加的收入为100亿元,增加的消费为64亿元。边际消费倾向MPC为0.64(=64亿/100亿)。

在一个经济社会,消费者如何决定总的可支配收入有多少用于消费呢?这取决于平均消费倾向。**平均消费倾向**(average propensity to consume,APC)是指消费在可支配收入中所占的比例。它反映了经济中的消费规模,其计算公式为:

$$APC = \frac{C}{Y} \tag{13.7}$$

例如,当收入为1 000亿元时,消费支出为960亿元,平均消费倾向APC为0.96(=960亿/1000亿)。凯恩斯认为,平均消费倾向会随着收入的增加而减少。收入越多的人,储蓄越多。因此,富人收入中用于消费的比例低于穷人。考虑到富人的消费在消费总量中的比例远远大于富人在人口中的比例,富人消费的多少对经济有着举足轻重的影响。富人的消费不足是整个经济消费不足的一个原因。

可用图13-2表示线性消费函数。图中横轴表示可支配收入(Y_d),纵轴表示消费

（C）。短期消费曲线 C 在纵轴的截距等于自发消费 a，表示当收入为零时，消费为不依存于收入的自发消费。消费曲线 C 向右上方倾斜，表示消费函数中引致消费部分随着收入的增加而增加。其斜率为边际消费倾向 b，b 的取值在 0 与 1 之间。所以，消费曲线的斜率小于 1。

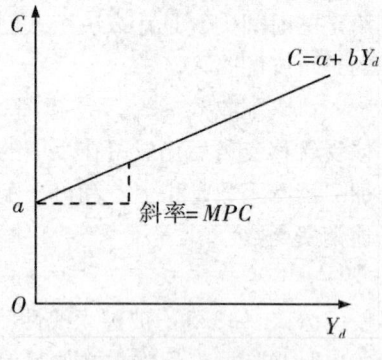

图 13-2　消费曲线

假定 a 等于 100，b 等于 0.75，则 $C = 100 + 0.75Y_d$。表明收入增加 1 元，其中有 0.75 元用于消费。当收入为 800 元时，全部消费为 700 元。

在消费函数 $C = a + bY_d$ 中，如果 a 的值或者 b 的值发生变动，消费曲线的位置会发生移动。自发消费增加，消费曲线会向上平行移动。边际消费倾向发生变动，消费曲线的斜率会发生变化。

（二）储蓄函数

与消费函数相联系的一个概念是储蓄函数。储蓄是可支配收入中没有被消费的部分，即：

$$S = Y_d - C \tag{13.8}$$

代入消费函数 $C = a + bY_d$，经整理得到储蓄函数：

$$S = Y_d - a + bY_d = -a + (1-b)Y_d \tag{13.9}$$

储蓄函数反映的是储蓄与可支配收入的关系。上式中，$-a$ 是自发储蓄。$(1-b)Y_d$ 表示收入引致的储蓄。其中，$1-b$ 代表边际储蓄倾向。**边际储蓄倾向**（marginal propensity to saving，MPS）是指收入每增加 1 元所增加的储蓄。用 ΔS 代表储蓄的增量，ΔY_d 代表可支配收入的增量，其计算公式为 $\Delta S/\Delta Y_d$。例如，可支配收入增加 1 元，其中 0.75 元用于消费，0.25 元必然用于储蓄。那么边际储蓄倾向（MPS）等于 0.25（= 0.25/1）。

反映一个经济储蓄规模的是平均储蓄倾向。**平均储蓄倾向**（average propensity to saving，APS）是指储蓄在收入中所占的比例 S/Y。由于平均消费倾向的递减趋势，平均储蓄倾向会随着收入的增加而递增。

也可用图 13-3 来说明储蓄与收入的关系。图中，储蓄曲线的截距为 $-a$，储蓄曲线任一点的斜率为边际储蓄倾向 $(1-b)$。$(1-b)$ 是一个大于 0、小于 1 的正数，因而储蓄曲线 S 向右上方倾斜，表示储蓄与收入正相关，收入越多，相应的储蓄水平就越高。S 与横轴相交于 E 点，这时储蓄为零。E 点之左有负储蓄，E 点之右有正储蓄。

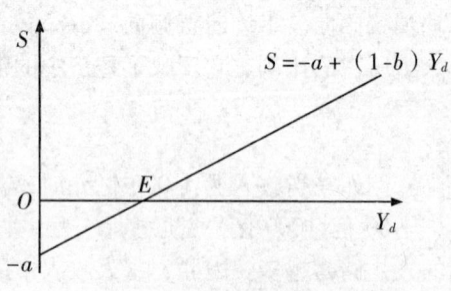

图 13-3　储蓄曲线

（三）消费函数与储蓄函数的关系

由于可支配收入等于消费与储蓄之和，消费函数和储蓄函数存在着一定的联系。

第一，消费函数和储蓄函数互为补数，两者之和总是等于收入。即

$$C + S = a + bY_d - a(1-b)Y_d = Y_d \tag{13.10}$$

可用图 13-4 表示消费和储蓄的关系。图中的 45°线是收支相抵线，线上的任何一点都表示收入全部用于消费。当消费曲线与 45°线相交于 E 点时，储蓄曲线必定与横轴相交。因为 E 点意味着消费支出等于收入，这时储蓄必然为零。在 E 点左方，消费大于收入，出现负储蓄，消费曲线在纵轴上的截距 a 等于储蓄曲线在纵轴上的截距 $-a$ 的绝对值，$-a$ 表示负储蓄；在 E 点右方，收入大于消费，出现正储蓄，消费曲线与 45°线之差也是储蓄曲线与横轴之差。

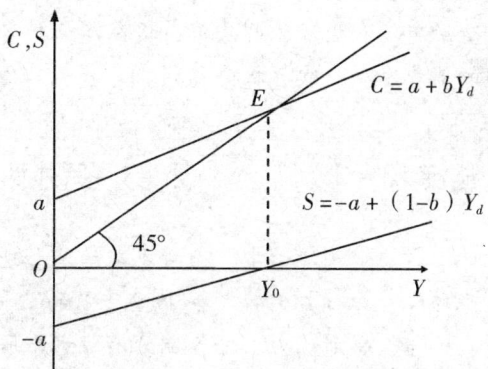

图 13-4　消费曲线和储蓄曲线的关系

第二，APC 和 APS 之和恒等于 1，MPC 和 MPS 之和也恒等于 1。即

$$APC + APS = 1 \tag{13.11}$$

$$MPC + MPS = 1 \tag{13.12}$$

由此可知

$$1 - APC = APS,\ 1 - APS = APC$$

$$1 - MPC = MPS,\ 1 - MPS = MPC$$

根据上述分析，消费函数和储蓄函数中只要有一个确立，另一个就随之确立。当消费函数已知时，即可求得储蓄函数；当储蓄函数已知时，即可求得消费函数。

链接 13-2　　　　中国人为什么爱存钱

我国整体居民储蓄水平偏高，20 世纪 90 年代中后期以来城乡储蓄率呈上升趋势。据估算，2007 年中国的国民储蓄率高达 50% 以上，挣 100 元存下 50 元。这是一个重要的宏观经济现象，对此，很多学者进行了深入研究，目前主要的看法有如下方面：

首先，20 世纪中后期包括国有企业员工下岗、教育、医疗、住房和养老体系在内的一系列改革措施，大大提高了居民的收入风险，增加了支出的不确定性。在新的适合我国国情的社会保障体系尚未完善的情况下，未来支出中个人负担部分必定增多，致使人们减少现期消费，增加"预防性储蓄"。

其次，我国的储蓄率偏高还与收入分配差距较大而且还在继续扩大有关。目前，在所有就业人员中，相当一部分是低收入阶层，要么是打工仔、蓝领，年收入平均仅万元左右；要么是还在农村的农民，每年仅 3 000 元收入。他们的消费倾向很高，储蓄率很

低。但在整个经济中，他们的收入所占的比重相对较低，每年新增GDP只有40%左右归这些低收入阶层所有，剩下60%的新增GDP被高收入群体所获，而这个群体消费倾向很低，储蓄率很高。平均下来，整体储蓄率很难降低。

最后，我国的金融市场还很不发达，城乡居民缺乏有效的投资渠道。人们只能根据已实现到手的收入决定消费多少，由"过去的收入"决定今天该花多少，而无法根据未来的收入决定今天的消费。因此，存在居民过度储蓄和过度投资的可能性。通过深化金融市场和投资体制改革，提高整体投资效率，将有助于在降低储蓄率的同时提高居民的消费水平，改善社会福利。

链接13-3　　　　　　　　另外两种消费理论

在宏观经济学中，除凯恩斯的消费理论之外，还有两种消费理论，这就是莫迪利阿尼的"生命周期假说"和弗里德曼的"持久收入假说"。

与凯恩斯认为人们各期的消费水平取决于现期收入水平的观点不同，莫迪利阿尼在20世纪50年代提出了消费的"生命周期假说"。该理论认为，消费并不取决于现期收入，而取决于人一生所得到的收入。一般来说，理性的消费者青年时期消费大于收入，有负储蓄；中年时期收入大于消费，有正储蓄；老年时期消费又大于储蓄，需要动用工作时期的储蓄支付。从每个人一生来看，中年时期的储蓄要等于青年时期的负债和老年时期的生活费。即一生的消费与一生的收入相等。从整个社会来看，只要人口结构没有重大变动，消费支出与收入之间的函数关系就是稳定的，即平均消费倾向与边际消费倾向相等，是一个稳定的值。统计资料证明，这一结论是正确的。

弗里德曼在1957年提出了"持久收入假说"。他认为在每个时点上人们的现期收入包括两部分：一部分是可以预期的、相对稳定的持久收入 Y^P，比如正常的工资收入。另一部分是不能预期的暂时性收入 Y_t^T，比如得到的遗产收入或中彩票的收入。弗里德曼认为，人们各期的消费取决于持久性收入 $C_t = Y^P$，与暂时性收入无关，也不随暂时性收入而变化。根据该理论，消费比收入更加稳定，暂时性的收入将被分配到各个时期，而消费将保持在稳定的水平。收入的任何暂时性变化都不会对消费水平产生实质性的影响。只有当收入的变动持续一定时间，被认为是持久性的，消费才会调整。

二、投资

前面在讨论国民收入核算时，我们把投资定义为物质资本存量的增加。例如，汽车制造商建造一座新工厂或购买一条生产线，是在进行投资。居民为自住和房东为出租而建造的新住房也是投资。另外，存货也是投资的一部分。存货有两类：一是投入品，二是最终产品。例如，汽车制造商会有钢材、轮胎、挡风玻璃等原材料或零部件的投入品存货，同时还有生产出来保存在企业等待销售的汽车存货。存货投资不像厂房设备那样是"固定"的，而是经常变动的。存货的变动是经济周期的一个重要标志。

在现代市场经济中，企业保持一定的库存量是必要的。因为未来的市场充满不确定性，随时会产生影响正常供需衔接的冲击因素。保持存货，一是有备无患，避免投入品的断货，也可降低进货成本；二是避免产品脱销，保证市场供给。从而可保证供需的有效衔接，使生产和销售能够连续不断地进行。这对维护企业利益和保证社会的稳定都是重要的。

当企业对市场预期不准确时，实际存货量和计划存货量可能会存在差别。比如某电视机厂家计划在2008年出售10万台电视机，并保存1万台存货以备不时之需，于是生产了11万台。然而，由于消费市场出现了没有预料到的变化，结果只卖出了9万台。于是，年末存货增加到2万台。也就是说，实际存货大于计划存货（电视机存货2万台与1万台之差）。在这种情况下，企业的实际投资包括计划外的存货投资，就会大于不包括这部分存货的计划投资额。

我们用 I 代表企业实际投资。实际投资包括计划投资和非计划投资。计划投资也称作意愿投资，用 $I_{计}$ 表示，它包括固定投资和意愿存货投资。这部分投资由企业自行决定，不受利率和收入变动的影响，而是由本章简单的模型外部给定的变量，因而称为外生变量。非计划投资也称作非意愿存货投资，它是指存货的意外变动，用 ΔIU 表示。于是有：

$$I = I_{计} + \Delta IU \qquad (13.13)$$

如果企业的实际销售额低于预期的销售额，企业的存货出现了非意愿的增加，这会导致企业的实际投资大于计划投资，即 $I > I_{计}$；如果企业的实际销售额高于预期的销售额，企业的存货出现了非意愿的减少，这会导致企业的实际投资小于计划投资，即 $I < I_{计}$。企业意愿存货投资和非意愿存货投资的差别，是宏观经济分析中的一个重要问题。

需要说明的是，在投资所包含的两个部分中（固定投资、存货投资），尽管企业固定投资是总投资的主要部分，但它在时间序列变动中却是最平稳的；存货投资的变化起伏则很大。当企业的实际投资与计划投资不相等时，非意愿存货投资的变动最终会使实际投资等于计划投资。正是存货投资的变动使得投资在总支出中虽不是最大的一部分，但却成为 GDP 中变动最大的一部分。在一般的市场经济中，经济衰退时期总支出的下降大部分是因投资支出的下降引起的。由于其频繁波动的特点，投资对经济周期起着至关重要的作用。因此，与消费相比，投资复杂得多。投资的变动与 GDP 的波动密切相关。

链接13-4　　　　实际投资和计划投资：一个例子

假定 A 公司一年内生产了价值500万元的服装。当年公司的预期销售额为480万元，余下20万元的服装将保存在仓库中用于未来销售。为了扩大生产，公司还购买了价值100万元的设备。试计算实际销售额为460万元时 A 公司的实际投资 I 和计划投资 $I_{计}$。如果实际销售额为480万元呢？如果实际销售额为500万元呢？

A 公司的计划投资等于购买新设备的100万元加上计划存货增加的20万元，计划投资额总计为120万元（计划投资额与实际销售额没有关系）。

如果 A 公司的实际销售额只有460万元，新增库存就是40万元，而不是最初计划的20万元。此时，实际投资为140万元（100万元新增投资+40万元新增存货）。可以看到，这时实际投资（140万元）大于计划投资（120万元），$I > I_{\text{计}}$。

如果A公司的实际销售额为480万元，新增存货等于计划存货，为20万元。这时，实际投资等于计划投资，$I = I_{\text{计}} = 120$万元。

如果A公司的实际销售额为500万元，此时存货投资为 -20万元，企业存在产品脱销。实际投资（只包括购买新设备）为100万元，小于120万元的计划投资，$I < I_{\text{计}}$。

链接13-5　　　　　　　　　　中国的高投资之谜

在过去的几十年间，美国的投资占GDP的比率一直在20%左右。2002年，日本、德国的这一比例分别为26%和18%。而中国的投资占GDP的比率（投资率）在2002年达到39%，在2003年达到47%。1979～2003年，除个别年份外，中国投资的真实增长率都大于GDP和消费的真实增长率。2003年，中国投资的真实增长率为24%，GDP的真实增长率仅9.1%。

计划体制下的预算软约束不能解释中国的高投资。因为1952～1978年的计划体制时期的投资占GDP的平均比率为22%，而改革以来的1979～2002年则达到了32%，高出10个百分点。工业化似乎也不足以解释中国的高投资。工业化需要进行大量的机器设备投资。然而，1981～2002年，中国的平均设备投资率为7.7%。低于美国的7.9%。消费统计的偏低可能是投资率偏高的一个原因，但不是主要原因。

我国经济学者姚枝仲和李扬认为，城市化是中国高投资率的一种解释。他们认为，我国的城市化水平在过去50年间迅速提高。1952年、1978年和2003年城市人口的比例分别为12.5%、17.5%和40.5%。城市人口的增加要求城市基础设施和房地产投资。1996年后，中国的城市化出现了加速的趋势。在固定资产投资中，中国的基础设施与房地产投资的比例大大高于美国。与机械产品价格指数相比，中国建筑材料出厂价格指数上升得更快。中国城市化的潜力还很大，到2005年，中国城市人口占总人口的比例为42.99%。如果城市化是中国高投资的原因，且城市化是未来发展的趋势，那么在相当长的时期内，中国仍将维持较高的投资率。

资料来源：易纲、张帆：《宏观经济学》，中国人民大学出版社2008年版。

三、政府支出

微观经济学从经济角度解释了政府存在的必要性。无论人们对政府行为及政策是否满意，都必须承认，政府是一切国家经济生活中的一个重要角色。在典型的市场经济中，一个负责任的政府会通过支出为家庭和企业提供公共服务，例如，国防、外交、法律、警察、消防、城市清洁服务、基础教育和一部分高等教育、图书馆、公路、公园等。并且政府有权利建立产品质量标准、规定环境保护标准和最低工资水平、控制金融市场的交易行为、制定贸易政策等。特别是，政府的政策调控对于熨平经济周期性的波动发挥着重要作用。因此，政府实际上对经济产生十分重要影响。近几十年以来，发达国家中政府参与经济活动的规模有了显著的增长。拿政府支出来说，现在美国政府支出大约占GNP的1/3。而在1913年，政府支出还不足GNP的1/10。尽管支出急剧增加，

美国政府支出占 GNP 的比重仍低于其他发达国家，例如，在英国、法国、德国和意大利，政府支出都占 GNP 的 40% 以上，瑞典甚至占到 GNP 的 50% 以上。与一般的市场经济国家相比，我国政府财政支出的范围更为广泛。比如国内基本建设支出、国有企业流动资金和挖潜改造费用在国家财政支出中都占有较大的比重。

政府支出包括两大部分：政府购买和转移支付。政府购买（G）是政府对物品和劳务的购买。比如购买军需品、机关公用品、公务员薪金、公共项目工程的支出，它是市场物品和劳务的实际交易。政府购买多少是由财政部等政府部门的政策所决定的，因此在我们简单的模型分析中它是外生变量，即 $G = G_0$。转移支付（TR）是政府向个人和企业的无偿支付，比如政府的社会保障支付、失业保险金、农产品的价格补贴等等。转移支付是接受者的收入，它并没有使政府得到物品或劳务，因而不是市场的实际交易。

为了提供公共服务，政府必须筹集资金。在本章的简单模型中，我们假定政府仅仅靠税收获得收入。政府对经济活动包括赚取收入和消费产品的活动征税，还对房屋和其他财产征税。这些税收有定量税和比例税两种形式。定量税是指税收是一次性支付的一个固定数额，与收入水平无关。比例税是指随收入增加而增加的税收量，税率由政府部门决定。为了分析的简便，假定政府只采用定量税（T）的方式征税。税收量是外生给定的，即 $T = T_0$。并且假定 T_0 为净税收（扣除了转移支付的税收）。同时，假定政府购买与净税收相等（$T_0 = G_0$），即实行平衡财政。

第三节 均衡国民收入的决定

一、均衡条件

根据上一节的分析，在一个封闭的经济中，总支出包括用于居民消费、计划投资、政府购买的支出。即

$$AE = C + I_{计} + G_0 \tag{13.14}$$

在本章的分析中，假设计划投资、政府购买支出是给定的，也就是说，假设计划投资、政府购买支出都是外生变量，由谁决定不研究。我们使用字母加下标表示外生变量的给定值，上面的假设可以表示成下列数学式：

$$I_{计} = I_0 \quad 计划投资$$
$$G = G_0 \quad 政府购买支出$$

经济中的总产出是由各种生产要素提供的，可用各生产要素的收入来表示。这些收入可分为居民收入和政府收入两部分，居民收入又包括消费和储蓄，所以

$$Y = Y_d + T_0 = C + S + T_0 \tag{13.15}$$

在均衡时，总产出必然等于总支出，因此，宏观经济均衡的条件为：

$$C + I_0 + G_0 = C + S + T_0 \tag{13.16}$$

均衡条件之一

$$Y = C + I_0 + G_0 \tag{13.17}$$

均衡条件之二

由

$$C + I_0 + G_0 = C + S + T_0$$

得 $I_0 = S$ （因为：$T_0 = G_0$） (13.18)

可见，只要总产出等于总支出，或者说投资等于储蓄，均衡就能成立。

二、均衡国民收入的决定：几何图形

可以用两种简单的图形方法说明均衡收入的决定。

（一）使用总产出等于总支出（$Y = AE$）的条件确定均衡国民收入

已知封闭经济中的总支出曲线为：

$$AE = C + I_0 + G_0$$

消费函数为：

$$C = a + bY_d = a + b(Y - T_0)$$

代入上式：

$$AE = a + b(Y - T_0) + I_0 + G_0$$

或者：

$$AE = a + bY - bT_0 + I_0 + G_0$$

重新排列等式右边的项，分为与产出 Y 相关以及与产出 Y 不相关的两部分，得到

$$AE = a - bT_0 + I_0 + G_0 + bY = A + bY \quad (13.19)$$

式中，$A = a - bT_0 + I_0 + G_0$，是总支出中与产出无关的部分，不随产出的变化而变化，我们把它称为自发支出（autonomous spending）。bY 表示引致支出，是总支出中由产出（或收入）决定的部分。

图 13-5 是一个横轴表示总产出 Y，纵轴表示总支出 AE 的平面坐标系。图中，45°线上的每一点都代表总支出 AE 等于总产出 Y。总支出线为一条向右上方倾斜的直线。如图 13-5 所示。总支出曲线在纵轴上的截距为自发支出，表示即使收入为 0，也有总支出。自发支出不依赖于收入，是有无收入都必须支出的部分。总支出曲线的斜率为边际消费倾向 b，即可支配收入每增加 1 元消费的增量。由于 b 是一个大于 0 小于 1 的数值，因此，总支出曲线的斜率小于 1。图中 45°线的斜率为 1，总支出曲线比 45°线更平坦。总支出曲线与 45°线的交点 E 是宏观经济的均衡点，这时总产出正好等于意愿的总支出，由此决定的均衡收入为 Y_0。

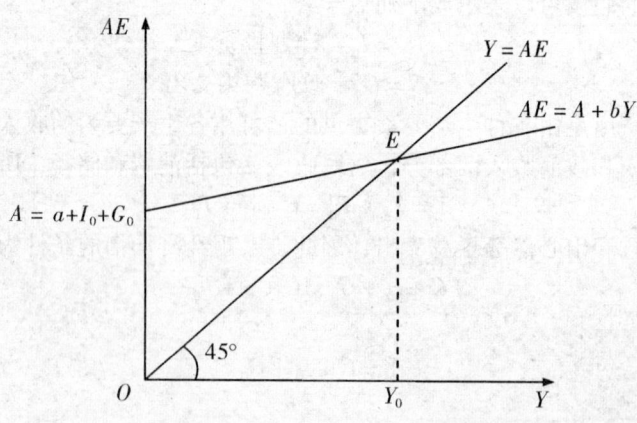

图 13-5 总产出等于总支出决定收入

如果经济运行出现非均衡状态，企业如何反应即如何进行调节呢？我们可以从存货的变动说明经济对非均衡状态的市场调节机制。

首先看 E 点之左，总支出大于总产出，存在经济过热的情况。这时企业的销售额会大于它们的产出，即非意愿存货 ΔIU 为负值，存在产品脱销，这会引起企业增加产出，从而使存货调整到意愿存货的水平。产出增加导致收入的增加，并最终回复到总产出与总支出相等的均衡状态。

同样，E 点之右，总支出小于总产出，经济中出现不景气的状态。这时，企业的销售额会小于它们的产出，非意愿存货 ΔIU 增加，即存在产品积压，这会使企业减少生产，从而使存货调整到意愿存货的水平。产量的减少导致收入减少，从而逐步使经济回复到均衡状态。

在 E 点上，总支出等于总产出，经济中既没有短缺又没有过剩，企业乐意保持现状而不再改变产量，非意愿存货变动为零，国民收入处于均衡状态。

图 13-5 也称为凯恩斯交叉图（Keynesian cross）。凯恩斯交叉图形象地说明了在价格不变的前提下，短期均衡是如何实现的。

（二）使用投资等于储蓄（$I_0 = S$）的条件确定均衡国民收入

如图 13-6 所示。图中，横轴代表总收入，纵轴代表投资和储蓄。S 为储蓄曲线，I 为投资曲线，由于 I 是不随收入而变动的计划投资，因而投资曲线与横轴平行。储蓄曲线与投资曲线相交于 E 点，决定了均衡的国民收入为 Y_0。E 点之左，储蓄小于投资（$S < I$），意味着总产出小于总支出（$Y < AE$），经济出现过热的非均衡状态，企业非意愿存货投资为负值，这时企业会增加生产，直到达到均衡的产出水平。E 点之右，储蓄大于投资（$S > I$），意味着总产出大于总支出（$Y > AE$），经济处在不景气的非均衡状态，企业不能把生产的产品全部售出，仓库里积压的存货增加，出现了非意愿存货投资增加，于是企业会减少生产，产量一直会下降到均衡产出水平。

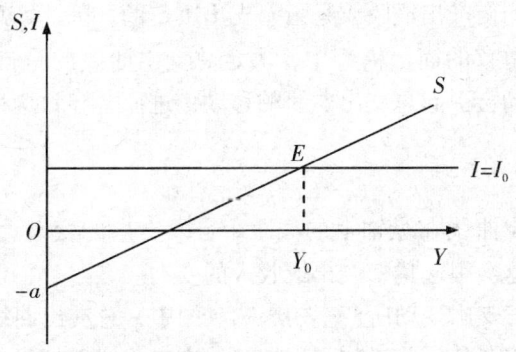

图 13-6 投资等于储蓄决定收入

在以上图形中，存货变动在调整过程中起着关键的作用。只要偏离均衡状态，就会出现非意愿的存货变动，进而引起生产的变动，最终达到均衡状态。

三、均衡国民收入的决定：代数方法

还可以用代数方法求解均衡的国民收入。在本章简单的模型中，总支出为：
$$AE = a - bT_0 + I_0 + G_0 + bY$$
其中，自发消费、计划投资、政府购买支出和净税收都是自发支出，不随产出的变化而变化。bY 是引致支出。把收入恒等式 $Y = AE$ 代入上式，可得到国民收入的均衡条件
$$Y = a - bT_0 + I_0 + G_0 + bY \tag{13.20}$$
把包含 Y 的项目移到等式的左边，得到
$$Y - bY = a - bT_0 + I_0 + G_0$$
或者
$$(1 - b) Y = a - bT_0 + I_0 + G_0$$
等式两边同时除以 $(1 - b)$，得到
$$Y = \frac{a - bT_0 + I_0 + G_0}{1 - b} = \frac{1}{1 - b}A \tag{13.21}$$

式中，Y 为均衡的国民收入。总支出曲线的斜率为边际消费倾向 b，总支出曲线的截距为自发支出 ($A = a - bT_0 + I_0 + G_0$)。均衡国民收入由边际消费倾向、自发消费、计划投资、政府购买支出和净税收决定。实际求解中，只要知道消费函数、投资支出、政府购买支出和净税收，就可以算出均衡的国民收入。

例如，假设消费函数为 $C = 150 + 0.5Y_d$，投资支出 $I_0 = 100$，政府购买支出 $G_0 = 110$，净税收 $T_0 = 50$，则均衡国民收入为：
$$Y = \frac{150 + 100 + 110 - 0.5 \times 50}{1 - 0.5} = 670$$

结论是在封闭的经济中，均衡的国民收入为 670 亿元。

四、均衡国民收入的变动

以上分析说明，均衡产出或收入是由总支出决定的，因此，总支出的变动必然引起均衡收入的变动。在本章的简单模型中，决定总支出曲线的是自发支出和边际消费倾向。这两个因素的变动会引起总支出曲线的移动，进而会导致均衡产出或收入的变动。

（一）自发支出的变动

自发支出是总支出曲线在纵轴上的截距。自发支出的变动会使总支出曲线上下移动，而其斜率不变。这会引起均衡产出或收入的变动。

图 13-7 表示自发支出变动所产生的影响。图中，总支出曲线的截距代表自发支出的水平。假定股市的繁荣使家庭增加了现期消费支出；或新技术的出现使企业增加了由于新设备的计划投资额；或恐怖主义猖獗使政府增加军费开支，这都会增加现有收入水平下的支出，自发支出增加了。这对该经济的总支出有什么影响呢？如图 13-7 所示，总支出曲线在纵轴上的截距变大了。自发支出的增加使总支出曲线由 AE_1 向上平行移动到 AE_2。当 AE_2 与 45°线相交于 E_2 点时，国民收入在 Y_2 的水平上达到新的均衡。

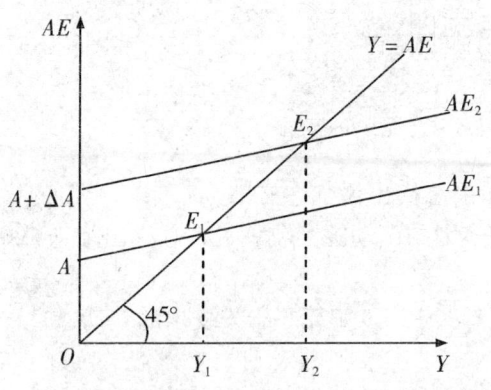
图13-7　自发支出变动对收入的影响

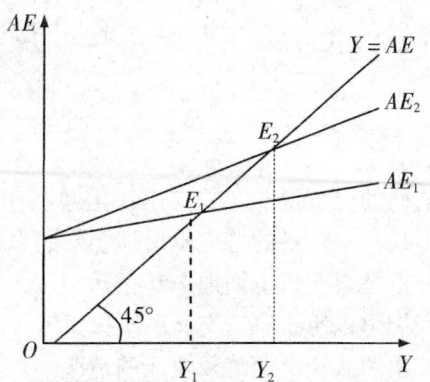
图13-8　边际消费倾向变动对收入的影响

（二）边际消费倾向的变动

总支出曲线的斜率表示随着收入的增加支出增加多少。总支出曲线的斜率等于边际消费倾向 b，边际消费倾向越大，斜率越大，总支出曲线越陡峭，由此引起的产出或收入的增加也越大。如图13-8所示。假设当收入变动时，家庭改变了原来的消费支出计划，引起边际消费倾向的提高。这意味着由收入引致的消费支出增加了。在自发支出不变的条件下，总支出曲线由 AE_1 向上旋转至 AE_2，AE_2 比 AE_1 更加陡峭。这时，AE_2 与45°线相交于 E_2，均衡产出或收入由 Y_1 增加到 Y_2。同理，如果边际消费倾向下降，总支出曲线 AE_1 会向下旋转，变得更加平坦，表明总支出减少了，这会引起均衡产出或收入的减少。

链接13-6　　　　　　节约的悖论

储蓄即是节约，从一个家庭的角度看，在既定的收入中，储蓄越多，也越富有，因为把储蓄的收入存于银行，或购买有价证券可以获得利息或红利收入。但是，如果所有的家庭都节约，这会导致边际消费倾向下降，总支出曲线会向下旋转引起均衡产出或收入的减少。

由储蓄的增加引起的均衡国民收入减少被称为节约的悖论。它之所以是一个悖论，是因为储蓄对个人来说是件好事，但对整个社会来说却是坏事，因为储蓄增加使消费减少，总支出减少，从而使国民收入减少；相反，浪费对个人来说是坏事，但对整个社会来说却是好事，因为挥霍浪费可以使总支出增加，从而使国民收入增加。

应该指出的是，节约的悖论仅仅存在于经济衰退时各种资源大量闲置的情况。这时，储蓄增加引起消费减少，而增加的储蓄又不能转化为投资，经济更加萧条。因此，节约的悖论是一种短期现象。在长期内，当各种资源逐渐得到充分利用时，经济增长主要依靠更多的资本投入和技术进步时，社会需要有较高的储蓄率，这时，提倡节约对社会是有利的。

第四节 乘数理论

一、乘数

前面的分析说明，总支出决定总产出，如果总支出增加，必然会带来总产出的增加。但是，一定量的总支出增加会引起总产出多大的变动呢？或者说，总支出增加100亿元是不是总产出也增加100亿元？

我们可以用凯恩斯交叉图来探讨这个问题。图13-9显示了自发支出的变动通过移动总支出曲线来增加均衡收入的情况。

图13-9中，初始的均衡点为E，在这一点，收入为Y_1。如果投资支出增加了，这将增加自发支出ΔA，总支出曲线从AE_1移动到AE_2。与初始收入水平Y_1相比，总支出大于产出或收入。非意愿存货减少，企业会做出反应，增加生产，直至总产出水平从Y_1增加为Y_2。从图中可以直观地看出，ΔY大于ΔA，即自发支出的变动导致大于自身的产出的变动。

经济学家把这一数量关系用乘数表示。**乘数**（multiplier）是指由自发支出增加1单位所引起的均衡产出的变动量。我们把自发支出的增加引起的经济中总产出的放大效应称为**乘数**

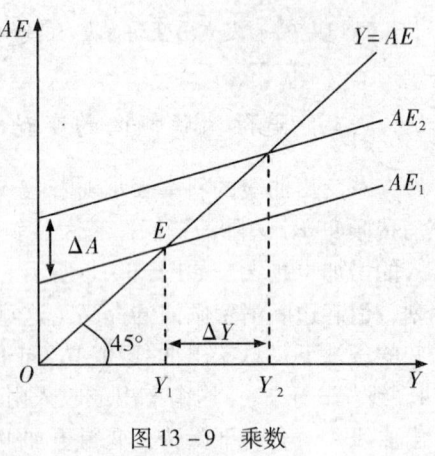

图13-9 乘数

效应（multiplier effect）。如果自发支出中的投资支出增加引起总产出数倍的增加，则称为投资支出乘数。相似地，政府购买支出、自发消费变化也会对均衡产出变动产生乘数效应。

二、乘数效应的形成机制

为什么会产生乘数效应呢？原因在于，如果投资支出增加，投资对总支出的影响不是一次性的，而是会通过一系列影响形成一个再支出的链条。支出的连续变动会引起收入不断地变动，最后会使整个经济总收入的增加数倍于最初投资的增加。

我们可以用一个例子说明乘数效应的发生机制。假设某汽车公司投资1 000万元建立了一条生产线，产生了1 000万元的支出。然而，投资对经济的影响并没有结束。这最初的1 000万元支出会转化为设备生产人员、设备安装人员以及新增加工人的收入。新增加的1 000万元收入的一部分会被用于消费，从而引发第二轮新的支出。假设边际消费倾向为0.8，新增加的1 000万元收入中会有800万元用于消费，这样，总支出又增加了800万元，必然会带来国民收入增加800万元。新增收入中又有800万元×0.8=640万元用于消费，从而形成又一轮总支出的增加，总支出的增加又会带来产出和收入的增加。如此循环往复，汽车公司最初的1 000万元投资支出的增加会引起总支出的多次增长，使得1 000万元投资在经济系统中对总支出的影响显著大于1 000万元，因而从总需求角度对国民收入的拉动作用大于1 000万元，结果导致投资乘数大于1。

在上面的例子中，乘数有多大呢？可以用高中代数推导出投资乘数的计算公式。在这个公式中一个重要的数字是边际消费倾向（b）——家庭增加的收入用于增加消费的比例。在边际消费倾向为0.8时，将所有循环增加的支出和收入加总起来是一个收敛的等比数列，即

$$\Delta Y = 1\,000万 + 1\,000万 \times 0.8 + 1\,000万 \times 0.8^2 + 1\,000万 \times 0.8^3 \cdots$$
$$= 1\,000万 \times (1 + 0.8 + 0.8^2 + 0.8^3 + \cdots)$$
$$= \Delta I (1 + b + b^2 + b^3 + \cdots)$$
$$= \Delta I [1/(1-b)] \qquad (13.22)$$

上式中最后一列是每轮收入变化的累积值。它告诉我们，无穷轮变化之和等于$[1/(1-b)]$乘以投资支出的初始变动ΔI。其中，$1/(1-b)$就是投资乘数的计算公式。在我们的例子中，边际消费倾向为0.8，代入乘数计算公式，可算出投资乘数为$k_i = 1/(1-0.8) = 5$，说明投资支出增加1元，会使得均衡收入增加5元。

根据无限几何级数之和 $\Delta I [1/(1-b)]$，在$b=0.8$时，由投资支出变动对总支出和总收入的总效应为：

$$1000\left(\frac{1}{1-0.8}\right) = 1000\left(\frac{1}{0.2}\right) = 1000 \times 5 = 5000 \text{（万元）}$$

即汽车公司初始投资1 000万元，在乘数的作用下，最终使均衡产出变为5 000万元。

需要指出的是，总支出减少也能产生乘数效应，它会起到成倍减少国民收入的作用。在上述例子中，投资乘数为5，意味着如果汽车公司的投资支出减少1 000万元，那么国民收入也将减少5 000万元。

三、几个主要的乘数

我们把总产出Y看做总支出各部分的函数，分别求总支出各个部分与总产出的偏导，从而可以得到几个主要的乘数。

从国民收入均衡条件出发：

$$Y = \frac{a + I_0 + G_0 - bT}{1 - b}$$

对I求偏导数为：

$$\frac{\partial Y}{\partial I} = \frac{1}{1-b}$$

这就是投资乘数，即

$$k_i = \frac{1}{1-b} \qquad (13.23)$$

对a求偏导数为：

$$\frac{\partial Y}{\partial a} = \frac{1}{1-b}$$

这就是自发消费乘数，即

$$k_a = \frac{1}{1-b} \tag{13.24}$$

对 G 求偏导数为：

$$\frac{\partial Y}{\partial G} = \frac{1}{1-b}$$

这就是政府购买支出乘数，即

$$k_g = \frac{1}{1-b} \tag{13.25}$$

对 T 求偏导数为：

$$\frac{\partial Y}{\partial T} = \frac{b}{1-b}$$

这就是税收乘数，即

$$k_T = -\frac{b}{1-b} \tag{13.26}$$

以上分析可以得出如下结论：

第一，乘数的大小取决于边际消费倾向 b。如果 b 很大，收入的增加会引起人们大幅度增加消费支出，增加的收入中没有被消费的储蓄的"漏出"较少，这时乘数效应也很大。如果 b 很小，收入的增加不会引起人们大幅增加消费支出，增加的收入中没有被消费的储蓄的"漏出"较多，乘数也就比较小。

第二，投资乘数 k_i、自发消费乘数 k_a 和政府购买支出乘数 k_g 完全相等。这是因为计划投资、自发消费和政府购买支出对总产出 Y 的影响是直接的，它们的变动直接影响总支出，进而引起总产出或总收入的变动。

假设边际消费倾向 $b=0.8$，$k_i = k_a = k_g = 1/(1-0.8) = 5$。这意味着，如果计划投资、自发消费和政府购买支出这三个变量中任何一个变量若变动 1 个单位，会引起均衡国民收入同方向变动 5 个单位。

第三，税收乘数不同于其他乘数。一是它为负值。表明 T 与 Y 反方向变动。即税收增加，国民收入减少。这是因为税收增加，会减少人们可支配收入，从而消费支出减少，这等于减少了总支出，从而使均衡收入水平下降。二是税收乘数较小。这与税收对 Y 有反方向的间接影响有关。用边际消费倾向 $b=0.8$ 的例子：

$$k_T = 0.8 / (1-0.8) = 4$$

链接 13-7　　　　　　　　中国的乘数是多少

经济学家根据中国 1980~2003 年的资料，计算了中国的消费函数：

$$C = 1\,545.4 + 0.44Y$$

式中的数据告诉我们，我国全社会的边际消费倾向 MPC 较低，仅有 0.44。这意味着国民收入每增加 1 亿元，消费增加 0.44 亿元。在国民收入为 0 的情况下，消费为 1 545 亿元。变量的真实值是按 2003 年价格计算的。由于 MPC 较低，经济学家估算中国的乘数也较低，只有 2.27，表明当自发支出（例如政府购买支出）增加 1 亿元，最终引致均衡国民收入或 GDP 增加 2.27 亿元。

式中的估算是否符合中国实际的宏观统计数据呢？根据 2006 年的《中国统计年鉴》，1978 年居民消费支出占支出法 GDP 的 48%，2003 年则占 43.4%。这里消费和 GDP 都是按当年价格计算的。应当说，这一估算非常接近消费在 GDP 中所占的比重。

据学者们的研究，我国居民的边际消费倾向 MPC 一度非常高，1952~1977 年间，边际消费倾向高达 0.9853；1978~1986 年，边际消费倾向降至 0.8319。这说明，随着居民可支配收入的提高，居民收入的增量中，用于消费支出的份额在减少，而用于储蓄的份额在增多，这种变化的趋势非常明显。

考虑到自 1992 年我国正式确立建立社会主义市场经济体制的改革目标以来，各项改革措施陆续出台，如教育、医疗、社会保障体制的改革，使得居民对于未来的收入和支出存在大量的不确定性预期，出现了以往所没有的"有钱无处花、有钱不敢花、有钱不愿花"的现象，导致居民现期消费更加谨慎，加大了储蓄的比重，最终使全社会自发支出的乘数效应没有很好地发挥出来。

资料来源：易纲、张帆：《宏观经济学》，中国人民大学出版社 2008 年版。

本章要点

（1）宏观经济均衡是指当各种相互作用的宏观经济变量之间达到某种平衡，彼此不再变动时，经济处于一种相对稳定的状态。凯恩斯认为，在短期，总需求决定于总供给，当经济中的总供给等于总需求，即总产出等于总支出时，经济就处在均衡状态。

（2）均衡产出或收入是与总支出相等的产出。产出多于支出称为非意愿存货增加，产出少于支出称为非意愿存货减少。在均衡产出水平上，产出等于支出，非意愿存货为零。

（3）封闭经济中的总支出包括消费、计划投资和政府购买支出。实际投资和计划投资并不总是相等，因为企业的实际销售额可能大于或小于预期销售额。实际投资和计划投资的差额为非意愿存货投资。存货投资的变动使得投资是 GDP 中变动最大的一部分。

（4）消费是总支出中最大的组成部分。凯恩斯消费理论的要点是：消费由收入而不是利率决定；边际消费倾向在 0~1 之间；平均消费倾向会随着收入的增加而减少。收入中用于消费之外的部分是储蓄，收入也是影响储蓄的主要因素，两者是正相关关系。

（5）总支出可以分成两部分：自发支出和引致支出。自发支出是指总支出中与产出无关的部分，引致支出是指总支出中随产出变动而变动的部分。

（6）凯恩斯交叉图包括两条线：一条是总支出曲线，它向右上方倾斜，表示收入增加，支出也增加。总支出曲线的斜率为 MPC，$0<MPC<1$。总支出曲线在纵轴上的截距为自发支出。另一条是总支出等于总产出的 45°线。短期均衡产出由这两条线的交点决定。

(7) 封闭经济中，均衡产出或收入决定的公式是 $Y = \dfrac{a - bT + I_0 + G_0}{1 - b}$。

(8) 乘数是自发支出增加 1 单位所引起的均衡国民收入的变动量。乘数产生的原因是国民经济活动的相互关联性。投资乘数 k_i、自发消费乘数 k_a 和政府购买支出乘数 k_g 完全相等。$k_i = k_a = k_g = 1/(1-b)$。税收乘数 $k_T = b/(1-b)$。

重要概念

宏观经济均衡　总需求　总供给　总支出　均衡产出　消费函数　边际消费倾向　平均消费倾向　储蓄函数　边际储蓄倾向　平均储蓄倾向　计划投资、政府支出　自发支出　引致支出　乘数　乘数效应

本章练习题

(1) 在均衡产出水平上，是否意愿存货投资和非意愿存货投资都必然为零？

(2) 表 13-1 给出了不同年份老王一家的税前收入、税收和消费支出数据。

表 13-1　　　　　　　　　　　　　　　　　　　　　　　　　(元)

税前收入	税收	消费支出
25 000	3 000	20 000
27 000	3 500	21 350
28 000	3 700	22 070
30 000	4 000	23 600

求：

A. 列出老王一家的消费函数，找出家庭的边际消费倾向。

B. 如果老王一家的收入为 32 000 元，并且支付了 5 000 元的税收，你认为他们会将多少元用于消费？

(3) 一个经济可以用下面的等式描述：

$C = 1\,800 + 0.6(Y - T)$

$I_0 = 900$

$G_0 = 1\,500$

$T_0 = 1\,500$

$Y = 9\,000$

回答：

A. 写出总支出和总产出之间的数量关系式。

B. 找出经济中的自发支出和引致支出。

C. 如果政府支出增加到 1 600；税收下降到 1 400；计划投资下降到 800，均衡收入是多少？

(4) 定义乘数，并从经济角度解释为什么乘数的取值大于 1？

(5) 已知某社会的消费函数为 $C = 50 + 0.85Y$，投资 $I = 610$ 亿元。求：

　　A. 计算均衡收入。

　　B. 储蓄 S 是多少？

　　C. 如果投资减少到 550 亿元，均衡收入是多少？

　　D. 在 A 和 C 中，乘数是多少？

(6) 在习题 (5) A. 中，如果消费函数变为 $C = 50 + 0.7Y$，其含义是什么？这对均衡收入有什么影响？为什么？如果在习题 (5) A. 中，投资增加到 800 亿元对均衡收入有什么影响？为什么？

(7) 产出与销售总是相等吗？为什么是？为什么不是？在经济周期中两者如何变化？

第十四章 IS–LM 模型

简单的国民收入决定模型解释了产品市场上总支出或总需求对总产出或总收入的决定作用,在那里,没有考虑货币和利率的因素。但是,现实经济中不仅存在产品市场,而且还存在货币市场,而且这两个市场是互相影响、互相依存的。为了说明货币和利率对总产出的影响,我们需要更复杂的模型。本章介绍的 IS–LM 模型通过利率把产品市场和货币市场联系起来,货币市场中的货币需求与利率有关,产品市场的投资也与利率有关,因而就有了 IS–LM 模型这样一个分析框架讨论两个市场同时均衡时均衡收入的决定。该模型是宏观经济学的核心模型,它可被用来分析财政政策和货币政策的相对有效性。因而本章的内容为下一章分析政府经济政策效果提供了一个有用的工具。

第一节 产品市场的均衡:IS 曲线

我们首先考察产品市场。在简单的国民收入决定模型中,投资是被假定为给定不变的外生变量。现在,经济中有了货币市场,货币市场中利率的变动会影响投资,因此,在本章中,我们假设投资不再是外生决定的,而是由模型中的利率决定。

一、投资函数

在现实经济中,利率是影响投资最重要的因素,两者之间是负相关关系,利率提高,企业意愿投资就会减少。这是因为投资的目的是获得利润,准确地说是扣除各项投资成本后的净利润。而利息是最重要的投资成本,因为企业主要通过借贷来投资(购买设备或修建厂房)。常见的是企业向银行借贷,或者通过发行债券在资本市场上借贷,做小本买卖的可能会向亲友借贷。利率规定了一笔借贷在特定时期内需要还多少钱,因而决定了投资成本。如果利率提高,企业从投资收入中支付的利息成本会增加,支付利息后剩下的纯利润减少,企业就不愿意投资。因此,投资与利率具有负相关关系。

需要说明的是,即使企业使用自有资金投资,投资与利率的负相关关系仍然存在。对企业来说,使用自有资金投资所放弃的利息是投资的机会成本。如果利率足够高,企业完全可能放弃投资,而把资金存入银行或者购买债券以赚取利息收入。

假定投资与利率存在线性关系,即投资函数是线性方程,则有:

$$I = I_0 - dr \qquad (14.1)$$

式中,I 为投资;I_0 为自发投资,这部分投资与利率无关,它是企业为了正常生产必须进行的投资;r 为利率;d 为**投资的利率弹性**,即当利率变动 1 单位时(如 1%),投资变动的敏感程度。如果 d 比较大,则表示投资对利率的变动反应灵敏,利率微小的变动就会引起投资较大的变动;如果 d 比较小,则表示投资对利率的变动的反应不灵敏,利率的较大变动只能引起投资较小的变动。

也可以用图形表示投资与利率之间的负相关关系。我们用横轴表示投资,用纵轴表示利率,根据投资函数可得到图 14-1 中的投资曲线。投资曲线向右下方倾斜,表明投资与利率是反向关系。投资曲线的斜率取决于投资的利率弹性 d,如果投资对利率的变动反应灵敏,则投资曲线比较平坦;如果投资对利率的变动反应不灵敏,则投资曲线比较陡峭。投资曲线的位置取决于自发投资的大小。自发投资增加,投资曲线就向右平移;自发性投资减少,投资曲线就向左平移。

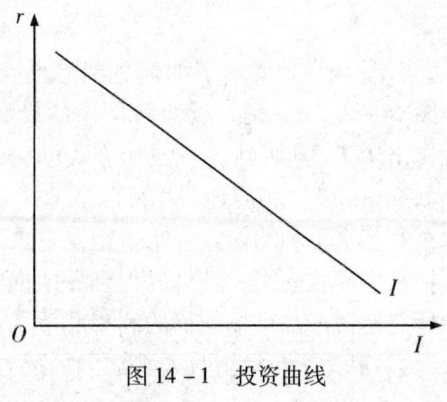

图 14-1 投资曲线

链接 14-1　　　　　　　　中国的投资曲线

中国的私人投资对利率的变动是否敏感呢?经济学家利用中国 1981~2003 年的资料,估算了中国的总投资函数:

$$I = -1\,677.8 + 0.40Y - 186.4r$$

式中,I 为实际投资;Y 为国民收入;r 为实际利率。该式表示,全社会的实际投资与总收入正相关,与实际利率负相关。公式中的数字说明,实际 GDP 每增加 1 亿元,实际投资增加 0.40 亿元;实际利率每上升 1 个百分点,实际投资下降 186.4 亿元。2003 年,我国资本形成总额约占支出法 GDP 的 42%,这与式中的估算是十分接近的。

二、IS 曲线的推导

有两种方法可以得到 IS 曲线:一是直观的几何图形推导;二是逻辑严密的代数证明。下面分别来讨论。

(一) 几何图形

如前所述,封闭经济中的总支出为:

$$AE = C + I_{计} + G$$
$$C = a + bY_d = a + b(Y - T)$$
$$I_{计} = I_0 - dr$$
$$G = G_0$$

采用代入法,总支出函数的表达式可以写为:

$$AE = a + b(Y - T) + (I_0 - dr) + G_0$$

或者:

$$AE = a + bY - bT + I_0 - dr + G_0$$

把等式右边的项分为与产出 Y 相关以及与产出 Y 不相关的两部分,得到:

$$AE = a + I_0 + G_0 - bT - dr + bY$$

用 A 表示自发支出 $(a + I_0 + G_0 - bT)$,上式可简化为:

$$AE = A - dr + bY \qquad (14.2)$$

图 14-2 展示了如何把凯恩斯交叉图和企业的投资曲线结合起来，得到 IS 曲线。图 14-2 (a) 是 $r-I$ 坐标图中的投资函数，当利率从 r_1 下降到 r_2 的时候，企业的投资支出从 I_1 增加到 I_2。投资的增加会使图 14-2 (b) 中的总支出曲线向上移动到 $A-dr_2+bY$，相应地，均衡收入水平从 Y_1 移动到 Y_2。在图 14-2 (c) 中，我们把每一个利率水平和均衡收入水平记录下来，不断改变利率水平，就会有许多这样的均衡点，把它们连接起来，就可以得到一条向右下方倾斜的线，这就是 IS 曲线。IS 曲线包括了所有使得产品市场均衡的利率和收入的组合，它描述在产品市场达到均衡时（即 $I=S$ 时），利率 r 与均衡收入 Y 之间的反方向变动关系。

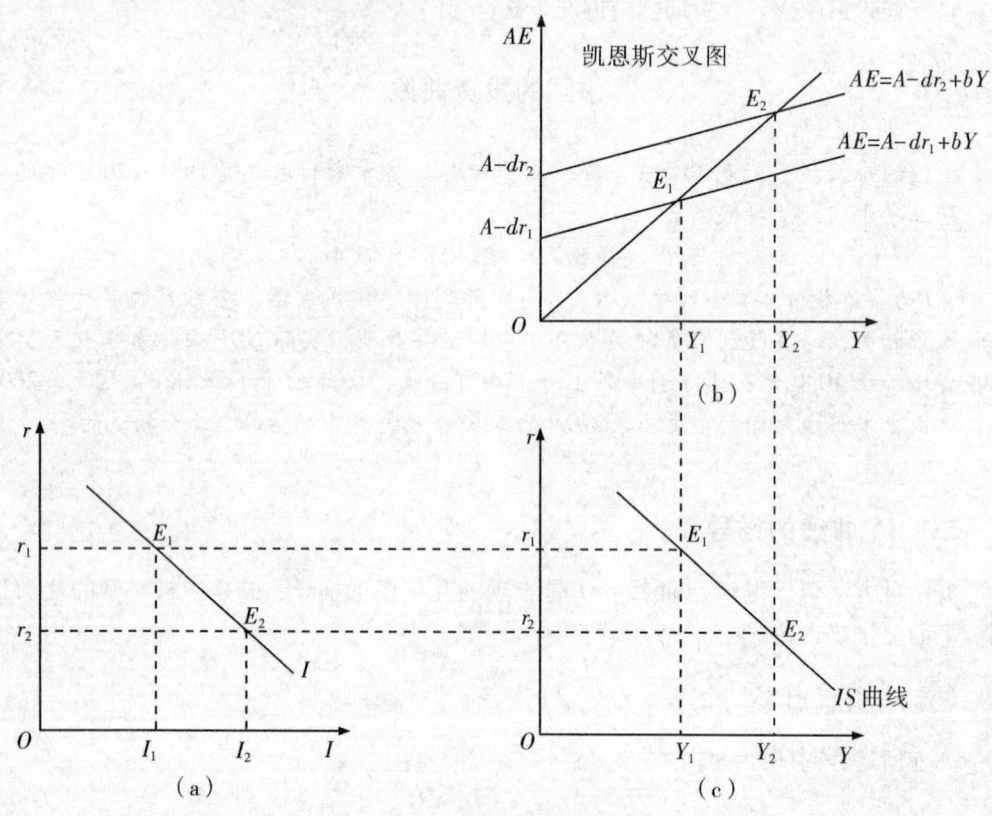

图 14-2 IS 曲线的图形推导

（二）代数方法

产品市场上总支出等于总收入的均衡条件为：
$$Y = AE = A - dr + bY$$
把等式最右边包含 Y 的项目移到等式的左边，得到：
$$Y - bY = A - dr$$
或者
$$(1-b)Y = A - dr$$
等式两边同时除以 $(1-b)$，得到：

$$Y = \frac{1}{1-b}(A - dr) \qquad (14.3)$$

令
$$\alpha = \frac{1}{1-b}$$

$$Y = \alpha(A - dr) \qquad (14.4)$$

公式 (14.3) 就是 IS 曲线的数学表达式（以 Y 为因变量，r 为自变量）。从公式中可以看出，要使产品市场保持均衡，即总产出等于总支出，均衡的国民收入和利率之间存在反方向变动关系。

现在，举一个例子来说明 IS 曲线。假定消费函数为 $C = 50 + 0.8Y$，投资函数为 $I = 100 - 5r$。这样，产品市场均衡时，$Y = \frac{50 + 100 - 5r}{1 - 0.8}$，解得 IS 曲线为 $Y = 750 - 25r$。

当 $r = 1$ 时，$Y = 725$；
当 $r = 2$ 时，$Y = 700$；
当 $r = 3$ 时，$Y = 675$；…

计算结果表明，IS 曲线是一条向右下方倾斜的曲线。其经济含义是：由于总支出中投资与利率负相关，降低利率可以增加投资，从而导致总支出增加，进而要求总收入同样增加来保持产品市场的均衡。因而，要实现产品市场的均衡，r 和 Y 必须相互配合、一一对应，这种相互配合、一一对应的反方向变动的关系，是维持产品市场均衡的必要条件。在第十三章简单的国民收入决定模型中，投资等于储蓄是产品市场的均衡条件，即给定利率水平，当投资 (I) 等于储蓄 (S) 时，收入就处于均衡状态。因而我们把表现产品市场实现均衡时（即 $I = S$），利率 r 与收入 Y 之间的反方向变动关系称为 IS 曲线。它描述了产品市场实现均衡的道路。

三、IS 曲线的移动

IS 曲线的位置取决于自发支出，如图 14 - 3 所示。图中，给定同一利率水平，原来的总支出曲线 AE 对应的 IS 曲线在左边。

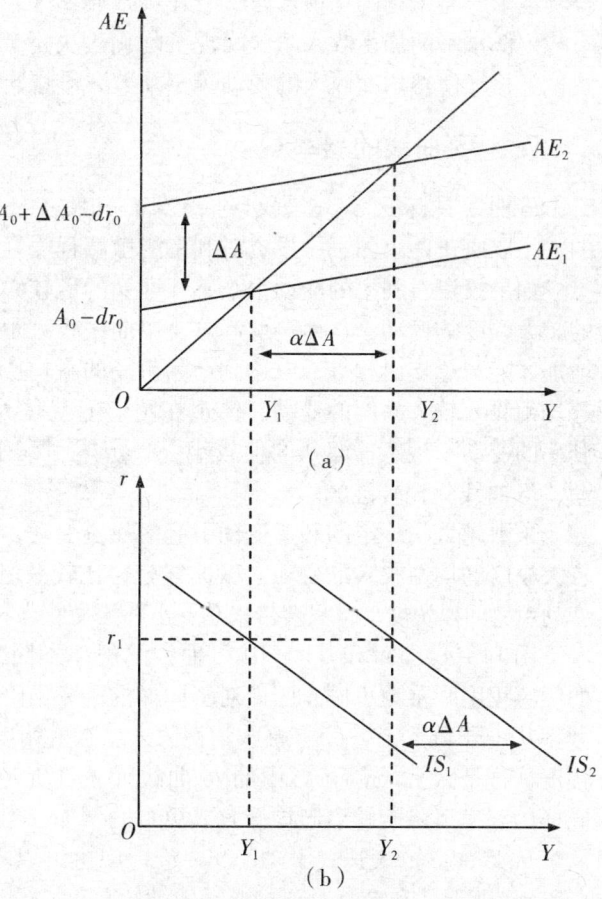

图 14 - 3 IS 曲线的移动

假设政府决定更新全国中小学校的教学设备,自发支出增加,在给定利率水平下,总支出曲线由 AE_1 向右上方移动到 AE_2,相应地,均衡产出也由 Y_1 增加到 Y_2。从图 14-3 (b) 中可以看出,较高的均衡产出(或收入)与给定的利率水平的组合点移动到右边,即 IS 曲线向右方移动。所以,自发支出增加会使 IS 曲线的位置发生移动。政府的减税政策也有同样的作用效果。

IS 曲线会向右移动多少?或者说均衡收入会变动多少?从图 14-3 (a) 中可以看出,均衡收入的增加等于乘数 α 乘以政府购买支出的增量。

同样,如果一个经济的居民出于对新政府的信心而增加了他们的现期消费(a),这意味着在相同的利率水平上,自发支出和均衡收入都增加了。也会导致 IS 曲线向右方移动。右移的幅度则等于乘数乘以自发消费的增加量。

相反,金融海啸使企业家对投资预期收益变得悲观,在同样的利率水平上,投资减少,自发支出下降,这会引起总支出曲线向左方移动,导致 IS 曲线向左方移动。左移的幅度等于乘数乘以自发投资的减少量。

总之,一切自发支出的变动都会引起 IS 曲线的移动。在其他条件不变的情况下,自发支出增加使 IS 曲线向右方移动,表示利率既定时,利率与更高水平的均衡收入组合实现了产品市场的均衡。自发支出减少使 IS 曲线向左方移动,表示利率既定时,利率与更低水平的均衡收入组合实现了均衡。决定 IS 曲线位置的是自发支出水平。IS 曲线位置移动使得均衡收入的变动等于乘数 α 乘以自发支出的变动量。

四、IS 曲线的斜率

IS 曲线具有负斜率,表明利率(r)和收入(Y)之间是负相关关系。IS 曲线斜率的大小取决于两个因素:投资对利率的敏感程度(d)以及乘数。

如果投资对利率的变动很敏感,即 d 的值较大,说明一定的利率变动,会引起投资的较大幅度的变动,从而会引起总支出曲线较大距离的移动,从而使得均衡收入较大的增加才能与总支出相等,以达到产品市场的新均衡。在这种情况下,小幅的利率变动引起均衡收入较大幅度的变动,体现在图形上就是 IS 曲线比较平坦。反之,如果投资对利率的变动不敏感,即 d 的值较小,一定的利率变动只能引起均衡收入较小幅度的变动,IS 曲线就比较陡峭。

乘数越大,一定的利率变动引起的投资变动,会引起总支出较大的变动,进而带来较大幅度的均衡收入的变动,IS 曲线就会比较平坦;反之,如果乘数较小,一定的利率变动引起的投资变动,只会带来总支出和均衡收入较小的变动,IS 曲线就会比较陡峭。

图 14-4 (a) 和 (b) 中 IS 曲线的斜率不同,表明两幅图中由于投资对利率变动的敏感程度和乘数不同,因而对于同样的利率下降,所引起的均衡收入的增加不同。当利率从 r_1 下降到 r_2,(a) 幅中均衡收入增加的幅度显然大于 (b) 幅中均衡收入的增加幅度。这是因为,(a) 幅中的 IS 曲线代表投资对利率的变动更敏感或者更大的乘数,同样的利率下降能够引起均衡收入更多的增加。

从 IS 曲线的表达式 $Y = \alpha (A - dr)$ 中也可以看出,IS 曲线的斜率取决于 Y 的参数 α 和 d,即乘数和投资对利率变动的敏感程度。乘数越大,投资对利率变动的敏感程度越大,IS 曲线越平坦。

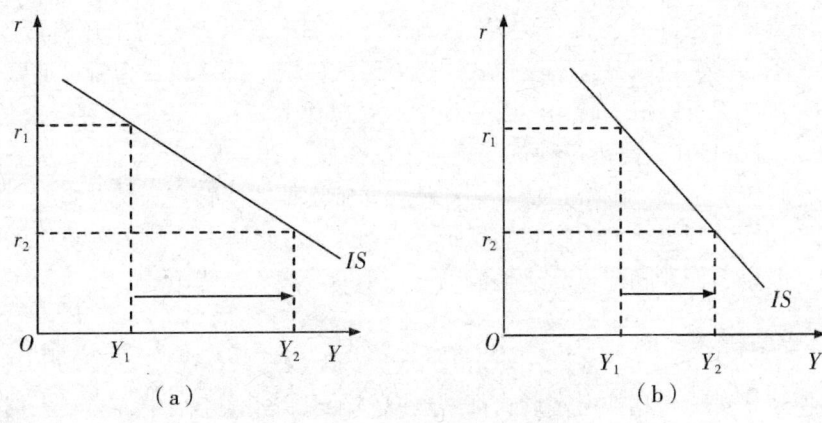

图 14-4　IS 曲线的斜率

第二节　货币市场的均衡：LM 曲线

上一节讨论了产品市场均衡时，利率 r 和均衡收入 Y 的关系。现在转到货币市场，讨论货币市场均衡时利率 r 和均衡收入 Y 之间的关系。既然是货币市场的"均衡"分析，就要涉及货币的定义、货币的"需求"和货币的"供给"。本节首先介绍货币及货币供求理论，然后再来探讨货币供求平衡时利率 r 和均衡收入 Y 的关系。

一、货币的定义与职能

在经济学中，货币是指人们普遍接受的交换媒介。凡是人们经常用于购买物品和劳务的东西都是货币。我们钱包里的现金可以用来买东西，还债，大家都愿意接受，显然它符合货币的定义。但是，我们不能用所拥有的某家公司的股票或债券购买物品和劳务。货币是在物品和劳务的交换中被广泛接受的财富形式。

理解货币的定义需要了解货币的职能。货币有三个最基本的职能：

第一，**交易媒介**。交易媒介是在买者购买物品或劳务时给与卖者的东西。当你在快餐店买盒饭时，快餐店给你盒饭，你给快餐店货币，货币就履行了交易媒介的职能。有了货币这一交易媒介，使交易变得方便易行。设想现实经济中若是没有货币，人们只能采取物物交换的方式会是怎样。假设你是一位语文教师，你想用公文写作的授课换盒饭吃，好不容易找到愿意以盒饭作交换的人，你可能会发现他们并不需要你的授课，这意味着你想吃顿盒饭是一件很困难的事情。经济学中把物品和劳务交换过程中所花费的时间和精力称为交易费用。货币就是人们为了减少交易费用而在长期的商品交换中选择的交易媒介，货币之所以被人们广泛接受，原因在于它能够节约交易费用。

第二，**计价单位**。即货币可作为衡量物品价值的标准。正如用公斤表示重量一样，我们用货币作为衡量物品价值的尺度。采用货币这种通用的计价单位，所有物品与劳务的价值一目了然，从而可确定它们之间的交换比例，使交易变得简单易行。

第三，**价值储藏**。比如你领到工资后没有全部花光，而是把其中的一部分存到银行里，这部分货币就是价值上的"贮藏"。当然，除货币之外，经济中还有股票、债券、金银首饰、不动产、艺术品等资产形式，所有形式的资产都可以成为价值储藏，但并不是任何一种资产都可以成为货币。哪一种资产可以作为货币取决于这种资产的流动性。所谓**流动性**（liquidity）是指一种资产兑换为交易媒介的容易程度。货币是经济中的交易媒介，它是流动性最大的资产，股票和债券必须卖掉才能转变为交易媒介，因此，它们是较有流动性的资产。而出售一座房子、一幅张大千的国画，则需要更多的时间和努力，所以，股票、债券和艺术品这类流动性较小的资产不是货币。

二、货币需求

如前所述，货币和其他财富形式都是资产。在现实经济生活中，当某人拥有一定量的财富时，他可以选择多种资产形式持有该笔财富，除了货币形式外，还可选择以股票、债券、不动产、艺术品等实物资产的形式持有财富。为了分析的方便，我们把资产分为两部分：货币和有息资产。我们可把有息资产简化，假象为债券。债券是承诺在未来偿还持有者本金和利息的借据。

如何持有资产是一个选择问题。每个人都需要决定如何把财富分摊在不同的资产形式上，即决定持有多少货币、多少债券。持有货币没有收益，而持有债券则可以给人们带来利息收入，债券的利息收入构成了持有货币的机会成本。那么，人们为什么需要不能生息货币呢？凯恩斯认为，这是因为存在"流动性偏好"。**流动性偏好**（liquidity preference）是指人们持有货币的偏好。人们之所以产生对货币的偏好，是由于货币是流动性或者说灵活性最大的资产。持有货币，人们在需要购买东西的时候就不愁缺钱花，货币随时可用于日常交易，可应付不测之需，也可作投机之用，因此人们便产生对货币的需求。所以，凯恩斯假定人们对货币的需求出于以下三个动机。

第一，**交易动机**（the transaction motive），**是指企业或个人为了应付日常交易而愿意持有的一部分货币**。这是由货币的交易媒介职能而导致的一部分需求。人们总是在固定的时间取得收入，但是日常支付却需要经常进行，收入和支出有一个时间间隔，在这段间隔内，为了支付的方便，人们必须持有一定量的货币，而不能把全部流动性资产都转换成债券。例如，当你月初领到工资之后，总会留出一部分工资以货币形式保存着，以备日常的开销。企业为应付小额现金周转，也需要经常保持一定数量的货币。出于交易动机的货币需求取决于收入水平，收入越高，交易数量越大，我们需要购买的商品价值会增加，那么就需要有更多的货币用于交易，所以对货币的需求就增加了。

第二，**预防动机**（the precautionary motive），**是指人们为了应付意外事件而愿意持有的一部分货币**。实际中，人们持有的货币量远远超过交易需要。这是因为，我们面临的未来充满着不确定性，企业和家庭都会遇到临时性的不可预料的开支，比如原材料涨价、赊销款不能按时收回、生病、失业、或遇到意外的购买机会（商品减价）。因此，人们在日常的支出计划之外，留出一部分机动的货币以应付不可预见的支付，或者及时捕捉一些突然出现的有利时机。凯恩斯认为，因预防动机而需要的货币仍然与收入成正比。可以想见，一个下岗工人怎么可能为预防起见而持有大量的货币呢？

我们把由交易动机和预防动机所产生的货币需求称为货币的交易需求，用 L_1 表示，

用 Y 表示实际国民收入，则货币交易需求 L_1 与实际国民收入 Y 的关系可以表示为：

$$L_1 = L_1(Y) \tag{14.5}$$

或者
$$L_1 = kY \tag{14.6}$$

公式（14.6）中的 k 代表**货币交易需求的收入弹性**。可用来衡量货币交易需求 L_1 对收入 Y 变动的敏感程度。它反映当收入变动 1 个单位，导致的交易性货币需求的变动量。例如，若实际国民收入 $Y = 100$ 万元，$k = 0.3$（即收入增加 1 元，货币的交易需求增加 0.30 元），则 $L_1 = 100 \times 0.3 = 30$（万元）。

第三，**投机动机**（the speculative motive），**是指人们为了抓住有利的购买债券的机会而愿意持有的一部分货币**。如前所述，假设人们以货币和债券两种资产形式持有财富，债券能带来收益，人们持有债券不仅能够得到利息收入，还可以通过债券的低买高卖获得价差收入（资本利得），但是债券的流动性较低。闲置货币没有收益，但货币具有较高的流动性，人们持有货币可以方便地用于支付各种交易。投机活动就是人们比较持有这两种财富形式的成本和收益，在适当时机买进和卖出债券以获利。

在实际生活中，债券现价与当期利率之间成反方向变动关系。利率越高，债券价格就越低；利率越低，债券价格就越高。比如一张年利息为 5 元的债券，如果价格为 100 元，则利率为 5%，如果价格为 50 元，则利率为 10%。因此，从资本利得角度看，影响人们是否购买债券的因素，主要是预期债券价格的变动。即：当人们预期债券价格将上涨（即预期利率将下降）时，就会在现期价格较低时用货币买进债券，以备日后以更高的价格卖出获得价差收益。反之，当人们预期债券价格将下跌（即预期利率将上升）时，就会在高价位卖出债券保留货币以备日后债券价格下跌时再买进。人们期待债券价格下跌（即利率上升）而在手中保留的货币就是货币的投机需求。显然，**货币的投机需求与利率成反方向变动**，即利率越高，债券价格就越低，当人们认为这一价格水平已降低到正常水平以下，预期很快会上升，就会抓住机会用货币买入债券，相应地会减少投机性货币需求。反之，当利率水平很低时，债券价格较高，人们将持币观望，当人们认为这一价格水平已涨到正常水平以上，预期很快会下跌，于是会抓住时机卖出债券，从而会增加投机性货币需求。

有两种极端的情况，一种是当利率极高的时候，此时债券的价格很低，人们相信利率即将下降，债券的价格即将上升，因而将所持有的货币都用来购买债券，这时货币的投机性需求为零。另一种是当利率低到很低的水平时（如接近于零），债券价格也不大可能再上升。人们预期利率肯定将上升，或者说债券价格肯定将下跌，因而会将持有的债券全部换成货币，或者手里有货币也不会去购买债券，此时货币的投机性需求无限大，以至于无论银行如何新增加货币供给都会被人们所持有，而不会增加对债券的需求。这就是著名的"**流动性陷阱**"（liquidity trap）或"**凯恩斯陷阱**"（the Keynesian trap）。

总之，货币的投机性需求与利率反方向变动，或者说，货币的投机性需求是利率的函数。如果用 L_2 表示货币投机需求，用 r 表示利率，则这一货币需求量和利率的关系可表示为：

$$L_2 = L_2(r) \tag{14.7}$$

或者
$$L_2 = -hr \tag{14.8}$$

公式（14.8）中的 h 是**货币投机需求的利率弹性**，可用来衡量货币投机需求 L_2 对 r 变动的敏感程度。它反映利率每增加 1 个单位，导致的投机性货币需求的变动量。负号表示投机性货币需求与利率变动有负相关关系。

链接 14-2　　　　日本经济是否陷入流动性陷阱

1991 年，日本的泡沫经济破灭，随后经济陷入长期的萧条之中，经济增长率持续低迷，个别年份甚至出现负的增长率；与此同时，物价水平和平均工资水平也不断下降，导致日本居民的消费能力下降，而国内消费占到日本 GDP 的 60% 左右。国内消费的萎缩使得总需求严重不足，日本经济缺乏增加的动力。

整个 20 世纪 90 年代，日本经济一直处于萧条的状态，日本的国民财富持续下降，2001 年底日本的净资产为 2 907.6 万亿日元，比上一年减少了 56.2 万亿日元，以至于有人感叹这是"失去的十年"。

面对这样的情况，日本政府想方设法刺激经济的复苏，其中最主要的措施就是实行扩张性的财政政策和货币政策，但是政策的效果并不明显。

扩张性的货币政策包括降低利率、增加货币供应量。日本的中央银行连续下调利率，1995 年日本的货币市场利率下降到 1% 的水平，1998 年下降到 0.37%，1999 年 2 月至 2000 年 8 月甚至实行了零利率政策，但是经济并没有因此而复苏。正因为如此，国内外很多经济学家认为日本经济陷入了"流动性陷阱"。

"流动性陷阱"源于 20 世纪 30 年代的经济大萧条，当时利率接近于零，人们的投机性货币需求无限大，增加货币供给不能降低利率，更不能增加经济中的产出。对比日本的情况，可以说日本的经济的确具备了"流动性陷阱"的一些特征。

虽然日本银行不断地降低利率、增加货币供应量，但是并没有刺激经济中的投资，中央银行增发的货币只是在商业银行内部流动，没有进入到经济循环中，这有两个方面的原因：一是因为经济的不景气，增加了企业破产的风险，银行不愿意向企业发放贷款。这样做的负面影响是比较大的，因为日本企业的融资方式主要就是通过银行进行间接融资，如果银行不愿发放贷款，相当多的企业就难以生存发展。

另一方面，银行为了提高自身的抗风险能力，倾向于增加存款准备金，从而把大量的货币滞留在银行系统内部。这样造成的后果就是货币乘数下降，虽然日本银行不断增加基础货币，但是经济中的货币供应量并不能相应扩张，货币政策归于无效。

把上述三种动机的分析归纳起来，可以得到凯恩斯的**货币需求函数**（money demand function）：

$$L = L_1 + L_2 = L_1(Y) + L_2(r) = kY - hr \tag{14.9}$$

式中，L、L_1、L_2 都是代表货币的实际需求，即具有不变购买力的实际货币需求量。实际货币需求是从名义货币需求（仅计算票面值的货币量）中扣除价格变动的因素。用 M_d 表示名义货币需求，用 P 表示价格水平，则实际货币需求可以表示为 $\dfrac{M_d}{P}$。

实际货币需求包括两部分：货币的交易需求和投机性需求。因此实际货币需求正相关 Y，负相关于 r，是收入和利率的函数，于是有

$$\frac{M_d}{P}=L(Y,r)$$

公式（14.9）代表货币需求函数，式中 k 是货币交易需求的收入弹性，可衡量收入增加时货币交易需求变动多少。h 是投机性货币需求的利率弹性，用来衡量利率变动时投机性货币需求变动多少。如果知道了 k、h、Y 和 r，就可以求得实际货币需求量。

还可用图表示货币需求函数。在图 14-5（a）中，横轴表示 L，纵轴表示 r，垂线 L_1 表示货币交易需求，它和利率无关，因而垂直于横轴。L_2 表示投机性货币需求，它起初向右下方倾斜，表示货币的投机需求随利率的下降而增加，最后为水平状，表示"流动性陷阱"。此时利率极低，投机性货币需求趋于无限大。图 14-5（b）中的 L 线是 L_1 和 L_2 之和，因此是全部货币需求曲线。它向右下方倾斜，表示在收入不变的情况下，货币需求量和利率之间的反方向变动关系，即利率上升，货币需求量减少，利率下降，货币需求量增加。这是因为利率是持有货币的机会成本，一旦你选择持有现金而不购买有利息的债券时，你就失去本来可以赚到的利息。利率提高增加了持有货币的成本，货币需求就减少了。

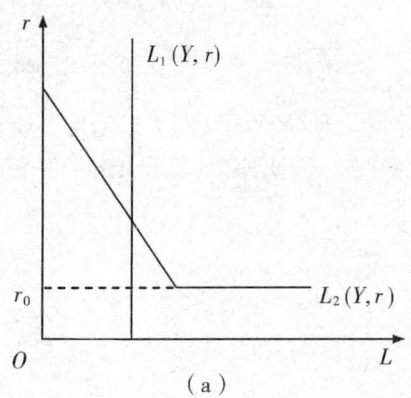
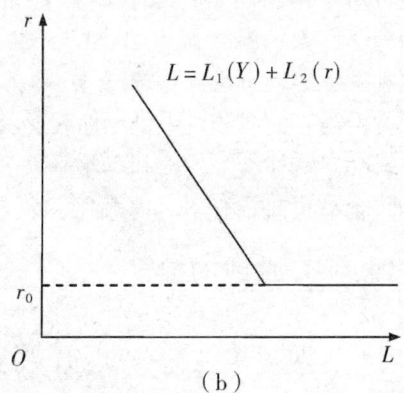

图 14-5　货币需求曲线

如何表现货币需求量与收入水平的同方向变动关系呢？如图 14-6 所示。在利率保持不变的情况下，收入的增加使同一利率水平上的货币需求相应增加，表现为货币需求曲线向右移动。例如，在利率水平为 r_1 时，由于收入的增加，货币需求曲线向右移动。收入每增加 ΔY，都将使货币需求曲线向右移动 $k \cdot \Delta Y$ 个单位。可见，货币需求量和收入之间的同方向变动关系通过货币需求曲线向右或者向左移动来表示。而货币需求量与利率之间的反方向变动关系通过每一条货币需求曲线向右下方倾斜来表示。

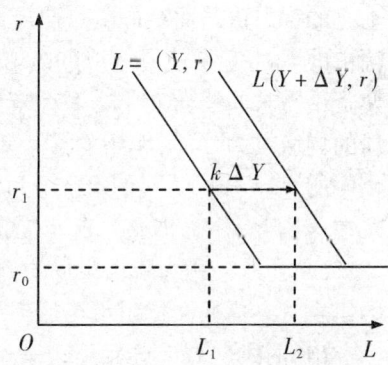

图 14-6　不同收入的货币需求曲线

三、货币供给与货币市场均衡

为了分析的简便,我们假定名义货币供给由中央银行决定,它与利率变动无关,因而是一个外生变量,用 M_0 表示。价格水平 P 是固定的。因此,实际货币供给就是 M_0/P_0。货币市场的均衡条件就是:实际的货币供给等于实际的货币需求。即

$$\frac{M_0}{P} = \frac{M_d}{P} \tag{14.10}$$

我们把货币供给曲线和货币需求曲线画在图 14-7 中。图中,横轴表示货币需求和货币供给,纵轴表示利率。货币供给曲线是一条垂直于横轴的直线,表示货币供给量与利率无关。一旦中央银行作出了关于货币供给量的政策决策,无论现行利率是多少,货币供给量都不会变动。货币供给曲线与货币需求曲线的交点就是货币市场均衡点,这时的利率水平就是均衡利率。它表示,只有当货币供给恰好等于人们愿意持有的货币量,货币市场才达到均衡状态。如果市场利率不等于均衡利率,人们就会调整自己的资产组合,最终会使利率水平趋于均衡状态。

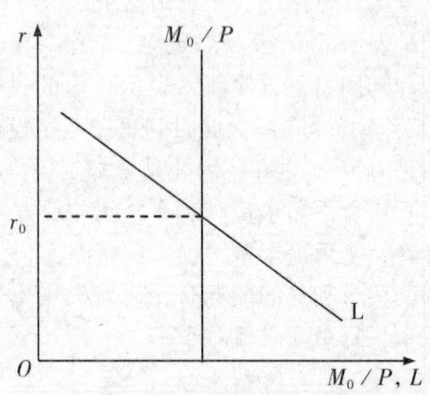

图 14-7 货币供给和需求的均衡

货币需求曲线和货币供给曲线会移动。收入增加会使货币的交易需求增加,货币需求曲线会向右移动,均衡利率水平就会上升;如果中央银行增加了货币供给量,货币供给曲线会平行向右移动,均衡利率水平就会下降。

四、LM 曲线的推导

(一) 几何图形

从货币市场的均衡中我们可以进行 LM 曲线的推导,如图 14-8 所示。(b) 幅显示,在收入水平为 Y_1 时,对应的货币需求曲线为 (a) 幅中的 L_1。货币需求曲线 L_1 与垂直的货币供给曲线的交点决定了均衡利率 r_1。我们将 (Y_1, r_1) 这一点记录为 (b) 幅中的 E_1,它是使得货币市场均衡的一组收入和利率。现在假定收入上升到 Y_2,这会使货币需求曲线向右上方移动至 L_2,在货币供给不变时,会导致均衡利率上升到 r_2。新的均衡点为 (a) 幅中的 E_2。我们把货币市场这一新的均衡点 (Y_2, r_2) 记录为 (b) 幅中的 E_2。同样,我们可以通过继续改变收入水平来得到新的均衡利率,并把它们记录在 (b) 幅中,把这些点连接起来,就可以得到一条货币市场均衡曲线,即 LM 曲线。

LM 曲线又称为货币市场均衡曲线,它显示的是货币市场均衡时的所有收入和利率的组合。它描述在货币市场达到均衡时,利率 r 与国民收入 Y 之间的同方向变动关系。

LM 曲线向右上方倾斜,表示当收入上升时,会引起货币的交易需求 (L_1) 增加,在货币供给不变的情况下,此时货币需求会大于货币供给,利率水平必然上升,这会引

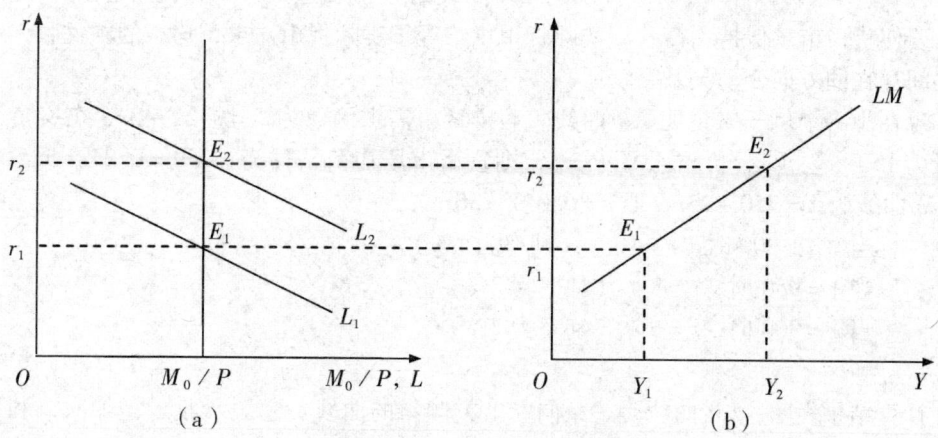

图 14-8　LM 曲线的图形推导

起投机性货币需求（L_2）减少来抵消 L_1 的增加，从而保持货币市场的均衡。所以，LM 曲线的经济含义是：要实现货币市场的均衡，r 和 Y 必须相互配合、一一对应，这种相互配合、一一对应的同方向变动的关系，就是 LM 曲线。它描述了货币市场实现均衡的途径。

（二）代数方法

货币市场的均衡条件是，实际货币供给等于实际货币需求，即

$$\frac{M_0}{P} = \frac{M_d}{P}$$

实际货币需求可以表示为：

$$\frac{M_d}{P} = L(Y, r)$$
$$= L_1(Y) + L_2(r) = kY - hr$$

用 m 代表实际货币供给量：

$$m = \frac{M_0}{P}$$

采用代入法，可以得到：

$$m = kY - hr \tag{14.11}$$

公式（14.11）表示当 m 给定时，满足货币市场均衡条件下的收入 Y 与利率 r 的变动关系。由货币市场均衡条件 $m = kY - hr$，可推导出 LM 曲线的数学表达式。即

公式（14.11）两边均除以 h，得：

$$r = \frac{k}{h}Y - \frac{m}{h} \tag{14.12}$$

或者：式（14.10）两边均除以 k，得：

$$Y = \frac{h}{k}r + \frac{m}{k} \tag{14.13}$$

公式（14.12）和（14.13）均为 LM 曲线的数学表达式。从这两个公式中可以看到，要使货币市场保持均衡，即实际货币供给等于实际货币需求，均衡的国民收入和利率之间存在同方向变动关系。

现在举一个例子来说明 LM 曲线。假定货币需求函数为 $L=0.2Y-5r$，名义货币供给量为 150（亿元），价格水平 $P=1$，则货币市场均衡条件为：$150=0.2Y-5r$，可求得 LM 曲线为 $Y=750+25r$，或 $r=0.04Y-30$。

当 $Y=1\,000$ 时，$r=10$　　（利率为 1%）

当 $Y=950$ 时，$r=8$　　（利率为 2%）

当 $Y=900$ 时，$r=6$　　（利率为 2%）

……

计算结果表明，LM 曲线是一条向右上方倾斜的曲线。它表示收入增加时，利率必须上升以保持货币市场的均衡。

五、LM 曲线的斜率和位置

（一）LM 曲线的斜率

公式（14.12）给出了 LM 曲线的数学表达式 $r=\dfrac{k}{h}Y-\dfrac{m}{h}$，式中的 k 和 h 决定了 LM 曲线的斜率。这里 k 为货币需求对收入变动的敏感程度，h 为货币需求对利率变动的敏感程度。LM 曲线的斜率取决于货币的投机需求曲线和交易需求曲线的斜率。从 LM 曲线的斜率 $\dfrac{k}{h}$ 可以看出，k 不变，h 越大，即货币需求对利率的敏感程度越高，则 LM 曲线的斜率 $\dfrac{k}{h}$ 越小，LM 曲线越平坦。h 不变，k 越大，即货币需求对收入的敏感程度越高，则 LM 曲线的斜率 $\dfrac{k}{h}$ 越大，LM 曲线越陡峭。

经济学家认为，货币交易需求的收入弹性系数 k 比较稳定。因此，LM 曲线的斜率主要取决于货币投机需求的利率弹性系数 h。

如果 h 接近 0，即货币需求对利率变动几乎一点也不敏感，这意味着任凭利率如何变动，投机性货币需求都不变，则 LM 曲线几乎是垂直的。这种情况通常发生在利率很高的时候，人们预期利率必然下降，债券价格将会上升，未来持有货币将蒙受损失，人们会减少手持货币，增加债券投入以减少持有货币的成本。货币的投机性需求很低，此时即使利率有所降低，货币需求也不会上升。这种情况是一种理论分析意义上的可能性，然而，以"古典学派"理论为基础的货币主义者则认为这一情形具有现实可能性，因而称为"古典特例"。

如果 h 的值趋于无穷大，表明货币需求对利率的变动很敏感，利率微小的变动，都导致投机性货币需求极大地变动，LM 曲线的斜率很小，几乎是一条水平线。这种情况通常发生在利率很低的时候，人们预期利率很难再下降，债券价格将会下跌，未来持有债券将蒙受损失，在给定的利率水平上，人们会抛售债券，持有货币，投机性货币需求趋于无限大。这种情况也是一种理论分析意义上的可能性,然而,凯恩斯主义学派的经济学家则认为这一情形具有现实可能性,因而称为"凯恩斯陷阱"或"流动性陷阱"。

当 h 的值介于 0 和无穷大之间时,由于 k 是一个基本稳定的正值,所以 $\frac{k}{h}$ 为正值,LM 曲线是一条向右上方倾斜的曲线。

以上关于 LM 曲线有三种情形的结论也可以从 LM 曲线数学表达式 $r=\frac{k}{h}Y-\frac{m}{h}$ 中得出。

图 14-9 给出了完整的 LM 曲线,它包括三个区域:凯恩斯区域、中间区域、古典区域。

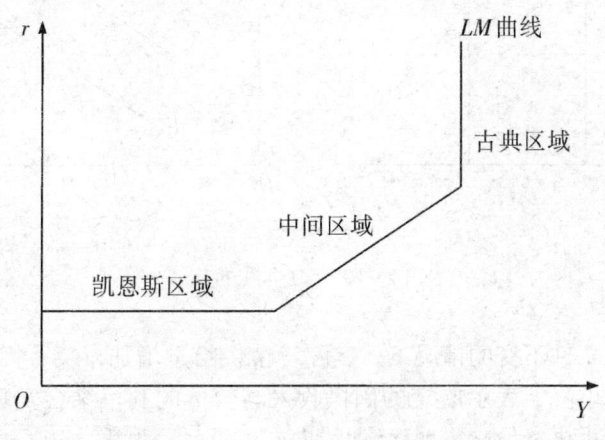

图 14-9 LM 曲线的三个区域

从图 14-9 可以看出,当 r 很低时,h 的值趋于无穷大,投机性货币需求趋于无限大,LM 曲线接近于一条水平线;当 r 很高时,h 的值接近 0,货币的投机性需求趋于零,故此时 LM 曲线也趋于垂直;当 r 既不很低也不很高时,h 的值介于 0 和无穷大之间,货币的投机性需求也在 0 和无穷大间,LM 曲线在这一范围内是向右上方倾斜的。

(二) LM 曲线位置的移动

根据 LM 曲线的数学表达式 $r=\frac{k}{h}Y-\frac{m}{h}$,当 $Y=0$ 时,$r=-\frac{m}{h}$,$\frac{m}{h}$ 即是 LM 曲线在纵轴的截距。只有当 $\frac{m}{h}$ 的数值发生变动,LM 曲线才会移动。由于我们这里讨论的是 LM 曲线位置的移动,而不是 LM 曲线斜率的变动,因此假定 h 不变,LM 曲线的移动只能取决于实际货币供给量 m 的变动。实际货币供给量是由名义货币供给 M_0 和价格水平 P 决定的,即 $m=M_0/P$,本章假定 P 不变,因此,造成 LM 曲线移动的因素只能是名义货币供给量 M_0 的变动。

如图 14-10 (a) 所示,给定初始收入 Y_1 和货币供给 M_0/P,于是有初始均衡点 E_1 和均衡利率 r_1。假设中央银行增加名义货币供给量,实际货币供给量由 M_0/P 增加到

M_0'/P,相应地,货币供给曲线右移。现在对应于初始均衡点 E_1 来说,出现了多余的货币供给。为了使货币市场保持均衡,利率必须下降,才能刺激货币需求。在收入 Y_1 不变,从而货币需求曲线不变的情况下,均衡利率水平下降到 r_2,这时货币供求相等,形成新的均衡点 E_2。这一变化反映在(b)幅中,新的均衡点对应于一条新的 LM 曲线,也就是说,LM_1 右移到 LM_2。

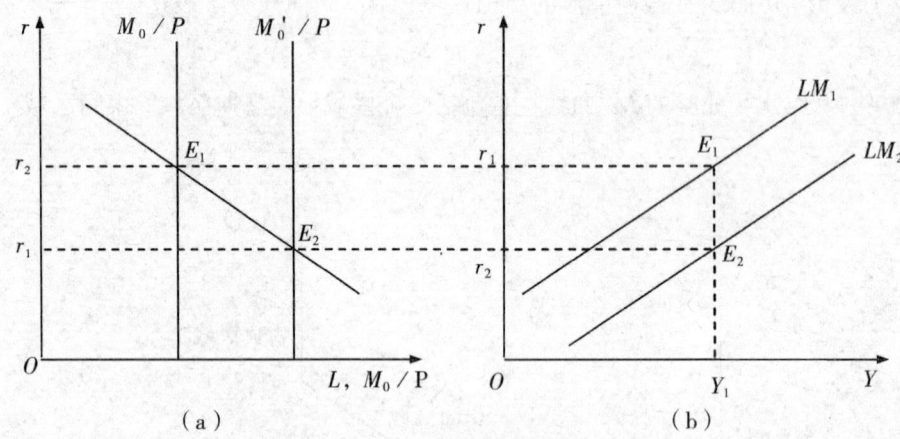

图 14-10 LM 曲线的移动

总之,在其他条件不变的情况下,实际货币供给量增加,货币需求量增加,LM 曲线向右移动,利率下降,表示既定的国民收入与较低的利率结合实现了货币市场的均衡。同样,实际货币供给量减少,LM 曲线向左方移动,利率上升,表示既定的国民收入与较高的利率结合实现了货币市场的均衡。决定 LM 曲线位置的是货币供给量。

第三节 产品市场与货币市场同时均衡:IS-LM 模型

我们已经推导出 IS 曲线和 LM 曲线。IS 曲线上是所有使得产品市场均衡时的收入和利率的组合,它反映了产品市场均衡条件下利率与国民收入之间的负相关关系。LM 曲线则代表了所有使得货币市场均衡的收入和利率的组合,它反映了货币市场均衡条件下利率与国民收入之间的正相关关系。IS-LM 模型就是把 IS 曲线和 LM 曲线合在一起,分析在产品市场和货币市场同时达到均衡时,利率与国民收入的决定问题。

一、均衡状态的求解

IS 曲线代表了产品市场均衡时利率和国民收入的关系,此时利率是决定性的变量,利率的变动引起国民收入的变动,两者呈负相关关系;LM 曲线代表了货币市场均衡时利率和国民收入的关系,此时收入是决定性的变量,收入变动引起利率变动,两者呈正相关关系。

显然,两个市场是互为条件、互为前提的,国民收入和利率是相互作用的,仅分析一个市场不能说明收入和利率的决定,只有把 IS 曲线和 LM 曲线结合起来,寻找它们的均衡点，才能决定均衡利率与均衡收入水平。这就是 IS – LM 模型。

把 IS 曲线和 LM 曲线放在同一个图形中，得到图 14 – 11 表示的 IS – LM 模型。图中，IS 曲线上的任一点都表示产品市场的均衡，即总产出等于总支出，也就是投资等于储蓄。LM 曲线上的任一点都表示货币市场的均衡，即货币需求等于货币供给。IS 与 LM 曲线相交于 E 点，E 点就是两个市场同时均衡的均衡点，这时决定了均衡利率 r_0 与均衡收入 Y_0。根据 IS 与 LM 曲线的含义，E 点对应的利率与收入水平，代表了产品市场与货币市场同时处于均衡状态的利率与收入的组合。

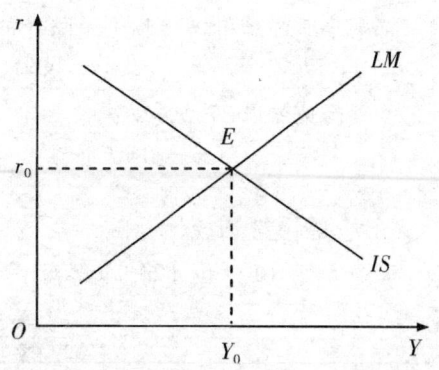

图 14 – 11　产品市场与货币市场的同时均衡

链接 14 – 3　　　　均衡状态的求解：代数方法

图 14 – 11 表明，能够使产品市场和货币市场同时达到均衡的利率和收入的组合只有一个，这一均衡的利率和收入既可以在 IS 曲线和 LM 曲线的交点上求得，也可以用数学方法求解，也就是用 IS 曲线和 LM 曲线的数学表达式求解。

从公式（14.4）和公式（14.12）中，我们知道 IS 曲线和 LM 曲线的数学表达式分别为

$$IS: Y = \alpha (A - dr)$$
$$LM: r = \frac{k}{h} Y - \frac{m}{h}$$

这两个式子共同决定均衡利率和均衡收入，解这两个式子组成的联立方程组就可以得到均衡利率和均衡收入。

在实际求解过程中，只要从产品市场和货币市场的均衡条件出发，即从总支出（或总收入）等于总产出、实际货币供给等于实际货币需求出发，根据给出的具体条件构建具体的方程，然后可进行求解。

例如，已知经济中 $C = 50 + 0.8Y$，$I = 600 - 50r$，$G = 350$，$L = 0.25Y - 37.5r$，$M_0/P = 800$，求 IS 曲线和 LM 曲线的方程，并求解均衡的利率与收入。

首先根据总产出（或总收入）等于总支出，求解 IS 曲线方程
$$Y = C + I + G = 50 + 0.8Y + 600 - 50r + 350$$

把含有 Y 的项目移动到等式的左边：
$$Y - 0.8Y = 50 + 600 - 50r + 350$$

或者
$$(1 - 0.8)Y = 50 + 600 - 50r + 350$$

等式两边除以（1 – 0.8），得到
$$Y = \frac{50 + 600 - 50r + 350}{1 - 0.8}$$

整理得到 IS 曲线：$\qquad Y = 5\,000 - 250r \qquad$ (1)

再根据实际货币供给等于实际货币需求，求解 LM 曲线方程：

$$800 = 0.25Y - 37.5r$$

等式两边除以 37.5，得：

$$r = \frac{0.25}{37.5}Y - \frac{800}{37.5}$$

整理得到 LM 曲线 $\qquad Y = 3\,200 - 150r \qquad$ (2)

联立方程（1）和（2）求解两个市场同时均衡时的利率和收入

$$Y = 5\,000 - 250r$$
$$Y = 3\,200 - 150r$$

得：$r = 4.5 \quad Y = 3\,875$

二、均衡状态的变动

当决定 IS 曲线和 LM 曲线的因素发生变动时，IS 曲线和 LM 曲线的位置会发生移动，从而改变均衡利率均衡收入。

（一）LM 曲线固定不变，IS 曲线的移动

假定 IS 曲线和 LM 曲线的交点上同时实现了产品市场和货币市场的均衡。然而，这一均衡为实际的产出水平（实际 GDP），它不一定是充分就业均衡。如图 14-12 所示，IS 和 LM 交点决定的均衡利率和均衡收入是 r_0 和 Y_0，但充分就业的收入（潜在的 GDP）是 Y^*，如何实现充分就业均衡呢？

首先让我们回顾引起 IS 曲线位置移动的因素有：自发消费、计划投资、政府购买和税收的变动。这些因素的变动都会引起 IS 曲线的移动，其中政府购买和税收的影响尤其重要，这两项为政府直接控制，政府可以通过调整政府购买和税收来影响经济的运行。

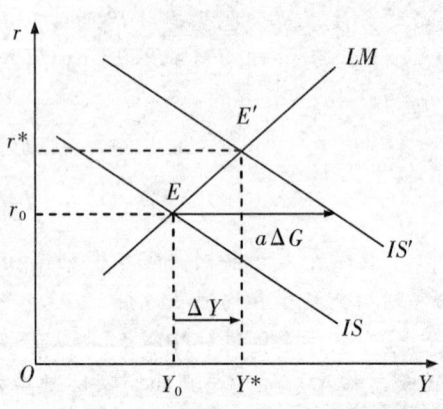

图 14-12 IS 曲线移动改变均衡状态

以政府增加购买支出为例。如图 14-12 所示，这会增加经济中的总支出水平，IS 曲线向右移动，与 LM 曲线相交于 E' 点，就会回到充分就业的收入水平。在新的均衡点 E'，均衡收入和均衡利率都上升了。这是因为政府购买增加首先会使得总收入增加，同时也会使得货币需求上升，由于货币供给是固定的（假定 LM 不变），人们只能出售债券获取所需的货币，这会使债券价格下降，即利率上升，才能平衡货币市场。

从图 14-12 中还可以看出，收入增加的幅度 ΔY 明显小于 IS 曲线移动的幅度 $\alpha \Delta G$，也就是说，政府购买支出增加对总收入的放大效应并没有完全体现出来，收入增加少于

政府购买支出与乘数的乘积，这是为什么呢？

这是因为货币市场发挥了影响。政府购买增加使均衡收入相应增加，在货币市场上，收入增加会引起货币需求的增加，在货币供给不变的条件下，货币需求增加将带来利率水平的上升，在图 14-12 中，表现为均衡利率从 r_0 上升到 r^*。利率上升会使产品市场上的私人投资减少，从而部分抵消了政府购买的增加，使收入的增加（ΔY）小于 IS 曲线的移动（$\alpha \Delta G$），这种情况被称为政府购买支出对私人投资的挤出效应。在以后介绍政府经济政策的时候会较为详细地讨论这一内容。

如果政府减少购买支出或增加税收，将减少经济中的总支出水平，IS 曲线将左移，均衡收入和均衡利率水平会共同下降。

（二）IS 曲线固定不变，LM 曲线移动

货币供给量的变动会引起 LM 曲线的移动。如图 14-13 所示，初始均衡点在 E 点，经济处在小于充分就业水平的状态。如果中央银行增加货币供给量，LM 曲线会向右移动。随着 LM 曲线的移动，利率会立即下降，这是因为在 IS 曲线不变的情况下，产品市场的供求情况没有发生变化，LM 曲线右移意味着货币市场上供过于求，这必然导致利率下降。利率下降刺激投资增加，从而使收入增加，最终达到新的均衡点 E'，经济回到了充分就业的收入水平。

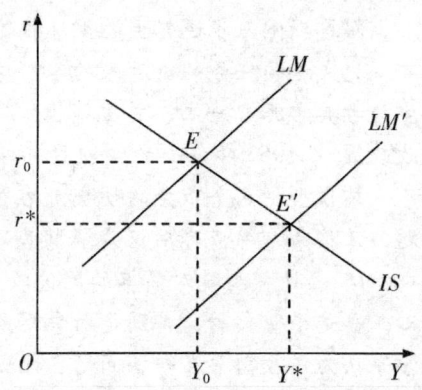

图 14-13　LM 曲线移动改变均衡状态

如果中央银行减少货币供给量，LM 曲线会向左移动，将引起均衡利率上升和均衡收入减少。

（三）IS 曲线和 LM 曲线同时移动

如果政府购买和货币供给量同时发生变动，则导致 IS 曲线和 LM 曲线一起移动，均衡收入和均衡利率也将发生变动。具体会产生什么样的变化，这取决于各种政策的力度和方向。

图 14-14 显示的是当 IS 曲线和 LM 曲线移动幅度相同时（各种政策的作用力度相同）出现的情况。假定其他条件不变，政府增加购买支出使 IS 曲线由 IS_1 右移至 IS_2，均衡收入水平从 Y_1 增加到 Y_3，利率从 r_1 上升到 r_2。可以看出，在中央银行没有增加货币供给量的情况下，均衡收入的增加幅度小于 IS 曲线移动的幅度。如上所述，这是因为利率上升把一部分私人投资挤出了。为了加强政策效果，中央银行增加货币供给量，LM 曲线由 LM_1 移动到 LM_2，从图中可以看出，利率

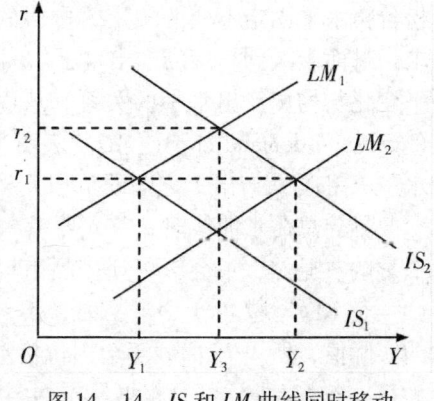

图 14-14　IS 和 LM 曲线同时移动

下降到 r_1 的水平，被挤掉的投资得以实现，均衡收入进一步增加到 Y_2。

链接 14-4   关于 IS-LM 模型

    IS-LM 模型是商品市场和货币市场同时均衡的分析模型，其中 IS 是取投资（Investment）和储蓄（Saving）的首字母而得，LM 是取流动性偏好（Liquidity Preference）和货币存量（Money Stock）的首字母而得。

    这个模型是以凯恩斯的有效需求利率为基础的，被认为是对凯恩斯经济理论最经典的诠释，但是这个模型却不是由凯恩斯本人提出来的。

    凯恩斯在讨论商品市场均衡时，以利率为主导变量，利率变动通过投资影响收入；在讨论货币市场均衡时，以收入为主导变量，收入变动通过货币需求影响利率。实际上，凯恩斯陷入了逻辑上的循环推论的陷阱，而他自己未能提供解决方案。

    完成这项任务的是后来的经济学家希克斯和汉森。1937 年，汉森发表《凯恩斯先生与古典学派》一书，首次提出 IS-LM 模型；汉森在 1948 年发表的《货币理论与财政政策》、1953 年发表的《凯恩斯学说指南》中进一步完善了 IS-LM 模型。

    该模型把两个市场的均衡放在同一个框架内分析，很好地解决了凯恩斯的逻辑问题，又称为"希克斯－汉森"模型。

    IS-LM 模型是对简单的国民收入模型的一种发展，它作为一种宏观经济分析的核心工具是很重要的，特别是对考察宏观经济政策的调控力度极为有用。但是，一些经济学家认为该模型存在一些问题，比如这一模型和凯恩斯的国民收入决定于消费和投资的基本理论是矛盾的。但是，由于 IS-LM 模型简洁明了、适用性强，这些争论丝毫不能妨碍其成为短期经济分析的核心工具。

三、IS-LM 模型与总需求曲线

（一）总需求曲线的推导

    IS-LM 模型研究了在价格水平不变的情况下均衡收入的决定情况。现在，我们放松价格水平固定不变的假定，价格的变化通过产品市场和货币市场的作用会影响总需求，进而影响到均衡的产出水平。因此，我们可以在 IS-LM 模型基础上，分析价格水平变化与均衡产出水平的关系，从而推导出宏观经济学中的总需求曲线。**总需求曲线**（aggregate demand curve，AD）表明当一个经济的产品市场和货币市场同时均衡时价格水平 P 和均衡产出 Y 之间的负相关关系。

    推导总需求曲线时，首先要考虑：如果价格水平下降了，对 IS-LM 模型会产生什么影响？显然，不会影响到产品市场的均衡状态，因为我们在设定产品市场均衡条件 ($Y=C(Y)+I(r)+G$) 时，不包含价格因素，所有的变量都是在给定价格水平下的实际值，所以 IS 曲线不会因价格水平的变动而移动。然而，LM 曲线会受到影响，因为每一条 LM 曲线都是根据给定的名义货币供给量和价格水平画出来的，也就是根据给定的实际货币供给量（M_0/P）画出的。因此，如图14-15所示，当名义货币供给量不变，价格水平由P_1下降到P_2时，这会使得实际货币供给量增加。在图14-15的上半部分，实际货币供给量的增加会使得与初始价格水平P_1对应的LM曲线从$LM(P_1)$的位置右移到$LM(P_2)$，新的均衡点为E_2，在该点，利率下降，收入增加。把新旧两个均衡点对应的价格和收入描绘在图14-15的下半部分中，我们可以得到表示均衡状态的价格和收入的两组关系。用同样的方法，不断改变价格水平，使得LM曲线移动，LM曲线和IS曲线可以有许多交点，每一个交点都会在图14-15的下半部分中得到一个特定的价格和收入的组合，于是就有许多P和Y的组合，构成一系列点，把它们连接起来，就可以得到一条向右下方倾斜的曲线，这就是总需求曲线。总需求曲线上的每一个点都是对应于特定

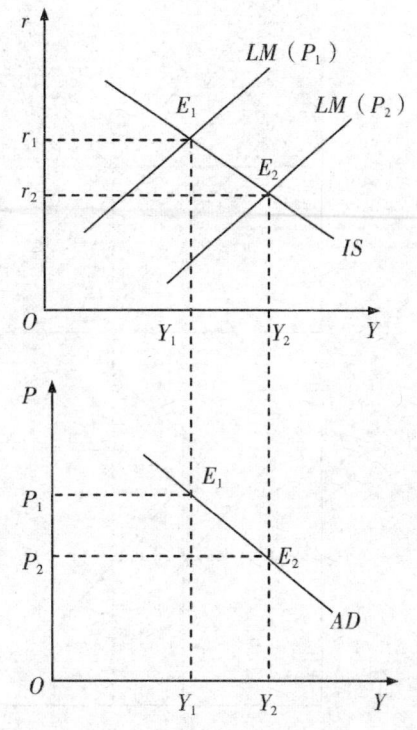

图14-15 从$IS-LM$模型中推导AD曲线

价格水平，使得产品市场和货币市场同时均衡的收入。总需求曲线向右下方倾斜，是因为价格水平越低，实际货币供给量越高，利率越低，总支出和总产出（总收入）水平就越高。

（二）总需求曲线的移动

以上讨论了价格变动引起LM曲线移动进而改变了价格和收入的关系，这表现为沿着AD曲线的移动。而价格以外任何因素的变动，如果能够移动IS曲线或LM曲线，都会导致总产出或总收入的变动，这会表现为总需求曲线的移动。

图14-16（a）幅的上半部分显示，如果政府购买支出增加了，IS曲线向右移动。在初始价格P_0，均衡点由E_0变为E_1。在新的均衡点，收入和利率都提高了。我们把初始价格P_0和新的收入Y_1描绘在（a）幅的下半部分，E_1是新的总需求曲线上的一点。新的总需求曲线反映了增加政府购买对经济的影响。可以看出，政府购买支出增加（价格以外的因素）引起的IS曲线向右移动，导致AD曲线向右移动，这意味着总需求的增加，在价格不变时，产出（收入）增加。同样，政府购买支出减少会引起相反的结果。

给定价格水平，如果中央银行增加了名义货币供给量，这会使实际货币供给量增加。利率必须下降以维持货币市场的供求均衡。利率的下降会使得均衡收入增加。这在图14-16（b）的上半部分表现为LM曲线右移。我们把新的均衡收入和价格水平描绘在（b）幅的下半部分，就可以得到新的总需求曲线上的一点。新的总需求曲线反映了

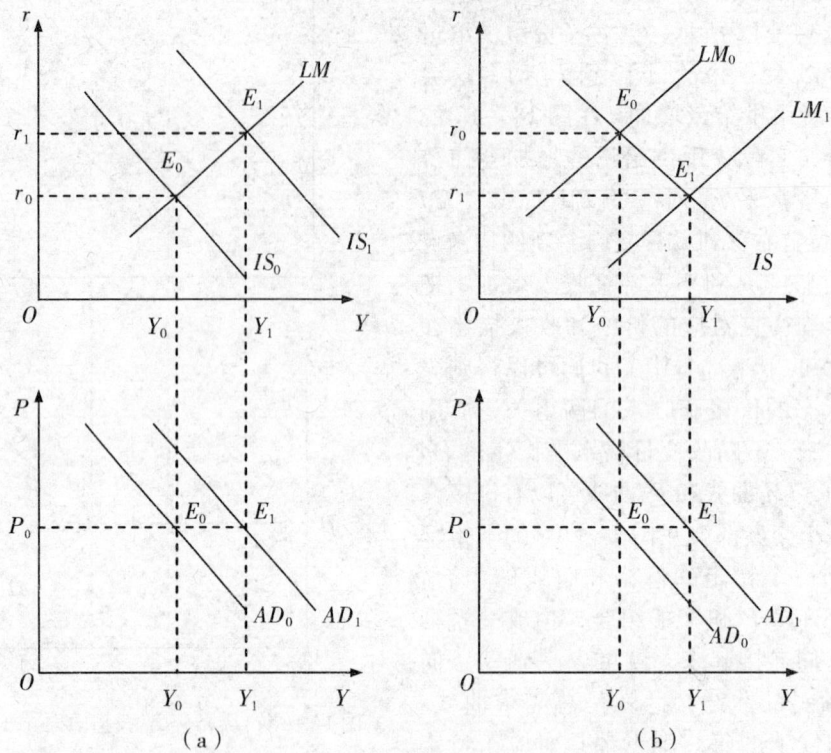

图 14-16 IS 与 LM 曲线移动导致 AD 曲线移动

增加货币供给量对经济的影响。可以看出，名义货币供给量的增加（价格以外的因素）引起的 LM 曲线向右移动，导致 AD 曲线向右移动，这意味着总需求的增加，在价格不变时，产出（收入）增加。同样，中央银行减少名义货币供给量会引起相反的结果。

链接 14-5　　　　总需求曲线的推导：代数方法

可以从 IS 曲线方程和 LM 曲线方程推导出 AD 曲线的数学表达式。

IS 曲线方程：$Y = \alpha(A - dr) = \alpha A - \alpha dr$ 　　　　　　　　　　　　(14.14)

LM 曲线方程：$M_0/P = L_1(y) + L_2(r) = ky - hr$ 　　　　　　　　　　(14.15)

把 Y 和 r 当成未知数，其他变量当做参数，对上述两个方程联立求解。所求得的 Y 的解式表示了价格和总需求之间的函数关系。

例如，已知：$C = 100 + 0.6Y$，$I = 600 - 1000r$，$G_0 = 300$，$M_d = (0.4Y - 3000r)P$（名义货币需求函数 = 实际货币需求函数 × 价格指数），$M_0 = 800$。求：经济中总需求曲线的表达式。

根据产品市场均衡条件，有：

$$Y = C + I + G_0$$
$$= 100 + 0.6Y + 600 - 1000r + 300$$

把包含 Y 的项目移到等式的左边，得到
$$(1-0.6)Y = 1\,000 - 1\,000r$$
等式两边同时除以 $(1-0.6)$，得到 IS 曲线方程
$$Y = 2\,500 - 2\,500r$$
根据货币市场均衡条件，有
$$800 = (0.4Y - 3\,000r)P$$
上式两边同时除以 0.4，得
$$Y = (-3\,000/0.4)r - 800/0.4P$$
整理得到 LM 曲线方程式
$$Y = 7\,500r + \frac{2000}{P}$$
联立 IS 和 LM 方程，得总需求函数
$$Y = 1\,875 + \frac{500}{P} \tag{14.16}$$

总需求曲线反映产品市场和货币市场同时均衡时价格水平和收入之间的反方向变动关系。

本章要点

（1）凯恩斯交叉图是解释总支出对总产出或总收入的作用的简单模型，它的缺陷是没有包括货币和利率。IS–LM 模型包括了产品市场和货币市场，两个市场是通过利率联系起来的。

（2）投资曲线表示投资和利率之间的关系。把投资作为利率的函数以后，意愿的总支出也成为利率的函数。利率的变动通过影响投资，进而影响总支出和产品市场的均衡。

（3）IS 曲线又称产品市场均衡曲线，IS 曲线上的每一点表示在产品市场上总支出等于总产出（或总收入），即投资等于储蓄时均衡收入和利率的组合。IS 曲线向右下方倾斜，表示利率越高，收入越低。IS 曲线的位置取决于自发支出。IS 曲线的斜率取决于乘数和投资对利率变动的敏感程度。乘数越大，投资对利率变动的敏感程度越大，IS 曲线越平坦。

（4）人们出于交易动机和预防动机的货币需求被称为货币的交易需求，它是收入的增函数；投机性货币需求是利率的减函数。因此，实际货币需求取决于收入和利率。LM 曲线又称货币市场均衡曲线，LM 曲线上的任一点都表示货币市场均衡时收入和利率的组合。LM 曲线向右上方倾斜，表示均衡收入和利率同方向变动。LM 曲线的斜率取决于货币需求对收入变动的敏感程度 k 和货币需求对利率变动的敏感程度 h。当 k 为定值时，h 越大，LM 曲线越平坦。每一条 LM 曲线都对应于一条实际货币供给曲线，实际货币供给的变动会使得 LM 曲线移动。

（5）IS–LM 模型表示产品市场和货币市场的同时均衡。通过曲线相交、方程联立

可以得到均衡收入和均衡利率。当 LM 曲线不变时，政府实施增加政府购买或减税的政策，会使 IS 曲线向右移动，使得均衡利率上升，均衡收入增加。由于利率的上升，一部分私人投资会被挤出。当 IS 曲线不变时，中央银行增加货币供给量，LM 曲线向右移动，均衡利率下降，均衡收入增加。

（6）总需求曲线表示对应于每一个价格水平，使得产品市场和货币市场同时均衡的产出（收入）水平。用 IS – LM 模型可以推导出总需求曲线。

重要概念

投资函数　IS 曲线　货币交易需求　货币投机需求　货币需求函数　LM 曲线　流动性陷阱　IS – LM 模型

本章练习题

（1）从产品市场均衡出发，推导 IS 曲线。在什么情况下 IS 曲线向右移动？

（2）从货币市场均衡出发，推导 LM 曲线。在什么情况下 LM 曲线向左移动？

（3）完整的 LM 曲线应该是怎样的，为什么？

（4）在下述情形中，IS 曲线或 LM 曲线将如何移动：

　　A. 政府购买增加；

　　B. 投资者对前景感到悲观，从而减少计划投资；

　　C. 政府增加个人所得税；

　　D. 货币供给增加；

　　E. 货币需求曲线向右上方移动。

（5）结合图形分析，政府减税和中央银行减少货币供给量同时发生，IS – LM 模型的均衡将如何变动。

（6）假设经济中的消费函数为 $C = 150 + 0.6Y$，投资函数为 $I = 100 - 6r$，政府购买支出为 $G = 50$；货币需求函数为 $L = 0.2Y - 2r$，实际货币供给为 100。

　　A. 求解 IS 曲线的表达式；

　　B. 求解 LM 曲线的表达式；

　　C. 求解双市场同时均衡条件下的收入水平和利率水平；

　　D. 画图表示 IS 曲线、LM 曲线、均衡收入和均衡利率；

　　E. 如果政府购买增加为 100，经济中的均衡如何变化；

　　F. 如果实际货币供给增加到 150，经济中的均衡如何变化？

（7）利用习题（6）的资料，求解总需求曲线的数学表达式（Y 作为 P 的函数）。

第十五章 宏观经济政策分析：IS – LM 模型的运用

2008年11月5日，温家宝总理主持国务院常务会议，提出将实行"积极的财政政策和适度宽松的货币政策"，强有力地扩大国内需求，以应对复杂多变的形势，保持经济平稳较快发展。这意味着，大约一年之前中央提出的"从紧"的宏观政策发生了取向性的转变。2002年以来，我国宏观经济整体保持"高增长、低通货膨胀"的良好运行态势。伴随着经济的高速增长，自2007年下半年起，价格水平一路攀升，宏观经济出现总需求大于总供给的通货膨胀倾向，政府实施稳健的财政政策和从紧的货币政策加以应对。然而，时隔数月的宏观经济形势表明，经济迅速下行才是当前宏观经济的主要难题。形势转变客观上要求政府具有宏观调控的应变能力，国务院常务会议的决定表明了政府灵活审慎的调控方针。

在现代市场经济中，政府需要密切观察不同时期总供求关系的变动情况，采取适当的需求管理政策对宏观经济实行短期调节。所谓需求管理，就是在总供给为既定的前提下，政府通过调节总需求实现整体经济的稳定。最常用的需求管理工具包括财政政策和货币政策。这两大政策的作用效果可以通过 IS – LM 模型得到清楚的说明。因此，本章在上一章说明 IS – LM 模型的基础上，分析财政政策和货币政策的作用机制，并且比较这两种政策的作用效果。

第一节 财政政策工具与运用

一、财政政策工具

财政政策是指通过改变政府支出和收入来影响总需求政策。政府支出主要包括购买支出和转移支付，政府的收入主要通过税收取得。

（一）政府购买支出

政府购买支出（government purchases，G）是指政府对物品和劳务的购买支出。包括政府兴建水库大坝、高速公路等公共工程的开支，政府对军需品、科技、教育、环保等公共物品生产的投入，以及政府机构建立、维持、运营的费用，比如政府购买办公用品、支付公务员的工资等等。

政府购买支出是总需求的一部分，对总需求水平有直接的影响，是决定产出水平的重要因素，因而是政府最常用的财政政策工具。

（二）转移支付

政府的另一类支出是转移支付。**转移支付**（transfer payments）是指政府在社会福利保险、贫困救济、各项补贴以及公债利息等方面的支出。例如，政府给失业者发放的失业救济金,对低收入居民发放的猪肉补贴、对农业的补贴等等。转移支付的特点在于,它不是对物品和劳务的直接购买,而是政府将收入在不同社会成员之间进行再分配。然而,由于转移支付的对象大多是低收入的居民,他们得到收入,通常会用于购买消费品,因此转移支付可以对总支出发生间接的影响,影响程度不如政府购买强烈。

政府转移支付间接影响总需求的机理是:通常低收入者的边际消费倾向高于高收入者。当政府以税收的形式从较高收入者那里集中一笔钱款,再以转移支付的形式发放给较低收入者后,就会有较大的一部分用于消费,从而间接提高总需求水平。

(三) 税收

为了提供公共服务,政府必须筹集资金。税收是财政收入的主要来源,它是政府对家庭和企业收入的一种攫取,也可以被政府用作财政政策工具,来调节经济中的总需求。

政府主要通过税率的调整来实施财政政策。税率的高低与变动方向对家庭和企业的收入、消费和投资会产生很大的影响。如果政府提高税率,增加税收,家庭和企业的可支配收入减少,这会减少个人和企业的消费和投资,使经济中来自私人部门的活力下降,从而导致总需求和均衡产出水平的下降;反之,如果政府降低税率,减少税收,则会拉动总需求从而增加均衡产出。

二、财政政策工具的运用

上一章第三节运用 $IS-LM$ 模型说明均衡状态的变动时曾讲到, IS 曲线和 LM 曲线的交点上同时实现了产品市场和货币市场的均衡,但这一均衡不一定是充分就业均衡。如何实现充分就业均衡呢?下面我们将使用 $IS-LM$ 模型来演示财政政策的影响。

以上介绍的三种财政政策工具有一个共性,即它们都在产品市场上发生作用,它们的变动都能够使 IS 曲线的位置发生移动,进而影响均衡产出和利率水平。因此,当宏观经济发生短期波动时,政府可以运用上述三种财政政策工具移动 IS 曲线的位置,进而消除失业和通货膨胀,实现宏观经济稳定的目标。

图 15-1 (a) 表示,经济处在萧条状态,总需求不足,均衡产出水平小于充分就业水平,政府可通过增加购买支出,比如兴建民生工程,或加大环保投入,以刺激总需求的增加,从而增加生产和就业,也可以增加出口退税给企业以补贴,或者向低收入阶层发放消费券,刺激企业投资和居民消费,增加生产和就业。政府还可以通过调整税率来实施财政政策,降低税率减少税收可起到增加总需求的作用,因为减税会增加居民可支配收入,一方面增加居民的消费需求,另一方面也可增加企业的收益,进而刺激投资需求,因而可从消费和投资两方面拉动总需求的增加来增加均衡产出。以上所有这些能够增加总需求的措施,都被称为**扩张性财政政策**(expansionary fiscal policy),在我国,扩张性财政政策也被称为积极的财政政策。如图 15-1 (a) 所示,当经济萧条时,政府实施扩张性财政政策能够使 IS 曲线从 IS 向右方移动到 IS',均衡产出从 Y_0 重新回到充分就业水平 Y^*。并且,在乘数的作用下,增加政府支出和减税,都会使总需求和均衡产出在乘数作用下发生数倍扩大。这个乘数过程和我们在第十三章描述的一样。

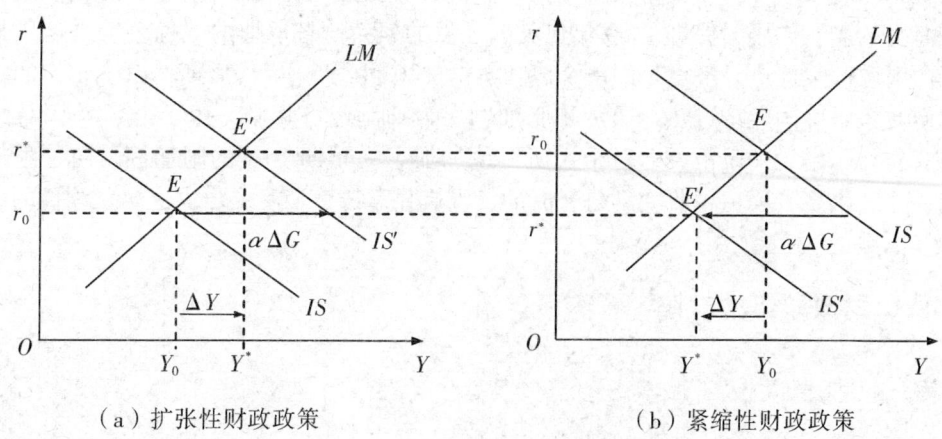

图 15-1 财政政策工具的运用

图 15-1（b）表示，经济中出现了通货膨胀，总需求过旺，均衡产出水平大于充分就业水平。政府可通过减少购买支出和转移支付，提高税率以便减少总需求，抑制通货膨胀。减少政府购买支出和转移支付，既可直接减少总需求，又可通过抑制私人消费和投资，间接减少总需求。提高税率增加税收可减少居民消费需求和企业投资需求，从而减少总需求。以上所有这些旨在抑制总需求的措施，都被称为**紧缩性财政政策**（contractionary fiscal policy）。如图 15-1（b）所示，政府实施紧缩性财政政策会使 IS 曲线从 IS 向左方移动到 IS′，均衡产出从 Y_0 重新回到充分就业水平 Y^*。在乘数的作用下，减少政府支出和增税，都会使总需求和均衡产出在乘数作用下发生数倍的收缩，从而抑制经济的膨胀。

三、相机抉择的财政政策

上述财政政策工具的作用不是经常性的，而是政府审时度势，根据经济运转的情况见机行事，随时作出其认为是最优的政策选择。也就是说，政府根据情况的变化，适时对既定的财政政策进行调整，这种财政政策被称为**相机抉择或斟酌处置的财政政策**（discretionary fiscal policy）。

相机抉择的财政政策主要采取两种形式。一种形式是增加或减少政府支出。例如，在 20 世纪 30 年代的大萧条期间，美国政府出资兴建了一些大型公共工程项目，招收失业工人参加修公路、修水坝等工程，以解决失业，增加总需求。这就是一项扩张性的相机抉择的财政政策。1997～1999 年，亚洲金融危机引起中国的通货紧缩，中国政府及时改变了"九五"计划确定的"从紧"的宏观调控政策，转而采取了一系列扩张性的政策，其中包括政府增加对基础建设领域的重点投资等相机抉择的财政政策，成功地遏制了通货紧缩的负面影响。

相机抉择的财政政策的另一种形式是减税或增税。例如，1964 年，美国经济停滞，肯尼迪政府采取了减税的政策，个人所得税率从 20%～91% 降到 14%～65%；公司所得税从52%降到47%。此外,还采取了投资减税优惠和加速折旧。这些措施对经济起到了有力的刺激作用,促进了60年代美国经济的繁荣。肯尼迪的减税政策是运用相机抉择的财政政策促进经济增长的一个成功案例。20世纪60年代后期,由于多年的扩张性财政政策,美国经济过热,通货膨胀加剧。为抑制经济膨胀,1968年,美国总统约翰逊又实行了增税的政策,即对个人所得税加征了一年期10%的附加额。由于附加税只有一年,消费者明白税收变动是暂时的,没有显著改变消费支出。这次紧缩性的财政政策是失败的。

四、财政政策的缺陷

(一) 挤出效应

如图15-2所示,经济的初始均衡点位于点E,政府购买支出增加会使得总需求增加,IS曲线右移,在不考虑货币市场的作用下,利率不变,经济会移动到E',均衡产出将从Y_0增加到Y',增加的幅度为政府购买支出增量ΔG和乘数α的乘积。

现在考虑货币市场的作用。点E'在IS'曲线上,表示产品市场处于均衡状态。但是,点E'不在LM曲线上,该点上货币市场不处于均衡状态,点E'在LM曲线的右侧,货币市场存在超额需求。这是因为,政府购买支出的增加提高了总支出水平,总支出的增加带来总收入水平的提

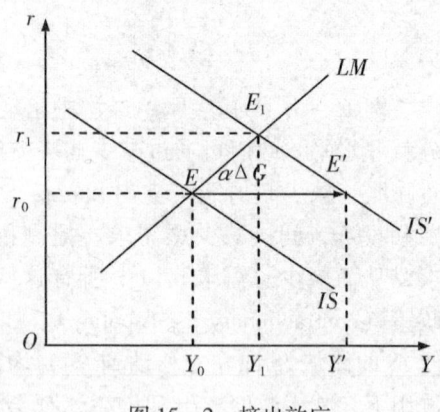

图15-2 挤出效应

高,而收入提高会增加货币需求,在货币供给不变的情况下,出现货币的供不应求。为了平衡货币市场,利率必须上升。利率的上升会减少私人投资支出,进而减少了总需求,这会部分抵消政府购买支出增加所产生的扩张性效果。只有在点E_1,产品市场和货币市场才同时处于均衡状态。在点E_1,产出的增加小于$\alpha\Delta G$。

我们把由扩张性财政政策提高利率所引起的私人投资减少的作用机制称为**挤出效应**(crowding out effects)。从图15-2可以清楚地看到挤出效应对产出的影响。首先比较点E与E_1,我们发现,产出和利率都增加了,产出从Y_0增加到Y_1,利率从r_0上升到r_1。再来比较点E_1与E',为什么产出不能从Y_0一直增加到Y'而只增加到Y_1呢?这是由于利率上升了,Y_1到Y'的距离表示利率上升所损失的产出。由于存在挤出效应,政府购买支出增加带来的总需求和均衡产出的增加,要比利率不变时的作用小一些。挤出效应使扩张性财政政策的效果减弱了。挤出效应越大,财政政策的效果就越小;反之亦然。

(二) 财政政策的时滞

任何一项政策,从决策到对经济发生影响都会有一个时间间隔,这一时间间隔就叫政策时滞。政策时滞分为内部时滞和外部时滞。**内部时滞**(inside lag)是指从认识冲击

发生到制定政策所花费的时间。**外部时滞**（outside lag）是从政策开始实施到对经济产生影响的时间。

内部时滞又分为认识时滞、决策时滞和行动时滞。**认识时滞**是确认冲击所花费的时间。与医生看病一样，需要确诊，才能对症下药。然而，实际情况往往是模糊不清的。例如，2008年上半年，当时宏观经济的主要危险还被认为是通货膨胀，然而到了2008年的下半年，经济所面临的主要危险已经被公认为是防止通货紧缩。**决策时滞**是指制定政策所花费的时间。**行动时滞**是从决策完毕到政策付诸实施的时间间隔。

内部时滞过长是财政政策的主要问题，主要体现在决策时滞长。无论是政府支出还是税收的决策，都要经过一个完整的法律过程。尤其是在现代民主国家中，财政政策（例如减税、增加政府支出）从设计提出方案，到国会讨论、各利益集团的院外活动、最后经总统批准才能执行。由于任何一项财政政策措施都会涉及不同阶层、不同集团和不同部门的利益，要使各方对要实现的政策目标和政策措施达成一致，或者达到大多人意见一致，是相当不容易的，所需要的时间较长。终于等到实施时，衰退或繁荣的最佳调节时机可能已经过去，甚至经济已经进入相反的周期，原来抑制经济波动的政策可能会引起经济波动。例如，扩张性财政政策在经济衰退时制定，到实施时经济可能已经复苏，扩张性财政政策只会加剧经济波动，引起通货膨胀。

财政政策的外部时滞较短。因为财政政策对总需求有较为直接的影响。但不同的财政政策的外部时滞也有差别。某些财政政策对总需求有即时的作用，例如，增加政府购买支出会直接增加总需求。减税会即时增加个人可支配收入，但对消费支出的影响则要经过一定时间后才能产生。财政政策挤出效应的外部时滞最长，因为扩张性财政政策在引起总需求和国民收入的变动后，国民收入的增加又引起货币需求的增加，利率上升，投资减少。一般来说，在短期内，扩张性财政政策产生乘数效应，在较长期时间后才会产生挤出效应。

五、财政政策的效果

扩张性财政政策的效果与挤出效应的大小有关，而挤出效应的大小则取决于 IS 曲线和 LM 曲线的斜率以及乘数的大小。以下着重说明，在不考虑 IS 曲线斜率的情况下，财政扩张和挤出效应如何与 LM 曲线的斜率和乘数有关。

第十四章第二节说明，LM 曲线的斜率是逐渐变陡的，如图15-3所示。一般来说，在经济萧条时，LM 曲线比较平坦，政府增加购买支出时，利率不会上升很多，因而不会对私人投资有很大的挤出，政府增加购买会使国民收入增加较多，财政政策的效果较大。而当生产要素越接近充分利用时，LM 曲线越陡峭，政府购买支出增加会使利率有较大幅度的上升，因而会对私人投资产生较大的挤出效应，政

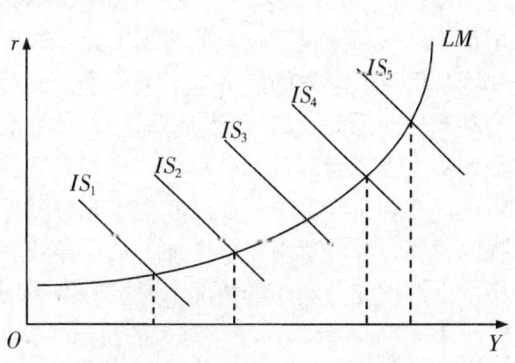

图15-3 财政政策效果与 LM 曲线的斜率有关

府增加购买使国民收入增加较少，财政政策的效果较小。图15-3表明，随着 LM 曲线的斜率逐渐变陡，政府购买支出同样增加 ΔG，IS 曲线向右移动同样的距离，国民收入 Y 的增加是递减的。

有两种极端的情况。第一种是 LM 曲线为一条水平线，这被称为流动性陷阱。此时，由于利率极低而债券价格极高，人们预期利率不能再降低而债券价格只能下跌不会再涨。因此，在给定的利率水平上，人们愿意持有市场供给的任何数量的货币，货币投机需求变得无限大。这时，政府使用扩张性财政政策对收入的作用等于乘数，利率不会上升，不存在对私人投资的挤出，财政政策极为有效。凯恩斯认为，在大萧条时，经济会陷入流动性陷阱，这时人们感到购买债券将蒙受损失，宁愿短期存款或把钱放在口袋里，中央银行不能用增加货币供给量刺激经济。而政府实施财政政策则会十分有效，因为不必担心利率上升挤出私人投资。

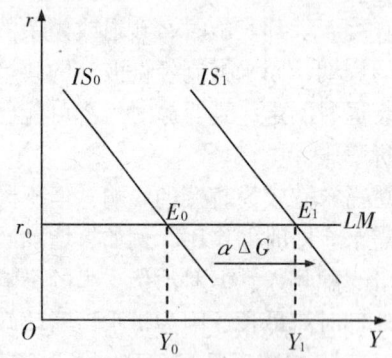

图15-4 流动性陷阱时，财政政策有效

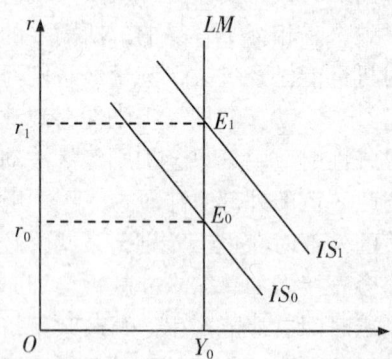

图15-5 垂直的 LM 曲线时，财政政策失效

第二种极端的情况，是在 LM 曲线为一条垂线的时候，这被称为古典情况。此时，利率很高，人们预期利率将下降，或者说债券价格将上升，未来持有货币将蒙受损失，因而将所持有的货币全部换成债券，货币的投机需求等于零，在这种情况下，任凭利率如何变动，货币的投机需求都不变，即货币需求与利率变动无关。如图15-5所示，政府使用扩张性财政政策只能提高利率，不会改变产出或收入的水平。比如政府购买支出增加1元，私人投资就会被挤出1元，产出没有增加。这被称为完全的挤出。

货币主义学派的经济学家秉承了古典学派的基本观点，认为货币需求取决于收入，与利率变动无关，LM 曲线是垂直的。因此，扩张性财政政策的挤出效应很大，政府增加购买支出或者减税不会增加产出，只会提高利率，即存在完全的挤出，财政政策是无效的。在现实经济中，如果实现了充分就业，LM 曲线是垂直的，政府购买支出增加会提高价格，导致货币需求增加，这会导致利率的上升和完全的挤出。也就是说，在经济中的资源被充分利用的情况下，政府购买增加1元，就占用了1元的资源，私人部门就少了1元的资源，存在一对一的挤出。

六、自动稳定器

如前所述，相机抉择的财政政策的缺点是缺乏灵活性，具有较长的内部时滞，这使得在短期内通过实施相机抉择的财政政策抑制经济波动的作用是有限的。能否找到一种不存在这类时滞，在财政政策尚未出台前，能够起到抑制经济波动的方法呢？事实上，经济学家们在设计的经济制度中就包含着这种方法，这就是自动稳定器。**自动稳定器**（automatic stabilizers）是在经济波动时决策者不用采取任何有意的行动也会影响总需求的财政政策变动。主要的自动稳定器有以下两种。

（一）税收的自动变化

税收是最重要的自动稳定器。当经济进入衰退时，由于收入减少，税收也会自动减少，因为税收与经济状况密切相关，个人所得税取决于家庭收入，公司所得税取决于企业利润。由于家庭收入和企业利润在衰退时都减少，所以政府的税收也减少了。例如，当你的收入减少时，即使税率未变，你向政府缴纳的税款也会减少。假定扣除免税额之后，你的应纳税收入为10 000元，在税率为10%时，你需要交税1 000元，剩下可支配收入9 000元。现在发生了经济衰退，你的应纳税收入减少到8 000元，减少了2 000元，但是你的可支配收入并没有减少那么多，因为现在你交的税少了。即使税率仍然为10%，你需要交税800元，你的可支配收入为7 200元，仅仅减少了1 800元。又如，在实行累进所得税的情况下，假定经济衰退使你的收入减少了，你的收入会自动进入较低的税率档次，你要缴纳的税额也少了，这使得可支配收入减少的幅度少于国民收入减少的幅度，从而抑制消费和投资的减少，延缓总需求的下降趋势，减轻了经济衰退的程度。相反，当经济繁荣时，由于你的收入增加，你的收入自动进入较高的税率档次，你交的税也多了。这使得可支配收入上升的幅度小于国民收入上升的幅度，从而抑制消费和投资的增加，减缓总需求的过度增长，这有助于减轻由需求过旺而引起的通货膨胀。

（二）转移支付的自动变化

政府的转移支付包括各种救济支出和其他社会福利支出，这类转移支付有固定的发放标准。当经济衰退时，由于失业人数和需要其他补助的人数增加，这类转移支付会自动增加，这会使人们可支配收入的下降幅度小于国民收入下降的幅度，从而在总需求不足时延缓了消费支出和总需求的下降趋势，从而减轻经济衰退的程度。相反，当经济繁荣时，失业人数和需要其他补助的人数减少，这类转移支付会自动减少，这使人们的可支配收入上升幅度小于国民收入上升的幅度，从而在总需求过旺时抑制了消费支出和总需求的过度增长，这有利于减轻通货膨胀的程度。

应当说明的是，自动稳定器对经济的调节作用是有限的，它只能减轻衰退和通货膨胀的程度，并不能改变衰退和通货膨胀的总趋势。但是，没有这些自动稳定器，经济的波动也许会更大。特别是，它可以在财政政策的效应尚未发生时，能够起到稳定经济的作用。因此，尽管自动稳定器不能替代财政政策，但它是决策者不可缺少的，能够自动配合相机抉择的财政政策作用的政策机制。

链接 15-1　　　　　　当前我国的积极财政政策

受美国金融危机引发的全球性经济衰退的影响，自 2008 年下半年以来，中国经济呈现下行趋势。为抵御国际环境对我国的不利影响，我国政府从 2008 年 11 月起，开始实行"积极的财政政策和适度宽松的货币政策"。就财政政策而言，把此前的"稳健"转变为当前的"积极"，这意味着财政政策将在此轮刺激经济增长的政策措施中处于更为重要的地位。

到目前为止，我国政府就如何实施积极的财政政策已经提出了一揽子计划，具体包括：

（1）大幅度增加政府购买支出。自 2008 年起，两年内政府增加 4 万亿元投资，其中，中央政府投资 1.18 万亿元，带动地方政府和社会投资共约 4 万亿元。这 4 万亿元投资主要用于：①增加用于保障性住房等民生工程的投资约为 4 000 亿元。②实施农村民生工程包括农村安全饮水、电网改造、道路建设、沼气建设、危房改造和游牧民定居，约为 3 700 亿元。③加快铁路、公路、机场、水利等基础设施建设，大体投入 15 000 亿元。④增加教育、卫生、文化、计划生育等社会事业方面的投入约 1 500 亿元。⑤用于节能减排生态工程约 2 100 亿元。⑥调整结构和技术改造约 3 700 亿元。⑦汶川大地震重点灾区的灾后重建投入 10 000 亿元。上述投入加在一起就是 4 万亿元。

为弥补财政支出增加形成的缺口，2009 年，中央政府拟安排中央财政赤字 7 500 亿元，比上年增加 5 700 亿元。同时由财政部代理地方政府发行 2 000 亿元债券。全国财政赤字合计 9 500 亿元，占 GDP 比重在 3% 以内。

政府增加投资是扩张性财政政策的典型运用。由于投资构成总需求的一部分，政府的 4 万亿元投资具有拉动总需求的作用。

（2）增加补贴。主要包括：①增加对农民的各项补贴 1 230 亿元，比上年增长 19.4%；②提高对企业退休人员和优抚对象的基本养老金水平和生活补助 2 208 亿元；③提高全国 1 200 万义务教育阶段教师的工资水平；④提高粮食最低收购价格。上述增加补贴的措施将使收入向低收入阶层转移，这有助于提升整体消费需求，具有扩大内需的效果。

（3）实行结构性减税。估计 2009 年减轻企业和居民税负将近 6 000 亿元。减税主要是：①在全国所有地区、所有行业全面实施增值税转型改革，即增值税由生产型转为消费型，避免重复征税，有利于促进企业技术改造，此项措施可减轻企业负担 1 200 亿元。②提高出口退税率，以帮助出口企业渡过难关。为什么提高出口退税率属于"减税"？按照我国税法，企业生产经营活动需要缴纳 17% 的增值税，但对出口产品可以先征收，出口时再减免，这称为出口退税。出口退税降低了出口企业的实际税负。提高出口退税率，等于企业的实际税负更低了，这会产生扩张性财政政策效果。③适当时候调整个人税负，以增加居民消费，拉动内需。

此外，温家宝总理在十一届全国人大二次会议的记者招待会上提出，政府已准备了应对更大困难的方案，根据形势的变化，将随时出台新的刺激经济的政策。

在世界性经济衰退以及国内经济增速放缓的情况下，相信积极的财政政策对刺激我国经济增长将发挥很大的作用。但是这样的政策是有成本的。长期的大幅财政支出，会形成大量的财政赤字，加重我国的财政负担；扩张性财政政策还会产生挤出效应，不利于民间资本和国外资本的发展。因此，实行积极的财政政策只能是阶段性的，完成其既定目标后，应逐渐淡出。

第二节 货币政策

货币政策是指中央银行通过改变经济中的货币供给量和利率水平来调节总需求，实现经济稳定发展的措施的总称。自我国改革开放以来，货币政策已逐渐成为宏观调控体系的重要手段。那么，在银行体系中，是什么决定了经济中的货币量？中央银行如何改变货币供给量稳定经济呢？它拥有什么政策工具，它如何运用这些工具呢？本节首先解释银行体系如何创造货币，然后，我们将考察中央银行如何使用货币政策工具影响经济。

一、银行体系

银行体系运作涉及三个角色：中央银行、商业银行和公众。下面逐一介绍。

（一）中央银行

中央银行（central bank）是政府的银行，是代表政府管理金融的机构。虽然也被称为银行，但是并不经营银行业务，不以盈利为目标，是一个超脱于一般银行之外的金融管理机构。许多国家都有自己的中央银行。例如，美国的中央银行是联邦储备银行，英国的中央银行是英格兰银行，日本的中央银行是日本银行，我国的中央银行则是中国人民银行。

中央银行的主要职能是：

第一，银行的银行。中央银行既是商业银行的监管者，也为商业银行提供服务。中央银行集中保管商业银行缴存的准备金，办理各商业银行在全国范围内的结算业务，在商业银行资金短缺而银行之间的拆借困难时，中央银行充当最后的贷款人，以垫款或贴现的方式对各银行提供贷款，以避免银行破产所引起的金融风波。

第二，发行的银行。中央银行垄断本国的货币发行权，它可以通过控制货币供给量来影响经济，这就是中央银行的货币政策。中央银行是货币政策的制定者和实施者。

第三，政府的银行。中央银行为政府提供金融服务。这包括经办政府的财政预算收支，代理政府发行公债，管理国家的黄金和外汇，办理政府金融事务。作为最高的金融管理机构，中央银行代表政府制定各种金融法规，执行对商业银行的监督管理。

链接15－2　　　　　　次贷危机

始于2006年的美国次贷危机于2007年夏蔓延全球。次贷危机是指收回抵押住房的赎回权的"依法拍卖"活动急剧上升所引起的信用危机。消费者在购买住房时往往需要向金融机构申请抵押贷款,金融机构在提供贷款时会将房屋作为抵押物,一旦借款者不能偿还贷款,金融机构就会收回作为抵押物的房屋。次级贷款是指对信用不好的借款者贷款的活动。前几年,美国的住房市场十分火爆,一些金融机构降低标准,对一些不具备借款条件的人贷款。一些信用不佳、无信用甚至不良信用的人都可以得到贷款。据估计,2007年3月,美国的次级抵押贷款约为1.3万亿美元。

在房价不断走高时,次级抵押贷款生意兴隆。即使贷款人现金流并不足以偿还贷款,他们也可以通过房产增值获得再贷款来填补缺口。但是,当房价持平或下跌时,就会出现资金缺口而形成坏账。2006年以来,随着利率的上升,一些贷款者的还款额迅速增加,加上房屋市场泡沫的破裂使得不动产价值下跌,借款者无力也不愿偿还借款,使得贷款公司或银行受到损失。

事情还没有到此为止。次贷风险随着金融衍生品的创造而扩大,被更多投资者所分担。这些抵押贷款被银行重新包装成复杂的金融产品,出售给投资者。投资者拥有抵押资产的部分所有权,同时也承担了风险。房主一旦不能偿还抵押贷款,这些抵押资产的价值就会下跌。这就会使得发放次贷的公司和银行受到损失。

2007年3月13日,美国房地产市场的问题第一次引发了股市的恐慌,道琼斯指数下跌242.7点。经营次级房贷的新世纪金融公司于当日被纽交所紧急终止交易,理由是美国证监会认为其面临巨大的流动性危机。自此,次级房贷的风险开始为人们所认识,但人们仍然没有意识到这会为各大投资银行带来危机。截至2008年7月底,次贷危机已使美国银行业损失高达4 000亿美元。一些大量发放次贷的公司破产,导致这类公司的股票下跌。美国股市下跌引起全球股市的下跌。很快,美国著名的投资银行贝尔斯登被JP摩根(在美联储的信贷支持下)收购。不久,有着158年历史的雷曼兄弟公司陷入严重财务危机并宣布申请破产保护。之后花旗集团、美林、摩根斯丹利等投资银行资产负债表纷纷出现问题。

为减轻银行借贷造成的流动性短缺,美联储对商业银行注入大量资金。另外,还降低了对成员银行的短期贷款的贴现率。2007年12月,布什总统宣布冻结次贷利率,冻结使得未来可能上升的次贷利率稳定在7%~8%的水平(否则几个月内贷款利率就会上升到11%),帮助大批家庭摆脱次贷危机。

资料来源:易纲、张帆:《宏观经济学》,中国人民大学出版社2008年版。

(二) 商业银行

商业银行(commercial bank)是一国银行体系的主体。与其他企业一样,商业银行经营的目的是盈利。它主要经营货币业务,包括负债业务、资产业务和中间业务。负债业务是银行所欠的,是银行吸收的存款,包括活期存款、定期存款和储蓄存款。在我国,商业银行的资产业务有两项:一是贷款。比如为企业购买设备和投资提供贷款,为家庭购买住房等耐用品提供贷款等等;二是投资有价证券。商业银行可以购买国债和其他债券,以取得利息收入。银行需要现金时,这些资产可迅速出售并兑换为现金。出售国债没有什么损失风险，但资产利率较低。出售政府长期债券和其他债券时，因为价格会有波动，因此风险较大，但利率较高。中间业务是指代客结算、理财、信息咨询等等，并从中收取手续费的业务。

（三）公众

公众（public）是指家庭、企事业单位和机关团体等等。从银行体系运作的角度看，公众如何安排自己的钱财具有重要的意义，因为这一安排决定了公众愿意持有多少现金通货，另外有多少钱财作为存款存入银行。而一个经济的通货（现金）加活期存款就构成了货币供给。用 C 表示现金，D 表示活期存款，经济中的货币供给量 M 的构成为：

$$M = C + D \tag{15.1}$$

正是由于货币供给包括活期存款，所以，在货币供给的形成中，以上所介绍的银行体系的三个主体扮演了重要的角色。

二、银行体系创造货币的机制

（一）中央银行对基础货币的控制

货币供给过程的第一步是中央银行投放基础货币。**基础货币**（monetary base，MB）也称为高能货币，是指流通中的现金（currency，C）与银行准备金（deposit reserve，R）的总和。即

$$MB = C + R \tag{15.2}$$

现金（C）也称通货，是指公众手持的货币数量。存款准备金（R）是指商业银行在中央银行存款账户的资金，主要包括法定存款准备金和超额存款准备金两部分。**法定存款准备金**（reserve requirement，RR）是指中央银行规定商业银行吸收的公众存款（D）必须按照法定的存款准备金率（rr）向中央银行交存的最低数量的准备金。计算公式为：$RR = rr \times D$。比如中国建设银行共吸收了 1 000 亿元的公众存款，如果 $rr = 10\%$，它就至少要在中国人民银行保存 100 亿元的法定存款准备金余额，如果中国建设银行的实际存款余额高于法定要求，比如存了 120 亿元，那么多出来的 20 亿元就是**超额存款准备金**（extra reserve，ER）。相应地，$ER = er \cdot D$，其中 er 代表超额存款准备金率。

现在假定中央银行从公众手里购买了 100 亿元国债，这意味着增加了 100 亿元的基础货币 MB 的投放。如果国债是面向公众出售的，则公众手中持有的现金增加了 100 亿元；如果国债是面向商业银行等金融机构出售的，则商业银行的超额存款准备金多了 100 亿元（法定准备金是商业银行不能自由动用的）。下面来看这在商业银行体系和公众中会产生什么影响。

（二）商业银行体系创造货币的过程

如果公众手持现金增加了 100 亿元。为了分析的简便，假定：第一，没有现金从银行体系中流失。即公众可能把这部分现金存入银行，或者拿去购物，当商场收到这些现

金后又会存入它们在银行开立的账户。总之,公众把现金都存入了银行,并且不从他们的存款账户上提取现金。第二,法定准备金比率为10%。第三,商业银行不得持有超额存款准备金。

现在假设公众把100亿元现金存入A银行。根据规定,A银行应该在中央银行增加 $100 \times 10\% = 10$ 亿元的法定存款准备金,把余下的90亿元全部用来向企业和个人发放了贷款。这样,在A银行发放贷款前,货币供给是公众在A银行的100亿元存款。但当A银行发放贷款以后,货币供给为100亿元+90亿元=190亿元。显然,当银行保留部分准备金时,银行创造了货币。

货币创造并没有到此为止。包括个人和企业在内的公众在取得90亿元新增贷款后会做什么呢?个人取得贷款可能会用来买房、买车或者用于支付大学学费,不管用来做什么,这笔钱花出去,会变成别人(房地产商、汽车公司或某所大学)的收入;企业取得了贷款,可能会给工人发工资、购买原材料和机器设备等。这笔钱支付出去,会变成工人和其他企业的收入。在没有现金漏出的情况下,新增加收入的个人和企业又会把90亿元再存入比如B银行的账户。同样地,B银行把其中的10%留作法定准备金,又会把余下的81亿元贷给企业和个人。这个过程会一直进行下去,公众最初在A银行存入的100亿元经过辗转放贷,最后在经济中创造出多少货币呢?我们把各银行增加的存款总量相加:

初始存款　100 亿元
　A 银行　　90 亿元　[=0.9 ×100 亿元]
　B 银行　　81 亿元　[=0.9 ×90 亿元]
　C 银行　　72.9 亿元　[=0.9 ×81 亿元]
　⋮　　　　⋮

根据无穷递缩等比数列的求和公式,可知整个银行体系的活期存款增加总额
$= 100 + 100 (1 - 10\%) + 100 (1 - 10\%)^2 + 100 (1 - 10\%)^3 + \cdots$
$= 100 \times 1/1 - (1 - 10\%)$
$= 100 \times 1/10\%$
$= 1000$（亿元）

也就是说,中央银行一开始新增了 MB 的货币量,通过一轮存贷款业务周转又新增加了一部分 $MB (1 - rr)$,以后每一轮都以等比增加,最后就是一个等比数列的求和的运算:

$$M = MB + MB (1 - rr) + MB (1 - rr)^2 + MB (1 - rr)^3 + \cdots = MB/rr$$

(三) 简单的货币乘数

以上分析表明,银行并没有创造出无限的货币量。在中央银行投放的基础货币既定时,银行所能创造出的货币量取决于准备金率。在上例中,准备金率为10%,100亿元的基础货币投放产生了1 000亿元的货币量,货币总量的增加是基础货币的10倍。基础货币变动与货币总量之间的关系就是货币乘数。**货币乘数**(money multiplier)是指每

1元的基础货币变动所引起的银行体系货币量增加的倍数。它反映了银行体系创造货币的能力。如果用 km 代表货币乘数,其公式的推导过程如下:

如上所述,整个银行系统的货币量为:

$$M = MB/rr \tag{15.3}$$

等式两边除以 MB,得:

$$M/MB = 1/rr$$

简单货币乘数为:

$$km = 1/rr \tag{15.4}$$

在上例中,存款准备金比率是10%,或0.1,货币乘数为:

$$km = 1/0.1 = 10$$

由公式(15.4)可知,货币乘数的大小取决于存款准备金率,存款准备金率越高,货币乘数越小,因为准备金是对存款的一种漏出,准备金率越高,则存款漏出越多,可用于贷放的存款余额就越少,银行的货币创造能力就越小。反之亦然。

已知货币乘数,我们可以知道中央银行对基础货币的调节控制,会通过货币乘数的作用对货币供给产生的放大影响。例如,货币乘数为5时,如果中央银行希望增加1 000万元的货币供给量,它只需增加200万元(1 000/5 = 200)基础货币就能达到目的。

增加200万元基础货币,并不一定需要印刷200万元的钞票投放市场,而是中央银行通过实施货币政策工具来实现。具体有哪些货币政策工具,以及如何实施是以下分析的内容。

三、货币政策工具

中央银行有许多责任,这里我们将考察它最重要的责任:调节货币供给量。即当经济出现波动时,中央银行可通过调节货币供给量来消除经济中的失业和通货膨胀。那么,中央银行如何控制经济中的货币供给量呢?我们已经知道,中央银行基础货币的发放,会影响商业银行的准备金,商业银行的存贷款行为在部分准备金制度下具有创造货币的机制。因此,中央银行可以通过调整商业银行的准备金间接地控制经济中的货币供给量。中央银行通过三种主要政策工具来达到自己的目的。

(一)公开市场业务

公开市场业务(open market operation)是指中央银行在证券二级市场买卖政府债券以控制货币供给量的政策行为。例如,当中央银行认为总需求不足、经济向下波动,出现了衰退,需要增加货币供给量,它可以在证券市场买进债券。这一操作通过影响商业银行的准备金发挥作用。如果中央银行买进100万元的债券,债券的出售者得到了100万元的货币,这意味着基础货币增加了100万元。新增加的基础货币一部分作为现金持有,另一部分存入银行。作为现金持有的每一元货币正好增加了一元的货币供给,而存入银行的每一元货币增加了银行的准备金,通过银行创造货币的机制会使货币供给量成倍增加。相反,当中央银行认为总需求过度增加,经济向上波动,出现了过热,需要减少货币供给量,它就会卖出债券,公众用他们持有的现金和银行存款向中央银行进行支付,这意味着经济中的基础货币减少了,实际货币供给量在乘数的作用下会减少更多。

公开市场业务具有以下优点：第一，银行可以按照任何规模买入或卖出政府债券，从而比较易于控制银行体系的准备金，使其符合政策目标要求。第二，中央银行可以通过公开市场业务"主动出击"，从而实现政策调控目标。第三，公开市场业务灵活性较高，可以对货币供给量进行微调，从而避免存款准备金率调整的震动效应；也可以在出现政策失误时进行反向操作，从而及时得到纠正。由于上述原因，公开市场业务是各国中央银行最重要也是最常用的货币政策工具。

公开市场业务充分发挥作用需要具备一定的条件。比如中央银行应具有强大的、足以干预和控制整个金融市场的金融实力。还应有一个证券种类齐全的并且达到一定规模的全国性的金融市场，缺少这些条件，公开市场业务的效果会大打折扣。

链接15-3　　　　　我国的"公开市场业务"

1996年4月6日，中国人民银行正式启动人民币公开市场业务，这是建立我国市场经济条件下货币政策实施框架的重要举措，也是我国货币供给量调节从直接方式向间接方式转变、从行政手段向市场手段转变的一个重要标志。

采用公开市场业务来控制货币供给量，表明随着金融市场改革的推进，我国已开始具备开展公开市场业务的条件。这主要表现在，首先，商业银行的构成发生变化。1996年，我国非国有制商业银行的资产总量在全社会货币信用总量中的比重已占约1/3的比重。与中国人民银行没有再贷款关系的金融机构的资产增加速度很快，市场化程度比较高。中央银行仅控制国有专业银行信贷资产，已不能覆盖全社会信用规模。其次，商业银行的资产结构发生变化。证券资产大量增加，贷款规模和货币供给量差额大幅度上升。这为中央银行通过市场手段控制货币供给量提供了必要性和可能性。

自以国债为对象的公开市场业务于1996年启动后，随着国债发行规模的不断扩大，以及银行间债券市场的不断发展，这一政策工具的运作空间和运作力度随着各方面条件的进一步成熟而加大，公开市场业务已成为中国人民银行货币政策日常操作的重要工具，对于调节货币供给量、调节商业银行流动性水平、引导货币市场利率走势发挥了积极的作用。

（二）法定存款准备金率

法定存款准备金率（legal reserve requirements）是指中央银行规定的商业银行在吸收存款中必须向中央银行交存的特定比例的准备金。如果没有央行的管制，商业银行出于获利的动机会保持较低的准备金比率，但是，贷款比例过大往往会增加金融风险。于是，中央银行要求商业银行按照一个法定的比率留存存款准备金。留存的准备金没有利息收益。中央银行可以通过调整准备金比率来调节货币供给量。

法定准备金率的调整影响经济的机理是，根据货币乘数理论，货币供给量为基础货币与货币乘数的乘积，而法定存款准备金率是影响货币乘数的一个重要因素。存款准备金率的变化会影响货币乘数的变动，进而会影响经济中的货币供给量。例如，中央银行认为需要减少货币供给量时,它可以提高存款准备金率。准备金率提高意味着银行必须持有更多的准备金,存入银行的每1元钱可以贷出的少了,这会使货币乘数变小,银行所创造货币的倍数变小,货币供给量就会减少;反之,降低了存款准备金率后,货币乘数变大,一定的基础货币所支持的信贷规模增加,货币供给量就会增加。

各国中央银行很少使用调整法定准备金率的政策工具。主要原因是:首先,法定准备金率调整的效果十分猛烈,微小的调整会引起货币供给量的巨大波动,因此不适合作为日常的货币政策操作工具加以运用;其次,频繁地改变法定准备金会干扰银行正常的财务计划和管理,从而使银行无所适从。由于这些原因,目前法定准备金比率主要是公开市场业务的一个辅助操作手段。

我国的法定准备金制度建立于1984年。建立之初,法定准备金率较高,后来又要求商业银行缴纳硬性的备付金,这实际上是总的准备金率提高。自1989年以来,我国存款机构各类存款的法定存款准备金率均为13%,备付金率为5%~7%,两者之和达到20%左右。1998年3月,中国人民银行将原来的准备金账户与备付金账户合并为一个账户,统称为准备金账户,将法定准备金率由13%下调至8%。此后,中国人民银行根据各个阶段的具体情况,对存款准备金率进行了很多次调整。

(三) 再贴现率

再贴现率(rediscount rate)是中央银行向商业银行发放的贷款的利率。当商业银行的准备金不足时,或没有达到法定准备金时,它可以把持有的债券作为抵押,向中央银行申请短期贷款。中央银行向商业银行发放贷款要收取利息,其利率就是贴现率。

中央银行可以通过调整贴现率来控制流通中的货币供给量。例如,当中央银行实行扩张性货币政策时,可降低贴现率,商业银行因为贷款成本降低,会增加向中央银行的再贴现,从而增加中央银行基础货币的投放,这会扩大信用规模,导致货币供给量增加。相反,当中央银行想使过热的经济降温时,可提高贴现率,这会减少商业银行向中央银行的借款,从而减少中央银行基础货币的投放,收缩信用规模,导致货币供给量减少。

调整贴现率的缺点是实行起来比较被动。例如,中央银行想通过提高贴现率减少商业银行的借款,但商业银行可以通过出售其持有的有价证券增加银行的准备金,这使中央银行减少货币供给量的目标不能实现。因此,贴现率也不是主要的货币政策工具,它属于辅助性的政策工具,仅用于配合公开市场的操作。

我国的再贴现业务始于1986年。中国人民银行于1984年发布《商业汇票承兑、贴现暂行办法》,先在部分城市而后在全国范围内开展商业汇票承兑和贴现业务。1986年,中国人民银行上海分行开办了再贴现业务。1988年,中国人民银行首次公布再贴现率,比同期金融机构贷款利率低5~10个百分点。由于我国商业票据不发达,贴现业务开展的时间不长,中国人民银行的再贴现规模一直很小。

四、货币政策工具的传导机制

下面我们以 $IS-LM$ 模型为工具,来分析货币政策的传导机制。我们把所有导致货币供给量增加或者利率下降的政策,统称为扩张性货币政策。扩张性货币政策通常在总需求不足或经济衰退的形势下使用。它们的效果表现为货币供给量增加,LM 曲线向右移动。从图 15-6(a)可以看出,利率会从 r_1 下降到 r_2,利率下降会增加投资,而投资增加使总需求和国民收入增加,(a)幅显示,收入从 Y_1 增加到 Y_2,失业率会下降。在我国,扩张性货币政策也称为积极的货币政策。

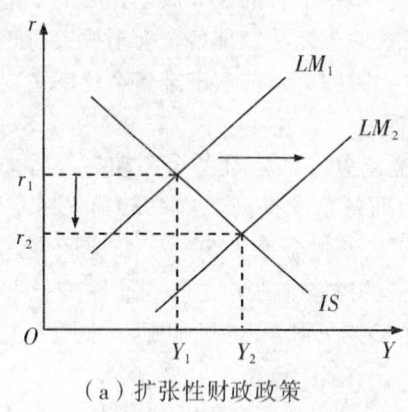
(a)扩张性财政政策

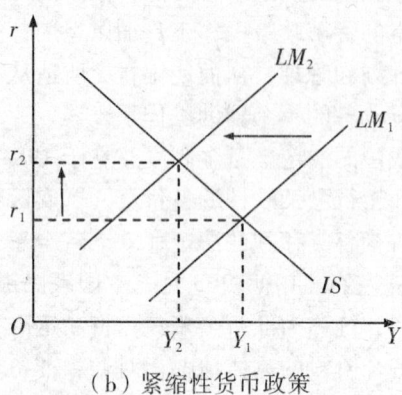
(b)紧缩性货币政策

图 15-6 货币政策机制

所有导致货币供给量减少或者利率上升的政策,被称为紧缩性货币政策。这类政策通常在总需求膨胀、经济过热的形势下被使用。图 15-6(b)显示了紧缩性货币政策的作用机制,即紧缩性货币政策使货币供给量减少,LM 曲线向左移动,利率从 r_1 上升到 r_2。利率的上升会减少投资,而投资减少使总需求和国民收入减少,图 15-6(b)表明,收入从 Y_1 减少到 Y_2,失业率会上升。

五、相机抉择的货币政策

在不同的宏观经济形势下,中央银行要运用不同的货币政策来调节经济。这被称为相机抉择或斟酌处置的货币政策。

当经济进入衰退时,总需求不足,失业率持续上升,为了刺激总需求,中央银行应采用扩张的货币政策,即在证券市场上买进政府债券、降低贴现率和准备率等等。这些政策可以增加货币供给量,降低利息率,刺激总需求,从而解决衰退和失业问题。

当经济繁荣时,总需求过旺,价格水平持续上涨,为了抑制总需求,中央银行应采用紧缩的货币政策,即在证券市场上卖出政策债券,提高贴现率和准备率等等。这些政策可以减少货币供给量,提高利率,减少投资,抑制总需求,从而解决通货膨胀问题。

我们可用以下例子来说明这种"逆经济风向而动"的货币政策。一是 1987 年 10 月 13 日,美国股市暴跌,道琼斯指数一天内下跌 500 点,当时美联储放弃了长期对货币政策的控制,转而为市场提供足够的资金,避免了一场更大的危机。二是美国 20 世纪 90 年代的情况。克林顿政府执政初期,美国经济处在衰退中。为了刺激经济,美联储采用了扩张性货币政策,降低利率,增加货币供给量。这种政策对刺激投资和消费的增长起到显著的作用。90年代末期，美国经济又出现了过热的迹象，美联储又提高利率，以防止可能出现的通货膨胀加剧。进入21世纪后，美国经济有衰退的迹象，美联储又降低利息率。美联储正是交替地运用扩张和紧缩性货币政策来调节经济，使经济处在低通货膨胀的持续增长中。三是2008年下半年以来中国的情况。由于美国金融危机的影响，中国经济自2008年下半年明显下滑，中国政府将一年前确定的"从紧"的货币政策改为"适度宽松"的货币政策，自2008年9月开始，连续5次下调金融机构的存贷款基准利率，4次下调存款准备金比率。目前，中央银行仍在密切关注形势的变化，随时准备出台新的稳定经济增长的货币政策。

六、货币政策的效果

货币政策的效果是指变动货币供给量的政策对总需求和国民收入的影响。在IS曲线斜率不变的情况下，货币政策效果的大小取决于LM曲线的斜率。LM曲线越平坦，货币政策的效果就越小，反之，则货币政策的效果就越大。如图15-7所示。

在图15-7中，IS_0和IS_1的斜率相同，当货币供给增加使LM_0右移到LM_1时，在经济萧条阶段，LM曲线比较平坦，收入增加很少。这是因为，此时货币需求对利率的反应很敏感，利率稍有变动就会带来较大的货币需求变动，因而货币供给量变动对利率变动的作用较小，从而增加货币供给量的政策就不会对投资和国民收入有较大的影响，货币政策的效果较小。而越接近生产要素的充分利用时，LM曲线越陡峭，货币供给量的增加会带来国民收入较大的增加。这是因为，此时货币需求对利率的反应不敏感，

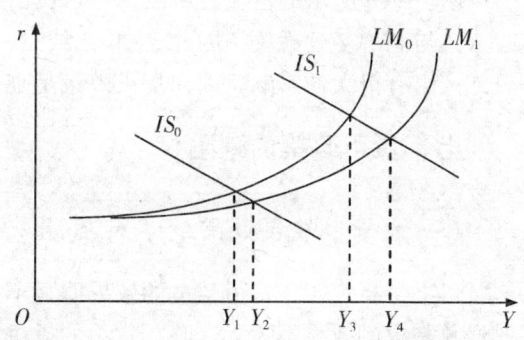

图15-7 货币政策效果与LM曲线的斜率有关

也就是说，货币供给量稍有增加就会使利率有较大幅度的下降，因而对私人投资和国民收入有较多的增加，货币政策的效果较大。

也可能有两种极端的情况。第一种情况，是在LM曲线为一条水平线时，经济陷入"流动性陷阱"。此时，利率极低而债券价格极高，人们预期利率不能再降低而债券价格只能下跌不会再涨。因此，在给定的利率水平上，人们愿意持有市场供给的任何数量的货币，货币投机需求（h）变得无限大，如图15-8所示，货币供给量的增加不会使LM曲线移动，LM与LM'重合，利率不会下降，私人投资和国民收入均不发生变化，货币政策无效。有的经济学家认为，20世纪90年代日本出现的情况，比较接近流动性陷阱的情况。

第二种极端的情况，是在LM曲线为一条垂线的时候，这被称为古典情况。此时，利率很高，人们预期利率将下降，或者说债券价格将上升，未来持有货币将蒙受损失，因而将所持有的货币全部换成债券，货币的投机需求（h）等于零。在这种情况下，任凭利率如何变动，货币的投机需求都不变，即货币需求与利率变动无关。如图15-9所

示，货币供给量增加，LM 曲线由 LM 右移到 LM'，利率大幅度下降，私人投资极大增加，从而国民收入有很大的增加。

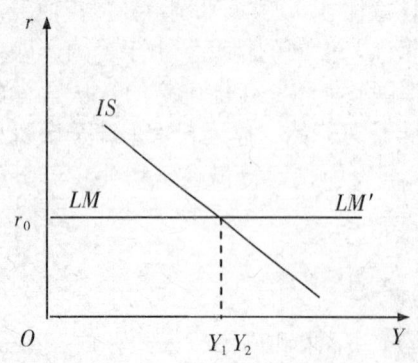

图 15-8　水平的 LM 曲线时，货币政策失效

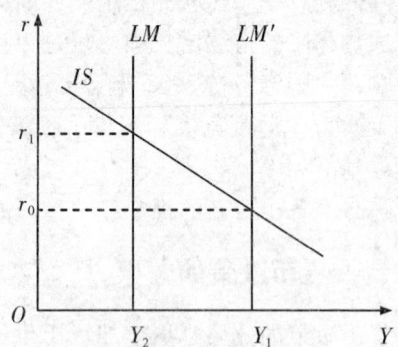

图 15-9　垂直的 LM 曲线时，货币政策极有效

图 15-9 所示的情况之所以称为古典情况，是因为古典学派认为，货币需求取决于收入，与利率变动无关，因此，LM 曲线是一条垂直线。货币供给量的任何变动都对收入或产出有极大的影响，因而货币政策是唯一有效的政策。

七、货币政策的缺陷

（一）货币政策效果的不对称性

以上分析表明，货币政策的效果明显不对称。在萧条时期，实施扩张性货币政策对刺激总需求的效果不大。这时，货币的投机需求 h 变大，人们对经济前景悲观，即使中央银行增加货币供给量，利率降低的幅度很小，特别是当经济陷入了流动性陷阱，货币供给量增加再多，利率也不会降低，扩张性货币政策对拉动投资和增加国民收入的作用非常微弱。1998 年，我国经济出现有效需求不足。为防止经济陷入严重困境，中央银行 7 次大幅度降低存贷款利率，刺激经济的效果均不显著。

反之，在通货膨胀时期，实施紧缩性的货币政策收缩总需求的效果非常显著。因为此时货币的投机需求 h 变小，中央银行减少货币供给量会使 LM 曲线向左移动，利率上升，从而使私人投资和国民收入大幅度减少。当然，如果货币政策作用力度过大，痛下猛药，很可能会导致经济的剧烈收缩，引起随后的经济增长速度大幅下降，出现严重的经济衰退。

（二）货币政策的时滞

货币政策时滞是指中央银行决定采取某种货币政策后到这项政策完全发挥作用的时间间隔。与财政政策时滞一样，它也包括内部时滞和外部时滞。

与财政政策相比，货币政策的内部时滞短，主要体现在决策时滞和行动时滞短。各国中央银行的货币政策机构定期开会，对货币政策做出决定，无需政府有关部门讨论，也无需议会批准，各利益集团也难以进行院外活动，因而决策快得多。所以，货币政策在短期内可经常变动,对经济进行微调。例如,在美国,决定货币政策的是美联储的公开市场委员会。该委员会每周六开一次会,根据经济状况来决定货币政策,就是对经济的微调,这有助于经济的稳定。

货币政策的缺点是外部时滞长,即从政策开始实施到对经济产生影响的时间太长,收效缓慢。其原因在于,货币政策对总需求的影响不是直接的,它的作用是逐渐发生的。当中央银行调整准备金比率和贴现率或者买卖有价证券改变货币供给量时,只有在经过一段时间之后,随着利率的改变,才会有越来越多的家庭和企业对此作出反应,如果某项投资决策是企业在数月或数年前作出的,那么该投资决策对利率变动反应的时间更长。即使利率变动引起了投资变动,由投资变动到引起均衡国民收入变动之间也存在一个时间间隔。通常,投资变动后首先引起企业存货变动,存货变动引起企业的生产调整,进而才引起均衡国民收入水平的变动。一般来说,在成熟的市场经济国家,货币政策变动对总需求发生较大的作用需要6~9个月的时间,而这些作用可持续两年。

货币政策之所以外部时滞较长,很重要的原因是中央银行难以对经济作出准确的预测。常常是经济衰退已经发生,中央银行才出台货币政策,该政策在经过一个相当长的过程发挥作用时,经济状况可能已经改变了。如果决策者可以提前一年正确地预期到经济状况,并且及时地作出政策决策,在这种情况下,货币政策虽然收效缓慢,但可以起到稳定经济的作用。但是,实际上决策者很少知道经济风怎么刮。最好的决策者也只能在经济衰退和经济过热发生时对经济变动作出反应。

八、财政政策与货币政策的配合

上一节以及本节介绍了财政政策和货币政策的极端情况,这些极端情况在现实生活中都不常见。通常情况下,货币需求对利率存在显著的反应,但是反应的程度又没有达到无穷大的程度,因而常见的 LM 曲线是一条向右上方倾斜的曲线,水平的和垂直的 LM 曲线是 LM 曲线变化过程中的极端情况。在大多数情况下,IS 曲线和 LM 曲线的交点是两个极端之间的中间区域。因此,经济学家认为,无论是财政政策和货币政策,都可以达到调节总收入或总产出的目的。为了增加产出,决策者可以使用扩张性财政政策,也可以使用扩张性货币政策。扩张性财政政策会使得 IS 曲线右移,扩张性货币政策会使得 LM 曲线右移。两者都可以使产出或收入水平提高。

财政政策和货币政策在作用机制上存在显著的差别。关键是对利率的影响。扩张性财政政策主要是通过增加政府购买支出或减税来增加总需求,这会使利率上升,因而会挤出部分私人投资,从而抵消一部分财政政策的作用效果。扩张性货币政策则是通过降低利率来刺激私人投资,特别是增加房地产投资来扩大总需求。所以,决策者通常把两种政策配合起来使用。如图15-10所示,假设经济处于衰退之中,政府首先采用扩张性财政政策,IS 曲线向右移动,在没有货币政策配合的情况下,均衡产

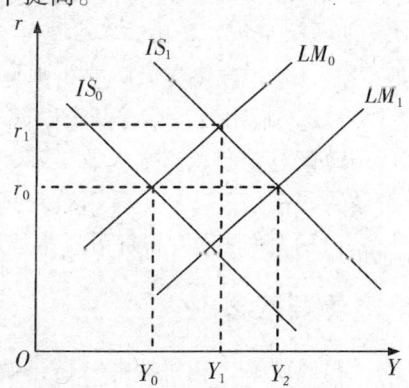

图15-10 财政与货币政策的配合

出水平由 Y_0 增加到 Y_1，利率从 r_0 上升到 r_1，Y_1 至 Y_2 部分的产出由于利率上升被挤出了。为了加强政策效果，中央银行实行扩张性货币政策予以配合，通过移动 LM 曲线，货币供给量增加使利率回复到 r_0 的水平，挤出效应被抵消了，均衡产出增加到 Y_2 表示的较高水平。从而更好地实现了扩大总需求的政策目标。

本章要点

（1）财政政策是指政府通过改变支出和税收来消除失业和通货膨胀的政策。它是政府调整经济的两大宏观经济政策之一。

（2）扩张性财政政策会增加均衡产出，在乘数的作用下，还会使总需求和均衡产出发生数倍扩大。紧缩性财政政策则会减少均衡产出减少，在乘数的作用下，会使总需求和均衡产出发生数倍的收缩。见机行事的财政政策选择被称为相机抉择的财政政策。

（3）财政政策有两个缺陷：一是扩张性财政政策的挤出效应；二是财政政策缺乏灵活性，时滞很长。

（4）在 IS 曲线斜率不变的情况下，财政政策的效果取决于 LM 曲线的斜率及乘数的大小。在流动性陷阱的情况下，扩张性财政政策的挤出效应为零。在古典情况下，扩张性财政政策存在对私人投资的完全挤出。

（5）个人所得税和政府的某些转移支付（比如失业津贴）在日常经济运行中起到了自动稳定器的作用。它们在衰退时，会自动增加支出或减少税收；在繁荣时，会自动减少支出或增加税收。

（6）在货币供给的形成中，中央银行、商业银行和公众扮演了重要的角色。货币供给的第一步是中央银行投放基础货币，经过商业银行的存款创造机制的作用，基础货币会发生数倍的扩张。货币供给量与基础货币之间的倍数关系称为货币乘数。

（7）货币政策是指中央银行通过改变经济中的货币供给量和利率水平来调节总需求，实现经济稳定发展的措施的总称。货币政策工具包括公开市场业务、法定准备金比率和贴现率。

（8）扩张性货币政策会降低利率，刺激投资增加，进而使总需求和国民收入增加。紧缩性货币政策则导致利率上升，投资减少，进而引起总需求和国民收入的减少。

（9）在 IS 曲线斜率不变的情况下，货币政策效果的大小取决于 LM 曲线的斜率。LM 曲线越平坦，货币政策的效果就越小，反之，则货币政策的效果就越大。在流动性陷阱时，货币政策无效；在古典情况，货币政策完全有效。

（10）货币政策存在两个缺陷：一是货币政策的效果不对称。在萧条时期，扩张性货币政策对刺激总需求的效果不大；而在通货膨胀时期，紧缩性的货币政策收缩总需求的效果非常显著。二是货币政策具有较长的外部时滞。

（11）财政政策与货币政策的配合可使政策效果得到加强。

重要概念

财政政策　相机抉择　挤出效应　财政政策时滞　自动稳定器　货币政策　基础货币　法定存款准备金　货币创造　货币乘数　公开市场业务　法定存款准备金率　再贴

现率　货币政策时滞

本章练习题

(1) 财政政策工具有哪些？它们是如何影响总需求的？

(2) 为什么会产生挤出效应？试结合图形分析。

(3) 什么是自动稳定器？试举例说明。

(4) 货币供给分为哪两个主要步骤？中央银行掌控的基础货币包括哪些组成部分？商业银行如何通过贷款来创造货币？哪些因素限制了它们能创造的存款与贷款量？

(5) 为什么 LM 曲线越平坦，财政政策的效果就越大？

(6) 在哪些情况下，货币政策比较有效？

(7) 公开市场业务是怎样影响货币供给量的？

(8) 假设经济处于衰退中，如果中央银行想稳定总需求，它应该如何操作货币政策工具达到这一目标？如果中央银行无所作为，政府为了稳定总需求，应该如何操作财政政策工具？

(9) 用 $IS-LM$ 模型来表示：

  A. 政府提高所得税税率，同时保持货币政策不变；

  B. 政府提高所得税税率，同时通过货币政策的配合使利率保持不变。

(10) 在一个低于充分就业的均衡点，如果政府希望增加就业，可以采取哪些宏观政策？它们的效果有什么不同？

(11) 假设经济处于充分就业均衡。现在政府希望在不改变均衡产出的情况下，减少投资的份额并增加消费的份额，政府应当采取什么样的财政政策和货币政策？

第十六章 开放经济中的宏观经济政策分析

在前面几章中,我们的分析是在封闭经济的假设下进行的,即经济中只存在家庭、企业和政府三个部门。事实上,现代经济的特点是开放经济。开放经济是指一个国家包括商品市场、金融市场和要素市场在内的所有市场全面开放。在较少的限制或管制下,允许商品进出口,消费者和企业可以在本国产品和外国产品之间进行选择;允许货币和资本流动,投资者可以选择本国或外国的金融资产;允许生产要素的转移,企业可以选择在哪里进行生产,个人可以选择在哪里工作以及是否移民。在开放经济中,很多经济变量的变动与封闭经济有很大的不同,理解开放经济对个人生活、企业经营以及宏观经济管理都非常重要。因此,本章将把国际经济活动纳入宏观经济学的分析中,研究开放经济对一国宏观经济运行的影响。

第一节 开放经济中的基本概念

本节从产品市场和货币市场两个方面,介绍开放经济中的几个常用概念。其中产品市场主要介绍"国际收支平衡表"及其主要项目;货币市场重点介绍与汇率有关的概念和基本知识。

一、国际收支平衡表

一国与其他国家的商品进出口与资产交易,需要用外国货币即外汇作为媒介来实现,把这类交易用一种专门的统计报表记录下来,这就是国际收支平衡表。**国际收支平衡表**(balance of international payments)是指一国在一定时期内所有经济交易货币价值的系统记录。一国向外国购买物品、劳务和资产交易所发生的支付记入国际收支平衡表的借方,向国外出售物品、劳务和资产所发生的支付,记入国际收支平衡表的贷方。国际收支平衡表的记账规则是:复式记账、左右平衡,即每一笔国际交易都自动进入国际账户两次,一次作为贷方,一次作为借方。其操作方式为:交易发生时在相应的经常项目或资本和金融项目中做一笔"贷"或"借"的记录,同时在储备资产科目中做一笔同样金额的"借"或"贷"的记录。比如对外出口 100 亿美元,这是从外国人那里得到的收入,在经常项目的"贷方"记录 100 亿美元,这意味着我国的"外汇储备增加"了,就在储备资产的"借方"再记录 100 亿美元,借贷两边刚好平衡。

依据所记录的交易对象类型不同,国际收支平衡表主要包括四部分:经常项目、资本和金融项目、储备资产以及误差与遗漏。下面就以表 16–1 所列示的简化的中国国际收支平衡表(2007)为例,逐一解释表中的各个项目。

表 16-1 (千美元)

项目	差额	贷方余额	借方余额
一、经常项目	371,832,620	1,467,881,998	1,096,049,377
A. 货物和服务	307,476,604	1,342,205,962	1,034,729,358
（a）货物	315,381,397	1,219,999,629	904,618,232
（b）服务	-7,904,793	122,206,333	130,111,126
……			
二、资本和金融项目	73,509,250	921,960,702	848,451,452
B. 金融项目	70,410,175	918,646,003	848,235,828
1. 直接投资	121,418,332	151,553,693	30,135,361
1.1 我国在外直接投资	-16,994,854	1,929,982	18,924,836
1.2 外国在华直接投资	138,413,185	149,623,710	11,210,525
2. 证券投资	18,671,987	63,969,241	45,297,254
……			
三、储备资产	-461,744,102	239,766	461,983,869
3.4 外汇	-461,905,000	0	461,905,000
……			
四、净误差与遗漏	16,402,232	16,402,232	0

资料来源：国家外汇管理局网站。

（一）经常项目

经常项目（Current Account，CA）主要记录货物和服务进出口的金额。例如，南方航空公司从美国购买波音飞机、美国前总统克林顿卸任后来中国深圳演讲，主办单位都为此支付的几十万美元的演讲费，都是因为中国购买了外国的货物和服务发生的支付，记入中国经常项目的借方。相反，东莞服装生产商向美国出口服装、我国在非洲地区的建筑公司工人汇回或带回的外汇收入，则是中国向外国出售了货物与服务，记入中国经常项目的贷方。经常项目与国民经济恒等式中的"净出口"相对应，$NX = CA$。2007年我国经常项目顺差3 718亿美元，其中货物的"贸易顺差"高达3 154亿美元。我国国际收支经常项目顺差在2008年达到4 261亿美元，同比增长15%。

（二）资本和金融项目

资本和金融项目（Capital Account and Financial Account，FA）是对资产的国际买卖所发生的外汇收支的记录。它包括资本项目和金融项目。

资本项目主要包括固定资产所有权国际间的转移，以及非金融资产如专利、版权、商标权、经销权的收买和放弃等。从数据上看，这部分转移和交易活动对我国国际收支影响不大。需要说明的是，这里的"资本项目"是"资本与金融账户"包括的项目之一，而"资本与金融账户"通常又简称为资本项目。

金融项目是资本与金融账户最重要的部分，它衡量的是对外出售的资产和从国外购买的资产的差额，包括直接投资、证券投资和其他投资。直接投资是指直接到国外开办工厂。比如宝洁公司在中国投资建立生产日用化工产品的工厂，中国海尔公司在美国投资建立生产电冰箱的工厂，都属于直接投资。证券投资是指买卖国外证券和股票的金融投资。比如外国人购买中国B股，或中国政府购买美国政府在国际市场发行的债券等等。一般来说，当一个国家对外开放程度不高的时候，通常以直接投资为主。2007年我国直接投资净流入达到1 214亿美元，是世界上吸引海外投资最多的发展中国家。其他投资是一个剩余项目，它包括所有直接投资、证券投资未包括的金融交易。

在国际收支平衡表里，外国人到中国来投资，或者外国公司购买中国的股票，这可看成是我们对外出售资产好比"出口"为贷方。中国人到国外投资建工厂，或者中国政府购买外国政府发行的债券，这相当于我们从国外购买资产好比"进口"为借方。例如，宝洁公司在中国投资几亿美元建工厂，或外国人购买中国B股，记在中国资本账户的贷方。相反，海尔在美国投资建企业，或者中国政府购买美国政府的债券，这记为中国资本项目的借方。

（三）储备资产

储备资产（reserve assets, RA）是指中央银行可随时用于国际支付的资产。包括外汇（货币、存款、有价证券等）、特别提款权、货币黄金等项目。中央银行通常可在外汇市场上买卖储备资产以干预外汇市场的供求与价格。在统计没有误差的情况下，应有国际收支恒等式 $RA = CA + FA$，即一个国家所有的交易项目收入就是当年其储备资产的增量。在我国，由于经常项目（CA）和资本金融项目（FA）连续多年保持"双顺差"，近年来中央银行外汇储备资产急剧上升，2008年末达到19 460亿美元，已超过日本，成为世界上外汇储备最多的国家。

链接16-1　　　　关于我国外汇储备适当规模的争论

外汇储备能够保证一国在国际收支中拥有流动性，这对于一国经济稳定运行和发展具有重要意义，对于中国这样处于转型期大国尤其重要。然而，对于我国来说多大规模外汇储备才是合理的？在上个世纪末期，当我国外汇储备达到1 500亿美元时，对此问题曾经开展了一场争论。

一种观点认为我国的外汇储备过多了。主要有两方面理由。第一，从储备与进口量以及外债的数量关系看，我国外汇储备规模偏大。依据外汇储备额应相当于"3个月进口额"的传统观点，我国仅需要600多亿美元外汇储备；另外，根据储备应相当于四成债务余额标准看，也仅需要大约600多亿美元储备。第二，缺乏储备虽然不利，但是储备过多也会带来资源利用缺乏效率问题。因为储备大都是不同形式的外国资产，持有储备等于对国外间接投资，把本国可以由自己利用的实际资源借给外国使用。虽然近年保持了经常和资本账户双盈余，但是从国外引入的实际资源，又以外汇储备项目下国外投资和误差与遗漏形式流出了，我国成为事实上的资本输出国。这对于一个国内经济建设需要大量资金和处于高速发展阶段的大国来说，显然是不利的。

另一种对立观点认为，我国外汇储备充足，但是并不算多，拥有雄厚储备的正面效应不可估量。主要理由有：第一，储备额应相当于"3个月进口额"的观点适应于20世纪60年代的情况，现今国际资本流动规模增大，资本流动对外汇储备影响远远超过了贸易支付，因而判断储备规模，需要考虑资本流动规模。第二，从我国经济变动趋势性因素看，进出口盈余将会缩小，同时外商投资利润将增加，从而使经常账户盈余下降。同时我国将进入偿债高峰期，每年偿还外债本息将达到200亿美元。这些因素都需要保持较大的外汇储备。第三，我国是一个发展中国家，处于经济转轨时期，面临改革和发展双重任务，不测因素较多，经济风险较大，为了应付各种意外事件，需要有较多外汇储备。第四，充足的外汇储备，意味着我国偿债资信高和借债风险小，因而有助于降低我国向国外借债的融资成本。

上述讨论表明，外汇储备涉及一国政治经济诸多方面问题，很难用一个简单标准来衡量。获得不同发展阶段所需要的"适当外汇储备量"这一重要经济参数，还需要从理论和实践两方面进行更多探讨。

资料来源：卢锋：《经济学原理》，中国版，北京大学出版社2002年版。

（四）净误差和遗漏

如前所述，国际收支账户运用的是复式记账法，因此所有账户的借方总额和贷方总额应相等。但是，由于不同账户的统计资料来源不一，记录时间不同以及一些人为因素（如假报出口）等原因，会造成结账时出现净的借方或贷方余额，这就需要人为设立一个抵消账户，数目与上述余额相等而方向相反。错误和遗漏账户就是这样一种抵消账户，它是为了查遗补缺，使国际收支平衡表两边借贷平衡。

二、汇率基础知识

前面我们讨论了国际收支问题，但没有涉及不同国家的不同货币。现实中，各国发行各自的货币。在国家之间的经济往来中，需要使用相应国家的货币。比如美国人购买中国的纺织品，需要支付人民币，中国人到欧洲旅游，需要把人民币换成欧元才能使用。我们把本国的货币称为本币，把别国的货币称为外币或者外汇。当一种物品或劳务参与国际交换时，有一个把该物品或劳务以本国货币表示的价格折算成以外币表示的国际价格问题，这种折算是按汇率来进行的。这一折算过程被称为货币交易，各国货币交易的场所称为外汇市场。世界上最大的外汇交易中心是伦敦，其次是纽约、东京和法兰克福。

(一) 汇率

汇率(exchange rate)是指两国货币的折算比率,也就是以一种货币表示的另一种货币的相对价格。汇率使得我们能够比较不同国家生产的物品和劳务的价格。

汇率有两种表示方法:一种是**直接标价法**,即固定外国货币的单位数量,以本国货币表示这一固定数量的外国货币的价格。在这种方法下,外国货币数额固定不变,本国货币数额随外币或本国货币价值的变化而变化。例如,我国2009年3月27日公布的外汇牌价中,每1美元等于人民币6.832元,这一标价方法就是直接标价法。外币的直接标价法可用公式表示为:汇率=本国货币/外国货币。可以看出,在直接标价法下,汇率的数值越大,意味着一定单位的外国货币可以兑换越多的本国货币,也就是本国货币的币值越低。

另一种是**间接标价法**,即固定本国货币的单位数量,以外国货币表示这一固定数量的本国货币价格(本币的外币价格)。在间接标价法下,本国货币的数额固定不变,外币的数额随本国货币和外国货币币值的变化而变化。例如,我国2006年11月23日人民币与美元的间接标价约为:1元人民币=0.134美元。外币的间接标价法可用公式表示为:汇率=外国货币/本国货币。公式表明,在间接标价法下,汇率的数值越大,意味着一定单位的本国货币可以兑换越多的外国货币,也就是本国货币的币值越高。

大多数国家包括我国采用直接标价,美国和英国采用间接标价法。

汇率不是固定不变的,外汇市场上供求关系的变动会引起汇率的变动。汇率的变动包括贬值和升值。**贬值**(depreciation)意味着在直接标价法下需要用较多数额的本币才能换得一定数量的外币,或者在间接标价法下一定数量的外币能够换得较多数额的本币。贬值使一国货币币值降低了,本国的货币变弱了。**升值**(appreciation)则意味着在直接标价法下用少量本币就能够兑换一定数量的外币,或者在间接标价法下一定数量的外币只能换得较少数额的本币。升值使本国货币币值提高,本国货币变强了。例如,对中国来说,人民币对美元的汇率由1美元8.3元人民币变为1美元10元人民币就是贬值,变为1美元6.83元人民币就是升值。

本币升值使得本币对外国人来说更昂贵了。当汇率为0.122美元时,800元人民币的耐克鞋原来在美国卖1元人民币0.122美元×800元人民币=98美元。如果人民币升值到0.15美元,同样的耐克鞋就要卖到1元人民币0.15美元×800元人民币=120美元。如果自费留学,1万美元的学费,原来需要1万美元8.23人民币×1=8.23万元人民币。人民币升值到1美元兑6.23元人民币,只需要6.23万元人民币了。总之,当一国货币升值时,外国人会发现,从该国进口商品更贵了,因此会减少购买,本国的出口会减少;本国人会发现,从国外进口商品变得便宜了,因而会增加进口。

(二) 汇率制度

汇率制度是指一国中央银行对本国汇率变动的基本方式所作的制度规定和政策安排。传统上,按照汇率变动的幅度,汇率制度分为两大类型:固定汇率制和浮动汇率制。

固定汇率制(fixed exchange rate system)是指政府用行政或法律手段选择一个基本

参照物（黄金、美元或某种货币组合），并确定、公布和维持本国货币与该单位参照物之间的固定比价。在固定汇率制下，汇率被人为固定在某一水平上。为了维护本币汇率的稳定，如果本币的市场供求不平衡时，中央银行就会进入外汇市场进行干预，在本币供大于求的时候买入本币，或卖出储备的外币或黄金。在本币供小于求的时候卖出本币，或购入外汇或黄金增加储备。只有这样才能维护官方汇率，否则就可能出现与官方汇率显著背离的黑市汇率。固定汇率制度有利于经济稳定，但是要求中央银行有足够的外汇和黄金储备。否则，外汇黑市上的汇率会出现剧烈波动，反而不利于经济稳定和外汇管理。

固定汇率不是永远不能改变的。在国际收支出现重大趋势性变动时，就需要对汇率水平进行调整（或升值或贬值）。例如，德国在20世纪50~70年代实行固定汇率制时，分别于1960年和1970年对马克给以两次法定升值。因此，固定汇率制度实际上是一种可调整的固定汇率制，是基本固定的、波动幅度在一定范围内的不同货币间的汇率制。

浮动汇率制（flexible exchange rate system）是指汇率水平完全由外汇市场的供求决定、政府不加任何干预的汇率制度。在允许汇率自由浮动的同时，许多国家的政府通过买卖外汇干预市场，或多或少地对汇率水平进行干预和指导，以使一定时期内汇率在有限度内波动，这被称为有管理的浮动汇率制，以区别于纯粹的浮动汇率制。

在"二战"后至20世纪70年代初期，世界各国实行固定汇率制；而在此之后，大部分国家相继实行浮动汇率制。当然，在可调整的固定汇率制与管理浮动汇率制之间，又有许多形形色色的折衷的汇率制度。

链接16-2　　　　　　　　人民币汇率改革与人民币升值

改革开放前，人民币汇率都是实行固定汇率制，由国家实行严格的管理和控制，长期高估。

改革开放初期，开始了人民币汇率体制改革的探索，主要实行的是汇率"双轨制"，及官方规定的汇率与部分由市场决定的外汇调剂价格并存。1980年北京等12个大中城市开办了通过中国银行进行的外汇调剂业务。参加调剂的限于国家机关和企事业单位，调剂价格在贸易用汇内部结算价1美元兑换2.80人民币基础上加5%~10%。1986年，外汇调剂业务由中国银行交给国家外汇管理局，外汇交易主体由国内企事业单位扩展到外商投资企业，允许外商投资企业之间进行外汇调剂，价格自由议定，不允许外商投资企业参加国内企事业单位之间的外汇调剂。这就使得外汇调剂市场分成内外两部分。1988年，在各省市自治区设立了外汇调剂中心，在北京设立了全国外汇调剂中心。1988年，上海创办首家外汇调剂公开市场，竞价买卖，允许价格自由浮动，到1993年低，全国共建立了108家外汇调剂中心。

1994年1月1日，人民币官方汇率与市场汇率并轨，开始实行"以市场供求为基础的、单一的、有管理的浮动汇率制"。这一阶段人民币主要盯住美元，汇率的浮动范围也十分有限，并没有随宏观基本面变动而波动。1994年4月，正式建立全国统一的银行间外汇市场,实行银行结售汇制度。1996年7月,外商投资企业的外汇买卖被纳入银行结售汇体系。

20世纪70年代末至90年代初,人民币汇率长期处于贬值状态。1980年,人民币对美元官方汇率为1.45比1,1993年底跌至5.8比1。1994年人民币汇率并轨以来,我国外贸收支持续增加,1994~1996年,人民币升值近5%,1997~2005年,人民币汇率基本保持在8.28元人民币兑1美元的水平上。

2005年7月21日起,我国的汇率体制又进行了重大变革,实行"以市场供求为基础、参考一篮子货币进行调节、有管理的浮动汇率制度"。该制度的特点是:汇率的形成以外汇市场的供求为基础;单一汇率(参考货币拓宽到欧元、日元等各主要币种);浮动汇率,允许人民币汇率围绕中央银行公布的基准汇率在一定范围内上下浮动。2005年7月至2007年6月,人民币兑美元汇率升值约8%。

自2005年7月21日我国汇率体制改革以后,"美元兑人民币"的汇率一直下降,也就是说人民币在持续升值。汇率从2005年7月21日的8.11降到8.00用了1年的时间,而从8.00降到7.90只用了四个月。截至2009年4月,实施有管理的浮动汇率制度将近四年,人民币对美元累计升值达15%左右,目前人民币汇率大致处于1美元兑6.82人民币水平。

人民币升值,一方面可能会对我国的出口造成负面影响,并进而影响相关产业的就业;另一方面会提高我国国民的收入和产值,降低我国国民购买外国产品和劳务的成本,并提高人民币在国际货币体系中的地位。

链接16-3　　　　　　　　国际汇率制度的演变

第一次世界大战前,世界上的主要国家都采取金本位制。在金本位制下,各国货币有其法定的含金量,金币可以自由铸造和融化,银行券与金币等值,并自由兑换,黄金自由输入输出。各国货币的汇率根据其含金量折算。金平价是汇率的决定基础。

第一次世界大战后,由于黄金短缺,金本位制开始解体,各国以纸币流通代替金本位制。1944年,盟国在美国新罕布什尔州一个名叫布雷顿森林的地方召开44国财长会议,通过了《布雷顿森林协定》,建立了以美元为中心的金汇兑本位制,实行美元与黄金挂钩,各国货币与美元挂钩的固定汇率制。各国货币按其含金量与美元建立固定汇率。各国货币对美元的小幅浮动如果超出1%,各国政府有义务干预市场,维持汇率稳定。

20世纪70年代,由于美国黄金储备减少,美元贬值。美国停止向各国中央银行按官价提供黄金,停止维持黄金官价的义务。出现了建立在市场供求基础上浮动汇率制度。1976年的《牙买加协议》首次承认了浮动汇率存在的合理性,规定各国政府可自由地选择汇率制度,固定汇率可以与浮动汇率并存。

综上所述,百年来国际汇率制度虽然总是固定汇率与浮动汇率的交替发展,但总的趋势是汇率制度的弹性越来越大。这与货币黄金的供应量有限,以及政府干预经济的力量逐渐加强有关。从目前来看,国际货币供给还远没有达到能够为人们所主动控制的程度。布雷顿森林货币体系曾试图实现人类对国际货币供应的主观控制。然而，这个体制运行机制上是失败的。而牙买加体制可以说是矫枉过正，虽然市场机制的力量可以自动纠正偏差，但其短处在于其动荡性和波动性。这在当今国际汇率制度中已有所体现。在汇率的频繁剧烈波动、大面积的国际收支失衡的条件下，只能通过加强国际合作而得到缓和。

链接 16-4　　　　　　　　　亚洲金融危机

亚洲金融危机是 1997 年始于泰国，殃及若干亚洲国家的通货、股市和其他资产的金融危机。

20 世纪 80 年代末和 90 年代初，亚洲一些国家和地区经济高速发展，吸引了大量国际热钱，使得资产价格飙升。同时，泰国等国家和地区存在经常账户赤字，并把货币与美元挂钩。90 年代中期，美国利率上升，吸引热钱，美元升值。这些亚洲国家和地区由于其货币与美元挂钩，出口锐减。中国这一时期也开始更有效地与其他亚洲国家（地区）竞争。这些因素致使国际投资者把资金从亚洲汇市和股市大量抽出，使得亚洲各国（地区）货币面临贬值的压力，各国（地区）中央银行不得不抛出美元捍卫本国货币。

国际炒家从买空泰铢开始行动。其基本操作方式程序是，先向银行借入泰铢，然后拿到外汇市场上去抛售。政府为了维系汇率稳定，拿出外汇储备去托市。但是，国内储蓄者见到泰铢受狙击，信心随之崩溃，也争相抛售泰铢而改持外币保值，外汇市场上出现对泰铢墙倒众人推局面。为了维系脆弱的汇率，数百亿美元的国家外汇储备几天内耗尽。等到中央银行无力托市时，外汇市场出现崩盘，泰铢在短短几个月内贬值殆半，1997 年泰国股市下跌 75%。继泰铢贬值后，马来西亚林吉特、菲律宾比索和印度尼西亚卢比也相继贬值。不久，新台币、韩元、巴西瑞亚尔、新加坡元和港币也受到贬值压力。政府不得不抛出外汇提高利率，以致经济增长缓慢。

1997 年 10 月，港币受到贬值压力，货币当局不得不抛出美元保卫港币。由于香港有 800 亿美元以上的外汇储备（相当于 M1 的 7 倍），保持了与美元的挂钩。香港股市在 1997 年 10 月 20~23 日之间下跌 23%。1998 年 8 月，炒家开始向银行借入港币在外汇市场抛售，同时卖空港股期货。这使得利率上升，股市下跌。于是，炒家一方面可以在期货市场获利；另一方面，一旦港股下跌，他们也可以在外汇市场获利。港府的对应措施是，大幅度调高利息，隔夜拆解利息一度提高 500%，并动用外汇储备 150 亿美元大量购入恒生指数成分股，一度占有港股 7% 以上的市值，成为许多公司最大的股东，迫使炒家 8 月 28 日以高价平仓，损失严重，不得不撤退。

中国在 1997 年亚洲货币普遍贬值的情况下面临人民币贬值的压力。很多经济界人士认为，中国为保证出口成本低于东南亚会使人民币贬值，但人民币岿然不动，使得国际炒家希望破灭，加上资本流动的管制，中国受危机的影响有限。

危机甚至横渡大洋。由于对亚洲的担心，1997 年 10 月 27 日，美国道琼斯指数下跌 554 点（7.2%）。

亚洲金融危机使得许多国家和地区的货币贬值，股市和其他资产价格下跌，公司倒闭，许多人倾家荡产，一些政府垮台。泰国、印度尼西亚和马来西亚的人均 GDP 到 2005 年仍低于危机前的水平。

资料来源：易纲、张帆：《宏观经济学》，中国人民大学出版社 2008 年版。

三、汇率理论

在当今开放的经济中，汇率是一个非常重要的经济变量，汇率的变动对国际商品流动和资金流动都会产生重大的影响。那么汇率由什么因素决定？又受到哪些因素影响呢？这是汇率理论要解决的问题。

既然汇率是"不同货币的相对价格"，那么理解汇率决定的最简单的办法就是把一个国家的货币当做外汇市场的一种商品，其价格的高低就取决于市场的供给与需求。当供给大于需求时该货币就贬值，供不应求时就升值。因此，理解不同汇率理论的关键，是分析市场上对一国货币的相对需求，一条共同的规律是：能够提高一国货币相对需求的因素会促使该货币升值，反之亦然。下面我们将介绍两种最基本的汇率理论：购买力平价理论和利率平价理论。

（一）购买力平价理论

购买力平价理论的基本思想是：人们之所以需要外国货币，是因为外国货币在其发行国国内具有对一般商品的购买力；同样，外国人之所以需要本国货币，也是因为它在本国具有购买力。因此，本国与外国货币之间的兑换关系（汇率水平）取决于两国货币购买力的大小。

一国货币的购买力取决于价格水平的高低。如果价格水平比较低，则一定的货币能够购买更多的商品，货币的购买力就比较大；如果价格水平比较高，一定的货币只买到较少的商品，货币的购买力就比较小。因此，两国货币之间的兑换比率取决于这两个国家的价格水平。如果 1 美元在美国（以美元衡量价格）和在中国（用人民币衡量价格）能买到等量的物品，那么，每 1 美元兑人民币的数量必然反映了该物品在美国和中国的价格。例如，如果一双"双星"球鞋在美国值 8 美元而在中国值 50 元人民币，那么名义汇率是 1 美元 = 6.25 元人民币。否则，1 美元的购买力在美国和中国的购买力就不相同。

用数学公式表达，假定 P 是美国一篮子物品的价格，P^* 是中国一篮子物品的价格，而 e 是名义汇率（1 美元可以购买的人民币数量）。现在考虑 1 美元可以在美国与中国购买的物品数量。在美国，1 美元的购买力是 $1/P$，即 1 美元可以购买 $1/P$ 物品量。在中国，1 美元可以交换 e 单位人民币，人民币的购买力相应为 e/P^*。由于两个国家 1 美元的购买力相同，所以有：

$$1/P = e/P^* \qquad (16.1)$$

因此，名义汇率 $e = P^*/P$，也就是说，名义汇率等于两国价格水平的比率。根据购买力平价理论，两国货币之间的名义汇率必然反映这两个国家的价格水平。

购买力平价理论的关键含义是：当价格水平变动时，名义汇率也变动。而影响价格水平的最重要因素为货币供给量,所以,名义汇率也取决于每个国家的货币供给量。当任何一个国家的中央银行增加货币供给量并引起价格水平上升时,将会降低本国货币的购买力,使市场上对本国货币的相对需求下降,本币贬值。换句话说,当中央银行印发了大量货币时(或购买大量国债时),无论是根据它能买到的物品与劳务,还是根据它能买到的其他货币,这种货币的价值都下降了。反之,如果减少货币供给量,就会导致本国货币升值。

(二) 利率平价理论

购买力平价理论是通过"国际商品市场"上的价格之比来解释汇率水平的,这实际上回答了长期内汇率如何决定的问题。在现实经济中,两个开放的国家之间不仅有商品贸易,还有货币资金的往来,利率平价理论是通过分析"国际货币市场"上的资金流动来解释汇率的决定。该理论指出,如果两国的利率水平存在差异,就会引起国际资本的流动,进而引起汇率的变动,因而利率与汇率之间也存在密切的关系。利率平价理论是从利率的角度,解释短期内汇率波动的问题。

利率是一国货币在国内资金市场的价格。汇率是本国货币在国际资金市场的价格。如果不同国家的利率存在差别,这就意味着不同货币资产存在不同的收益率,在资本可以在国际间自由流动的情况下,人们就会增加持有利率较高的货币,减少持有利率较低的货币,这类投资行为会影响外汇供求和均衡汇率水平。经济学中把这种微观行为主体在不同市场进行交易、追求利润的行为称为"**套利**"(arbitrage)活动。

举例来说,在资本账户开放因而资金可以在国家间自由出入的条件下,如果中国的利率比外国的利率高,在中国投资能够获得比外国更高的收益。美国人就会购买中国的债券,或者用美元到外汇市场购买中国的人民币,以获取较高的利息收入。这会导致外汇市场上对人民币的需求上升;中国人也会减少对外国债券的购买,或者减少对外币的持有量,这会导致人民币的供给减少。人民币的供不应求会推动汇率升值。反之,如果中国的利率低于外国的利率,中国人就会增加对外国债券的购买,或者增加对外币的持有量,从而导致人民币的供给增加;同时,外国人也会减少对人民币的需求,人民币供大于求的情况会导致汇率贬值。所以,由于人们的套利活动,利率和汇率之间存在同向变动关系。

人们套利活动的结果,是外汇市场达到一种均衡状态,即用相同货币衡量的任意两种货币存款具有同样的预期收益率。如果不同国家利率实际不一致会通过汇率预期变动来抵消,因此不同货币之间的汇率由各国的利率水平决定,这称为利率平价条件,即:

$$\frac{E^f - E}{E} = i - i^* \qquad (16.2)$$

式中,i 是本国利率水平,i^* 是外国利率水平,E 是目前本国汇率,E^f 是本国货币预期汇率。如果本国利率高于外国利率,这将会提高本国货币的收益率,使市场上对本币的需求上升,利率平价条件预测本国货币预期汇率要升值,并且汇率升值的幅度要等于利率相对差别。反之,如果本国利率低于外国利率,这意味着本国货币的收益率降低了,市场上对本币的需求下降,利率平价条件预测本国货币预期汇率要贬值,并且汇率贬值的幅度要等于利率相对差别。只有这一条件满足时，外汇市场才能处于均衡状态。

第二节 开放经济中的 IS – LM 分析

本节我们放弃前几章封闭经济的假设，将国际经济部门引入到我们的模型之中，讨论开放经济条件下宏观经济政策有效性问题。我们首先引入外部均衡问题，即国际收支平衡问题，用一个简单的模型表述国际收支的平衡条件，然后把这一均衡条件表示在 IS – LM 模型分析的框架中，得到一个扩展的 IS – LM 模型，然后用这一模型分析产品市场、货币市场和外汇市场同时均衡的条件，以及开放条件下短期均衡产出的决定机制和宏观经济政策的作用效果。

一、国际收支平衡条件

什么是国际收支平衡？实现国际收支平衡需要什么条件？我们首先分别研究影响贸易活动（经常账户）和资本流动（资本账户）的不同因素，然后把这些因素放在一起，得出国际收支的平衡条件。

（一）净出口函数

一国的进出口贸易活动反映在国际收支平衡表中经常项目里，通常我们可用净出口概念表示经常项目活动的整体结果。净出口等于出口减去进口：

$$NX = X - M \qquad (16.3)$$

影响净出口的因素有很多，其中汇率和国内收入是两个最重要的因素。

出口受汇率决定并与汇率正相关，一般而言，汇率升值以后，以外币计价的本国货物价格上升，即本国商品相对于外国商品昂贵，出口减少。在直接标价法下，货币升值，汇率变小，出口减少。反之则反是。

进口受汇率和本国收入两个因素的影响。汇率升值意味着外国商品对于本国居民来说变得比较便宜，进口就会增加。此外，进口还取决于一国的国民收入。当国民收入提高时，本国消费者一般会增加对本国产品及进口产品的支出。一般认为，出口受本国国民收入状况的影响可以忽略。

基于以上考虑，可得到如下简化的净出口函数：

$$NX = g - nY - mER \qquad (16.4)$$

式中，ER 表示汇率，Y 表示国民收入水平，g、n、m 均为反映不同变量之间数量关系的系数。系数 n 为边际进口倾向，表示国民收入变动 1 单位时进口的变动量。它的取值范围在 0 和 1 之间。

净出口函数说明净出口受到两个因素的影响：一是本国国民收入水平。其他条件不变时，国民收入增加会引起进口增加，从而引起净出口下降。反之亦然。所以，净出口与国民收入存在反向变动关系。边际进口倾向 n 反映了 1 单位国民收入变动会引起多少净出口数量的变动。二是汇率。其他条件不变时，汇率升值会使净出口减少。这是因为，汇率升值时，一方面，进口品在本国市场上以本币标示的价格下降，由于需求定理的作用,消费者对进口品的需求量增加了;另一方面,汇率升值时,出口品在国外市场上以外币标示的价格上升,同样在需求定理的作用下,国外消费者对出口品的需求量减少了。汇率升值使进口数量增加和出口数量减少,最终导致净出口减少。反之亦然。在直接标价法下,汇率升值表现为汇率变小,出口减少,进口增加,所以,净出口与汇率存在反向变动关系。系数 m 表示净出口对汇率变动的反应程度。

(二) 资本流动方程

国际间资本流动是各国之间相互购买和销售资产(直接投资、买卖股票和债券、涉外贷款、房地产等)的结果。外国从本国购买资产的支出表现为资本流入(capital inflow),本国从外国购买资产的支出表现为资本流出(capital outflow)。我们把资本流入减去资本流出的差额定义为**资本净流入**(net capital inflow),用 CF 表示,即:

$$CF = 资本流入 - 资本流出$$

在上述简单模型中,资本净流入取决于本国利率和外国利率的差别。如果本国利率高于外国利率,会引发较多的外国资本流向本国,资本净流入增加,这会导致汇率升值的压力;反之,如果本国利率低于外国利率,本国的投资者会增加对国外的投资,这会增加资本外流,产生汇率贬值的压力。因此,本国资本净流入可以看成是本国利率和外国利率之差的函数,用公式表示为:

$$CF = a\ (r^* - r) \tag{16.5}$$

式中,CF 为资本净流入,r^* 表示国外利率,r 表示本国利率,$a > 0$ 为常数,反映资本净流入对国内外利率差反应的敏感程度。有一种极端的情况,即 a 的数值无限大。其经济含义是:只要国内外利率存在微小的差别,就会发生无限大的资本净流入的变动,因而国际收支完全由国内外利率平价条件决定。但实际上资本流动还会受到比如国内政局是否稳定、战争及国有化等其他因素的影响。有些国家甚至有可能对资本流动采取限制性措施,从而使国内外利率差和资本流动的联系并不很密切。我国的情况就是这样,作为一个处在经济转型的发展中国家,我国现阶段的资本市场尚未完全开放,政府对资本流动仍实施较多的管制政策。从资本流入方面看,外资可以在我国进行直接投资,但在间接投资方面还受到很多限制,比如外资不能投资 A 股等。在资本流出方面,我国居民和企业还不能自由投资外国债券和股票。由于存在较多的管制,即使我国利率与国外利率存在显著差异,人们也不能自由地在国际间进行金融资产的买卖和转换,以实现套利的目的。因此,我国的 a 值比较小。a 值的大小反映了一个国家对资本流动的限制程度,它显示了一国资本市场的开放程度。

(三) 国际收支平衡条件

现在我们把净出口函数和资本流动方程结合在一起来表述国际收支(或外汇市场)平衡条件。国际收支是由经常账户和资本账户构成的,因而是由净出口和资本净流入决定的。

我们用 BP (the balance of payment) 表示国际收支,则有:

$$BP = NX + CF$$

$$= g - nY - mER + a\ (r^* - r) \tag{16.6}$$

公式（16.6）为国际收支方程，它表示当 $BP=0$，即经常账户与资本账户相加等于零时，就实现了国际收支平衡。也就是说，$BP=0$ 所表达的关系，也就是国际收支平衡的条件。

国际收支平衡还可以理解为：在日常生活当中，如果你的开销大于你的收入，也就是说你赤字了，你往往会通过借钱或出售你的其他资产来实现预算均衡。对一个国家而言，如果一国大量购买国外商品的金额越过了其收入限制，那么就会出现负的净出口，即赤字，此时该国往往通过向国外出售资产或向国外借款来支持该国的大量进口。因此，任何经常账户赤字，都要由相应的资本流入来抵消。近年来，美国异常严峻的经常项目赤字就是主要靠亚洲国家特别是中国和日本购买其国债而维持的。理论上讲，只要有国家愿意为美国的赤字买单，那么美国的赤字经济就能够维持。

以上我们知道当国际收支实现平衡，即 $BP=0$ 时，公式（16.6）等于零，即：

$$BP = g - nY - mER + a\ (r^* - r) = 0 \tag{16.7}$$

这意味着，当实现国际收支平衡时，净出口函数和资本流动方程相等。将资本流动方程移到上式的右边，可得：

$$g - nY - mER = a\ (r^* - r) \tag{16.8}$$

或者

$$g - nY - mER = ar^* - ar$$

等式两边除以 a，得：

$$\frac{g}{a} - \frac{n}{a}Y - \frac{m}{a}ER = \frac{a}{a}r^* - \frac{a}{a}r$$

整理可得：

$$r = r^* - \frac{g}{a} + \frac{m}{a}ER + \frac{n}{a}Y \tag{16.9}$$

公式（16.9）为国际收支均衡函数，它表明当实现国际收支平衡时，利率 r 与国民收入 Y 之间的函数关系。该公式表明，由于 Y 的系数 n/a 是正数，当国民收入（Y）上升，利率（r）必须相应上升，才能实现国际收支平衡。因为在净出口函数中，收入上升会通过进口增加导致净出口减少，这就需要利率上升来吸引资本流入增加，从而使国际收支保持平衡，因此国民收入和利率之间具有同方向变动关系。

二、BP 曲线与 $IS-LM-BP$ 模型

（一）BP 曲线

把国际收支均衡函数表示在一个横轴为收入、纵轴为利率的坐标系内，公式（16.9）显示为一条向右上方倾斜的曲线，这被称为 BP 曲线，如图 16-1 所示。BP 曲线表明了收入和利率之间的正向关系。例如，在图 16-1 中，A 点是国际收支平衡时利率 r_1 与收入 Y_1 的组合点。如果产出下降到 Y_2，进口会减少，净出口会上升，要保持国际收支平衡就需要利率下降使资本净流入减少。BP 曲线上的 B 点对应的收入 Y_2 和利率 r_2，说明了两者的组合重新满足了国际收支平衡的条件。

既然 BP 曲线上的任一点，都代表使国际收支平衡的国民收入和利率的组合。那么，BP 曲线之外的点则意味着国际收支的失衡。具体来说，BP 线上方任意一点所对应的收入与利率的组合，表示存在国际收支盈余（$NX > CF$）。例如，图 16-1 中的 A、C 点都处于同样利率水平，A 点位于 BP 曲线上，C 点在 BP 曲线左边。由于利率水平一致，两者所代表的净资本流入是相同的，但 C 点所对应的国民收入低于 A 点，因而 C 点的净出口较 A 点高，出现了外汇供给大于需求的国际收支顺差（盈余），这时应该增加外汇储备来加以对冲，否则会出现汇率升值的压力。同理，BP 曲线下方任意一点表示存在国际收支赤字（$NX < CF$）。例如，图 16-1 中的点 D 点与均衡点 B 相比，利率相同，产出较大，表明 D 点的净出口较少，出现了外汇供给小于需求的国际收支逆差（赤字），需要减少外汇储备来加以对冲，否则会出现汇率贬值的压力。

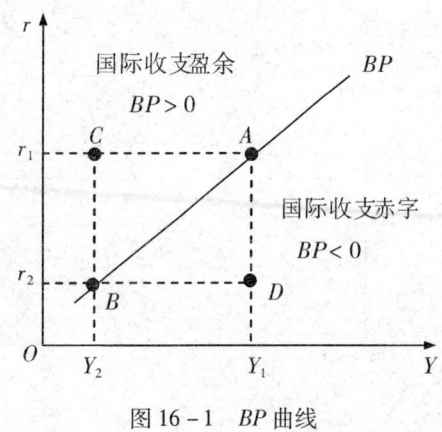

图 16-1　BP 曲线

在公式（16.9）中，"n/a"决定了 BP 曲线的斜率。其中，n 是边际进口倾向，表示国民收入变动 1 单位时进口的变动量。它的取值范围在 0 和 1 之间。n 越大，则 BP 曲线就越陡峭，反之亦然。a 表示资本流动对国内外利率差反应的敏感程度。a 值越大，表示国内外利率差较小的变动会引起大量的资本流动，BP 曲线就越平坦。反之，a 值较小，则表示一国资本流动存在较多的限制，BP 线就越陡峭。综合以上分析可以知道，一个国家的边际进口倾向越小（n 越小），或者资本净流入对利率差越敏感（a 越大），BP 曲线的斜率就越小，BP 曲线就越平坦。反之，一个国家的边际进口倾向越大（n 越大），或者资本净流入对利率差不敏感（a 越小），BP 曲线的斜率就越大，BP 曲线就越陡峭。

假设存在一种极端的情况，即 a 值无穷大，表示资本的国际流动完全不受限制。国外利率 r^* 既定时，当国内利率稍高于国外利率，就会出现资本的无限流入。反之，本国利率稍低于国外利率，资本就会无限流出。"n/a"值趋于零，BP 曲线就是一条位于国外利率水平 r^* 上的水平线。如图 16-2 所示。

在公式（16.9）中，$(r^* - \frac{g}{a} + \frac{m}{a}ER)$ 是 BP 曲线的截距项，它包含了汇率（ER）以及净出口函数和资本流动方程的其他系数。这些因素变动，会引起 BP 曲线位置的移动。图 16-3 显示了汇率变动引起 BP 曲线移动的情况。$BP(ER_0)$ 表示汇率为 ER_0 时的 BP 曲线，A 点在 $BP(ER_0)$ 上，表示国际收支平衡时利率 r_0 和收入 Y_0 的组合。如果汇率由 ER_0 升值到 ER_1，意味着净出口（MX）会减少，现在需要比原来的均衡利率 r_0 较高的利率 r_1 与原来的国民收入 Y_0 的组合，才能保持国际收支平衡，因此 BP 曲线由 $BP(ER_0)$ 向左方移动到 $BP(ER_1)$，得到与新的汇率（ER_1）相适应的新均衡点 B。所以，汇率升值导致 BP 曲线向左方移动。反之，汇率贬值，意味着净出口增加，会导致 BP 曲线向右方移动。

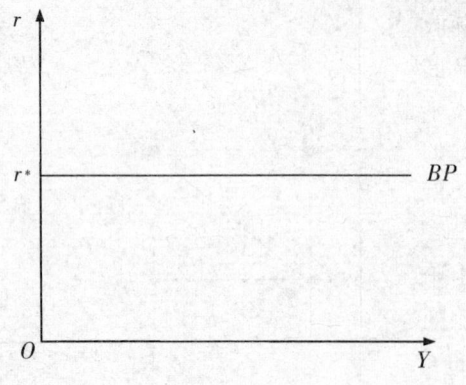

图 16-2 资本完全流动的 BP 曲线

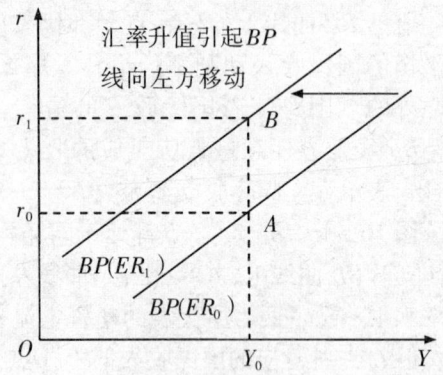

图 16-3 汇率变动引起 BP 曲线移动

（二）IS-LM-BP 模型

我们可以把 BP 曲线放在 IS-LM 分析框架中，得到一个开放经济条件下的 IS-LM 模型，这一模型可用来分析开放经济中宏观经济政策的作用机制。如图 16-4 所示，在 r—Y 坐标系里，存在三条曲线。IS 曲线反映的是产品市场的均衡条件，LM 曲线反映的是货币市场的均衡条件，BP 曲线反映的是国际收支平衡条件。BP 曲线的斜率可以大于 LM 曲线，也可以小于 LM 曲线，它取决于 "n/a"。

我们把产品市场和货币市场同时均衡称为经济的内部均衡，它在 IS 曲线和 LM 曲线的交点上。如前所述，国际收支平衡被称为经济的外部均衡，BP 曲线上的点反映的就是经济外部均衡的条件。如果 IS 曲线和 LM 曲线的交点处在 BP 曲线之上，经济就同时实现了内部均衡和外部均衡，如图 16-4（a）所示。如果 IS 曲线和 LM 曲线的交点处在 BP 曲线的左上方，说明国际收支不平衡，经济中存在国际收支盈余，如图 16-4（b）所示。如果 IS 曲线和 LM 曲线的交点处在 BP 曲线的右下方，说明宏观经济中存在国际收支赤字，如图 16-4（c）所示。

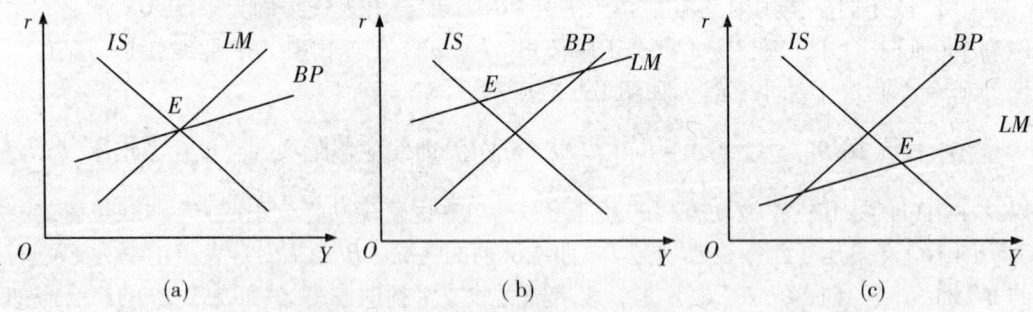

图 16-4 IS-LM-BP 模型：均衡与非均衡

三、开放条件下的宏观经济政策

上一章我们讨论了封闭经济中的财政政策与货币政策。对于一个开放经济来说，实现宏观经济的稳定运行,不仅要考虑经济内部均衡,而且还要考虑外部均衡。本节在引入 BP 曲线的基础上,运用 IS – LM – BP 模型来分析开放经济中财政与货币政策的作用机制和效果。

(一) 固定汇率制下的政策效果

首先看固定汇率制度下财政政策的作用机制和效果。如图 16 – 5 所示,假设 E_1 点是经济的初始均衡点,该点是 IS_1、LM_1 与 BP 曲线的交点,表示经济同时实现了内部均衡和外部均衡。假设政府实施扩张性财政政策,IS 曲线从 IS_1 向右移动到 IS_2,从而形成产品市场和货币市场新的均衡点 E_2,由于 E_2 点位于国际收支平衡曲线 BP 的左上方,表明存在国际收支盈余,本国货币面临升值的压力。这时,为了维持既定的汇率水平,中央银行必须用本国货币买进外汇。外汇市场上这一

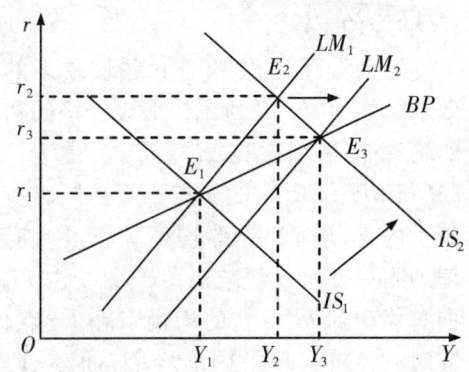

图 16 – 5　固定汇率制度下的财政政策效果

对冲操作增加了本国的货币供给量,起到了类似于扩张性货币政策的作用,在图 16 – 5 中,这表现为 LM 曲线从 LM_1 向右移动到 LM_2,新的均衡点为 E_3,国际收支盈余消失,经济同时实现了内部均衡和外部均衡。

以上分析说明,在开放经济中的固定汇率制度下,财政政策的作用增强了。因为扩张性财政政策导致国际收支盈余,这要求中央银行必须买进外汇来阻止由此产生的本币升值的压力,从而引起利率下降和均衡收入的进一步增加。

再来看货币政策的作用机制和效果。如图 16 – 6 所示,初始的均衡点为 E_1,经济同时实现了内部均衡和外部均衡。若中央银行实施扩张的货币政策(如回购央行票据)使 LM 曲线从 LM_1 向右移动到 LM_2,与 IS 曲线在 E_2 点相交,经济的内部均衡为 E_2 点。由于 E_2 点在 BP 曲线的右下方,表明存在国际收支赤字,经济面临货币贬值的压力。为了维持既定的汇率水平,中央银行必须卖出外汇,收回本国货币。这一操作的结果减少了货币供给量,使得 LM 曲线从 LM_2 退回到 LM_1,导致扩张性货币政策失效。这说明,在实行固

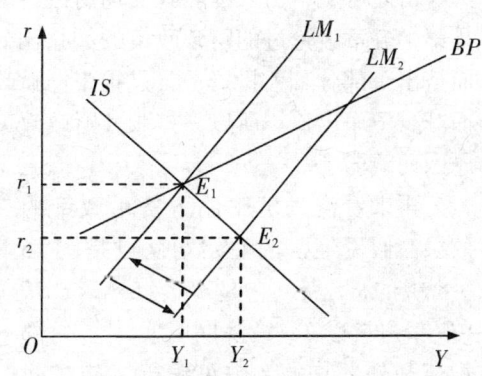

图 16 – 6　固定汇率制度下的货币政策效果

定汇率制度的开放经济中,扩张性货币政策导致了国际收支逆差,需要中央银行通过外汇市场的对冲操作释放货币贬值的压力,从而维持平衡。而外汇市场干预政策的结果收缩了货币供给,抵消了开始时扩张性货币政策的效果,长期内货币政策归于无效。

(二) 浮动汇率制下的政策效果

在浮动汇率制度下，汇率是由外汇市场上的供给和需求决定的。如果国际收支出现盈余，本国的货币就会升值；反之，如果国际收支出现赤字，本国的货币就会贬值。汇率的持续变动能够使国际收支总是处于平衡状态，也就是说 BP 曲线总是经过 IS 曲线和 LM 曲线的交点。

先来看浮动汇率制下财政政策的效果。如图 16-7 所示，假设经济的初始均衡点是图中的 E_1 点，它是 IS_1、LM 与 $BP(ER_1)$ 的交点，经济同时实现了内部均衡和外部均衡。假设政府增加购买支出或者减税，IS 曲线由 IS_1 向右移动到 IS_2，新的均衡点在 E_2 点，此时，经济实现了内部均衡，但是 E_2 点在 $BP(ER_1)$ 曲线的左上方，国际收支出现盈余，在浮动汇率制下这会引起本国货币的升值，汇率由 ER_1 变

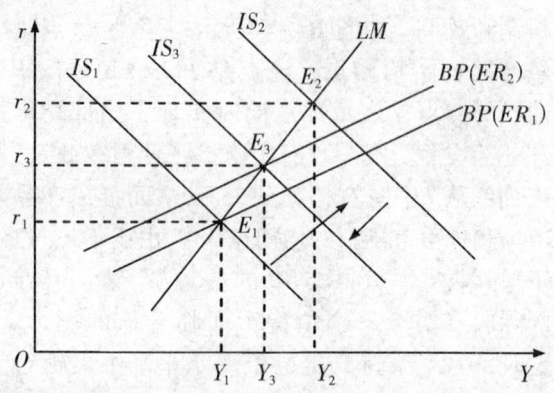

图 16-7　浮动汇率制度下的财政政策效果

成 ER_2，BP 曲线由 $BP(ER_1)$ 向左移动到 $BP(ER_2)$。由于本国汇率升值，本国的商品对外国人来说变得比较昂贵，而外国的商品对本国居民来说变得比较便宜。结果，出口减少，进口增加，净出口下降，从而抵消了财政政策的扩张效果，IS 曲线由 IS_2 向左移动到 IS_3。新的 IS_3 曲线和 $BP(ER_2)$ 与 LM 曲线相交于 E_3 点，经济的内部均衡和外部均衡同时实现。

由此可见，引入国际收支均衡条件后，财政政策效果被削弱了。这有两个原因：一是第十五章讨论过的财政政策的"挤出效应"，即政府财政政策的扩张会由于利率上升而挤出一部分私人投资；二是扩张性财政政策导致国际收支盈余，这会引起汇率升值从而减少了净出口。所以，扩张性财政政策虽然可以刺激产出的增加，但其效果由于上述原因而减弱了。

再来看浮动汇率制下货币政策的效果。假设经济的初始均衡点是图 16-8 中的 E_1 点，它是 IS_1、LM_1 与 $BP(ER_1)$ 的交点，经济同时实现了内部均衡和外部均衡。中央银行实施扩张性货币政策，使 LM 曲线从 LM_1 向右移至 LM_2，新的均衡点在 E_2 点，经济实现内部均衡。但由于 E_2 点在 BP 曲线的右下方，国际收支出现赤字，在浮动汇率制下，这会引起本国货币贬值，汇率由 ER_1 变成 ER_2，BP 曲线由 BP

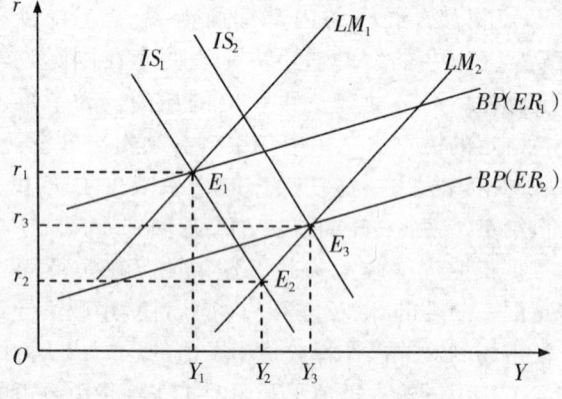

图 16-8　浮动汇率制度下的货币政策效果

(ER_1)向右移动到 BP(ER_2)。由于本国汇率贬值,本国的商品对外国人来说变得比较便宜,而外国的商品对本国居民来说变得比较昂贵。结果,出口增加,进口减少,净出口上升。IS 曲线由 IS_1 向右移动到 IS_2。新的 IS_2 曲线和 BP(ER_2)与 LM_2 曲线相交于 E_3 点,经济的内部均衡和外部均衡同时实现。与 E_2 点比较,E_3 点对应的利率和收入水平都上升了,货币政策的效果得到了加强。

本章要点

(1)国际收支平衡表是一国在一定时期内所有经济交易货币价值的系统记录。国际收支账户主要包括经常项目、资本和金融项目、储备资产项目和净误差与遗漏项。

(2)汇率是两国货币的交换比率。以每单位外币对应的本币数额来表示,称为直接标价法;以每单位本币对应的外币数额来表示,称为间接标价法。

(3)汇率的变动包括升值和贬值。本币升值会提高出口货的相对价格,降低进口货的相对价格,因此会减少出口,增加进口。本币的贬值影响相反。

(4)汇率制度是指一国中央银行对本国汇率变动的基本方式所作的制度规定和政策安排。基本汇率制度包括固定汇率制和浮动汇率制。固定汇率制是指政府通过积极干预,使本币汇率维持在某个水平上;浮动汇率制是指政府不加干预,汇率完全由市场决定。

(5)购买力平价理论是通过"国际商品市场"上的价格之比来解释汇率的决定。根据购买力平价理论,如果国际套利是可能的,任何一种货币在各国应有同样的购买力。

(6)利率平价理论是通过分析"国际货币市场"上的资金流动来解释汇率的决定。该理论认为,如果两国的利率水平存在差异,就会引起国际资本的流动,进而引起汇率的变动。

(7)$IS-LM-BP$ 模型可用来分析开放条件下宏观经济政策的作用机制和效果。在固定汇率制度下,财政政策的作用相对增强,而货币政策相对无效;在浮动汇率制度下,财政政策效果被削弱了,而货币政策的效果得到了加强。

重要概念

国际收支平衡表　经常项目　资本和金融项目　储备资产　汇率　直接标价法　固定汇率　浮动汇率　升值　购买力平价理论　利率平价理论　BP 曲线

本章练习题

(1)国际收支平衡表包括哪些主要项目?
(2)汇率有哪两种表示法?举例说明直接标价法下的货币贬值。
(3)简述用购买力平价理论,解释为什么高通货膨胀时货币往往贬值?
(4)从利率平价理论角度论述汇率与利率之间存在的关系。
(5)如果人民币升值,到美国留学比现在便宜了还是贵了?到一所美国大学网站上查找研究生的学费和生活费,计算汇率从每美元 8.3 元人民币升值到每美元 6.83 元人民币时，留学四年所需要的人民币学费和生活费。

（6）调查中美两国大学生两种生活必需品的价格，假定购买力平价成立，计算美元与人民币的真实汇率（两国产品或服务的相对价格）。以此为根据评价人民币美元汇率是否低估。讨论人民币是否应当升值。

（7）讨论固定汇率制度和浮动汇率制度的优劣。中国应当采用固定汇率制还是浮动汇率制？为什么？

（8）用 $IS-LM-BP$ 模型解释，在一个浮动汇率的开放经济中，政府购买支出增加对国民收入和汇率的影响，在固定汇率的开放经济中，政府购买支出增加的作用有什么不同？为什么？

（9）用 $IS-LM-BP$ 模型解释，在一个浮动汇率的开放经济中，货币供给量增加对国民收入和汇率的影响，在固定汇率的开放经济中，货币供给量的增加的作用有什么不同？为什么？

第十七章 AD-AS 模型

在前面的国民收入决定模型的分析中，我们假设总供给和价格水平不变，即总供给可以适应总需求的增加而增加，价格水平被视为模型的外生变量，它不能由模型本身的因素加以确定，因此也就没有分析总供给对均衡收入决定的影响以及价格水平的决定。进一步的分析，必须考虑总供给和价格水平的变动对均衡收入的影响。因为在现实中，总供给是有限的，价格水平通常是不断变动的，均衡收入和价格水平的变动是决定宏观经济状况的主要因素。因此，一个能够把总需求分析与总供给分析结合起来，将价格水平和均衡收入同时加以确定的模型，对于分析宏观经济中的各种问题，说明整体经济的运行规律是非常必要的。本章将讨论的 AD-AS 模型便是这样的一个模型。这一模型是分析短期宏观经济波动的重要分析工具。

第一节 总需求曲线

一、总需求曲线的形状

在第十四章，我们在 IS-LM 模型的基础上推导出了开放经济条件下的**总需求曲线**（aggregate demand curve, AD），总需求曲线表明当一个经济的产品市场和货币市场同时均衡时价格水平 P 和均衡产出 Y 之间的负相关关系。

如图 17-1 所示，在以总产出 Y 为横坐标、价格水平 P 为纵坐标的坐标系里，总需求曲线是一条向右下方倾斜的曲线。其经济含义是：在其他条件不变时，总需求与价格水平之间是逆向关系，即价格水平下降导致总需求量增加，价格水平上升导致总需求量减少。总需求曲线表示对应于每一价格水平全社会愿意购买的产出量。

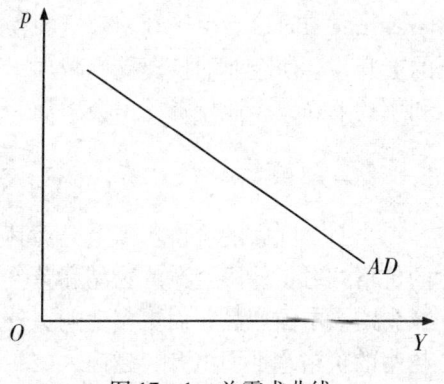

图 17-1　总需求曲线

为什么 AD 曲线向右下方倾斜？宏观经济学家对这一问题已经达成了共识。在解释这些理论之前，我们先回顾一下第十三章介绍的知识。总支出是度量总需求的指标，用总支出度量总需求，包括消费（C）、投资（I）、政府购买（G）与净出口（NX）。总支出每一部分的变动都会影响物品和劳务的总需求。在总支出的四个组成部分中，政府购买是由政府政策决定的，其他三个组成部分——消费、投资和净出口则取决于经济状况，特别是取决于价格水平。因此，为了说明总需求曲线的形状，我们必须考察价格水平如何与消费、投资和净出口等支出之间存在负相关关系。

（一）财富效应

财富效应说明价格水平会通过影响人们的实际财富而影响消费支出。我们知道，消费取决于收入，也取决于人们拥有的财富，比如货币、基金、股票、债券等。人们的财富可分为名义财富和实际财富。名义财富是用货币数量表示的财富，实际财富是用货币购买力表示的财富，它取决于名义财富和价格水平，即实际财富＝名义财富／价格水平。当名义财富不变时，实际财富与价格水平成反方向变动。即当价格水平上升时，人们手中名义财富的数量不会改变，但以货币购买力衡量的实际财富会减少，因为既定的货币这时只能买到较少的物品和劳务，人们变得比较"穷"了，因而会减少支出，消费支出减少则意味着物品和劳务的总需求减少；反之，价格水平下降，实际财富增加。因为这时人们可以用既定货币买到更多的物品和劳务，人们感觉比过去"富裕"了，这会鼓励他们更多地支出，消费支出增加则意味着物品和劳务的总需求增加。因此，价格水平变动引起实际财富的反方向变动，从而导致消费支出的反方向变动，这就是**财富效应**（wealth effect）。财富效应的结果使得总需求曲线向右下方倾斜。

（二）利率效应

利率效应通过对价格水平影响利率进而影响投资的论证，说明了价格水平与总需求之间是负相关关系。我们可以很直观地体会到，当价格水平上升后，我们去超市买东西需要支付更多的货币，因而使人们的货币交易需求上升，如果货币供给量不变，货币需求上升会导致利率上升。利率上升意味着投资成本增加，企业会削减计划的投资规模，使企业的投资需求下降，因而使总支出水平和总收入水平下降。在宏观经济学中，由价格变动引起货币交易需求和利率变动，进而导致投资的反向变动，称为**利率效应**（interest rate effect）。由于利率效应的存在，当价格水平上升时，货币交易需求上升和利率的上升，会使企业的投资支出减少；而随着价格水平的下降，由于货币交易需求下降和利率的下降，企业投资支出会增加。利率效应也会导致总需求曲线向右下方倾斜。

（三）国际替代效应

当一个国家的价格水平上升而其他国家的价格水平不变时，本国生产的物品和劳务的价格相对于外国生产的物品和劳务变得更加昂贵，这种相对价格的变化鼓励本国居民减少购买本国产品，而更多地购买外国生产的产品。例如，如果中国的价格水平相对于越南的价格水平而上升，越南人购买中国生产的大米少了，这意味着中国出口减少，而中国人购买越南人生产的大米多了，这意味着中国进口增加，中国的净出口减少了。所以，当一个国家价格水平上升使得国内物品变得昂贵，这会减少净出口，从而减少了物品和劳务的购买支出。反之，若价格水平下降使得国内物品变得更加便宜，这会增加净出口，从而增加了物品和劳务的购买支出。这种由价格水平变动导致国内与国外物品的相对价格的变动，从而使净出口产生反向变动，就是**国际替代效应**（international substitution effect）。国际替代效应构成了总需求曲线向右下方倾斜的另一个原因。

以上分析说明，在其他条件不变时，有三个效应成为使总需求曲线向右下方倾斜的原因。在这里的分析中,由于"其他条件不变",特别是货币供给量不变,用图形表示,由价格水平变动引起的总需求变动表现为沿着总需求曲线的移动。

二、总需求曲线的移动

向右下方倾斜的总需求曲线表明,在其他条件不变时,越高的价格水平会导致越低的支出和产出水平。但是,即使价格水平保持稳定,总支出和产出水平也会改变,这是因为在价格水平之外,还有其他也会引起人们购买支出变动的因素。以下的分析将看到,在图形上,这些因素的变动会引起总需求曲线的位置发生移动。下面主要介绍两种经济中引起总需求曲线移动的因素。

(一)预期

人们对未来收入、利润和通货膨胀的预期都会影响今天的购买支出。比如金融危机使人们对经济的未来变得悲观,人们预期未来收入将会下降而减少了现期消费支出(特别是汽车和住房这类大件物品),由于在任何一个既定的价格水平下消费支出减少了,AD 曲线向左移动,从 AD_0 到 AD_2,表示总需求减少了。

如果企业预期未来利润增加,就会增加今天计划的投资支出,或者,如果预期未来通货膨胀率上升,人们会在今天较低的物价多购买物品和劳务。这两种情况都会增加总需求,用图形表示,AD 曲线向右移动,从 AD_0 到 AD_1。

(二)财政政策和货币政策

财政政策是指政府通过确定和改变购买支出和税收来影响经济的努力。假设一个经济正在经历一场严重而持久的经济衰退,为确保经济增长,政府选择实施扩张性财政政策,增加政府购买或者减税。政府对物品和劳务的购买是总支出的一部分,因此,政府计划多修建铁路、高速公路,会使总支出增加。税收减少会通过增加个人可支配收入而起作用,可支配收入越多,家庭计划购买的物品和劳务的数量越多,企业也会增加对新资本的投资,总需求也越大。图 17-2 表明,当政府购买支出增加或者税收减少时,总需求曲线向右移动,从 AD_0 到 AD_1。

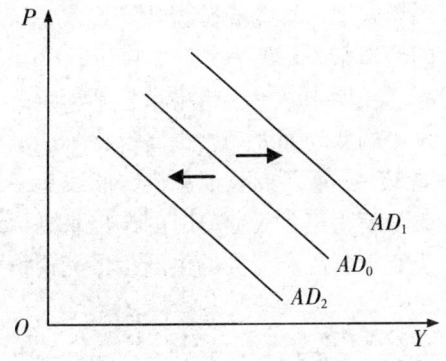

图 17-2 总需求曲线的移动

货币政策是指经济中货币供给量和利率的变动。如前所述,经济中的货币供给量是由中央银行决定的。经济中货币供给量增加,会增加总需求。假设为了摆脱经济衰退,中央银行通过印刷钞票并用直升飞机把它们撒到全国各地,人们捡到这些货币后,会把其中的一些花出去,这样,经济中对物品和劳务的需求更多了。由于货币供给量增加了,利率会下降。在较低的利率水平上,人们会购买更多的耐用消费品,企业也会计划增加自己的投资,总需求曲线会向右从 AD_0 移动到 AD_1(如图 17-2 所示)。

以上的例子表明，总需求曲线的移动既可以由消费者或企业支出计划的变动所引起，也可以由政府的财政或货币政策的变动所引起。在现实经济生活中，总需求曲线的移动有时产生于私人行为，而有时产生于公共政策。

第二节　总供给曲线

总供给曲线（aggregate supply curve，AS）表示在任何一个既定的价格水平下企业愿意生产并销售的物品与劳务量。由于在长期与短期中，总供给量和价格水平之间的关系不同，总供给曲线按照时间的长短分为长期总供给曲线（long-run aggregate supply curve，LAS）和短期总供给曲线（short-run aggregate supply curve，SAS）。

一、长期总供给曲线

（一）长期总供给曲线是垂线

在长期，价格和工资有充分的伸缩性，它们的充分调整可以保证劳动和其他生产要素被充分利用。或者说，只要价格和工资是自由升降的，经济的产出水平总会处在充分就业状态。因此，在长期，决定经济总产出的是劳动和其他生产要素（例如资本）的数量，以及把劳动和资本变为物品和劳务的技术水平和制度。长期总供给曲线可以由全社会的总体生产函数来表示，即

$$Y_f = f(N, \cdots) \tag{17.1}$$

式中，Y_f 为充分就业产出水平（潜在的 GDP，自然产量），它是长期中经济所趋向的产出水平。N 为劳动力供给，$f(\cdot)$ 为总产出与劳动及其他生产要素之间的函数关系。长期中，由于价格水平不影响总产出的长期决定因素，经济中的产出水平不随价格水平的变动而变动，提高价格不能增加总供给，降低价格也不能减少总供给。因此，如图 17-3 所示，长期总供给曲线是一条垂直线，这条垂线位于充分就业的产出水平，或失业率为正常失业率时的产出水平。它表明长期中一个经济的资本、劳动、技术和制度决定了物品和劳务的供给量，无论价格水平如何变动，长期总供给都是相同的。

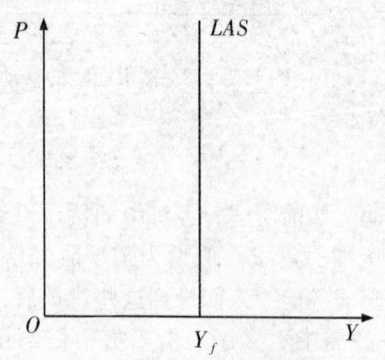

图 17-3　长期总供给曲线

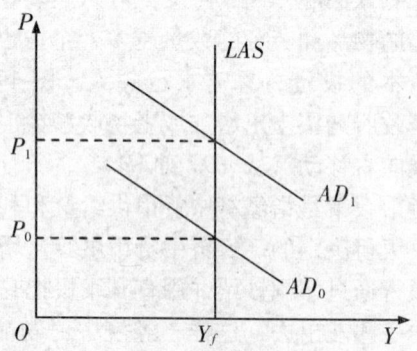

图 17-4　长期总供给曲线的政策含义

垂直的长期总供给曲线反映了古典经济理论价格和工资具备完全伸缩性的假设,因而被称为古典模型。它意味着产出量与价格水平无关。大多数经济学家认为,这一理论只适用于长期分析,只有在长期中,价格和工资具备充分的灵活性,总供给曲线才是一条垂线。

图17-4显示了长期总供给曲线的政策含义:由于 LAS 曲线是垂直的,政府即使通过增加总需求的政策使总需求曲线的位置移动,也不能改变产量,只能造成价格水平的上涨,甚至通货膨胀。因为总产出是由全社会可以利用的所有生产要素的水平决定的。

(二) 长期总供给曲线的移动

经济中任何改变充分就业产出的因素的变动都会使长期总供给曲线移动,有许多使长期总供给移动的事件,下面是几个例子:

技术人员开发出了生产物品的新设备,经济中资本存量增加并提高了劳动生产率,充分就业产量,即物品和劳务的供给量增加,长期总供给曲线向右移动。

高等职业教育的普及增强了劳动者的文化素质和工作技能,这对总供给有重要影响,劳动效率提高了,充分就业产出增加,长期总供给曲线向右移动。

发明了新的更好的生产方法可以在投入既定时增加产量。即使资本存量与劳动不变,技术进步也会增加充分就业产出,长期总供给曲线向右移动。

家庭联产承包责任制的建立保证了农民努力劳动的成果可以排他性地由自己占有。这就激励了农民努力从事农业生产活动;专利制度保护了发明者的权益,推动了产业革命和技术创新;按效率分配的制度催生了企业家;现代企业制度使企业家有了用武之地。上述种种制度都会增加充分就业产出,使长期总供给曲线向右方移动。

以上事例都能够增加一个经济的长期总供给。当然,如果经济中发生了自然灾害和战争引起资源减少,或者不合理的制度减少了人们的储蓄和投资,充分就业产出减少,长期总供给曲线向左移动。

二、短期总供给曲线

(一) 短期总供给曲线的三个区段

在短期,总供给曲线不是垂直的。这是因为价格水平提高会刺激全社会的企业增加总供给。在短期,一些生产要素(例如资本)的供给是固定的,随着产量和劳动投入的增加,边际成本上升,价格必然相应地上升,全社会的企业也才有动力增加生产。但在不同价格水平下,全社会的企业愿意提供的产品数量是不同的。不同价格水平与产出量之间的关系就是短期总供给曲线。如图17-5所示。

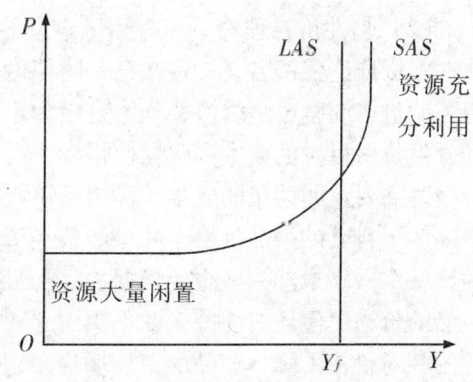

图17-5 短期与长期总供给曲线

从图17-5中可以看出，短期总供给曲线分为三个区段。

左边区段：短期总供给曲线为一条水平线。表明此时产量远离充分就业水平，经济中存在大量闲置资源，很多工人失业。由于价格和工资完全不具备伸缩性，在达到充分就业之前，经济社会能够在既定的价格下提供任何数量的总产出。也就是说，企业不必提高工资就能够雇佣到失业工人，通过雇佣失业工人利用闲置的机器，就能够增加产量。这一区段的情况在逻辑上是可能的，但实际上只在极为短暂或特殊条件下存在。

右边区段：短期总供给曲线是垂直的。表明由于价格和工资具备完全的伸缩性，即市场具有充分的自我调节力量，经济中的资源已经得到充分利用，无论价格如何上升，也不会使产出增加。需要注意的是，短期总供给曲线垂直的区段在长期总供给曲线的右方，表示短期中经济可以产生超过正常水平的生产能力。这可以通过工人加班或推迟机器维修来实现。长期总供给曲线的位置代表正常的生产能力。

中间区段：以上两个区段可以看做分析意义上的极端情形。实际情况是在水平的和垂直的短期总供给曲线之间，在这一区段，短期总供给曲线是向右上方倾斜的，表示价格水平上升可以使企业生产更多的产品，即价格水平与总供给之间正相关。为什么短期总供给曲线向右上方倾斜呢？宏观经济学家提出了三种理论给以解释。这就是粘性工资、粘性价格和错觉理论。

（1）粘性工资理论。粘性工资理论是对短期总供给曲线向右上方倾斜的最简单的解释。该理论认为，短期总供给曲线向右上方倾斜是因为工人名义工资调整缓慢，或者说工资在短期中是"粘性的"。这是因为，工人的名义工资通常是由劳资双方为期3年的合同确定的。在合同有效期内，合同中规定的名义工资不随劳动供求关系的变动而变动。在工人与企业进行工资谈判时，双方根据的是未来预期的价格水平，这种预期价格水平为双方认可，成为决定名义工资的基础。如果3年中实际物价水平高于预期的水平而名义工资不变，那么，名义工资除以价格水平得出的实际工资就下降了。由于工资是企业生产成本的主要部分，较低的工资意味着企业的实际成本下降，以及企业实际利润的增加，这时企业的反应是多雇佣劳动，并生产较多的物品与劳务量。换句话说，由于工资不能根据价格水平迅速调整，较高的价格水平对就业与生产是有利的，这会引起企业增加物品与劳务的供给量。如果每个企业都增加生产，整个经济的总供给就增加了。价格水平与短期总供给同方向变动。

（2）粘性价格理论。一些经济学家还提出了解释短期总供给曲线的粘性价格理论。粘性工资理论强调名义工资在某一时期内调整缓慢。粘性价格理论则强调，一些物品与劳务的价格调整也是缓慢的。这是因为企业调整价格是有成本的，例如，企业重新印刷和分发价格目录的成本和改变价格标签所需要的时间。这种成本类似于餐馆在改变饭菜价格时需要重印菜单的成本，称为菜单成本。由于有菜单成本，当企业根据预期价格水平确定了自己的产品价格，如果经济经历了未曾预期到的货币供给扩张，这会提高长期的价格水平。虽然一些企业根据物品和劳务市场供求关系和价格水平的变动迅速提高了自己的价格，但还有一些企业不想引起额外的菜单成本，暂时不调整价格，从而这些企业的相对价格下降，产品的销售增加，这引起企业增加生产和就业。换句话说，由于并不是所有企业的价格都根据价格水平的变动而迅速调整，未预期到的价格水平上升使一些企业的价格低于合意水平,而这些低于合意水平的价格增加了销售,并引起企业增加它所生产的物品与劳务的供给量。如果每个企业都增加生产,整个经济的总供给就增加了。价格水平与短期总供给同方向变动。

(3) 错觉理论。错觉理论是解释短期总供给曲线的第三种解释。该理论认为,价格水平的变动会暂时误导企业对自己出售产品的市场发生变动的看法。也就是说,当价格水平上升到高于企业预期水平时,企业可能只看到自己产品的价格上升,而没有关注整个价格水平的情况,从而错误地认为自己产品的相对价格上升了,并做出增加生产的反应。总之,高价格水平引起相对价格的错觉,这些错觉引起企业对较高价格的反应是增加物品和劳务的供给量。如果每个企业都产生这样的错觉,并增加自己的生产,整个经济的总供给就增加了。价格水平与短期总供给同方向变动。

显然,"粘性工资"、"粘性价格"或"错觉"越严重,总供给对价格水平的变动越敏感,短期总供给曲线就越接近水平区段;反之,总供给对价格水平变动的敏感性下降,短期总供给曲线就越接近垂直区段。当然,"粘性"也好,"错觉"也好,它们都是短期内存在的现象。长期中,随着人们预期的价格水平与实际价格水平的一致,名义工资会得到调整,不存在粘性;企业会调整自己产品的价格,也不存在粘性;错觉也会得到纠正。因此,在长期中,价格水平的变动不会影响总供给,长期总供给曲线是垂直的,而不是向右上方倾斜。

短期总供给曲线不同区段的形状具有重要的政策含义。如图 17-6 所示,水平的短期总供给曲线意味着,只要实际的总产出处在小于充分就业的产出水平,那么,政府实施增加总需求的政策可使总需求曲线由 AD_0 向右移动到 AD_1,并且最终会使经济达到充分就业状态。经历了 20 世纪 30 年代初期经济大萧条的凯恩斯倾向于认为,这一水平的或比较平缓上升的短期总供给曲线比较接近于实际情况。在经济中存在大量过剩生产能力时,由于价格"刚性",市场不能自动将均衡产出恢复到充分就业产出水平,经济中的产出主要由总需求决定,总需求的增加会带来产出和就业的增加,价格水平不会上升。因而,凯恩斯主张利用财政政策手段影响总需求,从而可保持一个较高的产出和就业水平。

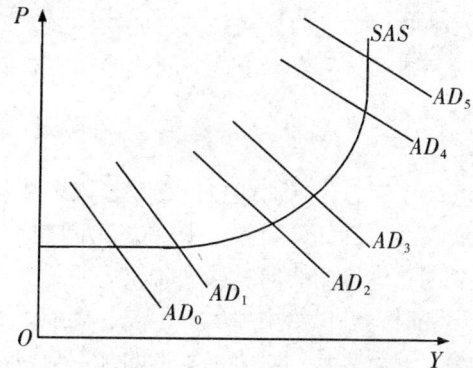

图 17-6 短期总供给曲线不同区段的政策含义

从图 17-6 中可以看出,垂直的短期总供给曲线意味着,政府增加总需求的政策使总需求曲线从 AD_4 移动到 AD_5,产出没有增加,只能使价格水平上升。这是因为经济中已经没有任何过剩生产能力可以利用,总需求的增加只会引起价格上涨。古典经济学派的经济学家倾向于认为,这一垂直的或比较陡峭的短期总供给曲线比较接近于实际情况。由于价格的完全弹性,生产能力总是能够达到或接近充分利用,经济中的产出主要由供给方面的因素决定,采用增加总需求的政策只能导致价格水平上升,并不能影响就业和产出水平。

图 17-6 也表明，当短期总供给曲线向右上方倾斜时，政府增加总需求的政策使总需求曲线从 AD_2 向 AD_3 移动，会使产出增加，同时也使价格水平上升。这是由于必须提高价格水平，才能使企业增加产量。以新凯恩斯主义学派为代表的大多数宏观经济学家认为，向右上方倾斜的短期供给曲线是常见的短期经济状态。这是因为，当经济处在非充分就业均衡时，由于工资和价格粘性，市场缺乏充分的自我调节或自我矫正的力量，市场不能连续出清，经济可能处在持续的非均衡状态或无效率的均衡状态。

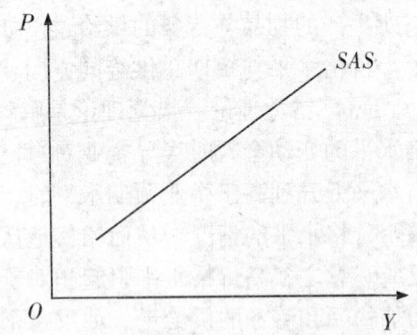

图 17-7 向右上方倾斜的短期总供给曲线

如果没有政府干预，经济恢复有效率的均衡是一个漫长的痛苦过程，失业和通货膨胀会更加恶化。因而，新凯恩斯主义者主张政府可以在必要的时候，采取扩张性财政政策或货币政策，提高总需求水平，虽然可能会带来轻微的通货膨胀压力，但是能够有力地促进经济增长。

由于通常的情况下短期总供给曲线位于两个极端之间，为了分析的简便，我们舍弃水平的和垂直的短期总供给曲线区段，把短期总供给曲线表达为一条向右上方倾斜的直线。图 17-7 表现了这一简化的短期总供给曲线。

（二）短期总供给曲线的移动

短期总供给曲线也会移动，许多使长期总供给曲线移动的因素也会使短期总供给曲线移动。例如，当经济中资本存量增加、就业率提高或技术进步时，长期总供给增加，长期总供给曲线向右移动时，短期总供给曲线也向右移动，表示在短期中，当价格水平不变时，总供给增加了。但是，还有两种因素只影响短期总供给，而不影响长期总供给。这就是人们对价格水平的预期与原材料价格的变动。

人们对价格水平的预期会影响短期总供给曲线的位置。例如，当人们预期价格水平高时，他们就倾向于把工资确定得高一些。高工资会增加企业的成本，在任何一种价格水平时，企业会减少物品与劳务的供给量。因此，高预期的价格水平减少了物品与劳务的供给量，并使短期总供给曲线左移。相反，低预期的价格水平增加了物品与劳务的供给量，并使短期总供给曲线右移。

在短期中，如果原材料价格上升，企业的成本增加，从而在每一个价格水平时，企业减少了物品与劳务的供给量，短期总供给曲线向左移动。反之，如果原材料价格下降，企业的成本减少，从而在任一价格水平时，企业增加了物品与劳务的供给量，短期总供给曲线向右移动。引起原材料价格变动的往往是外部冲击。例如，石油价格上升使成本增加，短期总供给曲线向左移动，表示在价格水平不变时，总供给减少。20 世纪 70 年代石油危机引起了这种变动。

第三节 总需求－总供给模型

一、宏观经济均衡的决定

在宏观经济中，最重要的是国民收入和价格水平。总需求－总供给模型就是从总需求和总供给相互作用的角度来说明国民收入和价格水平的决定。将总需求曲线和总供给曲线描绘在同一个图上，当总需求量和总供给量相等时就实现了宏观经济均衡。但要注意的是，宏观经济均衡不一定是充分就业均衡，也就是说，均衡的国民收入并不一定必然是充分就业的国民收入。宏观经济均衡有长期均衡和短期均衡两种情况。

（一）长期均衡

图 17-8 表示宏观经济处于长期均衡状态，也称为充分就业均衡。均衡国民收入和均衡价格水平是由总需求曲线短期总供给曲线和长期总供给曲线相交时的 A 点决定的。在这一点时的国民收入为充分就业的产出水平。短期总供给曲线也通过这一点，这表示工资、价格和预期都完全调整到了长期均衡。这就是说，当经济处于长期均衡时，工资、价格和预期的调整必定使总需求、短期总供给和长期总供给在同一点相交，这时经济处于充分就业状态。经济中既无通货紧缩，又无通货膨胀，是宏观经济的理想状态。

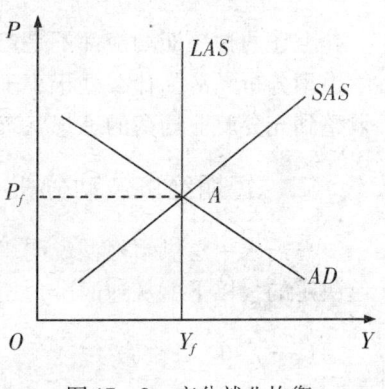

图 17-8 充分就业均衡

（二）短期均衡

在市场机制自发调节的情况下，宏观经济的长期均衡状态并不是必然的常态。当经济中的某种原因引起总需求曲线或短期供给曲线的移动时，就会发生短期均衡对长期均衡的偏离，此时总需求与短期总供给相等，与长期总供给并不相等，即短期均衡在 AD 曲线与 SAS 曲线的交点，LAS 曲线则不通过 AD 曲线与 SAS 的交点。短期均衡时的产出不等于充分就业产出水平。宏观经济的短期均衡会出现两种情况。

图 17-9 表示宏观经济均衡低于充分就业均衡的情况。LAS 曲线在 AD 曲线和 SAS 曲线交点的右边，即均衡的产出小于充分就业产出水平，这表明经济中的生产资源没有得到充分利用，此时经济处于衰退状态，即存在失业和通货紧缩，称为小于充分就业的均衡。

图 17-10 为大于充分就业的均衡。LAS 曲线在 AD 曲线和 SAS 曲线交点的左边，即均衡的产出大于充分就业产出水平，这表明经济中的生产资源得到了超充分水平的利用，即存在超充分就业的情况，比如工人加班加点、生产设备的过度消耗等等，这称为大于充分就业的均衡。超充分就业均衡对宏观经济来说也不是一件好事。这是因为，一方面经济过热会刺激总需求，容易导致通货膨胀；另一方面资源的过度消耗会影响企业

生产的正常运行，不利于经济的长期增长。

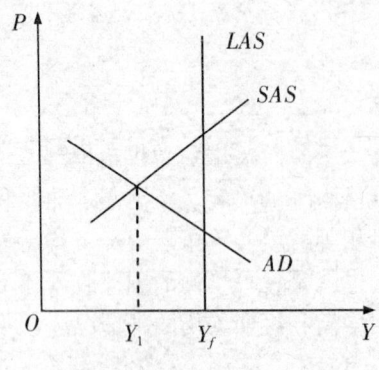

图 17-9　小于充分就业均衡

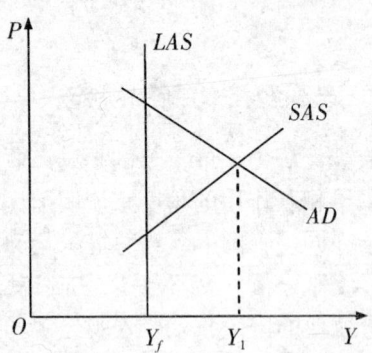

图 17-10　大于充分就业均衡

上述两种短期均衡都不是宏观经济的理想状态。宏观经济学正是要用总需求-总供给模型分析经济为什么处于小于或大于充分就业均衡，以及如何才能使经济从短期均衡调整到充分就业均衡的理想状态。

二、短期经济波动分析

总需求-总供给模型说明，在短期中，国民收入和价格水平是由总需求和短期总供给决定的，以下就从这两个角度来分析国民收入与价格水平的变动。

（一）需求冲击

1. 需求冲击的短期效应

短期中经济波动的一个原因是发生了"需求冲击"。需求冲击可以理解为所有使总需求曲线发生移动的因素。负向的需求冲击很多，如政局不稳、股票市场崩溃、国外爆发战争引起悲观的情绪，居民自发消费下降、企业计划投资下降、净出口下降，或中央银行减少了货币供给量等。正向的需求冲击如世界经济扩张引起本国出口增加、中央银行增加了货币供给量等能够使总需求增加的因素。现在，我们来看当发生负向需求冲击时会出现什么情况。

图 17-11（a）表示，起初经济处于长期均衡。总需求曲线 AD_1 与短期总供给曲线 SAS 相交于 A 点，这一均衡在长期总供给曲线 LAS 上，所以，实际产出等于充分就业的产出水平。

现在假设世界经济衰退，美国及欧洲对中国制造的产品需求下降，中国的出口下降，出口减少使很多企业因接不到订单减产甚至倒闭，许多人失去工作或对未来失去信心而削减了消费开支。这些对经济有什么影响呢？它减少了物品与劳务的总需求。也就是说，在任何一个既定的价格水平下，家庭和企业现在想购买的物品与劳务少了。如图 17-11（a）所示，总需求曲线从 AD_1 向左移动到 AD_2。新的总需求曲线 AD_2 与原来的短期总供给曲线相交于 B 点，决定了较低的价格水平 P_1 和较低的产出 Y_1。显然，B 点表示现在的短期均衡小于充分就业均衡，均衡的产出低于充分就业水平，经济处于衰退

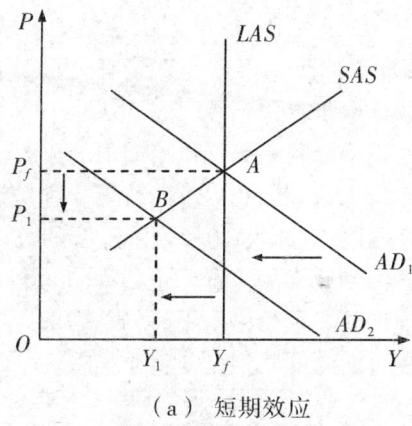 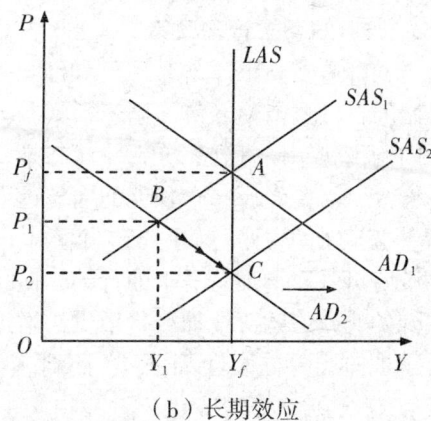

(a) 短期效应　　　　　　　　　(b) 长期效应

图 17-11　需求冲击

之中。

总需求减少降低了所有物品与劳务的价格，此时之所以产出水平下降，与价格水平降低，而名义工资来不及调整有关。短期内名义工资不变，意味着企业成本相对于其产品价格而增加，致使企业生产减少和销售下降，虽然该图没有反映出来，此时企业的反应是减少就业，从而引起产出下降和失业增加。

2. 需求冲击的长期效应

一个经济不会永远处于充分就业产出水平之下。总有一些力量会迫使实际产出回到充分就业水平。例如，随着时间的推移，人们对价格水平的预期下降，企业与劳动者在签订新合约时，将降低名义工资水平。工资的下降会降低成本，企业会增加生产从而增加总供给，短期总供给曲线开始向右移动。如图 17-11（b）所示，由于工资的调整是一个逐渐的过程，因此在没有其他外部因素干预的情况下，宏观经济回到长期均衡将是一个缓慢的过程。这表现为短期总供给曲线沿着总需求曲线 AD_2 逐步地由 B 点向右移动，最后，工资水平下降到与价格水平同样的百分比，总需求曲线 AD_2 与新的短期总供给曲线 SAS_2 在长期总供给曲线上相交于 C 点，经济又回到了长期均衡状态，产出仍为充分就业水平，价格水平下降到 P_2。尽管经济衰退减少了总需求，但价格水平的下降足以抵消总需求曲线的移动。因此，在长期中，负向的需求冲击影响价格水平，但不影响产出，换句话说，负向需求冲击的长期影响是名义变动（价格水平低了）而不是实际变动（产出相同）。

以上分析的是负向需求冲击的影响。正向需求冲击的影响与此类似，但方向相反。也就是说，严重的正向需求冲击使总需求曲线向右移动。面对需求增加，企业增加生产并提高价格，实际产出高于充分就业水平，失业率低于正常水平，经济过热，存在通货膨胀。总需求增加提高了价格水平，企业之所以增加生产，是因为在这个阶段，名义工资不变，较高的价格水平降低了工资的购买力，相对于企业的产品价格而言降低了企业成本。但是在长期中，人们对价格水平的预期上升，这会引起名义工资和其他要素价格水平的上升和短期总供给曲线向左移动。由于名义工资水平调整缓慢，因此实际产出缓慢地回到充分就业水平而价格水平上升了。

3. 政府的需求管理政策

当经济遭受需求冲击时（例如经济衰退），政府有两种选择：一是无所作为，由市场机制的自发调节使经济回到正常状态。如前所述，由于工资粘性，经济从一个非充分就业的均衡状态恢复到充分就业状态是一个缓慢的过程，若是等待价格向下的压力带来经济恢复，需要经历一个长期的痛苦过程。二是政府采取刺激总需求的政策。这是新凯恩斯主义学派的主张。如图17-11（b）所示，按照这一方案，为了恢复经济的长期均衡，政府可采取增加总需求的行动，使总需求曲线回到原来的位置，正如我们在上一章所提到的，政府购买增加或货币供给增加都会增加任何一种价格水平时的总需求，从而使总需求曲线向右移动，由 AD_2 回到 AD_1，经济在短期内可回到充分就业状态。

（二）供给冲击的影响

1. 供给冲击的短期效应

短期总供给波动也会引起短期均衡对长期均衡的偏离。"供给冲击"可以理解为所有使短期总供给曲线发生移动的因素。负向的供给冲击如"石油危机"、自然灾害以及战争和政治动乱等，正向的供给冲击则包括成功的体制改革、技术创新等大幅度提高生产率的因素。现在我们来看当发生负向供给冲击时会出现什么情况。

如图17-12（a）所示，起初经济处于长期均衡状态，总需求曲线 AD 与短期总供给曲线 SAS_1 相交于 A 点，这一均衡在长期总供给曲线 LAS 上，所以，实际产出等于充分就业的产出水平。

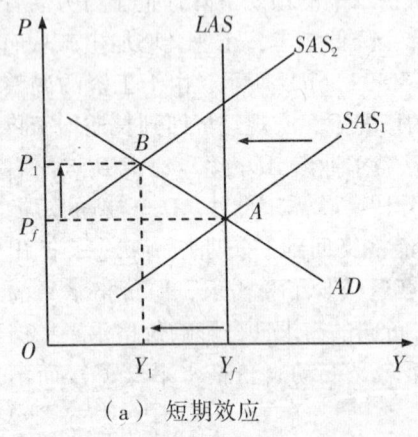
（a）短期效应

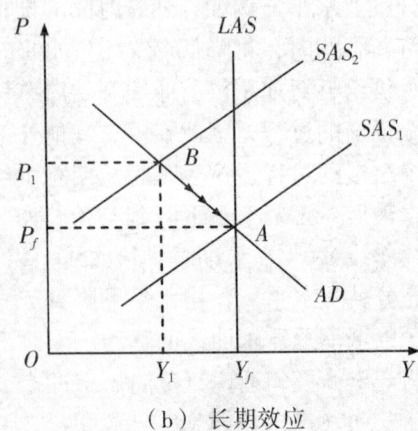
（b）长期效应

图17-12 供给冲击

假设世界石油价格上升。较高的能源价格增加了企业的生产成本。企业生产成本的增加对宏观经济有什么影响呢？在任何一种既定物价水平时，企业愿意供给的物品与劳务量少了。如图17-12（a）所示，短期总供给曲线由 SAS_1 移动到 SAS_2。（这类事件也会使长期总供给曲线移动。但是，为了分析的简便，我们假定长期总供给曲线不变）。由于短期总供给曲线的移动，经济的均衡点沿着总需求曲线从 A 点移动到 B 点。实际

产出从 Y_f 减少为 Y_1，而价格水平从 P_f 上升为 P_1。经济中既存在衰退（产量下降），又存在通货膨胀（价格上升），衰退和通货膨胀的结合被称为**滞胀**（stagflation）。20世纪70年代中期和80年代初期美国就出现了这种情况。

2. 供给冲击的长期效应

经济不会长期处在滞涨的情况。随着时间的推移，一方面，由于失业严重，企业在与劳动者签订新合约时，将会压低名义工资水平。另一方面，石油价格的上升会促使人们采取节能措施和寻找替代能源，以减少对石油的依赖。比如可以用节油的车替代耗油量大的车，或者用核能、太阳能替代石油，这会导致石油价格最终趋于下降。如图17－12（b）所示，面对逐渐下降的工资和能源价格，企业会增加生产，短期总供给增加，表现为短期总供给曲线 SAS_2 沿着总需求曲线 AD 向长期均衡点 A 移动，最终会回到 A 点，经济又实现了长期均衡。

3. 政府的需求管理政策

当面临由供给冲击而引起的滞涨时，政府应该怎么办呢？一般有两种选择：一是静观其变，等待市场机制的自发调节使经济回到正常状态。但是，这个过程相当漫长，经济将会面临较长时期的衰退。二是政府可实施扩张性的财政和货币政策增加总需求，从而使经济迅速恢复长期均衡。比如政府可以减税或增加对物品和劳务的购买，中央银行可以增加货币供给量。如图17－13所示，这将使总需求曲线从 AD_1 移动到 AD_2，正好抵消了短期总供给曲线移动对经济的不利影响，经济直接从 A 点移动到 C

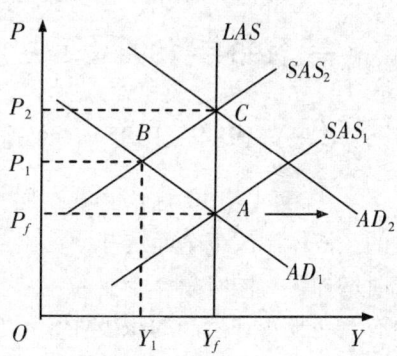

图17－13 面对滞涨的需求管理政策

点，产出恢复到充分就业水平，但价格水平从 P_1 上升到 P_2。这意味着，政府以成本上升，进而长期价格水平上涨为代价，抵消了短期总供给曲线的移动。

链接 17－1　　　　　　　　　美国的石油与经济

20世纪70年代初，石油输出国组织大幅度提高石油价格。石油是美国生产许多物品与劳务的关键投入，而且，美国相当部分石油来自于中东国家。石油价格上升，美国生产汽油、轮胎和许多其他产品的企业成本增加。根据总需求－总供给模型，生产成本增加使短期总供给曲线向左移动，总供给减少，引起 GDP 减少，物价水平上升，经济出现通货膨胀和衰退并存的滞胀现象。从1973年到1975年，石油价格几乎翻了一番，美国的通货膨胀率几十年来第一次超过10%，失业率从1973年的4.9%上升到1975年的8.5%。70年代末期，相同的情况再次发生，石油输出国组织再次限产以提高价格。从1978年到1981年，石油价格翻了一番还多，美国的通货膨胀率在已有平息之后又上升到10%以上。失业率从1979年的6%左右在几年之后上升到10%左右。

当世界石油价格下降时，也会使总供给发生有利的移动。1986年石油输出国组织的成员爆发了争执。成员国违背限制石油生产的协议，价格下降了一半左右。石油价格的这种下降减少了美国企业的成本，这使短期总供给曲线向右移动。结果，美国经济经历了滞胀的反面，产量迅速增长，失业减少，而通货膨胀率达到了多年以来的最低水平。

资料来源：曼昆：《经济学原理》，北京大学出版社 1999 年版。

第四节　改革开放以来我国的宏观经济波动

现在让我们把总需求和总供给的知识运用到我国现实经济和政策的实践，看我们可以如何解释改革开放以来中国宏观经济的状况。本节将按照时间的顺序，依次讨论自 20 世纪 80 年代中期到 1994 年的三次通货膨胀、1997 年到 1999 年的通货紧缩，以及自 2007 年下半年以来的宏观经济运行与调控。

一、1984～1994 年：三次通货膨胀及其宏观调控

（一）1984～1985 年的通货膨胀和政策调控

从 1984 年 10 月党的十二届三中全会通过《关于经济体制改革的决定》起，我国的经济体制改革全面展开，突出表现在财政方面加大了对地方政府的"财政放权"，同时增加了对国有集体企业的"放权让利"。分权式改革虽然极大地调动了地方政府和国有企业投资和生产的积极性，但是，在计划经济时代"软预算约束"依然存在的情况下，扩大企业自主权的改革也导致了地方和企业的投资扩张。1984 年当年地方财政支出增幅高达 50%，地方财政支出的比重从不足 50% 一跃达到 60%。在银行信贷方面，由于当时银行体制不完善，导致信用规模全面膨胀，表现在 1984 年货币流通量增长率为 33.1%，远远地超过了经济增长对货币的需求。因此，地方财政支出膨胀和信用失控最终造成了 1985 年的通货膨胀。1985 年的通货膨胀率为 8.8%，而 1984 年的通货膨胀率仅为 2.8%。

针对上述情况，中央政府在着手整顿财政秩序，清算地方财政预算外收入，严格加强固定资产投资管理，大幅压缩地方财政支出预算的同时，把政策调控的着力点放在运用货币、信贷计划手段紧缩银根。中央银行采取的措施首先是，提高银行的存款准备金率，但在效果不明显的情况下，采用了控制专业银行的贷款规模，对固定资产投资贷款实行指令性管理，货币发行和贷款规模不得突破计划，并对各项计划的执行按季度进行控制。

1985 年的调控措施很快收到了成效。1986 年固定资产投资增长 18.7%，增幅比上年回落 20% 多，通货膨胀率迅速回落到 6%，当年的 GDP 增速由上年的 12.8% 回落到 8.1%。通货膨胀最终得到控制。

（二）1987～1988 年的通货膨胀和政策调控

这次通货膨胀与 1984～1985 年的通货膨胀有着相同的制度背景，在进一步扩大地

方和企业的收入分配和自主支出权利的情况下,地方财政支出在 1988 年再度出现膨胀,增幅从 1987 年的 3.5% 跃升到 16.2%,占比上升到近 70%。银行对国有企业的信贷资金在 1988 年迅速增长,固定资产投资增长 23.5%。但是,尽管如此,引发这次通货膨胀的原因不是财政赤字也不是银行贷款的增长,而是人们对通货膨胀的预期。1988 年我国商品市场和流通体制的改革进入关键期,"价格改革闯关"使老百姓对通货膨胀的预期突然加强,当时在全国范围内出现大面积的挤兑储蓄存款、抢购商品的风潮。如图 17-14

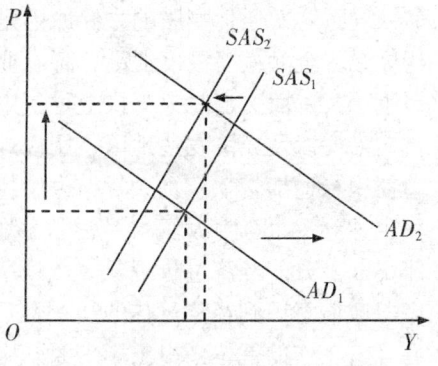

图 17-14　通货膨胀的 $AD-AS$ 模型图示

所示,这引起总需求曲线大幅度地向右移动,而人们对通货膨胀的预期使短期总供给曲线向左移动,造成物价飞涨。1988 年的零售物价水平上涨幅度最高达到 18.5%,创下了改革开放以来的历史新高,而实际产出的增加并不十分明显。

为了消除通货膨胀预期,中国人民银行对当时的三年定期存款实行了保值储蓄,使得名义利率随通货膨胀水平浮动调整,由于老百姓的利益得到了保护,银行的储蓄不再减少,从而抑制了通货膨胀。同时,政府又从财政、信贷等方面采取了十分严厉的经济紧缩措施。在财政方面仍然以压缩地方财政支出为主,用行政手段叫停"楼堂馆所"等非生产性固定资产投资,严格地方投资项目的审批程序。在货币政策方面,重新恢复了对贷款规模的限额管理,对贷款规模实行按月考核,强化了计划手段控制信贷总量的作用。上述"双紧"政策实施的结果使得总需求减少,虽然遏制了通货膨胀,使过热的经济迅速降温,同时也使经济增长陷入低谷,1989 年和 1990 年的 GDP 增长率仅为 4.1% 和 3.8%,1989 年社会商品零售总额开始出现负增长,市场需求的疲软状态一直持续到 1992 年。

(三) 1993~1994 年的通货膨胀和政策调控

1992 年邓小平同志发表"南巡讲话",提出"发展才是硬道理"的重要思想。同年 10 月,党的十四大明确提出建立社会主义市场经济体制的改革目标和使国民经济提前翻两番的发展目标,在此政治背景下,中国经济一改 1991 年攀升乏力的状态,重新走上了扩张之路。

在这新一轮的经济扩张中,地方、部门和企业扮演了积极的角色,分别主动出击,推进本地区、本单位的改革开放。特别是各级地方政府积极规划开发区、铺基本建设摊子,形成了"四高四热",即高投资规模、高工业增长、高货币信贷投放、高物价上涨以及股票热、房地产热、开发区热和集资热。经济发展呈现存货迅速过热的态势。从 1992 年起,作为推动我国经济增长主要因素的固定资产投资高速增长,1992 年至 1993 年增速分别为 44.4% 和 61.8%,大大超过以往增长速度,投资需求带动了消费需求,总需求的膨胀推动了物价水平的上升,1993 年的通货膨胀率为 14.7%,1994 年的通货膨胀率达到 24.1% (通货膨胀率用消费价格指数表示)。

导致这次通货膨胀的主要原因是银行信用规模的膨胀。由于我国没有健全的商业银行体系，金融秩序极度混乱，各专业银行的信贷审查和资金投放受到各级政府和部门的严重干扰，面对当时大干快上气氛中出现的乱集资、乱拆借现象，大量资金绕过监管，流向沿海以及经济发达地区，用以炒作房地产和股票。这又必然挤占正常的生产资金，迫使银行追加贷款、扩大货币供给量，1993年M_1的增长率为38.8%，财政支出的增长率也达到24.8%，从而导致通货膨胀率急剧上升。图17-14可用来解释1994年通货膨胀不断上升的经济过热现象。

政府意识到经济过热的严重性后，1993年的中央经济工作会议把抑制通货膨胀摆在经济工作的首位，提出了"适度从紧"的财政和货币政策，具体包括：①中央银行采取严厉的信贷计划控制信贷规模，严格控制固定资产贷款，严禁用流动资金搞固定资产投资。② 1993年5月15日和7月11日先后两次提高存贷款利率。③政府运用行政和法律手段治理混乱的金融秩序，以抑制房地产业和股票市场的过度投机。④严格控制财政支出，特别是工资性支出和社会集团消费，以控制财政支出的增长势头。⑤加大投资结构调整力度，严控新形式项目、加大企业技改力度，投资资金用于保投产、保收尾、保国家重点等。

这一次财政政策和货币政策的搭配使用，成功地使经济过热降温，遏制了高通货膨胀，实现了经济的平稳增长，实现了宏观经济的"高增长低通货膨胀"的"软着陆"局面，表现在1994～1996年，GDP的增长率分别为12.6%、10.5%、9.7%。而消费价格指数从1994年顶峰时的24.1%稳步下落到1995年的17.1%、1996年的8.3%。

二、1997～1999年：通货紧缩与我国宏观调控政策的转变

1996年是我国九五计划开始的第一年，当时政府认为经济的主要危险仍然是通货膨胀，因而提出在"九五"期间要实行适度从紧的财政政策和货币政策。然而，随后的宏观经济则明显地向紧缩方向滑行。1997年经济增长速度下降，货币供给量增长率下降，零售物价指数从10月份开始出现负增长，全年物价上升幅度不到1%，宏观经济学把价格水平持续下降的现象称为**通货紧缩**。判别是否存在通货紧缩，通常可以采取"两个特征、一个伴随"的标准，即价格水平的持续下降和货币供给量的持续下降，通货紧缩常常伴随着经济衰退。价格水平下降是最直观的把握通货紧缩的方法，但与通货膨胀一样，通货紧缩是一个货币现象。在历史上，当经济中两个特征同时发生时，都伴随就业减少，产出下降，经济走向衰退。

正如通货膨胀的背后是总需求的过度增长一样，通货紧缩的背后则是总需求的不足。那么，是什么原因使经济突然出现需求不足呢？下面从外需和内需两个方面分析其原因。

首先是来自1997～1998年"亚洲金融危机"的外部冲击。1997年，泰国首先爆发了金融危机，并迅速波及东南亚所有国家和地区。这场危机给我国带来了严重的负面需求冲击，主要表现在：①出口商品锐减。亚洲金融危机发生后，许多亚洲国家和地区的货币大幅度贬值，由于中国出口商品结构和东南亚国家和地区类似，这使我国产品出口大幅度下降，1998年后影响加深，出口增幅逐月递减。②外商投资减少。金融危机的

爆发，使国际资本对亚洲地区的投资信心受到重挫，作为世界上吸引外商直接投资（FDI）最多的发展中国家，中国深受影响。从1996年到1999年，我国吸收的FDI分别为732.6亿美元、510.04亿美元、521.02亿美元和412.23亿美元。

再看国内的消费和投资需求情况。就消费需求而言，有三个原因引起国内有效消费需求不足：一是出口的下降直接导致我国沿海地区"劳动密集型"的出口行业就业下降，工资增长缓慢；二是20世纪90年代中期以后，我国教育、医疗、城市住房和社会保障等方面的改革陆续展开，这使人们在未来子女教育、看病吃药、购房和养老等方面的支出预期上升，从而降低了人们的消费愿望；三是1999年开始的国有企业关停并转、减员增效的改革，致使很多效益不好的国有企业员工和"4050"人员（即女40周岁以上，男50周岁以上）直接面临下岗和失业的风险，从而增加了城市居民的就业压力和收入的不确定性，抑制了消费需求的增长。

从国内投资需求的情况看，也有如下原因导致有效投资需求不足：一是出口的下降通过产业链条，引发了相关行业的投资需求下降；二是由于经济不景气，在20世纪90年代中后期迅速成长起来的大量非国有经济，由于对未来市场预期不乐观，也没有强烈的投资愿望；三是当时国有商业银行经营机制改革的深化和贷款责任制的建立，银行贷款的安全意识、盈利意识普遍增强，低效的国有企业得不到贷款，企业经营日益困难，银行贷款风险加大，贷款越发谨慎。地方政府盲目投资和重复建设的行为也有所控制。鉴于以上因素，1997年我国的固定资产投资增长幅度下滑至8.8%，比1996年下降了6%，投资需求明显不足。

图17-15表现了总需求的减少使 AD 曲线大幅度左移，同时人们对通货紧缩预期的加强导致短期总供给曲线 SAS 向右移动，宏观经济均衡从 A 点移动到 B 点，价格水平大幅度下降，出现通货紧缩。

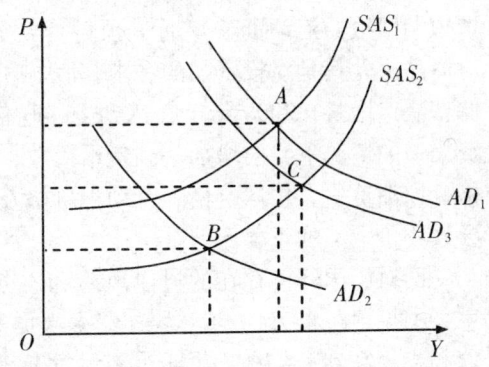

图17-15 通货紧缩与经济的"软着陆"

针对通货紧缩，政府及时改变了"九五"计划确定的"从紧"的宏观调控政策，转而实施扩张性的财政和货币政策，目标是"拉动内需"，实现经济平稳增长。扩张性财政政策的主要措施包括：①增发国债。主要用于基础建设领域的重点投资，包括支持农林水利、交通通讯、城市基础设施、城乡电网改造以及国家直属储备粮库等方面的建设。由于投资是总需求的一部分，发行国债直接转换为投资需求，能够产生增加总需求的作用。②减税。一是增加出口退税和减免固定资产调节税，以支持出口，吸引外资和减轻企业负担。二是大幅降低关税税率、证券交易印花税税率和金融保险营业税税率。

为了配合扩张性的财政政策，货币政策也由原来的"适度从紧"转向了"适度从松"。政策的实施方式也由过去的"直接规模管理"走向"间接总量调控"。主要的货币政策包括：①降息。1996~1999年间连续八次降息。与八次降息前相比，存款利率的降幅在70%以上，贷款利率的降幅近一半。②降低法定存款准备金比率。③取消贷款限额控制。

政府的扩张性经济政策逐步产生了效果。2000年，消费价格指数开始转为正值，经济增长速度也回到8%以上。图17-15显示了政府的经济政策使AD曲线向右移动，宏观经济均衡从B点移动到C点，在减轻通货紧缩的同时实现了实际产出的增长。

三、2007年以来的宏观经济波动与政策调控

（一）2007～2008年上半年的通货膨胀和政策调控

2002年以后，我国经济增长出现了过去没有的势头，经济增长率连续5年超过10%，2007年更是达到13%的增速，而平均通货膨胀率不足3%，宏观经济整体保持"高增长、低通货膨胀"的良好运行态势。然而，伴随我国经济的高速增长，在2007年，受猪肉、食用油等食品价格上涨影响，我国的CPI从2007年3月的3.3%一路攀升至2008年的8.7%，经济再度出现通货膨胀。

导致此次通货膨胀的原因很复杂，有总需求拉动的因素，也有总供给推动的因素。从需求方面看，①固定资产投资速度增长过高，从2004～2008年，固定资产投资增长率分别为26.6%、26%、23.9%、24.8%和25.5%，增幅明显高于GDP的增长速度。过高的投资极大地推动了经济增长，2007年我国最终核实的经济增长率为13%，这一增长速度明显超过潜在的经济增长率。根据宏观经济理论，在经过一段时间的滞后之后，会引起通货膨胀的发生。②人民币升值引起的持续升值预期使各种"热钱"（指寻求短期回报的流动资金）通过预付货款等形式流入国内，并吸引FDI大量流入，造成对商品、尤其是对投资品的需求膨胀。③连年的出口顺差和FDI的流入，使我国的外汇储备快速增长，2008年年底达到19460亿美元。在中央银行又没有更多的外汇资产投资渠道的情况下，会增加基础货币投放，造成流动性过剩。从总供给方面看，农产品价格、原油价格、住房价格、劳动力价格及医疗卫生保健费用的上涨导致的成本增加也是导致物价上涨的重要原因。

面对中国经济存在的过热风险和不断上升的通胀压力，政府采取的措施是：①加息。中央银行自2007年开始连续多次加息，一直延续到2007年12月21日把一年期贷款利率提高到7.47%。②上调存款准备金比率。从2007年至2008年6月9日，中央银行连续15次上调存款准备金率，存款准备金率高达17.5%。③调整出口退税。为压缩贸易顺差，以减少由此引起的流动性过剩，2007年曾一次调低或取消了包括服装、鞋、箱包在内的2831项劳动密集型产品的出口退税。④2007年12月中央提出实施"稳健的财政政策和从紧的货币政策"，目标是减少贸易顺差、抑制投资、抑制房地产价格过快上涨以及控制流动性过剩，防止经济转向过热和明显的通货膨胀。

（二）2008年下半年以来中国的通货紧缩与政策调控

自2008年8月份以来，中国经济出现骤然减速，季度GDP增长率逐季下降，第一季度为10.6%，第一到第三季度为9.9%，2008年全年GDP增长率为9%。这个增幅比上一年下降了4个百分点。而居民消费价格总水平自2008年6月起连续下降，2009

年2月同比下降1.6%，这是自CPI六年来首度出现负增长。各项数据表明，中国经济步入新一轮的通货紧缩。

此次我国的经济下行，既有美国金融危机引发的全球性经济衰退的外部冲击的原因，也与我国经济发展中的结构失衡、体制机制问题和政策失误有关。外需冲击和内部因素的负面影响使经济中的总需求不足表现为：①出口大幅度下降。在近年我国经济增长的外需依存度超长提升的背景下，世界性的经济衰退给我国的总需求带来极大的冲击。2008年11月份中国出口同比负增长2.2%，为2001年6月以来的首次。预期2009年我国的出口贸易情况不会太乐观。②国内消费需求不足。由于分配格局失衡，我国消费占总需求的比重多年持续下降，近年只有50%左右。而居民消费仅为36%，可能属世界最低之列。③企业生产能力严重过剩。一是外向型企业出现较大的经营困难。大量企业亏损、停工半停工、倒闭或外迁。这与在人民币升值的背景下，出口退税的调整、原材料成本上升、用工成本的大幅提高以及过于激进的新《劳动法》和金融危机有关。二是重工业和房地产业积累了过量的生产能力。中国过去5年经济增长的特点是资源过度流入重工业、机械制造和房地产投资，而对于医疗、卫生、教育、铁路、环保等领域的投入过低。事实证明，结构过度趋重在经济上行时会带来一定程度的扩张，而在下行阶段庞大的生产能力会凸显严重过剩，从而对宏观经济带来较大冲击。④房地产市场和股市泡沫的破灭导致居民消费和投资的下降。2005~2007年，我国房地产和股价快速上升，吸引货币市场过剩的流动性大量流入，从而导致市场价格的"泡沫"。受金融危机和宏观调控的影响，房地产市场和股市泡沫迅速破灭，价格急速下跌，使得财富效应消失，导致居民消费和投资的下降，加剧了宏观经济困境。

针对经济下滑，中国政府与2008年11月提出了"积极的财政政策和适度宽松的货币政策"的政策组合。2009年3月，温家宝总理在十一届全国人大第二次会议的政府工作报告中提出了本年度实施积极财政和货币政策的一揽子计划。积极的财政政策包括：①大幅度增加政府支出。从2008年至2010年，中央政府实施4万亿元投资计划，其中，中央政府的投资是1.18万亿元，带动地方政府和社会投资共约4万亿元。4万亿元主要用于民生工程、基础设施建设、社会事业、节能减排和生态工程、调整结构和技术改造以及地震重点灾区的灾后重建。2009年，中央政府公共投资安排9080亿元，比上年增加4875亿元。②实行结构性减税。采取减税、退税或抵免税等多种方式减轻企业和居民税负，初步测算2009年将减轻企业和居民税负5000亿元。③安排中央财政赤字7500亿元，同时由财政部代理地方政府发行2000亿元债券。全国财政赤字合计9500亿元，占GDP比重在3%以内。④增加补贴。其中增加对农民的各项补贴1230亿元，比上年增长19.4%。增加对企业退休人员和优抚对象的基本养老金和生活补助2208亿元。⑤优化财政支出结构。大力保障和改善民生，严格控制一般性开支，降低行政成本。适度宽松的货币政策包括：一是广义货币供给增长17%，新增贷款5万亿元以上。二是优化信贷结构，加强和改进金融监管。三是降低利率和存款准备金比率。2008年9月以来，已5次下调金融机构的存贷款基准利率，4次下调存款准备金比率。

目前，据陆续公布的一些数据看，密集出台的宏观经济政策已明显显现对经济的拉动态势。初步核算结果显示，2009年第一季度全国GDP增长6.1%，第二季度增长

7.9%，第三季度增长8.9%。前三季度我国国内生产总值217 817亿元，按可比价格计算，同比增长7.7%。这表明，我国经济总体上正在企稳向上，全年GDP完成8%增幅没有困难。

本章要点

（1）总需求—总供给模型是经济学家用来分析宏观经济短期波动和均衡的基本工具。在这个模型中，价格水平和国民收入同时作为内生变量来加以研究，因而可以说明经济中某种事件的发生在多大程度上影响国民收入，在多大程度上影响价格水平。

（2）总需求曲线表示对总产出的需求量与价格水平之间的关系，表示对应于每一价格水平全社会愿意购买的产出量。财富效应、利率效应和国际替代效应解释了总需求曲线是一条向右下方倾斜的曲线。总需求曲线的位置取决于人们对未来收入、利润和通货膨胀的预期，以及政府的财政和货币政策。

（3）总供给曲线表示产品和劳务的数量和价格水平之间的关系。在长期，价格和工资的充分调整可以保证生产要素的充分利用。产出取决于经济中的劳动、资本、技术和制度，而不取决于价格水平。因此，长期总供给曲线是位于充分就业产出水平的垂线。在短期，由于工资和价格的粘性，根据距离充分就业产出水平的远近，短期总供给曲线分为水平、向右上方倾斜和垂直三部分。常规的短期总供给曲线为一条向右上方倾斜的直线。

（4）宏观经济均衡有长期均衡和短期均衡两种情况。在长期均衡点，长期总供给曲线、短期总供给曲线和总需求曲线相交。短期均衡有小于充分就业均衡和大于充分就业均衡两种情况。

（5）总需求的冲击和总供给的冲击都将导致短期经济的波动，通过市场机制的调节和政府的宏观经济政策，经济可以回到长期均衡。

（6）用总需求—总供给模型可以解释改革开放以来中国的宏观经济波动和政府经济政策的调控效果。

重要概念

总需求曲线　长期总供给曲线　短期总供给曲线　需求冲击　供给冲击　衰退　滞胀

本章练习题

（1）为什么总需求曲线向右下方倾斜？

（2）预期、财政政策和货币政策以及世界经济的变动如何改变总需求，并使总需求曲线移动？

（3）解释下面每一个事件是使长期总供给增加，减少，还是没有影响？

　　A. 一国经历了移民高潮；

　　B. 一国工会在新的合约中赢得了未预期到的高工资增加；

　　C. 电脑公司投资生产新的电脑芯片；

D. 严重的暴风雨危及一国的工厂。
(4) 假设经济起初处于充分就业状态。在以后连续四年中，发生了下列经济事件：
A. 第一年：政府增加对物品与劳务的购买；
B. 第二年：石油输出国组织提高石油价格；
C. 第三年：中央银行增加货币供给量；
D. 第四年：中央银行减少货币供给量。

用图形说明这四件事引起的国民收入和物价水平的变动。最初的均衡点为 a，以后第一年、二年、三年、四年的均衡点分别为 b、c、d 和 e。

(5) 原油价格上升会使短期总供给曲线、长期总供给曲线、均衡价格和均衡产出如何变动？为什么？

(6) 是总需求增加、短期总供给增加还是长期总供给增加引起了通货膨胀？

(7) 人们对未来悲观失望在短期和长期分别会对经济产生什么影响？

(8) 用总供给冲击模型说明宏观经济政策的局限性。

(9) 请举出若干个中国经济生活中的实例说明总需求冲击或总供给冲击如何导致宏观经济的短期波动。

第十八章 失业与通货膨胀

失业与通货膨胀问题是宏观经济短期波动的常态。尤其是20世纪70年代，许多主要发达国家普遍出现高通货膨胀和高失业并存的滞胀现象。失业率和通货膨胀都曾达到过两位数。在另一些年份或其他国家，或者是高失业低通货膨胀，或者是低失业高通货膨胀。失业和通货膨胀逐渐成为常规性、世界性的现象。中国曾是一个失业率和物价高度稳定的国家。但是，在改革开放的高速发展时期，经济也受到通货膨胀和失业的困扰，在20世纪80年代末期到90年代初期，通货膨胀曾达到过两位数，而自90年代后期以来失业问题又成为困扰经济发展的痼疾。

由于失业和通货膨胀对一国经济和政治产生广泛影响，所以无论是经济学家还是决策者都对它们给予极大的关注。失业和通货膨胀理论也是宏观经济学的重要组成部分。本章将以总需求-总供给模型和短期中总需求的重要性为理论工具，分析失业和通货膨胀的原因、影响及其应对措施。

第一节 失 业

一、失业的类型和原因

失业（unemployment）是指有劳动能力的人想工作没有工作正在寻找工作的社会现象。从经济学角度看，失业意味着劳动力的供给大于需求。根据造成劳动力供大于求的不同原因，经济学通常将失业分为两类：自然失业与周期性失业。

（一）自然失业

自然失业（natural unemployment）是指经济社会在正常情况下存在的失业。宏观经济学认为，由于经济中难以克服的原因，总会存在着一定比例的失业人口，即使经济资源全部得到充分利用，产量达到充分就业水平，也会有一部分愿意工作的人无事可做。引起自然失业的原因很多，例如，劳动力的正常流动，工作的季节性，制度的原因，技术变动，等等。其中最主要的是正常劳动力流动引起的摩擦性失业和技术变动引起的结构性失业。

1. 摩擦性失业

摩擦性失业（frictional unemployment）是指劳动力市场供求信息不完全以及劳动力在异地之间流动的成本引起的失业。在一个动态经济中，人们在不同行业、不同地区或在一生中不同阶段变动工作是经常发生的。比如大学毕业要寻找工作；有人不满意现在的工作，因而辞去旧工作想找到一个适合个人爱好与技能的工作；为了与亲人团聚而辞掉工作；有的员工被企业辞退等等。总之，生活中总有一些原因使一部分人自愿或被迫离开原来的地区或职业。在劳动力市场，由于找工作的人与工作岗位之间存在信息不对称，劳动者并不知道所有空缺职位的信息，企业也无法清楚了解所有求职者的才能和潜力，双方所获得的信息都是不充分的。这样，劳动者在了解就业信息过程中需要花费成本，包括时间、精力和一定的财力。此外，劳动者在地区间的流动也要花费成本，比如离开家人和朋友、异地生活的不习惯等等，这些都构成了劳动力流动的障碍。上述原因使得人们从离开旧工作到找到满意的新工作之间总有一段时间间隔，在这一期间，一部分人处于失业状态。这类失业就是摩擦性失业。

摩擦性失业者能否尽快地找到一份合适的工作，主要取决于获取就业信息的难易程度。工人在劳动力市场上得到的信息越不充分，就越难以找到理想的工作，寻找工作的时间也就越长，因此，摩擦性失业又称为寻找性失业。摩擦性失业是不可避免的，经济学家认为这种失业是实现劳动力资源合理配置所必须付出的代价。

2. 结构性失业

结构性失业（structural unemployment）是指现有劳动力技能与对劳动力的需求不匹配而造成的失业。这时，劳动力的供求在总量上大体平衡，但在结构上不一致，即一方面存在失业，另一方面又存在劳动力供给不足。出现这种情况，是因为技术的进步，传统部门走向衰落而新的部门正在兴起，使得不同行业和不同地区之间对劳动力的需求结构经常发生变动，表现为市场对某一类劳动力的需求增加，而对另一类劳动力的需求减少。与此同时，劳动力的供给结构并没有迅速作出调整。也就是说，从传统产业部门转移出来的劳动者并不能马上具备进入新兴产业部门所要求的技能和条件，这就形成各种行业或地区间劳动力供求结构的不平衡。例如，计算机软件部门出现了岗位空缺，而纺织行业的劳动市场供过于求，由于这两个部门对劳动者技能的要求存在差异，被分流出来的纺织工人要想成为软件工程师必须具备一定的技能和条件，如较高的学历和专门的技能，这就需要纺织工人付出时间和成本，因而失业的纺织工人并不能及时地向计算机软件部门转移，从而形成岗位空缺和失业并存的现象。由于这类失业根源于劳动力供给结构滞后于劳动力需求结构的变动，所以称为结构性失业。

（二）周期性失业

周期性失业（cyclical unemployment）是指由经济衰退引起的失业。这类失业随经济周期而波动。在经济繁荣时期，失业率较低。在经济萧条时期，失业率较高。20 世纪 30 年代大萧条时期的大规模失业是周期性失业的典型例子。1930 年开始，美国的失业率急剧上升，最高达到 25%。而在自 2007 年发生的美国金融危机中，美国的失业率又急速上升，2009 年 10 月上升至 10.2%，达到了 26 年来的最高水平。周期性失业的发生不是因为"摩擦"上升或工人技能突然下降，而是与总需求的不足有关，这包括私人投资不足、消费不足、低政府支出、高税收和净出口的不足。政府旨在稳定经济的扩张性财政政策和货币政策可以避免或减少周期性失业。

周期性失业在典型的市场经济中的表现很明显，失业率的上升往往与经济衰退同时出现。中国的周期性失业在计划经济下由于"铁饭碗"的普遍就业制度而被掩盖起来。在体制改革过程中，周期性失业又与体制转型相联系的失业交织在一起，不易分清。此外，失业统计数据的不准确也使对周期性失业的识别更加困难。尽管如此，在此次美国金融危机引起的经济衰退中,我们仍然可以观察到失业率的上升。2007年,当中国经济处于繁荣时期时,城镇失业人数为830万人,失业率为4%。2008年下半年经济进入衰退时期,全年城镇失业人数为886万人,失业率为4.2%。2009年下半年中国经济已明显表现出回暖,但考虑失业率的下降通常慢于经济增长率的回升,预计2009年中国的失业统计数据还将攀升。

(三) 我国失业现象的特点

以上介绍的标准失业分类通常以成熟市场经济制度的国家为对象。而中国作为发展中国家以及体制转型国家,经济中的失业现象既有标准失业分类的特征,又存在着自身特点。其中最重要的是农村剩余劳动力和城市工人的下岗。

农村剩余劳动力的存在也被称为发展型失业现象,它与发展中国家的"二元经济"背景有关。"二元经济"(dual economy)是美国经济学家刘易斯提出的概念,是指发展中国家的经济由现代经济与传统农业经济两个部门构成。现代经济部门的市场化程度很高,劳动的报酬(工资)由劳动的边际回报决定。而传统农业部门技术和生产方式比较落后,与市场的联系比较薄弱,具有一定程度上的自给自足的性质,收入水平也低于现代经济部门。从长期看,收入的差距会推动农业劳动力向现代经济部门流动,最终实现经济的一体化。但是,从短期看,现代经济部门没有能力吸收传统农业部门所有的剩余劳动力。因而,相对于现代经济部门的劳动力需求而言,传统农业部门的劳动力供给近似于无限大,所以发展中国家大量的农业过剩劳动力,通常被看做是一种特殊形态的发展型失业。中国是一个典型的具有"二元经济"特征的国家,乡村人口曾经占全部人口的80%。在计划经济体制下,农业中就存在大量的过剩劳动力,虽然这部分过剩劳动力仍然在土地上耕作,并且生产出部分自己消费部分出售的农产品,但是,这并非意味着土地的需要。由于农业部门的劳动边际生产率十分低下,接近于零。如果从农业中转移出一部分劳动力到其他行业,农业的产值会保持不变。但在计划经济时期,户籍制度限制了这部分过剩劳动力的转移。体制改革之后,短期内现代经济部门对劳动力容纳的有限性使一部分过剩劳动力仍然滞留在土地上。他们的劳动能力并没有得到充分利用使得农业剩余劳动力具有失业的含义。据统计,1990~2000年,离开户籍所在地半年以上的非户籍迁移者和户籍迁移者在1.2亿人以上。农业劳动力向城镇的大规模转移证实了农业过剩劳动力的存在。由于传统农业经济向现代经济的转变是一个长期的过程,农业过剩劳动力不可能在短期内消除。在相当长时期内,农业过剩劳动力的存在仍将是中国失业现象的一个重要特征。

城市工人的下岗是与我国体制改革相联系的失业现象。20世纪90年代以来,部分国有企业为了解决计划经济时期遗留下来的冗员过多问题,实行提前退休制度,下岗工人数量不断增加,1997年出现下岗高潮。1993年全国下岗职工(包括国有、城镇集体单位)约300万人,1996年则为890万人,1997年达到1435万人。下岗职工中有一部分通过"分流"实现了再就业,比如企业组织劳务输出解决就业问题,或者分流到其他单位、自谋职业等等。根据1998年《中国劳动统计年鉴》公布的数据,1997年全国国有企业下岗总数为1274万人,分流人员640万人,分流比例为50.2%,这意味着下岗人员中的失业人数仍有 600 余万人，仍然超过同期城镇失业人口。下岗的普遍性使得政府把解决再就业问题提上议事日程。由于下岗是体制改革过程中出现的一次性事件，进入 21 世纪以来，国有企业年末下岗职工人数开始逐年下降。

链接 18 - 1　　　　　我国失业人员的状况

按照我国的统计口径，失业人员可以分为城镇登记失业人员、城镇调查失业人员和下岗职工。

国家统计局《中国劳动统计年鉴》（1998）将城镇登记失业人员定义为"有本地非农户口，在一定劳动年龄内（16 岁以上及男 50 岁以下，女 45 岁以下），有劳动能力，无业而要求就业，并在当地就业服务机构进行求职登记的人员"。城镇登记失业人员主要是初、高中毕业后没有找到工作的青年，以及男 50 岁以下，女 45 岁以下的失业人员。由于很多失业者（估计相当于登记失业人数的 40%）没有去登记，同时，也有一些登记失业者存在隐性就业的情况，城镇登记失业统计不能完全反映整个社会的失业情况。

国家统计局和劳动部 1995 年开始统计全国城镇失业人员调查数。全国城镇调查失业人员是城镇常住人口中 16 岁及 16 岁以上，有劳动能力，在调查期间无工作，当前有就业可能并以某种方式寻找工作的人员。主要包括两部分人：以失业青年为主的登记失业人员和下岗人员。因而，城镇调查失业人员数明显高于城镇登记失业人员数。1995 年，全国城镇调查失业人员 790 万人，比城镇登记失业人员高 51.9%，调查失业率为 4.3%。1997 年，城镇调查失业人员 980 万人，比登记失业人员高 72%，调查失业率为 4.9%。1998 年以后，《中国劳动统计年鉴》不再报告调查失业人数。

失业人口调查揭示了我国失业的几个特点。①女性失业率高于男性。1997 年，男性失业人员 492 万人，失业率为 4.18%；女性失业人员 565 万人，失业率为 5.64%。在城镇经济活动中，非农业（城镇户口）人口失业率高于农业（农村户口）人口。②来自农村的劳动力 1997 年占城镇经济活动人口的 28%，仅占失业总数的 8.5%。这部分是由于进入城镇经济的农村劳动力如果找不到工作就会流回农村，部分是由于城镇劳动力市场是分割的，来自农村的劳动力一般从事城里人不愿从事的工资较低、条件比较艰苦的工作，而城市下岗人员不愿进入这部分劳动力市场。③在人口中，随着年龄升高，青少年组的失业率最高。其他市场经济国家也存在这种现象。④我国城镇失业人口的受教育年限高于东亚国家和地区（除日本外）的平均水平。1997 年，我国城镇失业人员受教育年限平均为 9.9 年，而东亚国家和地区（除日本外）的平均受教育年限为 6 年。大专以上、高中、初中、小学和不识字者的失业率分别为 5.7%、16.0%、6.6%、1.4% 和 0.4%。除大专以外，接受教育年限分组的失业率倒挂，即读书越多失业率越高。当然，不同组所追求的工作是不同的，这也反映了需要不同知识的不同职位对劳动的需求不同。

综上所述，我国城镇失业人口应包括：以刚进入劳动力市场的青年失业者为主体的登记失业人口，下岗职工中为实现再就业的人员（即下岗职工年末累积数），在城镇的农村劳动力中的失业人员。因此,登记失业人口和登记失业率低估了实际失业人口和失业率。建立一个真实反映失业情况的失业统计数据,是进行宏观经济分析和决策的基础。

<small>资料来源:易纲、张帆:《宏观经济学》,中国人民大学出版社 2008 年版。</small>

二、自然失业率与充分就业

如上所述,在不存在经济衰退或经济过热的情况下,即实际 GDP 等于潜在 GDP 的情况下,由于劳动力市场供求信息的传递不完备,以及伴随着产出构成的变化,各行业或地区对劳动力的数量和技能的需要不断变化,摩擦性失业和结构性失业是不可避免的,是自然发生的。正是在这一意义上,摩擦性失业和结构性失业被称为自然失业。与自然失业相对应的失业率就是"自然失业率"。**自然失业率**(natural rate of unemployment)是指经济在正常情况下的失业率。或者说是劳动力市场处于稳定状态时的失业率。这一失业率将会在长期内普遍存在。

当劳动市场的失业率处于自然失业率的状态时,如果政府使用财政或货币政策增加总需求,会出现实际失业率小于自然失业率,经济存在过度就业。在经济的过度就业时期,往往伴随着工资水平的上升。反之,当实际失业率大于自然失业率时,经济就出现了需求不足的失业(周期性失业)。因此,自然失业率可以看成是实际失业率围绕其波动的平均失业率。在短期内,失业率可能会有起伏,但在长期中,经济将趋于接近自然失业率。

自然失业率的高低取决于各国的制度和劳动力的人口构成。例如,劳动力市场是否完善,即有无职业介绍所,就业信息是否畅通。失业保障制度是否合理也会影响自然失业率。失业保障使得工人在失业以后可以得到相当于以前工资一部分的失业保险金,减轻了工人寻找工作的压力,使他们可以拒绝一些不满意的工作,但也延长了寻找工作的时间,甚至一部分失业者可能不去努力寻找工作,这会提高自然失业率。此外,一国的劳动力构成中成年人和青年人所占的比例也会影响自然失业人口。一般来说,青年人的失业率普遍高于成年人。这与他们刚进入劳动力市场,不清楚自己的能力和特长适合做什么工作,倾向于尝试不同的工作有关。另一方面,青年人由于工作时间较短,缺乏专门知识和技能的积累,因而很容易成为摩擦性失业的牺牲品。

与自然失业率相联系的一个概念是充分就业。充分就业不是指人人都有工作,如前所述,失业可以分为由于需求不足而造成的周期性失业与经济中由某些不可避免的原因造成的自然失业。当实际失业率为自然失业率时,经济中就实现了充分就业,或者说,**充分就业**(full employment)是指消灭了周期性失业时的就业状态。实现了充分就业时的失业率即是自然失业率,也称为充分就业的失业率。

三、失业的代价与治理

过高的失业率会带来一系列经济、社会、个人和家庭问题,影响经济正常发展,甚至引发社会的不稳定。因此,各国政府都非常重视失业问题,都把失业率控制在"自然"的或"充分"的就业状态作为最主要的政策目标。

(一) 失业的代价

1. 经济代价

失业在经济上最大的损失就是实际 GDP 的减少。这是因为，一国经济的就业水平决定产出水平，就业的变动会引起产出的变动。当失业率上升时，意味着参加工作的人少了，这不仅使一部分劳动力资源被浪费，而且劳动力之外的其他资源也不能得到充分利用，实际产出必然会降低，失业率与实际 GDP 之间存在负相关关系。

美国经济学家阿瑟·奥肯（Arthur Okun）在 20 世纪 60 年代提出了用以说明失业率与实际 GDP 增长率变动之间存在反向关系的一条经验规律，这被称为奥肯定理（Okun's lam）。奥肯定理的内容是，当实际 GDP 增长相对于潜在 GDP 增长（美国一般将之定义为3%）下降2%时，失业率上升大约1%；当实际 GDP 增长相对于潜在 GDP 增长上升2%时，失业率下降大约1%。即失业率的变动是实际 GDP 增长率的一半。可用以下公式描述这一定理：

$$失业率的变动 = -\frac{1}{2} \times (实际 GDP 变动百分比 - 3\%)$$

根据公式，当实际 GDP 的平均增长率为3%时（与潜在 GDP 增长率一致），失业率保持不变。

当经济扩张快于3%时，失业率下降的幅度等于经济增长率的一半。例如，如果 GDP 在第二年度增长5%（高出正常水平2%），奥肯定理预期失业率将下降1%。

$$失业率的变动 = -\frac{1}{2} \times (5\% - 3\%) = -1\%$$

当 GDP 下降，或增长不到3%时，失业率上升。例如，如果 GDP 到第二年度下降1%（比正常水平低4%），奥肯定理预期失业率上升2%。

$$失业率的变动 = -\frac{1}{2} \times (-1\% - 3\%) = 2\%$$

奥肯定理以简明的方式揭示出失业率与实际 GDP 增长率变动之间存在的数量关系，这对政府经济政策的制定具有非常重要的意义。比如，当失业率为3%时，根据奥肯定理，需要实际 GDP 增长9%，才能提供足够的就业岗位，实现充分就业。

需要注意的是，奥肯所提出经济增长率与失业率之间的具体数量关系只是对美国经济所做的描述，而且是特定一段历史时期的描述，不仅其他国家未必与之相同，而且今日美国的经济也未必仍然依照原有轨迹继续运行。因此，奥肯定理的意义在于揭示了经济增长率与就业增长率之间的关系，而不在于其所提供的具体数值。

2. 个人和家庭的代价

失业会给个人带来人力资本的损失。人力资本是接受的教育和获得技能的价值。人力资本来源于所接受的教育和工作中获得的经验。失业一方面使失业者已有的人力资本得不到运用；另一方面失业者无法通过工作增加自己的人力资本。长期的失业会降低人力资本的价值，因为人力资本闲置不用同样会折旧，即劳动技能因下降或过时而失去其原有价值。

失业还会给个人和家庭带来精神和心理伤害，使当事人承受沉重的心理压力。压力会导致抽烟、酗酒、殴打妻子、虐待子女和健康状况的急剧恶化，甚至引发诸如自杀、离婚、吸毒等问题，影响到家庭成员之间关系的和谐与稳定。

3. 社会代价

失业还会带来严重的社会问题。失业率的上升通常会引起犯罪率的增加。一项美国经济学家的研究显示，失业上升1个百分点，暴力犯罪上升3.4%，非暴力犯罪上升2.4%。此外，当失业问题严重，社会收入分配悬殊，失业者感到心理极度不平衡时，他们会采取抗议、示威的方式表达对社会和政府的不满，引起影响稳定的政治问题。

（二）失业的治理

1. 控制自然失业率的政策

尽管自然失业是不可避免的，但是政府仍然可以采取一些措施减少自然失业。一种措施是改进政府就业机构的服务。就业服务机构一方面登记失业工人的供给状况，另一方面记录企业的空缺岗位信息。于是，通过就业服务机构的推荐和介绍，公众可了解工作空缺的信息，失业者和空缺岗位可以很快配合起来，这会缩短失业者寻找工作的时间。另一种措施是提供职业培训，尤其是加强对青年人、低技能劳动者的职业培训，这部分人特别容易受到失业的伤害，通过培训，提高他们自身的素质，可帮助他们顺利地从夕阳产业转入朝阳产业。此外，教育也是提高劳动者素质的一个重要方式，特别是当失业者处在长期失业状态时，随着时间的推移，他的人力资本不断折旧，知识结构逐渐老化。为了提高他们的知识技能和信心，对他们进行再教育和培训显得十分重要。

也有人反对由政府承担帮助工人寻找工作的职能。他们认为由政府提供职业介绍存在低效率的问题，如果由非政府组织承担劳动部门的职业介绍，由这些组织利用民间资源来为社会提供服务，不仅可以大大节约政府的开支，而且可以提高工作效率。事实上，现实经济中大部分人寻找工作都是在没有政府干预的情况下进行的。报纸的招聘广告、大学就业辅导处、猎头公司都有助于工作空缺信息的传播。同样，许多失业者的培训也可通过学校等民间机构进行。

失业保障是对失业者进行救济，以减轻失业者的痛苦，维护社会稳定的一项政策。如前所述，这一政策会提高自然失业率。因为失业者一旦能够领取失业保险金，就可以在得到保障的较长时间里一直挑选新的工作，这使失业保险起到了延长寻找工作时间的作用。因此，失业保障制度不利于降低自然失业率。鉴于失业保障制度能够为失业者提供基本生活保障，从而具有稳定社会的作用，该制度的存在是必要的。但一些经济学家认为，改革失业保障制度，增加工人失业的机会成本，可以减少工人消极等待的时间，这样，失业保障制度在保证失业工人基本生活需要的同时，也可消除对降低自然失业率的不利影响。1985年，美国经济学家曾经在伊利诺伊州进行了一项实验，在失业保障的申请者中随机选择若干人，告诉他们如果在11周内找到工作，就会得到500美元奖金。把这组工人与不提供奖金的另一组工人进行对比，提供奖金小组的平均失业时间为17周，另一组的平均失业时间为18.3周。奖金使平均失业时间缩短了7%。

2. 控制周期性失业的政策

治理周期性失业，需要政府使用财政政策和货币政策即需求管理的办法来对付。上一章，我们使用总需求—总供给模型说明了当经济出现需求冲击或供给冲击时，政府应当采取的需求管理政策。

第二节 通货膨胀

改革开放以来，我国在20世纪80年代后期和90年代前期曾发生过两次较为严重的通货膨胀，通货膨胀率分别达到18%和24%。从世界范围内来看，我国的通货膨胀问题还不是最严重的，20世纪70年代，世界石油价格的上涨使得美国的物价水平每年上升7%，这意味着10年间物价水平翻一番。当时的美国政府把通货膨胀看做是国家面临的头号敌人。进入90年代以来，较为严重的通货膨胀是在巴西，1994年巴西的通货膨胀率高达每个月40%，而在扎伊尔，1994年的通货膨胀率上升了23 760%。更加令人震惊的是，2008年，当全球在经济危机压力下面临通货紧缩威胁时，津巴布韦的通货膨胀率则以"火箭速度"上升，通货膨胀率高达百分之2.31亿。

是什么原因引起了通货膨胀？通货膨胀给经济带来了什么影响？谁是通货膨胀的受害者（或受益者）？如何治理通货膨胀？本节的内容将回答这些问题。

一、什么是通货膨胀

通常，人们会把通货膨胀与某种物品或劳务的价格上升联系起来。但是，当机票价格上涨的时候，经济未必会经历着通货膨胀。因此，通货膨胀不能理解为某种物品或劳务的价格上升。**通货膨胀**（Inflation）是指物价水平的持续上升。

物价水平指的是平均价格水平。平均价格就是第十一章解释的价格指数，它不是哪一种物品的价格，而是所有物品和劳务价格总额的加权平均数，代表了所有物品和劳务的平均价格水平。如果猪肉的价格上升了，而其他的一些物品和劳务的价格略有下降，平均价格水平保持不变，经济中就没有发生通货膨胀。在这种情况下，只是相对价格发生改变，即猪肉的相对价格上升，意味着相对于其他物品和劳务而言，猪肉变得更贵了（这实际上是在提醒养猪场增加其产出）。相反，如果猪肉的相对价格上升了，其他物品和劳务的价格都以相似的百分比上升，那么，经济中就存在通货膨胀。

但是，物价水平暂时性或一次性上升也不是通货膨胀。例如，某些偶发性因素可能使物价水平上升了3%，如果此后物价水平不再继续上升，那么，也不能称为发生了通货膨胀。通货膨胀是指物价水平的持续上升。但是，持续多久的价格水平上升才能称为通货膨胀呢？这里并没有一个明确的界限，有的经济学家说3年，有的则认为1年。

衡量通货膨胀严重程度的指标是通货膨胀率，它反映了物价水平每年变动的百分比。物价水平上升就意味着存在通货膨胀。例如，今年的物价水平是128，去年的物价水平是122，通货膨胀率为5%。即

$$通货膨胀率 = \frac{128-122}{122} = 5\%$$

物价水平可能上升，也可能下降。当某些物品和劳务的价格下降程度超过了其他的物品和劳务的价格上升程度，经济中就出现了通货紧缩。**通货紧缩**（deflation）是指一定时期内大多数物品和劳务价格水平下降的情况。20世纪90年代中期，日本发生了通货紧缩。目前美国正经历着由金融危机引起的被称为继20世纪30年代经济大萧条以来最严重的一次通货紧缩。受美国金融危机的影响，中国经济自2008年下半年起进入通货紧缩时期，到本书截稿时，我国已出现了连续10个月通货膨胀率为负的情况。

二、通货膨胀的类型

可以依据物价上涨的不同程度对通货膨胀作如下分类：

（一）温和的通货膨胀

温和的通货膨胀（modest inflation）又称爬行式通货膨胀，是指年物价上涨幅度不超过10%的通货膨胀。这也是大多数国家在大多数情况下经历的通货膨胀。温和的通货膨胀的特点是，价格上涨缓慢且可以预测，对经济的负面影响较小。此时，物价相对来说比较稳定，货币没有明显贬值，不会发生大规模的抢购和挤提行为，经济还能够正常地运行。一些经济学家甚至相信温和的通货膨胀能够起到经济增长的"润滑油"作用。

（二）奔腾式通货膨胀

奔腾式通货膨胀（galloping inflation）又称严重的通货膨胀，是指年物价上涨幅度在两位数甚至三位数情况。许多拉美国家比如巴西和阿根廷，在20世纪70年代和80年代就曾经历过通货膨胀率高达50%~70%的高速通货膨胀。一般来说，严重的通货膨胀会使人们对货币失去信任，经济陷入混乱。但是也有例外的情况，比如巴西和以色列的经济居然能够在通货膨胀率高达200%的环境中正常运转，并且取得较高的增长。

（三）超速通货膨胀

超速通货膨胀（hyper-inflation）也称为恶性通货膨胀，是指年物价上涨率超过1000%的情况。当恶性通货膨胀袭来时，物价会呈现天文数字般的急剧上涨。这种情况下的货币形同废纸，经济将完全瘫痪。国家拼命地开动印钞机印刷货币，公众则觉得"货币烫手"，拼命要把手中的货币花出去，因为它每一分钟都在贬值。

典型的超速通货膨胀的例子是20世纪20年代初德国魏玛共和国时期，物价水平在1922年1月至1923年11月不到两年间上升了100亿倍。1921年，一份报纸的价格为0.3马克，但是到了1923年，同样一份报纸的价格为7000万马克！有过此经历的德国人民和政府对通货膨胀深恶痛绝，这使他们在"二战"之后实行了严谨的货币政策，从而使德国货币成为欧元诞生之前最稳定的货币。20世纪最严重的一次超速通货膨胀是1945年匈牙利所经历的，从1945年7月至1946年7月，匈牙利的通货膨胀率上升了3.8×10^{27}%。

玻利维亚、阿根廷、巴西、尼加拉瓜等南美洲国家在20世纪80年代经历了超速通货膨胀。1987年玻利维亚的通货膨胀率最高达到38000%。进入21世纪之后，津巴布韦经历了天文数字的通货膨胀。据官方公布的 2008 年 7 月的数字，通货膨胀率高达百分之 2.31 亿，即物价水平是去年同期的 231 万倍。

经济学家们对历史上发生的超速通货膨胀进行了很多经验研究，发现货币供给量与一般物价水平的变动普遍存在着密切的联系。2008 年津巴布韦的超速通货膨胀就是在特殊的背景下，该国物品与劳务的供给能力下降，而购买物品与劳务的货币供给量与原来一样多，这是导致第一轮物价上涨的原因。此后，财政收支的巨大不平衡迫使政府滥发钞票，从而导致物价上涨和印刷钞票交替发生的恶性循环，推动经济进入超速通货膨胀。20 世纪 40 年代中国也经历过一次超速通货膨胀，它与国民党政府滥发钞票和货币供给量猛增有关，这一特定历史背景下发生的超速通货膨胀，对中国的历史进程产生了显著的影响。

链接 18-2　　　20 世纪 40 年代中国的超速通货膨胀

20 世纪 40 年代中国经历的通货膨胀是人类历史上一次有代表性的超速通货膨胀。以 1936 年上半年物价指数为 1，到 1949 年物价上涨幅度竟超过了 1 万亿倍，物价天文数字的上升幅度远远超出了人们正常理解能力范围。一些中国近代史文献里有对这次超速通货膨胀的描述：100 元法币 1936 年能买 2 头大牛，1941 年能买 1 头猪，1945 年能买 1 条鱼，1946 年能买 1 个鸡蛋，1947 年能买 1/5 根油条，1948 能买 2 粒大米，到 1949 年只能买 100 万分之一粒大米了。

导致这次超速通货膨胀的原因主要有两个：一是连续不断的军阀之战、国共之间的战争和抗日战争破坏了正常生产和经济秩序，政府扩大税基受到限制，而军费开支加大了政府财政支出的压力。面临严重入不敷出的财政不平衡危机，使当时的政府有动机通过滥发钞票来增加收入。二是 1935 年实行了法币改革。这次币值改革的核心是由官方制定三家银行发行钞票，取代之前的银本位货币制度。钞票成为具有"无限偿还能力"的"法币"。币值改革虽然为经济运行提供了更有效率交换媒介的可能性，但是也为政府在短期超越税收和借债能力扩大开支提供了现实可能性。法币流通不久，货币供给量就加速上升。1940 年的法币发行量已经相当于 1937 年上半年的 5.6 倍，只是由于当时公众通货膨胀预期比较低，物价上涨低于货币供给量上升幅度。随着政府后来变本加厉地滥发法币获取收入，通货膨胀便如脱缰之马，货币供给量也不得不随之飞涨，通货膨胀自我锁定在加速上升的螺旋之中，最终导致金融崩溃并加速了国民党统治的结束。

资料来源：卢锋：《经济学原理》（中国版），北京大学出版社 2002 年版。

三、通货膨胀的原因

通货膨胀既可以产生于总需求的增加，也可以产生于总供给的减少。这两种引起通货膨胀的原因被称为需求拉上和成本推动。

（一）需求拉上的通货膨胀

需求拉上的通货膨胀（demand-pull inflation）是指总需求超出了充分就业产量水平

之后引起的价格水平持续上涨的情形。也就是说，当社会经济接近充分就业的生产能力（潜在的 GDP）时，总需求进一步增长会引起通货膨胀。这类通货膨胀的原因在于总需求的过度增加，故称为需求拉上的通货膨胀。

引起总需求过度增长的因素有两类：实际因素和货币因素。实际因素包括：①消费需求增加。20 世纪 80 年代，中国的通货膨胀明显与消费需求扩大有关。这其中既有"放权让利"的改革使得企业有了自主经营权，但是在行为约束机制尚未建立时，企业滥发奖金导致消费需求过快增加的原因；也有居民很强的通货膨胀预期，使得他们抢购日用品，从而使消费需求在短期内快速上升，带来价格上升压力的原因。②投资需求增加。计划经济下地方和企业的"投资饥渴"行为导致的投资过快增长，在改革开放很长时期都是导致总需求上升和通货膨胀压力的原因。③政府购买增加。当财政支出过大或赤字过大会推动总需求和提升通货膨胀。④出口增加。净出口增加意味着外国消费者对本国物品和劳务的需求增加，外国资本流入增加也会增加本国的投资需求，这些都会直接推动总需求并拉动通货膨胀。货币因素是指如果货币供给量的变动，会引起总需求曲线的移动，在总供给曲线既定的条件下，会引起通货膨胀。

在实际的需求拉上通货膨胀的发生过程中，上述两类因素的影响往往是交织在一起的。因为通货膨胀指的是价格水平的持续上涨，价格水平的一次性上涨，不能称为通货膨胀。但是，在引起总需求扩张的两类因素中，只有货币供给量具有持续扩张的能力，可能引起总需求曲线的持续右移，而其他各种实际因素的变动都有一定限度，不能使总需求曲线持续右移。例如，消费需求和投资需求的增加要受到一国国民收入的制约，政府购买的增加要受到一国财政收入的制约，而出口的扩张会受到进口国市场容量和贸易政策的限制。因此，仅仅是这些因素的变动，只能导致价格水平一次性上升，而不能导致价格水平的持续上涨。因此，需求拉上的通货膨胀通常是由实际因素和货币因素共同作用而引起的。比如，我国 1993 年至 1994 年的通货膨胀，就是在市场经济体制尚不健全的条件下，地方政府和企业存在过度的投资需求，而银行体系的制度缺陷使得中央银行无法抵制这种过度的需求，从而导致了货币和信贷的失控。

图 18-1 说明了需求拉上的通货膨胀。如图 18-1 所示，假设去年的价格水平是 P_0，实际 GDP 为 Y_0，潜在的 GDP（充分就业的产出水平）也是 Y_0，经济处在充分就业状态。总需求曲线是 AD_0，短期总供给曲线是 SAS_0，长期总供给曲线是 LAS。今年，总需求增加到 AD_1，政府增加物品或劳务的购买，或者中央银行增加了货币供给量都会出现这种情况。在长期总供给曲线 LAS 和短期总供给曲线 SAS 没有变动的情况下，新的总需求曲线 AD_1 与短期总供给曲线的交点决定了价格水平和实际 GDP。价格水平上升到 P_1，相应地，实际 GDP 增加到高

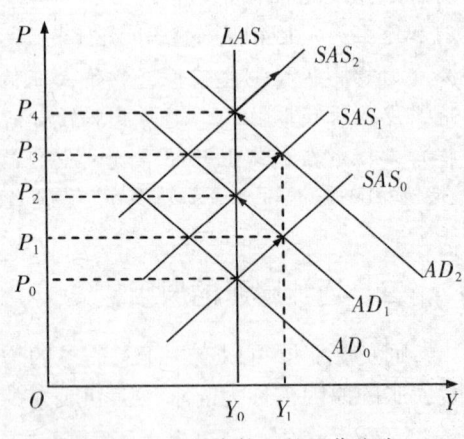

图 18-1 需求拉上的通货膨胀

于潜在 GDP 的 Y_1，经济经历了价格水平上升和实际 GDP 的扩张。失业率会低于自然失业率。

实际 GDP 不能永远高于潜在 GDP。当失业率低于自然失业率时，存在劳动的短缺，这会引起货币工资的上升。随着货币工资的上升，短期总供给减少，SAS 曲线开始向左移动，价格水平进一步上升，实际 GDP 又回到充分就业的产出水平。

如果我们描述的过程到此为止，还不能说经济中出现了通货膨胀。由于通货膨胀是一个价格水平持续上升的过程，所以，必须存在总需求的持续增加。导致总需求持续增加的原因只能是货币供给量的持续增加。比如政府为了增加财政支出，通过向中央银行出售债券的方式筹集资金。当中央银行购买这些债券时，货币供给量增加了，这会推动总需求继续增加，总需求曲线向右移动到 AD_2，价格水平进一步上升到 P_3，实际 GDP 又一次超过潜在 GDP。货币工资再上升，短期总供给又减少，SAS 曲线移动到 SAS_2，物价水平进一步上升到 P_4。随着货币供给的一直增长，总需求持续增加会带来物价水平的持续上升，这就是需求拉上的通货膨胀。

(二) 成本推动通货膨胀

现实中，即使经济中还存在大量闲置资源，失业率居高不下，也会出现通货膨胀。比如进入 20 世纪 70 年代以后，西方发达国家普遍经历着高失业和高通货膨胀并存的"滞涨"局面，这显然无法用需求过度来解释。因此，经济学家转而从供给方面寻找通货膨胀的原因，提出了成本推动的通货膨胀理论。

成本推动的通货膨胀（cost-push Inflation）是指在没有超额需求的情况下由于成本上升而引起的通货膨胀。引起成本上升的原因很多，但成本推动的通货膨胀理论强调的是由于经济中某些垄断因素引起的成本上升，着重论述了两种类型的成本推动：工资上升的推动和原材料价格上升的推动。

所谓工资推动，是指在不完全竞争的劳动市场上，工会作为一个垄断性组织，由于其力量的强大，使得工人可能获得高于均衡水平的工资。这种过高的工资水平推动了总供给曲线的左移，从而造成工资推动的通货膨胀。经济学家将欧洲许多国家在 20 世纪 60 年代末 70 年代初经历的通货膨胀认定为工资推动的通货膨胀，因为在这一时期出现了工资的急剧增加。例如，德国的工资年增长率从 1968 年的 7.5% 跃居到 1970 年的 17.5%。在同一时期，美国的工资年增长率也由 7% 上升到 15.5%。

原材料价格上升的推动，是指一些垄断性经济组织控制了某些重要的原材料的生产和销售，他们为了获得高额的垄断利润而提高价格，使总供给曲线左移，从而导致通货膨胀。最为典型的例子是在 1973 年至 1974 年，石油输出国组织（OPEC）把石油价格提高了 4 倍。到 1979 年，石油价格又被再一次提高。石油位于产业链中的上游，一旦价格上升，将引发一系列物品和劳务的价格水平提高，从而引发通货膨胀。20 世纪 70 年代的两次石油提价对西方发达国家经济产生了强烈影响，由此导致的经济萧条被称为"石油危机"。

理解成本推动的通货膨胀应注意，在货币供给不变的条件下，由成本上升引起的价格上涨是一次性的，而且市场机制的调节作用最终会使价格水平回到原来的均衡状态。

工资上升和原材料成本增加之所以会引发严重的通货膨胀，其原因并不在于成本本身，而在于一些政府无法忍受暂时的失业率上升而采取的增加货币供给量的反应。可用图18-2说明成本推动通货膨胀发生的过程。

如图18-2所示，假设去年经济处于充分就业状态，物价水平是P_0，实际GDP为Y_0，潜在GDP也是Y_0。总需求曲线是AD_0，短期总供给曲线是SAS_0，长期总供给曲线是LAS。今年，由于石油（或工资、农产品）价格上升，在既定的价格水平下，企业的产量减少，短期总供给曲线SAS向左移动到SAS_1，价格水平上升到P_1，实际GDP减少到Y_1。价格水平上升与实际GDP减少同时发生的情况称为"滞涨"（stagflation）。此时，若总需求曲线AD_0保持不变，则由于实际GDP低于充分就业的水平，失业的增加最终会对工资产生向下的压力，使短

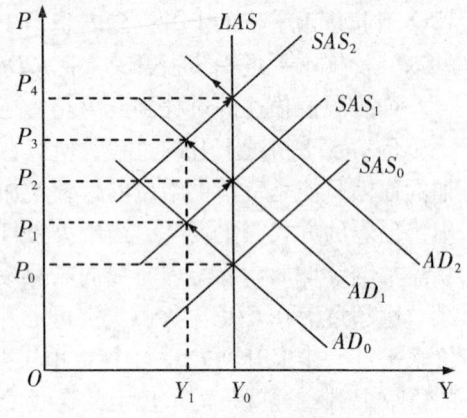

图18-2　成本推动的通货膨胀

期总供给曲线回到SAS_0，经济又回到原来的均衡水平，价格水平没有上升。实际上，供给冲击本身并不能引起通货膨胀。之所以发生持续的物价上涨，是因为在实际GDP下降、失业率上升到自然失业率之上时，会有许多要求恢复充分就业的呼声，因而中央银行会采取增加货币供给量的政策增加总需求，总需求曲线右移到AD_1，总需求的增加恢复了充分就业，但价格水平上升到P_2。这时，石油的供给者（或工人）会再次提高油价（工资），短期总供给曲线进一步向左移动，新的滞涨又一次到来，中央银行被迫再次对高失业率作出反应，增加货币供给量，总需求曲线向右移动到AD_2，价格水平上升更高，经济又恢复到充分就业。短期总供给曲线和总需求曲线一次次交替上移的结果引起价格水平的持续上涨。但如果中央银行对高失业率不作出反应，经济仍然低于充分就业水平。

由此可见，成本推动仅仅是物价上涨的最初动因，中央银行为维持就业和产量目标而采取的扩张性货币政策是价格水平持续上涨的必要条件。因此，成本推动的通货膨胀仍然与较高的货币增长率相联系。

以上我们在理论上区分了需求拉上和成本推动的通货膨胀。在现实经济中这两者是很难区分的。因为它们都是在供求的交替作用下产生的，而且都与货币供给量的扩张有关。我们只知道需求拉上的通货膨胀一般发生在经济达到充分就业之后，成本推动的通货膨胀则发生在达到充分就业水平之前，但什么样的失业率代表着充分就业水平（或者说什么样的失业率为自然失业率）通常又是很难确定的。事实上，在通货膨胀发生时，需求推动和成本推动的作用常常是密切联系交叉在一起的。

四、通货膨胀的影响

人们通常认为，通货膨胀之所以不好，是因为它降低了货币购买力，使得人们的实际工资减少了。短期内，如果工人的名义工资是固定的，发生了通货膨胀后，在劳动合同没有到期，合同里规定的名义工资不能调整时，工人的实际工资确实降低了。但是，

我们知道，实际工资是由劳动的边际回报决定的，而不是由通货膨胀率决定的。因此，当劳动合同到期时，工人会要求企业增加工资，长期来看，工资水平和物价水平会表现出同步上升，工人的实际工资并未减少。

那么，通货膨胀对经济有什么影响呢？或者说会带来哪些社会成本呢？这取决于通货膨胀是否为公众所预期。一般来说，当人们经历了一段时间的通货膨胀后，会根据他观测到的现在的通货膨胀对未来物价水平的走势形成预期。人们的预期有对也有错，如果人们正确地预期到总需求的增加以及物价水平的上升幅度，就称为预期到的通货膨胀。如果总需求的增加和人们的预期不一致，或者说，物价水平的上升超出人们的预料，甚至人们根本没有想到价格会上涨，这被称为未预期的通货膨胀。通货膨胀对经济的影响与其是否被正确预期很有关系。

（一）预期到的通货膨胀

如果通货膨胀率不太高，预期到的通货膨胀不会带来太大的问题，因为它不会对人们的决策产生太大的影响。但是，通货膨胀率越高，预期到的通货膨胀对经济的影响就不可忽视了。

1. 增加交易成本

交易成本之一是"皮鞋成本"（boot leather cost），它是指人们为了避免货币贬值所引起的损失而花费的时间和精力。当货币以可预期的速度贬值时，人们钱包里现金的实际购买力下降，他们会采取行动减少现金的持有量。例如，他们不会像以前那样一次性取出足够一个月花费的现金，而是只取出维持一周生活的现金。类似的，企业也会频繁地出入银行降低现金持有量，或者尽快地用销售收入支付工资和红利。在20世纪20年代德国的超速通货膨胀时期，企业甚至一天向工人发放两次工资。消费者和企业频繁出入银行也增加了银行的业务量，银行不得不雇佣更多的职员扩张业务。所有这一切为了减少现金持有量而耗费包括时间和精力在内的资源被称为"皮鞋成本"。在温和性通货膨胀的情况下，"皮鞋成本"是微不足道的。但如果通货膨胀非常严重，这种成本会相当大。

此外，可预期的通货膨胀带来的交易成本还表现为家庭和企业在资产管理和物物交易等方面浪费比较多的资源。比如，在预期通货膨胀率较高时，人们努力寻找作为支付手段货币的替代物，比如用美元代替不值钱的本币，这样做的结果使人们不再专心工作，而是时时刻刻密切关注本币和美元之间的汇率，并在外汇市场进行多次成本高昂的交易。甚至人们采取物物交易的方式，而以商品作为支付手段的效率明显低于货币。

可预期的通货膨胀增加了交易成本，它使用了一些本来可以用于创造财富的人力物力资源，因而减少了潜在的 GDP。预期的通货膨胀率越高，交易成本越大，潜在 GDP 减少就越多。长期总供给曲线 LAS 会向左移动。

2. 相对价格扭曲

通货膨胀是用物价总水平（平均价格）来衡量的，个别价格的上升或下降，不会改变平均价格。比如，只要牛肉的价格下降，猪肉价格上升就不会使肉类的平均价格上升。在这种情况下，只是发生了相对价格（relative price）的变动，即猪肉的相对价格上升，意味着相对于其他肉类而言，猪肉变得更贵了。在现实经济中，许多物品和劳务的相对价格经常发生变化，这正是市场实现资源配置的作用机制。比如猪肉的相对价格上升提醒了养猪场增加其产出，减少其他生产或休闲活动。

但是，当发生了通货膨胀时，物价总水平上升，企业无法判断猪肉的价格上涨代表真实的需求增加抑或只是通货膨胀导致所有物品和劳务涨价的结果。如果猪肉价格上涨只反映了通货膨胀现象，那么相对于其他产品或劳务，猪肉的价格并没有真正发生变化。养猪场就不应该增加产量。但是，在通货膨胀的环境里，企业很难判断当多数价格上升时猪肉的相对价格是否发生了变化，这需要企业花费时间和精力了解其他物品和劳务的价格变化，因此企业对猪肉价格变动的反应变得缓慢甚至犹豫不决。

总之，相对价格的变化是市场向买者和卖者传递信息的方式。但是，在通货膨胀的情况下，相对价格的变化不仅受到产品供给需求的影响，还会受到平均价格水平变化的影响。这就干扰了相对价格的信息传递功能，降低了市场运行的效率。

3. 税收体系的扭曲

很多税收条款都没有考虑到通货膨胀因素，因而通货膨胀倾向于增加人们收入（工资收入、利息收入、资本利得等）的税收负担。例如，预期通货膨胀率的上升会引起名义利率的上升，上升的这部分名义利率是对通货膨胀的补偿，实际利率并没有改变，但由于税率不变，利息税把名义利率提高后的全部利息作为储蓄所增加的收入看待，对这部分收入按不变的税率征税，实际利率下降了，通货膨胀增加了利息收入的税收负担。在这种情况下，人们就会增加当前的消费，减少储蓄，这会影响实际GDP的长期增长速度。类似的情况还存在于实行累进税的场合。所得税率是累进制的，收入越高，税率也越高。这种累进税的目的是将富人的收入重新分配给穷人。但是，预期到的通货膨胀将会增加所有人的名义收入以维持不变的实际收入，由于税法通常是根据名义收入而不是实际收入征收所得税，因此，个人将因为名义收入上升而承担较高的税率。这会扭曲税收体系对人们工作、储蓄和投资的激励。由此造成的对经济效率的负面影响，也是通货膨胀的一种社会成本。

（二）未预期到的通货膨胀

现在，我们讨论未预期到的通货膨胀对经济的影响。未预期到的通货膨胀除了会带来上述社会成本之外，它还会造成收入的任意再分配的结果。

1. 债务人与债权人

未预期到的通货膨胀会在债务人和债权人之间分配财富。这是因为，债务契约根据签约时的通货膨胀率来确定名义利率。当发生了未预期到的通货膨胀时，债务契约无法更改，从而使实际利率与名义利率不一致，债务人与债权人之间，一方受益，一方受损。例如，王先生向李先生借了10 000元，年利率为10%，一年后偿还本金和利息总共11 000元，如果一年间物价上升了15%，虽然王先生偿还的本金和利息名义上还是每年11 000元，但此时的11 000元的真实购买力还不如一年前的10 000元，李先生作为债权人受到损失。或者说，王先生作为债务人的收益是以李先生作为债权人的损失为代价的。未预期到的通货膨胀在债务人和债权人之间发生了实际财富的转移。一般来说，如果通货膨胀率出现未预期到的上升，确定的利率不足以补偿债权人的货币贬值，债务人以损害债权人为代价获益。相反，如果预期的通货膨胀率以后并没有发生，确定的利率水平太高，债权人以损害债务人为代价获益。

与上述分析相联系，未预期到的通货膨胀率越高对银行的储户越是不利，因为储户与银行之间存在着类似于债权人和债务人的关系。这一分析同样适用于政府，如果政府以发行国债的方式向公众借了很多钱，成为巨大的债务人，这时较高的通货膨胀率会减轻政府还本付息的负担，而公众的财富则被转为政府的收入，这就是为什么一些政府为减轻债务负担有可能不积极治理通货膨胀的原因。例如，假定你的实际财富为3 000元，可以买一台电脑，现在你把这3 000元用于购买1年期国债，这等于你的财富被政府用3 000元纸币收购了。如果1年后价格水平上涨了一倍，你手里的3 000元只能买一台显示器，你的实际财富只有一年前的一半，另一半财富成为政府的收入，这类似于对居民的征税，所以经济学家把政府通过发行货币而对人们的财富的攫取部分称为通货膨胀税。

2. 工人与雇主

未预期到的通货膨胀还会在工人和雇主之间分配财富。工人和雇主之间通常签订长期合同确定工资水平。在合同有效期间，如果通货膨胀率超出了人们的预期，合同里确定的名义工资不变，但无法买到预期数量的物品与劳务，实际工资下降了，而雇主的利润相应的高于原先的预期，雇主以损害工人的利益而获益。相反，当通货膨胀率低于预期的水平时，合同里确定的工资太高，雇主的利润被挤占了，工人以损害雇主的利益而获益。

3. 未预期到的通货膨胀不利于固定收入的领取者

对于那些领取固定收入的人来说，通货膨胀发生了未预期到的上升，而他们的收入固定不变，或者即使也上升但是在时间上滞后或增长幅度赶不上物价上涨，这会使他们的实际收入减少，从而导致实际生活水平下降。比如领取固定养老金、救济金的居民，获取固定租金收入的出租人，都会因通货膨胀而受到利益上的损失。

五、通货膨胀的治理

从各国反通货膨胀的政策实践看，主要采取以下方法治理通货膨胀。

第一，实施紧缩性的货币政策和财政政策，抑制总需求的过度增长。通货膨胀是一种货币现象，因而管住货币是应对通货膨胀的基本手段。我国改革开放以来历次治理通货膨胀的对策，都包括压缩信贷规模和减少货币供给量的措施。与此同时，配合使用紧缩性的财政政策，比如严格控制政府支出、开征特别消费税等，这些都有助于控制需求拉上的通货膨胀。

第二，实行收入指数化政策。收入指数化是指把工资、利息、各种债券收益、养老保险金等与物价水平挂钩，使各种收入能够随着物价成比例变动。比如，储户可以与银行签订一份浮动利率协议，确保最终采取的利率准确反映通货膨胀率的变化。同样，工资的支付也与物价指数的波动相联系，从而避免通货膨胀引起的货币购买力的下降。这些都是适应通货膨胀的政策，而不是治理通货膨胀的政策，但它可以保证实际收入的稳定，减少通货膨胀的再分配效应。我国政府在应对1988年的通货膨胀时，就实施了储蓄保值的政策，银行的名义利率根据每月公布的通货膨胀率加以调整，保证银行的储蓄存款利率随着物价上涨同比例上升。这一利息收入的指数化政策给储户吃了颗"定心丸"，消除了居民因担心货币贬值而发生的银行挤兑行为，从这一意义上来说也起到了治理通货膨胀的作用。

第三，采取特别措施。当发生超速通货膨胀时，为避免经济混乱，政府有必要采取一些特别措施，比如直接管制工资和商品价格、实行商品配给制，极端的情况下通过废除旧的货币引入新货币来摆脱危机。这些特别措施能够在较短时期内迅速恢复经济秩序。

六、通货紧缩

当物价水平出现持续下降的时候，经济中出现了通货紧缩（deflation）。通货紧缩和通货膨胀一样会给社会带来危害。比如通货紧缩也会带来收入的任意再分配，只不过是将通货膨胀引起的再分配换了一个方向。当物价水平下降时，与企业签订了长期合同的工人和领取固定收入的人实际收入上升。债权人获利而债务人遭受损失，持有现金或债券的人获得利益，拥有房产的人和集邮者受到损失。此外，通货紧缩也会带来不确定性，人们不知道未来如何，社会弥漫着悲观情绪，消费者会改变支出计划，企业更不情愿贷款或投资，因而通货紧缩往往伴随着经济衰退、资产贬值、失业率上升以及收入的减少。

对付通货紧缩通常采取扩张性的财政政策和货币政策。比如增加政府支出、减税，或者中央银行增加货币供给量，这些政策措施都有助于增加总需求，进而拉动经济回升。第十七章最后一节介绍了我国对付2008年下半年以来通货紧缩的各项调控措施。

第三节 失业与通货膨胀的关系

通货膨胀和失业是宏观经济中两个最令人头疼的问题。这两者之间的关系也是近半个世纪以来一些最重要的经济学家所关心的问题。研究通货膨胀和失业之间相互关系的最经典的理论是菲利普斯曲线。菲利普斯曲线的命名是因为在新西兰出生的英国经济学家菲利普斯（A. W. Phillips），通过对英国1861~1957年近100年统计资料的分析，发现了通货膨胀与失业率之间的交替关系，把这种关系刻画在图形上就形成了以他本人名字命名的一条曲线。**菲利普斯曲线**（Phillips curve）是一条表示通货膨胀与失业之间关系的曲线。有两种时间框架的菲利普斯曲线：短期菲利普斯曲线和长期菲利普斯曲线。

一、短期菲利普斯曲线

短期菲利普斯曲线（short-Phillips curve，SPC）是一条表示预期通货膨胀率不变条件下通货膨胀与失业之间交替关系的曲线。我们知道，预期通货膨胀率是指人们对未来一段时间价格水平变动的预期值。短期内，人们对通货膨胀率的预期是既定的，如果中央银行增加货币供给量，通货膨胀率就会发生没有预期到的上升。由于实际通货膨胀率高于预期的水平,实际工资减少,企业生产增加,失业率下降。这就是说,短期内当预期通货膨胀率与实际发生的通货膨胀率不一致时,通货膨胀与失业率之间存在交替关系。

在图18-3中,横轴 u 代表失业率(%),纵轴 π 代表通货膨胀率(%),SPC 即为短期菲利普斯曲线,该曲线向右下方倾斜,表明在预期通货膨胀率不变时,通货膨胀率和失业率之间呈反方向变动。在 a 点,预期的通货膨胀率是一年10%,自然失业率为6%。如果中央银行突然采取增加货币供给量的办法来扩大总需求,经济由 a 点沿着 SPC 曲线移动到 b 点,在 b 点,实际通货膨胀率上升到预期通货膨胀率之上,失业率就下降到自然失业率之下。同样,c 点表明,如果实际通货膨胀率下降到预期通货膨胀率之下,失业率就上升到自然失业率之上。因此,短期菲利普斯曲线的中心思想是,在其他条件不变的情况下,通货膨胀率越低,失业率越高,通货膨胀与失业率之间存在着反方向变动的关系。

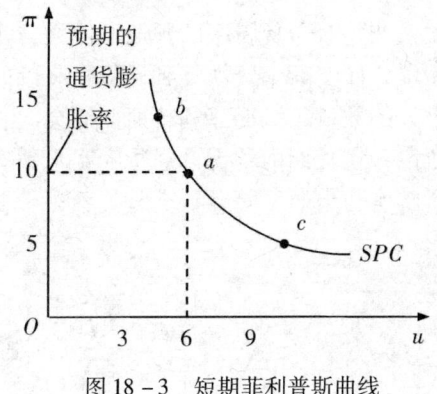

图18-3 短期菲利普斯曲线

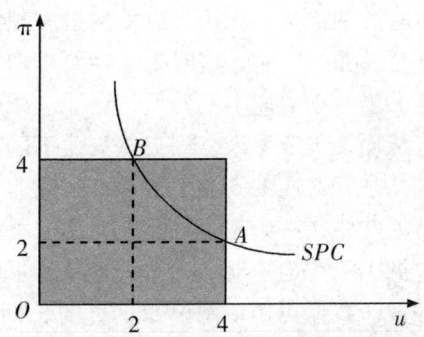

图18-4 菲利普斯曲线代表了政府可以选择的策略组合

短期菲利普斯曲线所表明的通货膨胀与失业率的交替关系为政府的决策提供了选择的依据:是以高通货膨胀为代价来换取低失业率呢,还是以高失业率为代价来换取低通货膨胀率。总之,政府总可以通过牺牲一个目标来换取另一个目标的实现。也就是说,决策者可以根据自己的偏好,选择任何一个位于这一曲线上的通货膨胀率和失业率的组合。如图18-4所示,假设一个经济所能承受的最高失业率和最高通货膨胀率分别为4%和4%,那么位于阴影部分内的菲利普斯曲线就代表了政府可以选择的策略组合。

短期菲利普斯曲线的政策意义是:如果经济中失业率过高,政府可采取在短期内引起通货膨胀率上升的扩张性经济政策降低失业率。反之,如果经济中通货膨胀率过高,政府可以采取紧缩性经济政策,以失业率一定程度的上升为代价,把通货膨胀率降下来。菲利普斯曲线上通货膨胀率与失业率的不同组合为决策者提供了不同的政策选择。这就是宏观经济政策的短期有效性。

二、长期菲利普斯曲线

长期菲利普斯曲线(long-run Phillips curve,LPC)表示在预期通货膨胀可以调整到与实际通货膨胀率相等时通货膨胀与失业率的关系。如上所述，短期内，由于预期的通货膨胀不变，通货膨胀与失业率之间存在交替关系。因此，如果经济中出现了经济衰退，政府使用扩张性财政与货币政策，以通货膨胀率一定程度的上升为代价可以降低失业率。因而宏观经济政策在短期是有效的。但是，从长期来看，并不存在菲利普斯曲线所表示的通货膨胀与失业率之间的关系。因此，也不能根据菲利普斯曲线作出政策选择。

经济学家认为，菲利普斯曲线描述的是在预期通货膨胀率不变条件下存在的通货膨胀和失业率的短期关系。在长期中，预期的通货膨胀是可以调整的，也就是说，工人会根据实际发生的情况不断调整对未来的预期。在这种情况下，菲利普斯曲线会发生变动。例如，假定企业和工人对下一年的通货膨胀预期为5%，并以此为依据签订了工资合同，但由于货币供给量的增加大于预期水平，实际通货膨胀率高于预期的水平，工人的实际工资减少，企业的成本下降，产量增加，就业增加。这表明短期内当预期的通货膨胀率低于以后实际发生的通货膨胀率时，通货膨胀和失业率之间存在着交替关系。但随着时间的推移，人们可以根据过去预期的失误来调整对通货膨胀的预期，使之与实际的通货膨胀率一致。这时工人会要求增加名义工资，使实际工资恢复到通货膨胀以前的水平。当劳动力成本上升后，企业会减少雇佣工人的数量，短期菲利普斯曲线会向右移动，从而使失业率恢复到自然失业率的水平。所以，在长期内，无论通货膨胀水平有多高，与之相对应的失业率都是自然失业率，通货膨胀与失业率不存在交替关系，长期菲利普斯曲线是一条位于自然失业率的垂线。

图18-5为短期菲利普斯曲线和长期菲利普斯曲线。我们可用该图说明垂直的长期菲利普斯曲线是如何得到的。假定a点为经济的初始均衡点，失业率为自然失业率，即6%。实际通货膨胀率和预期通货膨胀率均为0，因此存在一条过a点的短期菲利普斯曲线SPC_1。假定中央银行突然增加货币供给量增加总需求，从而通货膨胀率上升到5%，由于这种上升未被预料到，工人的名义工资不变，但实际工资下降，企业成本降低，因而增加产量，表现为均衡点由a点沿着SPC_1曲线移动到b点，失业率下降至2%。b点不是一个长期均衡点，这个通货膨胀率最终要被

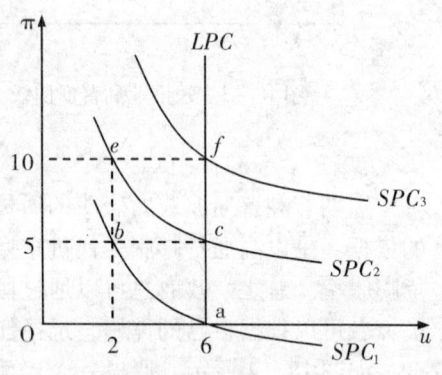

图18-5 短期菲利普斯曲线移动

预期到，随着预期通货膨胀率与实际通货膨胀率相一致，工人的名义工资将会上升，企业的产量会回到原来的水平，从而短期菲利普斯曲线向右移至SPC_2，均衡点也移动到c点，充分就业得以恢复，失业率恢复到自然失业率水平。此时，如果政府想使失业率重新降低到2%，必须继续增加货币供给量，进一步使通货膨胀率上升到10%，短期内经济由c点沿着SPC_2移动到e点，从而使失业率下降至2%。与b点一样，e点也不是长期均衡点，10%的实际通货膨胀率也会最终被预期到，名义工资将进一步上升，使得短期菲利普斯曲线移动到SPC_3，经济回到了f点。所以，经济对自然失业率的偏离是

暂时的，随着预期通货膨胀率的调整，短期菲利普斯曲线会发生移动，经济最终会回到长期均衡点。在长期均衡点 a 点、c 点与 f 点上，实际通货膨胀率等于预期通货膨胀率，失业率为自然失业率，由长期均衡点 a、c、f 等构成的长期菲利普斯曲线是一条垂直线。

垂直的长期菲利普斯曲线的政策含义是：由于长期内通货膨胀与失业之间不存在交替关系。所以，高通货膨胀并不能带来高就业，只有加速的通货膨胀才有可能把失业率保持在自然失业率之下。因此，政府通过实施增加货币供给量的政策来维持高就业水平是不可取的。这就是宏观经济政策的长期无效性。

本章要点

(1) 失业是指有劳动能力的人想工作没有工作正在寻找工作的社会现象。

(2) 失业包括自然失业和周期性失业。摩擦性失业和结构性失业都是自然失业，自然失业无法避免。周期性失业是经济衰退引起的失业，这类失业随经济周期而波动。

(3) 充分就业不是零失业，而是等于自然失业率的失业率。

(4) 失业带来的经济损失是产量的减少。奥肯定理认为失业率上升 1%；产出下降 2%。

(5) 通货膨胀是指物价水平的持续上涨。

(6) 需求拉上的通货膨胀产生于总需求的过度增加，其主要原因是货币供给量、政府购买支出的增加。成本推动的通货膨胀产生于导致总供给减少的因素，最主要的原因是工资上升和重要原材料的价格上升。

(7) 当通货膨胀不可预期时，它引起了无效率和收入与财富的再分配。

(8) 短期菲利普斯曲线表示当预期通货膨胀率不变时，通货膨胀和失业之间的替代关系。其政策含义是，政府总可以通过牺牲一个目标来换取另一个目标的实现。

(9) 未预期到的通货膨胀率变动引起沿着的短期菲利普斯曲线移动。预期通货膨胀率的变动使短期菲利普斯曲线移动。

(10) 垂直的长期菲利普斯曲线表示当实际通货膨胀率等于预期通货膨胀率时，通货膨胀率与失业率之间不存在交替关系，失业率等于自然失业率。其政策含义是：长期内政府通过实施扩张性经济政策不能降低失业率，这就是宏观经济政策的长期无效性。

重要概念

失业　自然失业　摩擦性失业　结构性失业　周期性失业　自然失业率　充分就业　奥肯定理　通货膨胀　通货紧缩　需求拉上的通货膨胀　成本推动的通货膨胀　菲利普斯曲线

本章练习题

(1) 摩擦性失业与结构性失业相比，哪一种失业问题更严重些？

(2) 能不能说有劳动能力的人都有了工作才是充分就业？

(3) 什么是自然失业率？哪些因素影响自然失业率的高低？

(4) 某国：人口 2500 万，就业人数 1000 万，失业人数 100 万。问：
　　A. 如果摩擦失业与结构失业为 60 万人，自然失业率应该是多少？
　　B. 在实现了充分就业时，该国应该有多少人就业？

(5) 如果你的房东说："工资、公用事业及别的费用都涨了，我也只能提你的房租。"这属于需求拉上还是成本推进的通货膨胀？如果某店主说："可以提价，别愁卖不了，店门口排队争购的多着呢"这又属于什么类型的通货膨胀？

(6) 政府支出增加会引起总需求增加，为什么说财政政策不可能独立地成为通货膨胀的根源？

(7) 成本推动的通货膨胀也是一种货币现象吗？

(8) 假设某国预期 1997 年通货膨胀等于 3%，但实际上物价上升了 5%，这种未预期到的高通货膨胀帮助了，还是损害了以下的主体？问：
　　A. 政府；
　　B. 劳动合约第二年的工人；
　　C. 按固定利率抵押贷款的房主；
　　D. 投资于政府债券的企业。

(9) 下列说法是否正确？
　　A. 价格上涨就意味着通货膨胀；
　　B. 通货膨胀一定意味着人们生活水平的下降；
　　C. 通货膨胀一定会损害债权人和工人的利益；
　　D. 被充分预期到的通货膨胀将几乎没有什么影响。

(10) "菲利普斯曲线是政府必须选择买多少通货膨胀和多少失业的菜单"。在什么条件下，这一说法是正确的？在什么条件下，这个说法是错误的？

(11) 如果现在经济处于长期菲利普斯曲线上通货膨胀率为 5% 的地方，当然此时预期的物价上涨率也是 5%，如果政府减少货币供给的增长率，经济中的失业率和通货膨胀率将如何变动？

参 考 文 献

[1] 陈钊,陆铭. 微观经济学. 北京:高等教育出版社,2008
[2] 卢锋. 经济学原理(中国版). 北京:北京大学出版社,2002
[3] 张元鹏. 微观经济学教程. 北京:中国发展出版社,2005
[4] 帕金. 经济学(第5版). 梁小民译. 北京:人民邮电出版社,2003
[5] 希勒. 当代经济学(第8版). 豆建民等译. 北京:人民邮电出版社,2003
[6] 曼昆. 经济学原理(第4版). 梁小民译. 北京:北京大学出版社,2006
[7] 王晓刚,王则柯. 信息经济学. 武汉:湖北人民出版社,2002
[8] 弗兰克,伯南克. 微观经济学原理(第3版). 李明志等译. 北京:清华大学出版社,2007
[9] 弗兰克,伯南克. 宏观经济学原理(第3版). 李明志等译. 北京:清华大学出版社,2007
[10] 袁志刚,樊潇彦. 宏观经济学. 北京:高等教育出版社,2008
[11] 易纲,张帆. 宏观经济学. 北京:中国人民大学出版社,2008
[12] 曼昆. 宏观经济学(第5版). 张帆,梁晓钟译. 北京:中国人民大学出版社,2005
[13] 易纲,吴有昌. 货币银行学. 上海:上海人民出版社,1999
[14] 温家宝. 十一届全国人大第二次会议政府工作报告. 北京:人民日报出版社,2009
[15] 杨长江,石洪波. 宏观经济学. 上海:复旦大学出版社,2004
[16] 国家统计局网站